Konrad Beyerle

AF898130

Rechtshistorische Reihe

Herausgegeben von den Prof. Dres.
H.-J. Becker, W. Brauneder, P. Caroni, A. Cordes, B. Diestelkamp, G. Dilcher, J. Eckert,
H. Hattenhauer, R. Hoke, D. Klippel, G. Köbler, G. Landwehr, G. Lingelbach, M. Lipp, K. Muscheler,
H. Nehlsen, G. Otte, St. Saar, K.O. Scherner, H. Schlosser, J. Schröder, W. Schubert,
D. Schwab, E. Wadle, J. Weitzel, D. Willoweit

Band 256

Peter Lang
Frankfurt am Main · Berlin · Bern · Bruxelles · New York · Oxford · Wien

Thomas Hense

Konrad Beyerle

Sein Wirken für Wissenschaft und Politik in Kaiserreich und Weimarer Republik

Peter Lang
Europäischer Verlag der Wissenschaften

Die Deutsche Bibliothek - CIP-Einheitsaufnahme

Hense, Thomas:

Konrad Beyerle : sein Wirken für Wissenschaft und Politik in Kaiserreich und Weimarer Republik / Thomas Hense. - Frankfurt am Main ; Berlin ; Bern ; Bruxelles ; New York ; Oxford ; Wien : Lang, 2002
(Rechtshistorische Reihe ; Bd. 256)
Zugl.: München, Univ., Diss., 2001
ISBN 3-631-38733-4

Die vorliegende Arbeit wurde von
Prof. Dr. Hermann Nehlsen
zur Aufnahme in die Reihe empfohlen.

D 19
ISSN 0344-290X
ISBN 3-631-38733-4

© Peter Lang GmbH
Europäischer Verlag der Wissenschaften
Frankfurt am Main 2002
Alle Rechte vorbehalten.

Das Werk einschließlich aller seiner Teile ist urheberrechtlich geschützt. Jede Verwertung außerhalb der engen Grenzen des Urheberrechtsgesetzes ist ohne Zustimmung des Verlages unzulässig und strafbar. Das gilt insbesondere für Vervielfältigungen, Übersetzungen, Mikroverfilmungen und die Einspeicherung und Verarbeitung in elektronischen Systemen.

www.peterlang.de

Für

Christiane, Isabella und Johannes

Vorwort

Die vorliegende Schrift wurde im Sommersemester 2001 von der Juristischen Fakultät der Ludwig-Maximilian-Universität München als Dissertation angenommen. Prof. Dr. jur. Hermann Nehlsen gab die Anregung zu dieser Arbeit und begleitete sie von Beginn an mit wohlwollendem Interesse. Hierfür und seine Bereitschaft beruflichen und nicht minder anstrengenden familiären Verpflichtungen des Verfassers mit freundlicher Aufgeschlossenheit zu begegnen, bedanke ich mich herzlich, ebenfalls bei Hrn. Prof. Dr. Dres. h. c. Landau für die Erstattung des Zweitgutachtens.

Danken möchte ich allen, die mich bei der Erstellung der Arbeit unterstützt haben, insbesondere Frau Dr. Angelika Beyerle, die bereitwillig Unterlagen aus dem Privatbesitz zur Verfügung stellte und dadurch zahlreiche biographische Details zur Arbeit beisteuerte sowie Frau Dr. Verena Stadler, Zürich, die unkompliziert half Unterlagen aus dem Nachlaß Stutz zugänglich zu machen. Ohne die von Siegfried Gueinzius mit großer Geduld erstellten Transskriptionen wäre die Untersuchung um etliche Passagen ärmer. Ihm und meiner Familie bin ich für die gewährte Zeit besonders verbunden.

München, im Sommer 2001 — Thomas Hense

INHALTSVERZEICHNIS

I.Teil: Einleitung

1. Aufgabenstellung

Eugen Wohlhaupter,[1] Schüler, Assistent und Freund Beyerles, beklagte bereits 1946,[2] - trotz zahlreicher Nachrufe[3] – hätten es „die Zeitverhältnisse so gefügt, daß Konrad Beyerle noch nicht jene Biographie erhalten habe, die seiner würdig gewesen wäre." Das hänge mit „Beyerles politischer Wirksamkeit zusammen, die ihn, den kerndeutschen Mann, nach dem unglücklichen Ende des 1. Weltkriegs in die Nationalversammlung geführt habe, wo er besonders bei der Beratung der Grundrechte und Grundpflichten der Deutschen eine entscheidende Rolle gespielt habe."[4] Sein Kollege Prof. Müller-Erzbach hatte nach dem Lob der rechtshistorischen Arbeiten Beyerles in seiner Geburtstagslaudatio 1932 geschrieben: „Die Würdigung dessen, was Beyerle (in der Politik, d. Verf.) geleistet hat, muß jedoch anderen überlassen bleiben, die in der Demokratie und im Parlamentarismus Fortschritte unseres Verfassungslebens zu erblicken vermögen."[5]

Nachdem das Leopold-Wenger-Institut Beyerle 1983 zum 50. Todestag seines Gründers eine Ausstellung gewidmet hatte,[6] soll mit dieser Arbeit der Versuch einer Biographie Konrad Beyerles gewagt werden, die seine mittlere Schaffensperiode als politischer Professor und christlich-katholischer Politiker in den Jahren des Ersten Weltkriegs und der Weimarer Republik, insbesondere seine Mitarbeit an der Weimarer Reichsverfassung in den Vordergrund stellt. Eine Würdigung der vielfältigen rechtshistorischen Schriften Beyerles ist im Rahmen dieser Arbeit nicht möglich, wenngleich versucht werden soll, die Bedeutung seiner umfassenden Kenntnisse der deutschen Rechtsgeschichte für seine politische Tätigkeit sowie die „rechtshistorische Einflußnahme" auf die Weimarer Reichsverfassung erkennbar werden zu lassen. Lediglich an drei Beispielen, der Radolfzeller Markturkunde, der kulturgeschichtlich bedeutsamen Reichenau-Arbeiten und der Lex Baiuvariorum, sollen - knapp zusammengefaßt - Beyerles Forschungsergebnisse dargestellt werden, da die Beschäftigung mit diesen Themenkomplexen nicht nur für sein wissenschaftliches Leben bedeutsam war. Auf der anderen Seite würde der Rahmen der Untersuchung durch eine umfassende Darstellung der Entstehung der Weimarer Reichsverfassung gesprengt,[7] weshalb lediglich ein mit der Person Beyerles

---

[1] zu Eugen Wohlhaupter vgl. Hans Hattenauer, Rechtswissenschaft im NS-Staat, Der Fall Eugen Wohlhaupter, Heidelberg, 1987

[2] so auch Adolf Laufs, Gestalten und Probleme katholischer Rechts- und Soziallehre, S. 21, Fußnote 2; ders. in Badische Biographien, Neue Folge, Band I, Stuttgart, 1982, S. 48 ff

[3] Baier, ZGORh 86 (1934), S. 279 ff; Cl. Bauer, Zweite Vereinsschrift der Görres-Gesellschaft zur Pflege der Wissenschaft im katholischen Deutschland, 1933, S. 15 f; Hoeber, ebenda, S. 19 f; Bauerreiß, OSB, Studien und Mitteilungen zur Geschichte des Benediktiner-Ordens, Band 51, (1933), S. 13; Laforet, Jahresbericht der Görres-Gesellschaft 1932/1933 (1934), S. 60 ff; Otto Riedner, ZBLG 6, (1933) S. 169; Werner Schenkendorf, Einer der besten deutschen Rechtshistoriker, Zum 25. Todestag Konrad Beyerles, Südkurier vom 26.4.1958; F. J. Schöningh, Zweite Vereinsschrift der Görres-Gesellschaft 1933, S. 14 f; Jakob Strieder, Konrad Beyerle zum Gedächtnis, Zeitschrift Hochland, 31 (1933/1934), S. 281 – 283; Ulrich Stutz, ZRG (GA) 54, (1934), S. XXV – XLIV; Wohlhaupter, HJB, Band 53 (1933), S. 272 ff

[4] Wohlhaupter, Vom tätigen Leben, S. 54

[5] Prof. Müller-Erzbach, MNN Nr. 250 vom 14.9.1932

[6] Vgl. Gerhard Grill: „Konrad Beyerle", Unterlagen des Leopold-Wenger-Instituts

[7] wie sie etwa Jörg-Detlef Kühne für „Die Reichsverfassung der Paulskirche" 1985 vorgelegt hat.

verknüpfter Ausschnitt der Entstehungsgeschichte in die Betrachtung einbezogen werden kann.[8]
Seine in der Politik geknüpften Kontakte konnte Beyerle auch für die Rechtsgeschichte nutzbar machen. So stellt die Gründung des Instituts für bayerische und deutsche Rechtsgeschichte an der Universität München die Frucht auch politischer Tätigkeit im Dienste der Rechtsgeschichte dar.
Immer wieder wird an vielen Zitaten deutlich, daß Beyerles Leben und Schaffen von seiner katholischen Grundhaltung getragen sind.

2. Überblick und Quellenlage

Zeitzeugen leben nicht mehr. Dr. Otto Gritschneder (geb. 1914), der in mehreren zeitgeschichtlichen Büchern auch seine Erinnerungen festhielt, begann sein Rechtsstudium bereits nach Beyerles Tod am 1.5.1933. Zwar sah er diesen noch, konnte jedoch nicht mehr mit ihm sprechen.[9]

Über Konrad Beyerle persönlich finden sich zunächst das von ihm verfaßte „Literarische Portrait" seines Vaters, sowie freundlicherweise von Frau Dr. Angelika Beyerle, einer Enkelin Beyerles, für diese Arbeit zur Verfügung gestellte Unterlagen: Beyerles Tagebuch, sein Stammbuch, der Ahnenpaß seines Sohnes Karl[10] und „Skizzen meines Lebenslaufs aus verschiedenen Zeiten".

Das eigentliche Tagebuch umfaßt 35 handgeschriebene Seiten sowie fünf Blätter mit Bildern und Zeitungsausschnitten, die vom Verfasser neben den im Folgenden durch Klammern kenntlich gemachten Vervollständigungen von Abkürzungen zur genaueren Zitierung paginiert wurden. Es enthält Fotografien sowie die meist[11] an Sylvester aufgezeichneten Jahresrückblicke von 1905 - 1906, 1913 - 1914, 1917 - 1922 und 1928 - 1929. Sie sind knapp, zum Teil stichwortartig, gehalten. Zum Teil wurden die Aufzeichnungen auch erst etwa ein Jahr später nachgetragen, wie der am 10.1.1920 aufgezeichnete Eintrag „Sylvester 1918" oder die 1922 erfolgten Notizen für das Vorjahr. Inhaltlich finden sich neben Familiärem Bemerkungen über Beyerles religiöse Haltung und - knapp - über seine wissenschaftliche und politische Tätigkeit. Dennoch gewährt das Tagebuch wertvolle Einblicke etwa in sein Verhältnis zur Bayerischen Volkspartei (im Folgenden: BVP).
Die „Skizzen" enthalten einen etwa 1920 verfaßten Lebenslauf sowie den handschriftlichen Entwurf eines Lebenslaufs zum Promotionsgesuch vom 18.7.1895, einen 1917 allem Anschein für die Tätigkeit in Brüssel verfaßten und einen bis 7.4.1918 reichenden tabellarischen Lebenslauf.

Die Daten seines Werdegangs werden ergänzt durch Auskünfte und Akten der Universitätsarchive Heidelberg, Freiburg, Göttingen und München. Nicht möglich war ein Einblick in etwaige noch vorhandene Akten des Universitätsarchives Breslau. Auf Einsichtnahme in etwaige Akten des Universitätsarchives Bonn wurde verzichtet, da Beyerle die Professur dort nicht antrat und über die Berufungsverhandlungen hinaus keine weiterführenden Informationen zu erwarten sind. Hinsichtlich seiner Station in

[8] Beispielsweise nimmt die Arbeit von Jörg Mauersberg über Hugo Preuß als Schöpfer der Weimarer Verfassung eine „personale Beschränkung" vor, während die eingehenden Untersuchungen von Ludwig Richter und Friedrich Völtzer sachliche Beschränkungen auf die Entstehung der Schul- und Kirchenartikel bzw. den Sozialstaatsgedanken enthalten.
[9] Briefauskunft vom 6.11.1999
[10] Über seinen Sohn Karl bemerkte Beyerle 1920: „...der einzige meiner Söhne, der wissenschaftliche Neigungen zeigt. Mein kleiner Bibliothekar, der in der unüberwindlichen Schrift meiner Dinge mir bald (unleserlich) Ordnung machen hilft.", Tagebuch, S. 25, 26
[11] Der Eintrag 1905 wurde allem Anschein nach am 1.7.1905 vorgenommen.

Freiburg existieren Personalakten im Generallandesarchiv in Karlsruhe, für Breslau und Bonn sind Unterlagen im Geheimen Staatsarchiv Preußischer Kulturbesitz in Berlin vorhanden.

Von besonderer Bedeutung sind auch die Äußerungen von Ulrich Stutz, den eine lebenslange Freundschaft und wissenschaftlicher Interessenaustausch mit Beyerle verbanden. So bewahrt das Archiv der Universität Zürich (nach Auflösung der dem Rechtswissenschaftlichen Seminar der Universität Zürich angeschlossenen Dokumentationsstelle für Universitätsgeschichte) im Nachlaß Stutz' eine umfangreiche Korrespondenz Beyerles auf, die zum großen Teil Organisationsfragen bezüglich zu liefernder Manuskripte und Beiträge für die von Stutz herausgegebene Zeitschrift für Rechtsgeschichte enthält, mitunter jedoch interessante Details aufscheinen läßt.

Über Beyerles Tätigkeit in Belgien und Flandern sowie im Kriegsgefangenenlager Göttingen ist sehr umfangreiches Material überliefert. Neben seiner Schrift „Flanderns Wehklage - - - und wir?" enthält sein im Bundesarchiv Berlin verwalteter Nachlaß, vor allem Briefwechsel, von ihm verfaßte Zeitungsartikel und Arbeitsberichte. In Hinblick auf die im Mittelpunkt dieser Dissertation stehende Mitarbeit Beyerles an der Weimarer Reichsverfassung war hier eine enge Auswahl des Materials unumgänglich, um diesen Tätigkeitsabschnitt in gedrängter Form zusammenzufassen.

Mit Ausnahme seines Habilitationsvortrages wurde der im Stadtarchiv Konstanz befindliche Nachlaßteil nicht berücksichtigt, der Entwürfe, Manuskripte und Vorlesungen vor allem zur städtischen und zur Landesgeschichte sowie eine Materialsammlung zum Konstanzer Stadtrecht enthält.[12] Ebensowenig erfolgte eine Auswertung der im Rechtsgeschichtlichen Institut der Universität Freiburg/Br. vorhandenen Zettelkästen und Vorarbeiten zu Beyerles deutschen Stadtbüchern.[13]

Über Beyerles Einstellung zur Revolution von 1918, seine religiöse Haltung und sein Demokratieverständnis geben seine Veröffentlichungen und seine vor allem in der "Allgemeine(n) Rundschau" erschienenen Artikel Aufschluß.

Hervorzuheben sind die in seinem Nachlaß überlieferten Gliederungen, Entwürfe, Anträge und Stellungnahmen zur Weimarer Reichsverfassung und deren Grundrechte. Sie sind teilweise im Anhang wiedergegeben und machen deutlich, in welch intensiver Weise es gerade Konrad Beyerle war, der sich um Aufbau, Sprache und Inhalt der Grundrechte bemühte und dabei trotz der Kürze der zur Verfügung stehenden Zeit koordinierend auch fachkundigen Rat außerhalb der beschließenden Gremien einholte. Angesichts unvermeidbarer Lücken, etwa mangels Aufzeichnungen über die Sitzungen der Redaktionskommission bzw. der nur stichwortartigen Protokollierung der Sitzungen des Grundrechtsunterausschusses, läßt sich die Einflußnahme Beyerles auf die Verfassungsgestaltung allerdings nicht mehr in jeder Einzelheit rekonstruieren, zumal die von ihm im Januar 1919 protokollarisch festgehaltenen Vorarbeiten zur Verfassung im Zweiten Weltkrieg

---

[12] Das Stadtarchiv Konstanz verwahrt aus dem Nachlaß Beyerles Korrespondenzen im Zusammenhang mit Publikationen zur Stadtgeschichte, Separata, ein gutes Dutzend Kästen mit Zetteln, Exzerpten und Vorarbeiten zur geplanten Edition des Konstanzer Stadtrechts. Das Archiv enthält neben Beyerles Habilitationsvortrag handschriftliche Vortragsmanuskripte „Der Streit zwischen Bonifacius VIII. und Philipp dem Schönen und die Bulle „Unam sanctam"", 1892; „Der Anteil der Stadt Konstanz am mittelalterlichen Handel mit Italien", 1901; Rede zum hundertsten Jahrestags des Übergangs der Stadt Konstanz von Österreich an Baden, 1906. Schließlich finden sich Manuskripte zur Konstanzer Geschichte im Abriß, zur Handelsgeschichte und über Heinrich II. von Klingenberg, Bischof von Konstanz, Vizekanzler Rudolfs I. – Der Fasc. S. II, 17966 bietet Belege zum Verhältnis Beyerles zu seiner Heimatstadt und zahlreiche andere Nachrichten.
Vgl. zu Vorstehendem: Laufs, Konrad Beyerle, Leben und Werk, S. 22, Fußnote 6

[13] Mommsen, Nr. 325

vernichtet wurden. Weitere Unterlagen, wie beispielsweise die von Stutz an Beyerle gerichteten Briefe, dürften bei einem Bombenangriff auf das von letzterem bewohnte Haus in der Münchener Mottlstraße verlorengegangen sein.[14]

Klarstellend sei bemerkt, daß sich schon Beyerles frühe Arbeiten, etwa zum Salmannenrecht oder zur Stadtrechtsgeschichte notwendigerweise mit dem mittelalterlichen Freiheitsbegriff beschäftigten. Der Zusammenhang zwischen mittelalterlichen Freiheitsrechten und modernen Grundrechten rückte jedoch erst nach dessen Verfassungsmitarbeit, von der er bis 1918 nichts ahnen konnte, vor allem in seinen letzten Lebensjahren erkennbar in den Bereich seines wissenschaftlichen Interesses. Für die Aufhellung seines Grundrechtsverständnisses kann daher nicht jeder bestehenden Verbindungslinie nachgespürt werden, sondern sind nur solche Zusammenhänge relevant, die sich mit der Person Beyerle verknüpfen lassen. Auch diese Blickrichtung begegnet nicht geringen Schwierigkeiten, da zu dieser Frage kaum aussagekräftiges Material überliefert ist. Das gilt zunächst für den Zeitraum der Verfassungsberatungen selbst, leider aber auch für die beispielsweise von ihm im Wintersemester 1932/1933 gehaltene Vorlesung „Quellen zur Geschichte der Reichsverfassung in Mittelalter und Neuzeit", wodurch mit Wahrscheinlichkeit weitere Rückschlüsse möglich gewesen wären. Ergänzend wurde daher auf die Dissertation seines Schülers v. Keller „Freiheitsgarantien für Person und Eigentum im Mittelalter" zurückgegriffen, die in den von Beyerle herausgegebenen Deutschrechtlichen Beiträgen erschien und von ihm in einem Geleitwort gewissermaßen „autorisiert" wurde. Sie enthält im Kapitel V. „Mittelalterliche Freiheitsrechte und neuzeitliche Grundrechte" Ausführungen, die nicht ohne Einfluß Beyerles entstanden.

Die gelegentlich erwähnte Schrift „Die Weimarer Verfassung als Grundlage des staatsbürgerlichen Unterrichts"[15] fand sich in keiner Bibliothek, so daß zu vermuten ist, daß hier auf die im Wintersemester 1919/1920 gehaltene Vorlesung „Staatsbürgerliche Erziehung unter besonderer Berücksichtigung der neuen Reichsverfassung" Bezug genommen wurde. Unterlagen hierzu sind nicht überliefert.

Darstellung und Beurteilung der Haltung Beyerles zu den Grundrechten und Grundpflichten der Weimarer Reichsverfassung begegnen der weiteren Schwierigkeit, daß seine Äußerungen im Wesentlichen aus der Zeit der Verfassungsentstehung und der Anfangsjahre der Weimarer Republik stammen, während Rechtsprechung und Rechtswissenschaft sich erst allmählich - etwa ab Mitte der Zwanziger Jahre - mit der Verfassung, insbesondere den Grundrechten, intensiver beschäftigten und hierzu eine Verfassungsdogmatik herausbildeten. In die politische und staatsrechtliche Diskussion, etwa der schlagwortartig formulierten Frage nach dem „Hüter der Verfassung",[16] griff Beyerle nicht ein. Seine auch zum Zehn-Jahres-Tag der Verfassung 1929 beibehaltene positiv-optimistische Auffassung hat ihren Ursprung nicht zuletzt in der nach dem Ersten Weltkrieg herrschenden Aufbruchstimmung und christlichem Weltverständnis.

Der Themenkomplex „Föderalismus", „Bayerische Krisen" und „Verfassungsreform" erschließt sich mit den Augen Beyerles aus dessen umfangreichen und zahlreichen Aufsätzen und Vorträgen, allen voran zu nennen seine Schrift „Aufgeklärter Föderalismus", die eine Wiedergabe seiner am 19.3.1924 gehaltenen Reichstagsrede darstellt. Sie steht am Ende der parlamentarischen Tätigkeit Beyerles, bei dem sein zunehmend gespannteres Verhältnis zur BVP eine Rolle spielte, wobei manche der in der Rede enthaltenen, beinahe unrealistisch

---

[14] Auskunft von Fr. Dr. Angelika Beyerle vom 1.4.1999

[15] vgl. Bosls Bayerische Biographie, S. 70

[16] vgl. Carl Schmitt, Der Hüter der Verfassung, 4. Auflage, 1996

positiv erscheinenden Wertungen darauf zurückzuführen sein dürften, daß die Rede einen „politischen Rechenschaftsbericht" darstellt. Beyerles Einfluß auf die Politik der BVP zeigt sich aber nicht zuletzt darin, daß er in der 1924 herausgegebenen Schrift „Im Zeichen des Föderalismus, Programme und Programmatisches der Bayerischen Volkspartei" das Kapitel „Warum müssen wir Föderalisten sein?" übernahm und Gedanken und Belege aus der als Buch „Föderalistische Reichspolitik" erschienenen Reichstagsrede beisteuerte. Ebenso wurde im politischen ABC für die "Freunde der Bayer. Volkspartei" auf S. 2 zur Aufklärung über Verfassungsfragen auf Beyerles Schrift: „Die Verfassung des Deutschen Reiches vom 11. August 1919" verwiesen. Weitere Einzelheiten zur Mitgliedschaft Beyerles in der BVP konnten nicht eruiert werden, da die Unterlagen der Partei 1933 vernichtet wurden und sich in den eingesehenen Nachlässen von Heinrich Held, Georg Heim und Anton Pfeiffer nur spärliche Informationen über Beyerle finden.

Seine Tätigkeit am Vorläufigen Staatsgerichtshof läßt sich dagegen weitgehend an Hand der in seinem Nachlaß vorhandenen Unterlagen rekonstruieren.

II. Teil: Der Historiker

1. Kindheit und Jugend

a. Elternhaus

Im Jahr nach der Gründung des Deutschen Reiches kam am 14.9.1872 Konrad Anton Beyerle in Waldshut/Baden als ältester Sohn des Rechtsanwalts Karl Beyerle und seiner Frau Clara zur Welt, aus einem Hause, das seit 1848 in der katholischen und demokratischen Bewegung des badischen Landes eine führende Rolle spielte.[17] Während über die Mutter so gut wie nichts bekannt ist, zeichnete Konrad Beyerle von seinem Vater 1917 ein 32 Seiten umfassendes „Literarisches Portrait"[18], aus dem die folgenden Darlegungen dieses Abschnitts entnommen sind, weil es Aufschluß gibt über prägende Einflüsse seiner Kindheit, die – wie Adolf Laufs formulierte – „zeitlebens Gültigkeit behielten" und „sein Leben und Werk wie aus einem Guß erscheinen lassen." So sind der historische Sinn, die Religiosität und die Heimatverbundenheit zusammen mit der Bereitschaft am öffentlichen Gemeinschaftsleben teilzunehmen sowohl beim Vater Karl als auch bei Konrad in ähnlicher Weise ausgeprägt. Die Anregungen des Vaters griff Konrad aus der „Konstanzer Kleinwelt"[19] auf und übertrug sie in seinen größeren Wirkungskreis. Seine sich vor allem nach 1918 verstärkende demokratische Tendenz hat möglicherweise auch Wurzeln im häuslichen Milieu, da er aus einer Handwerkerfamilie stammte, beide Eltern uneheliche Kinder waren und er somit anders als die meisten seiner späteren Kollegen gerade nicht eine Herkunft aus Generationen des Bildungsbürgertums aufweisen konnte.

Beide Elternteile stammten aus katholischem Hause. Der Vater Karl Beyerle wurde am 8.4.1839 in Konstanz geboren und starb dort am 2.12.1915. Er entstammte einer Handwerkerfamilie, die seit 1700 in Konstanz ansässig war und aus Hebsesau (Kreis Kirchheim/Teck) kam.[20] Er war der uneheliche Sohn der katholischen Sidonia Bäuerle, diese die eheliche Tochter des Konrad Bäuerle.[21]

Nur wenig ist über seine Kindheit überliefert. Seine Mutter war offensichtlich nicht sehr reich, denn Karl habe die Jahre am Lyzeum von 1850 bis 1859 als „armer Bub durchgemacht". In der Schule sei er kein Überflieger, aber stets von großen Fleisse beseelt gewesen. Schon früh spielte er Geige und blieb sein Leben lang musikalisch interessiert. Die Liebe für die Musik sollte sich später auf Konrad übertragen.[22] Im Elternhause Konrad Beyerles verkehrten neben dem Geistlichen Rat und Literaturhistoriker Brugier und dem um die Münsterrenovierung verdienten Ferdinand Schober[23] u. a. auch Ludwig Leiner, der Schöpfer des

[17] Otto Riedner, ZBLG 6, (1933) S. 169

[18] Konrad Beyerle: Rechtsanwalt Karl Beyerle, im Folgenden zitiert: „Literarisches Portrait"

[19] Laufs, Konrad Beyerle, Leben und Werk, S. 25

[20] Bärmann, NDB, Stichwort: Konrad Beyerle

[21] Ahnenpaß des Karl Max Beyerle vom 16.5.1939

[22] Schenkendorf, Einer der besten deutschen Rechtshistoriker; Konrad Beyerle schreibt in seiner Sylvesterbetrachtung 1913 (Tagebuch, S. 7): „In der Musik habe ich erfreuliche Fortschritte zu verzeichnen, die ich einerseits dem Musikbetrieb(?) der Kinder verdanke (Duos und Trios) teils gegen Ende des Jahres dem Besuch einiger guter Konzerte – nach langer Zeit – teils der Bekanntschaft mit Frau Prof. Oldenburg, einer Schülerin von Joachim (Geige). Ich habe auch einige Bände Musikliteratur angeschafft."

[23] Neben einem Eintrag von Brugier vom 26.11.1898 im Stammbuch widmete Schober seine Zeilen vom 9.10.1893 Konrad als "jugendlichen Freund".

Rosgartenmuseums.[24] Es ist anzunehmen, daß Konrad in dieser Zeit auch seine Liebe zur Dichtung entdeckte, die ihn später bei flämischen Abenden nicht nur flämische Gedichte vortragen ließ, sondern ihn auch die Elegie Walahfrieds von Strabon - seinen Lieblingsdichter, nach dem er auch einen Sohn benannte - an Kaiser Lothar I. übertragen ließ.[25]

Am 30.8.1870 heiratete Karl Konrads Mutter Clara Eggler (31.3.1845 bis 14.1.1921), die „diesen schönsten Beruf der Frau in seltener Hingebung erfüllt habe." Clara entstammte einer Beamtenfamilie, die aus dem Kanton Schwyz kam und seit 1648 mit einem Zweig in Salem und Wolfegg ansässig war. Clara war die uneheliche katholische Tochter der Maria Anna Eggler, diese die eheliche Tochter des Franz Anton Eggler.[26] Claras Großvater war nach Konstanz-Petershausen verzogen.[27] Aus der Ehe zwischen Karl und Clara gingen neben Konrad als Erstgeborenem seine Brüder Hubert[28], Karl[29], Franz[30] und seine Schwester Maria[31] hervor. Während Franz 1903 aus der Kirche austrat, blieb das strenggläubige katholische Elternhaus auf die Kinder Konrad und Maria prägend.

Karl Beyerle studierte in Freiburg/Br. zwei Jahre Theologie, bevor er auf die juristische Fakultät wechselte, wofür „nur lauterste Motive" maßgebend gewesen seien. Seine besondere Liebe habe den Fächern Deutsche Rechtsgeschichte und Deutsches Privatrecht gegolten, wie sich aus seinen glänzenden Zeugnissen ergebe. Die beiden juristischen Staatsprüfungen legte er 1865 und 1867 ab. Die gute Aufnahme, die er als Referendar auf den Bezirksämtern Lahr und Emmendingen fand, ließen ihn an den Eintritt in den Staatsdienst denken, doch hielten ihn die heraufziehenden Wolken des kirchenpolitischen Kampfes davon ab. Im Dezember 1869 schloß sich Karl Beyerle mit Alexander Mündel zu einer Rechtsanwaltssozietät zusammen, bevor er „aus Liebe zur alten Heimat und mit Aussicht auf einen größeren Wirkungskreis" im Februar 1875 nach Konstanz, den Sitz des Kreis- und Hofgerichts, in das alte St.-Konradi-Haus, eine ehemalige Studienanstalt für zukünftige Geistliche, zog.

Schon in Waldshut sei Karl Beyerle der berufene Verteidiger des katholischen Klerus in den kirchenpolitischen Prozessen geworden. In der Öffentlichkeit sei er, wie Konrad Beyerle den Zeitgenossen, Gürtlermeister Würth berichten läßt, durch seine Verteidigungen bekannt geworden. So habe er sich aus innerster Anteilnahme der oft schlecht behandelten Angeklagten angenommen, denen der damals herrschende kirchenfeindliche Geist entgegen geweht habe. Dies habe ihm manche persönliche Verunglimpfung eingetragen.

---

[24] Schenkendorf, Einer der besten deutschen Rechtshistoriker

[25] vgl. Beyerle, Ein Lobpreis Speyers aus Karolingertagen

[26] Ahnenpaß des Karl Max Beyerle vom 16.5.1939

[27] Bärmann, NDB, Stichwort: Konrad Beyerle

[28] Hubert Gebhard, geb. 1878

[29] Karl Josef, 1881 – 1963, Jurist und Politiker; nicht zu verwechseln mit dem am 27.8.1881 geborenen Josef Ernst Beyerle, der ebenfalls der Zentrumspartei angehörte und Württembergischer Justizminister war.

[30] Nikolaus *Franz* Sales, 30.1.1885 – 22.10.1977, Dr. jur., Dr. phil. h.c., Universitätsprofessor für Deutsche Rechtsgeschichte und Deutsches Privatrecht; vgl. Bernhard Diestelkamp in Baden-württembergische Biographien, Band I, Stuttgart 1994, S.21 ff und: Juristen an der Universität Frankfurt am Main, S. 148 bis 160

[31] Anna Maria, 21.8.1882 – 18.12.1968, Pädagogin und Politikerin, als Zentrumsabgeordnete 1919 in der Badener Nationalversammlung (unrichtig Kosch, Das katholische Deutschland Biographisch-bibliographisches Lexikon: in der Weimarer Nationalversammlung), seitdem bis 1928 im badischen Landtag, Rektorin einer Mädchenfortbildungsschule, 1946 im Konstanzer Stadtrat und 1947 als Mitbegründerin der BCSV/CDU nochmals im neuen badischen Landtag, erhielt 1964 von Papst Paul VI. das päpstliche Ehrenkreuz „Pro Ecclesia et Pontifice" für ihr engagiertes Wirken im Bildungs- und Sozialbereich. (vgl. Clemens Siebler in Baden-württembergische Biographien, Band I, S. 23 f)

Hintergrund dieser Prozesse war der passive Widerstand gegen staatliche Unterdrückungsmaßnahmen des Bismarck´schen Deutschen Reiches und mehrerer seiner Gliedstaaten. Der Kulturkampf hatte im liberal regierten Baden schon in den sechziger Jahren des 19. Jahrhunderts begonnen und war hier am stärksten ausgeprägt.[32]

Karl Beyerle war jedoch nicht nur der Rechtsbeistand des katholischen Klerus und der ständige Vertreter des katholischen Oberstiftungsrates in manchen schwierigen kirchenrechtlichen Prozessen, zu seinem Klientenkreis gehörten auch Angehörige aller Parteien und Konfessionen, wie etwa das alteingesessene Israelitentum. Ebenso habe der Hegauadel ihn in Rechtsangelegenheiten zu Rate gezogen und auch im Landvolke habe er großen Anhang gehabt und sich reichen Dank erworben. Er war - mit den ehrfürchtigen Worten des Sohnes - ein Rechtsanwalt von „tiefer Auffassung der obersten Berufspflicht, Sachwalter der Gerechtigkeit" zu sein, zuletzt im Vorstand der badischen Anwaltskammer. Selbstlos habe sein Rat den Armen zur Verfügung gestanden, aber auch den Vermögenden gegenüber habe er nie seine vornehme Auffassung des Parteimandats außer Augen gelassen.

In erster Linie sei es sein verletztes Rechtsgefühl aufgrund seiner Berufserlebnisse gewesen, das ihn zur Teilnahme am öffentlichen Leben gebracht habe. Schon im Jahre 1873 war Karl Beyerle vergeblich aufgefordert worden für die kurz zuvor gegründete katholische Volkspartei ein Landtagsmandat zu übernehmen. Auch später konnte er sich nicht zu einer Parlamentskandidatur entscheiden. Ungewollt wuchs ihm in den achtziger und neunziger Jahren in der katholischen Partei im Seekreis ebenso wie im katholischen Vereinsleben eine führende Rolle zu. Er sei der rührige Vorsitzende und Organisator seiner Partei im badischen Oberlande gewesen und trat häufig in öffentlichen Wahlversammlungen auf, leitete Rücksprachen mit den Vertrauensmännern, bediente die Presse mit Berichten und Leitartikeln und stellte sich seiner Partei bei den Wahlgeschäften selbst zur Verfügung. Der scharfe politische Kampf sei ihm innerlich nicht gelegen gewesen, seiner Natur nach habe er stets zu Frieden und Ausgleich geneigt, ohne seinen Grundsätzen etwas zu vergeben.

Karl Beyerle beteiligte sich neben seiner Mitgliedschaft wie etwa dem katholischen Männerverein und dem Bodenseegeschichtsverein an der Gründung und Ausgestaltung des Preßvereins und leitete die Vorstandssitzungen, die jahrelang den Kern des politischen Lebens der Konstanzer Katholiken bildeten. Ebenso widmete er sich dem katholischen Vereinsleben und seinen sozial-caritativen Anstalten.

In politischer Hinsicht stand Karl Beyerle wie später Konrad dem großdeutschen Ideenkreise nahe. Mit der Loyalität zu seinem badischen Fürstenhause habe er herzliche Sympathien zu Österreich empfunden. Das Jahr 1866 und der Kulturkampf hätten es ihm allerdings schwer gemacht, sich mit der Neuordnung der Dinge zu befreunden. Sein starkes Freiheitsgefühl und seine tiefe Überzeugung vom Werte der Religion hätten sich gegen jede Bedrückung der religiösen und politischen Meinung empört. Auch das Autoritätsbewußtsein und bekenntnisfreudige

---

[32] Nipperdey, S. 375;
Die schwierige politische und erregte kirchliche Zeitlage führte 1871 zur Gründung der Fraktion des Zentrums. Dem preußischen Zentrum lassen sich unter Berücksichtigung der besonderen Verhältnisse Süddeutschlands die Bayerisch-Patriotische Partei und die Katholische Volkspartei Badens vergleichen. (v. Pölnitz, Staatslexikon, Band V, 1932, Sp. 1578) Während Karl in letzterer eine führende Rolle übernahm, sollte Konrad Beyerle Abgeordneter der Bayerischen Volkspartei werden, der Nachfolgepartei der Bayerisch-Patriotischen Partei nach dem ersten Weltkrieg.

Christentum Wilhelms II., der allerdings Protestant war, habe in ihm ein begeistertes Echo geweckt.

Als Mitglied des Bürgerausschusses der Stadt Konstanz über vierzig Jahre strebte er im Dienste des Bürgerfriedens Kompromisse mit der liberalen Partei an, um mit gemeinsam vereinbarten Listen zu den Wahlen zu schreiten. 1894 schied Karl Beyerle aus dem Bürgerausschuß aus, wurde aus Anlaß einer zufällig eingetretenen Vakanz jedoch nochmals gewählt. Im Konstanzer Stadtparlament habe Karl Beyerle „Kulturpolitik im guten Sinne" betrieben. Er sei ein warmer Vertreter des Mittelstands und des Handwerks sowie ein lebhafter Verfechter bedrohter katholischer Einrichtungen wie der Förderung kirchlicher Neuschöpfungen gewesen. Mit Schmerz habe er verfolgt, daß der katholische Charakter der Stadt aufgrund der Bevölkerungsbewegung Einbußen erlitten und die Stadtvertretung sich genötigt gesehen habe, sich auf einen streng interkonfessionellen Standpunkt zu stellen und alle katholischen Veranstaltungen unbeachtet zu lassen. Ein Anliegen seien Karl Beyerle auch die Pflege der Stadtgeschichte und der Denkmalpflege gewesen, wobei er das Schwinden des historischen Sinnes in einer hastig vorwärtstreibenden Gegenwart beklagt habe. Ebenso sollte sich Konrad später für die Belange der Denkmalpflege und des Heimatschutzes interessieren.

Konrad berichtete, nie genau festgestellt zu haben, woher das rege historische Interesse seines Vaters kam. Einen großen Anteil daran hatten seiner Einschätzung nach eine natürliche Anlage und eine religiös-konservative Geistesrichtung. Über den Ursprung seines eigenen historischen Interesses führte er mit poetischen Worten aus:

> *„Der Zwiespalt des Vaters zwischen Einst und Jetzt, der ihn bewegte, übertrug sich auf mein jugendliches Gemüt; in mir erwachte zum ersten Mal ein geschichtliches Bewußtsein. Ich fing an, zu begreifen, daß es nicht nur Blumen und Waldbäche in der schönen Frühlingswelt gab, sondern auch Menschenseelen, in denen sich mit dem Anblick des Schönen der Schmerz um Verlorenes seltsam vermischen konnte. Über dem Sichtbaren stieg in undeutlichen Umrissen eine geistige Welt empor und ein erstes Ahnen von Vertiefung des Daseins durch den Blick in die Vergangenheit."*[33]

Und weiter zu den allabendlichen Wanderungen und Spaziergängen mit dem Vater durch die Gassen der Stadt und zu historischen Baudenkmälern der Umgebung:

> *„Alle diese Dinge verschmolzen unlöslich mit einem geschichtlich durchgeistigten Heimatgefühl und empfingen daraus Wärme und Leben. Noch auf Jahre hinaus verliefen dabei das Religiöse und das Geschichtliche in unlöslicher Durchdringung zusammen."*[34]

In dieser geschichtsträchtig empfundenen Atmosphäre der Kleinstadt am Bodensee wuchs Konrad Beyerle auf. Die Elementarschule besuchte er in den Jahren 1878 bis 1882, das Grossherzogliche Badische Gymnasium in Konstanz von 1882 bis 1891[35], anders als seine beiden Geschwister Maria und Franz, die ihre schulische

---

[33] Literarisches Portrait, S. 57

[34] Literarisches Portrait, S. 71

[35] Curriculum vitae, Beilage zum Habilitationsgesuch, Universitätsarchiv Freiburg, Personalakte, Signatur: B 24/249

Ausbildung bei den Dominikanern bzw. den Benediktinern erhalten sollten.[36] Konrad vertiefte sich namentlich in den letzten Jahren, veranlaßt durch den anregenden Unterricht und den persönlichen Umgang mit seinem geliebten Lehrer Dr. Otto Kimning in das Studium der klassischen Literatur und trug sich lange Zeit mit dem Gedanken, „einst selbst klassischer Philologe zu werden".[37] Daneben erhielt er den ersten systematischen Geschichtsunterricht.

Neben der Radolfzeller Markturkunde, fand Beyerle eine längst verlorene geglaubte römische Katakombeninschrift, die sich einst im Kloster Petershausen befand und die ihm in der Sakristei der St. Stephanskirche zu Konstanz in die Hände fiel. Das verschaffte ihm das Glück in verhältnismäßig früher Jugend mit Männern der Wissenschaft in nähere Beziehung zu treten wie Dr. Baumann (Donaueschingen), Geh. Hofrat Dr. Zangemeister (Heidelberg), Prof. Schulte (Freiburg) und Giovanni de Rovi (Rom). Im Herbst 1891 verließ Beyerle das Gymnasium „mit der ersten Note".[38] Er wünschte einen Beruf zu ergreifen, der ihm „das Studium der Geschichte in umfangreichem Masse zur Möglichkeit machen sollte" und entschied sich dann aufgrund eines Briefes von Dr. Baumann für das Studium der Jurisprudenz unter besonderer Zuwendung zur deutschen Rechtsgeschichte.[39]

b. Die Radolfzeller Markturkunde

Einen ersten wissenschaftlichen Erfolg hatte Beyerle bereits 1888 erzielt, als er mit sechzehn Jahren seine „Gymnasialferien im gastlichen Pfarrhause zu Radolfzell zubrachte" und sich „die Zeit durch Ordnung des Pfarrarchivs abkürzte." Ein sauberes Heft habe die Regesten der erledigten Urkunden in chronologischer Reihenfolge enthalten; an erster Stelle habe der kurze Satz gestanden: „1100. Abt Ulrich von Reichenau gründet zu Radolfzell mit Genehmigung Kaiser Heinrichs III. einen Markt."[40] Es erwies sich, daß die Urkunde einen neuen wichtigen Beleg für die Entstehungsgeschichte der Städte darstellte. Trotz Beyerles nur „zufälligen Finderglücks"[41] zeigten sich hier bereits die ersten Regungen seiner wissenschaftlichen Interessen. Mit seinen Arbeiten zur Geschichte der mittelalterlichen Stadtverfassung sollte er sich als hervorragender Kenner dieser Materie ausweisen, so daß bereits in diesem Zusammenhang beispielhaft für die Thematik dieses Schaffenskomplexes, seine später geäußerten Grundgedanken zur „Radolfzeller Markturkunde" dargestellt werden sollen. Sie mögen zugleich als Beispiel für die Beschäftigung mit dem mittelalterlichen Freiheitsbegriff dienen, der neben dem weiter unten darzustellenden katholischen Begriff von Freiheit für Beyerles Grundrechtsverständnis eine Wurzel bildete. Insofern könnten allerdings

---

[36] Diestelkamp, Franz Beyerle, Juristen an der Universität Frankfurt am Main, S. 148, Franz wurde mit 13 Jahren von den kirchentreuen Eltern nach Seckau in die Steiermark geschickt, bevor er mit 18 Jahren aus der Kirche austrat und sich fortan als „germanischer Heide" bezeichnete.

[37] Handschriftlicher Lebenslauf zum Promotionsgesuch, 18.7.1895, Heidelberg

[38] Im einzelnen waren seine Noten bis auf „Turnen" und dem fakultativen Fach „Hebräisch", jeweils mit hinlänglich bewertet, in den übrigen Fächern, vor allem Latein, Griechisch und Französisch durchwegs gut bis sehr gut. In philosophischer Propädeutik erhielt er ein „noch gut". Im Abiturzeugnis vom 14.7.1891 wurde besonders vermerkt, daß er für seinen großen Fleiss und seine Leistungen einen Preis erhalten habe. (GLA Karlsruhe, 234/2161)

[39] Handschriftlicher Lebenslauf zum Promotionsgesuch, 18.7.1895, Heidelberg

[40] Beyerle, Das Radolfzeller Marktrecht vom Jahr 1100 und seine Bedeutung für den Ursprung der deutschen Städte, S. 3

[41] Beyerle, aaO, S. 4

auch andere Arbeiten als Beispiele für die Auseinandersetzung mit den Freiheiten des Mittelalters herangezogen werden, wie etwa seine Schrift über die Pfleghaften.[42]

Die Märkte waren von Anbeginn Horte des öffentlichen Rechts und der persönlichen Freiheit. Ihr Rechtskreis zielte auf Entfesselung, nicht auf Bindung der wirtschaftlichen und sozialen Kräfte und war auf Rechtsvergünstigungen aufgebaut, aus denen Gewerbe, Handel und Verkehr erblühten. Beyerle betrachtete die Radolfzeller Markturkunde in ihrem geschichtlichen Zusammenhang, wobei er drei Stufen der Entwicklung unterschied:

In der ersten Phase habe man dieses Ziel mit den überkommenen Einrichtungen des fränkischen Staates zu erreichen versucht, für die Königsfrieden und Königsbann, Königsrecht über Markt, Münze, Zoll, über Weg und Geleit, Gericht und Zuständigkeitsgrenzen der Richter standen.[43] Als Beispiel nannte er das karolingische Konstanz.

In der zweiten Phase, wofür das reichenauische Radolfzell stand, suchte man einen Ausgleich zwischen den überkommenen Markteinrichtungen des öffentlichen Rechts und den eigenen marktwirtschaftlichen Interessen. In vielen kleinen Marktgründungen zeigte sich dieses Streben, zumal da, wo nicht Händler und Handwerker aus der Fremde den jungen Markt besiedelten, sondern Leute aus der eigenen grundherrlichen Sphäre in die Lücke sprangen, eine rechtliche Grenzziehung zwischen Marktrecht und Hofrecht nötig wurde.

In der dritten Stufe, seit dem 12. Jahrhundert, trat der Großhandel seinen Siegeszug an. Weltumspannender Hansegeist von Kaufleuten, welche die Länder und Meere bereisten, schuf die Bedingungen, unter denen sich seine Jünger zur Beteiligungen an Neugründungen bereitfanden. In den Privilegien dieser dritten Periode entstand ein neues Wesen aufstrebender Städte, etwa das zähringische Freiburg i. Br., hinter dem alle Unfreiheit und Grundherrlichkeit versank und das bekannte Rechtssprichwort „Luft macht frei" zur Losung wurde. Aus den führenden Plätzen wurden Handelsmittelpunkte für ganze Länder und darüberhinaus, bis die Ungunst der wirtschaftlichen und politischen Entwicklung Deutschlands dieser Hochblüte der deutschen Städte am Ende des Mittelalters ein vorzeitiges Ende bereitete.

Unter Stadt im Sinne des deutschen Rechts verstand Beyerle, wie später allgemein üblich, einen mit Marktrecht, Immunität und eigenem Gerichtssprengel ausgestatteten Ort mit politischer Selbstverwaltung durch die Bürger, der sich von Dörfern und offenen Märkten hauptsächlich durch die Ummauerung unterschied. Die im 9. Jahrhundert beginnenden Marktgründungen, die in aller Regel an einen schon vorhandenen Ort anschlossen, brachten neue Stätten, die von Rechts wegen ständig Märkte waren und neben den allergrößten Städten des Reiches etwa Straßburg, Mainz oder Köln stehende Gewerbebetriebe und Handel ansiedelten. Der für die Marktansiedelung ausgeschiedene Raum sollte die Freiheit genießen, "daß von selbigem Gelände jedermann, wes Standes er auch sei, kaufen, verkaufen und frei zu eigen haben mag ohne Widerspruch von irgend einer Seite", womit das freie Besitzrecht der Marktansiedler an den Marktgrundstücken zum Ausdruck gebracht wurde. Den Kernsatz von der dinglichen Freiheit der Marktliegenschaften entsprechend seinem Konstanzer Vorbild besagte, daß alle Bewohner des neugegründeten Marktortes ihre Hausgrundstücke zu freiem Eigentum besitzen und

---

[42] Beyerle, Die Pfleghaften, ZRG (GA) 35 (1914), 212 ff; Es darf als gesichert gelten, daß die Pfleghafte im Rahmen der sog. „ostdeutschen Kolonisation" angesiedelte Freie „zu minderem Recht" auf dem einem Bodenregal unterliegenden Lande waren, die an den Grafen eine Abgabe zahlten und daher in seine „Pflege" gehörten. (Handwörterbuch zur Deutschen Rechtsgeschichte, Stichwort: Pfleghafte)

[43] Die Kultur der Abtei Reichenau, 724 – 1924, Band I, S. 514

darum auch für ihre Person freizügig sein sollten. Marktleute waren die Personen, gleichgültig welchen Standes, ob Kaufleute oder Handwerker, die in Radolfzell ein Gewerbe betrieben und die auf dem Marktland liegenschaftlich begütert waren. Sie hatten keinen grundherrlichen Zins von Haus und Hofstätte zu entrichten.[44] Der Markt wurde damit einer eigenen (niederen) Marktgerichtsbarkeit unterstellt, die sich nicht aus der Immunität des Reichenauer Abtes, sondern aus der Verleihung des Marktrechtes kraft königlicher Autorität herleitete. Klagen um Freiheit, d. h. Klagen über persönliche Freiheit oder Hörigkeit eines Menschen, rechnete man zur Zuständigkeit der hohen Gerichtsbarkeit und damit des Vogtes. Das Verhältnis zwischen Marktrichter und Vogt sei, so Beyerle, umstritten. Aus Parallelen zum Konstanzer Recht ergebe sich aber, daß in der Regel als Unterinstanz zunächst der Marktrichter zuständig war.

Die Bedeutung der Radolfzeller Urkunde erblickte Beyerle darin, daß sie in typischer Weise und sehr ausführlich die Errichtung eines Marktes beleuchtete[45] und als älteste den Dualismus zwischen Marktgemeinde und Hofgenossenschaft mit vorwiegend landwirtschaftlicher Beschäftigung und dem Hofgericht unterstehend, zum Ausdruck brachte. Ihr verdanke man die Erkenntnis, daß auch die Grundherrschaften ihre Märkte von Anfang an im bewußten Gegensatz zum gebundenen Hofrecht, zur Sphäre grundherrlicher Unfreiheit errichteten. Die beiden wirtschaftlich getrennten Bezirke seien erst später vereinigt worden.

Die Marktgründung war nur eine von mehreren Voraussetzungen für die Gründung von Städten,[46] die etwa ab dem 12. Jhdt. einsetzte. In der Radolfzeller Handfeste von 1267 werde nicht zu Unrecht das äußere Dokument der Erhebung Radolfzells zur Stadt gesehen[47], wenn der Abt bestimmte, daß die Stadt, „wie sie bisher in einem Teile ihres Gebietes Marktrecht besessen habe, so doch weiterhin für das gesamte durch Mauer und Graben umschlossene Areal Marktrecht erhalten solle." Damit sei die frühere Hofrechtstheorie, welche die Stadtverfassung aus den hofrechtlichen Genossenschaften des Immunitätsherrn herleitete, zu Grabe getragen.[48] Die Stadtgründung Radolfzell sei irgendwann zwischen 1100 und 1267 erfolgt, als um den Ort eine Mauer errichtet wurde, die die Pflicht der Bürger zu Steuern und Wachdienst nach sich zog. Das bedingte die Selbstverwaltung des geschaffenen Gemeindevermögens. Beyerle formulierte: "Das Marktrecht ... bildete in Zukunft den Grundstock und Eckpfeiler des Stadtrechts, auf welchem ein reges Leben der autonomen Selbstbestimmung sich fortentwickeln konnte."[49] Die ersten Ausstrahlungen autonomen Rechts der städtischen Bürgerschaften waren: Regelung der Bürgerlasten, Ausbildung eines eigenen, des sog. Weichbildstrafrechts und der Ausbau der politischen Verfassung, insbesondere der Wahl und Organisation der übrigen Stadtämter.[50]

Den Radolfzeller Bürgern sei es, wie Beyerle ausführte, darauf angekommen in der Urkunde von 1267 auch andere Freiheitsrechte verbrieft zu erhalten, die damals zu den Elementen des Stadtrechts gezählt wurden. Stadtbürger sein, habe im Jahre 1267 mehr als Freizügigkeit und freies Eigen an Haus und Hausgrund bedeutet. Der Abt machte den Radolfzeller Bürgern die in ihrer Allgemeinheit weitgehende Zusage,

---

[44] Die Kultur der Abtei Reichenau, 724 – 1924, Band I, S. 519

[45] Die Kultur der Abtei Reichenau, 724 – 1924, Band I, S. 519

[46] Das Radolfzeller Marktrecht vom Jahr 1100 und seine Bedeutung für den Ursprung der deutschen Städte, S. 16 und 6

[47] Die Kultur der Abtei Reichenau, 724 –1924, Band I, S. 520

[48] Das Radolfzeller Marktrecht vom Jahr 1100 und seine Bedeutung für den Ursprung der deutschen Städte, S. 15

[49] Beyerle, aaO, S. 17

[50] Beyerle, Grundherrschaft und Hoheitsrechte des Bischofs von Konstanz in Arbon, S. 115

daß vom Nachlaß des Reichenauer Hörigen, der Jahr und Tag in der Stadt als Bürger saß, keinerlei Unfreiheitsabgabe („Laß und Fall") an den Grundherrn mehr geschuldet werde. Zur dinglichen Freistellung an Haus und Hausgrund sei auch die Freiheit des Erbrechts als ein Zeichen der persönlichen Freilassung getreten.[51]

Der mittelalterliche Freiheitsbegriff umschrieb zahlreiche einzelne Freiheiten, die sich häufig als Folge herrschaftlichen Schutzes herausbildeten. Diese Freiheit beinhaltete ein Hineingestelltsein in einzelne konkrete Bindungsverhältnisse, die ihrerseits einen geschützten Lebensspielraum als Freiheit garantierten. Einen Katalog fester Grundrechte umfaßte diese Freiheit nicht. Demgegenüber läßt sich der Freiheitsbegriff der Aufklärung als ein ursprüngliches Los- und Ledigsein, durch ein Fehlen von Herrschaft als allgemeine Freiheit kennzeichnen, die sich in Grundrechten ausdrückte. Freiheitsbegriff und Rechtsbegriff gehörten im Mittelalter auf das engste zusammen.[52] Dieser sollte, worauf noch zurückzukommen sein wird, in Beyerles späterer Konzeption der Grundrechte der Weimarer Reichsverfassung, besonders deutlich sichtbar bei der Eigentumsfreiheit, eine Rolle spielen. Die Beschäftigung mit Bereichen des mittelalterlichen Rechts beinhaltete immer auch eine Auseinandersetzung mit dem Freiheitsthema, die sich in Beyerles späteren Arbeiten zur Kölner Stadtgeschichte fortsetzte. Doch davor und seiner Mitarbeit am Grundrechtskatalog der Weimarer Reichsverfassung standen zunächst Jahre der Ausbildung.

2. Studium, Promotion und Habilitation

Sein juristisches Studium nahm Beyerle zum Wintersemester 1891/1892 an der Ludwig-Maximilians-Universität in München auf. Bei seinem Auszug aus dem Elternhaus am 27.10.1891 hatte der Vater Karl, wie Konrad nicht ohne Stolz berichtete, ihm ins Stammbuch geschrieben: „Die Erde der Weg – der Glaube die Richtschnur – die Tugend das Steuer – der Himmel das Ziel."[53] Er konzentrierte sich nicht allein auf die staatswissenschaftlichen Vorlesungen und Kollegs vornehmlich bei den Professoren Hellmann und Brentano (Nationalökonomie). Letzterer war einer der wichtigsten Vertreter des sogenannten Kathedersozialismus, für den der Mensch nicht irgendein politisches System Selbstzweck war. Seine liberalen Ansätze einer engen Verknüpfung von Sozialpolitik und Volkswirtschaft hatten Bedeutung für die spätere verfassungsrechtliche Entwicklung, denn die Idee eines „sozialpolitischen Liberalismus" hatte nicht nur für Friedrich Naumann, sondern auch für Hugo Preuß besondere Relevanz.[54]

---

[51] Die Kultur der Abtei Reichenau 724 – 1924, S. 521 f

[52] Handwörterbuch zur Deutschen Rechtsgeschichte, Stichwort: Freiheit (MA); S. 14, ebenso Hans Maier, S. 14f: "So ist Freiheit in der älteren Gesellschaft auch nicht, wenigstens nicht in erster Linie, Freiheit von Herrschaft (wie sie die Naturrechtslehre der Aufklärung und des Liberalismus auffaßt); sie wurzelt vielmehr in der Herrschaft selbst als konkrete Berechtigung des Herrschaft Übenden und des der Herrschaft Unterworfenen, als das beiden gemeinsame Recht. Dementsprechend ist Freiheit in der älteren Sprache gleichbedeutend mit Begriffen wie privilegium, status, ius. Selten nur nimmt sie, über diesen konkreten Sinn hinaus, schon eine allgemeinere Bedeutung an, die auf die moderne Freiheitsidee vorausweist, so etwa in der von den gregorianischen Reformern in Anspruch genommenen libertas ecclesiae, der Freiheit der Kirche im Investiturstreit, oder in der an Bauern und Städter verliehenen Königsfreiheit der europäischen Monarchien, die ein Instrument in der Erschließung zusammenhängender territorialer Einheiten und im Aufbau eines geschlossenen "Untertanenverbandes" war.

[53] Literarisches Portrait, S. 88; siehe auch Stammbuch Konrad Beyerles auf der nächsten Seite

[54] Völtzer, S. 51 ff

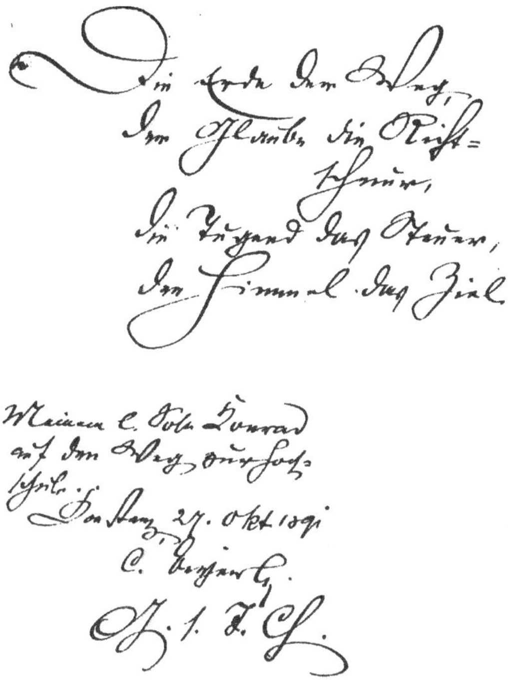

(die erste Seite aus dem Stammbuch Konrad Beyerles)

Beyerle gab auch seinen historischen Interessen nach, indem er u. a. das historische Seminar bei Prof. Grauert besuchte und paläographische Vorlesungen bei Reichsarchivdirektor Professor v. Rockinger hörte.[55] In München schloß er sich der 1851 begründeten katholischen Studentenverbindung „Aenania" an,[56] ohne daß er dies als einen hermetischen Abschluß von andersgläubigen Kommilitonen auffaßte.[57] Es ist anzunehmen, daß sich Beyerle - zum ersten Mal auf sich alleine gestellt und längere Zeit in der Großstadt - auch für deren kulturelle Einflüsse mit ihren Bildersammlungen und Musiktheatern aufgeschlossen zeigte, ohne daß hierüber allerdings Näheres überliefert wäre. Beyerle blieb noch im Sommersemester in München, bevor er zum Wintersemester 1892/1893 an die Karl-Ruprecht-Universität in Heidelberg wechselte.

Dort setzte er seine juristischen und historischen Studien fort.[58] Er besuchte die Vorlesungen der Professoren Heinze, G. Meyer, Buhl, Jellinek und vor allem des Rechtshistorikers Richard Schröder, „dem er die vielseitigste Anregung und

---

[55] Handschriftlicher Lebenslauf zum Promotionsgesuch, 18.7.1895, Heidelberg; ebenso bei den Professoren Löwenfeld und v. Riehl (Kulturgeschichte Deutschlands im Mittelalter); GLA 234/2161

[56] Die „Aenania" war 1856 ein Cartellverhältnis mit der in Breslau gegründeten „Winfridia" eingegangen, was nur deshalb erwähnenswert ist, weil Beyerle in Göttingen von dieser als ihr „Alter Herr" bezeichnet wurde. vgl. NL 60, Bl. 12, Einladungsschreiben

[57] Strieder, Konrad Beyerle zum Gedächtnis, Hochland 1933/1934, S. 281, 282

[58] Curriculum vitae, Beilage zum Habilitationsgesuch des Referendars Dr. Beyerle, Personalakte, Signatur: B 24/249

Belehrung"[59] verdankte. Die Semestralzeugnisse loben Beyerles großen Fleiß und dessen rege Beteiligung.[60] Der Hochschätzung seines Lehrers Schröder verlieh der „cand. iur. et. phil."[61] Beyerle Ausdruck in seinem Exemplar des Lehrbuchs der Deutschen Rechtsgeschichte von Richard Schröder, in dem er im Einband im Mai 1894 in Konstanz schrieb: „Magistri mei dilectissimi, opus hoc celeberrimum". Er beteiligte sich an den Übungen der Professoren G. Meyer, Buhl, Schröder und Karlowa. Aus dem Gebiet der philosophischen Fakultät besuchte er die Vorlesungen von Zangemeister und Schröder über die Germania des Tacitus, die Vorlesungen Winkelmanns über historische Enzyklopädie und beteiligte sich wiederum an historischen Übungen.[62]

Auch während seiner Studienjahre nutzte der junge Rechtsstudent die Pausen zwischen den Semestern, um durch Forschungen im Stadtarchiv Konstanz oder durch archäologische Untersuchungen die Geschichte seiner Heimatstadt aufzuhellen. So glückten ihm bei Ausgrabungen die ersten römischen Baufunde in Konstanz, ein Hausgrundriß unweit St. Johann und der Nachweis eines Spitzgrabens des römischen Kartells südwestlich des Münsters. 1895 übertrug die von Richard Schröder mitbegründete Badische Historische Kommission, deren Mitglied er fünf Jahre später werden sollte, Beyerle die Herausgabe des Konstanzer Stadtrechts, die allerdings unvollendet bleiben und nur bis zum Verlust der Reichsunmittelbarkeit 1548 reichen sollte. In Heidelberg studierte Beyerle weitere fünf Semester, um im März 1895, mit einem Semester mehr als der kürzestmöglichen Studiendauer, die erste juristische Staatsprüfung abzulegen, die er am 9.4.1895 als 15. unter 46 Mitbewerbern mit dem Prädikat „hinlänglich" bestand. Noch am 18. des gleichen Monats trat er als Rechtspraktikant in den badischen Staatsdienst ein.

Schon am 30.10.1894 hatte sich Beyerle in Heidelberg zur Promotion bei Richard Schröder angemeldet. Dieser[63] war Schüler von Georg Beseler, einem der 23 ständigen Mitglieder des Verfassungsausschusses der Frankfurter Paulskirche.[64] Schröder betrachtete Beseler später als seinen eigentlichen Lehrer, zu dessen Füßen gleichzeitig auch Otto v. Gierke saß.[65] Beyerle reichte, was damals offenbar noch möglich war, keine Dissertation ein, sondern lieferte zwei schriftliche Interpretationen von juristischen Stellen.[66] Die mündliche Prüfung erfolgte am 31.7.1895. Als Prüfer vermerkt sind Dekan Heinze und die Professoren Bekker, Meyer und Buhl. Schröder und eine Bemerkung, daß Beyerle bei ihm in Rechtsgeschichte geprüft werden wollte, sind nachträglich gestrichen, ohne daß ein

---

[59] Handschriftlicher Lebenslauf zum Promotionsgesuch, 18.7.1895, Heidelberg

[60] z. B. bescheinigte Schröder Beyerle am 28.2.1894, „daß derselbe während des letzten Wintersemesters mit rühmlichsten Eifer und erfreulichstem Erfolge an meinen deutschrechtlichen Übungen im Juristischen Seminar teilgenommen hat. Derselbe hat sich insbesondere wiederholt an Interpretationen älterer Urkunden aus dem deutschen Privatrecht beteiligt." (GLA Karlsruhe 234/2161)

[61] Vgl. das in der Bibliothek für Deutsche Rechtsgeschichte, Universität München, befindliche Buch von Richard Schröder in 2. Auflage, Leipzig, 1894 (Sign: Ca 43, Inventar-Nr. 13663)

[62] Eine Auflistung der belegten Vorlesungen enthält das Studien- und Sitten-Zeugnis vom 11.2.1895, (GLA Karlsruhe, 234/2161)

[63] Interessant ist Beyerles Charakterisierung des Protestanten Schröder, die Parallelen zu ihm selbst erkennen läßt: „Der religiöse Grundton seines Wesens paarte sich ... mit Toleranz gegen Andersgläubige; aller Kulturkämpferei war er abhold. Seiner politischen Gesinnung nach war Sch(röder) ein rechtsgerichteter Liberaler burschenschaftlicher Prägung mit einem Schuß Demokratie ...", (Deutsches Biographisches Jahrbuch, S. 170)

[64] Kühne, S. 546

[65] Beyerle: Richard Schröder, in: Deutsches Biographisches Jahrbuch, S.138; über Otto von Gierke, 1821 bis 1921, vgl. H. G. Isele in Handwörterbuch der Deutschen Rechtsgeschichte

[66] Beyerle berichtete ebensolches über Richard Schröder, aaO, S. 141. Im Gesamtverzeichnis des deutschsprachigen Schrifttums 1700 - 1910, Bd. 14, S. 381, 382 findet sich unter dem Stichwort "Beyerle, Konrad" keinerlei Eintrag über eine (schriftliche) Dissertation.

Grund angegeben ist. Beyerle wurde mit der Note „magna cum laude“ bewertet und das Diplom am 1.8.1895 ausgestellt.[67]

Die juristische Vorbereitungszeit als Rechtspraktikant verbrachte Beyerle weitgehend in Konstanz: von 13.4.1895 bis 1.1.1896 beim Großherzoglichen Amtsgericht Konstanz, das bei dessen Anfertigung von Entwürfen von Verfügungen und Urteilsgründen, der Führung von Protokollen wiederum seinen Fleiß lobte[68], und dann bis 1.5.1896 beim Landgericht, wo er den ihm obliegenden Dienst „mit anerkennenswertem Fleiße, mit Pünktlichkeit und Raschheit besorgte“ und nachdem er in mehreren Prozessen den Tatbestand und die Gründe zum Urteil „mit ebensoviel Gewandtheit wie Gründlichkeit“ entwarf, „bestens empfohlen“ werden könne.[69] In der Zeit von 1.5. bis 1.11.1896 war er beim Bezirksamt Wolfach tätig,[70] bevor er bis 1.3.1897 zur Konstanzer Staatsanwaltschaft wechselte, die ihn als „begabt, stilgewandt und von ruhigem Wesen“ charakterisierte.[71] Die Station beim Bezirksamt Konstanz vom 1.3. bis 10.5.1897 war für Beyerle wie schon zuvor in Wolfach weniger erfolgreich. Seine Geschäftsgewandtheit und die praktische Anwendung seiner theoretischen Kenntnisse „lasse noch zu wünschen“, so das Zeugnis vom 20.5.1897. Weiter heißt es: „Was uns an Dr. Beyerle nicht gefällt ist sein etwas vorlautes und doch wieder devotes Wesen und die große Meinung, die er von sich hat.“[72] Anschließend war Beyerle bis 1.6.1898 als allgemeiner Stellvertreter des Rechtsanwalts August Hanger in Waldshut tätig und beendete von 1.6.1897 bis 3.5.1898 seine Ausbildung an der Konstanzer Stadtverwaltung,[73] wo er mit Angelegenheiten der Stiftungs-, Schul-, Bau- und Gemeindeaufgaben betraut war.[74]

Im Januar 1898 hatte Beyerle die zweite badische Staatsprüfung absolviert, die er im Sommer mit der Platzziffer 26 (bei 63 Prüfungsteilnehmern), wiederum mit dem Prädikat „hinlänglich“ bestand. Die Ergebnisse der nur gut durchschnittlichen Staatsprüfungen lassen den Schluß zu, daß er sich innerlich schon mehr seinen rechtshistorischen Interessen hingegeben hatte als dem aktuellen Recht. Mit Urkunde vom 20.7.1898 wurde er zum Referendar ernannt. Ab 15.9.1898 ließ er sich für ein Jahr beurlauben, um dann aus dem Staatsdienst auszuscheiden. Aufgrund bestandener Staatsprüfung war er seit Mai 1898 bis April 1899 als Vertreter des Rechtsanwalts Dr. Karl Görres in Freiburg tätig.[75] Sein Vater hätte sich Konrad Beyerle zwar gerne als Mitarbeiter und Nachfolger in seinem Anwaltsbüro gewünscht, der hatte sich jedoch für die akademische Laufbahn entschieden.[76]

Die Zeit der Beurlaubung nutzte er zur Habilitation auf Empfehlung von Schröder bei dem vier Jahre älteren, protestantischen und 1896 nach Freiburg i. Br. berufenen

---

[67] Schriftliche Auskunft des Universitätsarchives der Ruprecht-Karl-Universität Heidelberg vom 9.3.1999

[68] Bericht des Großherzoglich Badischen Amtsgerichts vom 1.1.1896 (GLA Karlsruhe, 234/2161)

[69] Mitteilung des Großherzoglich Badischen Landgerichts Konstanz vom 30.4.1896 (GLA Karlsruhe, 234/2161)

[70] Das Zeugnis des Bezirksamtes Wolfach vom 10.11.1896 berichtet von der Übertragung schriftlicher Arbeiten aus den Gebieten der Polizei, dem Armenwesen und der sozialen Gesetzgebung. Es schließt mit einer „distanzierten“ Bewertung: „Rechtspraktikant Beyerle, der sich der Universitäts-Carriere widmen will und daher in erste Reihe rechtsgeschichtlichen und historischen Studien mit großem Fleiß oblag, war eifrig bemüht, sich die erforderlichen juristischen und praktischen Erkenntnisse anzueignen und hat die ihm übertragenen Arbeiten in zufriedenstellender Weise erledigt.“ (GLA Karlsruhe, 234/2161)

[71] Auszug aus dem Jahresbericht der Staatsanwaltschaft Konstanz für 1897 (GLA Karlsruhe, 234/2161)

[72] Zeugnis des Großherzoglich Badischen Bezirksamtes (GLA Karlsruhe, 234/2161 und 234/2162)

[73] Curiculum vitae, Beilage zum Habilitationsgesuch, Universitätsarchiv Freiburg, Personalakte, Signatur: B 24/249

[74] Bericht des Stadtrathes der Kreishauptstadt Konstanz vom 4.4.1898, (GLA Karlsruhe, 234/2161)

[75] Universitätsarchiv München, Personalakte der Juristischen Fakultät, Signatur: L – N – 14a

[76] Stutz, Nachruf, S. XXVIII

Professor Ulrich Stutz.[77] Dieser berichtete später,[78] Beyerle habe sich unter glücklicher Überwindung gewisser Widerstände für deutsches Recht habilitiert. Die angesprochenen Schwierigkeiten dürften - soweit ersichtlich - mit der kühleren Zweitbegutachtung seiner Habilitationsschrift zusammenhängen, die ihm aber die Lehrbefähigung als Hochschullehrer ebenfalls zuerkannte.[79] In dieser Zeit wurde der Grundstein für die jahrelange Freundschaft der Familien Beyerle und Stutz gelegt. Dieser setzte sich bei Beyerles späteren Berufungen immer wieder für ihn ein und stand in regelmäßigem Kontakt mit ihm. Beyerle erinnerte sich an Stutz' Gutachten über seine Habilitationsschrift später in dankbarer Rückschau.[80] Allerdings bestanden zwischen beiden politisch tiefgreifende Meinungsverschiedenheiten.[81] Stutz sollte sich später auf der Linie der DNVP bewegen.[82]

Mit Erlaß des badischen Ministeriums der Justiz, des Kultus und Unterrichts vom 22.2.1899 wurde die Genehmigung zur Habilitation für deutsches und badisches Recht erteilt. Beyerle hatte in seinem Zulassungsgesuch vom 20.12.1898 angegeben, sich in den Fächern „Deutsches Recht (mit Einschluß des bürgerlichen Rechts)" sowie „Badisches Recht (französisches Civilrecht und badische Nebengesetze zum Bürgerlichen Gesetzbuch)" habilitieren zu wollen. Neben seiner Habilitationsschrift „Über das Salmannenrecht der Stadt Konstanz im Mittelalter", einer rechtsgeschichtlichen Studie über die Grundeigentumsverhältnisse und das Bürgerrecht, legte er als weitere wissenschaftliche Arbeiten seinen Aufsatz „Zur Verfassungsgeschichte der Stadt Konstanz im 12. und 13. Jahrhundert"[83] sowie die „Konstanzer Ratslisten" vor.

In seinem zwölfseitigen Gutachten vom 7.1.1899[84] charakterisierte Stutz zunächst Beyerles Ausführungen zum Salmannenrecht. Indem Beyerle sich der Römer- und Bischofsstadt Konstanz zuwende, um in der Frage nach dem Ursprung der deutschen Stadtverfassung zu einer befriedigenden Lösung zu gelangen, stelle er sich auf den neuesten Stand der Stadtrechtsforschung, nachdem sich diese in den letzten Jahren mehr auf die Marktansiedlungen konzentriert habe. Es sei richtig und zeuge von Einsicht, wenn er auf das Grundeigentum abstelle, um über den Mangel an Dokumenten aus der ältesten Zeit hinwegzukommen und das Dunkel, das über den Anfängen der Bischofsstadt hing, zu beseitigen. Nach der bisher herrschenden Ansicht, die auch für Konstanz Gültigkeit beansprucht habe, sei der Stadtherr Eigentümer des städtischen Landes gewesen, welches die Stadtbewohner nur geliehen hätten. Erst allmählich habe sich freies Eigentum entwickelt. Demgegenüber pflichtete Stutz Beyerle bei, der im Konstanzer Salmannenrecht den Beweis für ursprüngliches Bürgereigen erblickte, denn ein solches Institut wäre nicht entwickelt worden, wenn allodialer Grundbesitz der Bürger die Ausnahme gewesen wäre. Das Hauptverdienst Beyerles und der Hauptwert seiner Arbeit liege darin, nachzuweisen,

---

[77] Ulrich Stutz, 1868 – 1938, Kirchenrechtler und Rechtshistoriker, näher: Karl Siegried Bader: Ulrich Stutz als Forscher und Lehrer, Rede, gehalten am 4. Mai 1968 auf Einladung der Rechts- und Staatswissenschaftlichen Fakultät der Universität Bonn, Bonn, 1968; Bruno Schmid, Arthur Bauhofer: Schweizer Beiträge zum Gedächtnis von Ulrich Stutz, 5. Mai 1868 bis 5. Mai 1968, Zürich, 1970

[78] Stutz, Nachruf, S. XXIX

[79] Beyerle erwähnte in seinem Brief an Stutz von Ostern 1904, daß ihm „die Freiburger Affäre noch manchmal aufstoße" (UAZ)

[80] UAZ, Brief vom 4.1.1932

[81] Damit erklärt sich auch, weshalb die Korrespondenz Beyerles im Nachlaß Stutz bis auf ganz wenige knappe Bemerkungen keine politischen Aussagen enthält. Georg May, (Band I, S. 329) schreibt, ein "Gespräch über die Tagespolitik wäre vermutlich bei dem stürmischen und rechthaberischen Temperament von Stutz unerquicklich verlaufen."

[82] Georg May, Band II, S. 674

[83] erschienen in: Schriften des Vereins für Geschichte des Bodensees und seiner Umgebung, Heft 26

[84] Universitätsarchiv Freiburg, Personalakte, Signatur: B 24/249.

daß diese Entwicklung von der eigentlichen bürgerlichen Niederlassung ausgegangen sei, womit die bisherige Ansicht u. a. über die Anfänge des Marktrechts und über die ursprüngliche Zusammensetzung der Marktgemeinde Konstanz umgestaltet werde, was sich ebenfalls für andere Städte ergeben könnte. Beyerles Studie über das Salmannenrecht in Konstanz fülle eine Lücke aus, enthalte aber auch für andere Städte beispielsweise Hamburg, Lübeck und Nürnberg eine eingehende Darstellung. Überraschend gut sei ihm der Nachweis gelungen, daß das Salmannenrecht an den Stadtmauern halt machte, wobei besonders die verfassungsrechtlichen Einflechtungen in diesem Zusammenhang von Interesse seien. Das Salmannenrecht sei auf die bischöfliche Altstadt ausgedehnt worden und habe schließlich dazu gedient, die Handwerker vom Erwerb zollfreien Eigentums und damit vom Bürgerrecht auszuschließen, weshalb die Zunftkämpfe im 12. Jahrhundert wesentlich Kämpfe gegen das verhaßte Salmannenrecht gewesen seien. Aus dem Inhaltsverzeichnis des noch nicht abgeschlossenen zweiten Bandes[85] ergebe sich, daß Beyerle, der den gesamten Stoff bereits durchgearbeitet habe, die Untersuchung über das Salmannenrecht fortsetzen und die Leihe und den Zusammenhang von Gemeinde- und Bürgerrecht fortsetzen werde, bevor er auf den Grundbesitz zu sprechen komme. Er habe aus diesem Teil schon eine Probe eingereicht.

Stutz lobte Beyerle als einen „durchaus selbständigen, mit eigenen Gedanken arbeitenden Forscher", von dem man noch viel erwarten dürfe, zumal er schon in seiner Jugend das berühmte Radolfzeller Marktprivileg entdeckt und sich in verschiedenen Arbeiten wissenschaftlich betätigt habe. Die Habilitationsschrift lege beredtes Zeugnis ab für seinen großen Fleiß und wissenschaftlichen Sinn. Er habe es aufgrund sehr gründlicher juristischer, allgemeingeschichtlicher und wirtschaftshistorischer Kenntnisse verstanden, seinen Stoff nach allen Seiten hin fruchtbar zu machen. Weiter hob Stutz die Phantasie und die an anderem Recht geschulten dogmatischen Kenntnisse Beyerles hervor, der durchweg reifen historischen Sinn verrate. Da die Darstellung klar, sehr geschickt und leicht lesbar sei, qualifiziere sie sich als Habilitationsschrift ganz vortrefflich. Sie fand in Fachkreisen hohes Lob, da er einen bislang unerschlossenen Quellenbestand unter Berücksichtigung topographischer Bewandtnisse analysierte und das Privatrecht in seiner Verschränktheit mit der Verfassung vorführte, um zu grundsätzlichen, über die Ortsgeschichte hinausgehenden Ergebnissen zu gelangen.[86] So sind für Beyerles spätere Haltung zur Demokratie in diesem Zusammenhang seine Untersuchungsergebnisse nicht ganz ohne Bedeutung, wonach die Bürger ursprüngliches Eigentum hatten und der Besitz nicht zunächst auf Leihe beruhte. Denn damit kam ihnen ursprünglich eine aus eigenem und nicht nur abgeleiteten Recht selbständige Stellung im Gemeinwesen zu.

Am 9.2.1899 hielt Beyerle seinen Habilitationsvortrag über das Thema: „Die gesetzliche Gütergemeinschaft nach badisch-französischem Recht im Vergleich zur Fahrnisgemeinschaft des BGB."[87]

---

[85] Die Konstanzer Grundeigentumsurkunden der Jahre 1152 - 1371

[86] vgl. Laufs, Konrad Beyerle, Leben und Werk, S. 26,

[87] Das im Konstanzer Stadtarchiv erhaltene Manuskript der „Probevorlesung, gehalten vor versammelter jurist. Fakultät zu Freiburg iBr." umfaßt 40 handschriftliche Seiten.

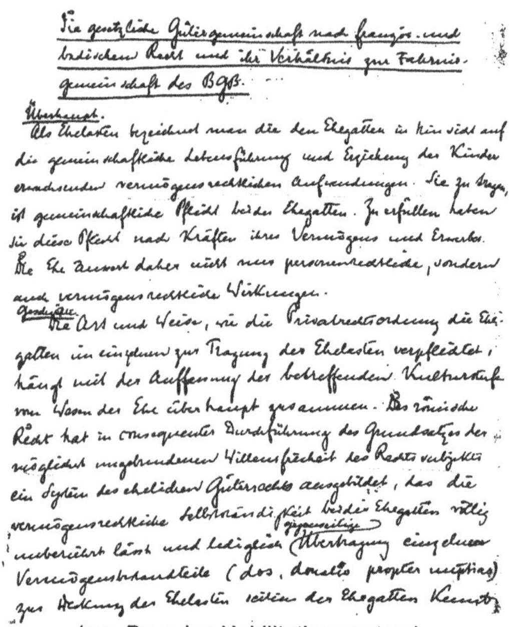
Die gesetzliche Gütergemeinschaft nach französ. und badischem Recht und ihr Verhältnis zur Fahrnisgemeinschaft des BGB.

Überhaupt.

Als Ehelasten bezeichnet man die den Ehegatten in Hinsicht auf die gemeinschaftliche Lebensführung und Erziehung der Kinder erwachsenden vermögensrechtlichen Aufwendungen. Sie zu tragen, ist gemeinschaftliche Pflicht beider Ehegatten. Zu erfüllen haben sie diese Pflicht nach Kräften ihres Vermögens und Erwerbs. Die Ehe äussert daher nicht nur personenrechtliche, sondern auch vermögensrechtliche Wirkungen.

Geschichte. Die Art und Weise, wie die Privatrechtsordnung die Ehegatten im einzelnen zur Tragung der Ehelasten verpflichtet, hängt mit der Auffassung der betreffenden Kulturstufe vom Wesen der Ehe überhaupt zusammen. Das römische Recht hat in consequenter Durchführung des Grundsatzes der möglichst ungebundenen Willensfreiheit des Rechtssubjektes ein System des ehelichen Güterrechts ausgebildet, das die vermögensrechtliche Selbständigkeit beider Ehegatten völlig gegenseitige unberührt lässt und lediglich Übertragung einzelner Vermögensbestandteile (dos, donatio propter nuptias) zur Deckung der Ehelasten seitens der Ehegatten kennt.

(aus Beyerles Habilitationsvortrag)

Anschließend fand das Colloqium statt, womit er die Voraussetzungen erfüllt hatte, um als Privatdozent wirken zu können. Für die Auswahl des Vortragsthemas dürfte seine bevorstehende Heirat eine Rolle mitgespielt haben.[88] Nach sehr knappen geschichtlichen Bemerkungen befaßte er sich mit den Prinzipien des damals geltenden Rechts, wobei er nach einer ausführlichen Darstellung des Badischen Rechts die wesentlichen Übereinstimmungen mit der Fahrnisgemeinschaft des BGB und die prinzipiellen Verschiedenheiten charakterisierte, um dessen Regelungen in gleicher Systematik wie zuvor das Badische Recht zu behandeln. So konnte er später auf seine Studien über das französische Recht verweisen.[89]

Im Sommersemester 1899 und Wintersemester 1899/1900 hielt Beyerle als Privatdozent Vorlesungen und Übungen über „Grundzüge des französischen Civilrechts" und „Deutsches Bürgerliches Recht" (Erbrecht), wofür er eine einmalige Vergütung von 600 Mark erhielt.

In persönlicher Hinsicht brachte das Jahr 1899 bedeutende Änderungen. Am 10.4.1899 heiratete er seine Frau Bertha (30.3.1877 bis 24.7.1938), geborene Riedle. Bertha war die Tochter des Bäckermeisters Mathias Riedle (gest. 24.12.1893) und der Maximiliana Weber (30.9.1849 bis 17.11.1925).[90] Auch Bertha

---

[88] In seinem Testament vom 1.8.1926 (Staatsarchiv 1080/1933) hielt Beyerle fest, - obwohl er nur bescheidenes Fahrnisvermögen sein eigen nenne, möchte er doch zu Liebe und Frieden unter seinen Hinterbliebenen beitragen. Seine Ehe sei nach dem gesetzlichen Güterstand des badischen Landrechts eingegangen (Gütergemeinschaft). Da der eheliche Wohnsitz am 1.1.1900 (Inkrafttreten des BGB) nicht in Bayern, sondern in Freiburg/Breisgau gelegen war, kämen die badischen Überleitungsbestimmungen für die Auseinandersetzung zur Anwendung.

[89] Lebenslauf von 1917

[90] Ahnenpaß des Karl Max Beyerle; Mathias war Sohn des Schmiedes Gregor Riedle und seiner Frau Juditta, geborene Wilhelm; Maximiliana Weber war die Tochter des Bäckermeisters und Traubenwirts Joh. S. Friedr. Weber zu Staad und der Rosalia Bärmann.

entsprang katholischen Familienverhältnissen. Aus der Ehe Konrad und Bertha Beyerle gingen zwischen 1900 und 1910 fünf Söhne und eine Tochter hervor.[91] Bertha habe Konrad als Lebensgefährtin aufs Glücklichste ergänzt - so die Schilderung Stutz[92]- und sei auf seine Ideen und Bestrebungen verständnisvoll eingegangen, was bei seinem Sturm und Drang, später auch wegen seiner angegriffenen Gesundheit und des Umfangs seiner freundschaftlichen, fachlichen und politischen Beziehungen nicht immer leicht gewesen sei. Beyerle vertraute seinem Tagebuch 1919 an: „Meine liebe treue Frau (,) meine beste Gefährtin und mein Trost in all den schweren Zeiten; sie ist mit ihrer Stenographie u(nd) Schreibmaschine mir zur unentbehrlichen Sekretärin geworden."[93] 1926 lobte er die „treueste und aufopfernde" Mitarbeit seiner Ehefrau „an der Reichenau".[94]

Die Jahre seit 1895 standen ganz im Zeichen der Beschäftigung mit dem Komplex des Konstanzer Stadtrechts. 1898 erschien das über 250 starke Werk „Die Konstanzer Ratslisten des Mittelalters", 1900 die „Geschichte der Stadt Konstanz im Dreißigjährigen Krieg", "Grundherrschaft und Hoheitsrechte des Bischofs von Konstanz in Arbon". Ebenso wandte er sich dem kirchlichen Lebenskreis literarisch zu, wie beispielsweise das noch vom Vater angeregte Werk „Die Geschichte des Chorstifts und der Pfarrei St. Johann" zeigt. Darin kommen die kirchlichen Rechtssätze und kanonischen Regeln eindrücklich zum Vorschein.[95] 1905 erschienen „Ergebnisse einer alamannischen Urbarforschung" und 1906 der zusammen mit Dr. Anton Maurer bearbeitete zweite Band des „Konstanzer Häuserbuchs", der eine geschichtliche Ortsbeschreibung enthält. Zusammen mit seiner historischen Festrede am 13.9.1906 war dies Anlaß für die Verleihung des Ritterkreuzes I. Klasse des Ordens von Zähringen Löwen durch den Großherzog Friedrich von Baden. Seit 1906 war Beyerle Herausgeber der Deutschrechtlichen Beiträge, die im Laufe der Jahre 14 Bände umfassen sollten.

3. Professor in Freiburg, Breslau und Göttingen

a. Freiburg

Hier fühlte sich Beyerle heimisch. Er bewohnte eine „Herrschaftswohnung" mit sechs Zimmern und kleinem Garten in der Scheffelstr. 59 im südlichen Stadtteil[96] und seine Kollegs waren gut besucht. Mit Staatsministerialentschließung vom 13.12.1900 wurde ihm „der Charakter als außerordentlicher Professor verliehen",[97] worin sich nicht zuletzt die hohe Wertschätzung seiner Habilitationsschrift ausdrückte. Neben der Ehre hatte dies finanzielle Vorteile: Beyerle erhielt nun pro Semester 1500 Mark. Eine Berufung in den Katholischen Oberstiftungsrat in Karlsruhe, für den bereits Beyerles Vater Karl als Rechtsanwalt tätig geworden war, lehnte er ab.[98] Ab 24.7.1902 wurde Beyerle besoldet.[99] Zum 1.10.1902 trat er aus dem badischen

[91] Konrad, geb. 16.2.1900; Gebhard, geb. 17.4.1901; Walfried, geb. 24.10.1902; Karl, geb. 30.7.1904; Hedwig, geb. 16.2.1906 und Bernward, geb. 11.4.1910

[92] Stutz, Nachruf, S. XXXI f

[93] Tagebuch, S. 25

[94] Tagebuch, S. 31

[95] Adolf Laufs, Konrad Beyerle, Leben und Werk, S. 27

[96] GStA PK, I. HA, Rep. 76 V a Sekt 4 Titel IV, Ministerium für geistl., Unterrichts- und Medizinalangelegenheiten, Bl. 107

[97] Universitätsarchiv Freiburg, Personalakte, Signatur: B 24/249

[98] Stutz, Nachruf, S. XXIX

[99] Jährlich 2500 Mark, zuzüglich 900 Mark Wohngeld

Staatsdienste aus, da er am 2.9.1902 auf den Lehrstuhl Felix Dahns[100] als außerordentlicher Professor nach Breslau berufen wurde, obwohl zunächst die Professoren Alfred Bittner Wretschko in Innsbruck und Max Gmür in Bern vor ihm auf der Berufungsliste standen.[101] Vielsagend dafür, wie Beyerle auf seine Umgebung wirkte, ist der Glückwunsch wahrscheinlich eines Kollegen oder Freundes „zum Flug in die Ferne", der schrieb: „Begeisterung und Besonnenheit sind die beiden Pole des Lebens."[102]

b. Breslau

Zum 1.4.1903 wurde Beyerle zum persönlichen Ordinarius ernannt, weil er von Jugend an lebhafte Neigung zu historischen Studien bekundet und bereits als Unterprimaner die berühmt gewordene Radolfzeller Marktrechtsurkunde vom Jahre 1100 entdeckt habe. Seine Arbeiten im mittelalterlichen Konstanz bewegten sich auch durchweg auf dem Gebiete der Rechts- und Verfassungsgeschichte und würden „als Muster rechtshistorischer Quellenuntersuchung und Urkundenbehandlung" gelten. Als Dozent werde Beyerle wegen seines „gewandten, klaren und sicheren Vortrags in hohem Maße geschätzt".[103] Er selbst hielt seine Vorlesungen gegenüber Freiburger Zeiten für viel präziser. Auf vielfaches Drängen habe er sich entschlossen, die gemischte Vortragsweise anzuwenden, also nur das „Gerippe" zu diktieren, bevor er zu den gedruckten Blättern für jede Stunde übergehen wollte, mit denen Richard Schmidt seinen Lehrerfolg gemacht habe, womit er auch der „Schwänzerei etwas entgegenzuarbeiten" glaubte. Das sollte er später fortsetzen, weil die Blätter „dem Dozenten Entlastung und dem Zuhörer den Besuch der Vorlesung anregender und genussreicher gestalten". „Da sie nur in der Vorlesung selbst zur Verteilung gelangen sollen, üben sie einen in seiner Art durchaus einwandfreien moralischen Druck zum Besuch der Vorlesung aus."[104]

In seine Breslauer Zeit fiel der 70. Geburtstag Felix Dahns am 8.2.1904, ein großes Ereignis, das auch Niederschlag in der Presse fand. Das Verhältnis zu Dahn läßt sich trotz aller persönlichen Freundlichkeit[105] als gespannt bezeichnen. Beyerle hatte den Eindruck, daß diesem seine Anwesenheit unangenehm sei. Er kritisierte an Dahn, daß dieser das deutsche Privatrecht in altem Stile vortrage und die Verschiebung der Disziplin nach der historischen Seite nicht mitgemacht habe und auf seinen abweichenden Meinungen herumreite. Allerdings entschädige ihn die aufrichtige freundliche Gesinnung aller übrigen Kollegen. An einer Beteiligung an der Festschrift zu Dahns 50-jährigem Doktorjubiläum 1905 werde er wohl nicht vorbeikommen.[106]

---

[100] Das bekannteste Werk von Felix Dahn: Ein Kampf um Rom, historischer Roman, etwa 791. bis 810.Tsd., München 1953

[101] GStA PK, I. HA, Rep. 76 V a Sekt 4 Titel IV, Ministerium für geistl., Unterrichts- und Medizinalangelegenheiten, Bl. 61

[102] Eintrag von B. Ziegler vom 10.9.1902 in Beyerles Stammbuch

[103] GStA PK, I. HA, Rep. 76 V a Sekt 4 Titel IV, Ministerium für geistl., Unterrichts- und Medizinalangelegenheiten, Bl. 106

[104] Universitätsarchiv Göttingen, Kur. 4 III b 165, Bl. 42 ff, Kostenerstattungsantrag vom 5.11.1908

[105] In Beyerles Stammbuch hatte Dahn am 9.2.1904 geschrieben: „Das höchste Gut des Mannes ist sein Volk."

[106] Beyerles Beitrag „Ergebnisse einer alamannischen Urbarforschung" beschäftigte sich mit der Arboner Grundherrschaft des Konstanzer Bistums.

Neben der Erteilung eines Lehrauftrags für Landwirtschaftsrecht[107] und der Mitgliedschaft in der Landwirtschaftlichen Prüfungskommission wurde er auch in die juristische Prüfungskommission beim Königlichen Oberlandesgericht in Breslau berufen.[108] Seine Berufsfreude litt aber darunter, so schrieb er an Stutz, daß er unter den Studenten als strenger Prüfer verschrieen sei, was auch beim Präsidenten der Kommission Mißbehagen auslöse. Das liege aber daran, daß vor seiner Herberufung von den Studenten Rechtsgeschichte und Privatrecht für das Examen überhaupt nicht angesehen wurden, denn Dahn prüfe nur Tacitus und Brie stelle Suggestivfragen, so daß ein gutes Examen mit geringem Aufwand unter alleiniger Heranziehung des „Heilfron" zu machen gewesen sei.[109] Auf das Jahr 1904 blickte Beyerle mit „stiller Resignation", denn da ihm seine Vorlesungshefte nicht mehr genügten, hatte er "so ziemlich alles neu auszuarbeiten bzw. umzuarbeiten", weshalb er – nicht zuletzt weil er mit Korrekturarbeiten unterging[110] - eine stark nervöse Depression davontrug.[111]

Nachdem Beyerle mit seiner Familie zunächst eine Etagenwohnung in der Tiergartenstraße bewohnte, freute er sich, wie er Ostern 1904 Stutz berichtete, einen Dominiumsbesitzer gefunden zu haben, der in unmittelbarer Nähe zum einzigen Park in Scheiting ein Einfamilienhaus errichten und zu einem anständigen Preis vermieten werde, worauf sich die Familie sehr freue und Ende März 1905[112] einzog.[113] In Breslau fühlte sich Beyerle recht wohl. So berichtete er in seinem Tagebuch von frohen Tagen „in unserem reizenden Haus Leerbeutel bei Scheiting", von einem Gartenfest und einer Pfingsttour mit Geheimrat Fischer und Baumgartner. Hinzukam, daß sein jüngerer Bruder Franz 1903/1904 bis 1905 in Breslau zunächst Philosophie, Psychologie und Nationalökonomie studierte.

Die Berufung nach Göttingen kam „völlig überraschend", da Beyerle die gelegentliche Bemerkung seines Freundes Herbert Meyer aus Jena nicht weiter beachtet habe. In Breslau hatte er sich „völlig eingerichtet, so daß er an nichts weiteres dachte, zumal er „schlesische Pläne" hatte, denn seit Stengel und Gaupp[114] sei in schlesischem Recht überhaupt nicht viel gearbeitet worden, da auch Laband[115] zum Staatsrecht abgeschwenkt sei.[116] Den badischen Verhältnissen habe er sich über Gebühr entfremdet, so daß er nun nur noch daran denke, sich im Alter an den heimatlichen Bodensee zur Ruhe zu setzen.[117] Sein Vater habe ihn vor Göttingen, der „ganz lutherischen Stadt und Gegend" gewarnt. Da ihm von Berlin aus keine guten Bedingungen geboten worden seien, habe er sich mündliche Rücksprache erbeten. Nachdem er sich in Göttingen umgesehen habe, vom Dekan freundlich

---

[107] GStA PK, I. HA, Rep. 76 V a Sekt 4 Titel IV, Ministerium für geistl., Unterrichts- und Medizinalangelegenheiten, Bl.121.; auch Beyerles Lehrer Schröder hatte das Landwirtschaftsrecht gelesen, vgl. Beyerle: Richard Schröder, in: Deutsches Biographisches Jahrbuch

[108] Deutsches Zeitgenossen Lexikon, Hrsg. Von Franz Neubert, 1905 (428)

[109] UAZ, Brief vom 28.12.1904

[110] UAZ, Brief vom 4.7.1906

[111] UAZ, Brief vom 28.12.1904

[112] UAZ, Brief von Ostern 1904, Postkarte vom 7.4.05

[113] Beyerle wohnte in Breslau XVI Leerbeutel; Deutsches Zeitgenossen Lexikon, Hrsg. von Franz Neubert, 1905 (428)

[114] hier bezog sich Beyerle offenbar auf: Ernst Theodor Gaupp, Das Schlesische Landrecht oder eigentlich Landrecht des Fürstentums Breslau von 1356 an sich und in seinem Verhältnisse zum Sachsenspiegel, Leipzig, 1828; für Beyerle sicher auch von Interesse Gaupps Werke: Über deutsche Städtegründung, Stadtverfassung und Weichbild im Mittelalter, Jena 1824; Deutsche Stadtrechte des Mittelalters mit rechtsgeschichtlichen Erläuterungen, Breslau, Bd. I., 1851, Bd. II., 1852

[115] vgl. Paul Laband: Das Staatsrecht des deutschen Reiches, Tübingen, Freiburg i. Br., Bd. I, 1876, Bd. II, 1878; Bd. III. 1. Abt., 1880, Bd. III. ". Abt., 1882

[116] UAZ, Brief von Ostern 1904,

[117] UAZ, Brief vom 28.12.1904

empfangen worden sei, sein Vorgänger Ferdinand Frensdorff keine Vorbehalte hatte und die finanziellen Angelegenheiten geklärt waren,[118] habe er akzeptiert.
Der Winter 1905/1906 in Breslau verging mit vielen Abschiedsbesuchen und -gesellschaften. Bei seiner Universitätsabschiedsfeier sprach aufgrund seiner erfolgreichen Vorlesung über Handelsrecht mit 10 Exkursionen im Wintersemester 1905/1906, u. a. zum Registergericht, Handelskammer, Kammer für Handelssachen, Kaufmannsgericht, Privatbank, Reichsbank und zur Börse,[119] OLG-Präsident Vierhaus anerkennende Worte seitens der Justizverwaltung aus. Der Prorektor, evangelischer Theologe, habe Beyerles versöhnliches Bemühen um konfessionelle Verständigung während seiner Breslauer Jahre hervorgehoben. Es fiel Beyerle nicht leicht, „die große deutsche Stadt" Breslau zu verlassen, denn er „scheide aus einem geistig sehr angeregten Kreise". Aber alle hätten ihm zur Annahme des in jeder Beziehung ehrenvollen Rufes geraten. Ausschlaggebend war für ihn die „historische Tradition" Göttingens.[120] Zum Andenken „an das schöne schlesische Land, das wir uns zu verlassen anschickten", wurde die langersehnte, gerade geborene Tochter auf den Namen „Hedwig"[121] getauft.

c. Göttingen

Am 17.2.1906 wurde Beyerle als Nachfolger von Ferdinand Frensdorff, dem berühmten niederdeutschen Stadtrechtshistoriker[122] an die Georgia-Augusta-Universität versetzt. Seine Vorlesungstätigkeit nahm er eigenen Wünschen entsprechend erst im Sommersemester 1906 auf. Mit Verfügungen des Ministers der geistlichen, Unterrichts- und Medizinal-Angelegenheiten vom 17.2.1906 wurde Beyerle mit der Vertretung des deutschen bürgerlichen Rechts, der Rechtsgeschichte, des deutschen Privatrechts und des Handelsrechts in Vorlesungen und Übungen sowie des Landwirtschaftsrechts in einer besonderen Vorlesung beauftragt.[123] Dies führte dazu, daß er wiederum Mitglied der Prüfungskommission für Lehrer der Landwirtschaft an Landwirtschaftsschulen wurde.[124]

Die Menschen in Göttingen waren nicht so gemütlich wie in Schlesien und vorhandene Gegensätze in der Fakultät erforderten kluges Abwägen. „Ich hoffe jedoch auf gute Beziehungen, wenn ich auch die Empfindung nicht los werde, daß Frensdorff sich durch meine Berufung, die er doch selbst befürwortete, gekränkt

[118] Beyerle berichtete, daß er seine Übersiedlung nach Göttingen davon abhängig machte, daß Frensdorff sämtliche deutschrechtlichen Vorlesungen abtrat. Dieser habe zwar gemeint, es werde ihm schwer, „sein eigener Totengräber" zu werden, dann jedoch akzeptiert. In finanzieller Hinsicht habe der Wechsel nach Göttingen einen beträchtlichen Ausfall in Beyerles Einkommen mit sich gebracht. Tatsächlich sei er mit 5200 Mark Gehalt, 1250 Mark Remuneration für Landwirtschaftsrecht und 540 Mark Wohnungsgeld angestellt worden. Kolleggeld und Promotionsgebühren seien aber in Göttingen viel geringer als in Breslau gewesen.

[119] UAZ, Brief vom 2.1.1906

[120] UAZ, Undatierter vierseitiger Brief Beyerles

[121] Hedwig: um 1174 bis 15.Okt. 1243, Herzogin und Patronin von Schlesien

[122] vgl. Ferdinand Frensdorff, M. Lexer: Chronik der schwäbischen Städte, Bd. I.: Augsburg, Chronik von 1268 - 1406 mit Fortsetzung bis 1447, Leipig, 1865 und Bd. II.: Chronik des Burkhard Zink, 1368 - 1468, Leipzig, 1866 (in: Chronik der deutschen Städte vom 14. bis ins 16. Jahrhundert); Das Braunschweig'sche Stadtrecht bis zur Rezeption, in : Zeitschrift der Savigny-Stiftung, 26. Bd., Germ. Abt., Weimar, 1905

[123] Universitätsarchiv Göttingen, Kuratoriumsakte, Kur. 4 III b 165, Bl. 4 f und Bl. 1 f; Neben seiner jährlichen Besoldung von 4.000 Mark, einem Wohnungszuschuß von 540 M, erhielt Beyerle für die Vertretung des Landwirtschaftsrechts eine besondere Besoldungszulage von 1.200 M.

[124] Amtliches Verzeichnis des Personals und der Studierenden der Königl. Georg-August-Universität zu Göttingen, ab Sommersemester 1906

fühlt."[125] Beyerle wollte sich „vom bürgerlichen Recht vollständig zurückziehen, um ganz der Germanistik zu leben."[126] Während sich seine Veranstaltung über den Sachsenspiegel andauernd auf der Höhe halte, sei die Vorlesung über Rechtsgeschichte schlecht besucht, wohingegen ihm sein Privatissimum „bei Bier und Cigarren" zuhause viel Freude mache.[127]

Von einer politischen Tätigkeit Beyerles in diesen Jahren kann noch kaum die Rede sein. Allerdings verfaßte er bereits Artikel für die katholisch orientierte Kölner Volkszeitung. Die konfessionellen und politischen Spannungen, denen sich Beyerle ausgesetzt sah, erreichten während des Reichstagswahlkampfes 1907 einen Höhepunkt. An Stutz schrieb er:

> *„Während des Wahlkampfs war unser Sprechzimmer das neue nat(ional)lib(erale) Wahlbureau. Trotz aller Zurückhaltung meinerseits, waren einige Attacken unvermeidlich. Das Geschimpfe über Katholiken und Centrum überstieg alle Grenzen. Der Präsident der Akademie G(eheim)r(at) Leo, verstieg sich zu dem Satz, wenn es nicht gelinge, das Centrum zu zerreißen, so zerfalle entweder das Reich oder es gebe mindestens Revolution. Aller Funke von Gerechtigkeit ist hier im Fanatismus erloschen. Ich werde mich nun noch mehr zurückziehen..."*[128]

Beyerle zog sich in die Arbeit zurück: „Was soll man hier auch anderes tun als arbeiten!"[129] „Ich schliesse mich hier immer mehr zu wissenschaftlicher Alleinarbeit ab. Die kollegialen Verhältnisse sind hier für mich irreparabel. ..."[130] Neben seiner Vorstandschaft im Göttinger Kunstverein[131] engagierte er sich in der Antiduelliga,[132] was nicht zuletzt einen Versuch darstellen dürfte, aus der selbst gewählten „Isolation" einen Schritt wieder herauszutreten. Die Antiduelliga, 1902 vom katholischen Fürst zu Löwenstein gegründet, hatte sich zum Ziel gesetzt, das Duell abzuschaffen durch die Gewährung eines Ehrenschutzes seitens freier Ehrengerichte. Ein mißverstandener Ehrbegriff habe zu der verzerrenden Annahme geführt, daß jede Beleidigung, vielleicht auch von unzurechnungsfähigen Menschen begangen, die Ehre des Beleidigten schädige, falls dieser nicht sofort, entgegen Vernunft, Moral und Gesetz zum Duell herausfordere. Die innere Unwahrheit eines solchen Ehrbegriffs zeige sich schon daran, daß er nur für bestimmte Kategorien von Menschen gelte und die Ergreifung der Waffe nicht den Nachweis der Unwahrheit einer Verdächtigung oder einer Verleumdung erbringen könne. Nach § 2 der Satzungen der Antiduelliga in Deutschland setzte sich die Liga zur Aufgabe, die Überzeugung von der Verwerflichkeit und Zwecklosigkeit des Duells durch Wort und Schrift zu wecken und zu stärken, auf die Einschränkung der Duelle, insbesondere durch Änderung der Strafgesetzgebung und Einführung von staatlichen und corporativen Ehrengerichten hinzuwirken und den grundsätzlichen Duellgegnern einen gesellschaftlichen Rückhalt zu gewähren. Am 9.12.1909 fand eine Versammlung der gesamten Studentenschaft statt, zu der neben Beyerle sechs weitere Professorenkollegen eingeladen hatten,[133] in der ein studentischer Ehrenrat

---

[125] UAZ, Brief vom 4.7.1906

[126] UAZ, Undatierter Brief Beyerles zur Jahreswende 1906/1907

[127] UAZ, Undatierter Brief Beyerles um die Jahreswende 1906/1907

[128] UAZ, Brief Beyerles vom 15.2.1907

[129] UAZ, Postkarte vom 20.12.1909

[130] UAZ, Undatierter, 6seitiger Brief Beyerles

[131] HA Universität Göttingen, Cod. Ms. E. Ehlers 132, Brief vom 17.10.1912

[132] Im Jahresbericht der Görres-Gesellschaft 1904 (1905), S. 15 heißt es dazu leicht ironisch: "Fürst Löwenstein, alter Herr der Aenania in München, ... warb dann für sein „Steckenpferd", die Antiduelliga."

[133] NL 6, Bl. 92, Brief vom 7.12.1909

konstituiert wurde, einem „höchst segensvollen Institut zur Wahrung einer allgemeinen studentischen Ehre." Am 11.7.1910 wurde auf Initiative Beyerles die Ortsgruppe Göttingen gegründet und er zum ersten Vorsitzenden gewählt. Ob er selbst als Vorsitzender eines Ehrengerichts tätig wurde, läßt sich nicht belegen. Ehrenräte und Ehrengerichte wurde nach dem Statut vom 26.10.1905 vom Aktions-Comitee der Antiduelliga eingesetzt, dem auch die Vorsitzenden der Ortsgruppen angehörten, doch war der Ortsvorsitz nicht von selbst mit einem Ehrenrichteramt verknüpft. Nachdem es bis 1913 gelang, die Mitgliederzahl auf 100 zu erhöhen, bat Beyerle nach siebenjährigem Engagement wegen seiner vielseitigen beruflichen Inanspruchnahme von seinem Amt entbunden zu werden, wobei er darauf hinwies, daß es wegen der Zusammensetzung der Mitgliederschaft besser wäre, wenn eine evangelische Persönlichkeit die Nachfolge übernehmen würde,[134] allerdings früher auch schon bedauert hatte, daß sich die katholischen Studentenverbindungen Göttingens überwiegend von der Aktion der Antiduelliga ferngehalten hätten.[135]

Nachdem Beyerle in den Jahren 1910/1911 durch sein Amt als Dekan der Juristischen Fakultät[136] wieder in verstärktem Maße mit dem Kollegenkreis in Berührung gekommen war, beantragte er für das Wintersemester 1911/1912 von seinen Vorlesungsverpflichtungen freigestellt zu werden, da er seit 1895 von der Badischen Historischen Kommission mit der Herausgabe der Rechtsquellen seiner Vaterstadt Konstanz betraut, die „sehr umfangreichen Archivvorarbeiten infolge" seiner „akademischen Lehrtätigkeit und vielseitigen anderweiter literarischer Inanspruchnahme bisher nicht über eine allerdings schon stattliche Materialsammlung hinaus zu fördern" vermochte.[137] Er wünschte diese alte Verpflichtung zu erfüllen, „zugleich um für weitere und allgemeinere Pläne im Dienste der rechtshistorischen Forschung freies Feld zu gewinnen." Der Universitätskurator befürwortete das Gesuch, denn „Beyerle gehört zu den fleißigsten Dozenten der Universität",[138] so daß dieser Gelegenheit bekam in süddeutschen und österreichischen Archiven zu forschen.

Er arbeitete sich aber auch in die niederdeutsche Rechtsgeschichte ein und verfaßte über Köln zahlreiche Werke. Genannt seien hier etwa „Die Entstehung der Stadtgemeinde Köln" und „Die Urkundenfälschungen des Kölner Burggrafen Heinrich von Arberg". Stutz urteilte: Gerade von Göttingen aus erfolgte überhaupt jene Ausweitung seines wissenschaftlichen Gesichtskreises, die Beyerle über den Provinzialrechtshistoriker hinaus zum Gesamtrechtshistoriker erhob.[139] Nach Göttingen folgte Konrad Beyerle im Wintersemester 1906/1907 sein Bruder Franz, der sich unter seinem Einfluß nunmehr der Jurisprudenz zuwandte und schließlich 1910 bei Ferdinand Frensdorff mit seinen 65 Seiten umfassenden „Untersuchungen zur Geschichte des älteren Freiburger Stadtrechts" am 18.5.1910 promovierte.[140]

---

[134] NL 6, Bl. 92
[135] NL 6, Brief vom 11.7.1910
[136] Amtliches Verzeichnis des Personals und der Studierenden der Königl. Georg-August-Universität zu Göttingen, Sommersemester 1909, Bl. 5
[137] Universitätsarchiv Göttingen, Kur. 4 III b 165, Bl. 51 f
[138] aaO, Bl. 50
[139] Stutz, Nachruf, S. XXXII
[140] Die Arbeit bildete den ersten Teil der im 5. Band der Deutschrechtlichen Beiträge erschienenen Abhandlung „Untersuchungen zur Geschichte des älteren Stadtrechts von Freiburg i. B. und Villingen a. Schw.", und beeinflußte das Grundrechtsverständnis Konrad Beyerles. Vgl. unten: III. Teil, c. aa. (1), Die von Franz Beyerle in seiner Arbeit angewandte vergleichende Methode und sein Gedankenreichtum brachten so gute Ergebnisse, daß seine Erstlingsarbeit auch heute noch Ausgangspunkt der Überlegungen zur frühen Stadtrechtsgeschichte ist. So sei am Anfang der Stadtgründung die Unternehmergilde gestanden, ein Gedanke, der später am Beispiel Lübecks zur Gründungsunternehmertheorie ausgebaut wurde, vgl. Diestelkamp, Franz Beyerle, Juristen an der Universität Frankfurt am Main, S. 150

Allerdings hatte Franz Göttingen bereits zum Sommersemester 1907 wieder verlassen.[141] 1913 freute sich Beyerle mit seiner Familie von der „Bude" in der Wöhlerstraße 2,[142] einem alten unwirtschaftlichen Haus, das einzige, das bei seiner Versetzung nach Göttingen überhaupt zu haben gewesen sei und wo er mit „ständiger Dienstbotennot" zu kämpfen hatte,[143] in ein eigenes stattliches Heim am Nikolausberger Weg 70[144] in der Nähe der Universität zu ziehen: „Das Wohnen im eigenen Heim entzückend, der herrliche Garten ertragreich."[145] „Zu Hause viel Freude mit Frau und Kindern, aber auch viel Mühen..."[146]

Trotzdem fühlte er sich in Göttingen - Stutz bemerkte dazu: vielleicht nicht ganz ohne eigene Schuld[147] - nicht allzu wohl. Im gleichen Jahr notierte Beyerle: „Der Besitz der teuren Eltern verbindet mich mit der (unleserlich) Bodenseeheimat, die mir andererseits doch merklich ferner rückt. Zukunftshoffnungen geben Leipzig und München." Nachdem er bereits 1909 mehrere Tage im Krankenhaus war, zeigten sich in diesem Jahr nicht zuletzt wegen seiner starken beruflichen Inanspruchnahme gesundheitliche Beeinträchtigungen: Müdigkeit, Herznervosität und „leidige" Gichtanfälle.[148] Das Sommersemester 1914 las er auf ärztlichen Rat hin nur bis Mitte Juli.[149]

(Beyerles Haus in Göttingen, Nikolausbergerweg, am Ende des Tagebuchs. S. 40)

[141] vgl. Amtliches Verzeichnis des Personals und der Studierenden der Königl. Georg-August-Universität zu Göttingen, 1906/1907, S. 40 und 1907

[142] Amtliches Verzeichnis des Personals und der Studierenden der Georg-Augusta-Universität zu Leipzig, 1906 und der nächsten Jahre

[143] UAZ, Undatierter Brief Beyerles um die Jahreswende 1906/1907

[144] Kürschners Deutscher Literatur Kalender, Jahrgang 36, 1914, (496)

[145] Tagebuch, S. 8

[146] Tagebuch, S. 6

[147] Stutz, Nachruf, S. XXXII

[148] Tagebuch, S. 6

[149] Universitätsarchiv Göttingen, Kur. 4 III b 165, Bl. 55

Beyerle befriedigte seine „Göttinger Lehrstelle infolge der ganz protestantischen Umgebung", die ihn „vielfach nur als Fremdkörper" duldete, „und infolge des Rückgangs der juristischen Frequenzziffern" nicht auf Dauer."[150] Zwar war mit dem kriegsbedingten Rückgang der Kolleggelder eine Einkommenseinbuße verbunden, doch dürfte dieser Grund nur eine untergeordnete Rolle gespielt haben. In seiner Sylvesterbetrachtung 1913 heißt es dazu: „Unsere äußere Lage ausreichend knapp, da unser neues Haus zu teuer kam. ‚Da (?) half Gott durch das Jahr und wohl auch weiter. Ich will jetzt ein Lehrbuch des Landwirtschaftsrechts schreiben, um einiges Geld zu verdienen. Ein ganzes Lehensgutachten ... das mich im September beschäftigte, kam mit seinem klingenden Ertrag gerade zu passe."[151] Der Hauptgrund war das Verhältnis zu seinen Kollegen, wie der Tagebucheintrag 1914 beweist:

„Sonst mit dem Herzen in Göttingen dauernd fremd; es geht nicht, hier heimisch zu werden. Alle netten Menschen außerhalb der Fakultät; ... Daran wird leider auch der Krieg nichts ändern -."[152]

Das neue Haus soll Beyerle später der Kirche geschenkt haben[153], was bei seiner Sparsamkeit und zunächst gehegten Verkaufsabsichten nur durch den karitativen Schenkungszweck zu erklären ist. Heute beherbergt es einen Schwesternverein des Deutschen Roten Kreuzes.

Allerdings blühte in Göttingen Beyerles gutachterliche Tätigkeit auf. So ging aus seinem Gutachten über ein vormals fürstliches Isenburgisches Familienfideikommiß sein „Beitrag zum deutschen Familienkommißrecht" hervor, welcher 1910 in Iherings Jahrbüchern veröffentlicht wurde. Aufgrund dieses Gutachtens geriet er in eine heftige literarische Auseinandersetzung mit Prof. O. Fischer aus Breslau, der - ebenfalls Gutachter im selben Gerichtsverfahren - zu entgegengesetzten Ergebnissen kam. Bei seiner Berufung nach München wurde dieser Umstand erfolglos gegen Beyerle geltend gemacht.[154] 1910 und 1911 entstanden „Vorgutachten" und „Gutachten II" über das viel umstrittene gräflich Herbersteinsche Fideikommiß Grafenort in Schlesien, Arbeiten, durch die Beyerle tief in das Adels- und rechtsgeschäftliche Stammgutsrecht hineingeführt wurde, bevor er sich später dem ausführlichen Gutachten über das Verhältnis zwischen dem Haus Wittelsbach und dem Freistaat Bayern widmen sollte. 1912 erstattete er - in Fortführung seiner Beschäftigung mit dem Landwirtschaftsrecht - ein Gutachten über die fischereirechtlichen Verhältnisse am Oberrhein, dessen Gegenstand dem Verfasser

---

[150] NL 6, Bl. 92;

[151] Tagebuch, S. 7

[152] Tagebuch, S. 11; In einem undatierten Brief um die Jahreswende 1906/1907 an Stutz (UAZ) schrieb Beyerle über seine Kollegen: „V. Hippel und Schoen sind äußerlich korrekt, politisch aber rabiate Köpfe. Schoens Kirchenrecht ist ein ununterbrochenes Reden-Kolleg gegen den Katholizismus. Es vergeht keine Stunde ohne Ausfälle, die behaglich vorgetragen werden, aber durchaus nicht von Geistestiefe zeugen."

[153] Mündliche Auskunft von Fr. Dr. Angelika Beyerle vom 1.4.1999

[154] Sondervotum Prof. Frank vom 9.2.1918 an das Bayerische Staatsministerium für Unterricht und Kultus (Bayerisches Hauptstaatsarchiv MK 69280). Im Schreiben des mit Beyerle befreundeten Prof. Wenger vom 13.2.1918 an das Ministerium führte dieser aus: „...Ganz abgesehen davon, daß eine Stellungnahme zu dieser literarischen Fehde ohne genaue Kenntnisnahme der gesamten Prozeßakten meines Erachtens voreilig wäre und dem anerkannten Juristenspruch audiatur et altera pars widerspräche, so vermag überhaupt der zufällige Ausgang eines Prozesses für die Bewertung der juristischen Kenntnisse eines Gutachters ebensowenig zu besagen, wie etwa für die Qualifikation eines unterlegenen Anwalts ..."

zwar örtlich näher lag, ihn aber auch auf ein von ihm bisher nicht betretenes Gebiet führte.[155] Daneben verfaßte Beyerle zahlreiche Rezensionen vorwiegend über Arbeiten, die sich allgemein gesprochen mit dem mittelalterlichen Stadtrecht beschäftigten. Seine meist ausführlichen und ins Detail gehenden Würdigungen setzten sich dabei nicht nur mit dem jeweiligen Stand der rechtsgeschichtlichen Forschung auseinander, sondern legten auch eigene Ansichten gründlich dar.[156] Daher hatte seine Stimme Gewicht, die neben wissenschaftlichem Lob[157] auch zu kritischer Beurteilung fähig war,[158] wenn er eine Besprechung nicht gar ablehnte.[159]

Den Kriegsausbruch hatte Beyerle zusammen mit seinem von der deutsch-österreichischen Waffenbrüderschaft enthusiastischen Vater in Konstanz erlebt. Das begeistert ins Feld ziehende deutsche Heer machte auf Beyerle größten Eindruck.[160] Er konnte sich der allgemeinen optimistischen Stimmung nicht entziehen. Der Krieg habe von den Tagen der Mobilmachung an einen „Reichtum an inneren Erlebnissen" gebracht und die „Ahnung in einer großen Zeit" zu leben, „auch im inneren Frieden mit all seinen grellen alltäglichen Kontrasten."[161] Allerdings stimmte ihn der Tod so vieler „trefflicher, junger Freunde" bedenklich.[162] Im Wesentlichen ging das Leben jedoch für ihn seinen gewohnten Gang mit kleineren Entbehrungen, wie die wiederholte Einquartierung von Landsturmmännern zuhause.

Beyerle, der mit eigenen Worten in Göttingen „seit 10 Jahren krumm gelegen habe" sehnte sich nach Neuem.[163] Seit Anfang 1915 beschäftigte er sich, die flämische und französische Sprache beherrschend[164] - zunächst ehrenamtlich[165]- im Kriegsgefangenenlager Göttingen mit gebildeten Flamen. Ab April 1916 wurden gefangene Flamen aus anderen deutschen Lagern in größerer Zahl nach Göttingen verlegt, „um sie mit deutschem Wesen vertraut zu machen"[166] und ihnen Vergünstigungen zu verschaffen, insbesondere die Möglichkeit zu geistiger Betätigung zu eröffnen. Neben Flamen waren in unterschiedlichem Umfang aber auch Gefangene anderer Nationalitäten wie Engländer oder Franzosen interniert. Die Einrichtung eines Gefangenenlagers für gebildete Flamen zu Propagandazwecken beruhte u. a. auf einer Anregung einiger Offiziere des Kriegsministeriums und des Generalgouverneurs von Belgien, mit dessen Behörde Beyerle in ständigem Briefkontakt stand. Das Kriegsgefangenenlager Göttingen diente als Zentralstelle für die Aufklärungsarbeit unter den flämischen Kriegsgefangenen.[167] Der evangelische

---

155 Stutz, Nachruf, S. XXXIV

156 Vgl. ZRG (GA) 30, (1909) 408 ff

157 Vgl. ZRG (GA) 32, (1911) 589 ff: „Auch in dem hier anzuzeigenden zweiten Hefte bietet der Verfasser das nachahmenswerte Beispiel dafür, daß ein praktischer Jurist die Mußestunden seines Berufes mit bestem Erfolge rechtshistorischer Arbeit zuwendet."

158 Vgl. ZRG (GA) 34, (1913) S.662 ff, S. 677: „Wir nehmen damit von dem Buche eines Verfassers Abschied, den methodische Fehler auf Abwege brachten, indem wir gerne der Überzeugung Ausdruck geben, daß er befähigt ist, über diese Mängel hinwegzukommen und in Zukunft bei unbefangener Arbeit Vollwertiges zu leisten."

159 UAZ, Postkarte vom 21. Mai 1927: „Rehm's Stadtbücher haben mich schwer enttäuscht. Was dieser Teil I bringt, ist eine so öde Zusammenstellung ohne jeden Geist und auch als Statistik in der Willkür der Auswahl so wenig fördernd, dass ich, so leid es mir tut, gerade dieses Buch nicht gern besprechen möchte. ..."

160 Tagebuch, S. 9

161 Tagebuch, S. 10

162 So verfaßte Beyerle beispielsweise den Nachruf auf seinen Nachbarn, den 33jährigen Hans Niese, der am 24.4.1915 als einfacher Soldat in Flandern gefallen war. (Sonderabdruck aus der Zeitschrift der Savigny-Stiftung für Rechtsgeschichte, Band 36 (1915), S. 644 ff

163 UAZ, Postkarte, Datum nicht lesbar

164 Lebenslauf von 1917

165 NL 3, Bl. 90, 94, Brief Beyerles vom 17.7.1916

166 NL 2, Bl. 64; Brief Beyerles vom 30.11.1916 an Dr. Schwering

167 NL 3, Bl. 87; Erlaß des Kriegsministeriums vom 17.10.1916

Theologieprofessor Stange, dem die allgemeine Oberleitung der Gefangenenfürsorge oblag, hatte Beyerle, dem zweiten deutschen Hochschullehrer im Lager „die entscheidenden Momente der wissenschaftlichen Arbeit unter den gebildeten Flamen", „aus denen sich die politische Denkweise des in Göttingen vereinten Flamentums am besten erkennen ließ",[168] überlassen. Diese bestand zunächst in der Briefzensur. So wurden die ein- und ausgehenden Briefe auf ihren politischen Gehalt überprüft, um ein Bild über die politischen Stimmungen und Strömungen innerhalb der Flamen zu gewinnen. Das dabei gewonnene Material diente als Unterlage für die deutsche Politpropaganda. Beyerle berichtete:

„...Während vor meinem Eintritt in den Lagerdienst viel wertvolles Material zur Geschichte der geistigen und politischen Entwicklung unter unseren Flamen und ihren Angehörigen unbeachtet unter den Tisch fiel, habe ich seit Ende April des Jahres gewissenhaft den grösseren Teil der flämischen Post – ein- und ausgehende Briefe! - in der bewußten Absicht, zeitgeschichtliche und Kulturdokumente zu sammeln, gelesen und Auszüge daraus gemacht, welche die lebhafte Zustimmung des Kriegsministeriums ... erweckten..."[169]

Für den Zeitraum von Mai bis Oktober 1916 fertigte Beyerle eine Übersicht aus 172 Briefen in fünf Serien. Die Briefe wurden in systematischer Form zusammengefaßt, wobei neben den Kategorien „Flämische Schule im Lager", „Flämisches Orchester und Konzerte" und „Tätigkeit von Künstlern und Gelehrten, die außerhalb des Lagers beurlaubt sind" vor allem die „Flämische Bewegung im Lager" und die „Allgemeine politische Lage in Belgien, Flämische Bewegung, Universität Gent" sowie die „Gegenströmungen" das Interesse der Zensoren fanden.[170] Beyerle wurde unterstützt von den beiden flämischen Kriegsgefangenen Kayenberg und Mertens, die für ihn als Privatsekretäre arbeiteten. Über den Hintergrund seiner Tätigkeit formulierte Beyerle in den - im Mai 1917 bereits nach seinem Wechsel in die Politische Abteilung beim Generalgouverneur verfaßten (und mit den anderen Referenten inhaltlich abgestimmten) - „Richtlinien über Bedeutung und Ziele der deutschen Flamenpolitik in Belgien",[171] Grundlage für die deutsche Politik in Belgien sei die flämische Bewegung gewesen, der „Befreiungskampf des unterdrückten niederländisch-flämischen Stammes gegen den verwelschten belgischen Staat" „zur Beseitigung der rechtlichen, kulturellen und wirtschaftlichen Zurücksetzung der Flamen, die ihrerseits die Mehrheit der belgischen Bevölkerung ausmachten." Die belgische Regierung in LeHavre habe sich gegen alle flämischen Forderungen ablehnend verhalten, so daß die „flämischen Kreise dazu getrieben" worden seien, die „deutsche besetzende Macht für ihr bedrohtes Volkstum" um Hilfe zu rufen. Die Flaminganten, die für die Rechte ihres Volkstums eintretenden Flamen, seien durch den Krieg zerstreut worden, ein Teil auf die Gefangenenlager in Deutschland, besonders das Lager Göttingen. Während die der französischen Kultur nahestehenden „Franskiljons" Deutschland feindlich gegenüberstünden, hielten sich die flämischen Passivisten aus Loyalität oder Furcht abseits, dagegen hätten sich „die Aktivisten zu politischem Zusammenwirken mit der deutschen besetzenden Macht" entschlossen. Ziel der deutschen Flamenpolitik sei es, möglichst breite Schichten des flämischen Volkes im „Aktivismus" zu vereinigen, ohne sich auf „die an Zahl und Einfluß im Volke geringe

[168] NL 3, Bl. 90, Brief Beyerles vom 17.7.1916

[169] NL 2, Bl. 64 RS; Brief Beyerles vom 30. 11.1916 an Dr. Schwering

[170] NL 3, Bl. 168 ff, Übersichtstabelle und sachlich geordnetes Inhaltsverzeichnis zu den Serien I – V der Briefauszüge aus flämischen Briefen zusammengestellt von Professor Dr. Konrad Beyerle. Oktober 1916

[171] NL 16, Bl. 2 bis 8, 14, Schreiben vom 5.5.1917

jungflämische Gruppe" der radikalen Flamen zu beschränken. Dem diente nach der noch 1916 durchgeführten „Verflamung" der Genter Hochschule und der ab Herbst 1916 begonnenen Verwaltungstrennung zwischen Flandern und Wallonien u. a. eine umfangreiche Propagandatätigkeit, die Beyerle später in Brüssel fortsetzte, und in diesem und im folgenden Abschnitt zur Verdeutlichung der von ihm eingenommenen politischen Position nur an Hand ausgewählter Beispiele dargestellt werden soll.

Zwar distanzierte sich Beyerle von der radikalen Bewegung der Jungflamen, die Flandern als eigenen Staat errichten wollten, er trat jedoch von Anfang an entschieden für die Gruppierung der Aktivisten ein. So stellte er im Juli 1916 fest, daß die Lagerzeitung „Oonze Taal", die einen entschieden aktivistischen Standpunkt vertrat, in anderen Lagern, in denen die flämischen Gefangenen nicht in gleichem Maße politisch reif seien, auf Widerspruch gestoßen sei. Auch im Göttinger Lager hätten die Aktivisten durch die Umverlegung Zulauf für ihre Bewegung erwartet, seien jedoch infolge der überwiegend passivistischen Haltung der Neuankömmlinge enttäuscht worden. Die belgischen Unteroffiziere seien es, die sich in besonderem Maße gegen die aktivistische Bewegung stellten, so daß eine Kontaktaufnahme nur „von Mann zu Mann" erfolgversprechend sei.[172] Daher organisierte Beyerle Spaziergänge in die Umgebung mit akademischen Zivilpersönlichkeiten und wöchentliche wissenschaftliche Exkursionen,[173] denn er hielt dies wegen der „freieren politischen Aussprachemöglichkeiten" für besonders geeignet, „das Ziel der Göttinger Flamenarbeit zu erreichen."[174] Er war stolz darauf „mehr als einen aus Gegnerschaft und Apathie zu einer gerechten Beurteilung der deutschen Lage" gebracht zu haben.[175]

Die Erfolgsaussichten der flämischen Bewegung beurteilte Beyerle sehr optimistisch. In seiner Einschätzung übertraf er nicht nur die Haltung Berliner Regierungskreise, sondern auch die des Generalgouverneurs. Dies war ihm auch bewußt. Er bereitete ein größeres Buch vor, über die deutsch-flämischen Beziehungen in Geschichte und Gegenwart. Das Schlußkapitel hatte er Hauptmann Dirr, Referent beim Generalgouverneur, vorgelegt, um die politische Einstellung dort zu erkunden und festzustellen, ob seine Weiterarbeit sinnvoll sei. Ebenso schlug er vor, ein Flugblatt an die Flamen zu verfassen. Die Antwort des Generalgouverneurs dürfte Beyerle allerdings nicht gerade erfreut haben, auch wenn er später die Berechtigung der Einwendungen einsah. So kritisierte Dirr die belehrende Art, mit der sich Beyerle an die Flamen wenden wollte. Auch habe die Zensurbehörde wegen der zu deutlich angesprochenen Kriegsziele ihre Genehmigung versagt. Die Deutschen müßten sich zurückhalten und dürften ihre Befreierrolle nicht zu deutlich in den Vordergrund rücken, um nicht seitens der Flamen zurückgewiesen zu werden.[176] Auch zeigte sich Beyerle darüber enttäuscht, daß der Zentrumsabgeordnete Trimborn,[177] seine Auffassungen „zu Unrecht für zu sanguinisch und zu optimistisch" ansah,[178] gestand aber später zu, daß sein Mitarbeiter v. Kisky in seiner Realitätseinschätzung in allem Recht behalten habe.[179] Ebenso habe Trimborn, der vorsichtig abwägende Politiker, klarer als viele andere gesehen, „daß Deutschlands

---

[172] NL 3, Bl. 90 ff; Bericht vom 17.7.1916
[173] NL 3, Bl. 18; Bemerkungen zum Inhalt der flämischen Kriegsgefangenenkorrespondenz
[174] NL 3, Bl. 93, Brief Beyerles vom 17.7.1916
[175] Brief Beyerles vom 23.6.1916, (HA Universität Göttingen)
[176] NL 1; Bl. 12; Brief vom 8. Mai 1916
[177] damals Generalreferent für das Unterrichtswesen im besetzten Belgien
[178] NL 2, Bl. 20; Brief vom 13.9.1917
[179] Tagebuch, S. 16

Macht und Endsieg doch nicht so feststanden, wie wir damals so gern glaubten."[180] Immer wieder betonte Beyerle daher zur Zeit der deutschen Besetzung sein "sachliches Interesse"[181] für die belgischen Probleme. In erster Linie war es die reiche rechtsgeschichtliche und kulturelle Vergangenheit des Landes, die eine starke Faszination auf ihn ausübte, wie sich – neben der von ihm gewählten Kategorisierung der Gefangenenbriefe - beispielsweise an den von ihm organisierten flämischen Liederabenden zeigte, in denen flämische Lieder vorgetragen wurden und Beyerle selbst flämische Gedichte vortrug.[182] Auch übersetzte er Flamenlieder ins Hochdeutsche[183] und bereitete „mit zwei tüchtigen jungen Zivilgefangenen eine Urkundensammlung zur Verfassungs- und Rechtsgeschichte der belgischen Lande" vor.[184] Die flandrische Rechtsgeschichte hatte ihn als Städteforscher immer mit besonderer Vorliebe beschäftigt. Daneben waren es verwandtschaftliche Beziehungen und gesellschaftliche Kontakte, die ihm das Land näher brachten.[185]

Schon im März 1916 hatte Beyerle begonnen, zahlreiche „orientierende" Artikel zu aktuellen Ereignissen der flämischen Bewegung für katholisch orientierte Zeitungen zu schreiben, allen voran für die „Kölnische Volkszeitung", aber auch die „Bayerische Staatszeitung", die „Augsburger Postzeitung", die „Neue(n) Züricher Nachrichten", die „Allgemeine Rundschau" und die „Germania".[186] Sein Ziel war es, das Interesse für Belgien, das sich in Deutschland „noch vor ganz kurzem auf beklagenswertem Tiefstande ... befand, wecken zu helfen."[187] Dazu hielt Beyerle sich für geeignet, weil er durch eine nicht geringe praktische Schulung hindurchgegangen sei, das Leben als Anwaltssohn und in seinen praktisch-juristischen Jahren kennengelernt und seitdem reichlich Gelegenheit gehabt habe, sich organisatorisch und in der Pflege allgemeiner politischer und Weltanschauungsprobleme zu betätigen.[188]

In seiner im Herbst 1916 erschienenen Schrift „Flanderns Wehklage und Wir?, Ein flämischer Weckruf und ein deutsches Echo" verwertete Beyerle zahlreiche der von ihm angefertigten Briefauszüge aus der Gefangenenkorrespondenz. Es sei

---

[180] Beyerle, Karl Trimborn, AR Nr. 32 vom 6.8.1921, S. 403 ff (404)

[181] NL 1, Bl. 46; Brief vom 7.12.1916 an Hauptmann Dirr; Beyerle betonte, vom ersten Tage seiner flamenpolitischen Arbeit an, habe ihn „nicht persönlicher Ehrgeiz" und „nicht parteipolitisches Interesse, sondern seine deutsche Pflicht" geleitet.

[182] NL 1, Bl. 122; Programm eines volkstümlichen Vortragsabends ... am 18.1.1917 ...; Beyerle las die Gedichte „meine Mutter" von René de Clerq, „Deutschland sei gegrüßt" von Emanuel Hiel, „An Deutschland" von Eugen von Oye und „Haustein" von Marcel Romeo Boeyne. In gewisser Weise zeigt sich darin auch der Einfluß Schröders auf Beyerle, der „als Freund der Literaturdenkmäler ... die deutsche Dichtung des Mittelalters in den Dienst der Rechtsgeschichte zog." (Deutsches Biographisches Jahrbuch 1917 – 1920, S. 144), da es erklärtes Ziel Beyerles war, zeitgeschichtliche Kulturdokumente zusammenzustellen.

[183] Vgl. NL 2022/1, Bl. 89; Brief Beyerles an Dr. Eberstein; NL 1, hinter Bl. 92; Artikel „Ein neues Flamenlied"

[184] NL 1, Bl. 84; Brief Beyerles an v. Kisky; Mitglied der Politischen Abteilung vom 2.8.1916

[185] In seinem Brief vom 23.6.1916 (HA, Universität Göttingen) hob Beyerle seine verwandtschaftlichen Beziehungen über seine Mutter nach Brüssel und Lüttich hervor. Ebenso verbanden ihn mit einem Sohne Warnkönigs Jahrzehnte lange Beziehungen neben weiteren Kontakten über die Görres-Gesellschaft.

[186] NL 6, Bl. 81 bis 83 und NL 23, Bl. 2 bis 6; Hier findet sich eine Übersicht über insgesamt 65 von Beyerle verfaßten, im Zeitraum vom 2.3.1916 bis 23.6.1918 erschienenen Artikel zur flämischen Bewegung. Beispielsweise seien die im Jahre 1916 veröffentlichten Artikel genannt: „Ein neues Flamenlied", „Offenes Schweigegebot - geheime Friedensziele", „Alte und neue Unterlassungssünden inbezug auf Belgien", „Nur nicht von Samaritan! Randglossen zur belgischen Frage", „Holländische Gedanken über Belgiens Zukunft", „Belgiens Loslösung von England", „Der Auftakt zu Flanderns Zukunft", „Die flämische Bewegung in Belgien", „Zur Flamenfrage", „Aus einem deutschen Gefangenenlager", „Deutsche Passiven auf Konto Belgien", „Zur Genter Hochschulfrage" (nicht gedruckt), „Belgien und Deutschland", „Der Umschwung der Gesinnung in Flandern", „Vom Reichskriegsrat", „Wallonische Umguppierungen", „Vom Reichskriegsrat zum Auswärtigen Ausschuß".

[187] NL 1, Bl. 73

[188] HA Universität Göttingen, Brief Beyerles vom 23.6.1916

dringend geboten, daß die deutsche Öffentlichkeit endlich in größerem Umfange für Flandern wach gerüttelt werde:

> *„Was ich in Unkenntnis über Flandern in Deutschland alle Tage begegne, ist unbeschreiblich. Noch immer beherrschen die Judenblätter – ich will mich nicht anders ausdrücken! - die öffentliche Meinung. ... Ich hoffe darum auch bestimmt, dass meine Broschüre, wenn sie erst einmal heraus ist, in positiv vaterländisch fühlenden Kreisen Deutschlands und auch im Heere einen guten Eindruck und die Sympathien für Flandern wecken würde...“*[189]

In dieser Schrift vermied Beyerle jegliche Erwähnung von Kriegszielen. Stattdessen strebte er eine „gewisse ästhetische Aufmachung“[190] an. Welch emotionaler Sprache er sich dabei bediente - im Gegensatz zu seinem sonstigen distanziert-analytischen Grundduktus[191]- geht aus den folgenden auszugsweisen Textproben hervor: So schrieb er, als an einem Abend flämische Kriegsgefangene von der Arbeitsstätte ins Lager an ihm, Heimatlieder singend, vorbei zogen, habe es ihn an seinen Schreibtisch gedrängt,

> *„mitten hinein in den Stapel der flämischen Dinge, die da seit Monaten aufgeschichtet liegen ... Schreibe für Flandern und du kämpfst für eine germanische Sache! So gebot mir eine innere Stimme...“.*[192] *... „Werben möchte ich in deutschen Gauen um deutsche Herzen für der Flamen Kampf und Sieg. Denn von allem Germanentum außerhalb der Reichsgrenzen stehen uns die niederländischen Flamen so nahe, daß wir ihren Kampf miterleben, ihre Unterdrückung mitempfinden, ihren Sieg mitersehnen müssen.“*[193]

Immer wieder beschwor er die germanischen Wurzeln der Flamen und bezog mit propagandistisch gefärbten Worten Stellung gegen Frankreich: Es gehe um die Zukunft der "germanischen Westmark".[194] Das Vorwärtsdrängen der Flamen sei "so unwelsch", sei "so germanisch als möglich".[195] Weithin ... breite sich das "heilige Feuer für Flanderns Befreiung vom welschen Joche" aus.[196] Vom Osten, "wo alles Licht herkomme", müsse "Flanderns Freiheit aufleuchten".[197] Neben dem Erwachen des flämischen Volksbewußtseins seien "Federn am Werke, die Zorn und Spott ausgössen auf die Bastarde im eigenen Volke, auf die Welt der Entente und besonders auf ihre belgische Filiale in LeHavre".[198] Der Kampf des germanischen

---

[189] NL 1, Bl. 26 RS; Es handelt sich –soweit ersichtlich- um die einzige judenablehnende Äußerung Beyerles, die wohl auch die durch die Kriegspropaganda beeinflußte Stimmung jener Tage widerspiegelt. Angesichts Beyerles vielfältiger anderslautender Äußerungen im Sinne gegenseitiger Verständigung, erschiene die Schlußfolgerung auf eine etwaige Judenfeindlichkeit unzutreffend.
In der 32. Sitzung des Verfassungsausschusses am 28.5.1919 berichtete Beyerle darüber, daß im Grundrechtsunterausschuß die jüdische Bevölkerung, „die an sich nicht fremdsprachig ist“, besondere Berücksichtigung ihrer nationalen Eigenart verlangte, weshalb in der Reichsverfassung statt des Schutzes „fremdsprachiger Volksteile“ der Schutz der „nationalen Minderheiten“ des Reiches ausgesprochen wurde. Aktenstück Nr. 391, S. 375

[190] NL 1, Bl. 26

[191] Weisz, S. 272, 273

[192] Flanderns Wehklage, S. 5

[193] Flanderns Wehklage, S. 16

[194] Flanderns Wehklage, S. 6

[195] Flanderns Wehklage, S. 7

[196] Flanderns Wehklage, S. 10

[197] Flanderns Wehklage, S. 11

[198] Flanderns Wehklage, S. 12

Brudervolkes der Flamen müsse "auch für die Deutschen heilig und rein sein" ... Deutschlands ungewollter (!) Einmarsch in Belgien habe "den Anstoß geboten für alles Große, das Flandern jetzt erlebe". Pflicht eines jeden Deutschen sei es, der flämischen Sache nicht länger teilnahmslos gegenüberzustehen. „Der Sieg des germanischen Flamentums ... winke auch uns wie ein heller Stern aus aller Nacht des Weltkriegs entgegen."[199]

Diese Schrift verfaßte Beyerle in drei Wochen, betonte jedoch, daß sie die Frucht einer mehr als halbjährigen Beschäftigung mit den flämischen Problemen unter großem Einsatz an Arbeit, Gesundheit und Ehre sei.[200] Er habe die Schrift im Rahmen von Probelesungen flämischen Kriegsgefangenen vorgetragen, die eine baldige Veröffentlichung dringend gewünscht hätten.[201] Am 5.10.1916 schrieb er an Erzberger, nunmehr alle Zensurgenehmigungen für seine deutsch-flämische Werbeschrift beisammen zu haben, das Manuskript gehe „heute in Druck". Die Schrift sei sehr geeignet in größerem Umfang in der Schweiz und in Holland vertrieben zu werden. Beyerle hoffte über einen Vertrieb auch im Ausland Geldmittel erschließen zu können, da Erzberger mitgeteilt hatte, daß seine Fonds für inländische Arbeiten nicht zur Verfügung stünden.[202] Er wollte auch in der Schweiz aufklärend über die flämische Bewegung wirken, wobei er seine guten Beziehungen - der Geburtsort Stutz′ war Zürich - dorthin hervorhob.[203] Beyerle bemühte sich in den nächsten Monaten bei beinahe jeder sich bietenden Gelegenheit, für seine „kleine Werbeschrift für Flandern" Werbung zu machen. In zahlreichen Briefen an verschiedene Persönlichkeiten fügte er diese Schrift bei, mit der Bitte sich für deren Verbreitung einzusetzen. In einem Göttinger Brief an Hans Fehr vom 2.1.1917 rechtfertigte er sein Unternehmen wie folgt:

> *„Mehr als ein Jahr lang in täglichem Kontakt mit gebildeten Flamen stehend, empfinde ich bitter die Rückständigkeit der deutschen öffentlichen Meinung über alles, was mit Flandern und Belgien zusammenhängt. Allzulang verhinderte hier die Zensur, vielfach aber auch die bewußte Absicht der Redaktionen selbst, die nötige Aufklärung. Dieselbe läßt sich indes durch Zeitungsartikel allein überhaupt nicht schaffen.....*
> *Das anliegende kleine Büchlein möchte neben den mannigfaltigen teils ernst-wissenschaftlichen, teils tagespolitischen Erscheinungen, die ähnlichen Zielen dienen, in besonderem Maße zur Ausfüllung dieser Lücke beitragen. Es sucht dieses Ziel zu erreichen durch die Art seines Vortrags, durch die eingeflochtenen Auszüge aus einer der packendsten flämischen Werbeschriften der Gegenwart und durch die erstmalige Mitteilung flämischer Originaläußerungen aus jüngster Zeit. Zu erreichen ist dies Ziel indes nur, wenn die Schrift in großen Massen über Deutschland verbreitet wird..."*[204]

„Flanderns Wehklage und Wir?" erschien anonym.[205] Der Grund hierfür dürfte darin zu suchen sein, daß Beyerle eine Verbreitung auch in Flandern erhoffte und die

---

[199] Flanderns Wehklage, S. 14
[200] NL 6, Bl. 4; Brief Beyerles an Erzberger vom 24.9.1916
[201] NL 1, Bl. 27
[202] NL 6, Bl. 7; Brief Erzbergers an Beyerle vom 30.9.1916
[203] NL 6, Bl. 12, Brief Beyerles an Erzberger vom 15.10.1916
[204] zitiert nach einem hektographierten Anschreiben Beyerles vom 27.11.1916 an den Konstanzer Stadtrat Federspiel, das mit dem Schreiben an Hans Fehr, welches Laufs (S. 34) zitiert, identisch sein dürfte.
[205] Die Ankündigungs- und Bestellbeilage des Verlags erläutert u. a.: "... Ein glühender Vorkämpfer seines Volkes hat sie unter dem Pseudonym Claudius Severus zu Pfingsten 1916 geschrieben, der deutsche Verfasser

Namensnennung eines deutschen Autors Mißtrauen hevorgerufen hätte. Er trug damit den seitens des Generalgouverneurs erhobenen Bedenken, Deutschlands Rolle nicht zu sehr in den Vordergrund zu stellen, Rechnung.[206] Da die Schrift in flämischen Kreisen offenbar rasch bekannt wurde, sollte sie zum Erfolg seiner späteren Tätigkeit beim Generalgouverneur in Brüssel beitragen.[207]

Allerdings beschränkte sich Beyerle nicht auf eine stark gefühlsbetonte Werbetätigkeit für die aktivistischen Flamen, sondern setzte sich sowohl in persönlichen Angelegenheiten der Gefangenen ein, wofür ihm ein hohes Maß an Dankbarkeit entgegengebracht wurde, als auch ganz im Sinne des Gedankens, der zur Ausgestaltung des Göttinger Gefangenenlagers geführt hatte, konkret für die Schaffung von Bildungsmöglichkeiten. So war die Beteiligung flämischer Kriegsgefangener an kleineren seminaristischen Übungskollegien sowie Zulassung zu Vorlesungen an der Universität Göttingen ins Auge gefaßt worden. Die vorgesetzte Ministerialbehörde wollte die Zulassung von Kriegsgefangenen zu akademischen Vorlesungen jedoch vermeiden. Da Bedenken gegen die Abhaltung von Kursen im Lager nicht geltend gemacht wurden, begann Beyerle im Mai 1916 für die Flamen in größerem Umfange Vorträge einzurichten.[208] Er bot Montags von 4 bis 5 Uhr eine Übersicht über das System des Code Civil mit besonderer Berücksichtigung seiner germanischen Teile und mit vergleichenden Hinweisen auf das Verhältnis des französischen Rechts zum Deutschen Bürgerlichen Gesetzbuch. Eine rechtsvergleichende Parallele hierzu bildete die Vorlesung des Kgl. Landrichters Dr. Redepennig über das System des Bürgerlichen Gesetzbuchs. Freitags von 4 bis 5 Uhr referierte Beyerle über verschiedene juristische Themen, so über den Gang des Rechtsstudiums in Deutschland und über die Geschichte und Quellen des deutschen Rechts mit Ausblicken auf die niederländische Rechtsentwicklung. Ebenso sprach Beyerle über ausgewählte Stücke zur flandrischen Rechtsgeschichte und deren Interpretation. Ab Mitte Oktober 1916 hielt er einen rechtsgeschichtlichen Kursus über flandrische Verfassungsgeschichte, der auf reges Interesse der flämischen Gefangenen stieß. Neben den Juristischen Kursen wurden geschlossene Kurse in Handelswissenschaften, Philosophie und Kunstgeschichte abgehalten.[209] Durch die Intervention Beyerles beim Universitätskuratorium und beim Direktor der königlichen Bibliothek gelang die Herstellung eines geordneten Bücherleihverkehrs mit der Göttinger Bibliothek. Insbesondere den Juristen, Historikern und den germanistischen Philologen unter den flämischen Kriegsgefangenen sei es zustatten gekommen, daß die Göttinger Bibliothek gerade in diesen Gebieten sehr komplett war.[210]

Die enge und herzliche Arbeitsgemeinschaft, die Beyerle mit Prof. Stange noch im Mai 1916 verband,[211] war bald tiefgreifenden Meinungsverschiedenheiten über die jeweiligen Kompetenzbereiche gewichen. Auslöser des Streits war die Berichterstattung Beyerles an übergeordnete Behörden, die Professor Stange als „erster wissenschaftlicher Beirat“ für sich in Anspruch nahm. Dahinter stand jedoch die Meinungsverschiedenheit in der grundsätzlichen Frage der zweckmäßigen Behandlung des flämischen Gebildetenmaterials, bei der Professor Stange, der

---

ihre Wirkung in gedrängten Auszügen, belebt und erläutert durch markige eigne Hinweise, womöglich noch gesteigert..."

[206] In diesem Lichte dürfte die Feststellung Laufs (S. 35) zu sehen sein, daß Beyerle sich im Kollegenkreis nur vertraulich als Urheber der „Werbeschrift für Flandern und die deutsch-flämische Zukunft“ bekannt habe.

[207] Tagebuch, S. 15

[208] NL 2, Bl. 274, 282 f; Brief Beyerles vom 20.10.1916 und 2.8.1916

[209] NL 2, Bl. 282 f; Bericht vom 2.8.1916

[210] NL 2, Bl. 90, 94; Brief Beyerles vom 13.5.1916

[211] NL 2, Bl. 91, Brief Beyerles vom 13.5.1916

„wenig fruchtbaren strengeren Methode im Interesse des militärischen Dienstes zugeneigt“ habe.[212] Während Beyerle die Flamen bevorzugen wollte, trat Prof. Stange eher für eine Gleichbehandlung sämtlicher Gefangener, auch der Engländer und Franzosen ein. Beyerle genoß, wie er selbst mehrfach betonte, aber auch von dritter Seite bestätigt wurde,[213] in ungleich höherem Maße als Professor Stange, die Wertschätzung der flämischen Gefangenen. Auch nach seinem Wechsel nach Brüssel blieb das Verhältnis zu Professor Stange gespannt.

Kurz vor der Entscheidung über seine Berufung in die Politische Abteilung beim Generalgouverneur hatte am 21.11.1916 die Kommandatur des Kriegsgefangenenlagers Göttingen mit Beyerle einen Dienstvertrag geschlossen, demzufolge ihm die Amtsbezeichnung „2. Wissenschaftlicher Beirat der Kommandatur“ verliehen wurde. Rückwirkend zum 1.10.1916 erhielt er eine jährliche Dienstaufwandsentschädigung von 4.000 Reichsmark, die auf das Universitätsgehalt nicht angerechnet wurden.[214] Er hatte sich schon seit längerem stark dafür interessiert, „die belgischen Verhältnisse aus eigener Anschauung“ kennen zu lernen. Ein entsprechendes Gesuch hatte er jedenfalls bis 4.8.1916 beim Kriegsministerium gestellt.[215] Er hatte auch eine Professur für Rechtsgeschichte an der Universität Gent in Betracht gezogen.[216] Diesbezüglichen Hoffnungen wurde jedoch seitens des Generalgouverneurs eine Absage erteilt, wobei Grund gewesen sein dürfte, daß die Besetzung einer solchen Stelle mit einem deutschen Dozenten politisch unzweckmäßig war. Im September 1916 fand eine Besprechung Beyerles mit dem Reichstagsabgeordneten Erzberger anläßlich der Görres-Versammlung in Koblenz statt. In einem Brief vom 24.9.1916 an Erzberger wies Beyerle darauf hin, daß eine Zusage über seine eventuelle Verwendung im Reichsdienst wenigstens vor dem 25.10.1916 erfolgen sollte, da am 27.10.1916 das Wintersemester beginne und er nicht in die „unliebsame Situation“ versetzt sein wollte, seine „Fakultät während des Semesters im Stiche lassen zu müssen. „Denn eine gleichzeitige Fortsetzung meiner Vorlesungen neben meiner Berliner Tätigkeit ist bei der großen Wochenstundenzahl der von mir angekündigten Vorlesungen unmöglich.“[217] Er hatte, wie schon ein Jahr zuvor, u. a. eine Vorlesung über belgische Verfassungsgeschichte und ein Übungskolleg zu den flandrischen Quellen angekündigt.[218] In seinem Brief an Erzberger vom 15.10.1916 schrieb er, „unter der Herrschsucht und konfessionellen Unduldsamkeit von Professor Stange“ fortdauernd zu „leiden“. Die „Verwirklichung unseres Berliner Planes ist meine einzige Hoffnung,

---

[212] NL 6, Bl. 16 RS; Brief Beyerles an Erzberger vom 18.11.1916

[213] NL 2, Bl. 75, Brief von Dr. Schwering

[214] NL 1, Bl. 104 und 105, Dienstvertrag vom 21.11.1916 und Schreiben des Königlichen Kurators der Georg-August-Universität vom 16.1.1917

[215] NL 1, Bl.11, Brief Beyerles vom 4.8.1916 an Hauptmann Dirr

[216] Beyerle schrieb am 30.11.1916 an Dr. Schwering (NL 2, Bl. 65): „Wenn man nicht als Professor in Gent heute dozieren kann, ist die Tätigkeit im Göttinger Lager zweifellos der gegebene Boden, um sich für Höheres im Dienste der deutsch-flämischen Zukunft vorzubereiten.“; In einem Brief vom 23.6.1916 (HA Universität Göttingen) führte Beyerle aus, ihm sei zwar bekannt, daß man für den Fall einer näheren Beziehung Belgiens zum Deutschen Reiche für die ersten 5 Jahre von deutschen Berufungen Abstand nehmen wolle, gleichwohl empfahl er sich mit ausreichenden Flämisch-Kenntnissen und Beherrschung des Französischen sowie seiner Erfahrungen im Kriegsgefangenenlager. Weiter: „Soll Flandern in der Universität Gent eine geistige Auferstehung feiern, so darf die große Rechts- und Verfassungsgeschichte Flanderns nicht nur ein Fach der philosophischen Fakultät bleiben, sondern muß gerade auch in den Reihen der Juristen, der zukünftigen Träger des flandrischen Staatsbewußtseins, wachgerufen werden. Dazu gehört aber unbedingt die Aufnahme der flandrischen Rechtsgeschichte in den Studienlehrplan ... Die flandrische Rechtsgeschichte ihrerseits aber ist mit der deutschen Rechtsgeschichte so eng verkettet, daß sie umso erfolgreicher betrieben werden kann, je mehr dem Dozenten auch die Dinge der deutschen Rechts- und Verfassungsgeschichte geläufig sind.“

[217] NL 6, Bl. 3 RS; Brief Beyerles an Erzberger vom 24.9.1916

[218] NL 3, Bl. 95 Brief Beyerles an Hauptmann Dirr vom 18.7.1916

die mich aus einer peinlichst unangenehmen Lage befreit."[219] Die entscheidende Aussprache fand am 17.12.1916 im Auswärtigen Amt mit Freiherr v. d. Lancken statt. Die letzten Vorbereitungen wurden in Köln mit Dr. Kisky und Prälat Mittendorf getroffen,[220] bevor Beyerle am 1.2.1917 auf Empfehlungsschreiben Erzbergers vom 9.12.1916 Mitglied der Politischen Abteilung beim Generalgouverneur wurde.
Er bedankte sich bei Erzberger, wobei er betonte, durch die Stellung in Brüssel, gebe er eine „in jahrzehntelanger Arbeit errungene geachtete wissenschaftliche Position" auf, „in einem Moment, ... wo gerade durch die Berufung von Professor Stutz von Bonn nach Berlin, sich ihm im Rheinland eine glänzende Gelehrtenstellung" aufzutun scheine.

> *„Ich vollziehe den Berufswechsel gleichwohl mit ruhiger Entschlossenheit, einmal weil ich mich dem Reiche und der katholischen Sache in einer so wichtigen Sache nicht versagen will, sodann aber auch, weil ich aus mancherlei Anzeichen glaube annehmen zu dürfen, daß ich über einige Eigenschaften verfüge, welche in solchem Falle den Erfolg verbürgen. Wenn ich darum auch im Augenblicke mich von meiner Professur nur beurlauben lasse, so habe ich doch schon heute das sichere Gefühl, daß sich aus meiner Brüsseler Verwendung ein Definitivum in irgend einer Gestalt herausentwickeln wird. Ich trete darum klaren Auges und festen Willens in den politischen Dienst des Vaterlandes über...."*[221]

In Bonn wäre es „eine der schönsten Aufgaben" gewesen, vom Rheinland aus die geschichtlichen Zusammenhänge mit den westlichen Grenzlanden auszubauen und flämische Studenten an der Bonner Hochschule mit deutscher Wissenschaft vertraut zu machen. Zugleich sei aber auch durch den Tod von Geheimrat Richard Schröder in Heidelberg die rechtsgeschichtliche Professur vakant geworden. Auch dort stünde er in erster Reihe und würden sich viele Freunde in der Heimat aus verschiedensten Parteilagern freuen, wenn er nach Heidelberg berufen würde. Aber gerade Heidelberg könne keinen Professor „in partibus" gebrauchen, so daß ihm die Brüsseler Pläne an beiden Hochschulen ziemlich hindernd im Wege stünden...."[222]
Seinem Freund Stutz teilte er jedoch mit, er hätte in jedem Falle nach Brüssel gemußt „aus deutscher Pflicht" und mit Rücksicht auf seine Familie. „Dass ich im Friedensschluss zurückkehre, erscheint zunächst jedenfalls völlig ausgeschlossen. In Heidelberg dürfte mir dieses Moment besonders geschadet haben."[223]
Mit seinen Erfolgen in Göttingen war Beyerle sehr zufrieden, wie er in einem Brief vom 6.10.1916 an Hauptmann Dirr schrieb.[224] Da sein Nachfolger, Dr. Schwering, für den er sich verwandt hatte,[225] im Gefangenenlager bereits am 2.1.1917 seinen Dienst antrat, war Beyerles Tätigkeit in Göttingen mit Ablauf des Jahres 1916 beendet.

---

[219] NL 6, Bl. 12 RS
[220] Tagebuch, S. 12
[221] NL 6, Bl. 24, 24 RS, Brief Beyerles an Erzberger vom 29.12.1916
[222] NL 6, Bl. 28 RS, Brief Beyerles an Erzberger vom 26.1.1917
[223] UAZ, Brief vom 17.2.1917
[224] NL 1, Bl. 31
[225] NL 2, Bl. 64 ff, Brief vom 30.11.1916

III. Teil: Der Politiker

1. Brüssel

Vor seinem Weggang nach Belgien löste Beyerle seinen Haushalt in Göttingen auf, vermietete sein Haus für mehrere Jahre und brachte zwei seiner Söhne im bischöflichen Konvent in Duderstadt unter,[226] um sich ganz seiner neuen Aufgabe in Brüssel[227] zu widmen.

Das von den deutschen Truppen eroberte Gebiet Belgiens war in drei Zonen unterteilt, das Gebiet des Generalgouvernements, das Etappengebiet und das Operationsgebiet. Anders als im Generalgouvernement erfolgte im Etappen- und Operationsgebiet die Ausübung der Staatsgewalt und die Durchführung der Verwaltung durch das Oberkommando der 4. Armee und der Marinedivision. Der Generalgouverneur war allein dem deutschen Kaiser verantwortlich und unterstand keiner Reichsbehörde, auch nicht dem Reichskanzler.[228] Dem Generalgouverneur unterstanden die Militär- und die Zivilverwaltung unter dem Verwaltungschef. Generalgouverneur v. Bissing hatte die Abteilungen aus der Zivilverwaltung, die sein besonderes Interesse beanspruchten, ausgegliedert und sich unmittelbar selbst unterstellt. So war es am 13.2.1915 zur Gründung der „Politischen Abteilung beim Generalgouverneur" gekommen, einer selbständig der Zivilverwaltung nebengeordneten Abteilung, die im Bereich der Zivilverwaltung als Abteilung I den Bereich der „Allgemeinen Verwaltung" umfaßt hatte.[229] Der Sitz der deutschen Behörden war in Brüssel.[230]

„Die Brüsseler Position trage", so schrieb Beyerle am 7.3.1917 kurz nach seinem Amtsantritt am 1.2.1917 an Stutz „in gewissen Grenzen einen politischen Charakter".[231] „Und nun gehe ich in Belgien ans Werk der deutschen Propaganda. Alle politischen Schattierungen sind hier vertreten, von schlimmsten Deutschenhass bis zur glühender Hoffnung der fast revolutionären Radikalflamen, die von uns alles erwarten."[232] Er übernahm in der Sektion III das Referat IV. Sein Aufgabengebiet umfaßte die Politische Propaganda in Flandern, insbesondere die Pflege der Beziehungen zum katholischen Flamentum, zu den Verbänden katholischer Richtung und zur flämischen Geistlichkeit, die Pflege der Beziehungen zum katholischen Deutschland im Dienste der deutsch-flämischen Politik und schließlich die Mitberatung und Protokollführung bei der Oberkommission zur Durchführung der Verwaltungstrennung.[233] Beyerles Wunsch nach einem „eigenen Referat mit Vortragsrecht" beim Generalgouverneur – offenbar strebte er durch unmittelbare Unterstellung eine größere Unabhängigkeit an – ließ sich nicht verwirklichen.[234] Allmählich gelang es ihm jedoch durch den Sohn des Generalgouverneurs v. Bissing mit diesem persönlich in Kontakt zu kommen. Unvergeßlich sei ihm sein letzter Besuch beim Generalgouverneur auf dessen Amtssitz in Trois Fontaines gewesen,

---

[226] NL 6, Bl. 118 ff, Gesuch Beyerles vom 12.8.1917 an Generalgouverneur v. Falkenhausen; NL 19, Bl. 175; Brief Beyerles vom 29.7.1918 an einen Kartellbruder in Breslau

[227] Dort wohnte er zuletzt in der Wetstraße 17

[228] Anholt, S. 14

[229] Wende, Die belgische Frage in der deutschen Politik des Ersten Weltkriegs, S. 36 f

[230] Zur Gliederung der Abteilungen vgl. Anholt, S. 25 und 26; weitere deutsche Zentralbehörden werden genannt auf S. 26 ff

[231] Laufs, S. 34, Fußnote 59, UAZ: Brief vom 17.2.1917

[232] in einem Brief an Ulrich Stutz, zitiert nach Laufs, S. 34

[233] Geschäftsordnung, NL 6, Bl. 56 bis 59

[234] Tagebuch, S. 12

bei dem dieser Beyerle damit beauftragte, ihm eine Denkschrift über "das deutsche Lebensinteresse unter flämischer Sache" nach zu entwerfen, die er bei Hindenburg zu verwenden wünschte. Der Generalgouverneur sei in großer Erregung gewesen und habe sich für (!) einen vorzeitigen deutschen Frieden unter Preisgabe der Flamen ausgesprochen, denen er sein deutsches Soldatenwort verpfändet habe. Die Gegnerschaft gegen v. Bethmann-Hollweg und die politische Linie in Brüssel sei deutlich zutage getreten.[235] Nach dem Tode v. Bissings traten, so Beyerle, Erscheinungen politischer Stagnation ein. Erst nach Monaten sei der Nachfolger v. Falkenhausen ein starkes Element für die Durchsetzung der flämischen Selbständigkeit geworden.[236]

Da in der katholischen Presse vor Beyerles Berufung nach Brüssel über die Nichtberücksichtigung der Katholiken beim Aufbau des Beamtenkörpers im besetzten Belgien geklagt worden war, wurde er überall gut aufgenommen.[237] Mit großem Eifer ging er an sein neues Amt. Bereits am 21.3.1917 beklagte sich das Stellvertretende Generalkommando beim Generalgouverneur, daß Beyerle, der darin allerdings eine Intrige Prof. Stanges sah, unter Umgehung des Dienstweges mit seinem Nachfolger im Göttinger Gefangenenlager Informationen ausgetauscht habe und bat, Prof. Beyerle eindringlich darüber zu belehren, „wie unangemessen und für die deutsche Sache gefährlich seine Übergriffe“ seien. Oft sei mit Grund geklagt worden, „über die politische Urteilslosigkeit und militärische Unbelehrbarkeit der Professoren und anderen bürgerlichen Beiräte der Vlamen-Aufklärung.“[238]

Beyerle war von einem deutschen Sieg überzeugt. Seine beinahe unkritisch wirkende Begeisterungsfähigkeit zeigt sich in den Schlußsätzen eines schon am 30.1.1916 gehaltenen Vortrags über „Bilder aus der Verfassungsgeschichte der belgischen Lande“. So stellte er die rhetorische Frage:

> *„...Gemahnen nicht achtzehn Monate des Ringens auf dem blutgetränkten Boden des westlichen Europas an das große Problem der westlichen Kontinentalmächte, wie es Barbarossa im Bunde mit Frankreich gegen England und Flandern im Geiste schauen konnte! ... Aber kein Einsichtiger kann sich der Tatsache verschließen, daß das deutsche Reich im Bunde mit seinen tapferen Verbündeten, mit seinem unvergleichlichen tapferen deutschen Heer Aufgaben erfüllt, wie sie nur mit den Aufgaben der großen Kaiser des Mittelalters, mit einem Barbarossa zu vergleichen sind. Wer wagt es über die Zukunft zu reden? Keiner, in dessen Adern deutsches Blut rollt, zweifelt daran, daß der Sieg der deutschen Waffen und der Fortschritt der sieggewohnten deutschen Truppen unzweifelhaft und unerschütterlich gewiß ist! Darum gilt es ... mit deutschem Ernst und deutscher Mäßigung auch für Belgien das Rechte zu treffen.“*[239]

Die Auffassungen hierüber gingen erwartungsgemäß auseinander. Während die deutsche Politik[240] in der Besetzung Belgiens zunächst nur ein Mittel sah, um den Feldzug gegen Frankreich zu ermöglichen, setzten sich bald andere Standpunkte durch. Um gegen den „Hauptfeind“ England bestehen zu können, wurde es für nötig

---

235 Tagebuch, S. 13; Wenn Beyerle die als annexionistisch zu charakterisierende politische Auffassung des Generalgouverneurs v. Bissing zutreffend wiedergegeben haben sollte, bestand hinsichtlich des übrigen Belgien Einigkeit über die Notwendigkeit der militärischen Besetzung, so daß v. Bissing lediglich in Bezug auf Flandern eine von der Reichsregierung abweichende Auffassung vertreten hätte.
236 Tagebuch, S. 14
237 Tagebuch, S. 12
238 Brief des Stellvertretenden Generalkommandos an den Generalgouverneur v. Bissing, NL 2, S. 223
239 Göttinger Zeitung vom 31.1.1916; Nr. 17700, S. 2
240 hierzu vgl. Wende, S. 40 ff

gehalten, Deutschlands Gegner, in die auch Belgien eingereiht wurde, durch deutsche Einflußnahme zu schwächen. Daneben trat der Gedanke einer wirtschaftlichen Ausbeutung Belgiens. Je ungünstiger der Krieg für Deutschland verlief, desto mehr spielte der Gesichtspunkt des „Faustpfandes", um zu einem Verständigungsfrieden zu gelangen, eine Rolle. Der Generalgouverneur betonte, teilweise im Gegensatz zur Haltung der Reichsregierung in Berlin, die Notwendigkeit einer dauerhaften deutschen Oberhoheit in Belgien. Die Gegensätzlichkeit der Auffassungen verstärkte sich, je länger der Krieg dauerte.

Was den deutschen Einmarsch in Belgien betraf, stand Beyerle ganz auf dem weit verbreiteten Standpunkt der Militärs und national gesinnter Kreise, die Zweifel an dessen Rechtmäßigkeit nicht aufkommen ließen, ohne daß diese Frage jedoch nachhaltig sein Interesse gefunden hätte. So meinte er – auch wenn die Verwaltungstrennung mit der Haager Konvention in Übereinstimmung stehe – daß die „Notlage Deutschlands" und das „völkische Interesse" unserer „bedroht(en) Existenz" eine moralische Rechtfertigung für die deutsche Flamenpolitik - und damit wohl auch für die Besetzung Belgiens durch Deutschland - bilden würde.[241] Doch befürwortete Beyerle keineswegs eine dauernde Einbeziehung Flanderns in den deutschen Machtbereich auch nach Beendigung des Krieges, wie dies zumindest eine „versteckt annexionistische" Einstellung erfordert hätte. Wirtschaftliche Belange Deutschlands standen für ihn nicht im Vordergrund, es war neben den politischen Interessen der Behauptung des deutschen Volkes gegen dessen Kriegsgegner tatsächlich der „Freiheitskampf eines germanisch-flämischen Brudervolkes" der für ihn Bedeutung erlangte und die Sicherung katholischer Interessen in Flandern. So trat er weder für eine deutsche Annexion noch die Gründung eines selbständigen Staates Flandern ein, sondern betonte, daß „irgend eine föderalistische Form gefunden werden müsse, was letzten Endes auf eine Änderung der belgischen Verfassung hinauslaufe. Die flämische Bewegung bewege sich in ihrem Manifest im Rahmen des belgischen Staates.[242] Weiter führte er aus:

> *„...durch die Gewinnung weiterer angesehener, flämischer Katholiken für die aktivistische Politik in Flandern wird nämlich in Belgien selbst ein höchst wertvolles Gegengewicht gegenüber den rücksichtslos vorwärtsstürmenden Radikalflamen geschaffen, ein Gegengewicht, welches ohne Umsturz alles Bestehenden und unter tunlicher Wahrung der Interessen der Dynastie die Verwirklichung der flämischen Rechte erstrebt ... durch sachgemäße und rechtzeitige Aufklärung kann ... vor übertriebenen Annexionsplänen gewarnt werden und ein gerechter Ausgleich zwischen Belgien und Deutschland gefunden werden, der allein die Bürgschaft dauernder und gesunder politischer Zustände sein wird."*[243]

Die Rolle Deutschlands beschränkte sich nach Beyerles Verständnis im wesentlichen auf die Hilfestellung für die flämische Bewegung gegen die Unterdrückung durch das unter französischem Einfluß stehende Wallonien. Einen Gegensatz zur katholischen Haltung sah er darin nicht, obwohl in Belgien unter den Katholiken die Passivisten, die Mehrheit bildeten, die sich loyal zum belgischen Staat bekannten ohne für die

---

[241] NL 19, Bl. 459

[242] NL 19, Bl. 451, Denkschrift „"Die Belgische Frage und der deutsche Katholizismus" von Konrad Beyerle, 20.2.1917; Soweit Beyerle im Vorwort zur Katholischen Verteidigungsschrift des flämischen Aktivismus, S. 6 formuliert, das einzig aussichtsreiche Ziel für Dosfel , in dem der ganze flämische Aktivismus zusammentreffe, sei die Schaffung eines selbständigen Flandern in dem auf den Trümmern des alten Belgien wieder aufzubauenden Staatskörper, sind diese Worte zwar drastisch gewählt, ohne daß damit jedoch zum Ausdruck kommt, daß Flandern als eigener unabhängiger Staat entstehen solle.

[243] NL 7, Bl. 175; Schreiben an Bischof v. Keppler-Piloty vom 26.2.1917

Selbständigkeit Flanderns aktiv einzutreten. Es sei gerade die katholische Pflicht, im deutschen, wie im germanisch-flämischen Interesse an der Befreiung Flanderns mitzuwirken und durch die Mäßigung und das Vertrauensmoment, welches in Gemeinschaft der Konfession liegt, auf einen ruhigen und besonnenen Ausweg aus den Schwierigkeiten des belgisch-flämischen Problems zuzusteuern.[244] Ein aktives Eintreten für den Aktivismus sei erforderlich, um im Falle eines deutschen Sieges zu verhindern, daß Flandern vom deutschen Reiche aus vorwiegend mit liberalen Elementen aufgebaut werden müßte.[245] Wohl in diesem Sinne wandte sich Beyerle im Mai 1917 an Aloys Schulte mit den Worten: „Es wäre furchtbar, wenn all das, was wir hier jetzt aufbauen, in einem übereilten Frieden zusammenbrechen müßte."[246]

Im April 1917 hatte er beim Generalgouverneur beantragt, ihm im Interesse der Erhaltung seiner Arbeitskraft die Möglichkeit häuslicher Pflege und geregelter Diät durch die Fürsorge seiner Frau zu gewähren, die sich daher seit Juni 1917 in Brüssel aufhielt. Da eine allgemeine militärische Verfügung deren Ausreise gebot, setzte sich Beyerle unter erneutem Hinweis auf sein chronisches, nervöses Magen- und Leberleiden[247] für den Verbleib seiner Frau wenigstens in der Kartoffelzentrale in Antwerpen ein. Er betonte, daß sie der flämischen Sprache mächtig sei, ihre Kontaktbereitschaft im Sinne der Verständigung und Annäherung zwischen Deutschen und Flamen sich in engstem Anschluß an seine eigene Tätigkeit bewegte und die Kinder die deutsche Schule in Brüssel besuchten, so daß seine Lage derjenigen gleiche, in der sich Auslandsdeutsche befänden, die in Deutschland zur Zeit kein Heim hätten und für deren Ehefrauen Sonderregelungen vorgesehen seien. Er war damit offensichtlich erfolgreich.[248] Trotz des oft „kümmerlichen Daseins" habe Antwerpen „wertvolle Eindrücke(,) ... sprachliche Bereicherung und Anregung für die Kinder" gebracht.[249]

Den deutschen Besatzungsbehörden kam bei ihrer Politik der Umstand zu Gute, daß die belgischen Sprachgesetze, die die bestehende Benachteiligung der Flamen beseitigen sollten, zwar erlassen, aber noch nicht umgesetzt waren, mit der Folge, daß die deutschen Behörden an deren Ausführung gehen konnten und auch Flamen „ihre Beihilfe leihen konnten, die sonst Bedenken hatten, mit dem Feinde zu gehen."[250]

Beyerles Amtsantritt fiel zusammen mit der Bildung des „Rates von Flandern", dem Vertretungsorgan der (aktivistischen) Flamen, am 4.2.1917.[251] Er stand in ständigem Kontakt zu führenden Flamen, insbesondere auch Mitgliedern des „Rates von Flandern". So war eine Oberkommission gebildet worden, die eine weitgehende Kontrolle über den Rat ausübte, da alle von ihm behandelten Themen zuvor in der Oberkommission besprochen werden mußten. Diese setzte sich aus Mitgliedern der Zivilverwaltung, der Politischen Abteilung und dem Vorstand des Rates zusammen.

Aus dem katholisch-kirchlichen Arbeitsbereich seien zunächst die beiden im Februar zusammen mit seinem Kollegen Dr. Kisky verfaßten Denkschriften über die „Flamenpolitik und katholische Interessen in Belgien" genannt, die auch im

[244] NL 7, Bl. 175
[245] NL 19, Bl. 456; Denkschrift „Die belgische Frage und der deutsche Katholizismus" von Beyerle, 20.2.1917
[246] zitiert nach Laufs, S. 34
[247] NL 6, Bl. 120, Ärztliches Attest vom 13.6.1917 von Stabsarzt Prof. Doering; Beyerle hatte schon 1914 gesundheitliche Probleme. So erwähnte er in seinem Tagebuch, S. 10 „viel Gallensteinschmerzen", eine „vierwöchentliche Kur und eine einigermaßen gewissenhafte Diät" als das „einzig Wirksame".
[248] Tagebuch, S. 16
[249] Tagebuch, S. 17
[250] NL 1, Bl. 72; Brief Frhr. v. Bissing an Beyerle vom 17.3.1916
[251] Wende, Die belgische Frage in der deutschen Politik des Ersten Weltkriegs, S. 172

deutschen Episkopat Verbreitung fanden.[252] Beyerle sprach sich hierin im Sinne des oben dargestellten aktivistischen Standpunktes aus.

Im Juli/August 1917 bereitete er eine Eingabe an den Papst vor, die die Gläubigen des Erzbistums Mecheln gegen Kardinal Mercier einreichen sollten. Kardinal Mercier vertrat eine Frankreich freundliche, passivistische Haltung, die Beyerle in besonderem Maße ein Dorn im Auge war. In seinem Entwurf einer Flameneingabe an den Papst,[253] beklagte er die politischen Übergriffe des Kardinals, die sich mit dessen kirchlichem Amt nicht mehr rechtfertigen ließen, sondern als unrechtmäßiger Widerstand gegen die deutsche Besatzungsmacht anzusehen seien. Zum Plan der Bildung eines Bistums Aachen und seiner eventuellen Vereinigung mit dem Bistum Lüttich verfaßte Beyerle - bereits zum Verwaltungschef von Flandern gewechselt - am 25.6.1918 eine ausführliche Stellungnahme,[254] in der er sich dafür aussprach, den kleinen deutschsprachigen Teil des Bistums Lüttich an ein zu gründendes Bistum Aachen anzugliedern und gegen die Angliederung des flämischen Teiles des Bistums Lüttich politische Bedenken geltend machte. So befürchtete er, daß eine so weitgehende Angliederung als Anzeichen weitergehender Annexionspläne gedeutet werden könnte. Darüberhinaus würde durch eine Angliederung auch des flämisch sprechenden Volksteiles eine Schwächung des Flamentums eintreten. Durch die Abtretung eines Teiles des wallonischen Gebietes an das zu gründende Bistum Aachen würde nicht nur dieses in eine zentrale Lage versetzt, sondern auch das Verhältnis zwischen Flamen und Wallonen im verbleibenden Bistum Lüttich zugunsten der Flamen verändert werden.

Zahlreiche Propagandareisen unternahm Beyerle nach Flandern und Deutschland, die besonders dem Ausbau der Beziehungen zu maßgebenden Zentrumskreisen diente. Er hatte dabei Gelegenheit, seine Haltung zur Flamenpolitik auch dem Reichskanzler und dem Justizminister vorzutragen.

Mit seiner Position war er jedoch nicht zufrieden. In einem Brief beklagte er sich, daß seine Brüsseler Stellung äußerlich nur eine solche zweiten Ranges sei, die dem nicht voll entspreche, was er bei den Berufungsverhandlungen erwartet hatte.[255] Unter dem neuen Gouverneur[256] träten die Einzelreferenten der Politischen Abteilung so völlig in den Hintergrund, daß die Selbständigkeit des verantwortlichen Handelns sehr beschnitten sei. Deswegen und wegen mancherlei Schwierigkeiten, das katholische Moment in Brüssel genügend zur Geltung zu bringen, bat er, sich für seine Berufung auf ein im Auswärtigen Amt in Berlin zu schaffendes belgisches Referat einzusetzen, zumal die Katholiken bei der Neubesetzung der Ämter bisher noch nicht allzusehr berücksichtigt worden seien und das aktive Flamentum die Nachricht seiner Berufung zur Vertretung der flämischen Interessen mit Freude aufnehmen würde.[257]

Mit Erlaß des Generalgouverneurs vom 27.11.1917 wurde die Sektion III der Politischen Abteilung aufgelöst und beim Verwaltungschef für Flandern eine Abteilung für flämische Angelegenheiten gebildet und diesem unterstellt. Bestimmt wurde weiterhin, daß in grundsätzlichen Fragen der Verwaltungschef die Zustimmung des Chefs der Politischen Abteilung einzuholen hatte. Grund hierfür war,

---

[252] NL, Bl. 80,

[253] NL 19, Bl. 491 ff; Entwurf einer Flameneingabe gegen Kardinal Mercier

[254] NL 11, Bl. 6 ff

[255] Seinem Tagebuch vertraute Beyerle an, daß schon seinen finanziellen Wünschen nicht Rechnung getragen wurde. (S. 12). Mit dem Tode des Generalgouverneurs v. Bissing, dem Austritt seines Sohnes, dem sinkenden Einfluß Middendorfs und infolge des Weggangs seines politischen Freundes Trimborn und anderer sei ein innerer fühlbarer Wandel in Beyerles reichem Arbeitsfeld vonstatten gegangen. (Tagebuch, S. 15)

[256] gemeint: v. Falkenhausen, nach dem Tode v. Bissings am 18. 4. 1917

[257] NL 6, Bl. 127, 127 RS

daß es zwischen dem Leiter der Politischen Abteilung v. Lancken und dem Verwaltungschef für Flandern Schaible (nach der Verwaltungstrennung) zu Ressortstreitigkeiten über die Führung der Flamenpolitik gekommen war. Die flamenpolitischen Angelegenheiten sollten danach nur noch vom Verwaltungschef für Flandern bearbeitet werden.[258] Zum Verwaltungschef für Flandern trat neben anderen Abteilungsmitgliedern auch Beyerle über.[259]

Auch diese organisatorische Veränderung konnte ihn nicht zufriedenstellen. In einem Bericht über die Entwicklung seines Referats[260] beklagte er: „... In der letzten Zeit ist durch die Veränderung der Referate innerhalb der Sektion III und durch den weiteren Ausbau der deutschen Organisation beim Verwaltungschef für Flandern eine fühlbare Einengung dieser praktischen Betätigungsmöglichkeiten eingetreten. Sie bestand jetzt im wesentlichen in Behandlung bzw. Weiterleitung von Eingaben und Gesuchen aus dem flämischen Kreisen, in weiterer Pflege persönlicher Beziehungen zum Flamentum, in Fortsetzung der propagandistischen Tätigkeit außerhalb Brüssels."[261] In einem Gesuch vom 12.12.1917 bat er zur Ausgestaltung seines Referates bei der Zivilverwaltung Abteilung IX. um Belassung seines Büros, wie er es bei der Politischen Abteilung hatte sowie um Beibehaltung seines flämischen Sekretärs stud. phil. P. Mertens. Außerdem bat er, um seine „Stellung als selbständigen Referenten nach außen in Erscheinung treten zu lassen ... um Zuweisung eines bestimmten Einzelgebietes zu selbständiger Bearbeitung." Als solches schlug er „aus dem Rahmen seiner deutschen Propagandatätigkeit den Verkehr mit der deutsch-flämischen Gesellschaft vor". Desweiteren erbat er „im Interesse der meinem Referat besonders anempfohlenen katholischen Gesichtspunkte ..." an ihn „herantretende auf die Universität Gent bezügliche Vorschläge und Erinnerungen annehmen und an den Herrn Verwaltungschef" mit seinem "Votum weiterleiten zu dürfen."[262] Inwieweit Beyerles Wünschen Rechnung getragen wurde, läßt sich den Akten nicht entnehmen. Sicherlich blieben seine Erwartungen teilweise unerfüllt, denn in einem weiteren Gesuch vom 18.2.1918 monierte er, daß ihm im Gegensatz zu seinem Referat in der Politischen Abteilung ein täglicher Einblick in die wichtigsten katholischen Zeitungen nicht möglich sei und beantragte, diese "möglichst sofort" zu bestellen.[263]

Seinen Chefs brachte Beyerle nach eigener Darstellung vollstes Vertrauen entgegen. Während er in Artikeln und Briefen nach Deutschland den erhobenen Vorwurf konfessioneller Voreingenommenheit abwehrte,[264] trug er sich zu dieser Zeit aber bereits mit Zukunftsgedanken hinsichtlich seiner weiteren Verwendung im Reichsdienst. Mit Blick auf seine „demnächstige Bonner Lehrtätigkeit mit besonderem Lehrauftrag für niederländisch-belgisches Recht", ersuchte er am 12.12.1917 beim Verwaltungschef, ihm neben Professor Schmidt ein Correferat einzuräumen, um an der Verfassungskommission, in die dieser als Staatsrechtslehrer berufen worden war, mitzuwirken und „den wichtigsten Abschnitt

---

[258] Wende, S. 175
[259] NL 6, Bl. 60
[260] NL 6, Bl. 75 f; Das Schriftstück ist überschrieben mit „Referat Beyerle", datiert vom 8.12.1917
[261] NL 6, Bl. 75 RS
[262] NL 6, Bl. 115 VS und RS
[263] NL 6, Bl. 78
[264] Tagebuch, S. 15

hier in Brüssel aus nächster Anschauung mitzuerleben."[265] Beyerle hatte offenbar gehofft, selbst in die Verfassungskommission berufen zu werden.[266]

Am 22.12.1917 hatte der „Rat von Flandern" für die deutschen Behörden völlig überraschend die Unabhängigkeit des Staates Flandern ausgerufen[267]. Daß dies nach dem oben Ausgeführten im Sinne Beyerles war, läßt sich kaum vorstellen, der eine föderative Umgestaltung der belgischen Verfassung befürwortete.[268] Die Reichsregierung wollte sich, wegen der Forderung der Alliierten, Voraussetzung für einen Friedensschluß sei die Wiederherstellung Belgiens wie vor dem Kriege, in der Flamenpolitik nicht festlegen. Die Reichskanzler Michaelis und von Hertling suchten daher jeden Eindruck zu vermeiden, der ein Eintreten der Deutschen Regierung im Sinne der Selbständigkeitsbestrebungen in Flandern erwecken konnte. Beyerle sah sich daher am 20.2.1918 gezwungen, weil in Reihen der Flamen die Befürchtung entstanden war, Deutschland unterstütze entgegen früheren Zusagen des Reichskanzlers Bethmann Hollweg die flämische Bewegung nicht mehr, Zusicherungen des Reiches an die Flamenführer zu machen, um die Flamenbewegung energisch zu stützen und ihren Rückgang zu verhindern. Das Ausbleiben einer deutschen Stellungnahme zur Flamenpolitik beginne in Belgien „gefahrdrohend" zu werden.[269] Die Rede Reichskanzlers v. Hertling vom 25.2.1918, in der er die Möglichkeit von Verhandlungen mit der belgischen Regierung andeutete,[270] löste bei den Flamen „tiefe Repression" aus, wie Beyerle vermerkte.[271] Dennoch ignorierte v. Hertling die politischen Selbständigkeitsbestrebungen der Flamen, widersetzte sich allen Bemühungen, ihn zu einem offenen Eintreten für den Aktivismus zu bewegen und verwies immer wieder auf die „Belastung", die ein solcher Schritt für die Reichsregierung bilden würde.[272]

Im März 1918 fanden rechts- und staatswissenschaftliche Vorlesungen an der Brüsseler Hochschule statt, eine Aufgabe der Studienkommission, in der auch Beyerle mitwirkte.[273] Der Lehrplan sollte möglichst vielgestaltig sein, „überall mehr Anregung und Abhandlung allgemein interessierender Probleme als Ausführung".[274] Beyerle selbst las über „Volkswille und Rechtsbildung im Wandel der Zeiten", „Die Rechtsdenkmäler der alten Niederlande" und „Grundlagen und Ziele der flämischen Bewegung".[275] In dem zuletzt genannten führte er aus, daß die Volks- und Sprachgrenze für staatliche und kirchliche Bildungen auf belgischer Erde mehr als tausend Jahre keine Bedeutung gehabt habe. Die flämische Bewegung sei erst durch die systematische Unterdrückung des Flämischen seit der Französischen Revolution und dann wieder seit der von Frankreich unterstützten belgischen

---

265 NL 6, Bl. 74; Schreiben Beyerles an Professor Schmidt vom 11.12.1917

266 NL 6, Bl. 73; Dies ergibt sich aus einem von Beyerle gefertigten Vermerk vom 12.12.1917, in dem er festhielt, daß für ihn die Berufung von Professor Schmidt, von der er vorher nichts erfahren habe, verletzend war.

267 Wende, Die belgische Frage in der deutschen Politik des Ersten Weltkriegs, S. 172

268 NL 16, Bl. 240; Vortragsskizze (zu Grundlagen und Zielen der flämischen Bewegung), die gleichzeitig als Grundlage für einen Bericht Beyerles diente; Beyerle führte dort u. a. aus: „ ... Das letzte Ziel der Bewegung, die Schaffung eines selbständigen Staates Flandern, ist durch die Selbständigkeitserklärung des Rates von Flandern vom 22.12.1917 gefordert worden, womit jedoch die verschiedenen Möglichkeiten seiner Durchführung innerhalb des nicht an Deutschland zu annektierenden, sondern irgendwie wiederherzustellenden belgischen Staatswesens nach keiner Richtung versperrt sind."

269 Wende, S. 179

270 vgl. Wende, S. 177

271 NL 10, Bl. 6 RS; Brief Beyerles vom 1.3.1918

272 Wende, S. 182

273 NL 10, Bl. 13; Brief vom 6.2.1918; Neben Beyerle waren in die Kommission berufen worden: André und Waentig

274 NL 10, Bl. 6; Brief Beyerles vom 1.3.1918

275 NL 10, Bl. 9 bis 11, Vorlesungsplan vom 11. bis 23.3.1918

Revolution von 1830 heraufgeführt worden. Sie sei stets Sprachenkampf gewesen, zurückgehend auf die Wiederentdeckung der altflämischen Literatur und Poesie als Gegengewicht gegen französische Kultureinflüsse.[276] In diesem Sinne hatte Beyerle die schon seit seiner Göttinger Zeit veranstalteten Liederabende verstanden. So lobte er, der flämische Liederabend als Volksbildungsmittel habe sich in Gent erneut glänzend bewährt. Damit würden „Bildungswerte und politische Erziehung in die flämischen Kreise hineingetragen."[277]

Beyerles Propagandatätigkeit beim Verwaltungschef für Flandern gewinnt aus den von ihm gefertigten Vermerken und Berichten nähere Konturen: In seinem Bericht vom 16.4.1918 bemerkte er, daß es gelungen sei, Kontakte zum Führer der katholischen Passivisten, dem Abgeordneten F. van Cauwelaert zu knüpfen.[278] Am 6.5.1918 hielt er fest, für die nächste Zeit sei ein Besuch süddeutscher Zentrumsjournalisten und Parlamentarier, einer Abordnung des Reichstagszentrums und verschiedener Politiker in Vorbereitung.[279] Daneben hielt er weiterhin Vorträge über die flämische Bewegung u. a. in Offizierskreisen des Generalgouvernements[280] und verfaßte, wie bereits seit seiner Zeit im Göttinger Gefangenenlager, zahlreiche Zeitungsartikel und Briefe. Beyerle wurde bei der Abfassung wichtiger Leitpunkte mit herangezogen, wie den Richtlinien der deutschen Flamenpolitik,[281] die mit den Worten schlossen: „An Maas und Schelde soll ein germanisches Volk seine reichen Anlagen im Bewußtsein wiedergewonnener Kraft entfalten. Dieses germanische Flandern wird in notwendiger Anlehnung an das Deutsche Reich eine Gewähr für dessen Machtstellung im Westen werden." Sowohl annexionistische Bestrebungen als auch das von Beyerle befürwortete föderative System Belgiens lassen sich mit dieser Formulierung in Einklang bringen.

Aus einem seiner letzten Arbeitsberichte vom 14.7.1918[282] geht hervor, daß zu den „gewöhnlichen Dienstgeschäften" auch die Behandlung von Gnadensachen gehörte, ein Thema mit dem sich Beyerle schon früher befaßt[283] hatte und das ihn auch später immer wieder beschäftigte.[284] Zum Gedenktag der Güldensporenschlacht am 11.7.1917 hatte der Generalgouverneur fünf zum Tode Verurteilte begnadigt. Ob Beyerle an dieser Entscheidung mitwirkte, ist aus den Akten nicht ersichtlich. Die dadurch geschaffene öffentlichkeitswirksame Situation nahm er allerdings zum Anlaß für einen rechtsgeschichtlichen Überblick über die Gnade. Dabei legte er dar, daß die flämische Bewegung geschichtlich begründet sei, so daß „auch in der Handhabung des staatlichen Gnadenrechts, das zur Zeit dem Generalgouverneur kraft der Vollmachten der besetzenden Macht zusteht, ein Zurückgehen auf die Geschichte Flanderns wohl begründet" sei. Nicht zuletzt habe der Generalgouverneur die Begnadigung am 11.7.1917 ausgesprochen und nicht am 21.7.1917, dem nationalbelgischen Feiertag zur Erinnerung an die Revolution von 1830.[285] Damit verstand er es, den Herrschaftsanspruch der besetzenden Macht

[276] NL 16, Bl. 236 ff, Vortragsskizze
[277] NL 7, Bl. 110 f; Manuskript: „Flämisches Leben in Gent" von Konrad Beyerle
[278] NL 6, Bl. 80
[279] NL 6, Bl. 89
[280] NL 16, Bl. 290
[281] NL 16, Bl. 2 ff
[282] NL 6, Bl. 85
[283] vgl. die Rede zur Feier des Geburtstages: Von der Gnade im Deutschen Recht, 1910, und der ein Jahr zuvor in der Korrespondenz Belgien am 1.8.1917 erschienene Aufsatz „Gnade vor Recht", NL 6, Bl. 82 und NL 23, Bl. 85 ff; Manuskript
[284] Beyerle: Religion und Recht in der deutschen Vergangenheit, in: Schönere Zukunft, Nr. 38 vom 19.6.1932
[285] NL 23, Bl. 92

Deutschland mit einer Solidaritätskundgebung für die flämische Bewegung zu vereinen und die erfolgte Begnadigung propagandistisch geschickt umzusetzen.

In seinem Arbeitsbericht erwähnte Beyerle, daß die von ihm angefertigte und am 20.4.1918 mit Einleitung und Anmerkungen versehene Übersetzung der Schrift von Professor L. Dosfel „Katholische Verteidigungsschrift des flämischen Aktivismus" erschienen sei. Sie werde zu Propagandazwecken vorläufig in Deutschland mit 250 Exemplaren zwecks Aufklärung der öffentlichen Meinung in Katholische Kreise versandt. Vorbereitungen zur zweckentsprechenden Verwertung der Schrift im Rahmen der hiesigen Propaganda und im neutralen Ausland seien im Gange. Im Vorwort der Schrift führte Beyerle aus, sie gelte der Abwehr der Angriffe der höchsten kirchlichen Stelle in Belgien gegen die Verwaltungstrennung und deren Verurteilung der flämischen Aktivisten. "Die Berechtigung einer lebendigen flämischen Politik auch während des Krieges, auch während und unter Mitwirkung des deutschen Besetzers, wird darin aus den Sätzen des Völkerrechts, aus den staatsrechtlichen Verhältnissen Belgiens, vor allem aber aus den politischen Zuständen dargelegt."[286]

Wie ist Beyerles Haltung zur Flamenfrage zu charakterisieren? Laufs sieht in seiner Schrift "Flanderns Wehklage --- und Wir?" eine unabhängige, stark humanitär begründete Stellungnahme und vertritt die Auffassung, Beyerle lasse sich nicht in eine Reihe stellen mit Hans Delbrück, Max Weber und Friedrich Meinecke, sondern sei mit seinem nicht zu Ende gedachten Aufruf eher dem großen Lager der Annexionisten als Gemäßigter zuzuzählen, als Zeugnis politischer Weitsicht und Vernunft könnten ihrer aller Kundgebungen jedenfalls nicht gelten[287]. Demgegenüber kommt Weisz[288] zu dem Ergebnis, daß Beyerle der annexionistischen Propaganda vieler seiner Professorenkollegen ablehnend und skeptisch gegenüberstand. Eine sachgerechte Einschätzung kommt nicht aus, ohne seine erst nach dem Wechsel in die Politische Abteilung verfaßten Äußerungen und Stellungnahmen mit in die Betrachtung einzubeziehen.

In der flämischen Bewegung sah Beyerle die Kulturleistung eines germanischen Brudervolkes, die er als eigenständigen Wert anerkannte und die sein Interesse fand. Diese Perspektive durch Weckung des Bewußtseins innerhalb der Flamen und Aufklärung im deutschsprachigen Raum zu verbreiten, halfen ihm seine geschichtlichen Kenntnisse. Denn mit der Betonung der Tradition verlieh er seiner eigenen politischen Anschauung durch Relativierung des aktuellen Meinungsstreites größere Legitimität. In flämischen Kreisen stieß ein solchermaßen begründetes Engagement auf gesteigerte Akzeptanz, da an die eigenen geschichtlichen Wurzeln angeknüpft wurde. Beyerle galt bereits vor seiner Berufung nach Brüssel als bekannte katholische Persönlichkeit. Als Propagandareferent mit umfangreichen Aufgaben betraut, konnte er seine vielfältigen Kontakte in Deutschland vor allem zu Politikern der Zentrumspartei und zu kirchlichen Stellen ausbauen und vertiefen. Seine politische Haltung kann als durchaus eigenständig charakterisiert werden: Während er sich von der Reichsregierung ein deutlicheres Eintreten für die aktivistische flämische Bewegung erhoffte und von deren Hinhaltetaktik enttäuscht war, teilte er doch nicht den im Generalgouvernement weit verbreiteten annexionistischen Standpunkt, sondern trat für ein „irgendwie geartetes föderatives" belgisches System ein, in dem Flandern die ihm gebührende Selbständigkeit erhalten sollte.

[286] Verteidigungsschrift des flämischen Aktivismus, Vorwort, S. 3
[287] Laufs, S. 35 (ohne jedoch die im Nachlaß Beyerles befindlichen Quellen auszuwerten)
[288] Weisz, Geschichtsauffassung, S. 19

Als sich das Kriegsglück zum Nachteil Deutschlands wendete, spielte Beyerle mit dem Gedanken durch eine Eingabe[289] an Reichskanzler Prinz Max von Baden vor allem für die Hochschullehrer der Universität Gent, die Mitglieder des "Rates von Flandern" und die Beamten der von Deutschland eingerichteten flämischen Ministerien angemessene Stellungen innerhalb Deutschlands zu schaffen, um sie vor Not und dem Schicksal zu bewahren, durch die zurückkehrende belgische Regierung ihrer Ämter und Einkünfte beraubt zu werden. Denn der Schutz dieser stammverwandten flämischen Elemente sei eine „Ehrenpflicht" Deutschlands, wofür sich auch die deutsch-flämische Gesellschaft einsetze. Von dieser Warte aus erklären sich auch Beyerles Bemühungen nach Kriegsende zur Unterstützung von Flamen.

2. Berufungen nach Bonn und München

Neben seiner politischen Arbeit und einer von ihm in Erwägung gezogenen „dauernden Verwendung im Reichsdienst" hatte Beyerle seine Liebe zur Wissenschaft und zum akademischen Lehrberuf nicht verloren. Am 3.11.1917 hatte er an Reichskanzler Graf v. Hertling geschrieben:

> *„... Inzwischen sind die Professuren von Bonn und München aufgegangen. Ob sich mein sehnlichster Wunsch, in München zu wirken, erfüllen wird, steht dahin. ... Stets bin ich von ganzem Herzen akademischer Lehrer und ein Freund und Berater meiner Schüler gewesen. Aber die alles umwälzenden Verhältnisse des Weltkriegs, dazu mein starkes Interesse für das öffentliche Leben und meine Bereitwilligkeit, auch der katholischen Sache am besten Platze zu dienen, haben in mir den Plan immer wieder hervortreten lassen, mich ganz dem Staat und der Politik zu widmen. ... Mögen Sie ... die Entscheidung ins Auge fassen, ob ich in der Universitätslaufbahn verbleiben soll, ob ich unter weiterer Beurlaubung von dem Lehramt die mir liebgewordene Tätigkeit in Brüssel fortsetzen oder ob ich ... anderswo in den Reichsdienst übernommen werden soll."*[290]

Hatte der Graf noch im Jahre 1906, als in Bonn die Jahresversammlung der Görres-Gesellschaft stattfand, bei einem Spaziergang am Rheinufer eine politische Tätigkeit Beyerles befürwortet, so empfahl ihm der Reichskanzler nunmehr, unbedingt der Universitätslaufbahn treu zu bleiben. „Ich bin überzeugt, daß Sie in diesem Berufe auf die Dauer die vollere Befriedigung finden werden."[291] Sollte Beyerle mit diesem Brief versucht haben, seine Beziehungen spielen zu lassen, um in Berlin in den Dienst des Reiches zu treten, so war die Antwort des Grafen v. Hertling für ihn „ein Schlag ins Gesicht". Die Gründe für die Stellungnahme des Reichskanzlers dürften darin zu suchen sein, daß Beyerle in der Flamenfrage mit der Reichsregierung nicht konform ging. Möglicherweise spielten aber auch die „Bonner Querelen" eine Rolle, als er seine politischen Beziehungen ohne Scheu einsetzte, um einen Ruf an die dortige Universität zu erhalten.

---

[289] vgl. undatierter, nicht fertig gestellter Briefentwurf an Sr. Gr. Hoheit, den Herrn Reichskanzler Prinz Max von Baden, NL 8, Bl. 31 ff

[290] NL 6, Bl. 91, 95 bis 96, Brief Beyerles vom 3.11.1917 an Reichskanzler Graf v. Hertling

[291] NL 6, Bl. 90, Brief des Grafen v. Hertling an Beyerle vom 20.11.1917

a. Bonn

Bereits 1906 war Beyerle als Nachfolger von Hugo Loersch im Gespräch gewesen. Obwohl er an erster Stelle der Berufungsliste stand, hatte sich die Berufung damals offenbar aus parteipolitischen Gründen nicht verwirklicht.[292] Im Jahre 1917 stand seine neuerliche Berufung an die Rheinische Friedrich-Wilhelms-Universität an. Daran war ihm sehr gelegen, da sie ihm eine finanzielle Besserstellung bringen müßte, die er nach den „dürren Göttinger Jahren" sehr gut gebrauchen könnte. „Ich würde daher auf eine solche Berufung auch für den Fall das größte Gewicht legen müssen, daß ich infolge meiner Brüsseler Tätigkeit nicht in der Lage wäre, ihr sofort Folge zu leisten."[293] Seiner Berufung gingen innerhalb der Juristischen Fakultät erbitterte Streitereien voraus, die hier von Interesse sind, weil sie in unmittelbarem Zusammenhang mit seinem politischem Engagement innerhalb der Zentrumspartei standen. Die Situation wird durch eine Zusammenfassung[294] des im Ministerium für Personalangelegenheiten zuständigen Geheimrates Bekker zutreffend beschrieben. Danach lagen die Bedenken, welche die Fakultät gegen Beyerle hatte, weniger auf wissenschaftlichem als auf persönlichem Gebiet. Zwar werde ihm von gewisser Seite nachgesagt, daß er so stark Historiker sei, daß er gar nicht mehr Jurist sei, sondern eigentlich in eine philosophische Fakultät gehöre. In erster Linie fürchtete man aber von der temperamentvollen und manchmal etwas ungeschickten Art des Zentrumspolitikers eine Gefährdung des an einer paritätischen Universität besonders wichtigen konfessionellen Friedens.[295] Beyerle habe auch so ungefähr alle Führer des Zentrums in seinem Interesse mobil zu machen versucht, und mehrere Abgeordnete hatten sowohl beim Minister als auch dem Personalreferenten stark auf seine Berufung hinzuwirken versucht. Namentlich der Abgeordnete Trimborn habe diese Sache nicht nur für einen gelegentlichen Wunsch des Zentrums, sondern für

---

[292] Stutz (Nachruf S. XXXVII) berichtet, ohne allerdings nähere Einzelheiten zu nennen, daß Beyerle bereits 1907 in der Bonner Juristenfakultät weit vor anderen als Nachfolger von Hugo Loersch vorgeschlagen, die Berufung jedoch hintertrieben worden sei. Ihm sei dadurch die Gelegenheit zu besonders fruchtbarer und gegenseitig anregender Mitarbeit mit einem hervorragenden Kollegen und nahen Freunde versagt geblieben.;
Ebenso sah sich Beyerle als Opfer: „Wie Dir nicht unbekannt, bin ich schon einmal vor zehn Jahren, in Bonn an erster Stelle vorgeschlagen gewesen und damals in der Siedehitze der Bülow-Aera, der politischen Kandidatur des an zweiter Stelle genannten Prof. Schreuer, Schriftführers der Vaterländischen Vereinigung zur Bekämpfung des Zentrums im Rheinland, geopfert worden." (GStA PK, I. HA, Rep. 76 V a, Ministerium für geistl., wissenschaftliche und Medizinalangelegenheiten, Sek. 3, Titel IV, Bl. 209 ff, Brief Beyerles vom 22.5.1917, ohne Adressaten, wahrscheinlich an Prof. Partsch, vgl. Bl. 217);
Reichskanzler Bülow kämpfte damals u. a. gegen das Zentrum, welches neben den Liberalen im Reichstag gegen die Bewilligung von Geldern für eine verstärkte Militäraktion in Deutsch-Südwestafrika gestimmt hatte. (vgl. Rosenberg, Die Entstehung der Weimarer Republik, S. 50 f)

[293] GStA PK, I. HA, Rep. 76 V a, Ministerium für geistl., wissenschaftliche und Medizinalangelegenheiten, Sek. 3, Titel IV, Bl. 209 ff, Brief Beyerles vom 22.5.1917, ohne Adressaten, wahrscheinlich an Prof. Partsch, vgl. Bl. 217

[294] GStA PK, I. HA, Rep. 76 V a, Ministerium für geistl., wissenschaftliche und Medizinalangelegenheiten, Sek. 3, Titel IV, Bl.206 f: „Die Berufung Beyerles als Nachfolger von Stutz in Bonn"

[295] Besonders drastisch stellte dies Prof. Zitelmann in einer Eingabe vom 17.1.1917 an das Ministerium dar: „Nicht unmittelbar im Auftrage der Fakultät, aber doch vollständig im Sinne der Mitglieder, insbesondere auch der beiden Germanisten", bat er dem Bericht privatim folgendes hinzufügen zu dürfen: Für den Vorschlag Beyerle habe gesprochen, „daß wir ihn einst- 1907- vor Schreuer auf unsere Vorschlagsliste gesetzt hatten. Wir sind aber in der Fakultät wohl so ziemlich einig darüber, dass seine Herberufung ein Unglück für die Fakultät sein würde, nicht aus wissenschaftlichen Gründen, sondern, wie wir angedeutet haben, aus persönlichen ... Auch unser gemeinschaftlicher Freund Smend musste in seinem Gerechtigkeitsgefühl wissenschaftlich Beyerle voranstellen, aber es war ein Akt der Selbstaufopferung, denn auch er würde über das Hierherkommen Beyerles sehr wenig glücklich sein." Bekker hatte neben der von ihm angefügten Unterstreichung mit Bleistift vermerkt: Beyerle wohl ganz unmöglich; GStA PK, I. HA, Rep. 76 V a, Ministerium für geistl., wissenschaftliche und Medizinalangelegenheiten, Sek. 3, Titel IV, Bl. 129 ff

eine große politische Angelegenheit erklärt, der in Zentrumskreisen ein bedeutendes Gewicht zugemessen werde. Diese ganze Bewegung sei nicht eine ungeschickte Aktion persönlicher Freunde Beyerles ohne dessen Wissen, sondern war von ihm selbst, und zwar wiederholt, in Fluss gebracht worden. Damit schien das Bedenken betätigt, daß Beyerle parlamentarische Einflüsse zu benutzen suchte, um eine akademische Stellung zu erreichen. Dies alles habe die Entscheidung zu seinen Gunsten nicht gefördert, sondern gehemmt.[296] Erst nachdem festgestellt war, daß der Opposition gegen Beyerle eine „gewisse konfessionelle Engigkeit und Reste kulturkämpferischer Neigung" anhafteten, und verschiedene vertrauenswürdige Persönlichkeiten aus katholischen und evangelischen Kreisen es für ausgeschlossen erklärt hatten, daß er den konfessionellen Frieden störe, sei die Berufung erfolgt. Wenn man bei ihm auch eine gewisse „persönliche Ungeschicklichkeit und Vielgeschäftigkeit" in Kauf nehmen müsse, treffe die Berufung doch zweifellos den „wissenschaftlich Würdigsten", der außerdem von der Fakultät an erster Stelle vorgeschlagen war. Selbst betrachtete Beyerle die Vorwürfe als „Aufbauschung und Entstellung", wodurch „ein Zerrbild von mir entworfen" worden sei, „mittels dessen man höheren Orts glaubte, gegen mich Eindruck machen zu können".[297]

Nachdem ihm u. a. ein Gehalt ab 1.1.1918 von 8400 M neben tarifmäßigem Wohngeldzuschuß von 920 M, ein mit 2500 M zu vergütender besonderer Lehrauftrag für Niederländisch-Belgisches Recht geboten wurde und an Allerhöchster Stelle die Verleihung des Charakters als Geheimer Justizrat beantragt werden sollte[298], nahm er den Ruf nach Bonn noch vor einer Audienz beim Reichskanzler am 30.11.1917[299] an, trat die Professur aber nicht an, da er wegen seiner Tätigkeit in Brüssel weiterhin beurlaubt war.

---

[296] Neben einem Brief des Leiters der Sektion III der Politischen Abteilung bei dem Generalgouvernement vom 6.3.1917, in dem dieser bat, „bei der Frage der Berufung nach Bonn die hiesige Tätigkeit des Herrn Professor Beyerle nicht zu seinen Ungunsten in Wa(a)gschale fallen zu lassen, sondern sie im Gegenteil als eine im vaterländischen Interesse sehr wichtige ansehen zu wollen", (GStA PK, I. HA, Rep. 76 V a, Ministerium für geistl., wissenschaftliche und Medizinalangelegenheiten, Sek. 3, Titel IV, Bl. 93), wird dies durch einen Brief Beyerles vom 8.8.1917, ohne Adressaten, wahrscheinlich an Prof. Partsch bestätigt: „...du hast mir geantwortet, daß Trimborn mit dem Minister sprechen werde. Ich weiss, dass das inzwischen geschehen ist. Trimborn hat auch mit Geheimrat Bekker die Sache besprochen. ... Die Hoffnung, daß Geheimrat Stutz meine Berufung entscheidend betreiben könne, hat sich nicht erfüllt; ich habe in der Zwischenzeit sowohl in Heidelberg als in Straßburg Zurücksetzungen zu erleiden gehabt. ... Bei dieser Sachlage und angesichts des Wechsels im Ministeriums schiene mir eine Empfehlung von Deiner Seite oder durch Exzellenz Spahn (damals Führer des Zentrums, d. Verf.) jetzt mehr Aussicht auf Erfolg zu versprechen als früher. Tatsache ist doch, daß ich in letzter Linie aus konfessionell-parteipolitischen Gesichtspunkten in Bonn übergangen werden soll. Ich denke, das gibt mir ein gewisses Anrecht darauf, daß mich in dieser Sachlage meine katholischen Freunde in Preussen nicht im Stiche lassen werden. Ich sollte meinen, daß ein energischer Wunsch von Spahn gegenüber dem neuen Kultusminister nicht ohne Wirkung bleiben könnte. Aber ich zweifle nicht , daß auch Dein Ansehen bei Schmidt so groß ist, daß eine Empfehlung von Deiner Seite nicht ohne Grund beiseite geschoben werden kann. Natürlich müßte die Sache auch jetzt wieder als eine spontane Wunschäußerung Deinerseits bzw. von Spahn erscheinen, geltend gemacht im Interesse der rheinischen Katholiken." (GStA PK, I. HA, Rep. 76 V a, Ministerium für geistl., wissenschaftliche und Medizinalangelegenheiten, Sek. 3, Titel IV, Bl. 212 f)

[297] GStA PK, I. HA, Rep. 76 V a, Ministerium für geistl., wissenschaftliche und Medizinalangelegenheiten, Sek. 3, Titel IV, Bl. 209 f)

[298] GStA PK, I. HA, Rep. 76 V a, Ministerium für geistl., wissenschaftliche und Medizinalangelegenheiten, Sek. 3, Titel IV, Bl. 219

[299] NL 6, Bl. 98; Einladung zur Audienz; Daß die Annahme jedenfalls noch vor dem 11.12.1917 erfolgt sein dürfte, geht aus dem Schreiben vom gleichen Tage an Professor Richard Schmidt hervor, in dem Beyerle auf seine besonderen Lehrauftrag für niederländisch-belgische Rechtsentwicklung hinwies.

b. München

Am 1.3.1918 erhielt Beyerle in Brüssel den Ruf als Nachfolger von Karl v. Gareis nach München.[300] Nachdem man ihn in Bonn zunächst nicht haben wollte, wurde nun angestrengt versucht, ihn zum Bleiben zu bewegen, denn die „persönlichen Bedenken" schienen mittlerweile ausgeräumt.[301] In München war innerhalb der Fakultät eine Diskussion darüber vorausgegangen, ob der neu zu Berufende sich gleichermaßen nach der „dogmatischen" Seite (Bürgerliches Recht und Handelsrecht) hin wie nach der „germanistischen" Seite hin (Deutsche Rechtsgeschichte und Deutsches Privatrecht) bewährt haben mußte. Die Mehrheit der Fakultät war der Auffassung, wenn keine Kraft zur Verfügung stehe, die sich nach beiden Seiten gleichmäßig bewährt habe, mehr auf die germanistische als auf die dogmatische Bewährung Gewicht legen zu sollen. Die Fakultätsminderheit vertrat dagegen den Standpunkt, es werde genügen, wenn ein eigentlicher historischer Germanist einmal im Kollegzimmer vorhanden sei und ein solcher sei gegenwärtig (mit Professor v. Amira) da. Daß Beyerle mit weit überwiegender Stimmenmehrheit an erster Stelle der Berufungsliste stand, lag nicht nur an seinen Erfolgen mit seminaristischen Übungen und seinen Schriften, sondern auch an der großen Menge tüchtiger fremder Arbeiten, die er in seiner Sammlung deutschrechtlicher Beiträge vereinigt habe. Auf einen seiner vorsichtigsten und kundigsten Beurteiler habe seine Art zuweilen einen nahezu „genialen" Eindruck gemacht. Hervorgehoben wurde auch, daß sich Beyerle mit seinen beiden Abhandlungen über die Pfarrkirche S. Peter u. Paul in Reichenau-Niederzell und über die Geschichte des Chorstifts S. Johann in Konstanz über den Rahmen der Rechtsgeschichte hinaus in angrenzenden Gebieten seinen Forschungseifer betätigte und ein ungewöhnliches Maß vielseitiger Bildung erkennen ließ.[302] V. Beling sprach sich in einem Sondervotum gegen Beyerle aus, weil seine jahrzehntelange Gelehrtentätigkeit noch keine dem geltenden Recht als solche zugewandte Veröffentlichung abgeworfen habe. Das Buch über Fideikommißrecht könne entgegen der Mehrheitsmeinung hier nicht zählen, weil es seinem ganzen Wesen nach eine geschichtliche Erscheinung sei. V. Beling war auch der Meinung, daß die rechtsgeschichtlichen Arbeiten Beyerles darauf hinwiesen, daß ihn an der Rechtsgeschichte nicht sowohl das Juristische, als vielmehr das Allgemeinhistorische das eigentlich Anziehende sei."[303]

---

[300] NL 10, Bl. 6 RS; Beyerle verfaßte zum Tode Karl von Gareis am18.1.1923 einen Nachruf in den Münchner Neueste Nachrichten Nr. 30 vom 1.2.1923, „Karl von Gareis, ein Gedenkblatt"

[301] So schrieb Geheimrat Landsberg , der sich für Beyerles Bonner Berufung stark gemacht hatte bereits am 29.12.1917, daß Beyerle „uns auch persönlich sehr gut gefallen" habe. Darum sollte überlegt werden und zwar in vollem Einverständnis mit Geheimrat Zitelmann", „um die Mittel bereitzustellen, durch die es dann doch vielleicht gelingen könnte, Beyerle hier für Bonn zu retten". So wurde Beyerle die Zusicherung gemacht zusätzlich zu seinem bisherigen Gehalt für die Leitung des Seminars eine jährliche Vergütung von 3000 M, aus Kolleggeldern, Fakultäts- und Prüfungsgebühren eine jährliche Summe von 8000 M zu gewähren. Darüber hinaus wurde angeboten, die laufenden Mittel des Juristischen Seminars in Bonn um jährlich 500 M zu erhöhen, über die Beyerle die alleinige Verfügung zustehen sollte und ihm ferner 1500 M für einen Assistenten zugebilligt, der ihn in seinem Lehrauftrag für niederländisch-belgisches Recht und Deutsche Rechtsgeschichte unterstützen sollte. (GStA PK, I. HA, Rep. 76 V a, Ministerium für geistl., wissenschaftliche und Medizinalangelegenheiten, Sek. 3, Titel IV, Bl. 227 und Bl. 233)

[302] Akte des Archives der Universität München L – N - 14 a, Berufungsliste der Universität München vom 19.1.1918, Nr. 231

[303] wie vor, Separatvotum v. Beling vom 3.1.1918, der weiter ausführte, im Einklang damit sei mitgeteilt worden, daß bei Beyerle ein Gegensatz zwischen guten Lehrerfolgen im rechtshistorischen Seminar und nicht günstigen Lehrerfolgen in den dogmatischen Disziplinen obwalte.; Prof. Frank vertrat in seinem Separatvotum vom 4.1.1918 die Auffassung, daß die Berufung Beyerles wegen dessen mangelnden Legitimation auf dem Gebiete des modernen Rechts überhaupt und des Handelsrechts im Besonderen ein schwerer Fehler wäre

Allerdings waren der Fakultät ungünstige Urteile über Beyerle bekannt geworden, die erst durch wiederholte Fürsprache Stutz', so der Fakultätsbericht vom 19.1.1918, zerstreut werden konnten: „Sie haben ganz richtig herausgehört, daß die Agitation gegen Beyerle ... im Wesentlichen auf konfessionelle Befangenheit (- Beyerle ist strenger Katholik -) zurückgeht. B(eyerle) ist ja gelegentlich etwas übereifrig und nicht immer sehr geschickt. Aber ernsthaft gegen ihn einwenden läßt sich nichts. Ich kenne ihn seit seinen Anfängen und halte auch persönlich, nicht nur wissenschaftlich große Stücke von ihm."[304] In seinem Nachruf sollte Stutz später schreiben: „Unsere Wissenschaft hat immer und immer wieder darunter gelitten, daß einseitig modern gerichtete, nur durch Bücher in der Studierstube mit unserer Vergangenheit bekannt gewordene Forscher mit ihr sich befaßt haben. Es machte Konrad Beyerles Stärke mit aus, daß er, obwohl keineswegs gegenwartsfremd, im Mittelalter mit ganzer Seele leibte und lebte und es, aus dem Vollen schöpfend und die Geschichte des Rechtes in ihm nicht einseitig isolierend, mit einer ihm kongenialen aufbauenden Phantasie vor uns wiedererstehen ließ."[305] Professor v. Amira hatte sich in einem Sondervotum dafür ausgesprochen, an erster Stelle den Kieler Professor Max Pappenheim zu berufen, war aber mit der Berufung Beyerles einverstanden[306] und erreichte damit, daß als Nachfolger des von ihm wenig geschätzten Karl von Gareis nicht der stärker zivilrechtlich orientierte Rudolf Müller-Erzbach berufen wurde.[307]

Beyerle, den die seitens des Bayerischen Staatsministeriums unter Kultusminister v. Knilling, dem späteren Bayerischen Ministerpräsidenten, „in vornehmer Weise" geführten Berufungsverhandlungen zu einem Eintrag in seinem Tagebuch veranlaßten[308], nahm den Ruf nach München an. Nach Berlin schrieb er, es seien im Wesentlichen Gründe gesundheitlicher und familiärer Art, die ihn bestimmen, den seitens der bayerischen Unterrichtsverwaltung ergangenen Ruf an die Universität München anzunehmen und „salutierte" abschließend:

„Ich scheide damit nach 16jähriger Tätigkeit aus dem Dienste der preussischen Unterrichtsverwaltung aus, hoffend, daß es mir in meinem neuen Wirkungskreis gegönnt sein möge, in demselben Geiste straffer Zucht und gemeindeutscher Kulturarbeit fortwirken zu können, den ich als köstlichsten Besitz in meinen preussischen Lebensjahren mir erringen durfte."[309]

---

304 Akte des Archives der Universität München, Wiederbesetzung der durch die Emeritierung des o. Prof. Dr. v. Gareis freigewordenen Professur (Reg. 65)

305 Nachruf Stutz, S. XXVII f

306 Akte des Archives der Universität München L – N – 14 a; Insofern ist Stutz (Nachruf S. XXXVII) zu widersprechen, daß allen voran Prof. v. Amira sich für die Berufung Beyerles ausgesprochen hätte; trotz aller Schwierigkeiten habe Beyerle jedoch gewußt, sich mit v. Amira verhältnismäßig gut zu stellen und geplant diesem ein biographisches Denkmal zu setzen (Stutz, S. XLI), Beyerle hatte lediglich einen fünfseitigen Beitrag zum Jahrbuch der Universität München 1929/1930 verfaßt, in dem es außer einer knappen Darstellung von dessen Lebenswerk heißt: „Vom gelegentlichen Eingreifen v. A.s in die kulturpolitischen Kämpfe der Zeit, von den menschlichen Seiten im Leben v. A.s soll an anderer Stelle gehandelt werden." Ebenso ist der Anklang bei Hans Erich Feine (Geist und Gestalt, I. Band, S. 239) zurecht zu rücken, wonach sich v. Amira schon bei Lebzeiten in Sorge um die Zukunft des rechtsgeschichtlichen Unterrichts in der Person Konrad Beyerles einen hervorragenden Deutschrechtshistoriker gesichert habe. In seinem Tagebuch (S. 18) erwähnte Beyerle die höfliche Aufnahme innerhalb der Fakultät, besonders bei v. Amira, was Stutz möglicherweise zu seiner Feststellung veranlaßte.

307 Nehlsen, S. 21 f

308 Tagebuch, S. 18

309 Brief vom 29.3.1918, GStA PK, I. HA, Rep. 76 V a, Ministerium für geistl., wissenschaftliche und Medizinalangelegenheiten, Sek. 3, Titel IV, Bl. 236

Nach München wandte er sich mit den Worten:

„Wenn ich mich trotzdem für München entschieden habe, so folge ich nicht nur einem inneren lange gehegten Wunsche. Ich hoffe, daß meine Kenntnis der oberdeutschen Geschichte, verwandte Stammesart und vielfach enge Beziehungen zu den Münchener Kreisen und nach ganz Bayern hin, mir einigermaßen dafür bürgen, daß ich nicht ganz unwürdig dem an mich ergangenen Ruf in die bayerische Hauptstadt und an ihre altberühmte Hochschule folge..."[310]

Zum 1.4.1918 ernannte König Ludwig III. von Bayern den Geheimen Justizrat Dr. Konrad Beyerle zum ordentlichen Professor für deutsches Privatrecht, deutsches bürgerliches Recht, Handels- und Wechselrecht, deutsche Rechtsgeschichte und Einführung in die Rechtswissenschaft. Er erhielt ein jährliches Gehalt von 14.000 Reichsmark sowie eine nichtpensionsfähige Gehaltszulage von 1.000 Reichsmark[311]. Gleichzeitig wurde ihm der Titel und Rang eines Königlichen Geheimen Hofrates verliehen.[312] Daß er nicht schon im Sommersemester 1918 seine Lehrtätigkeit in München aufnehmen konnte, bedauerte Beyerle. Der Verwaltungschef für Flandern habe ihn jedoch gebeten in diesen für die Gestaltung der neuen Verhältnisse in Flandern entscheidenden Monaten sein Referat noch beizubehalten. Nach einer militärärztlichen Nachuntersuchung vom 28.5.1918, bat Beyerle, den Dekan, ihn zum 1.8.1918 reklamieren zu wollen, zu diesem Zeitpunkt habe er die Entlassung aus dem politischen Reichsdienst erbeten. Bisher sei er durch seine Brüsseler Behörde vom Militärdienst reklamiert gewesen. Gedient habe er bisher nicht.[313]

Die Universität München kam seinen Wünschen nach. Nachdem er noch seinen Nachfolger, den Reichstagsabgeordneten Dr. Pfleger-Weiden, der 1924 erneut als Mitglied der BVP in den Reichstag einziehen sollte, in Brüssel eingeführt hatte, verließ er „nach einem wunderbaren Abschiedsfest der Flamen im („)König v(on) Spanien(") um den 20.8.1918[314] Brüssel und zog nach München, das ihm zur zweiten Heimat werden sollte. Dort hatte seine Frau bereits den Umzug nach

---

[310] Auf Antrag von Stutz hatte die Gesellschaft für rheinische Geschichtskunde Beyerle für den Fall seines Verbleibens in Bonn in den engeren Vorstand gewählt und ihm dadurch „ein willkommenes Arbeitsfeld sowie umfangreiche Möglichkeiten für die Drucklegung von Schülerarbeiten erschlossen." (Brief Beyerles an Staatsminister v. Knilling vom 30.3.1918, Bayerisches Hauptstaatsarchiv MK 69280)

[311] Aus einem Schreiben des Königlich Bayerischen Staatsministerium des Innern für Kirchen- und Schulangelegenheiten an den Senat der Universität München vom 7.4.1918 (Akte des Archives der Universität München, L – N – 14 a) geht hervor, daß infolge Neubemessung der Dienstalterszulage, das Gehalt ab 1.4.1921 noch steigen werde (12.000 Reichsmark Grundgehalt und 2.400 Reichsmark Dienstalterszulage)

[312] Urkunde Nr. 9074, In einem Schreiben Dr. v. Knilling an Ludwig III. vom 6.4.1918 (Bayerisches Hauptstaatsarchiv MK 69280) heißt es: „Er führt zwar bereits den Titel eines K. Preußischen Geheimen Justizrates. Da aber dieser Titel dem eines Bayerischen Geheimen Hofrates nicht ganz gleich gewertet werden kann, würde er (Beyerle) es mit tiefstem Danke erkennen, wenn er bei seinem Eintritt in den bayerischen Hochschuldienst mit dem Titel und Rang eines K. Geheimen Hofrates Allerhöchst ausgezeichnet würde." Es ist gut vorstellbar, daß Beyerle bei seinem Sinn für Symbolik die Titelverleihung ins Gespräch brachte. Bereits in Freiburg hatte er am 25.4.1902 die Badische Jubiläumsmedaille erhalten. Während seiner Zeit in Göttingen hatte er als Auszeichnungen am 13.9.1906 das Ritterkreuz des Zähringer Löwenordens I. Klasse und am 18.1.1914 den Roten Adlerorden IV. Klasse erhalten. (Bayerisches Hauptstaatsarchiv: Personalliste in MK 35371); Mit Schreiben vom 10.10.1906 suchte Beyerle beim Kurator der Universität Göttingen um die Erlaubnis nach, den Orden des Ritterkreuzes tragen zu dürfen, was ihm am 3.1.1907 gewährt wurde. (Kur. 4 III b 165, Bl. 16 und Bl. 37 ff)

[313] Beyerle gehörte laut Angaben der Standesliste dem Landsturm I. Aufgebots an. (GLA Karlsruhe 234/2161); Akten des Archives der Universität München L – N – 14 a, Schreiben Beyerles vom 23.4.1918 aus Düsseldorf an den Dekan der Juristischen Fakultät

[314] Tagebuch, S. 18

München/Gern in die Böcklinstraße 34 durchgeführt, bevor die Familie später in die Hohenstaufenstraße 5/II in die Nähe der Münchener Ludwig-Maximilians-Universität zog.[315] Seine Hoffnung, daß „die neue Heimat" seine Familie wieder vereinigen werde, ging in Erfüllung.[316]

Konrad Beyerle sollte in den zwanziger Jahren, als v. Amira sich mehr und mehr zurückzog, der eigentliche Vertreter der deutschen Rechtsgeschichte werden, soweit er nicht durch seine parlamentarische Tätigkeit in Weimar und Berlin abgehalten wurde.[317]

3. Politische Mitarbeit in der Weimarer Republik (1918 – 1924)

Als sich im Sommer 1918 immer deutlicher die militärische Niederlage Deutschlands abzeichnete, beschloß die deutsche Führung am 28./29.9.1918 eine Parlamentarisierung der Reichsregierung. Mit dem Parlamentarisierungserlaß vom 30.9.1918 („Oktoberverfassung") war der entscheidende Schritt auf dem Weg von der konstitutionellen zur parlamentarischen Monarchie getan, denn am 3.10.1918 wurde die Regierung Max von Baden unter maßgeblicher Mitwirkung der Parteien der Reichstagsmehrheit gebildet. Der Reichskanzler bedurfte fortan des Vertrauens des Reichstags und war für seine Amtsführung dem Bundesrat und Reichstag verantwortlich. Zum Tragen kamen diese Änderungen nicht mehr. Das offene Eingeständnis der Niederlage traf die deutsche Bevölkerung völlig überraschend. Auch Beyerle empfand den deutschen Zusammenbruch seit Oktober 1918 als „niederschmetternd", wobei er sich besonders an das Eintreffen ihm bekannter flämischer Flüchtlinge in München erinnerte.[318]

Zwei Tage nachdem er bei König Ludwig III. seine Antrittsaudienz hatte, von der er „ganz angetan" seinem Freunde Stutz sofort berichtete,[319] brach in Bayern die Revolution aus, indem Kurt Eisner im Namen des kurz zuvor gegründeten Arbeiter- und Soldatenrates die "Bayerische Republik" ausrief und den Sturz der Wittelsbacher herbeiführte.[320] Das Abkommen zwischen Regierungs- und Parteivertretern, mit dem auch in Bayern die Parlamentarisierung u. a. durch Einführung der Verhältniswahl zur Abgeordnetenkammer und die Bindung der Minister an das Vertrauen der Abgeordnetenkammer mit dem Gesetz vom 6.11.1918 eingeleitet werden sollte, konnte nicht mehr umgesetzt werden. Auf Reichsebene erzwang die revolutionäre Bewegung in der Hoffnung auf einen Verständigungsfrieden die Abdankung des Kaisers Wilhelm II. Max v. Baden übergab am 9.11.1918 das Reichskanzleramt an Friedrich Ebert, dessen Ziel es war, die Revolution auf der Basis der Oktoberverfassung aufzufangen und die Entscheidung über die Staatsform einer Verfassunggebenden Nationalversammlung vorzubehalten. In Bayern wurde allerdings auch die „völlige Trennung Bayerns vom verseuchten Berlin, vom verseuchten Norden und Bildung eines neuen Kerns, an den sich die übrigen deutschen Stämme und Staaten wieder ankrystallisieren konnten zur Schaffung

---

[315]Anfang der Dreißiger Jahre zog Beyerle in die Mottlstraße 13 im Norden Schwabings. (vgl. Jahresbericht der Görres-Gesellschaft 1931/1932 (1933), S. 7, der erstmals diese Anschrift Beyerles nennt.

[316] Tagebuch, S. 18

[317] Hans Erich Feine, Geist und Gestalt, I. Band, S. 239

[318] Tagebuch, S. 19

[319] Stutz, Nachruf, S. XXXVIII; UAZ, Nicht datierter Brief: „ Gestern hatte ich eine lange Audienz bei König L(udwig) III: eine in ihrer Schlichtheit u(nd) Bürgerlichkeit grosse Persönlichkeit reinsten Gewissens u(nd) darum von Vertrauen auf den Fortbestand der öff(en)t(lichen) Ordnung u(nd) seinem geliebten Bayernland..."

[320] Tagebuch, S. 19

eines neuen und besseren Reiches"[321] gefordert, worin sich die große Abneigung gegen Preussen ausdrückte, dem durch die bisherige Verfassung eine Anzahl von Hoheitsrechten des Reiches zur alleinigen Ausübung übertragen war, vor allem der Oberbefehl über das Landheer und die Kriegsmarine. Am 15.11.1918 erteilte der „Rat der Volksbeauftragten", der die Macht in Händen hatte, dem Berliner Staatsrechtslehrer und liberalen Kritiker des alten Obrigkeitsstaates Hugo Preuß[322], einem Schüler Otto v. Gierkes, den Auftrag zur Ausarbeitung einer neuen Verfassung.

Zusammenbruch und Umsturz trafen Beyerle nicht so wie andere, mehr konservativ-aristokratisch denkende Naturen, dazu sah er hinsichtlich der ihm vornehmlich am Herzen liegenden katholisch-kirchlichen, aber auch wissenschaftlichen Belange zu zuversichtlich in die Zukunft, allerdings „nur unter der Voraussetzung, daß nicht die Hände in den Schoß gelegt wurden."[323] Die politischen Ereignisse nach seinem Wechsel von Brüssel nach München bildeten auch für ihn eine Zäsur in seinem Leben. Er war am „Ziel seiner akademischen Sehnsucht seit 20 Jahren" angekommen.[324] Statt sich wieder „in stille wissenschaftliche Lektüre hingeben zu können"[325], sollte die Zukunft ein größeres politisches Engagement bringen. Begeistert war Beyerle, als in München „das Volk unter tatkräftigster Mithilfe der Truppen" die Herrschaft übernahm.

> *„Noch ist das Ende nicht abzusehen, aber die Meinung, dass es eine lokale Umwälzung bleiben könnte, ist schon heute durch die Ereignisse überholt u(nd) widerlegt. Wir Rechtshistoriker erleben ein gewaltiges Unikum verfassungsgeschichtlichen Wartens. Herrschaft u(nd) Einung! Möchten Mass und Zucht auch im (unleserlich) Volksstaat sich als die Tugenden innerer Stimme u(nd) als Kraftquellen einer neuen Zukunft erweisen...."*[326]

„Wie im Traum", empfand er es, daß er "noch vor wenigen Tagen vor seinem König von Bayern" stand. Dieser war am Abend des 7.11.1918 geflohen und setzte, als er von der Verwandlung seines Königreiches in eine Republik erfuhr, seine Flucht zunächst nach Österreich und dann nach Ungarn fort, wo er im Oktober 1921 starb. Ob Beyerle mit der wohl unbewußten Änderung seiner Handschrift vom überwiegenden Lateinischen in ein älter wirkendes Schriftbild mit zahlreicheren Sütterlin-Elementen ab etwa 1918/1919 seine Verehrung althergebrachter Werte und Tugenden betonen wollte, mag in diesem Zusammenhang trotz einer gewissen Auffälligkeit zweifelhaft bleiben.

Als „Mann der ersten Stunde" war er - unter dem Eindruck der Novemberereignisse - an der Neugründung und Umstrukturierung des bayerischen Zentrums, woraus die BVP entstand und die „parteipolitische Sonderentwicklung der bayerischen Katholiken"[327] ihren Anfang nahm, maßgeblich beteiligt.[328] Die BVP war am 12.11.1918 in Regensburg insbesondere von Dr. Georg Heim und Dr. Schlittenbauer gegründet worden und nach den Beratungen mit dem

---

[321] Ringelmann, S. 38

[322] vgl. Mauersberg, Jasper: Ideen und Konzeption Hugo Preuß' für die Verfassung der deutschen Republik 1919 und ihre Durchsetzung im Verfassungswerk von Weimar

[323] Stutz, Nachruf, S. XXXVIII

[324] Tagebuch, S. 18, Beyerle lobte München: „.... Essensverhältnisse und Klima sind ausgezeichnet, Universität und Bibliothek gleich hervorragend." (Brief an Dr. De Beus vom 18.7.1918, NL 4, Bl. 30)

[325] UAZ, Brief vom 3.8.1918

[326] UAZ, Postkarte, Datum unleserlich

[327] Schönhoven, S. 17

[328] Weisz, S. 43

„Neunerausschuß" des alten Zentrums erweitert worden.[329] Sie legte Wert darauf, nicht aus dem alten Zentrum hervorgegangen zu sein, sondern als allgemeine christliche Sammlungspartei ohne vorherige Fühlungnahme mit den offiziellen Instanzen des alten Zentrums gegründet worden zu sein.[330] Die Partei sollte ausdrücklich auch evangelischen Kreisen und gottgläubigen, gegen den internationalen Kommunismus eintretenden Juden offen stehen, allerdings gewann der katholische Einfluß rasch die Oberhand. Zentralorgane der Partei waren Landesversammlung, Landesausschuß und die eigentliche geschäftsleitende Zentralstelle der Partei, die Landesvorstandschaft, die sich u.a. aus 31 Beisitzern zusammensetzte, einer von ihnen war - nunmehr 46 Jahre alt - Konrad Beyerle.[331] Zu seinem ersten Kontakt mit der BVP notierte er:

„Hineingerissen in die politische Arbeit. – Anfang der Mittwochsgesellschaft, die ich ... aus Anlaß einer gelegentlichen Einberufung im Hotel Union[332] besuchte. Gründung der Bayerischen Volkspartei. Mit Heim bekannt geworden (und) Dr. Warmuth. Mein erster Eindruck: Ein überheblicher Phantast von faszinierender Wirkung auf die Umgebung ... Befreundetwerden mit den alten Parteiführern des Zentrums in Bayern, mit Dr. Mayer-Kaufbeuren. Das Jahr klingt aus in heftigem politischen Kampf ..."[333]

Der geschilderte erste Eindruck bezog sich sicherlich auf Dr. Heim als die charakteristischere Persönlichkeit.[334] Im Gegensatz zum späteren bayerischen Ministerpräsidenten Heinrich Held, zu dem Beyerle gute Kontakte unterhalten sollte und der dem eher konservativen unbeweglicheren Flügel des bisherigen bayerischen Zentrums angehörend jeder Parlamentarisierung ablehnend gegenüberstand, weil für ihn die Aufrechterhaltung einer starken Monarchie Vorrang zu haben schien, ergriff der flexiblere Dr. Heim die Initiative, um die Neugestaltung nicht völlig anderen Kräften zu überlassen. Dessen Haltung machte daher jedenfalls zu dieser Zeit auch auf Beyerle Eindruck, der seine Chance zum Eintritt in die aktive Parteipolitik erkannte. Am 30.11.1918 trat Beyerle für eine baldige Einberufung einer Nationalversammlung ein und schrieb in der "Allgemeine(n) Rundschau":

„Gewiß wäre der Zusammenschluß der ganzen nichtsozialistischen Wählerschaft das Richtigste, würde uns in Deutschland das Zweiparteiensystem bringen. Das ist aber ausgeschlossen. Die Weltanschauungsgegensätze durchkreuzen bei uns die Klasseninteressen zu tief, breite Schichten der bürgerlichen Linken sympathisieren zu sehr mit dem Sozialismus. Das Zentrum wird dem

---

329 „Was ist und Was will die Bayerische Volkspartei?", S. 8 und 17

330 ebda., S. 23

331 ebda., S. 12

332 In der Mittwoch-Vereinigung fanden sich Mitglieder der Volkspartei, ihr nahestehende Persönlichkeiten und auch Gäste anderer Parteirichtungen zwanglos zusammen. Die Mitglieder versammelten sich jeden Mittwochabend unter dem Vorsitz von Geheimrat Grauert im Hotel „Union" in München.; Altendorfer, S. 355, Fußnote 607 (unter Hinweis auf den Bericht der württembergischen Gesandtschaft Nr. 135 vom 26.6.1920, Politik in Bayern, S. 62 und Schwend, Bayern, S. 133);
In einem im Nachlaß Held 834 befindlichen Einladungsformular von 1926 zur Mittwochabend-Gesellschaft heißt es: (Die Mittwochsgesellschaft) „hat sich bei ihren Besprechungen, Vorträgen und Kommissionsarbeiten seit jeher mit allen deutschen und bayerischen, politischen, wirtschaftlichen und sozialen Fragen befaßt und durch Vorschläge und Ausarbeitung von Entwürfen zur Lösung schwebender Probleme, sowie namentlich zur Revision der Verfassung des Reiches und Bayerns die Arbeiten der Volkspartei zu fördern gesucht."

333 Beyerle, Tagebuch, S. 19

334 In seinem Nachruf auf Karl Trimborn in AR Nr. 32 vom 6.8.1921, S. 403 ff beschrieb Beyerle Heim als einen „süddeutsche(n) Führer von rauher Außenseite und einem kindlich frommen Gemüt."

sozialistischen Ansturm sicherlich eine starke Front entgegenstellen, wenn es ... die Grundsätze einer wahrhaft freien Volksdemokratie mit den Forderungen christlicher Zucht und Ordnung vereinigt ... Das Zentrumsprogramm dient auch in seiner neuen Gestalt einer auf Selbstzucht, Pflichterfüllung und Gemeinsinn gegründeten Freiheit des einzelnen, wie der Gesamtheit ... Mit zielbewußter Entschlossenheit hat namentlich die bayerische Volkspartei ... diese Forderungen des Tages erfüllt. ... So wird das Zentrum ... auch Persönlichkeiten verwandter Anschauung Aufnahme gewähren können, damit das Bürgertum seine Kräfte sammle und nicht in Zersplitterung untergehe. Es ist schon genug, daß die liberalen Parteien kaum sich einigen können."[335]

Der Vorteil des „Zweiparteiensystems" wurde darin erblickt, in der Vermeidung politischer Zersplitterung, den Apparat von Regierung und Opposition bereitzustellen, der im beständigen Pendeln des Machtbesitzes das Optimum des politisch Richtigen erbringen werde.[336] Beyerle entschloß sich die BVP zu unterstützen und verfaßte größtenteils die zu Sylvester 1918 erschienene erste größere Programmschrift der Partei „Was ist und was will die Bayerische Volkspartei?".[337] Auf 32 Seiten wird dort über die politische Situation, in der die Gründung der BVP erfolgte, ihre Organisation und Wählerschaft berichtet sowie eine politische Abgrenzung zu anderen Parteien vorgenommen. Es schließt sich auf 6 Seiten das Parteiprogramm an. Inhaltlich entspricht die Schrift weitgehend der darzustellenden von Beyerle eingenommenen politischen Haltung, wenngleich seine Urheberschaft sprachlich nur an einzelnen Stellen eingermaßen sicher erkennbar ist.[338] Die BVP erklärte sich als Verfassungspartei, legte sich aber „nicht auf den Gedanken der Monarchie und auch nicht auf den der Republik" fest. Sie trat ein für ein staats- und wirtschaftspolitisch selbständiges Bayern, nicht aber für ein völkerrechtlich unabhängiges Bayern, das sich gleichberechtigt mit anderen deutschen Staaten wieder zu einem neuen Bundesstaat auf freiwilliger Grundlage zusammenschließen sollte.[339]

In der Vorphase der Verfassungsgebung, der Festlegung des neuen Wahlrechts und der Wahlen waren vor allem Verfassungsrechtler und Kenner des ausländischen öffentlichen Rechts gefragt, auch wenn die Nationalversammlung selbst kein „Professorenparlament" wie 1848 werden sollte.[340] Auf Vorschlag von Professor Dr. Georg Wohlmuth[341] kandidierte Beyerle im 26. Wahlkreis Ober- und

---

[335] Zwischen Revolution und Nationalversammlung, AR Nr. 48 vom 30.11.1918, S. 689 f

[336] vgl. Fr. X. Eggersdorfer, S. 10

[337] Beyerle, FRP, S. 22

[338] beispielsweise auf S. 34, wo eine Abgrenzung zur Deutschen Volkspartei erfolgt: „...Dagegen fehlte jedes warme Wort zugunsten der religiös-sittlichen Grundlagen der Rechtsordnung und des Volkslebens, trotz der ihm vom Sozialismus her drohenden Gefahr." oder S. 19 f: „In der deutschen Frage hält die Bayerische Volkspartei an dem bundesstaatlichen Aufbau des Reiches fest und tritt warm für den Anschluß Deutsch-Österreichs ein. Sie will von partikularistischer Absonderung nichts wissen, es sei denn, daß die Entwicklung der revolutionären Zustände in Norddeutschland den weiteren Bestand des Bundesstaates und die Herstellung verfassungsmäßiger Zustände unmöglich machen würde."

[339] Altendorfer, S. 71

[340] Michael Stolleis, Geschichte des öffentlichen Rechts in Deutschland, Dritter Band, Staats- und Verwaltungsrechtswissenschaft in Republik und Diktatur 1914 – 1945, München, 1999, S. 81, der Konrad Beyerle allerdings unrichtigerweise als Mitglied der Deutschen Demokratischen Partei führt.

[341] Domprobst, Philosophieprofessor, Zentrumsvorsitzender in Mittelfranken und Abgeordneter in der Bayerischen Abgeordnetenkammer, (4.4.1865 –2.5.1952); vgl. Florian Breitling: Georg Wohlmuth. Geistlicher, Bayerischer Politiker und Kirchenkämpfer aus Eichstätt zwischen Königreich und Republik, Dissertation, Passau 1987;

Wohlmuth war Beyerle sehr verbunden, wie der nach der Revolution - von 1923 niedergelegten Glückwünschen zum Geburtstag abgesehen - einzige und überhaupt letzte Eintrag vom 18. Mai 1919 in Beyerles Stammbuch beweist:

Mittelfranken (jetzige Regierungsbezirke Ober-, Mittel- und Unterfranken) für die Wahl zur Nationalversammlung[342], nachdem er die schon Mitte 1916 aufgetauchte Möglichkeit, als Nachfolger des Reichstagsabgeordneten Birkenmayer den Wahlkreis seiner Geburtsstadt Waldshut im Reichstag zu vertreten, wegen „schwebender Universitätsaussichten“ und des dringenden Rates seiner wissenschaftlichen Freunde Professor Stutz und Professor Wenger ausgeschlagen hatte.[343]

An der Universität München – die Fakultät und der Freundeskreis der Aenania hatten ihn „höflich“ in München aufgenommen[344]- riß der Faden der Beschäftigung mit Themen über Flandern, das er als „politisches Trümmerfeld, vorläufig!“ bezeichnete,[345] trotz neuer Aufgaben nicht ab. Im Wintersemester 1918/1919 hielt Beyerle ein Seminar über „Altflandrische Staatsdenkmäler im Vergleich mit deutschen Parallelen“. Daneben las er über „Bilder aus der Staats- und Rechtsentwicklung der südlichen Niederlande“. Auch war er „andauernd“ bis 1920 mit der Unterbringung und finanziellen Unterstützung von Flamen befaßt.[346]

Mit Brief an den Dekan der Juristischen Fakultät vom 31.12.1918[347] teilte Beyerle mit, daß er um Übernahme einer Kandidatur für den bayerischen Landtag und die deutsche Nationalversammlung seitens der BVP angegangen worden sei. Da die von Professor Gareis übernommene Professur mehr als ein Jahr lang vakant gewesen und man innerhalb der Fakultät der Auffassung war, auf die Mitarbeit des neuen Kollegen nicht verzichten zu können,[348] entstand für Beyerle das Problem, politisches Mandat mit seiner Lehrtätigkeit zeitlich und organisatorisch zu vereinbaren. Er versicherte der Fakultät daher vorsorglich, daß es bei seinem Übertritt aus dem Reichsdienst in die akademische Lehrtätigkeit sein aufrichtigster Wunsch gewesen sei, sich uneingeschränkt in den Dienst des Lehramtes zu stellen. Sollte sich seine Wahl verwirklichen, hoffe er, daß es sich nur um eine zeitlich vorübergehende Behinderung handeln möge. Der Dekan Professor Kisch bemerkte in seiner Vorlegungsverfügung[349] an die Ordinarien resigniert, daß nach Lage der Umstände wohl nichts anderes übrig bleibe, als vom Inhalt dieses Schreibens bedauernd Kenntnis zu nehmen. Etwaige Vertretungsmaßnahmen sollten bis zur vollzogenen Wahl zurückgestellt werden. Beyerle notierte in diesem Zusammenhang: „Das Sommersemester in Etappen mühsam durchgehalten. Das W(inter)s(emester) 1919/1920 durch Stundeneinteilung v(on) 13.Okt(ober bis) 10. Dez(ember)

„Wär ich Anlaß gewesen,
Ihrem Leben einen Sinn zu geben,
so soll es mich freuen!
Bringt es gar dem Vaterland Segen,
bin ich darüber niemals verlegen.“

[342] Laufs, S. 36, Fußnote 67; Schönhoven, S. 76 bemerkt: „Auch noch in späteren Jahren war der Wahlkreis Franken Stützpunkt und Zufluchtsort für die Politiker, die nicht unbedingt mit dem von der Parteiführung eingeschlagenen Kurs einverstanden waren. Die Plätze auf der „sicheren Reichsliste“ seien in der Regel an Kandidaten vergeben worden, die weder in den Kreisverbänden noch bei den Berufs- und Interessenvertretern einen Rückhalt hatten. Zu den Kandidaten zählten Bewerber, die innerhalb der Volkspartei den Typ des Außenseiters verkörperten oder als unbequem galten, aus bestimmten Gründen aber dennoch von der Parteileitung berücksichtigt werden mußten. Schönhoven, S. 74;
Das Reichsgebiet war in 37 Wahlkreise, Bayern in 4 Wahlkreise unterteilt: Oberbayern-Schwaben, Niederbayern-Oberpfalz, Ober-, Mittel-, Unterfranken und Rheinpfalz; Ringelmann, S. 44. Den Wahlkreisen wurden nach Maßgabe ihrer Einwohnerzahl je 6 bis 17 Mandate fest zugeteilt. (Apelt, S. 50)

[343] Stutz, S. XXXVIII, ebenso: NL 6; Bl. 92, Brief Beyerles an Reichskanzler v. Hertling vom 3.11.1917

[344] Tagebuch, S. 18

[345] UAZ, Nicht datierter Brief, nach der Antrittsaudienz bei König Ludwig III. verfaßt

[346] Tagebuch, S. 19

[347] Archiv der Universität München, L – N – 14 a

[348] Archiv der Universität München, L – N – 14 a, Bemerkung Professor Wenger vom 1.5.1918

[349] Archiv der Universität München, L – N – 14 a, Verfügung datiert vom 3.1.1918; richtig wohl: 3.1.1919

gelesen(.)"[350] Offenbar entschied sich erst kurzfristig, daß Beyerle für die Nationalversammlung und nicht für den bayerischen Landtag kandidieren sollte, denn in Bayern wurde der Landtag bereits am 12.1.1919 gewählt und Beyerle ersuchte das Rektorat der Universität am 7.1.1919 ihn wegen der Wahl der Verfassunggebenden Nationalversammlung am 19.1.1919 für die Zeit vom 13. bis 17. Januar zu befreien. „Infolge meiner Aufstellung als Kandidat der BVP für die Nationalversammlung (fränkische Kreise), erscheint es dringend nötig, daß ich mich dort während einiger Tage den Wählern vorstelle."[351] Er empfand die Wahl über die Reichsliste des Zentrums als vorteilhaft, denn sie gestattete „verdiente und tüchtige Führer auch außerhalb der Einzelwahlkreise und ohne die Mühen eines heftigen Wahlkampfes auf den Schild zu erheben."[352] Gleichwohl war unter den Parteien der Wahlkampf zur Nationalversammlung heftig, bevor Beyerle als Abgeordneter in die Verfassunggebende Nationalversammlung einzog, die sich am 6.2.1919 konstituierte. Die BVP erhielt 4,2 % der Stimmen und stellte 18 von 421 Abgeordneten.[353] Von den insgesamt zwanzig fränkischen Wahlsitzen eroberte die BVP fünf. Neben Beyerle wurden Johann Leicht, Peter Tremmel, Liborius Gerstenberger und Alexander Schneider gewählt. Beyerles Tagebucheintrag lautet:"

> *„Mühselig und geschunden. Sofort guter Erfolg in den Wahlversammlungen Mittelfrankens ... Dann auch in München ... Weimar Februar – Juli: Verfassungsarbeit. Rasches Einleben in Parlamentsleben ..."*[354]

Die BVP ging alsbald unter Führung des Abgeordneten Mayer-Kaufbeuren[355] und unter Mißbilligung Dr. Heims eine Arbeitsgemeinschaft mit dem Zentrum ein, um auch in den Ausschüssen der Nationalversammlung vertreten zu sein, wo die praktische Arbeit erfolgte. Schon als Kandidaten hatten sich die Abgeordneten der BVP verpflichten müssen in der Nationalversammlung eine eigene Gruppe zu bilden, um von Fall zu Fall mit anderen politischen Gruppierungen zusammenzuarbeiten. Die Zentrumspartei gestand den Mitgliedern der BVP das Recht zu, ein eigenes Fraktionsstatut zu schaffen, einen eigenen Obmann und Stellvertreter aufzustellen und sich in eigenen Fraktionssitzungen zu beraten. Auch nahm die Gruppe der BVP nach außenhin unabhängig von der Stellungnahme des Zentrums in bayerischen Angelegenheiten ihren „landsmännischen Charakter" wahr und räumte die Zentrumspartei „in entgegenkommender Weise den stellvertretenden Vorsitz ihrer Fraktion sowie verschiedene wichtige Referate, insbesondere auch das Referat über die Gliedstaaten und Grundrechte im Entwurf der Reichsverfassung der BVP[356] ein, die hier durch Beyerle vertreten war.[357]

---

[350] Beyerle, Tagebuch, S. 22

[351] Archiv der Universität München, L – N – 14 a, Gesuch vom 7.1.1919; Die Genehmigung des Bayerischen Staatsministeriums für Unterricht und Kultus erfolgte am 16.1.1919.

[352] Beyerle, Parlamentarisches System --- oder was sonst?, S. 12

[353] Karl Schirmer, S. 3; vgl. Kolb, Die Weimarer Republik, Anhang, S. 284 und Möller, Weimar, Die unvollendete Demokratie, S. 286

[354] Tagebuch, S. 21

[355] Schönhoven, S. 29

[356] Ringelmann, S. 46

[357] ähnlich auch Christian Maga, S. 64, wonach Beyerle die Rolle des Berichterstatters des Unterausschusses für Gliedstaaten übernommen habe.

(aus dem Tagebuch, S. 20)

Bereits im Januar 1919, hatte sich Beyerle mit aktuellen Verfassungsfragen beschäftigt:

„Meinerseits – ich war von der Fraktion ausersehen, als Jurist im Verfassungsausschuß mitzuwirken – habe ich schon im Vorbereitungsstadium, ehe wir überhaupt nach Weimar zogen, in München eingehende Aussprachen mit bewährten Männern des Staatslebens gepflogen, um nicht mit leeren Händen an dieses Verfassungswerk heranzutreten. Kommt einmal die Zeit und Muße, so wird es sich verlohnen, die protokollarisch festgehaltenen Gedanken jener Münchener Vorbesprechungen vom Januar 1919 der Öffentlichkeit zu übergeben. Sie sind in meinem Besitze.“ [358]

---

[358] Beyerle, FRP, S. 23, vgl. auch oben (Einleitung, Fußnote 6) die Erwähnung seines Sohns Karl, der ihm bei der Sichtung seiner Schriften Ordnung machen half und dem er die umfangreiche Akte Weimar vermachte. Nach Auskunft von Frau Dr. Angelika Beyerle, Tochter von Karl Beyerle, ist kein Material überliefert; vgl. ebenso Fußnote 43

Diese wollte er zur Grundlage einer eigenen literarischen Äußerung nehmen,[359] wozu es jedoch nicht kam. Die von ihm angefertigten Unterlagen sind im Zweiten Weltkrieg zerstört worden.[360] Dennoch läßt sich aus einigen Unterlagen seines Nachlasses folgendes rekonstruieren: Am 31.12.1918 wurden die Pläne der „augenblicklichen Reichsleitung" bekannt, die „zu der Befürchtung Anlass gaben, daß sich mit dem geplanten stark zentralistischen Aufbau des Reiches" „der lebensvolle Fortbestand der deutschen Einzelstaaten nicht werde vereinigen lassen." Daraufhin „erbat" sich die Parteivorstandschaft der BVP die „Meinungsäußerung angesehener Politiker und Juristen, die den verschiedensten bürgerlichen Parteien angehören, über die zukünftige Regelung des Verhältnisses zwischen Reich und Gliedstaaten." In ihrer Sitzung vom 3.1.1919 wurden diese Vorschläge, die in sieben Leitsätzen bestanden, von der Parteivorstandschaft gebilligt, die sich entschlossen zeigte, „ihren Abgeordneten diese Sätze als Grundlage für deren Mitarbeit beim staatsrechtlichen Wiederaufbau des engeren und weiteren Vaterlandes an die Hand zu geben."[361] In einem Brief vom 19.1.1919 bedankte sich der Berliner Rechtsprofessor Kaufmann, mit dem Beyerle neben Hans Gmelin[362], in Briefkontakt stand, in einer kurzen Stellungnahme bei ihm für die „Zusendung Ihrer Leitsätze".[363] An der Staatsrechtslehrertagung am 29.1.1919 in Würzburg, in der ein gemeinsames Vorgehen der um ihre Eigenstaatlichkeit besorgten süddeutschen Staaten erörtert wurde, nahm Beyerle allerdings nicht teil, wenngleich er über die Vorgänge informiert

---

[359] Schuhmacher, S. 14

[360] Adolf Laufs, Konrad Beyerle, Leben und Werk, S. 22/23, Fußnote 8, berichtet unter Hinweis auf eine briefliche Auskunft vom 17.9.1976 von Prof. Karl Beyerle, eines Sohnes von Konrad Beyerle, daß die diesem testamentarisch vermachte umfangreiche Akte „Weimar" in einem Münchener Bankschließfach den Kriegsbomben zum Opfer gefallen sei.

[361] NL 58, Bl. 114 – 117; Die Leitsätze, die hier wiedergegeben werden sollen, da sie neben dem frühen Parteiprogramm der BVP eine der frühesten Quellen zur föderalistischen Ausrichtung der Partei darstellen und soweit ersichtlich nicht veröffentlicht wurden, lauten (nach handschriftlicher Korrektur):

I. Der staatsrechtliche Wiederaufbau Deutschlands hat auszugehen von der Tatsache des Bestehens einer Mehrheit von Einzelstaaten, deren Fortdauer im Interesse der kulturellen und wirtschaftlichen Entwicklung des Vaterlandes unerläßlich ist. Die Erreichung dieses Zieles fordert streng bundesstaatliche Verfassungseinrichtungen.

II. Das Fortbestehen der Einzelstaaten bedingt das Erfordernis ihrer Zustimmung zu allen Massnahmen durch die eines ihrer Hoheitsrechte auf den Gesamtstaat übertragen werden soll.

III. Abtrennungen einzelstaatlicher Gebietsteile, sowie Teilungen oder Zusammenlegungen von Einzelstaaten dürfen nicht ohne Zustimmung der betroffenen Gliedstaaten erfolgen.

IV. Die Rechtseinheit des Reiches erfordert, dass die Reichsgesetze, wie bisher, den Landesgesetzen vorgehen. Doch muss eine sichere Gewähr dagegen bestehen, dass die Zuständigkeit des Gesamtstaates durch dessen Gesetze willkürlich erweitert wird.

V. Im Interesse einer gesunden Fortbildung des bundesstaatlichen Reichsgedankens muss die Einwirkung der Einzelstaaten auf den Gang der Reichsangelegenheiten verfassungsmässig verbürgt und lebenskräftig erhalten werden.

VI. Da das Volkshaus das Wirkungsfeld der Parteien sein wird, muss das Staatenhaus so ausgestaltet werden, dass in ihm die Interessen nicht der Parteien, sondern de(r) Einzelstaaten zur Geltung gelangen. Es muss dafür gesorgt werden, dass die Stimmen im Staatenhaus unter Verantwortlichkeit gegenüber den Volksvertretungen der Einzelstaaten abgegeben werden. Wer die Verantwortlichkeit zu tragen hat, wird davon abhängen, ob die Mitglieder des Staatenhauses im Auftrage ihrer Regierungen oder der einzelstaatlichen Volksvertretungen handeln. Zahl und Verteilung der Stimmen ist so festzusetzen, dass keinem Staat eine Vormachtstellung zufällt.

VII. Die freudig zu begrüssende Angliederung Deutschösterreichs an Deutschland ist nur bei einer streng bundesstaatlichen Verfassung Deutschlandes ausführbar.

[362] Der wie Beyerle den starken unitaristischen Strömungen der siegreichen Sozialdemokratie skeptisch gegenüberstand, und für die DVP kandidierte. Beyerle übersandte Gmelin das Programm der BVP, wofür sich dieser bedankte: „Von Ihrem fr(eundlichen) Anerbieten Ihnen gelegentlich meine politischen Wünsche zu unterbreiten, werde ich gerne Gebrauch machen. Mir scheint, dass wir in politischen Dingen einander nahe stehen, obwohl wir verschiedenen Parteien angehören. So oft Sie mich um staatsrechtlichen Rat angehen werden, werde ich Ihnen gerne behilflich sein.", vgl. Briefe vom 5.1.1919; NL 58, Bl. 23 ff und 15.1.1919, Bl. 32

[363] Brief vom 19.1.1919, NL 58, Bl. 34, 35

war.[364] Während er sich somit durch seinen Eintritt in die BVP frühzeitig deren föderalistische Zielsetzung zu eigen machte und sie mitbestimmte[365], deutete zunächst nichts auf eine intensive Mitarbeit an den Grundrechten der Weimarer Reichsverfassung hin.

Die politische Stimmung in München war wegen vieler kleiner durch heftigen Antisemitismus und nationale Agitation gekennzeichneten Gruppierungen, etwa der am 5.1.1919 gegründeten Deutschen Arbeiterpartei, der späteren NSDAP, stark aufgeheizt. Dagegen sah Beyerle seine Rolle durch „objektive akademische Ruhe" gekennzeichnet,[366] wie die folgenden Textstellen belegen:

„Der Historiker darf nicht, wie der Nurpolitiker, lediglich plädieren, er muß die Tatsachen gerecht abwägen."[367]
„Nüchterne Wahrheit, keine Illusionen, keine Sentimentalität ist das Gebot der Stunde![368]

Denkt man an seine hoch-emotionalen Schriften zur Flamenfrage zurück, ist nun, nachdem der Krieg von Deutschland verloren wurde, eine deutliche Ernüchterung spürbar. Seine ihm eigene Begeisterungsfähigkeit konnte er allerdings nicht unterdrücken, wenn er von der Idee der staatsbürgerlichen Erziehung schwärmte. Sein Tagebucheintrag für 1919 endet mit den Worten:

„Die Denkmünze Prof. Wa... (unleserlich) auf die Verf(assung) v(on) Weimar habe ich veranlasst, habe sie aber auch verdient. Deo gratias! Eine feine geistige Entwicklung hat mich mächtig ergriffen. Staatsbürgerliche Erziehung. – Kurzzeitig (?) Gesandten- (un)d Ministerträume. –Ich bleib(e,) was ich bin.-"[369]

An anderer Stelle führte Beyerle aus, in der Kritik an der Republik liege „in ihrer Verallgemeinerung viel Undank für die Männer, die ihre Kraft und ihren guten Namen in die Schanze geschlagen" hätten. „Es ist kein Vergnügen und bietet geringen Anreiz, heute in Deutschland Minister zu werden."[370]

Neben seiner Arbeit verdankte Beyerle Weimar „trotz schwerer Not der Zeit auch manche geistige Ausspannung durch Einblicke in die Welt Schillers und Goethes" bei „Vernachlässigung der unmittelbaren Fachwissenschaft (durch; d. Verf.) die viele Ablenkung des parlamentar(ischen) Lebens."[371] und persönliche Freundschaften. „Am Abend der Annahme des Friedensvertrages v. Versailles Freundschaftstrunk mit Minister Mayer ..."[372] Durch ihn, der das insbesondere für Fragen der Sozialisierung bedeutsame Reichsschatzministerium innehatte, war die BVP in der Reichsregierung unter Reichskanzler Bauer vertreten.

---

[364] vgl. etwa Abschrift des Referates von Piloty, NL 58, Bl. 91 ff, bzw. die von Beyerle durchgearbeiteten Richtlinien zur Reichsverfassung, NL 60/Bl. 636 bis 641

[365] Schirmer, S. 6: „Bei der Schaffung der neuen Reichsverfassung kam es den Abgeordneten der BVP vor allem darauf an, auch bei der republikanischen Staatsform den föderativen Grundcharakter des Reiches zu bewahren und die Rechte der Einzelstaaten, insonderheit die staatliche Selbständigkeit Bayerns hochzuhalten. Gegenüber der in die Nationalversammlung gewählten großen Zahl von Unitaristen und Zentralisten war das eine schwere Sache ..."

[366] Beyerle, Rede am 8.12.1923, Reichstagsprotokolle, S. 12368

[367] Beyerle, Katholik und Staatsverfassung, S. 164, Sp. 1

[368] Zwischen Revolution und Nationalversammlung in AR Nr. 48 vom 30.11.1918, S. 690

[369] Beyerle, Tagebuch, S. 23

[370] Beyerle, Parlamentarisches System --- oder was sonst?, S. 15

[371] Tagebuch, S. 27

[372] Tagebuch, S. 22

Die Verfassungsberatungen im Mai 1919 wurden von der Frage der Annahme oder Nichtannahme des Versailler Vertrages, die Regierung, Parlamentarier und die öffentliche Aufmerksamkeit in besonderem Maße beschäftigte, in den Hintergrund gerückt.[373] Am 7.5.1919 war der in Deutschland allgemein als unannehmbar geltende Entwurf des Friedensvertrages von den Siegermächten an Deutschland übergeben worden. Er verstieß auch nach Ansicht Gemäßigter gegen die Absichtserklärungen der Entente-Mächte, etwa indem sie das „deutsche Kolonialwesen plünderten."[374] Ebenso empfand Beyerle den „Raub der Kolonien" als „Gewaltakt, nicht aber als gerechte Maßregel."[375] Das Ultimatum zur „Vertragsannahme" vom 16.6.1919 führte zu einer Regierungskrise und dem Ausscheiden der Demokratischen Partei aus der Weimarer Koalition, bevor der Versailler Vertrag am 28.6.1919 unterzeichnet wurde, „um die Reichseinheit zu wahren". Beyerle bemerkte dazu:

> *„Wir sind der Gewalt und dem Zwange gewichen, um Schlimmeres zu verhüten und haben statt eines Friedens der Versöhnung und Gerechtigkeit, das Friedensdiktat rachsüchtiger Feinde unterschrieben."*[376]

und machte deutlich, wie quälend das Zentrum das Nichteingehen der Alliierten auf die „Ehrenpunkte" empfand und welche Gewissensentscheidung zu treffen war:

> *„Wer sich in der historischen Montagssitzung zu Weimar für das Ja entschied, tat es nicht aus Eigennutz, sondern um der Not des Vaterlandes zu steuern. Er nahm Schlimmes an, um noch Schlimmeres zu verhüten. Er stimmte für Ja, durchdrungen von der Überzeugung, daß sittliche Güter durch äußere Gewaltsprüche nicht vernichtet werden können und daß die Ehre eines Volkes in dem sittlichen Werte seiner Gesamtpersönlichkeit und nicht in dem Diktat haßerfüllter Feinde liegt."*[377]

Er stellte klar, daß - nachdem ein Nachgeben der Siegermächte in den „Ehrenpunkten" (Kriegsschuldfrage) nicht erreichbar war - aufgrund der durch die Oppositionsparteien abgegebenen Loyalitätserklärungen die bedingungslose Annahme des Friedensvertrages vom Mehrheitswillen der Nationalversammlung getragen war und kritisierte das Verhalten der Demokratischen Partei als „Eigenbrötelei ... in dieser Schicksalsstunde des Vaterlandes". Bei Nichtunterzeichnung wären die Folgen „die Erwürgung eines wehrlosen Volkes durch frevelhafte Wiederaufnahme des Kriegszustandes, die Besetzung Deutschlands, die Stillegung aller Betriebe, die Ertötung jeden Verkehrs, erneute Verschärfung der Blockade, Hungersnot und Aufstände allerorten, der beste Boden für die endgültigen Zerstückelungspläne Frankreichs ..."[378]. Auf der großen Parteiversammlung der BVP in der Woche nach Unterzeichnung des Friedensvertrages verteidigte Beyerle dessen Annahme damit, daß andernfalls nicht nur

---

[373] Nach Dreyer, S. 47, zerriß „Versailles" die Arbeit an der Verfassung in zwei Teile. Eine im Mai oder spätestens Anfang Juni verabschiedete Verfassung wäre mit anderem Schwung an die Öffentlichkeit getreten, als es das Verfassungsdokument vom August 1919 konnte.

[374] Gordon A. Craig, S. 458

[375] Beyerle, Vorlesung zur Reichsverfassung; NL 69, Bl. 206, Daher sollte in Art. 80 RV das Kolonialwesen als Sache und Anrecht des Reiches stehen bleiben, „bis eine günstigere Weltlage diesen Verfassungssatz wieder mit einem tatsächlichen Inhalt füllt."

[376] Beyerle, Der Schlußakt, Bayerischer Kurier Nr. 179 vom 27.6.1919, S. 1

[377] Beyerle, Das bittere Ende, AR Nr. 27 vom 5.7.1919, S. 375

[378] Beyerle, Das bittere Ende, AR Nr. 27 vom 5.7.1919, S. 375

„... unser ganzes Wirtschaftsleben dem Elende preisgegeben und unsere ganze mühsame monatelange Arbeit im Parlament zu Weimar vernichtet worden wäre. Die Verfassung wäre dann wohl ein Denkmal deutschen Geistes aus schwerster Zeit geblieben, aber nur auf dem Papier. Nun aber könne dieselbe, wenn sie in Kraft trete, als die „erste Frucht des Friedensschlusses“ bezeichnet werden.“[379]

Die Hauptvorzüge der Verfassung sollte Beyerle später neben deren weltanschaulicher Toleranz in den Bestimmungen über Religion, Kirche und Schule sowie der Verhinderung einer Zerstückelung Deutschlands nach dem Krieg, darin erblicken, überhaupt mit den ehemaligen Kriegsgegnern an den Verhandlungstisch zu gelangt zu sein. Dazu habe die Weimarer Verfassung die einzig mögliche Form geschaffen.[380]

Er empfand, daß ihm „an der Vorbereitung und Gestaltung des Verfassungswerkes“ „eine übergroße Aufgabe zugefallen“ sei. “An deren Lösung mitzuwirken“ habe ihn nicht das ihm „fernerstehende moderne Staatsrecht“, sondern nur seine „verfassungsgeschichtliche Lebensarbeit“.[381]

Nach dem zutreffenden Urteil Schwends[382] gehörte Beyerle zu den Männern, die einen "starken Verfassungsenthusiasmus" auf die Beratungen in Weimar ausstrahlten, der bei der Neugestaltung der Grundrechte zu einem "oft nicht verstandenen und oft gar belächelten Pathos aufflammte." Für ihn sei die Ausarbeitung des Grundrechtsentwurfs und seine führende Wirksamkeit in dem hierzu gebildeten Unterausschuß "vielleicht der Höhepunkt seines Lebens" gewesen, bei dem seine immer beschwingten Gedanken auch im späteren Verlauf seines Lebens mit Vorliebe verweilten. Beyerle habe etwas von dem "Professorenpolitiker der Paulskirche" an sich gehabt, dem als geistvollen Juristen und namhaften Lehrer deutscher Rechtsgeschichte ein "glänzendes Rüstzeug für die Mitarbeit in einem Verfassungsparlament" zur Verfügung gestanden sei. Als überzeugter süddeutscher Föderalist war er sich der geistigen Verbindung seiner idealistisch gehobenen Denkweise und dem aus seiner badischen Heimat ererbten Demokratenstolz durchaus bewußt.

Die Verfassungsgeschichte verkörpert - und Beyerles im folgenden darzustellende politische Arbeit ist ein Beispiel dafür - sowohl die Anstrengungen „um vom Obrigkeits- zum volksnahen Rechtsstaat zurückzukehren“ wie sie das Streben nach „Ausgleich zwischen Einheit und Vielheit in einem echten, den Blick auf das Ganze freigebenden Föderalismus“ umfaßt.“[383]

a. Katholischer Glaube und Politik

Niemals zweifelte Beyerle daran, „daß alle seine Tätigkeit ... nur eine Wurzel haben könne: die übernatürliche Bestimmung des Menschen. Diese Religiosität war keineswegs abstrakt, nicht eine Summe von Gedanken, die er an die Dinge herantrug, sondern Lebensgefühl, eine Atmosphäre von Katholizität, aus der er gekommen war und in der er atmete ...“[384] Bei der klaren Bejahung von Religion und Kirche war es nur folgerichtig, daß er sich auch politisch dem Zentrum bzw. der BVP

---

[379] Artikel der Bamberger Zeitung Nr. 146, ca. 1.7.1919; im Nachlaß Beyerles, NL 73, Bl. 61
[380] Beyerle, Zehn Jahre Reichsverfassung, AR Nr. 32 vom 10.8.1929, S. 614 f
[381] Beyerle, Geleitwort zu „Freiheitsgarantien für Person und Eigentum im Mittelalter von Robert v. Keller, S. 6
[382] Schwend, S. 100
[383] Mitteis-Lieberich, Deutsche Rechtsgeschichte, Einleitung II. 1
[384] Nachruf im Bayernkurier Nr. 117 vom 27.4.1933

zuwandte, denn „alles menschliche Handeln im besonderen also auch das zum Heile der Gesellschaft und des Staates" müsse „in letzter Linie religiös motiviert sein und Gott zum höchsten Ziele" haben.[385] Seine parlamentarische Tätigkeit war „Politik aus dem Glauben"[386], so daß von zentraler Bedeutung für das Verständnis Beyerles und seine politische Zielrichtung sein Katholizismus verbunden mit der hohen Wertschätzung des Papsttums ist. Hierin begegnete er wiederum v. Hertling, der jeglichen materialistischen Politikansatz grundsätzlich ablehnte und einen sittlichen Wandel des Menschen statt einer strukturellen Veränderung der Gesellschaft anstrebte.[387] Die politischen Ansichten Beyerles lassen insgesamt ein hohes Maß an Übereinstimmung mit der Staats- und Soziallehre Leo XIII. erkennen, dessen päpstliche Rundschreiben während Beyerles jungen Jahren erschienen und auf dessen Grundhaltung nicht zuletzt über das katholische Elternhaus Einfluß ausgeübt haben dürften.

aa. Staatsziele und Staatsform

Leo XIII.[388] war dem politischen und wirtschaftlichen Liberalismus, der in seinen Augen zu einer sittlichen und religiösen Entwertung des Staats- und Gesellschaftslebens geführt hatte, entgegen getreten, indem er besonders die Sozial- und Staatsphilosophie des hl. Thomas v. Aquin wiedererweckte, die dem die menschliche Vernunft in den Mittelpunkt stellenden Rationalismus diametral gegenüberstand. Ausgangspunkt war das Naturrecht als Grundlage des Rechts-Staats- und Gesellschaftslebens, das durch eine falsche von individualistischen Gedankengängen bestimmte Auffassung des Freiheitsbegriffs entstellt worden sei. Seiner Ansicht nach war Freiheit zunächst an die menschliche Vernunft und letztlich an ein absolutes, unendliches Sein, an Gott gebunden, dessen Wille im „ewigen Gesetz" der lex aeterna verkörpert ist, seine Formulierung jedoch im natürlichen Sittengesetz findet. Während nach weltlichem Freiheitsverständnis die Wahlfreiheit des autonomen Individuums für oder gegen ein bestimmtes Bekenntnis mit den daran anknüpfenden Folgerungen im Vordergrund stand, bedeutete das rein christliche Freiheitsverständnis die Freiheit von der Welt, Sünde und Verderbnis durch die Entscheidung zum wahren (katholischen) Glauben, womit ein exklusiver Absolutheitsanspruch des religiösen Verständnisses von Freiheit und Bindung beschrieben wurde. Entgegen der Rousseau´schen Herleitung des Staates aus dem freien Gesellschaftsvertrag der Individualwillen mit der doppelten Voraussetzung eines ursprünglichen staatenlosen Naturzustandes und der abstrakten absoluten Gleichheit und Freiheit aller Menschen sah Leo XIII. im Staat keinen auf reinen Nützlichkeitserwägungen beruhenden willkürlichen Akt, sondern einen in sich selbst wertvollen Menschheitszweck, der von Natur selbst gewollt und objektiv festgelegt ist, denn der Mensch sei durch sein Sprachvermögen und seine angeborenen sozialen Neigungen auf die Gemeinschaft bezogen. Beyerle faßte das in die Worte, „katholisch sein" und „sozial denken und wirken" seien „eins".[389]

Darin lag auch eine Ablehnung des Sozialismus, der nach damaliger katholischer Sicht trotz seiner Betonung der ursprünglichen Vergesellschaftung aller Menschen die tatsächliche Eingliederung der einzelnen in das Staatsganze rein

---

[385] Beyerle, Aufgeklärter Föderalismus, AR Nr. 44 vom 29.10.1921, S. 597 ff (598)
[386] Schenkendorf, Einer der besten deutschen Rechtshistoriker
[387] vgl. Völtzer, S. 45 f
[388] 2.3.1810 bis 20.7.1903, Papst seit 20.2.1878
[389] Beyerle, Karl Trimborn, AR Nr. 32 vom 6.8.1921, S. 405 ff

mechanisch und zentralistisch durch Druck von außen erreiche und mit der Erhebung des Klassenkampfes zum gesellschaftsformenden Prinzip die Gesellschaft zerstöre. Im politischen ABC für die Freunde der BVP[390] wurde das Christentum als das wirksamste und einzige Bollwerk gegen die sozialistische Flut beschrieben, das die Politik des rücksichtslosen Egoismus in wirtschaftlicher und staatspolitischer Beziehung sowie die Mechanisierung und Materialisierung des Lebens ablehnt und stattdessen das Leben aufgebaut wissen will auf dem Prinzip der Gegenseitigkeit. Das Christentum sei der einzige Vertreter der Autorität. Wo die Dynastie gefallen und der Staat unterwühlt sei, wo jeder im öffentlichen Leben glaube recht zu haben, stehe das Christentum allein da und verlange Pflichterfüllung und Hingabe.

Auch Beyerle stand der linken Ideologie kritisch gegenüber: Der Kommunismus führe in die Anarchie. Er vereine „roheste Gewalt mit der Verzerrung christlicher Lehren". Jede Staatslosigkeit sei zudem eine „unfruchtbare Utopie". Der Kommunismus dürfe für Deutschland jedoch als überwunden gelten. Ebenso sprach er sich gegen den Sozialismus aus. Die Mehrheitssozialdemokratie müsse gegenüber der USPD „einen Kreuzweg gehen", denn sie allein könne das Staatsschiff nicht steuern. Auch „gebreche es ihren Staatslehren an sittlicher Vertiefung" und darum „ihren Scharen an Erziehung zu selbstloser Hingabe für das Gemeinwohl." Nach seiner Beurteilung „versündige" sich der „waschechte Sozialismus der USPD" am Volksganzen, „denn er kenne nur den Klassenstaat des Proletariats." In der parlamentarischen Demokratie sei der sozialistische Klassenstaat der Revolution überwunden.[391] Für wie gefährlich Beyerle, wohl auch aus persönlichem Erleben der Münchener Revolutionsereignisse im Frühjahr 1919 und Schilderungen ihm Nahestehender, diese Richtung ansah, kommt in den bezeichnenden Worten zum Ausdruck: „Dankbar gegen Gott nehme ich von dem Jahr (1919, d. Verf.) Abschied, da er mich und die Meinigen sichtlich behütete – Räterepublik - ..."[392] Die Revolutionsereignisse in Bayern im Februar und vor allem im April 1919 wurden auch sonst in der BVP als „grauenhafte Vorgänge" empfunden.[393]

Allerdings empfand er das christlich veredelte Rätesystem als „lockendes Ziel politischer Zukunftsarbeit".[394] Wie er sich ein solches vorstellte, machte er zwar nicht ausdrücklich deutlich. An anderer Stelle befand er jedoch, daß das Christentum durch seinen von religiösen Antrieben belebten Sozialismus den Egoismus liberaler und kapitalistischer Lehren abwehre.[395] Ein Mittel dazu stellten die Grundrechte dar, die als Garantie, Bekenntnis und Mahnung dienten:

---

[390] siehe dort Stichwort „Christentum", S. 17

[391] Parlamentarisches System --- oder was sonst?, S. 8

[392] Tagebuch, S. 22; Noch deutlicher und die Opfer der Kämpfe außer Acht lassend ist Beyerles Bemerkung am Rande seiner Vorlesung „Die Entstehung der neuen Reichsverfassung": „Ein Glück, dass nach den traurigen Erfahrungen der Münchner Räterepublik die neue einheitliche Reichswehr sich schon Anerkennung und Dank auch in Süddeutschland erwerben konnte und unter Noskes zielbewusster Führung im Begriffe ist, sich zu einer Herzenssache des gesamten Volkes zu entwickeln."; NL 69, Bl. 205. Dieser Standpunkt fand entschiedenen Widerspruch in Reihen der BVP, die darin die Aufgabe der Eigenstaatlichkeit Bayerns erblickten. Vgl. unten: Föderalismus

[393] Ringelmann, S.25

[394] Beyerle, Die Gesellschaftsordnung im Geiste des Christentums, AR Nr. 44 vom 1.11.1919, S. 665

[395] Beyerle, aaO; Die Bewegung des „Religiösen Sozialismus", hauptsächlich vor dem Ersten Weltkrieg auf dem calvinistischen Boden der Schweiz entstanden, griff auch auf den katholischen Volksteil über. Ziel der Bewegung war es nicht nur dem Sozialismus eine religiöse Ergänzung zu schaffen, sondern die proletarischen Massen zum Christentum zurückzuführen. (vgl. Georg Sinn, AR Nr. 48 vom 29.11.1930, S. 816 f)

„Alle Deutschen sollen hier erfahren, daß der Staat nicht nur ein Werkzeug der Macht ist, das in kalter Unpersönlichkeit waltet und Unterwerfung fordert. Durch die Grundrechte wollte die Verfassung die Kraftquellen jedes wahren Volksstaates zu erschließen helfen: das Erleben der staatlichen Gemeinschaft und die Pflege echter Staatsgesinnung."[396]

Nach katholischer Sichtweise erschien der Staat als Krönung und Vollendung aller natürlichen Gemeinschaften, da er über die unvollkommenen Gemeinschaften von Familie und Gemeinde hinaus dem Menschen alles Wesentliche biete, was für seine körperliche und geistige Entfaltung notwendig sei. Der Einzelne gehörte nach Leo XIII. nicht unmittelbar und durch sich selbst, sondern erst durch die Vermittlung der Familie dem Staat an.[397] Auch für Beyerle war die Familie der Ausgangspunkt für die darauf aufbauende Organisation des Staates. So übertrieben die folgenden Sätze auch aus heutiger Sicht wirken, entsprachen sie doch seinem Fühlen und Denken:

„Das Christentum adelt mit dem Glanze der göttlichen Gnadensonne die Ehe und das Familienleben. Pflege der christlichen Familie, ihre Reinerhaltung und Wiedergesundung wird unter allen Heilsmitteln dieser traurigen Zeit an erster Stelle stehen müssen. Denn es gibt keinen anderen Grund wahren staatlichen Gemeinschaftslebens, als den Aufbau auf der Erziehungsarbeit der Familie."[398]

Besonders lag ihm die religiöse Erziehung seiner Kinder am Herzen. So hatte er schon in seiner Sylvesterbetrachtung 1913 geschrieben:

„Die religiöse Erziehung der Kinder nicht leicht. ... Dazu die wenig geeigneten Geistlichen! Mit Choral und Lust im Hause suche ich die Lücken auszufüllen, habe mir sogar für die Weihnachtszeit ein Harmonium gemietet."[399]

Ein Jahr später formulierte er - nebenbei erwähnt eine der sehr seltenen Bemerkungen, aus denen ein kurzer Moment kritischer Distanz zur Kirche spricht - :

„Gott möge (den) Weg wissen – auch in unserer Ausgeglichenheit in religiösen Zweifelsfragen. Die unkatholische Luft Göttingens nagt am Erbgut kirchlicher Anhänglichkeit – ein gewisses Abweichen vom Dogma unverkennbar trotz aller inneren Liebe zur Kirche. Möchten meine Kinder der Kirche treu bleiben u(nd) die entschiedene Belebung(?) des religiösen Empfindens bei meiner Frau, das der Krieg gebracht hat, vorhalten!"[400]

---

[396] Beyerle, Wesen und Entstehung der Grundrechte in der Reichsverfassung von Weimar, S. 150

[397] Der Staat hat die Familie, „die vor ihm besteht, deren Rechte und Pflichten früher und in höherem Sinn natürlich sind als die des Staats, weil das häusliche Zusammenleben der Idee und Wirklichkeit nach früher ist als der staatliche Zusammenschluß, als Gesellschaft eigenen Rechts zu achten und nicht zu unterdrücken."; Rerum novarum, 21 ff, III 171 ff;
Aber auch die freie Gesellschaftsbildung darf der Staat durch Berufung auf seine Souveränität nicht hemmen; „denn das Naturrecht ermächtigt die Menschen zur Gründung freier Gesellschaften (nicht erst der Staat). ...Verbietet der Staat seinen Bürgern die Bildung solcher Gesellschaften, so setzt er sich in Widerspruch mit sich selbst", da er ja demselben Prinzip wie diese, dem sozialen Trieb, sein Dasein verdankt. Rerum novarum 69 f, III 219 f; zitiert nach Tischleder, Staatslexikon, Band III, Sp.926 ff (933)

[398] Beyerle, Die Gesellschaftsordnung im Geiste des Christentums, AR 1919, S. 665; Ebenso formulierte Ringelmann in seinem Handbuch zur Bayerischen Volkspartei auf S. 212: „Pflege der Familie ist die dringendste Aufgabe der Zeit. Sie gegen die auflösenden Mächte zu schützen ist die Lebensfrage unseres Volkes. Mit ihr steht und fällt die Möglichkeit einer politischen und sozialen Wiedergeburt Deutschlands."

[399] Tagebuch, S. 7,

[400] Tagebuch, S. 11

In seinem Testament verlieh er seiner Hoffnung Ausdruck, daß seine Kinder,[401] „die unvergänglichen Lebenswerte des Lebens Christi immer mehr erkennen und danach leben werden."[402] Aber das Christentum sei eine „Pflanzstätte echten Gemeinsinns auch außerhalb der Familie." Wenngleich sich Beyerle mitunter auch als „religiös zweifelnd und schwankend" sah,[403] blieb er doch sein Leben lang strenger Katholik, wobei seine zahlreichen schweren Krankheiten seine Hinwendung zum katholischen Glauben verstärkt haben dürften.

Die „organische" Staatsauffassung, wonach sich dieser aus einer Vielzahl unterschiedlicher Teilgemeinschaften zusammensetzte, die gemeinsam jeweils an ihrem Platze dem Ganzen dienten, prägte – geht man über die kleinste Gemeinschaft der Familie hinaus- auch Beyerles Verständnis für den Föderalismus. Nach der katholischen Staatslehre trat die Frage der Staatsform in den Hintergrund. Entsprechend den Enzykliken Leos XIII. war die katholische Kirche an eine bestimmte Staatsform nicht gebunden.[404] Staatszweck sei nur das Gemeinwohl, das sich nicht allein in materieller irdischer Wohlfahrt erschöpfe, sondern auch geistige Werte umfasse. Mit dem Hinweis, die Menge sei „stets zu Unruhen und Aufruhr geneigt" ließ Leo XIII. allerdings keine besondere Sympathie für das Prinzip der Volkssouveränität erkennen.

Demgegenüber betonte Beyerle, wenngleich er sich in der politischen Diskussion auf die obige Erklärung Leos XIII. berief, daß die Staatsformfrage nicht kategorisch für sekundär erklärt werden könne. Die Ereignisse hätten gelehrt, „daß man den Staat nicht chemisch neutralisieren kann, daß die Grundfrage der Staatsform völlig verblaßt."[405] Er gestand zu, daß es ein weiter Schritt sei von der formalen und äußeren Anerkennung der heutigen Staatsform bis „zur lebendigen Erfassung ihrer staatlichen Grundgedanken" und „zur freudigen Identifizierung des Individuums mit der republikanischen Idee". Zwar ehrte er „alle die, welche in ihrem Denken Treue zur Kirche mit Treue zu einem der vormaligen Fürstenhäuser so untrennbar verbunden fühlen, daß sie sich nicht entschließen können, für die deutsche Republik oder für den Freistaat Bayern einen Finger zu rühren." Grundsätzlich forderte er jedoch für die Katholiken die Zubilligung von Freiheit in der Staatsformfrage und das Anerkenntnis der die Republik ablehnenden Katholiken, daß „Bekenntnis zum Glauben und Bekenntnis zur Staatsform zwei verschiedene Dinge sind, die nicht begriffsnotwendig miteinander verquickt sein müssen."

Für ihn lag der Nachdruck auf den Zielen, die sich ein Staat steckte. Es gebe auch im Staatsleben „neutrale Dinge, die ihren Wert erst von dem Geist empfangen, welcher sie beseelt."[406] Ein religions- und christentumsfeindlicher Staat werde von den Katholiken abgelehnt, gleichviel, ob er Republik, Monarchie oder was sonst sei. Jener Staat gelte der christlichen Staatslehre als der beste, der der Kirche und

---

[401] für die er alle Einkommensmöglichkeiten dazu verwendet habe, ihnen eine bestmögliche Berufsausbildung nach eigener Wahl zu ermöglichen

[402] Testament vom 1.8.1926, Staatsarchiv: 1080/1933

[403] Tagebuch, S. 26

[404] „Es ist bei Wahrung der katholischen Lehre über Ursprung und Handhabung der öffentlichen Gewalt durchaus nicht unerlaubt, einer demokratisch gestalteten und gemäßigten Staatsverfassung den Vorzug zu geben (Libertas 59 III 59).

„Es widerstreitet auch keineswegs der katholischen Lehre, daß die Staatslenker durch den Willen des Volks gewählt werden können; durch eine solche Wahl wird dann nur der Träger der Gewalt bezeichnet, nicht die Rechte der Gewalt selbst erst verliehen; nicht die Herrschaft selbst wird übertragen, sondern nur festgesetzt, von wem sie ausgeübt werden soll" (Diuturnum illud 7, II 207); Zitiert nach Tischleder, aaO, Sp. 940

[405] hierzu und im folgenden: Beyerle, Katholik und Republikaner, AR Nr. 35 vom 2.9.1922, S. 411

[406] Parlamentarisches System --- oder was sonst?, S. 9

Religionsausübung der Staatsbürger freie Betätigung gestatte und so dazu beitrage, daß die zeitliche und ewige Bestimmung des Menschen erreicht werde."[407]

bb. Christentum und Mitwirkung beim Staatsaufbau

Leo XIII. betrachtete die Staatsbürger nicht als willenlose und passive Objekte der Politik, sondern erkannte ihnen ein natürliches Recht und eine sittliche Pflicht zur aktiven Beteiligung am öffentlichen und staatlichen Leben zu.[408] In Übereinstimmung hiermit äußerte Beyerle, daß gegenüber anderen politischen Strömungen der ererbte Schatz der christlichen Lehre in tausendjähriger Erprobung den Befähigungsnachweis erbracht habe, daß ihre Anwendung kranke Zeiten heile und gesunkene Völker aufrichte. Das katholische Christentum sei eine gewaltige soziale Kraft beim Wiederaufbau des deutschen Vaterlandes. Darum dürften aber auch seine Anhänger im öffentlichen Leben nicht im Mißmut oder Verzweiflung beiseite stehen. Alle treuen Katholiken müßten zu eifriger Arbeit im Dienste des Gesamtwohls mittätig sein. Nicht um andere Volksmitglieder zu unterdrücken, sondern um für religiös vertiefte Auffassung alles Menschen- und Staatsschicksals liebevoll seine Kräfte einzusetzen.[409]

Einen frühen Vorkämpfer christlichen Engagements sah er in Freiherr von Ketteler, Bischof von Mainz, der bereits 1848 ein vorzügliches sozialpolitisches Programm entwickelt und sich als erster vom christlichen Standpunkt aus mit den Lehren Lassalles auseinander gesetzt habe. Die einzige Lösung der sozialen Frage stellte nach v. Ketteler eine gerechte Verteilung der Güter aufgrund der inneren Gesinnung der Menschen dar. Der Staat könne zwar sozial aktiv werden, er werde sein Ziel aber nur durch einen Wandel der inneren Gesinnung des Menschen erreichen.[410] Parallelen zu Beyerles Denken sind unverkennbar und setzen sich später bei der Konzeption des Abschnitts über das Wirtschaftsleben in der Weimarer Verfassung fort.

Sein eigenes politisches Engagement, das sich nicht zuletzt auf das Zustandekommen der neuen Verfassung beschränkte, begründete Beyerle folgendermaßen:

> *„Uns hilft ... nicht jene ästhetisierende Überlegenheit, die sich mit den Dingen der Politik nicht beschmutzen, mit dem großen Haufen nichts gemein haben will ... Die Heilung kann nur kommen aus christlichem Hoffen und christlichem Pflichtgefühl...."*[411]

---

[407] Beyerle, Katholik und Staatsverfassung, S. 163

[408] „Die Ablehnung jeder Beteiligung an den Staatsgeschäften wäre genau so fehlerhaft, als wenn jemand dem Gemeinwohl sein Interesse und seine Unterstützung überhaupt versagen würde und dies um so mehr, als die Katholiken gerade durch den Glauben, zu dem sie sich bekennen, zu vollkommener und gewissenhafter Führung der Geschäfte angespornt werden. Bleiben sie dagegen müßig, dann werden gar leicht solche Leute die Zügel in die Hand bekommen, deren Gesinnung wenig Gutes erhoffen läßt. ... Daraus folgt klar, daß die Katholiken guten Grund haben, sich an Staatsangelegenheiten zu beteiligen; denn sie tun es nicht deshalb, und dürften es auch gar nicht, um das zu billigen, was im Staatswesen heute nicht gut ist, sondern um das Staatswesen selbst, soweit es möglich ist, aufrichtig und wahrhaftig dem öffentlichen Wohl anzupassen, indem sie sich bestreben, die Weisheit und Kraft der katholischen Religion wie ein heilkräftiges Lebensblut in die Adern des Staats zu leiten" (Immortale Dei 51, II 385); zitiert nach Tischleder, aaO, Sp. 943

[409] Beyerle, Die Gesellschaftsordnung im Geiste des Christentums, aaO

[410] Völtzer, S. 43 ff

[411] Wohlhaupter (Vom tätigen Leben, S. 55) bemerkte zu Beyerles politischem Einsatz, es könne kaum einen Mann geben, der mit größerem Idealismus und mit mehr Aufopferung an das heranging, was er als politische

„Wer an die Lebensfähigkeit der deutschen Demokratie und Republik glaubt, kann als Katholik nicht untätig zusehen, wie Sozialisten und Demokraten die Amtsstellen, die Regierungstische, die Parlamentsreihen füllen. ... Es ist recht ..., wenn auch gläubige Katholiken in großer Zahl als Verfechter der neuen Staatsidee auftreten und damit unserer Weltanschauung auch in der Republik zu der Geltung verhelfen, die ihren unvergänglichen Kulturwerten entspricht."[412]

In gleichem Sinn begrüßte er es 1923, daß sich die Görres-Gesellschaft „auch nach außen hin" bemerkbar machte, denn „die vornehme Zurückgezogenheit eines auf sich selbst gestellten Gelehrtenvereins mußte in der harten Gegenwart weichen."[413] Dies entsprach den Worten Görres, wonach nur die Völker zu allen Zeiten stark waren, die am gemeinen Wesen teilnahmen. „Wo der Staat nur in wenigen lebt, da führt ihr Verderben ihn auch leicht zum Untergang; und er sinkt und steigt mit ihnen; wo die Gesamtheit aber ihm ihre Teilnahme zugewendet hat, da lebt er ein unverwüstlich sich immer verjüngend Leben."[414]

cc. Revolution, Sittlichkeit und Legalität

Nicht nur für Beyerle war die Revolution von 1918 ein „häßlicher Vorgang". Sie war der völlige Stillstand und Zusammenbruch einer bis zum äußersten erschöpften Großmacht nach einem verlorenen Krieg. In seiner Bewertung der Revolution zeigen sich allerdings Unterschiede zur Staatslehre der katholischen Kirche.

Über die Zurückweisung der bewußt atheistischen Begründung der Staatsgewalt aus dem rein mechanisch-individualistischen Prinzip des Mehrheitswillens und aus der ihm zu Grunde liegenden Voraussetzung der unbedingten Gleichheit und Selbstherrlichkeit aller Menschen war Leo XIII. zur Ablehnung der Revolution gelangt, denn durch das nur mechanische Schwergewicht von Zahl und Masse werde die Staatsgewalt als sittliche Idee überhaupt geleugnet und das Staatsleben von jedem ethischen Prinzip gelöst. Wegen der Verankerung der Staatsgewalt in Gott sei zwar ein gegen das göttliche Recht verstoßendes Gesetz zum Widerstand verpflichtende Gewaltanmaßung, die Revolution und Empörung gegen die rechtmäßige staatliche Gewalt sei aber unbedingt sittlich verwerflich.[415] In der Ablehnung der Revolution als bloßer „Besitzzustand" ohne rechtliche Legitimation ging Beyerle mit der Kirche konform:

„Jede Revolution ist ein ungesetzlicher Zustand, ist tatsächliche Gewalt, nicht positives Recht. Ihre Rechtfertigung holt sie aus den Sternen, aus dem ungeschriebenen Naturrecht der menschlichen Freiheit, die sich gegen Gewalt und Unterdrückung aufbäumt."[416]

Pflicht seinem deutschen Volke gegenüber empfand. Wenn damals ein politisches Wirken außerhalb einer Partei undenkbar war, so lag ihm doch enger Parteigeist ferne. Ihm ging es stets ums Ganze.

412 Beyerle, AR Nr. 35 vom 2.9.1922, S. 411

413 Beyerle, Ueber Aufgaben und Wirken der Görres-Gesellschaft in der Gegenwart, AR. Nr. 44/45 vom 6.11.1923, S. 525

414 Görres in einem im August 1814 erschienenen Artikel im Rheinischen Merkur; zitiert nach: Deutsche Einheit, Deutsche Freiheit, S. 19 und 20

415 „Ja, selbst einem tyrannischen Herrscher gegenüber gibt es kein Recht zur gewaltsamen Revolution, da jener durch gelegentlichen Mißbrauch seiner Gewalt diese selbst an sich nicht verliert. Die Lehre der katholischen Kirche duldet auch in einem solchen Fall nicht, daß man sich auf eigene Faust gegen die öffentliche Gewalt erhebt, damit nicht die öffentliche Ruhe und Ordnung noch mehr gestört wird und die Gemeinschaft in noch größerem Maß Schaden leidet. (Quod Apost. Muneris 15, I 41)", Tischleder, Staatslexikon Band III, Sp. 939 f

416 Beyerle, Die Bedeutung der neuen Reichsverfassung für Volk und Vaterland, S. 4

Diese Äußerung zeigt aber ebenso, daß Beyerle den Ereignissen auch positive Aspekte abgewann, Wie viele seiner Zeitgenossen war er der Ansicht, daß die deutschen Soldaten „nicht wirklich" besiegt worden seien, sondern die Niederlage durch die Vorgänge „daheim" verursacht worden sei. Allerdings stellte er sich nicht auf die Seite derer, die die „Dolchstoßlegende" propagierten, sondern machte dafür die Mängel des alten Staates, insbesondere dessen „Militärabsolutismus" verantwortlich. Wenn er daher auf das „Naturrecht der menschlichen Freiheit" zurückgriff, hielt er die Revolution nicht in jedem Falle für unbedingt sittlich und moralisch verwerflich, sondern in engem Rahmen durch höherwertige Gesichtspunkte für erlaubt, wobei er das beherrschte Volk, nicht die Machthaber im Auge hatte. Aufgrund seiner Bejahung der Volkssouveränität wird verständlich, wenn Beyerle die Ereignisse als „Walten der Vorsehung" begriff:

> *„Soll es denn gar nicht erlaubt sein, in den Geschehnissen dieser Jahre auch positiv an ein Walten der Vorsehung zu glauben, so irrational uns der Tatsachenverlauf auch erscheinen mag? In der Revolution sind die Symbole von Jahrhunderten zusammengebrochen, niemand hat ihren Zusammenbruch verhindert. In der Weimarer Verfassung wurde die Gefahr des religionsfeindlichen Bolschewismus abgewendet. Die Geschichtsschreiber der Zukunft werden bestätigen müssen, daß die neuen Zustände viel Gutes gebracht, und daß unter den erschwerendsten Umständen seit 1918 vom deutschen Volk und seinen berufenen Vertretern viel Positives geleistet worden ist ..."*[417]

beispielsweise, daß „die Vorsehung" die Deutschen „in eine freie Demokratie hineingestellt" habe, „die der Entfaltung unseres religiösen Lebens die Bahn offen läßt ..."[418] In dieser Einschätzung unterschied sich Beyerle von weiten Teilen seiner Partei, die in erster Linie die „ungesetzlichen Ausschreitungen des Sozialismus" im Auge hatten.[419]

In der Frage, wie sich der sittlich denkende Christ gegen eine durch Revolution zur Macht gelangte Regierung zu verhalten habe, unterschied Leo XIII. zwischen dem naturrechtlichen (unwandelbaren) Staatsorganismus und dem positivrechlichen (wandelbaren) Träger der Staatsgewalt. Gerade wenn überkommene Rechtsformen zerstört würden, erweise sich die Unverwüstlichkeit und Unvergänglichkeit jener naturrechtlichen Lebens- und Ideenmächte, denen der Staat an sich seine Entstehung und seinen Bestand verdanke. Aus dem rein menschlichen Charakter der Staatsform folge, daß sie nicht eindeutig durch das Naturrecht festgelegt sei, da sie bei dem Wechsel der Verhältnisse sich der veränderten Sachlage anpassen können muß. Darum bezeichnete er es als "einen Verrat an Bürgerehre und Gewissen" durch gegenrevolutionäre Maßnahmen das „Gemeinwohl, das nach Gott das erste und das letzte Gesetz der Gemeinschaft ist, persönlichen Ansichten und Parteibestrebungen zu opfern".[420]

Ebenso akzeptierte Beyerle, der in der Verfassung den Ausdruck tatsächlicher politischer Machtverteilung sah, daß sich bei Änderung der politischen

---

[417] Beyerle, Die Katholiken und der Volksstaat von Weimar, S. 96

[418] Beyerle, Die Gesellschaftsordnung im Geiste des Christentums, aaO, S, 665

[419] vgl. Ringelmann, S. 4: „Ein endgültiger Sieg der sozialistischen Revolution würde daher für Deutschland wie für Bayern in wirtschaftlicher Hinsicht eine vollständige und radikale Umwälzung unseres Wirtschaftslebens, die bei dem derzeitigen Stand unserer Volkswirtschaft dem Ruin gleichbedeutend wäre, in politischer Hinsicht die Entrechtung des Bürgertums und in kultureller Beziehung den Sieg des Unglaubens über alles Christliche an der deutschen Kultur und Sitte bedeutet haben."

[420] Tischleder, aaO, Sp. 942

Kräfteverteilung das Staatsrecht anpassen müsse.[421] Er stand insofern auf der Linie der konservativen Rechten, die einer neuen Verfassung nur dann rechtsschöpferische Kraft zusprach, wenn die Voraussetzungen der Rechtsanerkennung und Rechtsüberzeugung gegeben waren, wobei sie sich hinsichtlich letzterer, im Gegensatz zum liberalen Parteilager, nicht mit einem bloßen Akzeptieren der Verhältnisse begnügte, sondern eine von materieller Wertethik getragene Überzeugung forderte.

Die Frage, ob mit einer erfolgreichen Revolution die Verpflichtungen gegen den alten Staat aufhören, bejahte er. Zwar werde geachtet, wem sein Gewissen Verpflichtungen gegen den untergegangenen Staat und seinen Monarchen vorschreibe, doch binde eine untergegangene Staatsform als solche nicht. Über der Treue zum Monarchen, der nicht mehr da ist, stehe die Treue zum eigenen Volkstum als der höheren gottgewollten Einheit. Geradezu idealtypisch brachte Beyerle damit das katholische Staatsverständnis zum Ausdruck, wonach die Sittlichkeit höher als die Legalität stand. Dem Staat konnte die Anerkennung als einmal Bestehendes nicht versagt werden, wenn er sich als Garant der erhaltenden Grundkräfte der menschlichen Gemeinschaft, des Gemeinwohls und der Ordnung erwies.[422] Beyerle verkündete:

> *„Wir sind im Gewissen verpflichtet, dem bestehenden Staat in den Grenzen der Gebote der Religion und des christlichen Sittengesetzes Achtung zu erweisen."*[423]

Geschickt suchte er die in weiten Kreisen bestehende Ablehnung der Revolution als Argument einzusetzen für politisches Engagement im neuen Staat, indem er fragte:

> *„Wie wollen wir den Kampf gegen den Umsturz führen, wie die Umsturzelemente verurteilen, wenn wir selbst dem Staat den Rücken kehren, weil uns seine Form in diesem oder jenem Punkt mißfällt?"*[424]

Darin kommt auch die Verurteilung einer erneuten gewaltsamen Änderung der durch die Revolution von 1918 geschaffenen Verhältnisse zum Ausdruck.

dd. Verteidigung der neuen Ordnung

Die Republik verteidigte Beyerle gegen die rechten Parteien, allen voran die Deutsch-nationale Volkspartei, die er in seiner Schrift „Parlamentarisches System --- oder was sonst?" als „entthronte Herrenkaste" des „alten Preußen-Deutschland" bezeichnete. Ihnen warf er vor, für sie bedeute die Einführung des parlamentarischen Prinzips, einen empfindlichen Schlag.[425] Die Deutsch-Nationalen hetzten nicht nur gegen den Versailler Vertrag und propagierten die Dolchstoßlegende, sondern kämpften aus reaktionärer sozialer Einstellung gegen die Mehrheitsdemokratie und die Parteienherrschaft, vor allem solange diese Herrschaft von der Koalition der einstigen „Reichsfeinde" des Bismarckstaates getragen war.[426]

[421] Beyerle, Parlamentarisches System --- oder was sonst?, S. 8
[422] Karsten Ruppert, S. 77
[423] Beyerle, Parlamentarisches System --- oder was sonst?, S. 8
[424] Beyerle, Parlamentarisches System --- oder was sonst?, S. 9
[425] Beyerle, Parlamentarisches System --- oder was sonst?, S. 5
[426] Sontheimer, Antidemokratisches Denken, S. 117

Beyerle wandte sich auch gegen die „Konservative Revolution" junger Nationalisten, die sich durch ein neues Lebensgefühl und elementares Bewußtsein der Erfahrung des Weltkrieges, von den Deutschnationalen unterschieden.[427] Resigniert stellte er fest, man müsse sich damit abfinden, daß „gerade die Gebildeten, vor allem die Studenten und jüngeren Akademiker der praktisch wissenschaftlichen Berufe, aber auch fast alle, die als Offiziere ihrem König und Vaterland im Feld treu gedient" hätten, sich in der Anhängerschaft der deutschnationalen Opposition befänden.[428] Allerdings dürfe man es der akademischen Jugend in ihrem „kraftbewußtem Idealismus" nicht verübeln, sich aus der „außenpolitischen Zwangsjacke herauszusehen.[429] In deren Hang zum Antiintellektualismus drückte sich allgemeiner ein Zug zum Mythischen aus, demgegenüber Beyerle zur Sachlichkeit mahnte:

„Nur wer sich über Schlagwortgebilde erhebt, macht sich zu einem tauglichen Glied unseres als Volk lebendigen Staatsorganismus."[430]

Dem Versuch, das Werk von Weimar in den ungesetzlichen Revolutionsvorgang hineinzubeziehen, an dem „auch leider Katholiken sich beteiligten", trat Beyerle entgegen: Die Revolution sei Wildwuchs, kein Recht gewesen. Es sei ein zu bequemes Verfahren, die Gesetzlichkeit und Geltung der Weimarer Verfassung dadurch aus der Geschichte streichen zu wollen, daß man sie als episodenhaften Akt der Revolution selbst bezeichne, während sie doch das Ende der Revolution durch Wiedereinführung einer gesetzlichen Staatsordnung sei und sein sollte. Wer die geltende Verfassung als Gewaltakt behandle und alles Verpflichtende am geltenden Verfassungsrecht in Stimmungsunmut beiseite schiebe, hemme die Rückkehr gesunder innenpolitischer Zustände. Beyerle formulierte damit die Sichtweise der Zentrumsführung, wonach der Makel der Revolution mit der Weimarer Verfassung und der Art ihres Zustandekommens geheilt wurde, indem sich der Staat auf den Boden des Rechts gestellt habe.[431]

Diese Auffassung stieß allerdings auf scharfe Kritik großer Teile des Katholizismus (und der anderen konservativ ausgerichteten Parteien), die kompromißlos Revolution und Republik eng miteinander verknüpften.[432] So hatten große Teile des Zentrums schon vor der Revolution mit einer Parlamentarisierung den Niedergang des Staates befürchtet, von der man nur eine Stärkung des liberalen und sozialistischen Geistes in der Politik erwartete. Stattdessen sollte die „Wiederverchristlichung der Regierungen und der Völker" den Staat retten.[433] Dagegen wandte sich Beyerle:

„Es gibt Leute, welche die kulturpolitischen Werte der Reichsverfassung gerne hinnehmen, aber die Verfassung trotzdem verwerfen. ... Es ist aber ein verantwortungs(loses) Beginnen, den Teil über das Ganze zu stellen, wo das

---

[427] vgl. Sontheimer, Antidemokratisches Denken, S. 118 ff

[428] Beyerle, Parlamentarisches System --- oder was sonst?, S. 5

[429] Beyerle, Parlamentarisches System --- oder was sonst?, S. 9

[430] Beyerle, Parlamentarisches System --- oder was sonst?, S. 10

[431] K. Ruppert, S. 77

[432] vgl. v. Faulhaber, (zitiert nach Töpner, S. 190): „Auch wenn der Umsturz ein paar Erfolge brachte, wenn er den Bekennern des katholischen Glaubens den Weg zu höheren Ämtern weit mehr als früher erschloß – ein sittlicher Charakter wertet nicht nach den Erfolgen, eine Untat darf der Erfolge wegen nicht heilig gesprochen werden. ..."

[433] Altendorfer, S. 57

Ganze allein leben kann und das erstrebte radikale Eigenleben des Teiles nur um den Preis schwerster außenpolitischer Gefährdung durchzusetzen ist."[434]

Vor allem von dem mehr konservativ ausgerichteten Flügel des Katholizismus[435] wurde der Reichsverfassung vorgeworfen eine solche „ohne Gott" zu sein. Die Abkehr von Gott wurde in Art. 1 S. 2 RV erblickt, wonach die Staatsgewalt vom Volke ausging.[436] Prominenter Vertreter der monarchistisch-legitimistischen Richtung war der Erzbischof von München und Freising Kardinal v. Faulhaber, der auf dem Münchner Katholikentag 1922 den neuen Staat angriff, und hervorhob, die Revolution sei Meineid und Hochverrat gewesen. Sie bleibe in der Geschichte erblich belastet und mit dem Kainsmal gezeichnet. Wo die Gesetze eines Staates mit den Geboten Gottes in Widerspruch stünden, da gelte der Satz: Gottesrecht bricht Staatsrecht.[437] Dagegen richtete sich Beyerle: Weder die Form, in der die Staatsgewalt übertragen werde, noch die Institution, die ihr Träger sei, tue dem göttlichen Ursprung der Staatsgewalt Abbruch. Auch Prälat Mausbach, der im Verfassungs- und Grundrechtsunterausschuß mitgearbeitet hatte, wollte Art. 1 RV nicht rechtsphilosophisch oder theologisch, sondern staatsrechtlich verstanden wissen: Lediglich die Organe der Staatsgewalt gingen vom Volke aus, wodurch die göttliche Quelle der Staatsgewalt nicht angetastet werde.[438] Beyerle formulierte:

„Da es keine Fürsten mehr gibt, konnte auch von einem „Gottesgnadentum" derselben nichts mehr in der Verfassung stehen."[439]

Dem Vorwurf, die parlamentarisch regierte Demokratie widerstrebe den Grundsätzen des Christentums, insbesondere dadurch, daß sie „das nackte Gesetz der Zahl" proklamiere und „einer widerchristlichen Gleichmacherei huldige",[440] hielt Beyerle entgegen, daß schon vor der Revolution das parlamentarische Prinzip durch Kaiser und Fürsten anerkannt worden war und es lediglich darum gehe, „einer dem Gemeinwohl abträglichen Parlaments- und Parteienherrschaft" entgegenzutreten, wozu die Rechte des Reichspräsidenten sowie Volksbegehren und Volksentscheid dienten. Die Ansprüche der Christen an die Demokratie bestünden lediglich darin, daß diese "die Kirche in Freiheit ihrem hohen Beruf nachgehen lasse, die Gewissen

---

[434] Beyerle, Mehr politische Linie!, AR Nr. 48 vom 29.11.1919, S. 725 f (726); Dort ist von „verantwortungsvollem Beginnen" die Rede, wobei es sich um ein Redaktionsversehen handeln dürfte, wie sich aus dem Sinnzusammenhang ergibt.

[435] Weisz, Geschichtsauffassung, S. 210 ff nennt hier beispielhaft Beyerles Professoren-Kollegen Buchner, der Beyerle angriff: „Ist es nicht symptomatisch, daß ... ein hochangesehener katholischer Rechtslehrer der Münchener Universität einen begeisterten Artikel über die Weimarer Verfassung veröffentlicht, jene Verfassung, die es ja doch erst ermöglicht hat, daß heute in unserem öffentlichen Leben der christliche Gedanke immer mehr in den Hintergrund gedrängt wird und jene Mächte an Boden gewinnen, die die geschworenen Feinde von Christentum und Kirche sind?"

[436] So wurde entgegen einer Bitte Mumm`s, der von Düringer an Beyerle verwiesen wurde in die Präambel der Verfassung das Wort „Gottesfurcht" nicht aufgenommen.
(Brief vom 15.5.1919, Mumm an Beyerle, NL 58, Bl. 132) Ein Tätigwerden Beyerles in dieser Richtung ist nicht nachweisbar.

[437] Auch in seinem Hirtenbrief zur Fastenzeit vom 10.2.1933 blieb v. Faulhaber unversöhnlich: „Der Satz im 1. Artikel der Verfassung des Deutschen Reiches: „Die Staatsgewalt geht vom Volke aus", ist eine Irrlehre, eine Fälschung des biblischen Satzes: „Es gibt keine Gewalt außer von Gott". Von Gott stammt das Recht des Staates, in staatlichen Dingen souverän zu entscheiden.", v. Faulhaber: Unser staatsbürgerliches Gewissen, AR Nr. 10 vom 8.3.1933, S. 155; Es fällt daher schwer zu glauben, daß Beyerle – abgesehen von politischen Kontakten - Kardinal Michael von Faulhaber zu seinen Freunden zählte (so Schenkendorf)

[438] Töpner, Der Deutsche Katholizismus zwischen 1918 und 1933, S. 191

[439] Beyerle, Die Katholiken und der Volksstaat von Weimar, S. 93

[440] Beyerle, Parlamentarisches System --- oder was sonst?, S. 17 f

nicht bedrücke und eine organische Entfaltung der Anlagen aller Individuen und Lebensberufe ermögliche."

> *„Wer in der Demokratie nur das mechanische Mehrheitsprinzip walten sieht und damit zugleich die Vorstellung einer gewaltsamen Unterdrückung der Minderheiten verbindet, der vergesse nicht, daß es gerade kirchliche Rechtsordnungen waren, die seit dem Mittelalter in Deutschland dem Gedanken des Mehrheitsprinzips im öffentlichen Leben die Bahn gebrochen und damit Ordnung an die Stelle unseligen Zwiespalts gesetzt haben."*[441]

In der Vermutung, daß die Pars maior auch die Pars sanior sei liege ein "ethisches Postulat" für die Handhabung des Mehrheitswillens, das auch für das weltliche Staatsrecht Geltung beanspruchen könne. Weiter stellte er mit Blick auf den Kulturkampf die Frage:

> *„Waren wir (Katholiken) nicht Staatsbürger zweiter Klasse? ... Ist da heute im freien parlamentarischen Staat nicht unendlich vieles besser für uns geworden? Wodurch? Einzig und allein durch das Gesetz der Zahl, das unseren breiten gläubigen katholischen Volksschichten eine Einwirkung auf das öffentliche Leben sichert ... Jede echte Volkspartei muß das, was ihr gegenüber Kapital und Presse im Dienste volksfeindlicher Tendenzen an Stoßkraft abgeht, durch die Macht der Zahl ersetzen. Wir Katholiken brauchen darum die Demokratie ...*[442]*"*

Bemängelt wurde weiterhin die Abschaffung des Zwangs zum religiösen Eid. V. Faulhaber polemisierte bereits 1919[443], schwören heiße, den Namen Gottes anrufen. Die Aufteilung in einen religiösen Eid für die, die an den Namen Gottes glaubten und in einen bürgerlichen Eid für die, die nicht daran glaubten, lehnte er scharf ab. Schwur sei Schwur und lasse sich nicht zerlegen. Schwören heiße Klarheit und Wahrheit schaffen, da scheide alle Doppelzüngigkeit und Doppelherzigkeit aus. Entweder gebe es einen Eid als Anrufung Gottes vom Munde dessen, der an Gott glaube, oder es gebe kein Schwören mehr. Demgegenüber verteidigte Beyerle die Abschaffung des Zwangs zur Ableistung des religiösen Eides als „eine notwendige Konsequenz des allgemeinen Grundsatzes der Toleranz in Weltanschauungsfragen."[444] Den Vorwurf durch Art. 137 seien die Religionsgesellschaften beliebigen weltlichen Vereinen gleichgestellt worden, ließ Beyerle nicht gelten, zumal ihnen der Status öffentlich-rechtlicher Körperschaften und damit verbundener Rechte zugebilligt worden war.

ee. Zusammenfassung – Erziehungsgedanke

Da der Katholizismus im Wesentlichen in die monarchisch-legitimistische Richtung der eher kirchlichen Kreise und in die in der politischen Führung der Zentrumspartei vorherrschende, mehr demokratische Hauptrichtung gespalten war, läßt sich feststellen, daß Beyerle im Gegensatz zu großen Teilen des Katholizismus, der als Ganzes ein tieferes Verhältnis als eine nur provisorische Anerkennung der Weimarer

---

[441] Beyerle, Parlamentarisches System --- oder was sonst?, S. 18
[442] Beyerle, Parlamentarisches System --- oder was sonst?, S. 22
[443] v. Faulhaber; Religion und Kirche im öffentlichen Leben, AR Nr. 45 vom 8.11.1919, S. 677 ff
[444] Beyerle, Die Katholiken und der Volksstaat von Weimar, S. 93

Republik nicht gewann,[445] nicht nur „Vernunftrepublikaner", sondern überzeugter Demokrat war. Innerhalb des konservativen Bürgertums nahm Beyerle eine „Sonderstellung" ein, die auf seiner im Ganzen positiven Einstellung zu Staat und Verfassung von Weimar beruhte und seiner Bereitschaft politische Verantwortung zu übernehmen,[446] die wiederum ihre Wurzel in seiner christlichen Überzeugung hatte. Bauer berichtete, daß es auch Beyerle zeitweilig nicht an Verkennung gefehlt habe. Daß sie sich gerade auch in Kreisen gezeigt habe, die ihm weltanschaulich nahestanden, habe ihn tief geschmerzt.[447]

Beyerle teilte weder die zeitgenössischen rechtspositivistischen Anschauungen, die aus dem zustande gekommenen Gesetz Recht ableiteten, statt das Gesetz am Maßstab einer (irgendwie gearteten) Gerechtigkeit zu orientieren, noch eine relativistische Weltanschauung, wonach der Staat den politischen Willen jedermanns gleichermaßen achtet, ohne selbst absolut verbindliche Wertmaßstäbe zu setzen. Die Idee der Gerechtigkeit sah er durch den Glauben und die katholische Staatslehre verkörpert, die im Staat als solchen schon einen Wert erblickten. Er näherte sich der katholischen Wunschvorstellung, daß auch der Staat selbst, nicht nur dessen Bürger, sich zum christlichen Glauben bekennen müsse, indem er versuchte, die darin enthaltenen Ideale in das praktische Rechtsleben umzusetzen.[448] Das Wesen der Grundrechte war damit durch ihre naturrechtliche Verankerung gekennzeichnet. Der Staat hatte die Grundrechte nicht erst zu gewähren, sondern seine Aufgabe bestand darin, sie möglichst wirksam zur Geltung zu bringen. Dies entsprach der überwiegenden Meinung innerhalb der BVP, wonach es als ein „übles Zeichen für den Gerechtigkeitssinn eines Volkes" angesehen wurde, wenn eine Verfassung erst „Grundrechte" der Staatsbürger festsetzen mußte, die sie schon aus eigenem Recht besaßen.[449]

Die herrschende Auffassung der Zeit ging jedoch dahin, den Grundrechten eine überpositive Bedeutung abzuerkennen. Es erscheint daher nicht abwegig, eine Ursache für die Ausführlichkeit des Grundrechtsteiles der Weimarer Reichsverfassung darin zu sehen, daß Beyerle mit ausdrücklichen Formulierungen in einem positiven (Verfassungs-) Gesetz den Versuch unternahm, für bisher rein naturrechtliches Gedankengut eine juristische Basis zu schaffen, um diesem größere Geltungskraft zu verleihen.[450]

---

[445] Töpner, S. 185

[446] Weisz, S. 42

[447] Bauer in Badische Presse, Nr. 121 vom 11.6.1933;
In Einklang damit ist in einem Brief v. Faulhabers an den bayerischen Episkopat vom 26.2.1920, in dem es um die Zusammensetzung einer Gutachterkommission aus Geistlichen und kirchentreuen Laien geht, überliefert, daß in der Zuschrift eines bayerischen Ordinarius gegen Dr. Beyerle Bedenken geltend gemacht worden seien wegen seiner optimistischen Auffassung der Reichsverfassung. (Nachlaß v. Faulhaber, S. 134, Nr. 67; Der Verfasser der Zuschrift ist nicht ermittelt.) Im Antwortschreiben des Bamberger Erzbischofs Hauck hält dieser Beyerle für geeignet „zur entscheidenden Zeit in Berlin" unsere Forderungen „warm und energisch zu vertreten."

[448] Beyerle, Parlamentarisches System, S. 8: „Gewiß, Ideen sind eine Macht und vermögen Gewaltiges. Aber auch die Verhältnisse sind stark und setzen der Verwirklichung der besten Ideen Dämme entgegen."

[449] vgl. Fr. X. Eggersdorfer, S.12

[450] Als Beispiel mögen Art 151 I 1 RV („Die Ordnung des Wirtschaftslebens muß den Grundsätzen der Gerechtigkeit mit dem Ziel der Gewährleistung eines menschenwürdigen Daseins für alle entsprechen.") und Art. 152 II RV („Wucher ist verboten. Rechtsgeschäfte die gegen die guten Sitten verstoßen, sind nichtig.") gelten. Wenngleich die letztgenannte Formulierung an § 138 I BGB angelehnt ist, handelt es sich doch nach dieser Auffassung um ein übergeordnetes Prinzip (mit „überragender Allgemeingültigkeit"), das deshalb in die Verfassung aufgenommen wurde.

„Ein Blick auf die Weimarer Verfassung lehrt, wie tief in diese Gesetzestafeln der deutschen Republik die Mitarbeit katholischer Führer und Politiker eingegraben ist.“[451]

In diesem Sinne läßt sich auch Beyerles Satz verstehen, das einigende Band der Grundrechte sei in ihrer „überragenden Allgemeingültigkeit“ zu sehen, womit gleichzeitig die erhoffte Integrationswirkung des Grundrechtskatalogs, einschließlich seiner sozialen Teile, angesprochen ist. Auch Luchterhand erwähnt das Bestreben, die Verfassungsbestimmungen zu juridifizieren und ihnen möglichst weitgehend rechtliche Aussagekraft und Wirksamkeit zu verleihen, um im Sinne der liberalen Rechtsstaatstheorie die Willenssphären im Staat-Bürger-Verhältnis abzugrenzen. Das Mittel hierfür sieht er in der Hervorhebung der Grundpflichten neben den Grundrechten. Ihm, der aus seiner Perspektive folgerichtig Beyerle vorwirft, die Pflichtendimension allzu einseitig als Ausdruck von Staatsethik interpretiert zu haben, kann jedoch für die Person Beyerles und anderer Zentrumspolitiker, wie etwa Mausbach, nicht darin gefolgt werden, daß die Kategorie der Grundpflichten „die weite Distanz der Weimarer Verfassung zum naturrechtlichen Denkansatz sichtbar“ mache,[452] denn damit gerät zu sehr in den Hintergrund, daß die katholische Staatslehre auch den Pflichten ihren Platz zuwies.

Nach ihr sollte der Staat sich nicht auf die allgemeine Wohlfahrt beschränken, sondern auch geistige Werte vermitteln. Das Mittel hierzu erblickte Beyerle in der staatsbürgerlichen Bildung. Der immer wieder betonte Erziehungsgedanke beinhalte ein dynamisches Element als Basis einer inneren und äußerlichen Entwicklung zur Demokratie, die er sich in der Färbung eines christlich-katholisch geprägten Gemeinwesens wünschte. So hielt er 1921 fest:

„In meinem Innenleben Anbahnung eines religiösen ...(unleserlich) bei Entfaltung des ...(unleserlich) katholischen Christentums als Erziehungsgrundlage und für meine ganze öff(en)tl(iche) Wirksamkeit – Weimar.“[453]

Der Erziehungsgedanke taucht bereits in Fichtes "Reden an die Deutsche Nation" auf. Wenngleich Beyerle sich auf den im deutschen Idealismus stehenden protestantischen Philosophieprofessor nicht ausdrücklich berief, bestehen doch unverkennbare Parallelen, die vielleicht mit der jeweiligen politischen Situation Deutschlands zusammenhängen. Fichte hielt seine Reden 1807/1808 in Berlin als weite Teile Deutschlands nach dem Friedensschluß zu Tilsit von Frankreich besetzt waren. Ein von der Nation Deutschland überzeugter Anhänger mußte die Besetzung des noch in viele Einzelstaaten zerfallenden Deutschlands als herben politischen Rückschlag empfinden, mit dem der Zusammenbruch von 1918 in seiner schicksalsschweren Empfindung für den deutschen Staat durchaus vergleichbar war. "Sollte eine so gesunkene Nation dennoch sich retten können, so müßte dies durch ein ganz neues, bisher noch niemals gebrauchtes Mittel, vermittelst der Erschaffung einer ganz neuen Ordnung der Dinge, geschehen."[454] Das Mittel hierzu sollte nach Fichte eine gänzlich neue Erziehung der Deutschen sein, "mit einem Worte, eine gänzliche Veränderung des bisherigen Erziehungswesens" als "das einzige Mittel, die deutsche Nation im Dasein zu erhalten"[455], um hierdurch "... die Deutschen zu

---

[451] Beyerle, Katholik und Republikaner in AR Nr. 35 vom 2.9.1922, S. 411
[452] Luchterhand, S. 299
[453] Tagebuch, S. 28
[454] Fichte, S. 30
[455] Fichte, S. 33

einer Gesamtheit (zu) bilden ...",[456] "... in der kein Glied irgendeines anderen Gliedes Schicksal für ein ihm fremdes Schicksal hält ...",[457] so daß die Erziehung "Bildung der Nation schlechthin als solcher und ohne alle Ausnahme einzelner Glieder derselben werde, in welcher, ... aller Unterschied der Stände, ... völlig aufgehoben sei und verschwinde, und daß auf diese Weise ... keineswegs Volkserziehung, sondern eigentümliche deutsche Nationalerziehung entstehe."[458] Die Rückbesinnung auf die Bürger, dem einzig verbliebenen Zufluchtsort der nationalen Angelegenheit bedingt eine ebensolche auf innere Werte. "Besiegt sind wir; ob wir nun zugleich auch verachtet sein wollen, ob wir zu allem anderen Verluste auch noch die Ehre verlieren wollen: das wir immer von uns abhängen. Der Kampf mit den Waffen ist beschlossen; es erhebt sich, so wir es wollen, der neue Kampf der Grundsätze, der Sitten, des Charakters."[459]

Eine ähnliche Idee hatte Beyerle mehr als einhundert Jahre später. Auch hier sind Patriotismus und das Ziel der "Erziehung zur wahren Religion"[460] miteinander verknüpft, denn der Grundtrieb des Menschen geht nach Fichte "... auf eine Welt, die da werden soll, eine apriorische, eine solche, die da zukünftig ist und ewig fort zukünftig bleibt. Das aller Erscheinung zugrunde liegende göttliche Leben",[461] welches als "bejahende und wirklich etwas setzende Wahrheit, ebenfalls offenbar werde(n möge)".[462] Das folgende Zitat könnte geradezu einen Persönlichkeitszug Beyerles charakterisieren: "Jener zu erzeugende Geist führt die höhere Vaterlandsliebe, das Erfassen seines irdischen Lebens als eines ewigen, und des Vaterlandes als des Trägers dieser Ewigkeit und, falls er in den Deutschen aufgebauet wird, die Liebe für das deutsche Vaterland als einen seiner notwendigen Bestandteile unmittelbar in sich selber; und aus dieser Liebe folgt der mutige Vaterlandsverteidiger und der ruhige und rechtliche Bürger von selbst."[463] Die eigentliche Bestimmung des Menschengeschlechts sei es, "daß es sich mit Freiheit zu dem mache, was es eigentlich ursprünglich ist."[464] Fichtes Gedanken sind - anders als Beyerles Äußerungen - Teil einer um Systematik bemühten zusammenhängenden Darstellung, die daher die Haltung Beyerles klarer erscheinen lassen und hier deshalb in zentralen Aussagen zur Darstellung gelangt.

Aufgabe der Erziehung, die Fichte als "eine sichere und besonnene Kunst, einen festen und unfehlbar guten Willen im Menschen zu bilden" sieht, ist es "innigen Wohlgefallen" hervorzurufen durch Selbständigkeit, die statt leidenden Gefallenlassens die Kraft zum Schöpferischen mit sich bringt. Nebenbei fällt ihr zusätzliches Erkenntnisvermögen zu.[465]

Schon bei Fichte findet sich die grundlegende Unterscheidung zwischen der äußeren Ordnung und identitätsstiftenden Elementen. "Es gibt ... zwei sehr verschiedene Weisen jener Unterordnung des persönlichen Selbst unter das Ganze. Zuvörderst diejenige, die schlechthin sein muß und keinem in keinem Stücke erlassen werden kann: die Unterwerfung unter das um der bloßen Ordnung des Ganzen willen entworfene Gesetz der Verfassung. .... Sodann gibt es eine

---

[456] Fichte, S. 35
[457] Fichte, S. 24
[458] Fichte, S. 36
[459] Fichte, S. 255
[460] Fichte, S. 61
[461] Fichte, S. 67
[462] Fichte, S. 70
[463] Fichte, S. 176
[464] Fichte, S. 69
[465] Fichte, S. 43 f

Unterordnung des einzelnen unter das Ganze, die nicht gefordert, sondern nur freiwillig geleistet werden kann: daß man durch eigne Aufopferung den Wohlstand desselben steigere und vermehre."[466]

Zu ersterem trug er vor, es werde "zweckmäßig sein, daß in der Gesetzgebung und in dem darauf zu bauenden Unterrichte über die Verfassung jedem einzelnen alle die übrigen mit einer zum Ideal gesteigerten Ordnungsliebe vorgestellt werden, ... und daß somit diese Gesetzgebung einen hohen Grad von Strenge erhalte ... gar viele auflege."[467] Darüberhinaus müsse die Verfassung so "eingerichtet sein, daß der einzelne für das Ganze nicht bloß unterlassen müsse, sondern daß er für dasselbe auch tun und handelnd leisten könne."[468] Die Parallele zu staatsorganisatorischen Regeln der Weimarer Verfassung und im Wesentlichen dem Zweiten Hauptteil über die Grundrechte liegt auf der Hand. Auch hinsichtlich oft geäußerter Kritik, dieser enthalte zu vieles und wenig konkretes, ließe sich vorstellen, daß sich Beyerle, der die Geschichte ganz im Sinne der idealistischen Philosophie als einen Prozeß der Verwirklichung sittlicher Ideen auffaßte, in einer Antwort hierauf der Worte Fichtes bedient hätte: " ... In dieser Verfassung wird sonach aus erworbener größerer Geschicklichkeit und aus der hierauf verwendeten Mühe nur neue Mühe und Arbeit folgen, und gerade der Tüchtigere wird oft wachen müssen, wenn andre schlafen, und nachdenken müssen, wenn andre spielen."[469]

Die traditionellen Grundrechte erhielten nach Beyerles Verständnis als Grundelemente staatsbürgerlicher Erziehung einen neuen Wertgehalt.[470] Sie seien Teil des Schatzes oberster Richtlinien für die politische und staatsbürgerliche Schulung des Volkes, so daß auf dem Boden der Freiheit und Gleichheit das Wohl des einzelnen wie das der Gesamtheit gewährleistet werde.[471] Beyerles Freiheitsbegriff war geprägt vom katholischen Verständnis als auch von mittelalterlichen Wurzeln, die die rechtliche Gebundenheit in einer bestimmten Ordnung betonten. Dem für die Bewahrung der Demokratie erforderlichen liberalen Freiheitsbegriff, der unterschiedliche Anschauungen zuläßt ohne einer ihre Absolutierung zu gestatten, stand er allerdings nicht fern, wenn er sich für die Notwendigkeit und Berechtigung politischer Kompromisse aussprach und damit Meinungsverschiedenheiten grundsätzlich zuließ. Dabei wollte er jedoch nicht stehen bleiben, sondern an das Gute im Menschen appellierend, zu moralisch und ethisch wertvollen Entscheidungen vordringen. Durch diese Akzentuierung der Grundrechte wurde allerdings deren Wirkkraft abgeschwächt, da konkrete Vorgaben für die Umsetzung und Ausgestaltung in diesem Sinne fehlten und die gebrauchten Formulierungen im Gegenteil vielfach verschwommen waren.[472] Die rechtliche Bedeutung, welche das herrschende juristische Schrifttum ihnen beimaß, war im Vergleich mit den „klassischen" liberalen Grundrechten gering.

---

[466] Fichte, S. 196
[467] Fichte, S. 55
[468] Fichte, S. 56
[469] Fichte, S. 57
[470] Beyerle, Wesen und Entstehung der Grundrechte, S. 6
[471] Beyerle, Die Bedeutung der neuen Reichsverfassung, S. 13
[472] z. B: Die Mutterschaft „hat Anspruch", die Jugend „ist zu schützen"; das Reich „schafft" ein einheitliches Arbeitsrecht; die Denkmäler der Kunst „genießen den Schutz und die Pflege" des Staates; das Volksbildungswesen „soll gefördert werden".

b. Demokratieverständnis

Die neue Staatsideologie, die sich kurze Zeit nach der Revolution durchsetzte, war weniger gegen die alte untergehende Ordnung gerichtet als vielmehr gegen den aus dem Osten vordringenden und die proletarischen Massen zu gewinnen trachtenden Bolschewismus. „Die Idee der demokratisch-parlamentarischen Republik trat schützend vor die bestehende Sozialordnung und nahm den Kampf mit dem Bolschewismus auf."[473] Auch Beyerles Haltung ist vor dieser Entwicklung zu sehen. Während er trotz kritischer Worte die alte Ordnung nicht in Bausch und Bogen verdammte, hatte er für den Sozialismus nichts übrig. Er war „loyaler Monarchist" gewesen, der jedoch den konstitutionellen Zug der Bismarck´schen Verfassung, deutlicher als andere gesehen hatte[474] und für den daher der Wandel zum „überzeugten Demokraten" keinen großen Schritt darstellte. Hierin unterschied er sich deutlich von seinem Freund Stutz[475], dem ,,die schwarze Sozialdemokratie und Demokratie von heute" „widerlich" waren. Das Zentrum sei, so Stutz, „aus einer staatserhaltenden" zu einer „staatsuntergrabenden Partei geworden", die „mit dem religionsfeindlichen Pöbel geht und ihm seine Geschäfte mitbesorgt". Auch Lauscher, Schreiber und Beyerle, „die sonst gewiß treffliche Männer sind, wirken politisch unheilvoll und wäre es auch nur, indem sie in parteipolitischer Voreingenommenheit künstlich die Stimmung und sogar das historische Urteil zu trüben mithelfen."[476] Mit diesem ungerechten Urteil, wurde Stutz den drei Männern nicht gerecht, die das Gemeinwohl und nicht partikulare Interessen vor Augen hatten, zumal auch Beyerle an der Weimarer Reichsverfassung deutliche Kritik übte, insbesondere im Rahmen seiner föderalistischen Anschauungen.

Wo es sich jedoch um das demokratische Prinzip und das parlamentarische System[477] drehte, mit dessen Hilfe sich das Volk - nicht zuletzt über Ministeranklage und Mißtrauensvotum - den entscheidenden Einfluß auf die Bildung der Regierung und ihres Programmes sicherte, trat er als entschiedener Fürsprecher und Verteidiger der Verfassung auf. Der parlamentarische Regierungsgrundsatz stellte für ihn geradezu ein „Volksrecht" dar,[478] womit er Demokratie und Parlamentarismus

---

[473] Apelt, S. 37 und S. 49; Naumann sagte im Verfassungsausschuß (Aktenstück Nr. 391, S. 180): „Die neueste Verfassung der Gegenwart vom 5.7.1918 (Rußlands, d. Verf.) ist sozusagen die direkte Konkurrenz der Verfassung, die wir jetzt herstellen."

[474] Laufs (Konrad Beyerle, Leben und Werk, S. 33) schreibt: Konrad Beyerles Treue zur Monarchie erschien unzweifelhaft.

[475] So erfuhr sein Freund Stutz wegen Überschreitung und Mißbrauchs der akademischen Lehrfreiheit die scharfe Mißbilligung des zuständigen Ministers, weil er in seinem Kolleg über deutsche Reichsgeschichte am 27.1.1922 eine Kaisergeburtstagsrede hielt, bei der er von feigem Meuchelmord im Jahre 1918, der Vertreibung des Kaisers, des Dulders und Friedenswollers mit seinem großem Opfermut sprach, demgegenüber sich das deutsche Volk schämen müsse, bevor er dem Kaiser zurief: „Ave Caesar Imperator studiosi te salutant!" (GStA PK, I. HA, Ministerium des Inneren, Rep. 90, Titel VI 4, Nr. 1, Bl. 79 und 85); Aufschlußreich zur politischen Haltung von Stutz ist auch May, Band II, S. 718 ff

[476] Georg May, Band II, S. 674 mit Hinweis auf einen Brief Stutz an Schulte vom 7.1.1921 (Lewald, Dokumente einer Freundschaft, S. 406)

[477] Carl Schmitt, Die geistesgeschichtliche Lage des heutigen Parlamentarismus, S. 35, legte dar, daß die Demokratie auf einer Reihe von Identitäten beruht, zu denen gehört die Identität von Regierenden und Regierten, Herrscher und Beherrschten, Identität von Subjekt und Objekt staatlicher Autorität, Identität des Volkes mit seiner Repräsentation im Parlament, Identität von Staat und jeweilig abstimmenden Volk, Identität von Staat und Gesetz, letztlich Identität des Quantitativen (ziffernmäßige Mehrheit oder Einstimmigkeit) mit dem Qualitativen (Richtigkeit des Gesetzes).
Der von dieser demokratischen Homogenität zu unterscheidende Parlamentarismus entspringt liberalen Grundsätzen und beruht auf dem Glauben, daß sich im durch Pressefreiheit flankierten öffentlichen Wettbewerb der Meinungen die richtige Auffassung durchsetzen werde.

[478] Beyerle, Parlamentarisches System --- oder was sonst?, S. 21

gleichsetzte, denn etwas besseres als das parlamentarische System sei gegenwärtig nicht in Sicht. Das brachte ihm die Kritik von Carl Schmitt ein, der Beyerles Schrift „Parlamentarisches System --- oder was sonst?“ vor Augen, diese eher pragmatische Haltung mangels prinzipieller Auseinandersetzung scharf kritisierte.[479]

Die politischen Artikel und Werke Beyerles sind Verteidigungsschriften für die Weimarer Republik. Von Beginn an sind sie in dem Bewußtsein verfaßt gegen eine starke Mehrheit einem vor allem wegen des unzureichenden politischen Bewußtseins seiner Bürger kränkelnden Staat aufzuhelfen. Die Intention und Zielrichtung seiner Schriften wird deutlicher, wenn man sich zunächst einige Hauptgesichtspunkte der häufig polemisch geführten Kritik - vor allem rechts gerichteter Kreise - gegen das Weimarer „System“ vor Augen hält. Bei aller Verachtung des Liberalismus war der Parlamentarismus mit seinem „Stimmvieh der Abgeordneten“ die „bestgehaßte Einzelerscheinung“, denn man glaubte, das Parteiensystem verderbe das Volk. Politik wurde mit „Geschäftemacherei“ identifiziert und dem formalistischen Parlamentarismus die Anonymität der Macht vorgeworfen, die ein Geflecht von Verantwortungslosigkeiten schaffe. Die Parteien wurden als schädlich für den Staat angesehen, weil sie als starre Gebilde in „mechanischer“ Weise, allein durch Mehrheit der Mittelmäßigkeit Tür und Tor öffneten. Demgegenüber wurde die neue Form politischer Aktivierung im „Bund“ oder der „Bewegung“ gesehen, bei denen das Phänomen emotionaler, an gemeinsame Erlebnisse gebundener Vergemeinschaftung und damit zusammenhängend das Prinzip von Führer und Gefolgschaft eine große Rolle spielte.[480] In „organischer“ Weise sollte nach diesem, auf der Idee der volklichen Einheit gegründeten, antiliberalen Demokratiebegriff die Übereinstimmung des Volkswillens mit dem des Führers bewirkt werden. Die vermittelnden Instanzen wie Parteien und Parlament, Ausdruck des Repräsentativprinzips, sollten danach wegfallen und stattdessen die Einheit von Regierenden und Regierten herbeigeführt werden, beispielsweise wie Carl Schmitt vorschlug, durch Akklamation des Führers, in dem sich der Volkswille verkörpere.
Wenngleich Beyerle gerne von der anzustrebenden Volksgemeinschaft sprach, benutzte er diesen Begriff nicht in antidemokratischen Sinne, der die westlichen Demokratien ablehnte und wonach erst im geeinten Volke das Individuum wahrhaft frei würde.[481] Die konservativen Saiten dieses Denkens klingen zwar in seiner Wortwahl an, er gelangte jedoch zu entgegen gesetzten demokratischen Anschauungen.

---

[479] Carl Schmitt, Die geistesgeschichtliche Lage des heutigen Parlamentarismus, S. 7: „So anspruchslos wird doch wohl niemand sein, daß er mit einem „Was sonst?“ eine geistige Grundlage oder eine moralische Wahrheit für erwiesen halte.
S. 89 f: „Vielleicht hofft ein parlamentarischer Optimismus auch diese Bewegung zu relativieren und ... auch die Diskussion selbst zur Diskussion zu stellen, sofern nur eben diskutiert wird. Aber in der wiederaufgenommenen Diskussion dürfte er sich dann nicht damit begnügen, nur seine Gegenfrage „Parlamentarismus, was sonst?“ zu wiederholen und geltend zu machen, es gebe für ihn vorläufig noch keinen Ersatz. Das wäre ein hilfloses Argument und nicht imstande, das Zeitalter der Diskussion zu erneuern.“
Weitere Kritik äußerte Schmitt zur Demokratie auch ausdrücklich mit Blick auf Beyerle (Verfassungslehre, S. 225): "Die größte Unklarheit entsteht daraus, daß der Begriff der Demokratie, wie viele andere politische Begriffe, zu einem ganz allgemeinen Idealbegriff geworden ist, dessen Vieldeutigkeit außerdem noch verschiedenartigen Idealen und schließlich allem, was ideal schön und sympathisch ist, Platz gewährt. Demokratie wird mit Liberalismus, Sozialismus, Gerechtigkeit, Menschlichkeit, Frieden und Völkerversöhnung verbunden und identifiziert."

[480] Sontheimer, S. 163

[481] Sontheimer, S. 244

aa. Begriffliches

In grundsätzlicher Hinsicht stellte Beyerle im von der Görres-Gesellschaft herausgegebenen Staatslexikon fest[482], den monarchischen Staatsformen stünden die beiden Typen der Aristokratie und Demokratie gegenüber. Die Gedankenwelten von Demokratie und Republik seien unentwirrbar miteinander vermengt. Republik bezeichne den auf Volkssouveränität aufgebauten Staat mit Staatsträgerschaft des Volkes oder seiner Vertreter. Vieles für die Demokratie Gesagte gelte auch für die Republik. Meistens wurden die Begriffe, auch von Beyerle, synonym verwendet. Er machte jedoch einen Unterschied, indem er die Demokratie als den unbedingt zu bewahrenden Kern ansah, in der „gesunde Entwicklungskeime" lägen. Die Republik erschien demgegenüber eher als eine von mehreren Staatsformen.[483] Er schrieb:

„Der Wunsch nach alsbaldiger Aenderung der Verfassung treibt soweit, der deutschen Nation die Befähigung zu einem demokratischen Staatswesen völlig abzustreiten. Dies tun auch manche, die heute die Könige nicht zurückrufen wollen und lassen die Frage offen, was dann an Stelle des demokratischen Staates treten soll. Ein großer Fehler ist, daß häufig zwischen Demokratie und Republik nicht genügend unterschieden wird. Daß in den demokratischen Elementen der neuen Verfassung gesunde Entwicklungskeime liegen, ist unbestreitbar ... freilich für die Formen der Geltung des Volkswillens sind in jahrtausendlanger Entwicklung die Grenzen gegeben."[484]

Diese Sätze zeigen, daß für Beyerle auch ein demokratischer Staat mit einem Monarchen an der Spitze, möglich blieb, wofür er sich an anderer Stelle, wie gleich zu zeigen ist, aussprach, denn parteipolitische Auseinandersetzungen zu schlichten bzw. zu entscheiden wäre der Monarch an der Spitze des Staates geeignet.

bb. Geschichte

Die Weimarer Verfassung war in der Bewertung Beyerles als „Volksdemokratie" durchgeführt. Aufschlußreich dafür, was er darunter verstand, ist sein am 13.3.1918 noch unter den Verhältnissen des Deutschen Reiches im Rahmen der „Brüsseler Hochschulkurse" gehaltener Vortrag „Volkswille und Rechtsbildung im Wandel der Zeiten"[485], mit dem er einen knappen geschichtlichen Überblick über die Rechtsentwicklung in Deutschland gab. Angesichts des im besetzten Gebiet gehaltenen Vortrags während des Krieges war es wenig verwunderlich, daß Beyerles insgesamt positive Bewertung der verfassungsrechtlichen Verhältnisse im Bismarck-Reich nur vorsichtige Kritik enthielt. Die von ihm dem Recht beigemessene Zielsetzung der Mitwirkung und Beteiligung des Volkes am Gemeinwesen beschrieb er folgendermaßen:

„... Aus den überlebten und unvollkommenen Formen früherer Gesetzgebung heraus hat der neuzeitliche Verfassungsstaat sein Volk aus einer Untertan(en)schaft in ein selbstbewußt mitwirkendes Staatsvolk verwandelt. ... So

---

[482] Beyerle, Staatslexikon, Band IV, 5. Auflage, 1931, „Republik", Sp. 900
[483] Wittmayer, S. 47, kritisch gegenüber der Auffassung etwa von Redslob, Republik sei ein Rechtsbegriff für die Form des Verbandes, während Demokratie als psychologisches Phänomen das Lebensprinzip bezeichne.
[484] Beyerle, Mehr politische Linie, AR Nr. 48 vom 29.11.1919, S. 725 f
[485] NL 23, Bl.282 – 308; Vortragsmanuskript

hat die neueste Entwicklung des europäischen Staatslebens, des deutschen Staatslebens im Besonderen, ... eine Höhe der Rechtskultur heraufgeführt, welche dem Rechte auch im Gewande des Gesetzes die grösstmöglichen Garantien verleiht, wahrer Ausdruck des Volkswillens, ... zu sein. Die bedauernswerte jahrhundertelange Kluft, in welcher Volksdenken und Gesetz entfremdet einander gegenüberstanden, hat sich damit geschlossen. Es ist auf der Höhe bewußter Rechtsschöpfung des modernen Staates wieder ein Zustand erreicht, wie ihn unter ganz anderen Bedingungen jene Frühperioden der Kulturentwicklung des Rechts aufweisen, in denen auf dem Boden des Gewohnheitsrechts Normgestaltung und Rechtsüberzeugung des Volkes zusammentreffen."[486]

Indem er die Geschichte der Germanen bemühte, blickte Beyerle weit zurück. In den Blütezeiten hätten sich die germanischen Völker demokratischer Staatsformen erfreut.[487] An der Wiege der deutschen Stämme seien freie Demokratien gestanden, so daß der Absolutismus den Deutschen in seinem innersten Wesen fremd sei und ihnen ein Zug zur demokratischen Genossenschaft Gleichberechtigter zukomme.[488] Wahrscheinlich erinnerte er sich besonders an die Ausführungen Schröders in seinem Lehrbuch[489], wonach der altgermanische König ein eigentliches Machtgebot nur gegenüber seinem Volke, nicht aber gegenüber dem ganzen Volke gehabt habe. Zwar habe er die Leitung inne gehabt, aber die Beschlüsse über Krieg und Frieden, über Beamtenwahlen und gerichtliche Entscheidungen lagen in der Hand des Volkes, der König hatte dabei nur mitzureden und mitzustimmen wie andere auch.

Es war zu Beginn des 20. Jahrhunderts nicht unüblich, die germanischen Quellen des Staatsgedankens in die Diskussion zu bringen. Die germanische Demokratie wurde gesehen als eine Verbindung von Königsherrschaft und Volksfreiheit. Der König fungierte als Treuhänder der Volksgemeinschaft, war dem Volk gegenüber verantwortlich und vom Volk absetzbar. Allerdings wurde das germanische Prinzip, der durch Führer und Gefolgschaft geprägten Gemeinschaft, als krasser Gegensatz zum bürgerlich rechtsstaatlichen Denken aufgefaßt, für das etwa Beyerle stand,[490] der nicht den von den heidnischen Vorfahren überlieferten Mythen und Legenden das Wort redete, sondern zu der bei den juristischen Germanisten seiner Generation noch weitverbreiteteten übersteigerten Germanenschwärmerei dadurch Distanz hielt, daß er betonte, die germanische Rechtskultur habe von Seiten des Christentums im Sinne ihrer Ethisierung „stärkste Auftriebe" erlebt. So sei neben der Umwandlung der germanischen Selbstverfluchung in einen heiligen Eid durch die Hebung der Rechtsstellung des Weibes, des Kindes, des Unfreien in Knechts- und Magdsgestalt, des fremden Wanderers und Pilgers erst ein durch die Forderung nach gerechter Abwägung des Einzelfalls und Billigkeit (aequitas) gekennzeichnetes soziales Recht entstanden.[491] Germanische Herrenhuld und christliche Mildherzigkeit trafen sich, so Beyerle, in der Vorstellungswelt der Gnade, die Unrecht löst und den Täter der Gesellschaft zurückgibt. Das Walten der Gnade sei frei und bedürfe keiner juristischen noch politischen Motive, denn es wurzele in der Tiefe der sittlichen Natur und menschlicher Herrscherstellung.[492]

---

[486] aaO, Bl. 284/285
[487] Laufs, S. 39 bezeichnet diese Auffassung als „einigermaßen großzügig".
[488] Beyerle, Parlamentarisches System --- oder was sonst?, S. 14
[489] Schröder, S. 26
[490] vgl. Sontheimer, Antidemokratisches Denken, S. 175 unter Hinweis auf Spengler, „Der Untergang des Abendlandes" und Reinhard Höhn, „Der bürgerliche Rechtsstaat und die neue Front".
[491] Beyerle, Religion und Recht in der deutschen Vergangenheit, in: Schönere Zukunft, Nr. 38 vom 19.6.1932
[492] vgl. NL 6, Bl. 82 und NL 23, Bl. 85 ff, Manuskript

Nach der Sichtweise Beyerles erschien die Monarchie nicht als zwingender Gegensatz zur Republik, sondern als eine durch die Größe des zu regierenden Gemeinwesens organisatorisch besser geeignete Staatsform. Denn, nachdem die Stadtdemokratien des späteren Mittelalters auf dem Boden der Gesetzgebung einen hohen Zustand der Vollkommenheit in der Übereinstimmung von Rechtsbildung und Gemeinwille erreicht hatten[493] und die Republik in kleineren Staatsgebilden hochgekommen sei, habe diese mit Übernahme großstaatlicher Aufgaben vielfach der Monarchie weichen müssen.[494]

In den Volksrechten hatte Beyerle die anzustrebende weitgehende Übereinstimmung von Volkswille und Herrschaft frühzeitig verwirklicht gesehen, die im modernen Verfassungsstaat wieder möglich geworden sei, wobei er auf die Grundrechte - sie noch unter der Geltung der Bismarck´schen Verfassung als „Verfassungsrechte des neuzeitlichen Staates" ansprechend - das Augenmerk lenkte, in denen er ein Mittel zur Herbeiführung des schon einmal erreichten Idealzustandes erblickte.

> *„Das politische Wahlrecht hat ... politische Grundrichtungen und Parteibildungen auf den Plan gerufen ... die öffentliche Meinung, garantiert durch die Pressfreiheit ... Vereine und Versammlungen ... verbreiten Rechtskenntnisse und arbeiten ... an der staatsbürgerlichen Erziehung des lebenden Geschlechts. Auch die Schule hat daran ihren Anteil. ..."*[495]

Wiederum deutet sich hier die von Beyerle den Grundrechten beigelegte erzieherische Funktion zur Ausbildung eines politischen Bewußtseins an, worin auch eine Absage an das gegen die Demokratie gerichtete Prinzip von Führer und Gefolgschaft lag:

> *„Es gilt die Nachwirkung einer allzulangen Entfremdung des deutschen Volkes von der Rechtspflege und dem Staatsleben zu bekämpfen, dem Einzelnen ausreichende Rechtskenntnisse für seinen Wirkungskreis zu vermitteln, ihn zu verständiger Mitarbeit im öffentlichen Leben geschickt zu machen. ... Soll die Rechtsgestaltung in ihrem ewigen Flusse wirklich mit der Rechtsüberzeugung der denkenden Volksschichten Schritt halten, und insoweit stets Ausfluss des Volkswillens sein, so genügt es nicht, Reichstagsabgeordnete nach Berlin zu entsenden und dabei über das geistige Niveau des Reichstages zu klagen, und sich selbst von ernster Anteilnahme am Staatsleben und (der) Rechtsentwicklung zu dispensieren. Manchen Gebildeten hat erst der Krieg vom Werte des Staates und seiner Rechtsordnung überzeugt und ihn aus allzu individualistischer Hingabe an sein Eigenleben aufgerüttelt."*[496]

Hervorzuheben ist die bereits vor der Revolution dokumentierte Haltung Beyerles, in der Demokratie komme der Volkswille der in einem konkreten Staats- oder Gemeinleben maßgebenden Schichten „im Sinne einer übereinstimmenden Rechtsüberzeugung der Vielheit besser und reiner zum Ausdruck als in der Monarchie und bei Rechtsschöpfungen kraft Herrscherrechts."[497] Es gebe „ein

---

[493] Beyerle, NL 23, Bl. 291, Vortragsmanuskript Beyerles, datiert vom 13.3.1918
[494] Beyerle, Staatslexikon, Band IV, Sp. 903
[495] wie Fußnote 13, Bl. 285 f
[496] NL 23, Bl. 287/288
[497] NL 23, Bl. 282; Vortragsmanuskript Beyerles datiert vom 13.3.1918

Gesetz der Emporentwicklung menschlicher Kultur auch für den Staat."[498] In anderem Zusammenhang sprach er von einer „organisch-geschichtlichen Einstellung"[499] und betonte, der freie Volksstaat der Weimarer Verfassung stelle „eine höhere Form staatlicher Gemeinschaft dar, als die Formen der Vergangenheit". Zu diesen zählte er nunmehr - nach der Revolution - nicht mehr nur Zeiten des Absolutismus, sondern auch das Bismarck-Reich.

Die Ereignisse von 1918 faßte Beyerle als eine Etappe der Freiheitsbewegung auf, bei der es sich um eine allgemein europäische Erscheinung handle. In zwei großen soziologischen Wellen laufe der verfassungsgeschichtliche Entwicklungsprozeß seit der Französischen Revolution ab. Am Anfang stand die bürgerliche Freiheitsbewegung, an deren Wiege noch Görres stand. Deren Ideal sei eine geschriebene Verfassung als Gewährleistung für die Grundrechte des Volkes in seinem Beziehungen zu Fürst und Bürokratie gewesen. Gerade der durch die bürgerlichen Freiheiten des Mittelalters erst selbständig gewordene dritte Stand bildete den sozialen Untergrund, auf dem im 18. und 19. Jahrhundert der Freiheitsgedanke als philosophische Idee wie als realpolitisches Ziel neue Wurzel geschlagen habe[500]. Dann sei es, so Beyerle weiter, um den Freiheitskampf des vierten Standes - (das im 19. Jahrhundert durch die Industrialisierung aufkommende Proletariat der Lohnarbeiter) - gegen die Unterdrückung der Menschenwürde im Arbeiter gegangen.[501] Durch den Weltkrieg war nach Beyerles Auffassung das Emanzipationsstreben bisher minderprivilegierter Schichten berechtigt und legitimiert.

> *„... Will heute jemand im Ernst zum preußischen Dreiklassenwahlrecht zurückkehren? Ist uns nicht allen die unerbittliche Logik der jüngsten deutschen Geschichte zum unveräußerlichen Bewußtsein geworden, daß man einem mündigen Volke nicht von Staats wegen die unerhörtesten Opfer an Gut und Blut zumuten und ihm gleichzeitig die solchen Opfern entsprechenden politischen Rechte vorenthalten kann? Gleiche Opfer, gleiche Rechte! ..."[502]*
> *„Oder sollen die 15 Millionen Arbeiter geknechtet und in Reichsfeindschaft gehalten werden. Soll sich jenes fluchwürdige Wort eines süddeutschen Justizministers an uns erfüllen: „Volksgemeinschaft ist ein frommer Selbstbetrug?"[503]*

Im Gegensatz zum Wahlrecht des Bismarck-Reiches war das preußische Wahlrecht von den Grundsätzen der Ungleichheit und Mittelbarkeit beherrscht, wobei die Urwähler nach ihrem Steueraufkommen in drei Abteilungen eingeteilt wurden, die jeweils gleich viele Wahlmänner wählten. Dadurch wurden die verhältnismäßig wenigen Besitzenden stark begünstigt. Wenn auch schon früher das Gleichheitsprinzip ausgesprochen worden war – wie etwa in Art. 20 der Reichsverfassung von 1871 -, so war es in den Augen Beyerles doch durch die

---

[498] Beyerle, Zehn Jahre Reichsverfassung, S. 41
[499] vgl. Beyerle, Föderalismus, S. 137
[500] V. Keller, Freiheitsgarantien für Person und Eigentum im Mittelalter, S. 271
[501] Beyerle, Die Katholiken und der Volksstaat von Weimar, S. 89 f
[502] Beyerle, Parlamentarisches System --- oder was sonst?, S. 12; ebenso in seiner Vorlesung „Die Entstehung der neuen Reichsverfassung", in dem er sich für die Herabsetzung des Wahlalters aussprach: „Freilich muss unumwunden anerkannt werden, dass die äusserste Ausschöpfung der militärischen Kraft gerade auch der jugendlichen Jahrgänge im verflossenen Krieg ihnen ein Anrecht auf politische Mündigkeit gesichert haben.", NL 69/Bl. 111
[503] Beyerle, „Zum Verfassungstag", Germania Nr. 367 vom 11.8.1926, S. 1; Für diesen von Beyerle zugesandten „schönen und tapferen Artikel" bedankten sich mit Schreiben vom 14.8.1926 der Reichspräsident als auch der Preußische Innenminister bei ihm (NL 58, Bl. 265 und 267).

Aufrechterhaltung ständischer Vorrechte und nach anderer Richtung mancherlei Einschränkungen unterworfen. Die Weimarer Reichsverfassung habe diesem obersten demokratischen Grundprinzip der menschlichen Gemeinschaft verschärften Ausdruck verliehen.[504] Indem er betonte, daß sich das deutsche Volk selbst eine Verfassung gegeben habe, machte er deutlich, daß nicht mehr der bisherige Bundesrat staatsrechtliches Organ des Träger der Staatsgewalt, sondern das gesamte Volk, politisch mündig, Träger der Staatsgewalt war. Daher trat Beyerle auch für die Volksbegehren und Volksentscheid, als eine der „wichtigsten Neuerungen der Reichsverfassung"[505] ein:

„ ... Der gesunde Sinn des Volkes kann sich darin äussern, überstürzten Gesetzgebungsplänen seine Zustimmung zu versagen. Ausserdem wirkt das Referendum in hohem Maße volkserzieherisch. Es zwingt die Staatsbürger zur sachlichen Beschäftigung mit Einzelfragen der Gesetzgebung und bringt so gegenüber der Aufrüttelung der politischen Leidenschaften in den Wahlkämpfen, in denen sich die Parteien mit programmatischen Allerweltsverheissungen überbieten, ein wertvolles Element der staatsbürgerlichen Bildung in die Verfassung."[506]

cc. Loyalität zur Monarchie

Vor den Novemberereignissen von 1918 hatte sich Beyerle auf den Boden der bestehenden Verhältnisse im Kaiserreich gestellt. Als Beispiele mögen zwei Festreden dienen, die schon durch die Tatsache, daß Beyerle als Redner verpflichtet wurde, eine gegenüber der Monarchie loyale Gesinnung erwarten lassen. Anläßlich des Festaktes zur Jahrhundertfeier der Vereinigung der Stadt Konstanz mit dem Hause Baden am 13.9.1906, in der er einen geschichtlichen Überblick zur Stadtgeschichte gab und Oberbürgermeister Weber ihm für seine Verdienste um die Veröffentlichung zur Konstanzer Rechts- und Verfassungsgeschichte im Namen der Juristischen Fakultät der Universität Göttingen die Ehrendoktorwürde verlieh, wies er einleitend auf das „Bewußtsein einer glücklichen Gegenwart" hin, „da das Zwillingspaar einer in Reich und Land festgefügten Staatsform über uns seine schützende Hand hält."[507] An den Wohltaten seit der Badischen Verfassung von 1806 habe „unser durchlauchtigster Landesherr, der sich nun schon von Gottes Gnaden durch mehr als 50 Jahre Fürst von Konstanz nennt, den vornehmsten und kräftigsten Anteil genommen." Nichts aber habe die Zukunft seines Landes so mächlich beeinflußt und seine Untertanen zu größerem Danke ihm verbunden als seine Mitarbeit an der Wiederaufrichtung des Deutschen Reiches, die durch die Militärkonvention mit Preußen angebahnt worden sei.[508] An seiner Loyalität ließ Beyerle, wie bei einem feierlichen offiziellen Anlaß kaum anders zu erwarten, keinen Zweifel aufkommen. Vier Jahre später bekundete er wiederum öffentlich seine Treue zum Kaiser. In der Rede zur Feier des Geburtstags des Kaisers am 27.1.1910 im

[504] Beyerle, Die Verfassung des Deutschen Reiches, S. 49
[505] Vorlesung „Die Entstehung der neuen Reichsverfassung", NL 69, Bl. 174 ff
[506] ebenda
[507] Beilage zur Stadtauflage der Konstanzer Blätter, In Druck gegeben von der Stadtgemeinde, Konstanz 1906, S. 7, 8
[508] Beilage zur Stadtauflage der Konstanzer Blätter, In Druck gegeben von der Stadtgemeinde, Konstanz 1906, S. 22

Namen der Universität Göttingen „Von der Gnade im Deutschen Recht“[509] führte Beyerle u. a. aus, es sei „das gute Recht des Deutschen, in Augenblicken gehobener vaterländischer Empfindung Staat und Monarchen in Eins fließen zu lassen.“ Damit werde zu einer „altgeheiligten Vorstellung der Vorfahren“ zurückgekehrt. Nicht alle Hoheitsrechte habe die Verfassung zwischen König und Landtag geteilt. „Edle Steine“ zierten „noch heute die Krone allein.“ Einer derselben sei die Gnade des Herrschers. Beyerle deckte in dieser Rede als Vertreter der deutschen Rechtsgeschichte den Ursprung der geschichtlichen Ausprägungen des Gnadenrechts und seine Entwicklung in der germanisch-deutschen Rechtswelt auf und schloß - ohne seinen Blickwinkel allein auf die Figur des Monarchen einzuengen - mit den Worten: „Seien wir treu, indem wir uns in zielbewußter Pflichterfüllung unserem Könige und dem Gesamtwohle widmen. ...“[510]

Diesen respektierte Beyerle als Autorität und Vorbild. „Über dem Ruhme des Freistaates“ sollten „die guten Seiten der alten Zeit“ nicht vergessen werden „und die Verdienste hervorragender Fürsten um Staat und Gesetz, um Volksglück, Wissenschaft und Kunst geachtet“ werden. So seien in Bayern das Deutsche Museum in München und das Germanische Museum in Nürnberg unter der tatkräftigsten Förderung der Herrscher Bayerns ins Leben gerufen worden.[511] Daher stellte er auch im Zusammenhang mit der Diskussion, wer nach der Verfassung zum Reichspräsidenten wählbar sein sollte, die rhetorische Frage:

„Sollten warmherzige Patrioten sich nicht darüber freuen, wenn verfassungstreue Mitglieder dieser Fürstengeschlechter den Glanz und das Ansehen ihres Namens, die keine Republik tilgen kann, zusammen mit ererbter Tüchtigkeit und erworbener Erfahrung in den Dienst des neuen Volksstaates stellen und vielleicht auch einmal die Bürgerkrone der Reichspräsidentschaft höher als eine verblichene Legitimität achten?“[512]

Er empfand den auch nur befristeten Ausschluß der Mitglieder bisher regierender Häuser von der Wahl zum Reichspräsidenten als Unrecht und war gegen die Nachahmung ausländischer Gesetzgebungen in dieser Frage.[513]

Die stärkste Stütze des monarchischen Staatsgedankens sah Beyerle in den Einwänden gegen das parlamentarische Prinzip, es führe zu einer Schwächung der Regierung und beraube diese jeder Initiative.

„Ein von der Parteien Gunst unabhängiger Monarch vermag sich auch in einem parlamentarisch regierten Staate als Machtfaktor zu entfalten und im Ausgleich der politischen Gegensätze ein lohnendes Ziel seines Wirkens zu sehen. Die monarchische Staatsform kommt jedoch, wie allseits zugegeben wird, wo man nicht mit dem Gedanken des Bürgerkriegs spielt, gegenwärtig als politische Realität in Deutschland nicht in Betracht. Auch von hier aus gesehen, erscheint darum das Bessere als Feind des Vorhandenen.“[514]

---

[509] Vgl. NL 92, Brief Beyerles vom 13.12.1909, er arbeitete an der ihm vom Magnifizenten Detmold übertragenen Rede in den Weihnachtsferien.

[510] Beyerle, Rede zur Feier des Geburtstages Seiner Majestät des Kaisers und Königs am 27.Januar 1910 im Namen der Georg-August-Universität, Von der Gnade im Deutschen Recht

[511] Beyerle, FRP, S. 89

[512] Beyerle, Zehn Jahre Reichsverfassung, S. 36

[513] Aktenstück Nr. 391, S. 286, 26. Sitzung des Verfassungsausschusses am 9.4.1919, ebenso Beyerle, FRP, S. 34

[514] Beyerle, Parlamentarisches System --- oder was sonst?, S. 15

„Ich wüßte nicht, wie man jetzt in Deutschland Monarchien anders aufrichten würde als auf dem Wege des Bürgerkriegs, der Reichszerstörung und des Hochverrats an der Nation. Die Frage einer Rückkehr zur monarchischen Staatsform muß daher von allen Besonnenen einer späteren Zukunft überlassen bleiben.“[515]

Diese Äußerungen sind eine Stellungnahme im Sinne der „parlamentarischen Monarchie“[516], wobei die seit 1831 bestehende Belgische Verfassung Vorbild gestanden haben dürfte, wonach „der König herrscht, nicht aber regiert“. Weil Beyerle sich an anderer Stelle für die Volkssouveränität aussprach, bedeuten diese Sätze noch keinen Rückschritt zu einer konstitutionellen Staatsform, die sich damit nicht verträgt und im Monarchen das höchste Organ des Staates erblickt, dem andere Staatsorgane untergeordnet sind. Dementsprechend bezeichnete er auch die Theorie des Patrimonialstaats, nach der im Gegensatz zur Volkssouveränität der Staat als Gegenstand fürstlichen Eigentums und damit als Herrschaftsobjekt aufgefaßt wurde, als „überwundene Staatstheorie monarchischer Staaten auf unvollkommener Entwicklungsstufe“.[517] Als Ideal dürfte Beyerle die „Vervollkommnung“ der monarchischen Staatsform empfunden haben, indem er eine Synthese aus Monarchie und Demokratie, etwa im Sinne einer repräsentativen Monarchie für erstrebenswert hielt.

Äußerlich bewegte er sich damit auf der Linie der BVP, die im Ganzen zwar den politischen Gegebenheiten durch Anerkennung des demokratischen Prinzips Rechnung trug, einen Monarchen aber gerne an der Spitze des Staates gesehen hätte. Daneben blieben aber auch konstitutionelle Staatsvorstellungen weiterhin lebendig.

Der Sturz der Monarchien und die sich daraus für das Bayerische Königshaus ergebenden Folgen hatte zu einer umfangreichen Gutachtenstätigkeit Beyerles geführt. Das Jahr 1919 endete für ihn in angestrengter Arbeit für das Gutachten der Königlichen Familie Wittelsbach.[518] Zwei Jahre später erschien sein Gutachten „Das Haus Wittelsbach und der Freistaat Bayern“, in dem sich Beyerle mit den Rechtsgrundlagen für die Auseinandersetzung zwischen Staat und Dynastie beschäftigte. Ein Jahr später erschien der zweite Teil des Gutachtens unter dem Titel „Die Rechtsansprüche des Hauses Wittelsbach“. Beyerle genoß[519] in Adelsrechts-, Fideikommiß-, Lehens- und Namensrechtssachen als Gutachter höchstes Ansehen und galt als Autorität. In den genannten Gutachten tat Beyerle für eine angemessene Abfindung des Bayerischen Königshauses, was er konnte, womit er sich ganz auf der

---

[515] Beyerle, Mehr politische Linie, in AR Nr. 48 vom 29.11.1919, S. 725

[516] kritisch hierzu Wittmayer, S. 45, für den als rechtliche Konstruktion für die Demokratie nur solche Spielarten in Betracht kommen, welche reine Manifestationen des politischen Prinzips sind und dessen ungebrochene Durchführung erfahrungsgemäß verbürgen.

[517] Staatslexikon, Band IV, 5. Auflage, Freiburg, 1931

[518] Tagebuch, S. 22; Hochachtung brachte Beyerle König Ludwig III. entgegen, mit dem er im August 1921 im Schloßgarten von Wildenwarth zusammengetroffen war. Beyerle berichtete, im Gespräch über die Folgen der Revolution für das bayerische Königshaus habe der König gemeint, daß um seines Thrones willen jedenfalls kein Blut fließen dürfe. Im Kriege sei bereits zuviel Bayernblut geflossen, Wenn es nicht der freie Wille des bayerischen Volkes sei, der ihn zurückrufe, bleibe ihm nur das schmerzliche Bewußtsein, daß mit ihm eine achthundertjährige Dynastie zu Ende gehe. Edler habe dieser Bürgerkönig nicht ausdrücken können, daß er im Dienste seines bayerischen Volkes leben und sterben wollte und ihm nicht sein Königsthron Selbstzweck war. (Beyerle, Zehn Jahre Reichsverfassung, S. 39) Im Übrigen dürfte es bei dem Gespräch um die vermögensrechtlichen Angelegenheiten des Hauses Wittelsbach gegangen sein, denn noch im gleichen Jahr wurde der erste Teil des Gutachtens veröffentlicht.

[519] Wohlhaupter, Vom tätigen Leben, S. 56 und Nekrolog, S. 274; Bereits 1911 war der Aufsatz „Ein Beitrag zum Fideikommißrecht“ in Iherings dogmatische Jahrbücher, Band 58, S. 1 –100 erschienen.

Linie der BVP bewegte. Die BVP erklärte die nicht als vordringlich einzustufende Frage der Staatsform als unter das Selbstbestimmungsrecht des bayerischen Volkes fallend, und forderte eine Volksabstimmung. Sie verteidigte Ehre und Ansehen des Hauses Wittelsbach in allen Situationen, denn die überwiegende Mehrzahl der Mitglieder der BVP verträten als Individuen die Auffassung, daß die monarchische Staatsform für das bayerische Volk nach seiner ganzen geschichtlichen Entwicklung die Bessere sei.[520] So betrachtete es die Partei als „eine Ehrenpflicht, daß auch im neuen Staate die berechtigten Ansprüche des Hauses, dessen Geschicke ... mit dem Bayernland aufs innigste verknüpft waren, voll erfüllt werden." Sie verlangte daher, „daß die finanzielle Auseinandersetzung des Staates mit dem vormaligen Königshaus sobald als möglich und so weitherzig, als es sich mit der Finanzlage vereinbaren läßt, durchgeführt wird..."[521] Nachdem die Revolution das „kostbarste der erworbenen Rechte", nämlich die Herrscherstellung hinweggefegt habe, sei man, so Beyerle, umso mehr bereit, alle andern erworbenen Rechte des Fürstenhauses zu achten, deren Erhaltung sich irgend mit dem Wandel der Staatsform vertrage. Es komme hierfür nur ein Vertrag zwischen Staat und Fürstenhaus als Grundlage eines dauernden Rechtsfriedens in Betracht, der staatlicherseits in Form des Gesetzes seine Sanktion empfange. Der Verlust des Throns rechtfertige nicht einen zweiten Rechtsbruch gegen das vormalige Königshaus, indem man den alten Grundsatz des Schutzes wohlerworbener Rechte hinsichtlich des Fürstenvermögens verletze. Dieses unterscheide sich in das reine Privatvermögen, öffentlich-rechtliche Staatsleistungen (wie Zivilliste, Apanagen usw.) und einen „Vermögensgrundstock in der Mitte, auf dessen Zugehörigkeit Staat und Fürstenhaus Ansprüche erhöben" und dessen Abschichtung Rechtsprobleme aufwerfe.

Daß sich die Auseinandersetzung in Bayern länger hinzöge als anderswo, habe geschichtliche Ursachen. In einem ausführlichen Überblick über das Verhältnis von Fürstenhaus und Staat bis zur Entstehung der neuzeitlichen Verfassungsstaaten führte Beyerle den Leser von der Zeit, in der Hausgut und Staatsgut noch nicht getrennt waren, da ein selbständiges Staatswesen neben der Person des Fürsten noch nicht vorhanden war, bis zur allmählichen Trennung des staatlichen Bereichs von der privatrechtlichen Erbschaft der Herrscherstellung. Sie vollzog sich auf zwei Wegen, der von Frankreich beeinflußten im Absolutismus aufgekommenen Domänenlehre einerseits und patrimonialstaatlichen Vorstellungen auf der anderen Seite. Beide wollten Einfluß und Macht der Fürsten stärken. Die Domänenlehre, die zu einer Verstaatlichung des Fürstenvermögens führte, widerlegte Beyerle ausführlich, so daß nach seiner Ansicht die Vermutung für das Eigentum der Fürstengeschlechter stritt, woraus er die Lehre von der privatrechtlichen Unterschicht der Ansprüche auf das Hausgut entwickelte. Umgekehrt habe die Lehre vom deutschen Patrimonialstaat, die durch Erstgeburtsregelungen und Hausfideikommiß vor der Gefahr einer Vermögenszersplitterung bewahrte, einen staatstheoretischen Rückschritt bedeutet und in Bayern zu lange vorgewaltet, so daß auch sie nicht zu einer gerechten Lösung führen könne.

In § 3 seines Gutachtens über die vermögensrechtliche Lage der Fürstenhäuser seit dem 19. Jahrhundert, als die Idee der selbständigen Staatspersönlichkeit zur vollen Anerkennung gelangt sei, gab Beyerle einen Überblick über die gesetzlichen Regelungen zwischen Fürstenhäusern und anderen deutschen Staaten, denn das zeitlich Bedingte, Überlebte und Unterlassene der bayerischen Regelung in der Verfassung von 1818 gewinne seine richtige Beleuchtung erst vor dem Hintergrund

---

[520] Hektographiertes Blatt: Die Stellung der bayerischen Parteien zur Frage der Monarchie, im Nachlaß Pfeiffer Nr. 14

[521] Ringelmann, S. 190 f

der Gesamtentwicklung des deutschen Fürstenrechts. Aus dem Vergleich hiermit, gelangte Beyerle auch unter Auswertung der zeitgenössischen Literatur zu der Feststellung, daß zwischen Fürstenhaus und Staat am unbeweglichen Hausvermögen der deutschen Dynastien eine Interessengemeinschaft bestand, dergestalt, daß das Vermögen familienrechtlich für unveräußerlich erklärt und staatsrechtlich Verfügungsbeschränkungen unterworfen war.

Im nächsten Kapitel § 4 begründete Beyerle die Ansicht, daß die bayerische Verfassung von 1818 keine Übertragung von Vermögensgütern des Fürstenhauses an den Staat ausgesprochen habe, denn alleiniger Träger der Staatsgewalt war der König, mithin war nur er Rechtssubjekt. Bis zur Revolution habe in Bayern das unausgeschiedene Gemenge fürstlichen und staatlichen Besitzes fortbestanden, wohingegen die Verfassung von 1818 trotz der als Abbreviatur benutzten Bezeichnung „Staatsgut" keine Verstaatlichung mit sich gebracht habe, da trotz Betonung des öffentlich-rechtlichen Charakters das Hausgut für das Regentenhaus gebundenes privatrechtliches Familienvermögen blieb. Erst später habe sich die Vorstellung einer selbständigen Staatspersönlichkeit herausgebildet. In der Verfassung habe der König sich lediglich verpflichtet und dahingehend selbst gebunden, über das Hausgut nicht frei, sondern nur aufgrund einer Verfassungsänderung zu verfügen. Nicht bloßes Motiv, sondern Inhalt und Zweck dieses als Rechtsgeschäft und Gesetzgebung einzustufenden Aktes sei die Vorstellung einer dauernden untrennbaren Verflechtung von Königtum und Staat gewesen, wodurch das Hausgut eine weitere staatsrechtliche Stütze auf dem Boden des Verfassungsrechts erhalten sollte. Diese Causa sei durch die Revolution weggefallen. Ebenso könne sich das Haus Wittelsbach analog einem Völkerrechtssubjekt auf die „clausula rebus sic stantibus" berufen. Daher habe dieses Rechtsansprüche und nicht nur Billigkeitsforderungen.

Schon immer liquidationsreif, sei die Liquidation infolge der Revolution nicht mehr zu umgehen, wobei von vornherein Dinge auszuscheiden hätten, wie das Staatsgebiet oder die allgemeinen Hoheitsrechte über Land und Leute, die gar keine Vermögensrechte seien, sowie solche Vermögensbestände, die als Ausflüsse der Staatshoheit dem Vermögensbereich des Staates zugehören müssen.
Beyerle war vor allem bestrebt nach der in den Jahren 1919/1921 noch überwiegenden Auffassung vom Eigentum das Weiterbestehen dinglicher Rechte zugunsten des Hauses Wittelsbach darzutun, denn erst 1923 wurde anerkannt, daß der Eigentumsschutz der Verfassung in Art. 153 II RV sich auch auf private Vermögensrechte und Forderungen erstreckte.[522]

Unter den Eigentumsschutz falle das mit Mitteln der Zivilliste erworbene Vermögen. Sei diese auch nach den Grundsätzen des modernen Staatsrechts als öffentlich-rechtlich zu qualifizieren, hätten die Mittel doch dem privaten Unterhalt des Königs gedient. Auch auf den Fortbestand der aus der Zivilliste fließenden Mittel bestehe ein Rechtsanspruch, wobei diese zu kürzen sei, als sie neben dem privaten Unterhalt des Königs nicht mehr für die Begleichung des durch die Beseitigung der Monarchie weggefallenen Repräsentationsaufwandes diene. Umgekehrt müsse erhöhend berücksichtigt werden, wenn dem Königshaus neues, d. h. seit den Regelungen der Zivilliste erworbenes Vermögen nicht mehr zu Gute komme, denn die Zivilliste sei durch den modernen Staat verfassungsrechtlich notwendig geworden und Äquivalent für die Nutzungen am fürstlichen Kammergut. Den gleichen Schutz wohlerworbener Rechte (Schutz des Eigentums mit Entschädigungspflicht) wie die Ansprüche des Königs aus der Zivilliste teilten die Apanagen der Prinzen und die Unterhaltsrente des Kronprinzen, die diesem als solchem rein persönlich zustehe.

---

[522] Leisner, S. 28 f

Detailliert setzte sich Beyerle anschließend mit der Abschichtung der miteigentumsähnlichen, „patrimonialen Rechtsgemeinschaft“ unter Charakterisierung der zum Stammvermögen der Wittelsbacher gehörenden einzelnen Bestandteile auseinander. Zwar biete sich gerade hier eine vergleichsweise Regelung an, seine Aufgabe sei es jedoch rechtliche Maßstäbe dafür an die Hand zu geben. Unter Aufgliederung einerseits in den Domänenbesitz unter Einschluß der rentierliches Finanzvermögen nicht darstellenden Residenzen und Schlösser, unter Berücksichtigung der Kabinettsgüter und der Rechtsverhältnisse am säkularisierten Kirchengut sowie andererseits der Anrechte des Hauses Wittelsbach auf den beweglichen Teil seines alten Hausguts wie die Archive, die „zum Bedarf des Hofes bestimmten Einrichtungen und Mobilien“, des Hausschatzes, der Sammlungen für Künste und Wissenschaften legte Beyerle den Anteil der Wittelsbacher an Anschaffung und Gründung dar. Hinsichtlich der Königlichen Hof- und Staatsbibliothek, des Münzkabinetts, der alten Pinakothek und dem Bayerischen Nationalmuseum gab Beyerle, seinen kulturellen Interessen freieren Lauf lassend, genaue geschichtliche Überblicke, wobei er nach dem obersten Grundsatz wissenschaftlicher Bibliotheksverwaltung für die geschlossene Erhaltung der Bestände unter Abfindung des Königshauses eintrat.

Abschließend stellte er die Berechtigung des Königs als Familienoberhaupt, Ansprüche gegen den Staat geltend zu machen fest, betonte allerdings, daß das konkurrierende Zusammenwirken mit den berechtigten Agnaten erwünscht sei.

Am 24.1.1923 kam das Übereinkommen zwischen dem Bayerischen Staate und dem vormaligen Bayerischen Königshause über die vermögensrechtliche Auseinandersetzung zustande, wonach u. a. die Gründung des Wittelsbacher Ausgleichsfonds vorgesehen war. Den Gedanken einer Stiftung hatte auch Beyerle schon angesprochen.[523] Das Gesetz hierzu erging am 9.3.1923. Der Vertrag erinnerte an völkerrechtliche Vorbilder und brachte unter deutlichem Hervortreten seines Austauschcharakters eine Novation der Vermögenszuordnung.[524] Beyerles tiefgründige und allseitige rechtshistorischen Würdigung hatte nicht ihresgleichen in der damaligen Literatur und übte einen entscheidenden Einfluß auf die Stellungnahme des Staates aus.[525]

dd. Positive Bewertung der Republik

Beyerle konzedierte, daß zwar die Monarchie die Geschichte und tausendfältige Kräfte konservativer Staatsgesinnung für sich habe. Ihr Staatsideal sei von lapidarer Größe und Eindeutigkeit, die Ideologie der Republik, Volkssouveränität, laufe dagegen in der Staatswirklichkeit immer auf eine gewisse Illusion heraus und sei nur in Annäherungswerten zu verwirklichen. Es bestehe die Gefahr schwankender politischer Führung als Folge allzu häufigen Wechsels der leitenden Organe und Unsicherheit des Mehrheitswillens. Auch sei die Republik nicht gefeit gegen die Gefahr des Mißbrauchs staatlicher Machtmittel, ebensowenig wie gegen die lähmenden Wirkungen des übersteigerten mechanischen Gleichheitsprinzips und kraftlose Scheu der Parteiinstanzen vor ihren Wählermassen.[526] Ihr oberster Vorzug bestehe jedoch darin, daß sie sich in ruhigen Zeiten am besten bewähre, indem sie

---

[523] Beyerle, Das Haus Wittelsbach und der Freistaat Bayern, S. 264

[524] vgl. Leisner, S. 30 ff; Abkommen, Gesetz und das Königliche Familienstatut von 1819 sind im Anhang abgedruckt.

[525] Leisner, S. 23

[526] Beyerle, Staatslexikon, Band IV, 5. Auflage, 1931, „Republik“, Sp. 903 f

die freie Entfaltung aller politischen Kräfte des Volkes ermögliche. In der Republik sei es unmöglich, daß die oberste Gewalt dauernd oder für längere Zeit in unfähigen Händen liege, wie nach den starren Thronfolgeordnungen der Monarchien.

Die positive Einschätzung von Republik und Demokratie stellt sich gegenüber früheren Äußerungen Beyerles während der Kaiserzeit nicht als grundlegender Meinungsumschwung dar, sondern als neue Facette seines Politikverständnisses. Denn seiner Auffassung nach war „der Monarch des Volkes wegen da" war und nicht umgekehrt.[527] Der Monarchist könne sich mit der Staatsform der Republik arrangieren, indem „er anstelle der Treuepflicht gegen den Monarchen eine noch tiefere Treue seinem schwergeprüften Volke gegenüber hege..."[528] Mit Blick in die Vergangenheit beklagte Beyerle die durch die Revolution hervorgerufenen „schmerzlichen Verluste ehrwürdiger Einrichtungen"[529]:

„Aus Mannentreue war in der Geschichte des deutschen Volkes die Monarchie erwachsen und hat für viele Jahrhunderte dem staatlichen Leben die Form gegeben. In den Kaisern des alten Reiches, später in den Landesfürsten verkörperte sich bei uns der Staatsgedanke. ... Darum war der Wegfall von zweiundzwanzig Monarchen innerhalb einer Woche, die ewig rätselhafte Schicksalswende der Novembertrage von 1918, der stärkste Stoß, den deutsches Staatsbewußtsein seit Menschengedenken erlitten hat. Diesen Verlust auszugleichen, statt der verlorenen ein neues Symbol lebendiger Volksgemeinschaft zu finden, wurde ... zum dringenden Verlangen aller Patrioten ... Es ist im politischen Leben tief begründet, daß ... Grundgesetze, die wie Könige über das Fußvolk der gewöhnlichen Paragraphen emporragen, als höchstes Symbol der Gemeinschaft empfunden ... werden. ..."[530]

In Beyerle manifestierte sich die Haltung des aufgeschlossenen Teils des Bürgertums, das erkannte, daß ein Systemwechsel nach Weltkrieg und Zusammenbruch unumgänglich war, und daß die Errichtung eines republikanisch-demokratischen Gemeinwesens die beste Garantie bot, die Folgen von Weltkrieg und Zusammenbruch zu meistern und weiterhin die Möglichkeit eines kommunistischen Umsturzes zu verhindern.[531]

ee. Parlamentarismus

Den Entgleisungen und Fehlern des alten Regimes könne nur, so Beyerle, durch eine stärkere Beteiligung des Parlaments an der Regierung abgeholfen werden, denn ein „religiöses Dogma" stehe „nicht in Frage".[532] Für ihn war es selbstverständlich, daß die Politik im Reich von Parteien und nicht von Standesorganisationen und –vertretungen zu erfolgen hatte. Das Verlangen nach dem Ständeprinzip stelle sich als „Staatsromantik" dar, mit dem man nicht weiterkomme, denn ein Ständeprinzip sei nur in wirtschaftlichen Gruppen denkbar.[533] Allerdings hob Beyerle hervor, daß sich „ständische Gegengewichte in und neben dem politischen Hauptparlament einhängen lassen, besonders auch in der

[527] Beyerle, Zehn Jahre Reichsverfassung, S. 36
[528] Beyerle, Zehn Jahre Reichsverfassung, S. 36
[529] Beyerle, Zehn Jahre Reichsverfassung, S. 9
[530] Beyerle, Zehn Jahre Reichsverfassung, S. 9 und 10
[531] So Weisz, S. 166
[532] Beyerle, Parlamentarisches System --- oder was sonst?, S. 18
[533] Beyerle, Parlamentarisches System --- oder was sonst?, S. 22 f;

Verfassung der Länder." Er betrachtete es daher als „Überspannung des Parlamentarismus", wenn die Reichsverfassung für die Länder das Einkammersystem vorschrieb.[534] Auf der Linie der BVP maß Beyerle den Parteien, die „es dem Volk ermöglichten, in allen seinen Gliedern am politischen Leben teilzunehmen", die Aufgabe zu, den Ausgleich unter der verschiedenen Ständen vorzunehmen, denn über den ständischen Interessen müssten die Interessen des Gesamtwohles des Staates stehen, dessen Parlament nur auf den Parteien aufbauen könne.[535] Ebenso werde dadurch eine Zersplitterung der politischen Stoßkraft des Parlaments durch Auflösung in berufsständische Gruppen vermieden. Im Parlamentarismus mit seinem freien Wahlrecht erblickte Beyerle ein „geeignetes Mittel zur Klassenversöhnung und zur inneren Beruhigung". Das Gesunde am ständischen Gedanken verlange ernste Überlegung, winke doch nur auf diesem Wege, auch in katholischen Reihen, die endgültige Versöhnung der Intelligenz mit dem neuen Staate.[536]

Dem Vorwurf, die Weimarer Demokratie stelle eine Scheindemokratie dar, weil in Wirklichkeit die Macht wegen des durch die Listenwahl bestehenden Einflusses der Parteizentralen auf die Auswahl der Kandidaten in Händen weniger gerissener und geschlagener Parteiführer liege, widersetzte sich Beyerle: daß die Politik nur von großen Parteien, d. h. möglichst geschlossenen Gesinnungsverbänden geführt werden könne, stehe außer Zweifel. Parteien seien nicht zu entbehren. Der Vorwurf der Parteiklüngelei lasse sich nicht aufrechterhalten, weil alle größeren Parteien durch Auf- und Ausbau ihrer Organisation organische Verbindungsglieder zwischen Parteileitung und Wählerschaft geschaffen hätten. Sehr optimistisch war auch die Feststellung, die Wählerschaft, deren politische Bildung in unbestreitbar raschem Fortschreiten begriffen sei, lasse sich von einer noch so fest gesattelten Parteileitung keine Kandidaturen aufdrängen, die nicht die Mehrheit in der Partei fänden.[537] Allerdings war es wohl fraglich, ob ein entsprechendes hohes politisches Bildungsniveau schon erreicht war.

Der Umstand, daß den Parteizentralen über die Listenwahl zu großer Einfluß zugekommen sei, ist bis heute Kritikpunkt an der Weimarer Republik geblieben[538], zumal die Parteien verfassungsrechtlich in das Staatsgetriebe nicht integriert waren.[539] Das war auch Beyerle bewußt, der in seiner Verteidigung des parlamentarischen Systems etwas über das Ziel hinaus schoß. Im akademischen Kreise äußerte er sich wesentlich kritischer. Er sah die Gefahr, daß die festen Listen für große Wahlbezirke die Beziehungen zwischen den Wählern und den Abgeordneten allzu sehr zerreißen, dadurch das Verantwortlichkeitsgefühl des einzelnen Abgeordneten vermindern, das Interesse der Wähler am Gewählten lähmen und eine zu große politische Macht in die Hände der Parteileitung legten.[540]

---

[534] Beyerle, Parlamentarisches System --- oder was sonst?, S. 23; Zur Kritik an Art. 17 RV siehe unten: 2. d. ee
In Bayern hatte sich die BVP – „eine gesunde Berücksichtigung des modernen Ständegedankens" gewährleistend – für die Schaffung einer der Parteienkammer gleichgeordneten Ständekammer eingesetzt, wobei sie die wirtschaftliche Gleichberechtigung aller Berufsstände und Erwerbskreise bei Nichtanerkennung politischer oder wirtschaftlicher Vorrechte des Standes oder der Geburt, auf ihre Fahnen schrieb. Allerdings mußte dieser Vorschlag Dr. Heims „unter dem Zwange der Reichsverfassung" fallen gelassen werden. so Ringelmann, S. 60 ff

[536] Beyerle, Zehn Jahre Reichserfassung, AR Nr. 32 vom 10.8.1929, S. 614 f

[537] Beyerle, Parlamentarisches System --- oder was sonst?, S. 10

[538] Vgl. Gordon A. Craig, S. 451;

[539] So war lediglich in Art 130 RV in negativem Sinne von den Parteien die Rede: „Die Beamten sind Diener der Gesamtheit, nicht einer Partei."

[540] Vorlesung „Die Entstehung der neuen Reichsverfassung", NL 69, Bl. 112

So hoffte er, daß die Unvollkommenheiten des Wahlrechts und Wahlverfahrens bald beseitigt würden.[541]

Entscheidend war für ihn die Frage, welche Gegengewichte die Staatsverfassung den Auswüchsen einer dem Gemeinwohl abträglichen Parlaments- und Parteienherrschaft entgegenzusetzen habe.[542] Der Ruf nach einem über den Parteien stehenden „starken Mann", versagte nach Beyerles Einschätzung aber bei den Erschütterungen der Staatsautorität, welche der Zusammenbruch des gewaltigsten militärischen Machtstaats notwendig auslösen mußte.[543] Zwar hätte er die starke Stellung des Reichspräsidenten als Gegengewicht zum Parlament nennen können, aber der vom Volk gewählte Reichspräsident erschien ihm gegenüber einem vom Volkswillen unabhängigen Monarchen nicht gleichwertig, zumal auch die von der Verfassung nicht intendierte Möglichkeit eines extensiven Gebrauchs des Notverordnungsrechts Anfang der Zwanziger Jahre noch nicht so deutlich in Erscheinung getreten war, wie in der Endphase der Weimarer Republik. Allerdings lobte er die staatsrechtliche Vorarbeit Preuß', die im Verfassungsabschnitt über Reichspräsident und Reichsregierung „ihr Bestes und Bleibendes" geleistet habe. Ihr verdanke die neue deutsche Verfassung die Gestaltung der Stellung des Reichspräsidenten, wie sie sich, modernen und deutschen Staatsbedürfnissen entsprechend, „hoch über die doktrinäre Stelle des französischen Präsidenten" erhebe, ohne jedoch den Rechten des Reiches und des Parlaments Abbruch zu tun.[544]

Neben der Öffentlichkeit des Parlamentslebens und der „Figur eines jeder Willkür entrückten Monarchen, auch bei Anerkennung des parlamentarischen Regierungsgrundsatzes durch den Monarchen selbst" erblickte Beyerle „im entschlossenen Ausbau des Volksentscheids und Volksbegehrens"[545] ein Korrektiv schrankenloser Parteienherrschaft. Notwendig sei aber auch, daß der Parteiegoismus sich die Schranken auferlege, die ihm durch das Gesamtwohl der Nation gezogen seien. Während der bayerische Ministerpräsident Held in einer Stellungnahme vom 20.8.1932 zu den Forderungen Bayerns zur Verfassungs- und Reichsreform den Hauptmangel der Verfassung in der „Anonymität der Verantwortung" erblickte, weil das geltende Verfassungssystem die gesamte Macht – ohne das Korrektiv weise eingefügter und wirksamer Gegengewichte – nahezu ausschließlich in die Hände des Reichstags gelegt habe und damit den Reichsbau auf dem denkbar schwächsten Punkt, dem alten deutschen Erzübel der parteimäßigen Zerrissenheit gründe,[546] betonte Beyerle die sich am Maßstab der Grundrechte täglich zu vollziehende Selbsterziehung des Parlaments.[547] Damit taucht erneut der Gedanke der Erziehung auf, allerdings nicht in Form politischer Bildungsarbeit für die Staatsbürger, sondern als Mittel der Selbstbeschränkung der Parteien im Interesse des Gemeinwohls. So sollten auch von den Grundrechten und Grundpflichten eine politische Wirkung im Sinne einer Absicherung des parlamentarischen Systems ausgehen. Gegenüber früheren Zeiten habe sich die Bedeutung der Grundrechte gewandelt: die ursprüngliche Abwehrstellung habe an innerer Berechtigung eingebüßt.[548] Nicht mehr als Versuch einer Gewaltenteilung zwischen Fürsten und Volk, sondern als Ausgleich der politischen Kräfte der Nation

---

[541] Beyerle, Zehn Jahre Reichsverfassung, AR Nr. 32 vom 10.8.1929, S. 614 f
[542] Beyerle, Parlamentarisches System --- oder was sonst?, S. 17
[543] Beyerle, Parlamentarisches System --- oder was sonst?, S. 15
[544] Vorlesung „Die Entstehung der neuen Reichsverfassung", NL 69, Bl. 134
[545] Beyerle, Die Verkündung der neuen Reichsverfassung, S. 455
[546] Thesenpapier, im Nachlaß Held, Nr. 513
[547] Beyerle, Parlamentarisches System --- oder was sonst?, S. 10
[548] Beyerle, Die Bedeutung der neuen Reichsverfassung, S. 13

sei das neue Staatsgrundgesetz der Republik entstanden.[549] Damit drückt sich bei Beyerle unter Bejahung des parlamentarischen Prinzips ein Mißtrauen in die Funktionstüchtigkeit des Parlaments aus, welches v. Keller dahingehend beschrieb, daß der einzelne Volksgenosse nicht nur, wie früher, gegen die Übergriffe der Bürokratie geschützt werden sollte, sondern auch gegen Zufallsmehrheiten in der Gesamtvolksvertretung und gegen jede andere mit dem Schein der Legalität operierende Vergewaltigung des Individuums durch eine von oben oder unten kommende Klassenherrschaft.[550]

Hiergegen trat die Gefahr einer parteipolitischen Zersplitterung des Parlaments gegenüber den Ängsten vor einer kommunistischen oder sozialistischen Gewaltherrschaft völlig in den Hintergund. So erschien auch bei Beyerle der Gedanke einer wirkungsvolleren institutionellen Vorbeugung durch ein vorgeschriebenes Mindestquorum an Stimmen nicht, denn er hielt an dem „auf dem Gleichstimmwert aller Staatsbürger aufgebauten Wahlrecht"[551] fest, „dem freiheitlichsten Wahlrecht ..., dem jede plutokratische Beimengung abgeht."[552] Das trug zum Vorwurf des „demokratischen Übereifers" der Verfassungsväter bei.[553] Beyerle, Mitglied des Rechtsausschusses im ersten Reichstag, führte als Berichterstatter am 8.12.1923 anläßlich der Beratungen über eine Änderung des Reichswahlgesetzes aus: „Das automatische Verhältniswahlrecht ist jetzt im Rechtsausschuß in Frage gezogen worden, nachdem es uns bei der Verfassungsarbeit in Weimar als ein großer Erfolg erschienen war, gewissermaßen als Bekrönung des demokratischen Gedankens, durch diesen Verteilungsschlüssel eine elastische Ziffer von Abgeordneten zu erhalten und so Parlament und politisches Interesse der Nation auf das engste miteinander zu verknüpfen."[554] Wiederum stand nicht ein Mindestquorum zur Debatte, sondern Probleme der räumlichen Gliederung der Wahlkreise, technische Fragen, wie die Abkürzung von Fristen und Einführung des „amerikanischen" Stimmzettels[555] sowie das auch heute wieder aktuelle Thema der Kostenersparnis durch eine Verringerung der Mandate. Das Bemühen Beyerles und anderer um möglichst viel Demokratie wird nicht zuletzt darin deutlich, daß er es für eine „etwas gekünstelte Auslegung" der Wahlfreiheit hielt, wenn geltend gemacht werde, daß „die positive Seite der Wahlfreiheit auch die Freiheit des Nichtwählens enthalte." Allerdings sprächen negative Erfahrungen gegen eine Einführung strafbewehrter Wahlpflicht.[556]

Unrichtig war in den Augen Beyerles auch die Behauptung, das parlamentarische System auf demokratischer Grundlage überlasse die Politik den Berufsdemagogen und nicht den wahrhaft Gebildeten, wie sich aus der Zusammensetzung des Reichstages ergebe, wobei der Idealzustand möglicherweise noch nicht erreicht ist. Zwar werde der Reichstag keine Paulskirche mehr, denn dazwischen liege der gewaltige politische Kampf des vierten Standes, aber einen anderen besseren und leichter gangbaren Weg gebe es nicht. Beyerle bedauerte,

---

[549] Beyerle, Die Katholiken und der Volksstaat von Weimar, S. 90

[550] V. Keller, S. 286; Ebenso Georg Dahm, Deutsches Recht, 2. Auflage, 1963, S. 268: Sinn des zweiten Teils der Weimarer Verfassung sei es gewesen, „den Mißbrauch des jedem Inhalt zugänglichen Gesetzes unmöglich zu machen" und „bestimmte Werte und Inhalte durch ihre verfassungsmäßige Festlegung durch den Zugriff der parlamentarischen Mehrheit sicherzustellen."

[551] Beyerle, Parlamentarisches System --- oder was sonst?, S. 12

[552] Beyerle, Parlamentarisches System --- oder was sonst?, S. 14

[553] Gordon A. Craig, Deutsche Geschichte 1866 – 1945, S. 451

[554] Beyerle, Reichstagsprotokolle S. 12365

[555] Damit wurde das bisherige System abgelöst, wonach die Parteien für die Zusendung ihrer Wahlvorschläge an die Wahlberechtigten gegen spätere Erstattung auch dieser Kosten des Wahlkampfs zuständig waren, durch Einführung eines vom Staat erstellten Stimmzettels, der sämtliche Wahlvorschläge enthielt.

[556] Reichstagsprotokolle, S. 12369

daß vor allem die wirtschaftliche Fach- und Lebenskenntnis für die Auswahl der Kandidaten entscheidend sei, erklärte dies jedoch mit der schweren wirtschaftlichen Not als Folge des verlorenen Krieges. Doch säßen bereits auch anerkannte geistige Führer auf dem Gebiete der Weltanschauungsfragen und des allgemeinen Bildungswesens im Parlament.[557] Resigniert stellte Beyerle fest, sich gegen einen Kritiker wendend, der allzu pauschal eine Kürzung der Abgeordnetendiäten forderte:

> *„Wir Abgeordnete sind es ja nachgerade gewöhnt, daß alle berufenen und unberufenen Kritiker des „Parlamentarismus", dieser angeblichen Pest unseres Staatslebens, sich für „Köpfe" halten und in allen Abgeordneten nur „Ziffern" sehen."*[558]

Nachdrücklich plädierte Beyerle dafür „der neuen Form des parlamentarischen Staatslebens" eine „Frist zum Einleben und Einspielen" zu gewähren, denn zu Unrecht würden „als Mängel des Systems bekämpft, was nur Mängel des augenblicklichen Zustandes" seien. So brauche es „noch geraume Zeit", bis das deutsche Volk nach dem schweren Zusammenbruch einigermaßen bei einer politischen Gleichgewichtslage angekommen sei, die dann eine dauerhaftere Regierungsbildung und Parlamentsmehrheit gewährleiste. [559] Dagegen habe noch niemand „einen brauchbaren Weg" gezeigt, „wie der politische Wille der Nation und der einzelnen Länder sich ohne Parlament und zugleich ohne Gewalt und Unterdrückung aller bürgerlichen Freiheitsrechte" durchsetzen könnte.[560] Beyerle sah entgegen aller Kritik das geistige Fundament des Parlamentarismus nicht in Frage gestellt. Ebenso sollte auf einer Diskussion der Vereinigung der deutschen Staatsrechtslehrer 1932 Richard Thoma die Auffassung vertreten, daß das parlamentarische System zwar offenkundig an gewissen Schwächen leide, dies aber eine vorübergehende Krankheit sei, die in wirtschaftlich ruhigeren Zeiten geheilt werde.[561] Diese Meinung wurde jedoch immer vereinzelter. Die Fürsprecher der Weimarer Republik gerieten gegenüber den unberechtigten Anwürfen und den tatsächlichen Schwächen im Staatsgefüge immer mehr ins Hintertreffen. Demgegenüber vermochte beispielsweise Carl Schmitt als ein Vertreter der überwiegenden Meinung, dem Parlamentarismus die geistige Existenzberechtigung abzusprechen, indem er die Abgeordneten nicht als freie Repräsentanten, sondern als Interessenvertreter, Delegierte oder Funktionäre ansah, die durch große Parteiorganisationen in Zucht gehalten würden. So wurden die Übelstände nicht durch die schwierigen Bedingungen der deutschen Gegenwartslage heraus erklärt, sondern erschienen als Konsequenz einer durch den Parlamentarismus hervorgerufenen nicht mehr zu behebenden Krise.[562]

---

[557] Beyerle, Parlamentarisches System --- oder was sonst?, S. 11

[558] Beyerle, Für oder wider das Parlament, AR Nr. 25 vom 21.6.1923, S. 294, (295); Polemische Kritik übte beispielsweise Oswald Spengler, der im Volk nur einen Haufen von Nörglern sah und die Volksvertretung als „Biertisch höherer Ordnung" bezeichnete. Rechte des Volkes waren ihm lächerlich, solange man darunter die Freiheit verstand, sich von Parteien vertreten zu lassen. Er scheute sich nicht, vom „Stimmvieh der Abgeordneten" zu sprechen, das absolut überflüssig sei, da die eigentliche Arbeit doch nur von wenigen Fähigen gemacht würde.; vgl. Sontheimer, Antidemokratisches Denken, S. 147

[559] Beyerle, Parlamentarisches System --- oder was sonst?, S. 20

[560] Beyerle, Für oder wider das Parlament, AR Nr. 25 vom 21.6.1923

[561] Sontheimer, S. 152

[562] Sontheimer, S. 153 f

ff. Grundrechte und Föderalismus im Dienste einer Demokratie „von unten nach oben"

Der Ansicht, Föderalismus und parlamentarisches Prinzip paßten nicht zueinander, trat Beyerle entgegen. Das Hauptproblem erblickte er in der „gewaltigen Übergewichtsstellung" Preußens gegenüber allen anderen Ländern[563] und über die „hinsichtlich ihres Verwaltungsorganismus weit schwächere Reichsmaschine". „Man löse die preußische Frage und man wird sehen, daß der Föderalismus reichsfreudiger Glieder sich überall regen wird zum Wohle des Ganzen."[564]

Lebendige Staatsgesinnung, Opferwilligkeit und Verantwortungsgefühl aller zu Mitträgern des Staatswillens aufgerufenen Staatsbürger waren nach Beyerles Verständnis die Voraussetzung wirklich republikanischen Staatslebens. Diese schöpferische Kraftquelle der Republik drohe bei Volkskörpern, die nach Weltanschauung, Parteibildung, Sozial- und Wirtschaftsgruppen stark zerklüftet seien, zu versiegen. Daraus erklärten sich die aktuellen politischen Schwierigkeiten, die sich nirgends stärker zeigten als in Deutschland seit 1918. Während innerhalb des Zentrums meist unitaristische Vorstellungen zumindest unter Billigung der Republik als Staatsform vorherrschten, verknüpfte sich in der BVP stark föderalistisch ausgeprägtes Gedankengut häufig mit Skepsis gegenüber der Republik bis hin zur mehr oder weniger ausgeprägten Sympathie für die Monarchie, wobei unter der letzteren nicht immer nur eine repräsentative Monarchie wie in England oder Belgien verstanden wurde.

Wenn Beyerle meinte, mit der Erklärung des Volkes zum obersten Träger der Staatsgewalt, sei die Vermutung mindestens gefährdet, daß der Zuständigkeit der Einzelstaaten alles das vorbehalten bleibe, was nicht dem Reiche zugewiesen sei,[565] sprach er sich nicht gegen das Prinzip der Volkssouveränität aus, sondern für einen demokratischen Staatsaufbau „von unten nach oben", in dem den Ländern eine eigenständige Stellung zukommen sollte. Daher hätte er folgende Fassung des Art. 2 I RV bevorzugt: „Die Staatsgewalt im Reich und in den Gliedstaaten liegt beim Volke." Dafür sprach aus seiner Sicht, daß in den Ländern Volk und Staat vorhanden sind, für die es eine Staatsgewalt geben muß.[566] Ein Vergleich seiner Darlegungen zu Grundrechten und Föderalismus läßt neben geschichtlichen Parallelen gemeinsame Funktionen für die Demokratie deutlich werden.

Während der Begriff des Föderalismus in Amerika aufkam, als George Washington den auseinander strebenden Gruppen der nordamerikanischen Kolonien die Notwendigkeiten der Konföderation vor Augen stellte[567], wurden etwa zur gleichen Zeit die Grundrechte in den Verfassungen der nordamerikanischen Einzelstaaten formuliert.[568] Der Rechtshistoriker Beyerle sah darüberhinaus - wie weiter unten zu zeigen sein wird - im deutschen Mittelalter in den Freiheitsrechten der Städte Vorläufer für die modernen Grundrechte. Auf der anderen Seite, bezogen auf die Probleme im Spannungsfeld zwischen Föderalismus und Unitarismus, sei es "verständlich, wenn tiefgründige Kenner der deutschen Geschichte im Niedergang des mittelalterlichen Kaisertums die Tragik der deutschen Staatsentwicklung" sähen,

---

[563] vgl. Wittmayer, S. 274, der den Abgeordneten Dr. Beyerle für diese Kritik zitiert.
[564] Beyerle, Parlamentarisches System --- oder was sonst?, S. 16 f
[565] Beyerle, FRP, S. 27
[566] vgl. Aktenstück, Nr. 391, S. 29, 3. Sitzung des Verfassungsausschusses vom 6.3.1919
[567] Beyerle, Staatslexikon, Band II, Spalte 65
[568] vgl. Jellinek, Die Erklärung der Menschen- und Bürgerrechte

da „auch der Einheitsstaat an sich und in seiner Anwendung auf Deutschland", eine „große Idee" darstelle.[569]

> *„Wenn der demokratische Staat Leben gewinnen soll, dann müssen doch die trennenden politischen Instinkte durch staatsbürgerliche Schulung im Dienste der Gesamtheit gemildert werden."*[570]

Föderalismus und Grundrechten gemeinsam war nach Auffassung Beyerles die Vermittlung ethischer Werte und staatsethischer Grundwahrheiten So walte im föderalistischen deutschen Staatsgedanken, der auch für die Zukunft große realpolitische Imponderabilien verkörpere, starker Idealismus, da dieser Föderalismus für die breitere Öffentlichkeit nicht mehr getragen sei von Dynastien und Ministern, sondern „herausquelle aus der öffentlichen Meinung breiter Schichten des Volkes". Gerade vom demokratischen Standpunkt aus müsse dieser Föderalismus auch als realpolitischer Wertfaktor genommen werden,[571] der (richtig verstanden) „neben den Machtfaktoren von Wirtschaft und Staatsgewalt ethische Kulturwerte im Staatsleben zur Geltung bringen" wolle. Der Staat dürfe sich daher nicht „nach abstrakten Zielen als eine ersonnene Organisationsmaschine von oben herab" durchsetzen, sondern müsse „als äußere Daseinsordnung einer Nation sich deren innerer naturhafter und darum organisch wertvoller Gliederung" anpassen und die darin angelegten Kräfte ausnutzen.[572]

Beispielsweise sei durch die Möglichkeit des Art. 18 RV zur inneren Umgestaltung der deutschen Länderkarte der Bevölkerung ein Freiheitsrecht entstanden.[573] Ein „föderalistisch durchgebautes Reich" sichere auch „eine wirkliche erfolgversprechende Erziehung zur Staatsgesinnung, indem sie von der Gemeinde über das Land zum Reich ... aufsteigt." Föderalismus bedeute „vertieftes und darum gesteigertes Nationalgefühl, die Grundlage jedes politischen Strebens, ohne dessen sittlichen Born alle Politik nur Pfuscherei oder Routine" sei. Auch hier zeigt sich der religiöse Zug in Beyerles Denken. Als Vertreter einer christlich orientierten Politik forderte er „den Föderalismus als Schutz des gottgewollten organischen Aufbaues der Nation aus ihren Stämmen hinaus und empor über die Zufälligkeiten der Geschichte."

Daneben sollten sich die in den Grundrechten aufgenommenen staatsethischen Grundwahrheiten als Mittel zur staatsbürgerlichen Schulung und Gesinnungspflege erweisen und in das Volksbewußtsein getragen werden, denn „die Weckung lebendiger Staatsgesinnung in breiten Volksschichten" sei „erstes Erfordernis jeder Demokratie."[574] Er drückte dies in einem Zeitungsbeitrag folgendermaßen aus:

> *„Verfassungssätze sollen nicht nur Paragraph auf Papier sein. Sie können auch neues Wollen ausdrücken und dadurch Wollen wecken; sie können Stimmungswerte schaffen, aus denen Freude am Staat hervorquillt; sie können Ziele zeigen, denen das werdende Geschlecht entgegengehen soll, um an ihnen staatsbürgerlich zu ertüchtigen zu einem wirklich demokratischen, seiner Rechte und Pflichten bewußten Staatsvolke; sie können endlich ewige Gesetze der*

---

569 Beyerle, Föderalismus, S. 9
570 Beyerle, Mehr politische Linie, AR Nr. 48 vom 29.11.1919, S. 726
571 Beyerle, FRP, S. 18
572 Beyerle, Föderalismus, S. 131 f
573 Beyerle, Föderalismus, S. 137
574 Beyerle, Föderalismus, S. 132 f, Damit zusammenhängend, betonte er, daß auch der deutschen Presse, deren oberste Pflicht es sei, „Dienerin der Wahrheit" zu sein, an der staatsbürgerlichen Erziehung „ihr redlich Teil" zukomme; Vorlesung „Die Entstehung der neuen Reichsverfassung", NL 69, Bl. 125

Freiheit und Gerechtigkeit sein, um gegenüber Lüge und Völkerhaß ein Denkmal des lauteren Rechtsempfindens aufzurichten. ... Wie die Verkündigung der „Menschenrechte" ihrer Zeit als der Katechismus des freigewordenen französischen Volkes erschien, so konnten nun auch in der neuen deutschen Reichsverfassung die Grundrechte zu einer Magna Charta *werden, die das freie Deutschland seinem Volke hinreicht, um es politisch reifer werden zu lassen."*[575]

Hier setzte Beyerle mit der Kritik am Bismarck-Reich an. Der Hauptmangel des alten Staates habe darin bestanden, daß das deutsche Volk den inneren Zusammenhang mit seinem Staate großenteils nicht besessen habe oder über Gleichgültigkeit, Interessenkampf und Gewinnhast aus dem Auge verloren hatte. Die Ursache der Revolution erkannte Beyerle darin, daß das alte System sich überlebt habe, weil die besonders durch den Krieg veränderten wirtschaftlichen und politischen Verhältnisse nicht richtig eingeschätzt wurden, womit er recht hatte, denn die kriegsbedingten wirtschaftlichen und landwirtschaftlichen Probleme hatten zur Einrichtung von „Reichszentralstellen" geführt, die in zentralistischer Weise überall reglementierend und gängelnd eingriffen. Er kritisierte weiter, daß notwendige Entscheidungen besonders im verfassungspolitischen Bereich nicht vollzogen wurden, wobei er an die von Scheidemann schon in der Reichstagssitzung vom 11.10.1916 erhobenen Forderungen nach Kollegialisierung und Parlamentarisierung der Reichsleitung, Schaffung eines dem Parlament gegenüber verantwortlichen Reichsministeriums gedacht haben dürfte und die Einführung eines allgemeinen, geheimen, direkten und gleichen Wahlrechts in Staat und Gemeinde, die 1917 durch die Schaffung eines Interfraktionellen Ausschusses weiteren Auftrieb erhielten. Besonders aber an der unüberbrückbaren Gegensätzlichkeit von Militärabsolutismus und allgemeiner Wehrpflicht ging der alte Staat in den Augen Beyerles zugrunde.[576] Ebenso wurden die außenpolitischen und damit „höchsten Schicksalsfragen der Nation" in absolutistischer Weise vor der Öffentlichkeit verborgen, wodurch „unermeßliches Unheil"[577] verursacht wurde.

Der alte Staat war nach Beyerles Beurteilung ein Polizei- und militärischer Machtstaat. Der Autorität und Disziplin, deren er sich rühmte, habe in breiten Schichten die freiwillige Hingabe der Seele gefehlt. Die Machtinstrumente seien zerbrochen. An Stelle der Autorität von Waffen und Gewalt müsse die Autorität von Recht und Bürgerpflicht treten. Das neue Ideal sei die Gewinnung eines lebendigen Zusammenhangs zwischen Staat und Volk. Das sei nicht durch übermäßigen Zentralismus, sondern nur durch ein überschaubares Staatswesen möglich, "dessen Organisation dem Gesichtskreis und Empfindungserleben des Volkes erfaßbar ist." [578] Das Verfassungssystem Bismarcks sei in viel höherem Grade ein verhüllter preußischer Partikularismus, verbrämt mit halb gewährten Volksrechten, als ein wahrhaft föderalistisches Gebilde gewesen, da die föderalistischen Institutionen gegen Preußen nicht aufgekommen seien.[579] Mit Blick auf die Grundrechte bedeutete Bismarcks Werk gegenüber dem Verfassungsentwurf von 1848 mit den Worten Beyerles „eine seelische Verarmung." „Von Grundrechten des Volkes, von Freiheitsgarantien und Kirche" sei nichts darin gestanden.

---

[575] Beitrag Beyerles für die Illustrierte Zeitung Nr. 3968 vom 17.7.1919, „Die Grundrechte und Grundpflichten der Deutschen!

[576] Beyerle, Katholiken, S. 91;

[577] Beyerle, Parlamentarisches System --- oder was sonst?, S. 11

[578] Beyerle, Föderalismus, S. 133

[579] Beyerle, Föderalismus, S. 134

„Wer über Weimar räsoniert und Bismarck lobt, der möge ein halbe Stunde die Bismarck'sche Verfassung lesen und dann in einer zweiten halben Stunde die vielverlästerte Weimarer Verfassung. Er wird bald spüren, welche von beiden mehr zum deutschen Herzen spricht." [580]

Mit dieser Sichtweise unterschied sich Beyerle deutlich von vielen anderen Professoren-Kollegen, denen die Reichsgründung und das Kaiserreich als absoluter Höhepunkt der deutschen Geschichte erschien[581] und die im Streben nach Demokratisierung und Parlamentarismus des Kaiserreiches eine wesentliche Ursache des Zusammenbruchs zu erkennen glaubten.[582] Damit läßt er sich als konservativer Katholik charakterisieren, der demokratischen und parlamentarischen Ideen besonders aufgeschlossen war und als Ausnahme von der Feststellung Töpners gelten muß, die Demokratie habe nirgendwo entschiedene Verfechter gefunden.[583] Beyerles Herkunft aus Baden mit dessen demokratischer Tradition blieb dabei sicher nicht ohne Einfluß[584], wenn er lobte, in Weimar habe die Verfassung nicht mehr einem Fürsten abgerungen werden müssen, oder habe ein freies Gnadengeschenk eines Herrschers dargestellt, sondern das deutsche Volk habe sein Schicksal selbst in die Hand genommen und sich die Verfassung gegeben. Er stand damit auf dem Boden des Demokratiebegriffs des Zentrums, der das ganze naturrechtlich gedeutete System der Grund- und Freiheitsrechte umfaßte und unter dem ein Prinzip zur Organisation der Gesellschaft und die Form, in der diese die Teilhabe an der politischen Macht regelt, verstanden wurde.[585] Das beinhaltete für Beyerle auch die Pflicht der Versöhnlichkeit und des gerechten Ausgleichs, die politische Kompromisse möglich machte und sinnvoll erscheinen ließ.[586] Es verrate daher Mangel an politischem Wirklichkeitssinn, jede Kompromißarbeit um des Kompromisses willen zu verurteilen. Der Ausgleich zwischen guten Ideen und den tatsächlichen Verhältnissen müsse durch eine pragmatische Normgebung gefunden werden, so daß der Staat so auszugestalten sei, daß die Mehrheit sich darin wohlfühlt, weil sie ihr Staatsideal mit dem vorhandenen Staatsrecht recht und schlecht in Einklang zu bringen vermag.[587] Die Größe und Stärke der Zentrumspartei erblickte Beyerle demzufolge darin, eine Partei der Vermittlung und Klassenversöhnung zu sein, um so als eine Gesamtvertretung des christlichen und besonders des katholischen Deutschland gelten zu können.[588]

gg. Zusammenfassung

Konrad Beyerle versuchte zwei Geistesströmungen zu vereinigen, die sich lange Zeit feindlich gegenüberstanden, auf der einen Seite die Katholische Staatslehre mit ihrem organischen, das Staatsganze in den Mittelpunkt stellenden Weltbild, auf der anderen Seite das demokratische Prinzip, für das die Gleichheit aller in liberalem Sinne von zentraler Bedeutung war. Dem Autoritätsbewußtsein der Kirche, die sich

---

[580] Beyerle, Die Katholiken und der Volksstaat von Weimar, S. 9; ebenso Katholik und Staatsverfassung, Abendland, 1926/1927, S. 164
[581] Weisz, Geschichtsauffassung, S. 125
[582] Weisz, S. 165
[583] Töpner, S. 187
[584] Weisz, Geschichtsauffassung, S. 44
[585] Karsten Ruppert, S. 84
[586] Beyerle, Parlamentarisches System --- oder was sonst?, S. 8
[587] Beyerle, Parlamentarisches System --- oder was sonst?, S. 8
[588] Beyerle, Parlamentarisches System --- oder was sonst?, S. 12

erst viel später zur Anerkennung von Grundrechten durchrang, folgte er nicht - bei aller Absicherung und Institutionalisierung ihrer Rechte - allerdings sah er den Abwehrcharakter der Grundrechte in den Hintergrund gerückt. Voraussetzung dafür, daß die Grundrechte zu demokratischer staatsbürgerlicher Gesinnung und zu einem organischen, harmonischen Ganzen zusammenfügten, wäre allerdings der gute Wille aller Beteiligten zur Mitarbeit in der gefundenen Staatsverfassung der Demokratie gewesen. Wenn er für deren Einleben eine gewisse Zeitspanne als notwendig ansah, erkannte Beyerle zwar die großen Ressentiments, die der Republik von vielen ihrer Bürger entgegengebracht wurden. In deren Ausmaß verschätzte er sich jedoch. Denn er glaubte, daß das gefundene Weimarer System als weiterentwickelte und damit den Formen der Vergangenheit überlegene Staatsform sich durchsetzen würde. Dabei war er zu optimistisch, wenngleich gerade dieser Glaube ihn zur Bejahung der neuen Verhältnisse führte. Noch in seiner viel beachteten Rede zum Zehnjahrestag der Weimarer Reichsverfassung zeigte sich Beyerle vom Wert der Verfassung, insbesondere den Grundrechten überzeugt, wenngleich ihm die Mängel des politischen Betriebs - nun nach Ablauf auch einer Übergangsfrist - deutlich vor Augen stehen mußten. Eine gewisse Resignation dürfte sich erst in den letzten Jahren der Weimarer Republik gezeigt haben, als die Regierung vorwiegend über das Notverordnungsrecht des Reichspräsidenten regierte und der Nationalsozialismus an Macht gewann. Soweit ersichtlich sind Äußerungen Beyerles, die eine weniger optimistische, realistischere Einschätzung der politischen Lage enthalten, allerdings nicht überliefert.

c. Grundrechte und Verfassungsgestaltung

Mit den „Grundrechte(n) und Grundpflichten der Deutschen" entstand der zweite Hauptteil der Weimarer Reichsverfassung. Beyerles Verdienste an dessen Konzeption sind zwar allgemein nicht gleichermaßen bekannt wie etwa der „Versuch" Friedrich Naumanns[589] „volksverständliche Grundrechte" zu formulieren, sie wurden jedoch in der Literatur anerkennend gewürdigt.[590] Öffentliches Lob erfuhr er durch den Abgeordneten Düringer,[591] der im Plenum der Nationalversammlung den in seiner zweiten Hälfte bekannt gewordenen Satz sprach: „Es ist das Verdienst des Abgeordneten Beyerle, daß er einen Weg fand, der es ermöglichte, den Leitgedanken des Abgeordneten Naumann beizubehalten, auch einige seiner Leitsätze zu verwerten, den Abschnitt aber so auszugestalten, daß er einen juristisch faßbaren Inhalt bekam, ja ihn so auszubauen, daß er in der gegenwärtigen Form und

---

[589] Friedrich Naumann (1860-24.8.1919), evangelischer Pfarrer, langjähriges Reichstagsmitglied, Mitgründer der DDP

[590] Vgl. Anschütz, Die Verfassung des Deutschen Reichs, 14. Auflage, 1933, Band 2, S. 509; Jellinek, Handbuch des Deutschen Staatsrechts, 1930, § 12, S. 134; Thoma, Die Grundrechte und Grundpflichten der Reichsverfassung, 1. Band, S. 12; siehe auch die Dissertation von Schumacher, Die Redaktionskommission des Verfassungsausschusses, 1927, S. 13, S. 25 und S. 67 ff; Albert Hensel, „Institution, Idee, Symbol, Rede zum 10. Jahrestag des Erlasses der Weimarer Reichsverfassung, gehalten am 24.7.1919"; S. 13; aus neuerer Zeit: Horst Möller, Weimar, Die unvollendete Demokratie, S. 128; Oestreich, Geschichte der Menschenrechte und Grundfreiheiten im Umriß, S. 113; Meyers Enzyklopädisches Lexikon, Band 4, 1972; Kühne, Die Reichsverfassung der Paulskirche, S. 136 und 138.

[591] Beyerle bemerkte über Düringer (Zehn Jahre Reichsverfassung, S. 11 f): Der Badener Dr. Albert Düringer, von seiner Reichsgerichtszeit her als Kommentator des Handelsgesetzbuches jedem deutschen Juristen bekannt, im Krieg zum ersten Richter seines Heimatlandes und dann zum letzten Justizminister des Großherzogtums Baden berufen, eine kenntnisreiche, warmherzige, idealgestimmte Richterpersönlichkeit von hohem Ansehen, befruchtete häufig die Debatte und machte sich namentlich um das Zustandekommen der Grundrechte, für die er zusammen mit Naumann als Berichterstatter bestellt war, verdient; Düringer war Vorsitzender des Vereins für Wirtschaft und Recht

Fassung als der Niederschlag der gegenwärtigen deutschen Rechtskultur und zugleich in mehrfacher Hinsicht als ein Programm künftiger Rechtsentwicklung angesehen werden kann." Er fuhr fort: „Zu diesem Zwecke hatte der Abgeordnete Beyerle die sämtliche zu den Grundrechten gehörigen Grundsätze gruppiert und, soweit es möglich schien, in juristische Form gebracht. Er hat damit wie ich hier namens aller Mitglieder des Ausschusses aussprechen darf, unseren Arbeiten eine sehr wertvolle Unterlage geschaffen und hat sich hierdurch, sowie durch seine hingebende Tätigkeit für den Redaktionsausschuß unsere besondere dankbare Anerkennung erworben."[592] Ziegler berichtet, neben Conrad Haußmann sei die Rolle des zweiten „Führers", Konrad Beyerle, weniger sichtbar in die Öffentlichkeit getreten. Seine Arbeit sei stiller und vielleicht auch entsagungsvoller gewesen. Denn im Verfassungsausschuß sei er nicht allzusehr ins Rampenlicht getreten. Sein Verdienst liege in der mühsamen und aufopfernden gründlichen Durcharbeitung des gesamten Stoffes mit der Lupe des Juristen und der Feder des formenden und prüfenden Redaktors. Ihm sei es zu verdanken, daß der an sich ideale, aber schwer greifbare Gedanke der Naumann'schen „Grundrechte" nicht dem Schicksal des Papierkorbs verfallen sei. Beyerle habe den ersten wirklich brauchbaren Entwurf der „Grundrechte" geliefert und sei das geistige Haupt des Unterausschusses für die „Grundrechte" gewesen.[593] Laufs sieht in Beyerle den „juristischen Vollstrecker" des Grundrechtskatalogs der Weimarer Reichsverfassung.[594]

Von seiner Verfassungsarbeit war Beyerle selbst überzeugt: „Der Politik zu entsagen, wie man in der Fakultät will, fällt mir schwer, da ich glaube nützliche Arbeit verrichtet zu haben."[595] Während die Zentrumsabgeordneten Erzberger, Gröber, Trimborn und andere Beyerle wegen seiner Verfassungsarbeit Widerstände entgegengebracht hätten, sei diese von allen Parteien anerkannt worden, vor allem vom Vorsitzenden des Verfassungsausschusses Haußmann.[596] Bestätigt sah sich Beyerle später auch in der Vorrede des von Nipperdey 1929/1930 herausgegebenen Sonderwerks „Über die Grundrechte und Grundpflichten der Deutschen", wonach den Grundrechten nicht nur theoretische Bedeutung beizumessen sei, sondern sie ... als Niederschlag der gegenwärtigen Rechts- und Wirtschaftsentwicklung angesehen werden müßten und eine weittragende unmittelbar praktische Bedeutung gewonnen hätten. Auch zeige der spanische Verfassungsentwurf mit der Überschrift seines dritten Titels „Von den Pflichten und Rechten der Spanier und dem ihrem individuellen und kollektiven Leben gewährten Schutz" eine bemerkenswerte Anlehnung an die Reichsverfassung.[597]

Das gilt ebenso für die heutige Bayerische Verfassung,[598] deren erstem Hauptteil über "Aufbau und Aufgaben des Staates" drei weitere folgen, die in ihren Grundzügen dem Zweiten Hauptteil der Weimarer Reichsverfassung entsprechen: "Grundrechte und Grundpflichten", "Das Gemeinschaftsleben" mit dem dritten Abschnitt "Religion und Religionsgemeinschaften" sowie dem vierten Hauptteil "Wirtschaft und Arbeit", gefolgt von Schlußbestimmungen.

---

[592] Düringer in Heilfron, Bd. VI, S. 3650, 3651;

[593] Ziegler, S. 190 und Laufs, S. 40, Fußnote 84

[594] Laufs, Badische Biographien, S. 48 ff, (50); ebenso Völtzer, S. 159, wonach die Vorarbeiten Beyerles und die anschließenden Verhandlungen des Unterausschusses den entscheidenden Durchbruch für die Grundrechte in der Weimarer Verfassung bildeten.
ebenso:Tanner, S. 27

[595] Tagebuch, S. 23

[596] Tagebuch, S. 21

[597] Beyerle, Zehn Jahre Reichsverfassung, S. 29; Ähnlichkeiten sind in Titel I „Grundrechte und Grundpflichten", den Art. 10 bis 55 der spanischen Verfassung vom 29.12.1978 noch heute deutlich.

[598] Vorläufer war die "Bamberger Verfassung" vom 15.9.1919

Beyerle gehörte zu den Männern, die einen starken Verfassungsenthusiasmus auf die Beratungen in Weimar ausstrahlten, der bei der Neugestaltung der Grundrechte zu einem oft nicht verstandenen und oft gar belächelten Pathos aufflammte. Für ihn war die Ausarbeitung des Grundrechtsentwurfs und seine führende Wirksamkeit in dem hierzu gebildeten Unterausschuß vielleicht der Höhepunkt seines Lebens, bei dem seine immer beschwingten Gedanken auch im späteren Verlauf seines Lebens mit Vorliebe verweilten. Mit dem zweiten Hauptteil der Verfassung, der von den Grundrechten und Grundpflichten der Deutschen handelte, ist sein Name in die Verfassungsgeschichte eingegangen.[599]
Innerhalb der geleisteten Verfassungsarbeit hoben sich, so Beyerle, deutlich drei Stadien der Entwicklung ab: die Vorarbeiten der Regierung bis zur Festlegung des Textes der Regierungsvorlage, die Kommissionsberatungen (im Verfassungsausschuß) des konstruktiven ersten Hauptteils der Verfassung und schließlich die Ausarbeitung der Grundrechte durch einen besonderen Unterausschuß sowie ihre Durchberatung im Verfassungsausschuß selbst. Demgegenüber seien die Verhandlungen im Plenum der Nationalversammlung zurückgetreten, ihnen sei vielmehr nur der Charakter einer letzten Überprüfung der in Mitarbeit zwischen Regierung und Kommission geschaffenen Beschlüsse zugekommen, wenngleich bei grundsätzlichen und politischen Fragen wiederholt der behandelte Stoff voll aufgerollt worden sei.[600]
Beyerle betonte, für die Konzeption der Grundrechte sei vor allem der Rechtshistoriker geeignet gewesen. Als erstrebenswert erschien ihm „der Janusblick jedes wahren Historikers, der nicht im Historismus sich vergräbt, sondern in dem und mit dem die Geschichte lebt, und der darum aus der Geschichte den lebendigen Blick für die Gegenwart ... schöpft."[601] Zwar habe die Bismarck´sche Verfassung „in ihrer kunstlosesten Schlichtheit und äußersten Beschränkung auf die konstruktiven Elemente"[602] keine Grundrechte enthalten. Aber der Untertan verlange garantierte Rechte, staatsbürgerliche Minimalgarantien, deren Aufstellung in der Entwicklung der Verfassung überhaupt liege, wie die Städte- und Ständebriefe, die Ideologie des Naturrechts und die ausländische Verfassungsentwicklung zeigten. Auch zu Zeiten Bismarcks seien die Grundrechte, so von Bischof Ketteler von Mainz, dringend gefordert worden.[603]
Grundrechte waren seit Mitte des 19. Jahrhunderts in zahlreichen Verfassungen der Einzelstaaten, niedergelegt. Die Ursache dafür, daß unter Bismarck auf die Grundrechte der Paulskirche nicht zurückgegriffen wurde, sah Naumann darin, daß der Deutsche Bund als Vorläufer des Deutschen Reiches in erster Linie ein „politischer Zweckverband" und noch nicht die „Normaleinheit und geistige Zusammenfassung der Nation" gewesen sei, der nicht denselben Charakter der ideellen Bewegung hatte wie die Ereignisse von 1848.[604] Hugo Preuß hatte in seinem ersten Verfassungsentwurf vom 3.12.1918 keine Grundrechte aufgenommen. Der Aufnahme eines umfassenden Grundrechtskatalogs widersprach er bei der Vorberatung im Reichsamt des Innern vom 9. bis 12.12.1918 mit dem Argument, nach den Erfahrungen von 1848 werde im endlosen Gerede über den individuellen Freiheitsschutz die Zeit für die lebenswichtige Herstellung und Wahrung der

---

[599] Schwend, S. 100
[600] Beyerle, Die Bedeutung der neuen Reichsverfassung, S. 8
[601] Beyerle, Hermann v. Grauert zum 70. Geburtstag, AR Nr. 37 vom 11.9.1920, S. 479
[602] Beyerle, Die Grundrechte und Grundpflichten der Deutschen, Manuskript für Illustrierte Zeitung vom 17.7.1919, Nr. 3968, NL 60, Bl. 307
[603] Vorlesungsmanuskript für die 9. Vorlesung am 25.7.1929 „Wesen und Werden der Weimarer Verfassung"; von Frau Dr. Angelika Beyerle zur Verfügung gestellt
[604] Aktenstück Nr. 391, S. 176

nationalen Einheit vertan.[605] Der am 3.1.1919 abgeschlossene Entwurf (Entwurf I) wollte nur drei Grundrechte gewährleistet wissen: die Gleichheit vor dem Gesetz, die Glaubens- und Gewissensfreiheit und den Schutz der nationalen Minderheiten. Auf Wunsch des Rates der Volksbeauftragten enthielt der am 20.1.1919 vorgelegte Entwurf II das klassische Grundrechtsschema. Preuß hatte seine Grundrechtsvorschläge nach eigenem Bekunden fast wörtlich aus der Paulskirchenverfassung abgeschrieben. „Ich werde sie aus der 48er Verfassung abschreiben, soweit sie heute noch paßt."[606] Die Änderungen in den Entwürfen III vom 17.2.1919 (gemäß § 2 I des Gesetzes über die vorläufige Reichsgewalt dem Staatenausschuß zur Zustimmung vorgelegt) und IV vom 21.2.1919 betrafen die mit dem Aufbau des Reiches verbundenen organisatorischen Probleme, nicht aber Grundrechtsfragen. Zuvor war mit dem Gesetz über die vorläufige Reichsgewalt vom 10.2.1919 eine Übergangsverfassung geschaffen worden, die sich allein mit dem vorläufigen Aufbau und der Organisation des Staates begnügte, ohne Grundrechte zu formulieren. Hinsichtlich der Grundrechte blieb die Rechtslage daher gegenüber dem Bismarck-Reich unverändert bis die Weimarer Reichsverfassung in Kraft trat, zumal allgemein mit dem Überleitungsgesetz vom 4.3.1919 die bisherigen Gesetze und Verordnungen des Reiches einschließlich der alten Verfassung in Kraft blieben, soweit nicht dieses oder das Gesetz über die vorläufige Reichsgewalt dem entgegenstanden. Mit der ersten Lesung des der Verfassunggebenden Nationalversammlung am 21.2.1919 vorgelegten Entwurfs IV wurde am 24. 2. 1919 begonnen, bevor er nach Fortsetzung der Generaldebatte am 28.2.1919 und 3.3.1919 schließlich am 4.03.1919 zur weiteren Beratung an den 8. Ausschuß der Nationalversammlung, den Verfassungsausschuß, überwiesen wurde, der sich mit dem Entwurf in erster Lesung bis 2.6.1919 beschäftigte.[607]
Der Verfassungsausschuß zählte 28 Mitglieder und entsprach in seiner Zusammensetzung im Wesentlichen der Verfassunggebenden Nationalversammlung. Davon gehörten zweiundzwanzig den Regierungsparteien, sechs der Opposition an. Die SPD als stärkste Partei, hatte den Vorsitz dem DDP-Abgeordneten Haußmann überlassen. Neben den Abgeordneten des Zentrums Gröber, Mausbach, Dr. Spahn, Stegerwald und Trimborn war Konrad Beyerle der einzige Vertreter der BVP. Der Verfassungsausschuß zerlegte das umfangreiche Stoffgebiet in vierzehn Abteilungen und überwies diese je einem Berichterstatter und einem Mitberichterstatter. Beyerle war Berichterstatter über den Abschnitt „Gliedstaaten". Mitberichterstatter war der Abgeordnete Koch-Cassel. Zu Berichterstattern über den Abschnitt Grundrechte wurden Düringer und Naumann bestimmt. Neben den Abgeordneten Katzenstein und Dr. Zöphel wurde Beyerle zum

---

605 Huber, S. 1179
606 Kühne, S. 132
607 Im Gegensatz zur Weimarer Reichsverfassung und der Verfassung der Frankfurter Paulskirche, die von einer direkt vom Volk gewählten und ausdrücklich mit der Aufgabe der Verfassungsgebung betrauten Nationalversammlung ausgearbeitet und beschlossen wurden, sollte sich das Bonner Grundgesetz davon durch die fehlende unmittelbare demokratische Legitimation unterscheiden. Als Ausdruck des „Provisoriums" wurde das Grundgesetz nicht durch eine verfassunggebende Nationalversammlung, sondern durch den Parlamentarischen Rat beraten und beschlossen, dem anders als in Weimar ein Regierungsapparat, der Entwürfe und Vorschläge hätte liefern können, nicht zur Seite stand. Die sachbezogene, verfassungsrechtliche Vorarbeit erfolgte durch den Sachverständigen-Ausschuß für Verfassungsfragen, den Herrenchiemseer Verfassungskonvent, der allerdings keine verfassungspolitischen Vorentscheidungen treffen sollte. Der Parlamentarische Rat bildete einen Hauptausschuß sowie fünf Fachausschüsse (für Grundsatzfragen, Zuständigkeitsabgrenzungen, Finanzfragen, Bundesorganisation und Fragen der Verfassungsgerichtsbarkeit und Rechtspflege), einen redaktionellen Ausschuß und später bei besonders kontroversen Fragen einen Fünfer- bzw. Siebener-Ausschuß, der interfraktionelle Absprachen vorbereitete. Die Arbeiten am Grundgesetz waren damit auf wesentlich mehr Gremien als in Weimar verteilt.

Schriftführer gewählt.[608] Der Verfassungsausschuß, in dem eine gute Arbeitsatmosphäre herrschte, wie Beyerle auch in späteren Jahren immer wieder unter Hervorhebung der guten, sachlichen von gegenseitigem Verständigungswillen geprägten Beratungen berichtete,[609] beriet den vorgelegten Verfassungsentwurf abschnitt- und artikelweise. Nur in wenigen Ausnahmen, wie beispielsweise den Grundrechten, wurde von dieser Regel abgegangen und diese erst am Schluß der ersten Lesung behandelt.[610] Allerdings bildeten die kulturellen Grundrechte, die als erste noch im Verfassungsausschuß beraten wurden, den Auftakt für die Einsetzung des Grundrechtsunterausschusses.
Bereits am 12.3.1919 hatte der Verfassungsausschuß eine Redaktionskommission[611] eingesetzt. Wann deren Sitzungen stattfanden ist nicht mehr aufklärbar.[612] Die „Seele des Ganzen" war Beyerle. In seiner Hand lagen die redaktionellen Vorarbeiten seitens des Parlaments. Oft sprachen er und Zweigert, der damalige Referent im Reichsjustizministerium, vor den Sitzungen über Fragen der Redaktion und der Stoffgliederung miteinander.[613] Zwar wurde der Hauptteil der redaktionellen Arbeiten in diesem Gremium geleistet, während in Verfassungsausschuß und Grundrechtsunterausschuß vorwiegend um Inhalte gestritten wurde. Allerdings ergaben sich gerade gegen Ende der Beratungen immer mehr Verflechtungen, so daß auch dort redaktionell gearbeitet wurde.

---

[608] Ziegler, S. 112

[609] Beyerle, Erinnerungen, S. 155: „Das positive Interesse am Zustandekommen der Verfassung verband die große Mehrzahl und schuf eine Stimmung der Geneigtheit zu Verständigung und zu gegenseitiger Würdigung der weltanschaulichen Standpunkte....Auch heute noch, nach sieben Jahren, bleibt die Zuversicht auf eine freiheitliche Lösung der schwierigen Grenzprobleme von Staat und Kirche, die aus den Sätzen von Art. 137 RV spricht, auf keinen unvoreingenommenen Beurteiler ohne Eindruck."; Die optimistische Stimmung bis zur Anerkennung des Versailler Vertrages und der Verabschiedung der Reichsverfassung bezeichnete Troeltsch als „Traumland der Waffenstillstandszeit", vgl. Sontheimer, Antidemokratisches Denken, S. 23

[610] Ziegler, S. 112

[611] Zu deren Aufgabe vgl. Schuhmacher, S. 16 ff

[612] L. Richter, S. 489, Fußnote 3; Der Arbeit Schuhmachers (S. 8) ist zu entnehmen, daß die Arbeiten des Redaktionsausschusses aktenmäßig nicht festgehalten wurden. Weder wurden über seine Sitzungen Protokolle geführt, noch sind die Anträge und Beschlüsse dieses Ausschusses zu den Akten gekommen, so daß nur die Anwesenheitslisten von zwei Sitzungen vorhanden sind.
Mitglieder der Redaktionskommission waren neben Konrad Beyerle, Conrad Haußmann, Kahl, Düringer und Bader. (S. 15) Anders hingegen die Anwesenheitslisten, die neben Beyerle, Haußmann und Düringer auch Katzenstein, Dr. Heinze, und Sinzheimer nennen (Schuhmacher, S. 24)
Bei sprachlichen Unklarheiten seien die entsprechenden Fragen häufig vom Verfassungsausschuß an die Redaktionskommission überwiesen worden. (S. 20)
Unklar ist, wann die Redaktionskommission tagte. Daß dies schon vor dem 18.6.1919 der Fall war, geht nicht nur aus den Äußerungen Haußmanns hervor (vgl. Schuhmacher S. 21 f), sondern auch aus den Bemerkungen Beyerles am 3.7.1919 (Band V, S. 3056 und S. 3103), in denen er sich auf Beschlüsse der Redaktionskommission bezog.
Möglicherweise wurden Anwesenheitslisten nur für den 18. und 19.6.1919 deshalb geführt, weil die an diesen Tagen gefaßten Beschlüsse, sofern sie nicht rein redaktioneller Natur waren, nicht mehr vom Verfassungsausschuß in erster Lesung behandelt werden konnten, der diese am 19.6.1919 abschloß. Es wurden von einzelnen Abgeordneten daher Bedenken geltend gemacht, daß die Redaktionskommission nicht autonom sei und eine nochmalige Vorlage im Verfassungsausschuß erfolgen müßte. Da den Beschlüssen der Redaktionskommission (bei befürchteten sachlichen Änderungen) somit eine erhöhte Bedeutung zukommen konnte, war die namentliche Erfassung der Teilnehmer von Interesse.

[613] Schuhmacher, S. 25, und S. 23: Es unterliege keinem Zweifel, daß Beyerle als Hauptreferent an allen Beratungen der Redaktionskommission teilgenommen habe. Beyerle (Zehn Jahre Reichsverfassung, S. 22) blieb die mehrtägige intensive Zusammenarbeit mit dem scharfsinnigen Regierungsjuristen Zweigert bei der Glättung und endgültigen Ordnung des Verfassungstextes in dankbarer Erinnerung. So übernahm Beyerle auch Vorschläge des Reichsinnenministeriums und brachte sie im Verfassungsausschuß ein, vgl. Aktenstück Nr. 391, S. 452, 39. Sitzung des Verfassungsausschusses am 6.6.1919

(Skizze von Hans Alexander Müller, 1919: Am Schluss einer Sitzung)[614]

Die erstmalige, nach außen in Erscheinung tretende Beschäftigung Beyerles mit der Thematik der Grundrechte erfolgte im Rahmen der Beratungen über die kulturellen Grundrechte Ende März/Anfang April 1919, als sich an die Rede Naumanns im Verfassungsausschuß eine allgemeine Aussprache über Inhalt und Bedeutung der Grundrechte anschloß, und intensivierte sich mit Einsetzung des Grundrechtsunterausschusses. Ob dessen Einsetzung tatsächlich auf Beyerle zurückgeht, wie Völtzer und Wirth[615] unter Berufung auf eine spätere Äußerung Beyerles[616] meinen, erscheint fraglich.
In der Sitzung am 31.3.1919 war der Antrag des Abgeordneten Dr. Ablaß, den Naumann´schen Entwurf einer Unterkommission zur Einzelberatung zu überweisen, abgelehnt worden. Beyerle berichtete mehrfach, die Einsetzung des Unterausschusses für Grundrechte beruhe auf einer „engeren Aussprache Haußmanns mit ihm zusammen mit führenden Persönlichkeiten aller Parteien am 1.5.1919.
Demgegenüber vertritt Ludwig Richter die Auffassung, entgegen der Erinnerung Beyerles sei bereits am 1.4.1919 beschlossen worden, die Grundrechtsartikel des Verfassungsentwurfs - abgesehen von den Kirchen- und Schulartikeln - „zur Vorberatung einem Unterausschuß von 7 Mitgliedern mit dem Auftrag zur baldigen Berichterstattung“ zu überweisen.[617] Er stützt sich auf eine entsprechende handschriftliche Notiz Haußmanns vom 1.4.1919, die von Quarck und Naumann unterschrieben sei.[618] In der Sitzung vom 4.4.1919 seien unter Erweiterung der ursprünglich vorgesehenen sieben nunmehr neun Abgeordnete in den Unterausschuß gewählt worden. Das ergebe sich daraus, daß sich das undatierte Blatt in den chronologisch geordneten Akten unmittelbar nach dem Beschlußprotokoll der 22. Sitzung vom 4.4.1919 befinde. Auch nach Feststellung von Quarck hätten die Sitzungen des Unterausschusses bereits im April begonnen.[619] Ebenso gehe aus einer handschriftlichen Notiz Beyerles in den Akten des Verfassungsausschusses, die auch von Haußmann unterschrieben wurde, hervor, daß sich der Unterausschuß nach einer Sitzung am 11.4.1919 auf den 29.4.1919 vertagte.[620]

---

614 aus einer Ausgabe der Illustrierten Zeitung vom 17.7.1919, Nr. 3968; NL 60, Bl. 694 RS, 695 VS
615 Völtzer, S. 178, Wirth, S. 137 und S. 169, ebenso Gusy, S. 274
616 Beyerle, Zehn Jahre Reichsverfassung, S. 21
617 L. Richter, Kirche und Schule in den Beratungen der Weimarer Nationalversammlung, S. 412
618 L. Richter, aaO, Fußnote 637
619 L. Richter, aaO, S. 413, Fußnote 643
620 L. Richter, S. 414, Fußnote 649 unter Hinweis auf RT 2894, p. 251. Haußmann habe Düringer telegraphisch am 24.4.1919 bestätigt, daß der Unterausschuß diesen Termin trotz „Verkehrsschwierigkeiten“ einhalten könne, Richter unter Hinweis auf HStAST NL Haußmann 37

Protokolle finden sich dazu nicht. Darüber hinaus erscheinen die Beratungen des Grundrechtsunterausschusses in dem Sinne vollständig, daß die gesamte Materie abgedeckt wurde, was allerdings nicht ausschließt, daß Einzelnes mehrfach beraten wurde, wenngleich die Wahrscheinlichkeit hierfür angesichts des damals bestehenden Zeitdrucks nicht allzu hoch ist.
Wie dem auch war, die Einsetzung des Unterausschusses erfolgte nicht aufgrund einer Abstimmung des Verfassungsausschusses, sondern aufgrund einer Absprache einzelner Abgeordneter, die in gewissem Gegensatz zu der ablehnenden Entscheidung des Verfassungsausschusses über den Antrag des Abgeordneten Ablaß stand. Nicht in Zweifel steht, daß Beyerle als treibende Kraft bei der Umarbeitung des Preuß´schen Grundrechtsentwurfes unter Berücksichtigung der Grundgedanken Naumanns, des sozialdemokratischen Antrags Nr. 89 Quarck-Sinzheimer und des Antrags Nr. 90 von Düringer anzusehen ist.[621]

aa. Der Grundrechtskatalog

Die Grundrechte der Weimarer Verfassung lassen sich nach verschiedenen Kriterien einteilen, die jeweils von der dahinterstehenden Fragestellung abhängig sind. Fragt man nach der Rechtsqualität der Normen, lassen sich unmittelbare, subjektive Rechte und Pflichten zuteilende Gesetzesbefehle von Rechtsgrundsätzen für die Handhabung der Gesetzgebung, von Programmsätzen der Reichspolitik und volkstümlichen Sätze im Hinblick auf die staatsbürgerliche Erziehungsarbeit im Volksstaat unterscheiden.[622] In der Rechtswissenschaft der Zwanziger Jahre herrschte die Einteilung der Grundrechte nach dem Maß ihrer verfassungsrechtlichen Abänderbarkeit vor.[623] Möglich ist auch eine Differenzierung in weltanschaulicher Hinsicht[624], wonach sich die Grundrechte der Weimarer Reichsverfassung – entsprechend den Parteien der „Weimarer Koalition," der DDP, des Zentrums und der SPD - unterscheiden lassen in die liberalen Freiheitsrechte mit ihrer geschichtlichen Tradition, die religiös gebundenen, kulturellen Grundrechte, die als Damm gegen sozialistische Bestrebungen in die Verfassung aufgenommen werden und die sozialistischen Grundrechte, die sich im Laufe der Zeit als verhältnismäßig wenig bedeutungsvoll erweisen sollten. So verteidigte Beyerle im Plenum der Verfassunggebenden Nationalversammlung am 11.7.1919 die Grundrechtskonzeption gegen den Vorwurf eines „interfraktionellen Parteiprogramms mit allen seinen Schwächen und Unklarheiten" damit, daß in drei Richtungen feste Dinge vorgefunden worden seien: einmal der Bestand der alten Grundrechte, welche der Regierungsentwurf bereits aufgenommen hatte, sodann die erste Fassung der Sätze über Schule und Kirche sowie von sozialistischer Seite bedeutsame wirtschaftspolitische und sozialpolitische Anträge. Es habe gegolten, in dieses „disparate Material eine gewisse Ordnung" zu bringen.[625]

Allerdings befriedigt auch diese Einteilung nicht, denn auch danach läßt sich das Neue der Grundrechtskonzeption der Weimarer Verfassung nicht klar darstellen,

---

[621] L. Richter aaO, S.414

[622] so Beyerle, Die wirtschaftliche Sicherstellung der Beamten in der Reichsverfassung, Gutachtliche Äußerung, 1931, S. 16

[623] vgl. beispielsweise: Anschütz, S. 517 ff:
Danach ergibt sich folgende Stufenfolge: 1. Reichsverfassungskräftige Grundrechte ersten Grades, 2. Reichsverfassungskräftige Grundrechte zweiten Grades, 3. Lediglich reichsgesetzkräftige Grundrechte, 4. „leerlaufende", nur das Prinzip der Gesetzmäßigkeit konkretisierende Grundrechte

[624] vgl. Albert Hensel, Institution, Idee, Symbol

[625] Heilfron, Bd. VI, S. 3670

so daß im Folgenden die in der Verfassung von Beyerle vorgenommene Systematisierung der Grundrechte beibehalten wird. Im Groben sind danach die Grundrechte der Einzelperson weitgehend mit dem Katalog der klassischen liberalen Freiheitsrechte identisch, die Grundrechte im dritten Abschnitt „Religion und Religionsgemeinschaften" entsprechen in ideologischer Hinsicht den kulturellen Grundrechten und diejenigen über das Wirtschaftsleben den sozial bzw. sozialistisch beeinflußten Rechten. Stärkere Überschneidungen finden sich im Abschnitt über das Gemeinschaftsleben und Bildung und Schule, wo ideologische Zuordnungen verlaufen.

Die Gliederung nach dem Aufbau der Verfassung hat nicht nur den Vorteil größerer Übersichtlichkeit, sondern findet eine innere Rechtfertigung in dem von Beyerle aufgegriffenen Gedanken der „Volksverständlichkeit", der zwar in erster Linie die Zielsetzung klarer, einfacher, auch für den Laien verständlicher Formulierungen verfolgte, jedoch damit auch den Gedanken an eine handhabbare Systematik nahe legte.

Mit dem am 18.3.1919 von Friedrich Naumann vorgelegten und ab 31.3.1919 vom Verfassungsausschuß beratenen „Versuch volksverständlicher Grundrechte" wurde ein neuer Impuls gegeben. Das Ziel Naumanns war es, dem Charakter der Zeit einen verfassungsmäßigen Ausdruck zu verleihen. So sei es zwecklos, einfach die alten Sätze aufzunehmen. Das sei nichts anderes „als den alten Stoff archivarisch weiterführen zu wollen", eine „archaistische Sammlung", „Museumsarbeit".[626] Er war der Ansicht, daß die im Regierungsentwurf enthaltenen Grundrechte eigentlich nur antiquierte Denksteine, Museumsstücke früherer Rechtskultur seien. Sie seien für das große Volk nicht verständlich und entsprächen nicht der gegenwärtigen Kulturentwicklung. Die „alten" Grundrechte seien daher nachzuprüfen und in ihrem Verhältnis zum heutigen Staat anzupassen. Er habe mit seinem Vorschlag volksverständlicher Grundrechte versucht, „an den alten Gedanken vom Rechtsstaat aller Deutschen den weiteren Gedanken vom nationalen Volksstaat der Gegenwart anzufügen". Denn Staatsauffassung sei nunmehr der entschiedenere demokratisch ausgerichtete „Volksstaat, der Nationalstaat" geworden.

Darüberhinaus wünschte Naumann ein Bekenntnis zu den leitenden Ideen der neuesten Entwicklung, in erster Linie der sozialen Probleme. Grundlage für das zu schaffende soziale Staatsrecht sei eine Art Verständigungsfriede zwischen Kapitalismus und Sozialismus. Auch wenn die Grundrechte bislang nicht jene Wirksamkeit gehabt hätten, die sie versprachen, waren sie Weltanschauungsmomente zur Herbeiführung derjenigen Gesinnung, auf der der Staat beruhte, so daß ein Staatsbekenntnis, das über Rechtsformulierungen hinwegschreitet, ein Bedürfnis der Staatsweisheit und Staatsvorsicht sei. Es wäre gut auch in den Grundrechten nicht nur von Rechten, sondern auch von ihren Korrelaterscheinungen, den Pflichten, mit größerer Bestimmtheit zu reden, denn „je höher das Recht des einzelnen Staatsbürgers wächst, desto höher wird auch das, was der Staat von ihm verlangen kann."[627]

Damit traf er den Geschmack Beyerles, der den Grundrechten eine wesentliche Funktion in der politischen Bildungsarbeit zumaß. Den Versuch Naumanns, der in bewußter Ablehnung jeder streng juristischen Formulierung und unter gewollter Überschreitung des rechtlichen Rahmens Rechtssätze mit wirtschafts- und sozialethischen Gedanken in knapper, sprichwortartiger Form zusammenstellte, hielt

---

[626] Theodor Heuss, S. 499

[627] Aktenstück Nr. 391, S. 177 ff

Beyerle als fruchtbar für die weitere Verhandlung.[628] Theodor Heuss schrieb,[629] daß das weiche und bewegliche Temperament Beyerles von Naumann stark beeindruckt gewesen sei; Beyerles Vorbereitung der Sonderberatung habe die Gesichtspunkte des „Versuches" weithin aufgenommen, juristisch zurechtgemacht. Wie sehr Naumann und Beyerle in ihrer grundsätzlichen Auffassung über die Aufgabe der Verfassung zur Übereinstimmung gelangten, zeigen die folgenden Sätze Beyerles:

„Es verriet wenig Sinn für das ernste Ziel des Verfassers, wenn man glaubte, sie (Naumanns Vorschläge, d. Verf.) als Scherz abtun zu können. Naumann unterstrich nicht allein die Forderungen der volkstümlichen Gestaltung und betonte auch seinerseits das Pflichtmoment. Er brachte auch den Gedanken der Verwertung der Verfassungsurkunde als wichtigste Unterlage des staatsbürgerlichen Unterrichts zum Ausdruck. Mir war es beschieden, für die Kommissionsarbeit einen Plan zu entwerfen, der den Grundrechten und Grundpflichten in der Verfassung den erstrebten breiteren Boden sichern und über die systemlose, geschichtlich überkommene Aufreihung der alten Grundrechte zu einer stofflichen Gliederung gelangen sollte, die logische Folgerichtigkeit in staatserzieherischer Anschaulichkeit zu verbinden sucht."[630]

Hinsichtlich des in den Grundrechtsteil einzuarbeitenden Stoffes erklärte Beyerle, daß die Bestimmungen des Sozialisierungsgesetzes in die Verfassung übernommen wurden, woraus sich aber auch die Möglichkeit ergab „Grundgedanken anderer Gesetze, vor allen Dingen des bürgerlichen Rechtes, heranzuziehen, um einen mehr oder weniger geschlossenen Aufbau der Grundrechte zu erzielen, zumal sich bei Sichtung des überlieferten Grundrechtsbestandes rasch dessen große Lückenhaftigkeit gezeigt habe, die ausgefüllt werden mußte. Auch das politische Programm der Reichsregierung habe Sätze enthalten, die sich zur Aufnahme in das Kapitel der Grundrechte eigneten.[631]

Bei der Anordnung der Grundrechte wurden Rechte des Einzelnen solchen vorausgestellt, die die Gemeinschaft betrafen. Beyerle rechtfertigte dies:

„Wir waren bemüht, hier einem Gedanken zu folgen, der im Preußischen Allgemeinen Landrecht enthalten ist und der dem germanischen Rechtsdenken seit Jahrhunderten eigen ist: den einzelnen durch die Gemeinschaft zum Staate hinaufsteigen zu lassen und so zunächst die Grundrechte und Grundpflichten der Person in erste Linie zu stellen und diesen dann die Grundlagen des Gemeinschaftslebens anzureihen."[632]

Klarstellend ist zu vermerken, daß die „klassischen, individuellen Freiheitsrechte" nicht allein im Abschnitt über die Einzelperson enthalten sind, sondern sich beispielsweise die Religions- und Gewissensfreiheit im Abschnitt über Religion und Religionsgesellschaften und das Eigentum im Abschnitt über das Wirtschaftsleben finden. Auch darin wird Beyerles Konzeption sichtbar. Den Grundrechten, „in denen Goldkörner aus der Paulskirche weiterleben", die er als „das Werk Dahlmanns und Beselers"[633] nicht missen wollte, kam nicht in erster Linie eine Abwehrfunktion im

[628] L. Richter, S. 414, Fußnote 652
[629] Theodor Heuss, S. 498
[630] Beyerle, Manuskript, NL 60; Bl. 310
[631] Aktenstück Nr. 391, S. 367 f
[632] Beyerle, Aktenstück Nr. 391, S. 368
[633] Heilfron, Bd. II, S. 1148, Beyerle in der Sitzung der Nationalversammlung vom 3.3.1919

Sinne des „status negativus“ zu, sondern sie waren eingebunden in ein größeres Ganzes. Bemerkenswert ist, daß der Sozialstaatsgedanke über die Grundrechte in die Verfassung gelangte und nicht etwa als objektives Staatsziel Aufnahme fand. Zwar entsprach es einerseits dem Geist der Zeit, den Staat von der Perspektive des Individuums herzuleiten. Denn der neue Staat verstand sich als Ergebnis einer Bewegung des Volkes, welches sich seine Rechte erkämpft hatte.[634] Andererseits wurde den Grundrechten und Grundpflichten durch die Betonung der Gemeinschaftsbezogenheit eine neue Dimension hinzugefügt.

Den Wert der Grundrechte erblickte Beyerle daher auch dort, wo die Paulskirche nur allgemeine Gedanken ausgesprochen habe, denn die Grundrechte bildeten einen Unterbau für die staatsbürgerliche Erziehung des Volkes. Das Charakteristikum der Grundrechte sah er in deren höherer Wertung, daß sie über die Wechselfälle der gewöhnlichen Gesetzgebung hinausgehoben zu einer Quelle subjektiven öffentlichen Rechts geworden seien.[635] Damit brachte Beyerle nicht nur die damals zeitgemäße allgemeine Meinung zum Ausdruck, daß die Verfassung ein erschwert abänderbares Gesetz sei, - die Vorstellung vom Vorrang der Verfassung entwickelte sich erst später - sondern beschrieb auch die Bedeutung der Programmsätze:

> *„Und wo (die Reichsverfassung, d. Verf.) nicht imstande ist, selbst schon all die großen Fragen der Zeit zu lösen, stellt sie Grundsätze und Programmpunkte auf, die in der Zukunft verwirklicht werden sollen. Eine neue Aera deutscher Gesetzgebungsarbeit wird durch die Verfassung eröffnet.“*[636]

(1) Die Einzelperson – die Wurzeln der Grundrechte (Art. 109 bis 118 RV)

Ausgangspunkt für die Schaffung eines Grundrechtskatalogs waren aber zunächst die liberalen Freiheitsrechte, die auf eine lange Tradition zurückblicken konnten und deren Aufnahme in die Verfassung kaum umstritten war. Auch Düringer, der „im Interesse einer ruhigen und sicher fortschreitenden Entwicklung“ die Gewährleistung von Grundrechten in Reichsgesetzen für „praktisch hielt“, sprach sich schließlich wegen deren großer politischer Bedeutung für die Aufnahme in der Verfassung aus. Soweit einzelne Stimmen die Grundrechte rundheraus für überflüssig erklärten, konnten sie sich nicht durchsetzen. Beyerle betonte, es sei mehr als eine Pietätspflicht gegenüber dem Vorbild der Grundrechtsberatungen in der Paulskirche zu Frankfurt gewesen, den Grundrechten einen Abschnitt in der Verfassung zu sichern.[637] Er fuhr fort, daß es nicht überflüssig sei, die Grundrechte durch Aufnahme in die Verfassung erneut ins Bewußtsein zu rufen und als Stimmen des Rechts den Ausschreitungen der Gewalt gegenüberzustellen, auch wenn sie längst zum Gemeingut moderner Rechtskultur gehörten, das hätten gerade die Erfahrungen der jüngsten Vergangenheit gelehrt.[638]

So formulierte er, daß die „Grundrechte in geschichtlicher Perspektive betrachtet werden müssen, wenn sie in ihrer ganzen Kraft und Tragweite erkannt

---

[634] so Völtzer, S. 252 f
[635] Aktenstück Nr. 391, S. 367
[636] vgl. Vorlesungsmanuskript, NL 70, Bl. 56
[637] Beyerle, Die Grundrechte und Grundpflichten der Deutschen, Manuskript für Artikel in der Illustrierten Zeitung vom 17.7.1919, Nr. 3968, NL 60, Bl. 304 ff
[638] Beyerle, Die Verfassung des Deutschen Reichs, S. 49

werden und ihren staatssichernden und staatserzieherischen Zweck erfüllen sollen."[639] Ihre Wurzeln erblickte er nicht erst in den Verfassungen der sich vereinigenden amerikanischen Einzelstaaten oder der französischen Revolution, sondern in den Feiheitsrechten des Mittelalters.[640] Während auf dem Gebiet des Privatrechts ältere deutsche Rechtsgedanken als wertvolle Formen für modernste Rechtsbedürfnisse neubelebt werden konnten (Genossenschaft, Treuhand, Schuld und Haftung, Erbbaurecht), bahne sich eine solche Entwicklung im öffentlichen Recht erst an und „könnte viel dazu beitragen, die zerrissene politische Welt Deutschlands zu versöhnen."[641] Es ist anzunehmen, daß Beyerle in seiner im Wintersemester 1932/1933 gehaltenen Vorlesung „Quellen zur Geschichte der Reichsverfassung in Mittelalter und Neuzeit" seine Gedanken hierzu ausführlicher darstellte, indessen sind bedauerlicherweise keinerlei schriftliche Unterlagen überliefert.

In seiner Rede als Berichterstatter im Unterausschuß am 28.5.1919 knüpfte Beyerle an die geschichtliche Tradition der Grundrechte an, die ihren Ursprung in den berühmten Urkunden der Städtegründer des 12. und 13. Jahrhunderts habe. An der Schwelle des Kapitels der Grundrechte seien die Sätze gestanden, die der Herzog Konrad von Zähringen 1120 der Stadt Freiburg im Breisgau[642] und diejenigen, die 50 Jahre später Heinrich der Löwe den Städten Schleswig, Braunschweig und München gegeben habe. Die Sätze, die 1120 für Freiburg im Breisgau verkündet wurden, seien in geschichtlichem Zusammenhang über Köln von Flandern bis nach England gedrungen, wo sie in den berühmten Denkmälern der Freiheit erstmals niedergeschrieben worden seien. Als Kenner des Sachsenspiegels verwies Beyerle auf Eike v. Repgow, der bereits im Mittelalter aus rechtsphilosophischen Erwägungen den Satz niedergeschrieben habe: „Es ist eigentlich nicht recht, daß es Unfreie gibt, von Natur sind alle Menschen gleich."[643] Das Erbe dieser philosophischen Lehre habe der Rationalismus angetreten, vor allem Lafayette, der auch die von der naturrechtlichen Rechtsphilosophie geforderten Grundsätze des Rechts auf Leben, auf Freiheit und Eigentum in die Deklaration der Menschenrechte eingeflochten habe, „von de(r) man immer wieder ausgehen muß, wenn man das Problem von neuem anfaßt." Insbesondere die bayerische und

---

[639] Beyerle, Geleitwort zu v. Keller, S. 7

[640] Beyerle, Aktenstück Nr. 391, S. 366

[641] Beyerle, Staatslexikon, Band I., Stichwort „Deutsches Recht", Sp. 1369 ff, 1372

[642] Erstmals beschäftige sich Beyerle mit diesem Komplex in seiner 1909 in ZRG (GA) 30, 408 ff erschienenen Besprechung der Arbeit von Siegfried Rietschel (Neue Studien über die älteren Stadtrechte von Freiburg i. Br. Mit einer vergleichenden Ausgabe der lateinischen Stadtrechtstexte des 13. Jahrhunderts) unter Einbeziehung dessen 1905 erschienenen Abhandlung „Die älteren Stadtrechte von Freiburg i. Br." Er kam nach mehreren Seiten Textkritik auf S. 416 zu dem Ergebnis, daß die Urfassung der in Freiburg i. Br. befindlichen schlichten Rechtsaufzeichnung bürgerlicher Herkunft, die zu eigenem Gebrauch der Stadtbehörde wie zu Rechtsmitteilungen an Bewidmungsstädte diente, verloren sei, jedoch in einer Abschrift getreu überliefert ist. Dieser Text sei nicht nur die Grundlage der Bremgartner Stadtrechtsfamilie (Arau (vor 1309), Brugg (vor 1309), Sursee (14.Jhdt.), sondern bilde auch den Grundtext der Stadtrechtsfamilie von Kolmar (1278), welcher außer Kolmar die Städte Schlettstadt und Neuenbrug i. Br. angehören.
Die Zeit kurz nach dem Aussterben der Zähringer besaß für Beyerle die meiste Wahrscheinlichkeit für die Entstehung. In Freiburg habe das Bürgertum von Anbeginn eine so selbständige Stellung wie nirgendwo sonst in Süddeutschland gehabt. Die zur Nachahmung seit 1170 begehrten Freiheiten Freiburgs mußten sehr früh das Bedürfnis nach Niederschrift seines Rechts hervorrufen.
Beyerle schloß seine Besprechung unter Hinweis auf die Einblicknahme „in das Manuskript einer größeren Untersuchung, die das Verhältnis des älteren Villinger Rechts zum Rechte von Freiburg i. Bg. Zum Gegenstand hat und die demnächst in meinen Deutschrechtlichen Beiträgen erscheinen wird". Hierbei handelte es sich um die Dissertation seines Bruders Franz.

[643] Aktenstück Nr. 391, S. 366

badische Verfassung nach den Befreiungskriegen hätten Anleihen bei dem französischen Vorbild gemacht.[644]

Die Auffassung, die Wurzeln der Grundrechte im Mittelalter zu suchen, war wenig verbreitet. Zwar habe schon Otto von Gierke die Meinung vertreten, daß der ideengeschichtliche Hintergrund der Grundrechte bis ins Mittelalter reiche, doch habe bis dahin niemand die Freiheitsverleihungen mittelalterlicher Stadtgründer als positive geschichtliche Vorbilder der neuzeitlichen Grundrechte in Anspruch genommen. Der Hinweis auf die Magna Charta von 1215 sei vereinzelt geblieben und habe seinerseits der rechtsgeschichtlichen Vertiefung gerade hinsichtlich ihres Zusammenhangs mit der großen Freiheitsbewegung des Mittelalters entbehrt. Konrad Beyerle hielt es daher rückblickend für verständlich, daß seine damaligen Äußerungen von einem so verdienten Kommentator der Weimarer Verfassung wie Gerhard Anschütz skeptisch aufgefaßt worden seien und ein näheres Eingehen der Literatur hierauf vermissen lasse.[645] Erst einmal habe der Versuch gewagt werden müssen, Bestand und Rechtsnatur der mittelalterlichen Freiheitsrechte in ausgreifender rechtsvergleichender Übersicht festzustellen und die Brücken von den mittelalterlichen Denkmälern zu den neuzeitlichen Grundrechten, soweit irgend möglich, zu schlagen.[646]

Dies erfolgte dann in der Arbeit seines Schülers v. Keller, die ihm, so Beyerle weiter, „die unerläßliche Voraussetzung" geboten habe für den Vortrag, den er auf dem Deutschen Rechtshistorikerkongreß in Jena im Oktober 1932 gehalten und für den er in wesentlichen Punkten die Zustimmung der Versammelten gefunden habe.[647] Im Folgenden wird daher ergänzend auf die Arbeit v. Kellers zurückgegriffen, mit dessen Gedankengang sich Beyerle einer Meinung zeigte, indem er dessen Arbeit unter Anerkennung dessen Forschungsarbeit für sich in Anspruch nahm.[648]

Aus der bewußten Anknüpfung an alte deutsche Traditionen erklären sich zunächst einige wörtliche Übereinstimmungen zwischen der Weimarer Reichsverfassung und altem deutschen Recht, die der Mitarbeit Beyerles zu verdanken sind. So ist beispielsweise Art. 115 S. 1 der Reichsverfassung „Die Wohnung jedes Deutschen ist für ihn eine Freistätte und unverletztlich." in einem Satz der Handfesten von Enns

---

[644] Daß sich Beyerle mit diesen Verfassungen eingehend beschäftigte, ergibt sich aus seinen handschriftlichen Übersichten, die noch in seinem Nachlaß vorhanden sind, vgl. unten III. Teil 2. C. bb

[645] so bedauerte er (Geleitwort S. 7) die skeptische Äußerung von Anschütz, Grundrechte und Grundpflichten der Deutschen, S. 506: „Ob" sich die geschichtlichen Grundlagen der Grundrechte „bis in das Mittelalter, und zwar nicht nur das englische (Magna Charta von 1215), sondern auch das deutsche und italienische zurückverfolgen lassen, mag hier unerwogen bleiben."; Allein Planitz (Die Grundrechte und Grundpflichten der Reichsverfassung, S. 608) gebe einen ideengeschichtlichen Überblick. Auf S. 608 erwähnt dieser die alten Widerstandsrechte des mittelalterlichen ständischen Staates.; Mittelalterliche Ursprünge der Grundrechte erwähnt auch Apelt, Geschichte der Weimarer Verfassung, S. 292 und 294

[646] Beyerle, Geleitwort, S. 7

[647] Beyerle, aaO, S. 8 und Wohlhaupter, HJB 53, (1933), S. 272, (276); Beyerle hatte auch schon auf dem Rechtshistorikerkongreß in Madrid im April 1932 über die Ergebnisse eigener und von ihm angeregter Forschungen berichtet, welche geschichtlichen Zusammenhänge zwischen den modernen Grundrechten und den Freiheiten mittelalterlicher Städte aufgezeigt hatten

[648] Beyerle, Geleitwort, S. 8;

Er setzte sich für eine wohlwollende Rezension der Arbeit v. Kellers bei Stutz ein. An Stutz schrieb er: „Es freut mich, dass Du wenigstens dem geschichtlichen Teil der Arbeit meines Schülers Geschmack abgewinnen kannst. Denn ich weiss, wieviel ich selbst daran mitgearbeitet habe. Das andere (Parallelen zu den modernen Freiheitsrechten, d. Verf.) ist diskutable Frage der subjektiven Auffassung; gleichwohl hoffe ich, dass man sich darüber wird verständigen können." UAZ, Postkarte vom 5.2.1933

V. Keller stellte allerdings klar (S. 262), die Frage des Zusammenhangs der europäischen Freiheitsrechte des Mittelalters mit den neuzeitlichen Grundrechten mehr anzudeuten als auszuführen, insbesondere nicht den Weg jedes einzelnen Freiheitsrechtes nachgehen zu können (S. 274).

und Wien aus der ersten Hälfte des 13. Jahrhunderts vorgebildet.[649] Weitere äußere Übereinstimmungen zwischen mittelalterlichem Recht und der Verfassung finden sich im Recht auf den gesetzlichen Richter (Art. 105 RV), der Garantie des Eigentums (Art. 154 RV), der allgemeinen Gleichheit (Art. 109 RV), der Freizügigkeit (Art. 112 RV) und dem Widerstandsrecht (Art. 112 II RV).[650]

Die Betonung der deutschen mittelalterlichen Grundrechtswurzeln war geeignet, Vorbehalte gegen die Aufnahme von Grundrechten zu überwinden. In der Anknüpfung an das Mittelalter schwang bei unscharfer Betrachtung zugleich der Gedanke an die Blütezeit des deutschen Kaisertums mit. Sieht man, wie Beyerle, in den Grundrechten auch einen Symbolersatz für die durch die Revolution beseitigten Dynastien, so konnte es auch konservativen Kreisen, die der liberalen Bewegung des 19. Jahrhunderts mit ihrer Formulierung von Grundrechten, skeptisch bzw. ablehnend gegenüberstanden leichter fallen, dem Gedanken der Grundrechte näher zu treten. Darüberhinaus war diese Sichtweise Beyerles geeignet, zu verhindern, daß die weit verbreiteten Ressentiments gegen die westlichen Demokratien auf eine Verankerung der Grundrechte in der Reichsverfassung erstreckt wurden. In anderem Zusammenhang betonte Beyerle, die Form des Staates solle „deutschen Geist atmen", sein Wiederaufbau eine „deutsche Kulturtat" sein.[651] Die Weimarer Verfassung sei keineswegs eine schlechte Kopie fremder Vorbilder, insbesondere der französischen Verfassung. Sie sei als Volksdemokratie durchgeführt. Die Zeit werde lehren, daß die deutsche Parlamentsgeschichte ihren eigenen, im deutschen Wesen begründeten Weg gehe.[652] Beyerle hob hervor, daß die naturrechtlichen Gedanken, die in und hinter den Grundrechten stehen, nicht die der französischen Aufklärung, sondern die großen Grundgedanken des mittelalterlichen Naturrechts[653] seien, die gerade dem deutschen Staat und Recht des Mittelalters immer wieder als Richtlinien gedient hätten. In diesem Zusammenhang beklagte auch Wohlhaupter 1932 mit Blick auf die Nationalsozialisten, man „müsse täglich erleben, daß gerade Leute, welche am lautesten den Ruf nach dem deutschen Recht erschallen" ließen, nicht wüßten, „daß wertvollstes deutsches Rechtsgut in den Grundrechten niedergelegt" sei.[654]

Beyerle distanzierte sich vom individuellen Freiheitsbegriff der Aufklärungszeit, wenn er betonte, es müsse eine „am Gemeinwohl orientierte Freiheit, die sich mit Pflichten paart", in den Vordergrund gestellt werden und formulierte, „daß Pflicht und Dienst für die Allgemeinheit vor der starren Betonung der Freiheitsrechte des Einzelnen gehen."[655] Nach seiner Auffassung war die Statuierung von Grundpflichten[656] neben den Grundrechten „gleichwertig"[657], eine gedankliche

[649] V. Keller, Freiheitsgarantien für Person und Eigentum im Mittelalter, S. 274 und 217 f: „Unicuique civium domus sua sit pro municione, et commansionariis suis et cuilibet fugienti vel intranti domum."

[650] V. Keller, aaO, S. 274 ff

[651] Beyerle, Parlamentarisches System --- oder was sonst, S. 7

[652] Beyerle, Parlamentarisches System --- oder was sonst, S. 14

[653] In seinem Vortrag Religion und Recht in der deutschen Vergangenheit (Schönere Zukunft Nr. 38 vom 19.6.1932) verdeutlichte er: „In der sich ... entwickelnden christlichen Staats- und Rechtsphilosophie erhob sich die Lehre vom Naturrecht, weit über antike Ansätze. Ohne das Hinzutreten tiefgreifender christlicher Einflüsse wäre diese Spekulation, deren Größe in heutiger Zeit wieder vorbehaltlos anerkannt wird, kaum zustande gekommen. ..."

[654] Wohlhaupter, „Geh.-Rat Prof. Dr. Konrad Beyerle. Zu seinem 60. Geburtstag", Bayerischer Kurier vom 14.9.1932, Nr. 258

[655] Beyerle, Die Grundrechte und Grundpflichten der Deutschen, Manuskript für die Illustrierte Zeitung vom 17.7.1919, Nr. 3968, NL 60, Bl. 304 ff

[656] Eine Zusammenstellung von Grundpflichten enthält ein Schreiben des Reichsministers des Innern (I A 6228/29) vom 2. Mai 1919, das Beyerle aufgrund der von ihm angebrachten Hervorhebungen offensichtlich als

Gegenüberstellung, die schon in der Aufschrift zum Ausdruck kommen müsse[658], ohne daß er allerdings, worauf Luchterhand zutreffend hinwies[659], den Ausdruck „Grundpflichten" erläuterte, da er dessen Inhalt als Pendant zu den Grundrechten für evident hielt im Sinne einer umfassenden Gemeinwohlbindung des einzelnen. Während die Grundrechte der älteren Verfassungen rein einzelpersönlich aufgebaute Freiheitsrechte des Individuums gegenüber der Staatsgewalt seien, sei „urdeutschem Rechtsdenken diese atomistische Auffassung des einzelnen Menschen und Bürgers der französischen Aufklärungszeit ebenso fremd, wie dem sozialistisch geschulten Deutschen der Gegenwart." Ein Grundzug schon des germanischen Rechtsdenkens habe darin gelegen, sich neben der Stellung des einzelnen auch mit den Beziehungen zur Genossenschaft und Gemeinschaft auseinanderzusetzen. Es verwundert daher nicht, wenn für Beyerle die Abwehrfunktion der Grundrechte in den Hintergrund trat. So nahm er neben den liberalen Grundrechten auch andere Bestimmungen in den Grundrechtskatalog auf, wodurch die Wirkkraft der Abwehrrechte relativiert wurde. Wie weiter unten gezeigt wird, war dies eine bewußte Entscheidung Beyerles, denn die diesbezügliche Kritik in den von ihm eingeholten Stellungnahmen ließ er unberücksichtigt. Bezeichnend ist in diesem Zusammenhang die Tatsache, daß Beyerle als Überschrift für den Grundrechtsteil zunächst die Formulierung gewählt hatte: Grundrechte des Deutschen Volkes. Ausdruck dieser eher „organischen Staatsauffassung" war es auch, wenn Beyerle beispielsweise vorschlug den Reichspräsidenten als „Muntwalt" zu bezeichnen, als denjenigen, in dessen Person sich Herrschaft und Schutz (der Freiheit) verbanden.

Gegen die Vergleichbarkeit der mittelalterlichen Freiheitsrechte mit den modernen Grundrechten wurden zwei Einwände erhoben: Carl Schmitt wies auf den ungleichen ideengeschichtlichen Ursprung hin. Daneben wurde unter Betonung einer verschiedenartigen Normstruktur ein prinzipieller Unterschied erkannt. Beide Einwände waren für Beyerle nicht stichhaltig.

Carl Schmitt hielt die Gleichsetzung mittelalterlicher Freiheiten mit „der" Freiheit von 1789 für irreführend. Denn jede konkrete Art Staat habe ihre ganz spezifischen Grundrechte. Die „Fundamentalrechte" z. B. einer feudalen oder ständischen Monarchie seien nicht nur inhaltlich in ihrer rechtslogischen Struktur anders geartet als die Freiheitsrechte eines liberalen Rechtsstaates, diese wieder anders als mittelalterliche Immunitäten, Exemtionen, Privilegien, Freiheiten und Libertäten..." [660] Für Carl Schmitt[661] waren die mittelalterlichen Freiheiten rein politisch-finanzielle Abmachungen, während die neuen Freiheiten sich als Niederschrift überstaatlicher

---

Arbeitsgrundlage diente. In NL 58, Bl. 126. Dort heißt es: „...Neben den Grundrechten wären auch Grundpflichten aufzuführen. Als solche kämen in Betracht:

1. Die Wehrpflicht nach Massgabe des zu erlassenden Reichswehrgesetzes,
2. Die Arbeitspflicht nach Massgabe des Sozialisierungsgesetzes
3. Eine zu erweiternde „Nothilfepflicht" (§ 360 R.St.G.B.),
4. Die Pflicht der Eltern, ihren Kindern ein gewisses Mindestmass an Schulbildung angedeihen zu lassen,
5. Eine Wahrheitspflicht gegenüber den zur Einforderung von Auskünften und Abnahme von Versicherungen durch besonderes Gesetz ermächtigten Behörden (Eid, Auskunft über Geschäftsverhältnisse, Steuererklärung)
6. Die Pflicht zur Uebernahme der in den Einzelgesetzen vorgeschriebenen, ehrenamtlichen Tätigkeiten,
7. Die Pflicht, durch Aeusserungen in Wort und Schrift dem Reiche keine Verwicklungen mit fremden Staaten zuzuziehen (entsprechend der Vorschrift des österr. Strafgesetzbuchs)...."

[657] Beyerle, Die Verkündung der neuen Reichsverfassung, AR Nr. 32 vom 9.8.1919, S. 456
[658] Beyerle, Manuskript, NL 60, Bl. 311
[659] Luchterhand, S. 298
[660] Carl Schmitt, Handbuch des Deutschen Staatsrechts, 1932, § 101, S. 579;
[661] Carl Schmitt, Verfassungslehre, S. 161, zitiert nach v. Keller aaO, S. 279

Menschenrechte im Sinne des Naturrechts darstellten.[662] Dem widersprach Beyerle mit dem Argument, daß die Grundrechte nicht nur naturrechtliche Sätze seien, sondern auch programmatische Sätze, Kompromisse und Regierungsprogramme enthielten, die schwerabänderlich festgelegt werden sollten.[663]

In der Weimarer Reichsverfassung zeige sich, daß die Aufnahme der Grundrechte auch einem politischen Sicherungsbedürfnis diente. Somit seien die Grundrechte als typische Misch-Kompromisse anzusehen und eine Vergleichbarkeit mit den mittelalterlichen Freiheiten nicht in Frage gestellt.[664] V. Keller verdeutlichte, daß bei den modernen Grundrechten in Rechnung gestellt werden müsse, daß das Naturrecht mit seiner religiösen Dimension alleine zu ihrer Ausbildung nicht ausgereicht hätte. Oft unterschieden sich die mittelalterlichen Freiheitsrechte von den modernen verfassungsrechtlichen Grundrechten nur durch die Konkretheit der ersteren, die unmittelbar praktische Wirksamkeit einschließe, während der „Fortschritt" zur Moderne in vermehrten Allgemeinheiten, also in größerer Ideologie liege.[665]

Weiterhin spreche für eine Vergleichbarkeit, daß es auch im Mittelalter ein Naturrecht gab, das den Inhaber der Herrschergewalt verpflichtete, Gerechtigkeit zu üben und Vertragstreue zu halten. Zuzugeben sei jedoch, daß es keinen Anhaltspunkt gebe, wonach irgendeines der Freiheitsrechte schon vor seiner Fixierung allgemeine Geltung besessen hätte. Wenngleich die realpolitischen Notwendigkeiten im Vordergrund gestanden hätten, so sei doch von Seiten des Herrschers und seiner oft kirchlichen Berater ein religiöser Einfluß bemerkbar gewesen.[666]

Gegen die These fehlender Vergleichbarkeit aufgrund unterschiedlicher Normstruktur vertrat Beyerle die Ansicht, daß der Annahme eines Zusammenhangs der modernen Grundrechte mit den Freiheitsrechten des Mittelalters, deren Niederschlag sich in den mittelalterlichen Stadtprivilegien und –rechten der abendländischen Kulturvölker zum mindesten was die normative Substanz anlange, keine strukturellen und methodischen Hindernisse entgegenstünden.[667] In diesem Sinne führte v. Keller näher aus, daß auch hinsichtlich ihrer Stellung in der jeweiligen Rechtsordnung die mittelalterlichen Freiheitsrechte und modernen Grundrechte vergleichbar seien. Zwar richteten sich die mittelalterlichen Freiheiten an Gruppen und nahmen damit einzelne Rechtsträger aus der Gesamtheit des Staatsvolkes heraus, während an der Gewährung der Grundrechte jedes einzelne Mitglied der Rechtsgemeinschaft in gleicher Weise teil hat. Doch kannte das Mittelalter keine festgefügte Form des souveränen Staates. Gerade in der Zeit, in der die Freiheitsrechte auftauchen, hatten sich die größeren Herrschaftsverbände der Frühperiode wiederum in kleinere Herrschaftsverbände und Genossenschaften aufgelöst. Was im Mittelalter nach dem größeren Verbande, nach dem Reich hin, als

---

[662] Ebenso Bleckmann, § 1 I, Rz. 2: Selbst wenn einzelne Rechte ihrem Wortlaut nach wie moderne Freiheiten gefaßt seien und deshalb wie etwa die Magna Charta in moderne Grundrechte umgedeutet werden konnten, handele es sich doch um Verbürgungen, die voll im Rechtsverständnis des Mittelalters verankert waren und das moderne Grundrechtsdenken zwar beeinflußt, nicht aber initiiert hätten. Den wesentlichen Unterschied erblickt er darin, daß diese Rechte keine naturrechtliche, sondern eine vertragliche Basis im positiven Recht hatten und deshalb nur für ganz bestimmte Regionen und nicht für alle Bürger der ganzen Welt Geltung hatten

[663] Vorlesungsmanuskript für die 9. Vorlesung am 25.7.1929 „Wesen und Werden der Weimarer Verfassung", aus dem persönlichen Nachlaß von Frau Dr. Angelika Beyerle zur Verfügung gestellt

[664] V. Keller, aaO, S. 278 ff

[665] V. Keller, aaO

[666] V. Keller, aaO

[667] Reicke, Zeitschrift für Rechtsgeschichte, 53 (1933), 504, 505; V. Keller machte deutlich, daß sich die Frage nach der Vergleichbarkeit lediglich in Bezug auf die „echten" Grundrechte der Reichsverfassung, nicht auch bezüglich der Programmsätze und Handlungsanweisungen an den Gesetzgeber stelle.

Privileg der Mitglieder eines einzelnen Unterverbandes erschien, war innerhalb der privilegierten Genossenschaft und ihrer Rechtsordnung doch bereits gleiches Recht für alle, Grundrecht aller Mitglieder der Stadtgemeinde oder der Ritterschaft. Der Fortfall der als Zwischenglieder fungierenden rechtsempfangenden Gruppen war zeitbedingt und betraf keine wesentlichen, den Kern der Grundrechte ausmachenden Elemente. Darüberhinaus ist zu berücksichtigen, daß auch die Weimarer Reichsverfassung neben den Individualrechten Korporationsrechte aufgestellt habe, wie Nipperdey auf der erwähnten Rechtshistorikertagung zu bedenken gab.[668]

Gegenüber der prinzipiellen Berechtigung von Grundrechten wurde vorgebracht, sie hätten ihre Aufgabe und Funktion verloren, weil der Staat nur aufgrund von Gesetzen handeln dürfe. Ihre Bedeutung reduziere sich darauf, in lediglich kasuistischer Weise zum Ausdruck zu bringen, daß jedermann Anspruch auf rechtmäßiges Verhalten des Staates habe. Dagegen betonte Beyerle die Notwendigkeit von Grundrechten nicht nur als Grundelemente staatsbürgerlicher Erziehung, sondern sah die Funktion „wohlerworbener Rechte" auch in der Vollmachtsbeschränkung des Gesetzgebers in der Ausübung der Staatsgewalt. Die Gesetzgebung könne über diese Rechte nicht hinwegschreiten, wo sie sich selbst, wie in den neuen Verfassungen Deutschlands geschehen, nach bestimmten Richtungen Schranken gesetzt habe.[669] V. Keller sekundierte damit[670], daß die Freiheitsrechte, deren Funktion im Mittelalter und heute in der Selbstbeschränkung der öffentlichen Gewalt liege, auch im modernen Verfassungsleben ihre Aufgabe erfüllten. Dies konkretisierte er folgendermaßen:

Bei einer Rechtshandlung seien zwei Schritte zu unterscheiden. Bevor sich die Frage stelle, ob eine solche vorgenommen werden „dürfe" und damit von einer verfassungsmäßig garantierten Freiheit Gebrauch gemacht werden dürfe, sei zu fragen, ob die Handlung überhaupt - mit staatsrechtlicher Erheblichkeit – vorgenommen werden „könne". Der Abgrenzung von „Dürfen" und „Nichtdürfen" sei der Bereich des „Könnens" bzw. „Nichtkönnens" vorgelagert. V. Keller führte aus, daß die mittelalterlichen Freiheitsrechte in beiden Sphären, die sich im Mittelalter nicht immer eindeutig bestimmen ließen, eine Rolle spielten, die modernen Grundrechte jedoch allein in Bezug auf das „Können" und „Nichtkönnen" relevant seien.[671]

Soweit der Staat Recht setzen könne, gelte der Grundsatz der Gesetzmäßigkeit der Verwaltung, womit eine Pflicht der staatlichen Organe zu gesetzmäßigem Verhalten statuiert werde. Werde dieser Grundsatz verletzt, sei die staatliche Handlung gültig, löse aber wegen ihres Unrechts Schadensersatzfolgen aus. Daraus folge jedoch nicht, daß dadurch die modernen Freiheitsrechte überflüssig würden:

---

[668] Reicke, Zeitschrift für Rechtsgeschichte 53, (1933), 504, 506; Vermittelnd Bernhardt (Handwörterbuch zur deutschen Rechtsgeschichte, I. Band, Stichwort: Grundrechte), der - ohne die Eigenschaft als Vorläufer der Grundrechte in Frage zu stellen - einen wichtigen Unterschied der Dokumente des Mittelalters darin erblickt, daß sie nicht eigentlich Kennzeichen echter Individualrechte des Menschen, sondern Errungenschaften einzelner Stände und Gruppen in der Auseinandersetzung mit dem Fürsten seien. Es handele sich um Herrschaftsverträge und um die Festlegung von bestimmten Bedingungen für die Ausübung der Herrschaftsgewalt, bei denen die Stände das Versprechen erhielten, daß bestimmte Eingriffe nicht, nur unter bestimmten Voraussetzungen oder nur mit ihrer Zustimmung erfolgen sollten.

[669] Beyerle, Das Haus Wittelsbach und der Freistaat Bayern, S. 7

[670] v. Keller, S. 288 ff

[671] Vgl. Bredt, S. 246 ff: „Die Bestimmungen über das „Können" fänden sich regelmäßig im allgemeinen Teil der Staatsverfassung, der von den Organen des Staates handelt, das „Dürfen" findet sich regelmäßig in einem besonderen Abschnitt über Grundrechte."
Die rechtliche Bedeutung der Grundrechte wird nach der Ansicht von v. Keller und Beyerle, der von der erschwerten Abänderbarkeit der in die Verfassung aufgenommenen Sätze sprach, über die Brücke des Art. 76 RV gesteigert.

Liege die Rechtsverletzung durch den Staat bereits auf der Ebene des „Könnens“ bzw. „Nichtkönnens“, indem die Grundrechte nicht beachtet würden, so liege überhaupt keine staatliche Handlung vor, weil diese ungültig sei, und der Staat trete damit dem Bürger wie ein Privater gegenüber. Würde also etwa ein in ein Grundrecht eingreifendes Gesetz ohne die erforderliche Zweidrittel-Mehrheit erlassen werden, so wären die darauf gestützten Handlungen ungültig, weil sie nicht solche des Staates wären.

Sofern Grundrechte durch Reichsgesetz geändert werden könnten, bestehe deren Funktion darin, die in anderen Gesetzen generell enthaltenen Ermächtigungen einzelner Organe zu Handlungen mit staatsrechtlicher Erheblichkeit einzuschränken, indem ein formelles Reichsgesetz erforderlich werde. In dieser Selbstbeschränkung des staatlichen Könnens bestehe die Ähnlichkeit zu den mittelalterlichen Freiheiten.

Eine weitere Gemeinsamkeit teilen sich die mittelalterlichen Freiheitsrechte und modernen Grundrechte in ihrer Garantiefunktion. Nach Beyerle sollten die Grundrechte „... herausgehoben und mit erhöhter Garantie gegen beliebige Abänderung geschützt werden“. Weiter führte er aus: „Sie nehmen nach dem Geltungsgrad in der Fülle der Gesetzesvorschriften den ersten Rang ein; denn Verfassungsbestimmungen können nur mit qualifizierter Mehrheit im Parlament beseitigt werden. .... Was lag darum näher, als daß der Gesetzgeber diejenigen Rechtssätze und Forderungen, auf die er den größten Wert legt, zu Grundrechten stempelt, um sie außerhalb des Streites der Tagesmeinung zu stellen und mit der ganzen Wucht staatlicher Machtgeltung auszugestalten?“[672] Deutlich zum Ausdruck kommt damit das Bestreben, eine gewisse Unabänderlichkeit der Grundrechte durch die Aufnahme in die Verfassung festzuschreiben. Anders als im Mittelalter existiert jedoch keine juristisch unmittelbar relevante Rechtsordnung mit höherem Rang. So kam im Mittelalter als höhere Rechtsordnung, in der die Garantie eines Freiheitsversprechens verbürgt sein konnte, auch das Kirchenrecht oder die Berufung auf Eid oder Handschlag in Betracht. Die Garantie der modernen Grundrechte erfolgt dagegen in derselben Rechtsordnung, jedoch möglichst hochrangig. Das Hauptmoment der Garantie liegt darin, daß für eine Aufhebung oder Außerkraftsetzung dieser Rechte grundsätzlich erschwerende Bedingungen gestellt werden, wie sie die deutsche Verfassung im Notverordnungsrecht des Art. 48 RV und im Recht der Zweidrittelmehrheit des Art. 76 RV kennt.[673] Der Garantiegedanke ist daher an sich zwar mittelalterlichen und modernen Freiheitsrechten gemeinsam, die mittelalterliche Garantie war aber meist eine viel stärkere, da die Freiheitsprivilegien auf ewige Zeit verliehen wurden und eine Aufhebung somit nur unter Bruch der gesamten Rechtsordnung in Betracht kam.[674]

Mittelalterliche und moderne Freiheiten stimmen, wenn auch nicht in jeder Einzelheit, so doch in ihrem Grundcharakter als subjektive Individualrechte überein. Beiden gemeinsam ist das Merkmal der Verfügungsgewalt, das sich in der Möglichkeit eines Verzichts auf das jeweilige Recht äußert.[675] Wie der vereinzelt auftauchende Gedanke der Verwirkbarkeit städtischer Rechte zeige, habe das Mittelalter auch eine kollektive Subjektivität seiner Freiheiten gekannt, indem diese zugleich auch Rechte der Gesamtbürgerschaft oder der Landstände waren.[676] Damit zeigt sich eine Parallele zu dem in Art. 127 RV verankerten Selbstverwaltungsrecht

---

[672] Beyerle, Wesen und Entstehung der Grundrechte in der Reichsverfassung von Weimar, S. 6
[673] v. Keller, S. 294
[674] v. Keller, aaO
[675] v. Keller, S. 296 ff
[676] v. Keller, S. 299

der Gemeinden und allgemeiner zu den bereits oben erwähnten Korporationsrechten der Reichsverfassung.

Dieser Weg, von den mittelalterlichen Freiheiten Verbindungslinien zu den modernen Grundrechten zu ziehen, wurde von der Forschung bis heute - wie Berthold Sutter ausführte - kaum und wenn nur zögernd beschritten. Als hinderlich erwiesen sich neben überkommenen Vorurteilen über das Mittelalter die „fortschrittsgläubige Auffassung von einer, allerdings in Wahrheit nicht existierenden, stetigen, linearen Entwicklung zu immer mehr Freiheit". Auch sei der sich aus dem rechtlichen Bezug ergebende formale Unterschied zwischen den modernen Grundrechten und den im Mittelalter und in der frühen Neuzeit existierenden Schutzbestimmungen zu stark betont worden.[677]

In die gleiche Richtung weist Hans Maier, wonach von Grund- und Menschenrechten zwar erst dort gesprochen werden könne, wo die konkreten, historisch entstandenen Freiheiten der Ständegesellschaft zu Spezialisierungen einer allgemeinen Freiheit als Prinzip umgedacht wurden, das von den konkreten Lebensordnungen weitgehend unabhängig ist.

Kataloge von Freiheitsrechten gab es aber seit dem Mittelalter, erste Systematisierungen von Natur- und Menschenrechten seit dem 16. Jahrhundert und die Integration beider in Verfassungen seit der französischen Menschenrechts- und Bürgerrechtserklärung von 1789. Ohne die Unterschiede im Einzelnen zu verwischen bedeutete die Rezeption der altständischen Freiheiten häufig die Universalisierung dessen, was zunächst an einen partikularen meist hochadeligen Interessenkreis adressiert war. Mit den modernen Freiheiten neu erörtert wurden die Fragen des "nichtsäkularen Ursprungs" der Menschenrechte und ihrer rechtsphilosophischen Begründung vor dem Hintergrund des - in der frühen Neuzeit eine sprachlich unlösbare Einheit bildenden - Natur- und Völkerrechts.[678]

Lange Zeit sei es verpönt gewesen, "Verbindungslinien zwischen älteren Freiheitsrechten und modernen Menschenrechten zu ziehen. Zu unterschiedlich schien der historische Kontext, zu unvergleichbar das jeweilige Rechtsgut, als daß man in älteren Formen des personalen Rechtsschutzes eine Vordeutung des Neuen auszumachen wagte. Tat das 19. Jahrhundert des Guten zuviel, wo es um den Aufweis von Kontiuitäten (zwischen älteren und modernen Freiheitsrechten, ständischen und parlamentarischen Institutionen usw.) ging, so erhob das 20. Jahrhundert in Sachen Freiheit, Menschenrecht, Volksvertretung umgekehrt die Diskontinuität zum Leitprinzip - was zu nicht minder einseitigen Ergebnissen führte. Hier wirkte, ohne daß man sich dessen bewußt war, die Selbsteinschätzung der modernen Revolutionen als einzigartiger, unvergleichbarer Ereignisse nach..."[679]

---

[677] Berthold Sutter in Grund- und Freiheitsrechte von der ständischen zur spätbürgerlichen Gesellschaft, Hrsg. V. Günter Birtsch: So sei die noch vor wenigen Jahren geäußerte Auffassung unverständlich, daß die geistesgeschichtlichen Wurzeln der Grundrechte nicht über Aufklärung und Liberalismus zurückverfolgt werden sollten. Ebenso unverständlich sei die Formulierung, die Grundrechte dürften „nicht unmittelbar" auf Freiheiten ständischer Art zurückgeführt werden, denn Grundrechte seien eben nicht dualistische Vereinbarungen, sondern Rechte, die sich gegen den Staat richten. Diese einseitige Frontstellung gegen den Staat sei ein Fehler des Individualismus der Aufklärung.; Ebenso dürfte Gerhard Oestreich zu verstehen sein, der in seiner „Geschichte der Menschenrechte und Grundfreiheiten im Umriß" bis auf die Antike zurückgeht und im Kapitel über ständische Freiheitsrechte, S. 30 ausführt, daß ohne Zweifel in der Realität der mittelalterlichen Welt keine individuellen Grundrechte im heutigen Sinne existierten. Der letzte Zweck jedes Gemeinwesens, die Bewahrung von Recht und Frieden, sei von den Aufgaben des modernen Staates aus gesehen eine beschränkte Zielsetzung. Es seien nicht individuelle Freiheitsrechte, sondern autonome Rechtskreise, die erhalten werden.

[678] Maier, S. 11 und 79

[679] Maier, S. 78

(2) Das Gemeinschaftsleben – der neue gesellschaftliche Unterbau (Art. 119 bis 134 RV)

Dieser Abschnitt dürfe, so Beyerle, wie der Abschnitt über das Wirtschaftsleben den Charakter einer Neuschöpfung nach Form und Inhalt für sich in Anspruch nehmen. Diese Neuschöpfung führe über den Individualismus der Betrachtungsweise der älteren Grundrechte hinaus, greife soziale Gedanken auf und gewähre in besonders reichem Maße dem Leitgedanken der „Grundpflichten" neben den „Grundrechten" Platz. Völlig neu war, daß hier dem natürlichen Unterbau des sozialen Lebens, den Rechtsbeziehungen der Familie zum ersten Male in Grundrechten einer modernen Staatsverfassung Raum gegeben wurde.[680] Diese wurden innerhalb des Abschnitts vorangestellt, da sie „den Rechtselementen des gewillkürten und öffentlich-rechtlichen Gemeinlebens vorzugehen hatten."[681]

Beyerle maß der Familie innerhalb des staatlichen Gemeinwesens, wie bereits oben dargestellt, die bedeutende Rolle schlechthin zu. Die dementsprechende verfassungsrechtliche Festlegung von Rechten und Pflichten der Eltern und Kinder basierte allein auf einem Antrag Beyerles, in dem er die bereits in seinem ersten Grundrechtsentwurf vorgesehene „verfassungsmäßige Gewähr der Ehe" weiter ausgestaltet hatte.[682] Dieser Schutz der Ehe, der ursprünglich unmittelbar nach den Kirchen- und Schulbestimmungen folgen sollte und zunächst im vierten Abschnitt „Grundrechte und Grundsätze über Religion, Religionsgesellschaften, Schule, Ehe." als Art. 45 RV enthalten war, wurde von Beyerle dann an die Spitze des zweiten Abschnitts über die „Grundlagen des Gemeinschaftsleben(s)" verlegt und stark erweitert. Sein Vorschlag beinhaltete, die Ehe „als Grundlage des deutschen Familienlebens und als Urquell der Erhaltung und Vermehrung der Nation" unter den Schutz der Verfassung zu stellen. Auf die kritische Frage des Reichsinnenminsters Dr. Preuß was mit dem „besonderen Schutz der Verfassung" gemeint sei, antwortete er, „daß Rechtsinstitutionen, die als unter dem Schutze der Verfassung stehend bezeichnet werden, nur unter den besonderen Erschwerungen wie die Verfassung (selbst) abgeändert werden könn(t)en."[683] Noch ohne die von Carl Schmitt später vorgenommene Unterscheidung zwischen (auf das Privatrecht bezogenem) Institut und der (im öffentlichen Recht angesiedelten) institutionellen Garantie verwendete Beyerle hier den Begriff der Rechtsinstitution schon gegen den Gesetzgeber, indem dieser beim Erlaß einfacher Gesetze den gleichen hohen Anforderungen wie sie für eine Verfassungsänderung notwendig waren, unterworfen wurde.

Beyerle beantragte auch die Aufnahme ausführlicher Bestimmungen bezüglich der Rechte und Pflichten von Eltern und Kindern, wobei er sich den Formulierungen der §§ 1617, 1627 und 1631 BGB anschloß. Für die folgenden Sätze fand sich in der dritten Sitzung im Unterausschuß am 5.5.1919 jedoch offenbar keine Mehrheit: „ ...Kraft der elterlichen Gewalt liegt den Eltern die Sorge für die Person der minderjährigen Kinder ob. Das Erziehungsrecht schließt die Anwendung entsprechender Zuchtmittel ein. Solange das Kind dem elterlichen Hausstand angehört und von den Eltern erzogen und unterhalten wird, hat es die Pflicht, den Eltern in ihrem Hauswesen und Geschäfte entsprechende Dienste zu leisten." Daher zog Beyerle diese Sätze noch vor der Abstimmung zurück. Der Unterausschuß nahm

---

680 Beyerle, Die Verfassung des Deutschen Reichs, S. 51, Rede Beyerles in der Nationalversammlung am 16.7.1919, Heilfron, Bd. VI, S. 3893

681 Beyerle, aaO

682 vgl. dazu im folgenden: L. Richter, S. 417 f;

683 Aktenstück Nr. 391, S. 378, 33. Sitzung des Verfassungsausschusses am 30.5.1919

daher nur die Bestimmung über das elterliche Sorgerecht mit der Änderung an, daß die Erziehung nicht mehr als „unveräußerliches", sondern als „natürliches" Recht der Eltern bezeichnet wurde. Auf welchen Abgeordneten diese Änderung zurückgeht, ist infolge der bruchstückhaften Überlieferung nicht mehr feststellbar.[684] Es ist jedoch möglich, daß dafür Beyerle verantwortlich war, denn die Änderung entsprach einerseits seinem Denken, auf der anderen Seite ist in seinem Handexemplar[685], das ihm als Arbeitsgrundlage diente, neben der Streichung der aus dem BGB übernommenen Sätze auch das Wort „unveräußerliches" durch „natürliches" ersetzt. Daß die Regelung des Elternrechts noch Gegenstand der Überlegungen war, ergibt sich auch aus einem handschriftlichen Vermerk Beyerles auf der ersten Seite seines Handexemplars.

Obwohl der Artikel in erster Linie beabsichtigte, das Verhältnis von Individuum und Staat auf der Grundlage des Familienrechts und unter Abwehr des staatlichen Erziehungsmonopols zu bestimmen, wurde die Formulierung „natürliches Recht" in der Folgezeit auf katholischer Seite als grundrechtliche „Anerkennung eines Naturrechts" ausgelegt.[686]

Die soziale Komponente im Denken Beyerles, daß Ehe und Familie „Urquell der Erhaltung und Vermehrung der Nation" sein sollten, wird u. a. darin deutlich, daß er den sie unmittelbar betreffenden Bestimmungen diejenigen über den Schutz der Jugend (Art. 14 b), über Unterhaltspflicht, Armenpflege, Volkshygiene (Art. 14 c) und die Fürsorge für Kriegsbeschädigte und Kriegshinterbliebene (Art. 14 d) nachfolgen ließ.[687] In gewissen Sinne betrachtete er das Staatsvolk als „eine große Familie", wenn er formulierte: „Die Familie ist der zunächst berufene Schutzverband für notleidende Volksgenossen" (Art. 14 c) und „Für die Kriegsbeschädigten und Kriegshinterbliebenen ausreichende Fürsorge zu treffen ist (höchste) Ehrenpflicht der Gesamtheit ..." (Art. 14 d). Dieser Gedanke wird im V. Abschnitt über das Wirtschaftsleben etwa bei der Existenzsicherung der Arbeiter wieder aufgegriffen.

Im Zusammenhang mit dem Grundrecht der Vereinsfreiheit stellte Beyerle klar, daß die Grundrechte nicht nur allgemeine Rechtssätze, allgemeine Richtlinien und Programmpunkte enthielten, sondern, auch „positives Recht schaffen." „In unseren Reihen hat da eine gewisse Ängstlichkeit Platz gegriffen, ob es Aufgabe der Grundrechte sein könne, in den vorhandenen Rechtszustand neugestaltend einzugreifen. Ich verstehe diese Ängstlichkeit nicht ganz, nachdem Throne, Verfassungen und ganze Gesetzeswerke über den Haufen geworfen worden sind."[688] Demzufolge, so Beyerle, würde die durch das Reichsvereinsgesetz von 1908 geschaffene Rechtslage unmittelbar durch die Verfassung geändert.

Weiterhin gehörten dem Abschnitt über das Gemeinschaftsleben die Vorschriften über die Rechtsstellung der Beamten (Art. 128 bis 130 RV) an, vor allem deren „wohlerworbene Rechte". Daß die institutionelle Natur der die Beamten betreffenden Normen sie dem ersten organisatorischen Hauptteil der Verfassung in manchem mehr zugehörig erscheinen lasse, als ihre Einordnung im Grundrechtsteil, konzedierte Beyerle später.[689] Gleichwohl habe im Grundrechtsunterausschuß, der erstmals (anders als die bisherigen Entwürfe) für eine Aufnahme dieser Regelungsmaterie in der Verfassung eintrat, allseits Einigkeit über deren Aufnahme im Rahmen der Grundrechte und Grundpflichten geherrscht.[690]

---

[684] so L. Richter, S. 418, Fußnote 675
[685] NL 60, Bl. 291
[686] so L. Richter, S. 418 mit weiteren Nachweisen
[687] NL 60, Bl. 291, Arbeitsexemplar im Anhang 3. e.
[688] Beyerle, Rede vor der Nationalversammlung am 16.7.1919, Heilfron, Bd. VI, S. 3897
[689] Beyerle, Die wirtschaftliche Sicherstellung der Beamten, S. 5
[690] Beyerle, Die wirtschaftliche Sicherstellung der Beamten, S. 11

Damit stellt sich die Frage, welche Gründe hierfür ausschlaggebend waren. Im Grundrechtsunterausschuß wurde sie offenbar nicht näher thematisiert. Schon im Verfassungsausschuß, der nicht nur mit den Grundrechten betraut war, bestand - wie Beyerle berichtete - Einigkeit darüber, daß die Verfassung nicht nur den einzelnen Beamten und dessen wohlerworbene Rechte, sondern das Beamtentum als solches schützen wollte, denn auf das langbewährte und schon im konstitutionellen Staat vor 1918 mit rechtlichen Garantien umgebene Beamtentum konnte die Republik nicht verzichten. Das grundsätzliche Ziel, durch eine Verankerung in der Reichsverfassung eine Schranke für die einfache Gesetzgebung aufzurichten, wäre durch Berücksichtigung im Organisationsteil ohne weiteres zu verwirklichen gewesen.

Die Verfassungsarbeit in Weimar hatte, so aber Beyerle, an den rechtlichen Befund der historischen Entwicklung der Beamtenrechte anzuknüpfen. Diese Rechtsentwicklung skizzierte er dahingehend, daß im absoluten Staat Fürst und Staatspersönlichkeit nicht getrennt waren, eine staatsrechtliche Garantie der Rechtsstellung des Beamten fehlte, der noch Fürstendiener, nicht Staatsdiener war. Allmählich habe sich der Grundsatz der Unabsetzbarkeit der Beamten, ihre Berufung auf Lebenszeit gegen standesgemäßes Gehalt entwickelt, dessen dogmatische Grundlage im Begriff der „wohlerworbenen Rechte" (noch in privatrechtlicher Auffassung) gefunden wurde. Die Rechtsansprüche der Beamten galten lange Zeit als Internum der Staatsverwaltung und konnten durch Verwaltungsverordnung vollzogen werden. Die Paulskirchenverfassung enthielt noch keine Beamtennormen, da der liberalen Bewegung Fürst und Beamtentum als einheitliche politische Front gegenüberstanden. Erst im Verlauf des 19. Jahrhunderts wurde die gesetzliche Ausgestaltung des Beamtenrechts vollzogen und damit deren öffentlich-rechtlicher Charakter anerkannt. Die Formulierung der dienstrechtlichen Bestimmungen wurde der Exekutive entzogen, die an die Vorgaben der Legislative gebunden war. Beyerle hob hervor, daß somit die gleichen rechtlichen Garantien geschaffen waren, die das konstitutionelle System für die Untertanen im allgemeinen errichtet hatte. Daraus wird deutlich, daß für die Ansiedelung der Beamtenrechtsnormen im Grundrechtsteil in den Augen des Unterausschusses und Beyerles deren historische Entwicklung zu subjektiv-öffentlichen Rechten im Vordergrund stand, die deren institutionellen Charakter und ihre Bedeutung innerhalb der Staatsorganisation zurücktreten ließ.[691]

Interesse verdient dieser Teilaspekt der Weimarer Grundrechte auch deshalb, weil hierzu eine der seltenen Äußerungen Beyerles zu mehr dogmatischen Fragen der Reichsverfassung vorliegt, die er als Mitarbeiter der Reichsverfassung abgab. Sie erfolgte im Rahmen einer gutachterlichen Stellungnahme „ohne Betonung rein juristischer Gutachtertätigkeit" im Auftrag des Deutschen Beamtenbundes zur Frage, ob Art 129 RV das Recht auf ein zahlenmäßig bestimmtes Gehalt der Beamten garantierte.[692] Beyerle bejahte die verfassungsrechtliche Absicherung eines zahlenmäßig bestimmten Gehalts, denn nicht nur die objektive Norm zum Schutze der Institution des Beamtentums genieße den gesteigerten Rechtsschutz der

---

[691] Willoweit, S. 185, schreibt: „Nicht zu leugnen ist, daß es eine realgeschichtliche Entwicklungslinie gibt, die von den Rechtsgewährungen in spätmittelalterlichen Herrschaftsverträgen über die grundsätzliche Unantastbarkeit wohlerworbener Rechte auch in absolutistischer Zeit zu den Rechtsschutzmechanismen des 18. Jahrhunderts, nicht zuletzt vor dem Reichshofrat führt. Die Respektierung individueller Rechte gehört zum Wesen einer jeden Rechtsordnung und war seit langem anerkannt

[692] Die genaue Fragestellung lautete: 1. Was beabsichtigte die Verfassunggebende Deutsche Nationalversammlung mit den Verfassungsnormen zum Schutze des Beamtentums?, Im besonderen: 2. Besitzt der Beamte ein den Schutz des Artikels 129 RV genießendes Recht auf ein zahlenmäßig bestimmtes Gehalt oder besteht das Recht des Beamten auf Besoldung nur in der dem standesgemäßen Lebensunterhalt jeweils entsprechenden Höhe? 3. Entspringt aus dem Wesen des Beamtenverhältnisses eine besondere Rechtspflicht des Beamten, sich aus Gründen der Staatsnotwendigkeit eine Einschränkung der Bezüge gefallen zu lassen?

Verfassung, sondern auch die subjektiven Rechte der einzelnen Beamten als dessen „wohlerworbene Rechte".[693] Beyerle verneinte folgerichtig mit dem oben Gesagten eine Pflicht der Beamten zu besonderen materiellen Opfern für den Staat, denn die aus dem besonderen Gewaltverhältnis entspringende Treuepflicht des Beamten bestehe nur im Rahmen seines Dienstverhältnisses.[694]

(3) Religion und Religionsgesellschaften – kulturpolitische Sicherungen (Art. 135 bis 141 RV)

In die Diskussion der Bestimmungen über Religion und Religionsgesellschaften, die durch die „Vermeidung jeglicher Kulturkampfgelüste" gekennzeichnet war, trat der Verfassungsausschuß erstmals am 31.3.1919 ein. Hiervon nahmen die Grundrechtsberatungen ihren Ausgang.[695]

Eine Einigung über die individuellen religiösen Grundrechte, die zwar wegen ihres thematischen Zusammenhangs in diesem Grundrechtsabschnitt angesiedelt wurden, jedoch zum zuvor bereits angesprochenen traditionellen Bestand der Grundrechte gehören,[696] wurde im Verfassungsausschuß am 2.4.1919 rasch auf Basis des Antrags Quarck-Naumann erzielt, der sich stark am Verfassungsentwurf Preuß' orientierte.[697] An dem im Wesentlichen unumstrittenen Kompromiß bemängelte Beyerle, daß erneut nur Individualrechte als Grundrechte festgelegt seien, denn die Religionsausübung des Einzelnen und das religiöse Gemeinschaftsleben stünden in untrennbaren Zusammenhang.[698] Auch sehe der Antrag keine Kirchensteuer vor,[699] womit er das Augenmerk auf die Ausgestaltung des Verhältnisses von Staat und Kirche lenkte. Bereits in seiner Rede vor dem Plenum der Nationalversammlung am 3.3.1919 hatte er betont, daß die Artikel 30 (Staat und Religion) und 31 (Staat und Schule) sowie die Frage einer Erweiterung der Reichskompetenz nach Auffassung seiner Partei „die hauptsächlichsten Beratungsgegenstände" des Verfassungsausschusses darstellen sollten.

Die Artikel 30 und 31 wurden aus dem Zusammenhang mit den anderen Grundrechten losgelöst und sofort einer abschließenden Beratung unterzogen. Dies war politisch motiviert, denn das Zentrum als mitverantwortliche Regierungspartei wollte schon jetzt und nicht erst am Schluß der Verfassungsberatungen wissen, ob bei diesen Fragen ein Kompromiß mit der Sozialdemokratie möglich sei.[700] Beyerle war der Auffassung, daß nur so allein christliche Politiker angesichts der durch die Revolution hervorgerufenen Unsicherheit es wagen konnten, über die Grundlagen des Staats- und Rechtslebens mit Ruhe an den Verfassungsberatungen mitzuarbeiten.

Die Probleme lagen in der Neuregelung des Staatskirchenrechts. Wenngleich die hier zu regelnde Rechtsmaterie Beyerle besonders am Herzen lag, kann nicht unberücksichtigt bleiben, daß der Gestaltungsspielraum des einzelnen Abgeordneten im Angesicht der weltanschaulichen und parteipolitischen Gegensätze stark

[693] Beyerle, Die wirtschaftliche Sicherstellung der Beamten, S. 22
[694] Beyerle, aaO, S. 30
[695] Beyerle, Erinnerungen, S. 156
[696] vgl. insbesondere Jellinek, Die Erklärung der Menschen- und Bürgerrechte, 2. Auflage, 1904, Vorrede, S. IX, der betont, daß die gesetzliche Aussprache der Grundrechte auf die Religionsfreiheit zurückzuführen sei.
[697] L. Richter, S. 341 f
[698] Vorlesung „Die Entstehung der neuen Reichsverfassung", NL 69, Bl. 233
[699] NL 60, S. 242, handschriftliche Notizen Beyerles während der Sitzung vom 2.4.1919, zitiert nach L. Richter, S. 342, Fußnote 302
[700] Ziegler, S. 124

eingeschränkt war. Beyerle stand zudem, wie er sich ausdrückte,[701] in den Beratungen des Abschnitts über Religion und Religionsgesellschaften „mehr in der zweiten Linie“, da ihm die Berichterstattung über andere Teile der Verfassung übertragen war. Den im Einzelnen gefundenen Regelungsinhalten war die Frage nach der anzustrebenden verfassungsrechtlichen Verankerung vorgelagert.

Bereits in der ersten Lesung der Nationalversammlung hatte der Zentrumsabgeordnete Spahn die Ergänzung des Preuß´schen Entwurfs gefordert. Die bisherigen Grundrechte seien praktisch geradezu „Grundrechte gegen die Religion“, da die Anerkennung der Religionsgemeinschaften als „Körperschaften des öffentlichen Rechts“, die Gewährleistung ihrer Rechte zur Steuererhebung sowie die Erhaltung des überlieferten Verhältnisses von Kirche und Schule – die Kirche betrachtete die Schule als eigene Domäne zur Pflege der richtigen Gesinnung und Verfolgung der eigenen kirchlichen Interessen - nicht ausdrücklich ausgesprochen sei.[702] Die konservativen Parteien strebten in diesem Sinne verfassungsrechtliche Sicherungen an. Hierfür boten sich zwei Möglichkeiten an: zum einen die Festlegung von Richtlinien durch Erweiterung der Reichskompetenz - in diesem Zusammenhang müssen die Beratungen über die Gesetzgebungskompetenzen des Reiches gesehen werden - und zum anderen eine Ausgestaltung in den Grundrechten, die die Möglichkeit zu detaillierterer Regelung bot.

In den Beratungen im Verfassungsausschuß am 14., 15. und 17.3.1919 über Art. 9 Entwurf-RV (Reichskompetenz) war erstmals der heute ein Grundprinzip der Gesetzgebung darstellende Gedanke einer Aufteilung der Gesetzgebungskompetenz des Reiches in eine ausschließliche, konkurrierende und Rahmenkompetenz aufgetaucht,[703] die schließlich in den Artikeln 9, 9a und 9b des Verfassungsentwurfes niedergelegt wurden. Nach kompliziert verlaufenen Diskussionen und zweimaliger Bildung eines Unterausschusses hatte der Verfassungsausschuß die zur Abstimmung gestellte Dreiteilung des Art. 9 Entwurf-RV mit den Stimmen von SPD, DDP sowie v. Delbrücks und Beyerle angenommen. Beyerle hatte bereits dem zweiten Unterausschuß einen Antrag vorgelegt, der sich grundsätzlich mit der Dreiteilung des Art. 9 Entwurf-RV einverstanden erklärte.[704] In Art. 9b Entwurf-RV war die Kompetenz des Reiches zu einer Grundsatzgesetzgebung über die Materien von Kirchen und Schulen festgeschrieben. Dagegen wehrten sich vor allem die Vertreter Badens und Württembergs, die jede kulturelle Zuständigkeit des Reiches ablehnten. Beyerle, der grundsätzlich einer Erweiterung der Reichskompetenz äußerst skeptisch gegenüberstand,[705] beantragte daraufhin die Streichung des Art. 9 b Entwurf-RV, womit er sich den „Richtlinien zur Reichsverfassung“[706] anschloß, die die Konferenz süddeutscher Rechtslehrer am 29.1.1919 in Würzburg festgelegt hatte. Zr. 16 der Richtlinien bestimmte, daß von Reiches wegen die individuelle Religions- und Bekenntnisfreiheit festzulegen sei. Im Übrigen sei die Regelung des Verhältnisses in Bezug auf Religion und Kirche Sache der Einzelstaaten. In Zr. 17 der Richtlinien wurde ausgesprochen, daß Regelung und Verwaltung des Unterrichtswesens Sache der Einzelstaaten bleibe. Beyerle konnte sich mit seinem

---

[701] Weimarer Erinnerungen zu Art. 137 RV, S. 156

[702] Huber, S. 1186

[703] Diese Systematik ging auf den Abgeordneten Koch-Weser zurück; L. Richter, S. 297

[704] L. Richter, S. 298

[705] Heilfron, Bd. II, S. 1158: „Die Zuweisung der Gesetzgebungsgewalt, deren Rahmen nach Art. 9 sehr weit gesteckt ist, gibt dem Reich die Möglichkeit nach Gutdünken ... ohne Verfassungsänderungen durch einfaches Reichsgesetz weitere Zuständigkeitsbereiche der Einzelstaaten auf das Reich überzuleiten ... den Gliedstaaten muß man all die Hoheitsrechte belassen, auf denen sich der Beruf der Gliedstaaten bewährt hat.“

[706] Ein Exemplar mit handschriftlichen Anmerkungen Beyerles findet sich in seinem Nachlaß, NL 60, Bl. 636 - 641

Streichungsantrag jedoch nicht durchsetzen, bei der Abstimmung wurde die Richtlinienkompetenz des Reiches für Kirche und Schule in der Fassung des Antrags Koch-Weser angenommen,[707] denn SPD und DDP erschien eine Regelung in den Grundrechten als nicht genügend. Zu diesem Zeitpunkt war allerdings deren Regelungsinhalt noch nicht festgeschrieben und allenfalls grob vorskizziert. Richter bemerkt zutreffend, daß auch in den umstrittenen Bestimmungen des Art. 9b Entwurf-RV bereits der Kern für eine umfassende Ausgestaltung der Grundrechte gelegt worden sei, da die Wahrscheinlichkeit, von der Gesetzgebungskompetenz Gebrauch machen zu müssen, sich in dem Maße verringerte, je umfangreicher und detaillierter die Beschlüsse zu den Grundrechten sein würden.[708]

Während sich beispielsweise die DNVP für eine Richtlinienkompetenz ausgesprochen hatte, setzte sich Beyerle besonders für eine Ausgestaltung im Rahmen der Grundrechte im Sinne der Frankfurter Paulskirchenverfassung ein, in denen er nicht nur einen „Unterbau für die staatsbürgerliche Erziehung" des Volkes, sondern auch „namentlich auf dem Gebiete der Kulturpolitik, die im übrigen den Gliedstaaten überlassen bleiben sollte, ... Richtlinien als Freiheitsgarantie der Gesamtheit und aller Konfessionen" erblickte[709]. Im Gegensatz zu seinen Vorrednern formulierte er dabei erstmals den Gedanken, innerhalb der Grundrechte detaillierte kirchen- und schulpolitische Richtlinien zu verankern. Die von ihm vertetene Verhandlungsposition faßte Beyerle auf einer Notiz zusammen: „Bedürfnis nach gewissen Grundrechten auch zugunsten Kirchen. Nicht in Reichskirchengesetz, sondern in Verfassung. Es gibt gewisse Grundrechte der Religionsgesellschaften und der kirchlichen Vereinsfreiheit."[710] Die politische Bedeutung der Grundrechtssätze über Religion und Religionsgesellschaften erblickte er in der „Verankerung" der unveräußerlichen Rechte und Ansprüche der Kirche auf Freiheit der Religionsübung und des kirchlichen Lebens, womit die betreffenden Sätze zu einem Teil des Arbeitsprogramms der Koalitionsparteien der Nationalversammlung geworden seien.[711] Daneben sollten neben als solchen erkennbaren Programmpunkten und Richtlinien oberste verbindliche und näherer Ausführung nicht bedürfende Garantien geschaffen werden.

Diese Konzeption gewann entscheidende Bedeutung,[712] indem Beyerle damit der Spagat gelingen sollte zwischen dem politischen Anspruch des Zentrums (bzw. der BVP), seine Regierungsmitverantwortung auf Reichsebene zugunsten kulturpolitischer Sicherungen geltend zu machen und dem Bestreben, die Eigenständigkeit der Einzelstaaten zu wahren. So formulierte er:

„Es kann nicht bestritten werden, daß die bisherige Aufrechterhaltung der einzelstaatlichen Hoheitsrechte ... doch leicht Nachteile nach sich zu ziehen droht. Man denke an die Stellung der christlichen Kirchen, insbesondere der katholischen Kirche in etwaigen roten Republiken Mittel- und Norddeutschlands! Daraus erwächst die Frage, ob nicht die Leitsätze über Kultus und Unterricht, die der Abschnitt von den Grundrechten des deutschen Volkes enthält, mehr ins

---

[707] L. Richter, S. 302, der in Fußnote 110 (NL 60, Bl. 237) notiert, Beyerle habe ausdrücklich festgehalten, gegen Art. 9 b Zr. 1 und 2 gestimmt zu haben.

[708] L. Richter, S. 304; Der spätere Art. 10 Zr. 1 RV lautete: „Das Reich kann im Wege der Gesetzgebung Grundsätze aufstellen für 1. Die Rechte und Pflichten der Religionsgesellschaften..."

[709] Heilfron, Bd. II, S. 1148

[710] handschriftliche Notiz Beyerles vom 2.4.1919, in NL 60, Bl. 242 f; zitiert nach L. Richter, S. 335, Fußnote 273

[711] Beyerle, Erinnerungen, S. 157

[712] L. Richter, S. 247

einzelne ausgestaltet werden sollte, um ebensoviele reichsgesetzliche Garantien gegen landesgesetzliche Willkür zu setzen ...“[713]

Man habe daher danach gestrebt, so Beyerle, neben den Grundrechten der älteren Vorbilder in der Reichsverfassung von Reiches wegen Grundsätze auf dem bisher völlig den Einzelstaaten überlassenen Gebiete der Kulturpolitik aufzustellen. Man wollte nicht eine politische Situation ausnützen, sondern uferlosen und grundstürzenden Kulturprogrammen einzelner Revolutionsregierungen entgegensteuern und Sicherungen in der Verfassung verankern, die namentlich dem Zentrum seine Mitarbeit am Verfassungswerk ohne Preisgabe höchster Grundsätze ermöglichen würden.[714] Denn das Zentrum hatte auf Reichsebene Regierungsverantwortung, während dies in den Einzelstaaten nicht überall der Fall war, so daß die kirchenfreundlichen Parteien hoffen konnten, den antikirchlichen Bestrebungen einiger sozialdemokratisch regierter Länder mittels reichsrechtlich festgelegter Richtlinien einen Riegel vorzuschieben.[715]

„Der Kampf zwischen Sozialismus und christlichem Solidarismus, soweit er auf dem Boden der staatlichen Kulturgesetzgebung und –gesetzesanwendung ausgetragen wird, kann erfolgreich für die Kirche nur auf dem Boden des Parlaments im Zeichen der verfassungsmäßig verbrieften staatsbürgerlichen Freiheitsrechte ausgefochten werden.“[716]

In dieser Debatte ist die Haltung Beyerles bemerkenswert, weil hier anschaulich wird, wie zwei Seelen in seiner Brust rangen. Auf der einen Seite sein ausgeprägter föderalistischer Sinn, der die Souveränität der Einzelstaaten betonte, auf der anderen Seite seine katholische Grundhaltung, die religions- und kirchenfeindliche Bestrebungen einzelner Gliedstaaten nicht akzeptieren konnte. Die Idee, eine Lösung im Rahmen der Grundrechte zu suchen, wurde erstmals von Beyerle aufgegriffen. Deutlich wird auch, daß die Grundrechte in diesem Zusammenhang im Sinne einer konservativen Verteidigung[717] bisheriger Bedingungen eingesetzt wurden.

Hinsichtlich der zu regelnden Einzelfragen erwiesen sich die Themenkreise, Selbstverwaltungsrecht, Garantie von Eigentum und Vermögen sowie der Schutz der staatlich anerkannten Feiertage als verhältnismäßig unproblematisch. Die Hauptprobleme bildeten der öffentlich-rechtliche Status der Religionsgemeinschaften, das Steuerprivileg und die Staatszuwendungen. So war in den Beratungen der Begriff der „öffentlich-rechtlichen Körperschaft“ äußerst umstritten. Letztlich entscheidend für die Aufnahme dieses „Zentralbegriffs“ in die Grundrechte war die Tatsache, daß es Zentrum und Rechtsparteien gelang, das auch von der SPD unterstützte Steuerprivileg der Kirchen mit dem Begriff der öffentlich-rechtlichen Körperschaft zu verknüpfen.[718] Nachdem man sich auch bezüglich der bisherigen Staatsleistungen auf eine Ablöseregelung geeinigt hatte, vermerkte Beyerle die

---

[713] Beyerle, Zur Verfassungsfrage, AR Nr. 11 vom 15.3.1919, S. 152
[714] Beyerle, Die Verkündung der neuen Reichsverfassung, S. 456; Die Bedeutung der neuen Reichsverfassung für Volk und Vaterland, S. 11 f
[715] L. Richter, S. 256, 257, Beyerle, Erinnerungen, S. 158
[716] Beyerle, Parlamentarisches System --- oder was sonst?, S. 23
[717] Michael Stolleis, Geschichte des öffentlichen Rechts in Deutschland, Dritter Band, Staats- und Verwaltungsrechtswissenschaft in Republik und Diktatur 1914 – 1945, München, 1999, S. 111
[718] vgl. dazu L. Richter, S. 338 ff, Kirchhof, HdbStKirchR, S. 662

durch die kompromißbereite Haltung der Sozialdemokratie zustandegekommene „Einigkeit in der Kultusfrage" als „außerordentlichen Gewinn".[719]

Leo XIII. verwarf den Gedanken, daß sich der Staat grundsätzlich auf den Standpunkt sittlicher und religiöser Neutralität stellen dürfe. Als Gesamtperson sei der Staat zur öffentlichen Gottesverehrung und zum Dienste Gottes verpflichtet.[720] Die Trennung von Staat und Kirche, sei es durch völlige Ignorierung der Kirche, sei es durch Aberkennung ihres öffentlichen Rechtscharakters lehnte Leo XIII. schon wegen der gemeinsamen Untertanen ab. Das von selbst gegebene Verständigungsmittel sei das Konkordat, als gegenseitig rechtlich bindender Vertrag. Am Ende der Verfassungsberatungen wurde bekanntermaßen bei weltanschaulicher Neutralität des Staates den Kirchen als öffentlich-rechtlichen Körperschaften mit Selbstverwaltungsrecht Eigentum und das Recht, Steuern zu erheben, gewährleistet. Trotz der vielfältigen Kritik an diesem Abschnitt - man habe nur einige Grundpositionen zwischen Neugestaltung und Verteidigung des Althergebrachten abgesteckt, gewünschte Entwicklungsrichtungen als Richtlinie angedeutet und gleichzeitig Bremsen gegen diese Entwicklung eingebaut - sollten diese Regelungen 1949 unverändert wörtlich über Art. 140 GG in das Grundgesetz übernommen werden.[721]

Auch in den folgenden Jahren sollte sich Beyerle immer wieder für die katholischen Belange einsetzen. Nachdem der sächsische Kultusminister im August 1922 zwei Verordnungen erlassen hatte, mit denen verboten wurde an kirchlichen Feiertagen Lehrern und Schülern Unterrichtsbefreiung zur Gottesdienstteilnahme zu gewähren und jede Art religiöser Beeinflussung der Schüler außerhalb des Religionsunterrichtes, trat Beyerle in der Reichstagssitzung vom 23.3.1923, wie er selbst feststellte, nachdrücklich für die freie Religionsausübung ein, wie sie durch Art. 135 RV geschützt sei sowie für eine Interpretation von Art. 139 RV in dem Sinne, daß als staatlich anerkannte Feiertage alle diejenigen zu gelten hätten, die bei Erlaß der Weimarer Verfassung Staatsschutz genossen. Die allgemeinen Staatsgesetze, an denen die ungestörte Religionsausübung nach Art. 135 RV ihre Schranken finden müssen, seien lediglich die Schranken der öffentlichen Ordnung und des staatlichen Strafrechts, nicht aber „schulgesetzliche Schikaneparagraphen". Die sächsische Verordnung widerspreche Art. 135 RV und damit „gegen den Geist der Verfassung, der Toleranz heißt."

In diesem Sinne hatte schon Karl Rothenbücher 1919 gefordert, daß jede geistige Auffassung gleiches Recht beanspruchen dürfe, sowohl jene, die im Glauben an eine göttliche Offenbarung wurzeln, als auch solche, die von den Lehren der Aufklärungsphilosophie und der neuzeitlichen Naturwissenschaft ausgehen. Die BVP, welche in der Frage der Weltanschauung für das Recht der Erziehungsberechtigten eintrete, müsse dies auch dann tun, wenn sie selbst den maßgebenden Einfluß auf die Schule erlangt haben sollte.[722] Er betonte, was auch Beyerle gerne aufnahm, Zwang in geistigen Dingen, der auf der Volksherrschaft beruhe, sei besonders gefährlich denn diese sei nur möglich als Herrschaft einer Mehrheit, untrennbar von Parteiherrschaft.

---

[719] handschriftliche Notiz Beyerles vom 2.4.1919, NL 60, S. 243; zitiert nach L. Richter, S. 351, Fußnote 342

[720] „Ein Staat ohne Gott oder, was auf dasselbe hinauskommt, ein Staat der, wie man sich ausdrückt, grundsätzlich sich gegen alle Religionen gleichgültig verhält und sie ohne Unterschied als gleichberechtigt anerkennt, setzt sich in Gegensatz zur Gerechtigkeit und Vernunft." Liberias 37, III 37; zitiert nach Tischleder aaO, Sp. 936

[721] Gotthard Jasper, Der „Geist von Weimar", Die Grundentscheidungen der Weimarer Verfassung und ihre Bewährung, S. 164

[722] „Staat und Kirche" von Prof. Dr. Karl Rothenbücher, in MNN vom 10.1.1919, Hervorhebungen Beyerles in dem in seinem Nachlaß enthaltenen Zeitungsabschnitt, NL 66, Bl. 27 VS

Hinsichtlich der Frage nach der religiösen Beeinflussung außerhalb des Religionsunterrichts betonte Beyerle, daß die Trennung von Staat und Kirche nicht in einem revolutionären Sinne vorgenommen zu werden brauche, was die Mehrheit des deutschen Volkes auch gar nicht wünsche. Man könne das öffentliche und das religiöse Leben nicht „restlos auseinanderschneiden", denn hier bestünden uralte Verkettungen, die in der Einheit der menschlichen Kultur, in der Aufgabe des Menschen selbst wurzelten. Angesichts der Verschiedenheit der Weltanschauungen bestehe der „Ausweg nur in Toleranz, Freiheit, Demokratie."[723]

Gegen diesen Versuch eines „frischfröhlichen Kulturkampfes von sozialistischer Seite" sei die Fraktion der BVP zugunsten der Grundsatzgesetzgebung des Reiches gegenüber einer unduldsamen Ländergesetzgebung eingetreten.[724] Beyerle „geißelte die religiöse Unduldsamkeit, an der die katholische Kirche in Deutschland seit langer Zeit leide, wenn auch das Neue der Situation darin bestehe, daß diesmal ihre Abwehrstellung" im Gegensatz zu früher „nach links gehe." Deutlich werde, daß der Föderalismus der Bayerischen Volkspartei in der Kulturpolitik keineswegs die gemeinsamen christlichen Belange des deutschen Volkes zu Schaden kommen lassen wolle.

(4) Bildung und Schule – verfassungsrechtliche Grundlage des staatsbürgerlichen Unterrichts (Art. 142 bis 150 RV)

Um die Verfassungsartikel über den Aufbau des öffentlichen Schulwesens (Art. 146 RV), über die Zulassung von Privatschulen (Art. 147 RV) und über die Frage des Religionsunterrichts (Art. 149 RV) tobte der „stärkste politische Kampf der ganzen Verfassungsberatung."[725]

Während der Sozialdemokratie vor allem daran lag, durch eine Neuordnung des Schulwesen bessere soziale Chancen für die unteren Bevölkerungsschichten zu erreichen, strebten die Liberalen danach, den Einfluß der Kirchen zurückzudrängen. Beide wollten die Simultanschule als Regelschule etabliert sehen und die Bekenntnisschule nur in Ausnahmefällen zulassen. Demgegenüber ging es dem Zentrum vorrangig um die Zulassung konfessioneller Schulen in allen Teilen des Reiches.[726] Allerdings wurde die Forderung nach einer für alle gemeinsamen Grundschule (Einheitsschule) zunächst nur sozial verstanden. Von Simultan- und Konfessionsschule war zunächst keine Rede. Erst aufgrund der schulpolitischen Ereignisse in den Einzelstaaten, wonach der Religionsunterricht in einzelnen Ländern ganz aus dem staatlichen Schulprogramm gestrichen wurde, las man aus den Beschlüssen des Verfassungsausschusses das uneingeschränkte Bekenntnis zur Simultanschule, was die „Verteidiger der christlichen Volksschule" mit tiefer Besorgnis erfüllte.[727] Beyerle berichtete, wie er bei der Beratung der Grundrechte über die Schule den „tiefeinschneidenden Anträgen der Linken" entgegentrat und sich dafür einsetzte, daß der aus den Sätzen der Paulskirche von 1849 übernommene programmatische Grundsatz[728] nach zwei Richtungen erweitert

---

723 Rede Beyerles in der 324. Sitzung am 22.3.1923; Reichstagsprotokolle, S. 10318 ff

724 Beyerle, FRP, S. 91f

725 Beyerle, Die Verfassung des Deutschen Reiches, S. 59

726 Winkler, S. 104

727 Beyerle, Die Verfassung des Deutschen Reiches, S. 60

728 Art. 31 II der Regierungsvorlage lautete: „Für die Bildung der Jugend und des ganzen Volkes soll durch öffentliche Anstalten genügend gesorgt werden. Das Schul- und Unterrichtswesen ist in allen Gliedstaaten so einzurichten, daß sich auf die Volksschulbildung der Unterricht in mittleren und höheren Bildungsanstalten aufbaut. Das Unterrichtswesen steht unter staatlicher Aufsicht."

werden sollte: durch eine reichsverfassungsmäßige Garantie des Religionsunterrichts als Schulfach und eine ebensolche Garantie der Einrichtungen von Privatschulen,[729] die nach langwierigen und schwierigen Verhandlungen schließlich auch durchgesetzt wurden.

Nach dem ersten Kompromiß noch im Verfassungsausschuß, sollte die Entscheidung darüber, ob auf Antrag der Erziehungsberechtigten auch konfessionelle Schulen errichtet werden konnten, der Gesetzgeber fällen.[730] Neue Kompromisse mußten dann im Rahmen der zweiten und dritten Lesung der Verfassung vor der Nationalversammlung gefunden werden. Während zunächst der Schwerpunkt der Entscheidung über den weltanschauungsmäßigen Charakter der Volksschule aus den Händen des Staates genommen und in die der Erziehungsberechtigten gelegt wurde,[731] wurde schließlich deren Einfluß wieder zurückgedrängt, wie insbesondere die Vorschriften der Art. 146 II sowie 147 II RV zeigen.[732]

Der Einfluß Beyerles auf die inhaltliche Gestaltung dieser den Gegenstand der „Weimarer Schulkompromisse" ausmachenden Bestimmungen tritt angesichts der grundlegenden parteipolitischen Meinungsverschiedenheiten hinter die von ihm vertretene pädagogische Zielsetzung zurück. Daß er mit der endgültigen Fassung nicht gerade zufrieden war, verrät die Kritik am Nebeneinander der Bestimmungen über die Einheitsschule und die „möglichste Berücksichtigung des Willens der Erziehungsberechtigten" sowie sein Appell „Möchte die Praxis vom Geist der Toleranz und des inneren Friedens getragen sein."[733]

Beyerles volkserzieherischer Intention sind einige Verfassungssätze dieses Abschnitts zu verdanken. Der Verfassungsausschuß folgte in zweiter Lesung einem Antrag Beyerles, wonach der Katalog der in allen Schulen anzustrebenden Erziehungsziele um die Formulierung „im Geiste der Völkerversöhnung" ergänzt wurde. Beyerle folgte damit wörtlich einer Anregung der „Deutschen Liga für den Völkerbund", die diese Ergänzung für notwendig hielt „... angesichts der Gesamtrichtung der deutschen auswärtigen Politik und des vollkommenen Umschwungs, der in der allgemeinen Auffassung der zwischenstaatlichen Beziehungen eingetreten ist, sowie ganz besonders im Hinblick auf den neuerdings herausgekommenen deutschen Völkerbundentwurf ...".[734] Ebenso beruht die

---

[729] Beyerle, FRP, S. 34

[730] Art. 143 II RV lautete: „Ob und wieweit bei der Gliederung der Volksschule Kinder des gleichen religiösen Bekenntnisses auf Antrag der Erziehungsberechtigten vereinigt werden können, bestimmt die Gesetzgebung" (Beyerle, Die Verfassung des Deutschen Reiches, S. 61)

[731] Art. 143 II RV erhielt nun folgende Fassung: „Ob und wieweit die Schulen innerhalb der Gemeinden für alle Bekenntnisse gemeinsam oder nach Bekenntnissen getrennt oder bekenntnisfrei (weltlich) sein sollen, entscheidet der Wille der Erziehungsberechtigten, soweit dies mit einem geordneten Schulbetrieb zu vereinigen ist. Das Nähere bestimmt ein baldigst zu erlassendes Reichsgesetz. Bis zum Erlaß dieses Gesetzes bleibt es bei den bestehenden Vorschriften." (Beyerle, aaO, S. 61)

[732] Art. 146 II RV: „Innerhalb der Gemeinden sind indes auf Antrag von Erziehungsberechtigten Volksschulen ihres Bekenntnisses oder ihrer Weltanschauung einzurichten, soweit hierdurch ein geordneter Schulbetrieb, auch im sinne des Abs. 1, nicht beeinträchtigt wird. Der Wille der Erziehungsberechtigten ist möglichst zu berücksichtigen. Das Nähere bestimmt die Landesgesetzgebung nach den Grundsätzen eines Reichsgesetzes."
Art. 147 I RV: „Private Schulen als Ersatz für öffentliche Schulen bedürfen der Genehmigung des Staates und unterstehen den Landesgesetzen. Die Genehmigung ist zu erteilen, wenn die Privatschulen in ihren Lehrzielen und Einrichtungen sowie in der wissenschaftlichen Ausbildung ihrer Lehrkräfte nicht hinter den öffentlichen Schulen zurückstehen und eine Sonderung der Schüler nach den Besitzverhältnissen der Eltern nicht gefördert wird. Die Genehmigung ist zu versagen, wenn die wirtschaftliche und rechtliche Stellung der Lehrkräfte nicht genügend gesichert ist."

[733] Beyerle, Die Verfassung des Deutschen Reiches, S. 63

[734] NL 58, Bl. 126, zitiert nach L. Richter, S. 472, Fußnote 988, Antrag Beyerles Nr. 301 vom 5.6.1919, NL 61, Bl. 169, Zr. 9

Verfassungsformulierung, daß in allen Schulen die sittliche Bildung, staatsbürgerliche Gesinnung, persönliche und berufliche Tüchtigkeit im Geiste des deutschen Volkstums zu erstreben sei, auf einem Antrag Beyerles.[735] Dies gilt auch für die Bestimmung in Art. 148 IV RV, wonach das Volksbildungswesen, einschließlich der Volkshochschulen gefördert werden sollte.[736] Die Kritik der „Deutschen Liga für den Völkerbund", wonach der Begriff „deutsch-volkstümlich" zu sehr an „deutsch-völkisch" anklinge und damit einer nationalistischen Auslegung leichte Handhabe biete[737], so daß stattdessen lediglich das Wort „volkstümlich" in die Verfassung aufgenommen werden sollte, wurde von Beyerle nicht berücksichtigt, wobei vermutlich die Rückbesinnung auf die fernere deutsche Vergangenheit zu einer positiven Assoziation führte.[738]

Im darauffolgenden Jahr wurde Beyerle vom Reichsinnenminister zur Reichsschulkonferenz am 11. bis 19.6.1920 eingeladen,[739] wo er sich an u. a. an den Verhandlungen des 6. Ausschusses, der sich mit der Staatsbürgerkunde befaßte, beteiligen sollte.[740] Im Vorfeld hatte Beyerle angeregt, neben ihm einen zweiten Juristen und zwei Nationalökonomen zu berufen, da er es als höchst erwünscht ansah, über die Art und Weise der Durchführung des Art. 148 RV eine Aussprache abzuhalten und Richtlinien über die Behandlung und Stoffgebiete des staatsbürgerlichen Unterrichts zu entwerfen. Die ihm zugesandten Leitsätze und Berichte behandelten diese Frage nach seiner Ansicht zu flüchtig,[741] so daß auf seinen Vorschlag hin, Prof. Radbruch eingeladen wurde, der als Berichterstatter Leitsätze, betreffend die Vorbildung der Lehrer für Staatsbürgerkunde vorstellte.[742] Beyerle konnte sich zum Besuch der Reichsschulkonferenz nur für einige Tage frei machen und erstrebte ausdrücklich nicht die Rolle eines Berichterstatters, weil er sich nur an der Diskussion beteiligen wollte. Er bereitete sich auf die Konferenz durch Literaturstudium vor, welche Diskussionsbeiträge Beyerle brachte und welche Vorschläge er machte, geht jedoch aus den Unterlagen seines Nachlasses nicht hervor.

In diese Zeit dürfte allerdings die nicht datierte „Kundgebung deutscher Hochschullehrer" fallen, die Beyerle neben zahlreichen anderen Professoren unterzeichnete.[743] Darin wurde auf die drohende Gefahr der Entfremdung zwischen Hochschulen und Nation hingewiesen. Die akademische Freiheit laufe Gefahr, sich „in zersetzender Kritik und unfruchtbarer Ablehnung des neuen politischen Zustandes und seines Verfassungsrechts zu verbrauchen". Manche Kreise der Hochschulen seien in „unsoziale Absonderung" geraten. Das deutsche Volk, das sein Vaterland in einem freien, demokratischen Staate wieder aufbauen wolle, müsse sehen, „daß auch die Hochschulen sich der Forderung des neuen Verfassungslebens aufrichtig" hingäben. In der Reichsverfassung müsse daher die

---

[735] vgl. Anträge vom 1.7.1919, NL 62, Bl. 5, In I. Zr. 5 findet sich die Formulierung: „In allen Schulen ist persönliche und staatsbürgerliche Tüchtigkeit auf deutsch-volkstümlicher Grundlage und im Geist der Völkerversöhnung zu erstreben."

[736] wie vorangehende Fußnote, Beyerle hatte den Satz vorgeschlagen: „Volkshochschulen sollen gefördert werden."

[737] vgl. NL 58, Bl. 126 RS

[738] So führte Beyerle in seiner Vorlesung „Die Entstehung der neuen Reichsverfassung" aus, diese sei deutsch, „denn sie paart Freiheit mit Pflicht und weckt alle Kräfte des sozialen und genossenschaftlichen Lebens. Deutscher Gemeinsinn und deutsche Mässigung sprechen aus ihr.", NL 69/Bl. 64

[739] Einladungsschreiben vom 3.5.1920, NL 89, Bl. 7

[740] Schreiben vom 22.5.1920, NL 89, Bl. 2

[741] Schreiben Beyerles vom 14.5.1920 (NL 89, Bl. 8) und 20.5.1920 (NL 89, Bl. 3 ff)

[742] NL 89, Bl. 41 f

[743] NL 89, Bl. 28

für alle verbindliche Voraussetzung für die Verwirklichung der Ziele gesehen werden, die nach dem Zusammenbruch allen Patrioten gemeinsam sein müssen.

Weder die Reichsschulkonferenz noch das Bekenntnis zur Reichsverfassung konnten jedoch die Einstellung zur Republik nachhaltig positiv im Sinne der staatsbürgerlichen Erziehung beeinflussen. Der Entwurf eines Reichsschulgesetzes konnte 1921 wegen tiefgreifender Meinungsverschiedenheiten nicht verabschiedet werden, ebenso nicht 1925 und 1927, worauf ein weiterer Versuch nicht mehr gewagt wurde. Damit blieb es bei der bestehenden Rechtslage gemäß der Sperrvorschrift des Art. 174 RV, womit die Anhänger der bisher bestehenden Konfessionsschule deren weitgehende Beibehaltung erreichten.[744]

(5) Das Wirtschaftsleben – die soziale Komponente der Grundrechte (Art. 151 bis 165 RV)

Die meisten „sozialen" Grundrechte waren in diesem fünften Abschnitt enthalten. Er stellte nach den Worten Beyerles den „kühnsten" Bauteil der neuen Verfassungsschöpfung dar. Die Regierungsvorlage sah lediglich den Schutz des Eigentums und der menschlichen Arbeitskraft vor. Weitere Vorgaben waren nur im Sozialisierungsgesetz gemacht. Der Abschnitt war daher „ganz das Werk der Nationalversammlung und ihres Verfassungsausschusses",[745] die versuchten, die „wirtschaftliche Demokratie auf sozialer Grundlage" verfassungsrechtlich zu verankern. Beyerle setzte sich entschieden für die Aufnahme sozialer Grundrechte in die Verfassung ein und stellte, wie die Überschrift „Grundrechte und Grundsätze auf dem Gebiet des Sozial- und Wirtschaftslebens"[746] zeigt, eine enge Verbindung von Wirtschafts- und Sozialpolitik her.[747] Der entscheidende Durchbruch des Sozialstaatsgedankens erfolgte bereits in der Phase der Vorarbeiten Beyerles.[748]

Den Normen des objektiven Wirtschaftslebens (Art. 151 bis 156 RV) wurde der Schutz der menschlichen Arbeitskraft (Art. 157 bis 165 RV) gegenübergestellt. In der Forderung nach gerechtem Ausgleich zwischen Kapital und Arbeit kam Beyerles Bewertung zum Ausdruck, daß die wirtschaftliche Freiheit des einzelnen im sozialen, demokratischen Deutschland nicht mehr schlechthin als selbständiges Gut für sich einen Wert habe, sondern nur soweit sie eine wirtschaftliche Funktion im großen Ganzen erfülle. Den obersten Grundsatz des Wirtschaftslebens bildete für Beyerle nicht mehr schlicht die Freiheit, sondern die „Freiheit auf dem Boden einer dem Gemeinwohl dienenden Ordnung", womit er einen mit sozialen Werten erfüllten Freiheitsbegriff wählte.[749] So hob er hervor, daß sich das Antlitz der Erde seit den Tagen der großen französischen Revolution gründlich gewandelt habe und zum ersten Male eine deutsche Verfassung dem Manchester-Liberalismus, dem „Laissez faire laissez aller" eine Absage erteile, um dem Staate die Ordnung des Wirtschaftslebens aufzugeben. Die Zielsetzung, Einzelwohl und Gesamtwohl zu verwirklichen, bewirke, daß der Pflichtgedanke alles Grundrecht des Einzelnen

---

[744] Apelt, S. 336 f

[745] Beyerle, Die Verfassung des Deutschen Reichs, S. 69; Völtzer, S. 189, schreibt auch wenn die einzelnen Bestimmungen in ihrem gedanklichen Ursprung nicht alle von Beyerle, sondern aus vorangegangenen Vorschlägen und Anträgen stammten, sei er durch die Zusammensetzung dieser vielschichtigen Gedanken, als „Vater" des gesamten V. Abschnitts anzusehen.

[746] Vorschläge zu einer Stoffgliederung und Textgestaltung des Verfassungsabschnitts über die Grundrechte des Deutschen Volkes, 29.4.1919

[747] so Völtzer, S. 171 und 172

[748] Völtzer, S. 212 f

[749] Völtzer, S.183, Die Formulierung findet sich im Arbeitsexemplar, Anhang 3. e.

durchwirke. Übertriebenen Sozialisierungsbemühungen werde gleichzeitig ein Damm entgegengeworfen, indem die Verwirklichung bedrohter Rechte und überragende Forderungen des Gemeinwohls zu Grenzen gesetzlichen Zwangs gegenüber der wirtschaftlichen Freiheit des Einzelnen gemacht würden.
Im „sozialen Gedanken“ sah Beyerle eine Klammer, die privates und öffentliches Recht miteinander verband:

„Heute, wo der soziale Gedanke öffentliches und privates Recht einander weithin wieder angenähert hat, wäre es weniger als je gerechtfertigt, den Schutz der erworbenen Rechte nur privaten Berechtigungen zuteil werden zu lassen.“[750]

Von daher war es nur noch ein kleiner Schritt zur Übernahme „privatrechtlicher sozialer Rechte“ in die Verfassung wie etwa Art. 152 II RV: „Wucher ist verboten. Rechtsgeschäfte, die gegen die guten Sitten verstoßen, sind nichtig.“, der im Wesentlichen § 138 BGB entsprach. Neben Leitgedanken, Programmpunkten und Richtlinien wurden aus dem bürgerlichen Recht Sätze übernommen, die der Vertragsfreiheit Halt gebieten vor wucherischer Ausbeutung und vor sittenwidrigem Geschäftsgebaren, da diese - so Beyerle - „recht dazu angetan waren, volkserzieherisch zu wirken und darum wert waren, dem Allgemeinbewußtsein eingeschärft zu werden.“[751] Allerdings konnte er sich damit nicht in vollem Umfang durchsetzen, wie etwa Art. 45 Entwurf-RV[752] über die Formlosigkeit von Verträgen zeigt, weil es, so die Kritik, nicht Sinn der Verfassung sein könne, im großen Rahmen allgemeine Grundsätze des BGB zu wiederholen.

Nach katholischer Staatsauffassung mußte der Staat beim Schutz der Privatrechte auf eine besondere Fürsorge für die niedersten und besitzlosen Bevölkerungsklassen bedacht sein, da das arme Volk keinen anderen Schutz habe. Der Staat hatte daher als Pflicht der austeilenden Gerechtigkeit durch eine großzügige Sozialfürsorge und Sozialpolitik zur Lösung der sozialen Frage beizutragen.

Im Gegensatz zum Sozialismus mit seiner Forderung nach Vergesellschaftung der Produktionsmittel ergab sich für Leo XIII. aus der menschlichen Einzelnatur ein natürliches Besitzrecht. Das Sondereigentum mußte als "unentbehrliche materielle Basis der sittlichen und geistigen Güter der Persönlichkeit und besonders der Einzelperson, sofern sich diese zur Familie, der gottgewollten Grundlage und Wurzel aller wahrhaft menschenwürdigen Gemeinschaftsbildung, über sich selbst hinaus erweitert und entfaltet unverletzlich“ bleiben.

Mit dem Rückgriff auf naturrechtliches Gedankengut konnten auch sozialistische Bestrebungen abgewehrt werden wie die Formulierung Ringelmanns in seinem Handbuch über die BVP deutlich macht, daß „das göttliche Gesetz das Eigentum schütze“, das neben dem Erbrecht in der Natur des Menschen begründet sei. Eigentum und Erbrecht seien für die grundlegende Ordnung der Gesellschaft unabdingbar, „denn die idealen Menschen, die ein wirklicher kommunistischer Staat im derzeitigen Stadium der Kultur- und Produktionsentwicklung bräuchte“, existierten nicht und würden „auch nimmermehr geboren.“[753] Beyerle vergaß dabei den sozialen Gedanken nicht:

---

[750] Das Haus Wittelsbach und der Freistaat Bayern, S. 3 f
[751] Beyerle, Die Verfassung des Deutschen Reiches, S. 65
[752] vgl. Arbeitsexemplar, Anhang 3. e.
[753] Ringelmann, S. 121

„Wir können heute nicht mehr mit Sätzen arbeiten, wie „Das Eigentum ist unverletzlich", sondern wir müssen den sozialen Geist der Neuzeit auch in die Behandlung derartiger Privatrechtsformen hineintragen. Das bot die gedankliche Brücke zum Sozialisierungsparagraphen."[754]

Er konkretisierte dies, indem er auf die Vergangenheit rekurrierte. So sei die Rechtsmacht des Eigentümers stets relativ, denn gewisse Schranken lege ihr im Interesse der Gesamtheit jede Rechtsordnung auf. In besonderem Maße sei dies im deutschen älteren Recht der Fall gewesen, das nicht deshalb schlecht gewesen sei, weil es früher gegolten und sich mit den Grundsätzen des wirtschaftlichen Liberalismus, der die Gesetzgebung des 19. Jahrhunderts beherrschte, nicht vertragen habe. Das Eigentum „im guten alten deutschen Recht, an dem wir heute so vieles mit anderen, mit gerechteren Augen würdigen", war nicht nur Rechtsmacht, sondern Grundlage der sozialen Stellung, selbst der öffentlichen ständischen Wertung des Berechtigten und seines Geschlechts – „ein Amt und ein Recht zugleich." Wenn vernünftige Sozialisierung nichts anderes bedeuten könne, als einen solchen Genuß der wirtschaftlichen Lebensgüter, der Individualinteresse und Gesamtinteresse zu einem höheren Endzweck vereinige, so sei das deutsche Eigentum, vor allem das Grundeigentum, in weitem Belang sozialisiertes Eigentum gewesen.[755]

Während die Enteignung von der Perspektive des grundrechtsgeschützten Eigentümers ausgeht, der bei Eingriffen entschädigungsberechtigt ist, steht bei der Sozialisierung das Blickfeld der Gemeinschaft im Vordergrund, welche ihr ökonomisches und soziales System ändert. Indem Beyerle die Sozialisierungsvorschrift nur als Ermessensvorschrift ausgestaltete, zeigte er sich eher sozialisierungsfeindlich. Mit dem Verzicht auf eine Entschädigungsklausel (entsprechend dem Antrag für ein Sozialisierungsgesetz), stellte er den qualitativen Unterschied von Enteignung und Sozialisierung her.[756]

Die Sozialbindung des Eigentums, wie sie heute in Art. 14 II GG zum Ausdruck kommt, beruht letztlich auf den Vorarbeiten Beyerles.[757] So sei der als Schutz des Privateigentums auftretende Grundsatz der Entschädigungspflicht im Enteignungsfalle wegen etwaiger sozialer Notwendigkeiten nicht mehr als Regel ohne Ausnahme formuliert worden. Nur zum Schutz der Länder, Gemeinden und gemeinnütziger Verbände gegen Enteignungen durch das Reich, schrieb die Verfassung vor, daß stets nur gegen Entschädigung enteignet werden könne. Eine Enteignung kam für ihn nur als Legalenteignung ("aufgrund eines Gesetzes"), nicht dagegen als Administrativenteignung ("durch Gesetz") in Betracht. Der Gesetzgebung des Reiches sollte das Enteignungsrecht nur soweit überlassen sein, "als ein Bedürfnis für den Erlaß gleichmäßiger Reichsvorschriften vorhanden ist."[758]

Ziel eines gesunden Bodenrechts sei es, jeder deutschen Familie eine ihren Bedürfnissen entsprechende Wohn- und Wirtschaftsheimstätte zu sichern. Das Grundeigentum sollte unter den Primat der staatlichen Wohnungs- und Siedlungspolitik gestellt werden.[759] Hervorzuheben ist die sich an sozialistisches Gedankengut anlehnende Formulierung „Unverdiente Wertsteigerung des

---

[754] Aktenstück Nr. 391, S. 368
[755] so Beyerle auf der Dritten gemeinsamen Tagung für Denkmalpflege und Heimatschutz in Eisenach am 23. und 24.9.1920; S. 14
[756] im Einzelnen: Völtzer, S. 187 ff und S. 88 ff
[757] Völtzer, S. 160 und 184
[758] so Schmitt, Verfassungslehre, S. 153
[759] Völtzer, S. 185

Grundvermögens soll für die Aufgaben der Gesamtheit nutzbar gemacht werden."[760] Dies steht auch in Einklang mit der Deutung des Eigentums durch Bischof v. Ketteler, von dem sich Beyerle beeindruckt gezeigt hatte und der unter Berufung auf Thomas v. Aquin, Gott als alleinigen Eigentümer aller irdischen Güter ansah, während den Menschen lediglich ein Nutzungsrecht zustünde. Dieses Nutzungsrecht unterteile sich in ein Verwaltungsrecht und ein Recht auf Fruchtgenuß. Nur das erstere stehe aber dem Einzelnen zu.[761]

Hinsichtlich des Schutzes des Erbrechts bemühte sich Beyerle vor dem Hintergrund radikaler Forderungen nach Abschaffung des Erbrechts, um „geburtsmäßige Klassenzugehörigkeit" von vornherein zu verhindern, um einen Ausgleich, der zwar die Grundsätze des Erbrechts unangetastet ließ, soziale Unbilligkeiten mittels Erbschaftsteuer und Einreihung des Staates in die gesetzliche Erbfolge zu ergänzen trachtete.[762]

Am höchsten - so Beyerle - greife die Verfassung, wo sie der menschlichen Arbeitskraft nicht nur Schutz gewährt, sondern ihr als Lohn der Arbeit die Existenzmöglichkeit sichert. Mit der Anerkennung eines Unterhaltsanspruchs dessen, dem eine angemessene Arbeitsgelegenheit nicht nachgewiesen werden könne, erkenne der Staat die hervorragende Bedeutung der Sozialpolitik an. Ergänzt wurde dieser Schutz durch die Pflichtversicherung der Arbeiter gegen Krankheit, Unfall, Invalidität und Alter. Während Beyerle insoweit noch an Bismarck´sche Errungenschaften anknüpfte, erfolgte die Erweiterung des Schutzes gegen Betriebsgefahren und Gesundheitsbeschädigungen durch einen Antrag des sozialdemokratischen Abgeordneten Katzenstein.[763] Mit dem Hinweis auf die unentbehrliche Funktion des Arbeiterstandes für die materielle Wohlfahrt des Ganzen hatte Leo XIII. den strengen und eigentlichen Rechtsanspruch der Arbeiterklasse begründet „auf die staatliche Fürsorge in der Richtung, daß ihnen nach Maßgabe ihrer Mitwirkung zum Gemeinwohl als gerechtes Entgelt Wohnung, Kleidung und überhaupt die Sicherung eines weniger gedrückten Daseins zuteil werde."[764]

Mit Beyerles Formulierung „Das Reich tritt für eine zwischenstaatliche Lösung der Rechtsverhältnisse der Arbeiter ein, welche für die gesamte arbeitende Klasse der Menschheit ein allgemeines Mindestmaß der sozialen Rechte erstrebt." bekannte sich die Weimarer Verfassung zum Internationalismus auf dem Gebiet der Sozialpolitik. Wenngleich die bindende Wirkung des Art. 162 RV gering sein mochte, wurde wenige Monate nach dem Zusammenbruch des monarchischen Nationalstaats - neben dem in Art. 148 RV festgehaltenen Ziel der Völkerversöhnung - ein völkerverbindendes Zeichen gesetzt.[765]

Zur Lösung der sozialen Fragen sollten sich u. a. die zur Selbsthilfe aufgerufenen Arbeiter eine Zusammenarbeit mit dem Unternehmertum in gemeinsamen Organisationen suchen. Beyerle gelang es, eine Formulierung des Koalitionsrechts zu schmieden, die das kollektive Arbeitsrecht, welches ein Fortleben verschiedener Eigentumsverhältnisse an den Produktionsmitteln voraussetzt, als Grundkonsens der beteiligten Kräfte übernahm.[766]

In den Bestimmungen über das Rätesystem sah Beyerle den Wunsch der Arbeiterschaft, sich aus der Mechanisierung des Wirtschaftslebens zu lösen und

---

760 Art. 60 III Entwurf-RV, Arbeitsexemplar, Anhang 3. e.

761 Völtzer, S. 43 ff

762 Völtzer, S. 184 f

763 Völtzer, S. 234

764 Tischleder, aaO, Sp. 954

765 Völtzer, S. 234 f

766 Völtzer, S. 177, der die Auffassung vertritt, daß sich Beyerle insoweit beratend unterstützen ließ. Hinweise auf eine alleinige oder hauptsächliche Urheberschaft finden sich in seinem Nachlaß nicht.

selbsttätig mit Kopf und Herz am Wiederaufbau Deutschlands mitzuarbeiten. Die Schwierigkeiten der Kompetenzabgrenzungen zwischen Gewerkschaften und Arbeiter- bzw. Wirtschaftsräten wurden zugunsten eines reinen Kontrollrechts der Betriebsräte gelöst. Beyerle hatte damit eine Grundsatzentscheidung vorbereitet, die heute noch wirkt.[767]

Denkmal- und Heimatschutz[768] waren für ihn eine Möglichkeit, am Wiederaufbau Deutschlands mitzuhelfen. Die gefühlsmäßige Verbundenheit zur Heimat herzustellen, die für ihn selbst so bedeutsam war, hoffte er durch die Erziehungswirkung dieser Vorschrift herzustellen. So war er der Meinung, der Aufstieg gelinge nur über die geistige und sittliche Erneuerung des Volkes. Für den Staat und seine Autorität, für das Große und Heldenhafte seiner Geschichte, für alles Schöne und Edle in Denkmal und Heimatbild müsse das Volk zurückgewonnen werden. Eine wirksame Denkmalpflege und Heimatliebe müsse besonders auf der entsprechenden Bildung der heranwachsenden Jugend gegründet sein, der nicht nur Wissen mitgeteilt, sondern Gesinnung eingeflößt werden müsse. Ehrfurcht und Liebe gegenüber Geschichte, Natur und Heimat könnten nur auf solchem Wege zum Gemeingut der Nation werden.[769]

bb. Redaktionelle Federführung Beyerles

In der Zeit von 2.5.1919 bis 30.5.1919 fanden acht Sitzungen des Grundrechtsunterausschusses statt. Vorsitzender am 2., 3., 5., 6. und 14.5.1919 war der Abgeordnete Naumann. Den Vorsitz in den Beratungen am 28., 29. und 30.5.1919 übernahm wegen Erkrankung Naumanns der Abgeordnete Beyerle[770]. Ihm war neben Düringer die Aufgabe des Berichterstatters über die Grundrechte übertragen. Eine Mitarbeit Düringers[771] läßt sich allerdings aus den Unterlagen im Nachlaß Beyerle nicht belegen.[772]

Mit der „richtigen" Systematik der neuen Verfassung hatte sich Beyerle eingehend befaßt und dazu die verschiedenen Verfassungen auf ihre Stoffeinteilung hin untersucht. So stellte er in einer handschriftlichen Übersicht[773] die Gliederungen der Reichsverfassung von 1870 und der Verfassungen von Baden (vom 22.8.1828), Bayern (vom 26.5.1818), Braunschweig (vom 12.10.1832), Bremen (vom 21.2.1854), Hamburg (vom 13.10.1879), Hessen (vom 17.12.1820), Oldenburg (vom 22.11.1852), Preussen (vom 30.1.1850), Sachsen (vom 4.9.1831) und Württemberg (vom 25.9.1819) zusammen.[774] Bei der Lübecker Verfassung vermerkte er: „als Vorbild bedeutungslos". Diese Übersichten haben jeweils die Gesamteinteilung der Verfassungen zum Gegenstand. Die Anordnung der einzelnen Grundrechte und

---

767 Völtzer, S. 177

768 In einer undatierten Briefabschrift an die Organisatoren der gemeinsamen Tagung für Denkmalpflege und Heimatpflege (NL 58, 200 f) schrieb Beyerle: „... Dass ich Ihre Bestrebungen nach Kräften unterstützen werde, versteht sich von selbst. Die Fragen interessieren mich gesetzgeberisch in besonderem Maße ... Ich habe daher bei dem mir übertragenen Ausbau der Grundrechte der Reichsverfassung von mir aus einen Vorschlag betreffs Aufnahme eines Artikels über Heimatschutz, Denkmal und Naturpflege ins Auge gefaßt. Leider war mir derselbe in der ersten Lesung abgelehnt worden. ..."

769 Beyerle auf der Dritten gemeinsamen Tagung für Denkmalpflege und Heimatschutz, Eisenach 23. und 24.9.1920, S. 9

770 Apelt, S. 109

771 Vorarbeiten hierzu seien im April 1919 erfolgt unter tatkräftiger Unterstützung des Abgeordneten Dr. Düringer. Beyerle, Zehn Jahre Reichsverfassung, S. 21

772 so auch Völtzer, S. 166

773 NL 60, Bl. 247 ff

774 Die letzten drei Übersichten befinden sich aaO, Bl. 260

deren Reihenfolge in den einzelnen Verfassungen stellte Beyerle für die Verfassungen von Bayern, Baden, Bremen, Braunschweig, Hessen, Sachsen, Preussen und Oldenburg auf jeweils getrennten Blättern zusammen. Die Verfassung von Württemberg wurde in diesem Zusammenhang nur erwähnt, ohne daß eine nähere Aufschlüsselung der Grundrechte erfolgte. Die Grundrechte wurden nicht in ihrem Wortlaut, sondern nur stichwortartig neben der Paragraphen- bzw. Artikelangabe gekennzeichnet. Erwähnenswert ist eine Bemerkung Beyerles zur Bremer Verfassung „§ 19 Unverletzlichkeit v. Eigentum u. sonstiger Privatre(chte)", mit der er die „gute Fassung" der Enteignungsbestimmung lobte. „Eine ... Aufgabe oder Behinderung desselben zum allg(emeinen) Besten kann nur gegen gerechte Entschädigung in den d(urch) das Gesetz bestimmten Fällen und Formen verhängt werden.", da sich Beyerle für die Aufnahme einer Entschädigungsregelung zugunsten der Länder und Gemeinden einsetzen sollte.[775]

(Skizze von Alexander Müller, während der Beratungen des Verfassungsausschusses)[776]

Er dürfte mit der Ausarbeitung des Grundrechtskataloges spätestens im April 1919 begonnen haben. Er ging dabei so vor, daß er jede Überschrift und jede aufzunehmende Bestimmung ähnlich einer Karteikartensammlung auf einem gesonderten Blatt niederschrieb. Insgesamt erhielt er so 57 Blatt Papier, die noch nicht nummeriert waren.[777] Diese Sammlung dürfte die Urfassung der Weimarer Reichsverfassung darstellen, die Beyerle zumindest bis zu seiner Zusammenstellung am 6.5.1919 als Arbeitsgrundlage diente und die er teilweise mit Begründungen bzw. Anmerkungen zu gestellten Anträgen versah[778]. Erst zu diesem Zeitpunkt ordnete er die Papiere neu, indem er sie mit roten Ziffern von 1 bis 61 beschrieb. Auffällig ist,

[775] vgl. unten 2. d. gg. , a. E. zu Art. 153 II 4 RV
[776] aus einer Ausgabe der Illustrierten Zeitung vom 17.7.1919, Nr. 3968d, NL 60, Bl. 694 RS, 695 VS
[777] vgl. NL 60, Bl. 558 bis 614, sowie das dazu gehörende Blatt 431, beispielhaft sind im Anhang 3. b, Bl. 558, 559 607 und 592 wiedergegeben
[778] vgl. etwa NL 60, Bl. 576

daß Beyerle hinsichtlich des Rätesystems und der Sozialisierung zunächst nur Überschriften als Merkposten und noch keinen Formulierungsvorschlag festhielt.
Diese Vorarbeiten waren die Grundlage für die „Vorschläge zu einer Stoffgliederung des Verfassungsabschnitts über die Grundrechte des deutschen Volkes".[779] Die erste Fassung ist nicht mehr auffindbar. Hingegen findet sich das mit „Korrektur" überschriebene Exemplar vom 28.4.1919 in Beyerles Nachlaß. Unter einer Arbeitsüberschrift, in der allgemein der Inhalt des jeweils folgenden Artikels skizziert wurde, hatte Beyerle aus den verschiedenen Verfassungsentwürfen einzelne Paragraphen kompiliert, wobei am Ende des Absatzes eine genaue Quellenangabe für jede einzelne aufgenommene Bestimmung sowie mögliche Alternativbestimmungen aus den übrigen Verfassungsentwürfen aufgeführt wurden. Der Entwurf gliederte die gesamte Materie in fünf Abschnitte und 59 Artikel.[780] Beyerle verwendete hierzu die Entwürfe von Preuß, die Grundrechtsanträge von Düringer und Naumann, sowie die Entwürfe von Quarck-Sinzheimer, die badische Verfassung vom 21.3.1919, den württembergischen Verfassungsentwurf vom 23.1.1919, den Privatentwurf des konservativen Marburger Professors Bredt und den Privatentwurf des Vereins „Recht und Wirtschaft".[781] Nur bei den Materien der Kirche und Schule enthielt dieser Rohentwurf nahezu ausschließlich die Beschlüsse des Verfassungsausschusses in erster Lesung.[782]

Mit diesen Vorschlägen hatte Beyerle das Fundament für den Grundrechtsteil der Weimarer Verfassung gelegt. Die Grobgliederung in fünf Abschnitte und im Wesentlichen der Umfang des Grundrechtskatalogs standen damit fest. In Hinblick auf die drängende Eile, mit der man zum Abschluß der Verfassungsberatungen gelangen wollte und die Schatten der Friedensverhandlungen war von den noch bevorstehenden Beratungen eine grundlegend andere Konzeption nicht mehr zu erwarten.

Grundlage der Beratungen wurde dann eine zweite Fassung Beyerles vom 29.4.1919,[783] in der Beyerle Verständlichkeit und Übersichtlichkeit verbessert hatte. Die bislang nur in Paragraphennummern aufgeführten Artikel wurden nun im Wortlaut abgedruckt, wobei die Methode beibehalten wurde, nach jedem Paragraphen die jeweiligen Alternativvorschläge zu verzeichnen, ohne diese jedoch ebenfalls in ihrem Wortlaut aufzuführen. Die Systematik wurde beibehalten.[784] Unter dem 29.4.1919 wurden allerdings weitere Fassungen, mit Ergänzungen und Artikelumstellung gedruckt, die deutlich machen, wie intensiv an diesem Verfassungsteil gearbeitet wurde.[785]

---

[779] siehe Anhang 3. c

[780] Der zahlenmäßige Unterschied zwischen der 61 Blatt umfassenden „Karteikartensammlung" und nur 59 Artikeln resultiert daraus, daß einzelne „Karteikarten" nur Gliederungsüberschriften, nicht Artikel enthielten.

[781] L. Richter, S. 414, Fußnote 653

[782] L. Richter, S. 414, 415

[783] siehe Anhang 3. d

[784] L. Richter, S. 416

[785] ebenso Völtzer, S. 173 f; Der Arbeitsgang ist nur schwer nachvollziehbar, da soweit ein Datum auf den in NL 60 enthaltenen Blättern aufscheint, stets der 29.4.1919 genannt ist und die einzelnen Fassungen meist nicht vollständig sind. Die im Anhang wiedergegebenen Dokumente markieren den Fortgang der Beratungen, dazwischen gab es jedoch weitere „Arbeitsexemplare" –möglicherweise nur in Händen Beyerles – in denen er einzelne Abschnitte neu zusammenstellte. Da diese mindestens teilweise wiederverwendet worden sein dürften, läßt sich die Abfolge im Einzelnen nicht mehr genau nachvollziehen. Die sich auf den ersten Blick ergebenden Unterschiede zwischen den bei Völtzer wiedergegebenen Dokumenten und den im Anhang enthaltenen (beispielsweise Völtzer S. 178 ff und Anhang 3. d) sind daher nur scheinbar. Zur Veranschaulichung wurde neben den vollständigen Dokumenten im Anhang ein Arbeitsexemplar Beyerles mitaufgenommen, welches Teile verschiedener Beratungsstände vereinigt.
Im Wesentlichen dürften folgende Schritte aufeinander gefolgt sein:

Den einleitenden Bericht in der ersten Sitzung des Grundrechtsunterausschusses am 2.5.1919 erstattete Beyerle, wobei er empfahl den Abschnitt über die Grundrechte als Buch I der Verfassung auszubauen und den staatsrechtlichen Teil als Buch II folgen zu lassen.[786] Als Überschrift schlug er vor: „Von den Grundrechten und Grundpflichten des Deutschen Volkes und Staates."[787] Nach Beyerle ging der „staatserzieherisch wertvolle Gedanke" auf den Abgeordneten Katzenstein zurück, den Grundrechtsabschnitt als „Grundrechte und Grundpflichten der Deutschen" zu überschreiben, da auch öffentlich-rechtliche Pflichten der Staatsbürger mit hineinbezogen werden sollten."[788]

Am 6.5.1919 stellte Beyerle die bisherigen Beschlüsse in 61 Artikeln neu zusammen,[789] wobei er hinsichtlich des dritten Verfassungsabschnitts der „Grundrechte und Grundpflichten inbezug auf Religion, Religionsgesellschaften, Schule" erläuternd darauf hinwies, daß die von ihm hier vorgenommene Gliederung der einzelnen Artikel „nur redaktionelle Vorschläge" enthalte, da die „Artikelfolge dieses Abschnitts nicht Beratungsgegenstand des Unterausschusses" gewesen sei.[790] In diesem Zusammenstellung tauchte zum ersten Mal die durchgehende Gegenüberstellung von „Grundrechten" und „Grundpflichten" auf.[791]

Bereits um den 10.5.1919 –geht man von einer Postlaufzeit von 2 Tagen aus- hatte Beyerle die Bitte mehreren Fachkollegen zugesandt, „Verbesserungsvorschläge redaktioneller, sachlicher und systematischer Art" zu machen und ihm diese nach Möglichkeit in 8 – 10 Tagen zukommen zu lassen.[792] Er ergänzte: „... Als Mitglied des Redaktionsausschusses der Verfassungskommission werde ich mich nach Kräften bemühen durch Stellung neuer Anträge an der weiteren Ausgestaltung des Verfassungswerkes mitzuarbeiten. Dazu Ihren fachkundigen Rat mir zu erbitten, ist der Zweck dieser Zeilen. Auf Gemeinverständlichkeit nach Aufbau und Inhalt der Verfassung ist in besonderem Masse Gewicht zu legen ..." Ob er dabei die Zusammenstellung vom 6.5.1919 jeweils mitgeschickt hatte, erscheint zweifelhaft. Zumindest Richard Schmidt bekam ein Exemplar des Grundrechtsentwurfs erst am 17.5.1919.[793] Beyerle erhielt so die Gutachten und Stellungnahmen von Karl von Amira, Karl Rothenbücher, Robert Piloty, Otto von

---

- Am Anfang stand die im Anhang unter 3. d wiedergegebene Fassung. Die Ehe war noch in Artikel 44 angesiedelt, die Artikel über die Wirtschaft „in sachlicher Beziehung" enthielten nur Überschriften. (Die Blätter - Vor- und Rückseiten - 290, 296, 297 und 303 gehören zusammen und sind mit der im Anhang 3. d wiedergegebenen Fassung identisch.)
- Sodann wurde der Artikel über die Ehe nach vorne unter Zr. 15 verlagert (Bl. 298).
- Die nächste Fassung, wiederum vom 29.4.1919 nennt die Ehe in Artikel 14 (Bl. 292, 293 und 299 gehören zusammen, sind aber wegen Fehlens der Art. 1 bis 13 unvollständig.)
- Eingearbeitet wurde die Sozialisierungsklausel in Bl. 301.
- Einzelartikel über die Wirtschaft (Art. 44 – 47) und über soziale Bestimmungen (Art. 57 – 60) sind auf Bl. 302 und 300 enthalten.
- Eingearbeitet sind diese Vorschriften (mit Ausnahme des Art. 47) in der Fassung vom 29.4.1919 (Bl. 294, 295), die jedoch wiederum unvollständig ist. (siehe Arbeitsexemplar, Anhang 3 e.)
- Eine Erweiterung der Vorschriften über Familie und Kinder (Art. 14 – 14 d) ist auf Bl. 291 enthalten. Die Einarbeitung in den Gesamtentwurf ist erst in der Zusammenstellung vom 6.5.1919 erkennbar.

[786] L. Richter, S. 415, Fußnote 659 unter Hinweis auf Barch RT 2894, Bl. 279

[787] Anhang A in Thomas Wirth, S. 170

[788] Beyerle, Zehn Jahre Reichsverfassung, S. 21; Beyerles Erinnerung dürfte aber nur insoweit korrekt sein, als sich seine Äußerung auf den ersten Teil der Überschrift „Grundrechte und Grundpflichten..." bezog, da hinsichtlich des zweiten Teiles v. Gierke Kritik am Entwurf übte.

[789] siehe Anhang 3. e; NL 60, Bl. 617

[790] vgl. Anhang 3.e; NL 60, Bl. 617

[791] L. Richter, S. 418, Fußnote 679 unter Hinweis auf NL Beyerle, p. 615 -626

[792] NL 58, Bl. 185, handschriftliches undatiertes Briefkonzept

[793] vgl. Briefe Schmidts vom14.5.1919, NL 58, Bl. 130 f und 18.5.1919, NL 58, Bl. 161 ff

Gierke und Richard Schmidt. Ebenso schrieb er auch Hans Gmelin und die Münchener Professoren Frank und Beling an. Gmelin und Beling sandten ebenfalls Stellungnahmen zum Verfassungsentwurf,[794] während Frank in seiner Antwort nur kurz auf zwei Vorschläge Belings einging.

Für die Einarbeitung und Berücksichtigung aller Vorschläge und die Durchleuchtung auf ihre juristische Tragweite blieb jedoch kaum Zeit. Hatten die Angeschriebenen fast durchweg darauf hingewiesen, daß wegen der Kürze der Zeit eine umfassende und gründliche Stellungnahme nicht möglich war,[795] so war zunächst bereits für den 28.5.1919 die abschließende Beratung des Grundrechtsunterausschusses vorgesehen. Die Gutachten sind jedoch von hohem Interesse, da sich einerseits zum Teil ein unmittelbarer Einfluß auf die Verfassung nachweisen läßt und andererseits bereits vor deren Fertigstellung und Inkrafttreten in großer Deutlichkeit Kritik geäußert wurde, die auch die Diskussion der Zwanziger Jahre bestimmte. Beyerle, der den Grundrechtsentwurf „als Mitglied des Redaktionsausschusses des Verfassungsausschusses" an Fachkollegen sandte, war von offenbar keinem der Gremien durch einen entsprechenden Beschluß beauftragt, sondern handelte in eigener Initiative. Bei ihm liefen die Fäden zusammen. Angesichts des Umfangs der in den Grundrechten und Grundpflichten geregelten Materie können die Gutachten und Stellungnahmen nicht im einzelnen dargestellt, sondern lediglich einige charakteristische und häufig wiederkehrende Gesichtspunkte hervorgehoben werden.

V. Amira[796] sandte Beyerle neben einem zweiseitigen Gutachten eine vernichtende Kritik der bisherigen Verfassungsarbeit zu, wobei er besonders die zeitintensiven Beratungen bemängelte, die es verhindert hätten, daß man zu einem definitiven verfassungsrechtlichen Zustande gekommen sei."[797] Er bemerkte, daß

---

[794] NL 58, Bl. 167 ff

[795] z. B. Schmidt: „Gestern kam der Abzug der Grundrechte doch noch in meine Hände und ich beeile mich nun Ihnen noch einige Bemerkungen dazu zu schreiben. Allerdings muß es nun etwas flüchtig geschehen, wenn meine Antwort noch rechtzeitig an Sie gelangen soll. Halten Sie das also der Situation zu Gute. (NL 58, Bl. 161 ff) oder v. Gierke: „Eine kritische Äußerung über den ganzen Entwurf abzugeben, bin ich zur Zeit nicht im Stande. Dazu wäre ein längeres Studium der Materie und eine gründlichere Vertiefung in die zahlreichen Fragen, die den Gegenstand Ihrer sorgfältigen Beratungen und eingehenden Erwägungen gebildet haben, erforderlich. Ohne gehörige Stoffbeherrschung, die ich mir nicht in 8 Tagen verschaffen kann, würde ich es als Anmaßung empfinden, wenn ich mir die Kompetenz zu einem Gesamturteil beilegen wollte..." (NL 58, Bl. 143 ff); ebenso Piloty, Brief vom 18.5.1919, NL 58, Bl. 141 f

[796] NL 58, S. 129 ff

[797] Schreiben v. Amiras an Beyerle, NL 58, Bl 127:

Bogenhausen, 13.5.1919

Verehrter Freund!

Anbei meine Monita zu den Grundrechten. Sie sind zahlreich und offenherzig. Aber letzteres wir Ihnen ja wohl willkommen sein. Daß sie viel fruchten werden, ist eine Illusion, der ich wenigstens mich nicht hingebe.

Aber Summa summarum: wenn bei der Redaktion der Verfassung so weiter verfahren wird, so wird das Opus gegen die bisherige Verf. Urk. ganz beträchtlich abfallen. Diese war eines der schlechtest redigierten Reichsgesetze. Aber sie wird sich in Zukunft klassisch ausnehmen im Vergleich mit der neuen. Und dabei muß man sich noch fragen, ob diese den ungeheuren Zeitverlust lohnen wird, den sie schon bisher gekostet hat. Sie haben schwerlich eine Vorstellung davon mit welchem Mißvergnügen man hier den endlosen Beratungen der Verfassungskommission folgt. Die Abgeordneten scheinen die Aufgaben der Gegenwart völlig zu verkennen. Es handelt sich nicht um ein Gesetzbuch, das möglichst dickleibig von Allem und einem Anderen handelt, sondern darum, daß wir möglichst bald zu einem definitiven verfassungsrechtlichen Zustand kommen. Hätte die Nationalversammlung das fertig gebracht, so hätte sie sich ein unvergleichliches Prestige gesichert. So ist sie um alles Ansehen gekommen. Nehmen Sie es mir nicht übel, daß ich auch dieses ganz offen ausspreche. Es ist, wie gesagt, nicht bloß meine Meinung, sondern Leute aus allen bürgerlichen Kreisen teilen sie. Sie bald in München zu sehen, wird mich sehr erfreuen. Hoffentlich hat Ihre teure Gemahlin die Spartakistenzeit gut überstanden. Wir haben es verhältnismäßig. Ein Anschlag auf mich war gemacht. Aber durch einen Zufall entging ich ihm.

Mit ergebenstem Gruß

Amira

einzelne Vorschriften den „Mund zu voll nähmen“ wie etwa Art. 2 II Entwurf-RV, der die grundsätzliche Gleichheit von Mann und Frau ausspreche. Wenn Frauen nicht wahlpflichtig sind, so könne keine Rede davon sein, daß sie grundsätzlich gleiche Pflichten wie Männer haben. Noch weniger dann, wenn sie nicht ebenso wie Männer fähig sein sollen zum Richteramt zu gelangen.[798] Die in Art. 14 RV ausgesprochenen Schutz der Persönlichkeitsrechte gehörte nach seiner Ansicht nicht in ein Gesetz, „weil lediglich aus Lehrsätzen bestehend.“ Diese Kritik kehrte des öfteren wieder.[799]

Weiter hielt er die vom Grundrechtsunterausschuß beschlossene ausdrückliche Erwähnung der religiösen Vereine oder Gesellschaften im Rahmen der Vereinsfreiheit für „überflüssig“, da die Vereinsfreiheit auch diese Gesellschaften umfasse. Da die Bekenntnisfreiheit bereits die „Glaubens-, Gewissens- und gar Gedankenfreiheit“ umfasse, sei deren „gesetzliche Garantie“ unnötig. V. Amira sprach sich statt der seiner Ansicht nach ungenügenden Garantie der „besonderen Rechtstitel“ der Kirchen für eine Erweiterung der Eigentumsgarantie der Religionsgesellschaften auf alle „Kirchengüter“ (einschließlich Kunstwerken, Bibliotheken und Archiven) aus. Hinsichtlich der Schulbestimmungen bemängelte er, daß in zahlreichen Artikel „bloße Lehrsätze“ fixiert würden, die nichts darüber besagten, wem diese Grundrechte gewährleistet werden sollten. So stellte er hinsichtlich der organischen Ausgestaltung des Schulwesens, des Staatsschutzes von Kunst und Wissenschaft, der Jugendbildung, der staatsbürgerlichen Erziehung und der Festlegung des Religionsunterrichts als ordentliches Lehrfach die Frage: „Wer hat darauf ein „Grundrecht“ und gegen wen?“[800] Die Formulierung über die Gemeinpflichtigkeit des Eigentums in Art. 58 III Entwurf-RV sah er als bloße Redensart an.

Karl Rothenbücher[801] bemerkte, was den Zustand der Grundrechte anlange, so sei hierbei die Aufgabe Beyerles nicht leicht. Unmittelbar rechtlichen Inhalt hätten die wenigsten Bestimmungen und man sei genötigt, allgemein gehaltene Leitsätze aufzustellen. Die Systematisierung der Abschnitte I., II. und III. sei unklar, der Abschnitt über das Gemeinschaftsleben nicht einheitlich. Allerdings gestand er zu, ob überhaupt eine befriedigende Systematisierung gefunden werden könne, sei zweifelhaft. Soweit die Grundrechte und Grundpflichten subjektive Rechte enthielten oder wenigstens begründen wollten müßte zugleich ein verwaltungsgerichtlicher Schutz vorgesehen werden.[802] An Einzelkritik hielt Rothenbücher im Wesentlichen die Bezugnahme der Grundrechte und Grundpflichten des Staates und des Volkes für bedenklich. In Zr. 1 schien ihm die Wendung „zum Einsatz Aller“ nicht glücklich zu sein, denn es sei wohl gemeint: „Zur Gewähr der Freiheit und um zu erreichen, daß sich Alle im Dienste des Gesamtwohles einsetzen.“ In der gewählten Fassung sei aber die Form so, als ob die Verfassung „Alle einsetzte“. In Beyerles Handexemplar ist seine daraufhin vorgenommene Streichung zu erkennen. Ebenso in Zr. 3 Satz 2, woran Rothenbücher die Wendung „für das einzelne Land“ kritisierte, da die Ausübung politischer Rechte in dem einzelnen Land gemeint sei. Zweifelhaft erschien ihm vor dem Hintergrund der volkstümlichen Fassung der Grundrechte, ob der Begriff „Persönlichkeitsrechte“, wie ihn die Privatrechtswissenschaft entwickelt habe, allgemeinverständlich sei. Unklar war ihm der Begriff der Gedankenfreiheit. In der Frage des Selbstverwaltungsrechts der Religionsgesellschaften plädierte er dafür, diese Dinge dem Landesrecht zu überlassen. Der Begriff der öffentlich-

[798] NL 58, Bl. 129
[799] etwa zu Art. 17 I, 38 II, 56 Entwurf-RV
[800] zum Vorstehenden: L. Richter, S. 420
[801] NL 58, Bl. 135 ff, Brief vom 17.5.1919
[802] vgl. näher hierzu unten cc. Kritik und Schutz der Grundrechte

rechtlichen Körperschaft bedurfte seiner Meinung nach einer Klärung, da offen sei, ob die damit verbundenen Rechte durch Reiches- oder Landesgesetzgebung verliehen werden sollten. Rothenbücher schloß seinen Brief mit dem Wunsche, daß die Verfassung die Grundlage eines neuen hoffnungsvollen Staatswesens werde.

In seinem Gutachten[803] schlug Gmelin vor, „zur Entlastung des Stoffes“ und Gewinn an Klarheit die Programmpunkte des Grundrechtsteiles wie in der Préambule zur französischen Verfassung von 1848 einem Vorwort bzw. einem Nachwort zur Verfassung vorzubehalten, zumal die Verfassungsgarantie bei solchen Programmpunkten ohnehin nichts nütze und „der Mann aus dem Volke“ „die eigentlichen Rechte und bloßen Verheißungen nicht zu unterscheiden“ vermöge. Auch sei die zu erwartende Länge der Verfassung nicht volkstümlich. Einzelne Artikel waren nach seiner Ansicht zu ausführlich, wie die Bestimmungen über die Ehe, schlecht formuliert, wie der Satz „Die Jugend hat den Anspruch gegen Ausbeutung usw. geschützt zu werden“, weil ein Rechtsanspruch allenfalls dem gesetzlichen Vertreter zukäme, oder ergänzungsbedürftig, etwa um die Bestimmung, daß die Bürger auch zu sonstigen persönlichen Dienstleistungen herangezogen werden können, wodurch für die Zivildienstpflicht beispielsweise einer Flottenbaupflicht, eine Rechtsgrundlage geschaffen würde. Die meisten Änderungen hielt er im IV. Unterabschnitt (über das Schulwesen) für erforderlich, „da er fast in jedem Satze Versprechungen und Grundsätze enthält, aus denen sich noch kein klagbares Recht und noch keine bestimmte Pflicht herausschälen läßt.“

Robert Piloty[804] richtete an Beyerle nur einen kurzen Brief, in dem er positiv vermerkte, daß den Grundrechten auch die Grundpflichten gegenübergestellt sind und die Regelungen im allgemeinen übersichtlich und klar, auch erschöpfend seien. Allerdings kritisierte er, hiesiger Jurisprudenz erscheine es fremdartig, daß den rein juristischen Grundsätzen auch in erheblichem Umfang sittliche Grundsätze und sogar Lehrsätze untermischt seien. Das habe Vorzüge und Nachteile. Die Vorzüge seien vor allem eine lebensvolle Gemeinfaßlichkeit, die eine gute Grundlage für die staatsbürgerliche Unterweisung baue. Als Nachteil erachtete er es aber, daß dadurch die eigentlichen Rechtsgrundsätze an Kraft und Schärfe etwas verlören. Insgesamt gelangte er zu dem Eindruck, daß die Vorteile dieser Abfassung die Nachteile überwiegen, zumal einzelnen Sätzen wie Art. 14 Entwurf-RV eine hohe sittliche Bedeutung zukomme. Letzteres dürfte Beyerle mit Genugtuung zur Kenntnis genommen haben, wie seine Unterstreichung in Pilotys Brief nahelegt.

Die umfangreichste Stellungnahme gab Otto von Gierke[805] ab, der nach einem reichen wissenschaftlichen Leben sein letztes Interesse den Arbeiten an der Weimarer Verfassung zuwandte und Beyerle ein 18seitiges handschriftliches Gutachten vom 18.5.1919 zusendete,[806] auf dessen Besitz dieser auch später noch stolz war.[807]

---

[803] NL 58, Bl. 120 f

[804] Brief Piloty's vom 18.5.1919, NL 58, Bl. 141 f

[805] 11.1.1841 bis 10.10.1921

[806] NL 58, Bl. 143 -160

[807] Beyerle, Zehn Jahre Reichsverfassung, S. 21: „... Noch ist ein über zwanzig Bogenseiten sich erstreckendes Gutachten v. Gierkes zu meinem Entwurf in meinem Besitz, eine der letzten wissenschaftlichen Äußerungen des hochverdienten Gelehrten und Patrioten. ...“; Dies war wohl auch der Anlaß dafür, daß Beyerle im April 1920 von einem Neffen v. Gierke's gebeten wurde, eine Stellungnahme zum Verfassungsentwurf für die Stadt Danzig abzugeben. (Brief vom 3.4.1920, NL 58, Bl. 232) Beyerle verwies den Absender wegen Arbeitsüberhäufung und weil er „verfassungsrechtlich nicht spezialisiert genug“ sei, um mit seiner „Meinung ins Gewicht zu fallen“ an die Professoren Kaufmann, Gmelin und Rothenbücher, von denen er wisse, daß sie in verfassungsrechtlichen Fragen ein „sicheres Urteil“ hätten (Antwort vom 17.4.1920, NL 58, Bl. 233).

Die Danziger Verfassung weist jedoch, worauf Luchterhand, S. 309, hingewiesen hat, einige interessante Besonderheiten gegenüber der Reichsverfassung auf. Insbesondere hat sie den Einleitungsartikel Art. 107

V. Gierke sprach Beyerle zunächst seine „Anerkennung für die mühevolle und gründliche Arbeit" aus und lobte, daß sich dieser „unter allen Umständen ein großes Verdienst um den Ausbau der neuen Verfassung im Sinne des germanischen Rechtsstaatsgedankens erworben" habe. Darin aber, „daß wir, so wenig der Neubau unseren Wünschen entsprechen und entschieden von uns nur als Notbau gewertet werden mag, dafür streben müssen, ihm den Geist des Rechtsstaates einzuflößen, bin ich mit Ihnen einig."[808] Während v. Gierke die Bedeutung der Grundrechte in der „feierliche(n) Sanktion der obersten Prinzipien" sah, erschien es ihm bei allen Zugeständnissen an eine volkstümliche Formulierung zweifelhaft, „ob auch das (von Beyerle) angestrebte weitere Ziel" Billigung verdiente, „die Fassung so einzurichten, daß die Verfassungsbestimmungen als Leitfaden für den staatsbürgerlichen Unterricht ...geeignet sind..." Denn „... die unmittelbare pädagogische Zielsetzung führt leicht zu einer zu weit gehenden Verflüchtigung des eigentlichen Rechtsgedankens der aufgestellten Normen. Immer gehören doch in eine Verfassungsurkunde nur Rechtssätze!" Zwar habe Beyerle die „Verschwommenheit der Vorschläge Naumanns vermieden, sich von einzelnen Grenzüberschreitungen aber nicht freigehalten, auf die v. Gierke jedoch kein „besonderes Gewicht" legen wollte, zumal er mit Beyerles „Grundtendenzen in materieller Hinsicht im Wesentlichen übereinstimm(t)e."[809] Beyerles systematische Stoffgliederung schien v. Gierke zwar „nicht ganz logisch" zu sein, aber „dem volkstümlichen Bedürfnis im Wesentlichen gerecht" zu werden und „schwer durch eine bessere zu ersetzen" zu sein.[810]

In Beyerles Handexemplar[811] läßt sich gut erkennen, wie er die Kritik v. Gierkes Träger der Grundrechte und Adressaten der Grundpflichten seien nicht Volk und Staat, sondern die Individuen, berücksichtigte.[812] Allerdings wurde v. Gierkes Vorschläge nicht überall übernommen, insbesondere dort nicht, wo seine Vorstellungen zeitgemäßen Anschauungen widersprachen (Satz 2, womit v. Gierke Art. 2 des Entwurfs meinte)[813] oder politisch bestimmte Formulierungen gewünscht waren.[814] V. Gierke bestärkte Beyerle darin, besondere Persönlichkeitsrechte in die Verfassung aufzunehmen, kritisierte jedoch, daß die Bestimmungen über den Inhalt der Urheber- und Erfindungsrechte nicht in die Grundrechte gehörten. (Satz 13) Allerdings war er der Meinung, wenn schon die Arbeitskraft geschützt werde, könnte „unverhüllter gesagt werden", „daß nicht allein die bürgerliche Arbeit produktiv ist, vielmehr geistige Arbeit weit höhere Werke schafft und entsprechend höhere

---

Entwurf-RV übernommen: „Die Grundrechte und Grundpflichten bilden Richtschnur und Schranke für die Gesetzgebung, die Rechtspflege und die Verwaltung im Staat."

[808] NL 58, Bl. 143

[809] NL 58, Bl. 144

[810] NL 58, Bl. 145

[811] Anhang 3. e

[812] v. Gierke: „ ...Andererseits sollen die Grundrechte der Individuen und Verbände durch die Reichsverfassung nicht nur gegenüber dem Reich, sondern auch gegenüber den Gliedstaaten gesichert werden. In einer kurzen Überschrift dies alles zum Ausdruck zu bringen, scheint mir unmöglich. Ich würde mich daher begnügen, nach dem Vorbild der Preuß. Verf. Urk. zu sagen: „Grundrechte und Grundpflichten der Deutschen". Das ist sehr unbestimmt, läßt aber alle Möglichkeiten offen...." (NL 60, Bl. 147)

[813] v. Gierke aaO, Bl. 147: „Gegen das in S(atz) 2 formulierte Gleichheitsprinzip Einwendungen zu erheben, wäre bei der nun einmal unüberwindlichen demokratischen Vergötterung des Gleichheitsidols zur Zeit aussichtslos. An sich sind diese Sätze höchst bedenklich und wegen der Konsequenzen, die der Radikalismus aus ihnen zieht, gefährlich. Sie sichern nicht vor der Verwechslung von Gleichwertigkeit und Gleichförmigkeit, das Suum cuique mit dem Cuique idem! Die völlige staatsbürgerliche Gleichstellung von Mann und Weib als Grundsatz und somit als anzustrebendes Ziel zu verkündigen, halte ich für einen bösartigen Fehlgedanken!"

[814] v. Gierke: „In S(atz) 32 halte ich die Gleichstellung von Vereinigungen, die die Religion überhaupt verneinen ... mit Religionsgesellschaften für sinnlos und für unverträglich mit dem Volksbewußtsein. Sie haben genug mit der allgemeinen Vereinsfreiheit!"

Entlohnung zu beanspruchen hat". Systematisch ordnete Beyerle daher den Schutz der Urheber- und Erfindungsrechte in Satz 50 a hinter Satz 50 an, der auch die geistige Arbeit betraf.[815] In der Reichsverfassung hat sich die Anordnung in Art. 157 und 158 RV erhalten. Zum Erziehungsrecht der Eltern bemerkte v. Gierke, daß dafür, es als „natürliches" Recht von anderen Rechten zu unterscheiden kein ernster Anlaß" vorliege. Die besondere Erwähnung der religiösen Vereine und Gesellschaften in Satz 20 hielt er für überflüssig. Die Formulierung der Satz 24 war für ihn „unannehmbar". „Die Gerichte sind besonders geartete Staatsorgane und sprechen im Namen des Staates Recht. Nach dem Prinzip der Volkssouveränität ... ließe sich allenfalls herleiten, daß Urteile, wie bisher „im Namen des Königs", nunmehr „im Namen des Volkes" verkündet werden müßten, jedoch die Urteile der Landgerichte natürlich nur im Namen des einzelstaatlichen Volkes und die Urteile von Reichsgerichte, die bisher „im Namen des Kaisers" ergehen, im Namen des deutschen Volkes. Schon dies wäre wenig angemessen und gehört jedenfalls nicht in die Grundrechte." Beyerle berücksichtigte diese Kritik, wie sich aus den Unterstreichungen „Zurückgestellt" in seinem Handexemplar ergibt. In die Reichsverfassung wurden die entsprechenden Bestimmungen schließlich im Abschnitt „Die Rechtspflege" vor dem Grundrechtsteil aufgenommen. V. Gierke billigte die Aufnahme der beamtenrechtlichen Bestimmungen in Satz 20 im Grundrechtsteil mit Ausnahme des letzten Absatzes, der „eine Frage staatlicher Organisation" betreffe. Zu Satz 28 bemerkte er, es „für eine schmerzliche Lücke" zu „halten, wenn nicht irgendwo der Grundsatz der allgemeinen Wehrpflicht festgehalten und ausgesprochen würde." Dies geschah dann in Art. 133 II RV. Auf die in Satz 38 bis 46 enthaltenen Bestimmungen über die „Schule" wollte v. Gierke nicht eingehen, kritisierte aber die Unentgeltlichkeit der „Lernmittel" in den Volksschulen.

V. Gierke war mit Beyerles Gliederung des Abschnittes über das Wirtschaftsleben nach „persönlicher" und „sachlicher" Beziehung nicht einverstanden. "Ich würde es vorziehen, wenn ... zunächst vom Eigentum, weiter vom Erbrecht, hierauf vom Vertragsrecht, von der Gewerbefreiheit und vom Arbeitsrecht gehandelt würde." Beyerle fügte daraufhin die Satz 58 bis 61 hinter Satz 47 (Freiheit im Wirtschaftsleben im allgemeinen) ein, wie sich aus seinem Handexemplar deutlich erkennen läßt und Eingang in die Reichsverfassung fand. In grundsätzlicher Hinsicht schrieb v. Gierke an Beyerle: „In Ihren Vorschlägen erkenne ich die auch mir als allein heilsam erscheinende Absicht" durch die Grundrechte eine verfassungsmäßige Basis für eine soziale Rechtsordnung zu schaffen. „Einer Rechtsordnung, die den Ausgleich zwischen dem individuellen Freiheitsbereich und dem um des öffentlichen Wohles willen erforderlichen Zwange der Gemeinschaft ermöglichen und damit die Versöhnung der sozialen und wirtschaftlichen Gegensätze, vor allem zwischen Kapital und Arbeit, in Aussicht stellt. Durch die Grundrechte können gewisse Schutzwehren errichtet werden ... Freilich können Verfassungsparagraphen vor der drohenden Hochflut der Kultur und freiheitsfeindlichen sozialdemokratischen Stimmung uns schließlich nicht retten. Auch sind die Zugeständnisse an die Sozialdemokratie, denen auch Sie sich nicht entziehen können, weitmaschig genug, um auch ohne Verfassungsänderung im Wege der gemächlicheren Gesetzgebung die Erreichung unheilvoller Rechtsänderungen zu ermöglichen." Daraus schloß v. Gierke, daß man auf diesem Gebiet allzu detaillierte Bestimmungen vermeiden und nur prinzipielle Sätze mit wirklichem Rechtsgehalt aufstellen sollte.

---

815 Insofern dürfte Völtzer, S. 211 zu korrigieren sein, wonach die Aufnahme des Schutzes der geistigen Arbeitskraft auf eine sozialdemokratische Initiative zurückzuführen sei.

Richard Schmidt hob zunächst das Imponierende und die Originalität der Idee Beyerles hervor, den Grundrechtskatalog durch die Aufnahme von Bürgerrechten und Bürgerpflichten sowie die Aufgaben und Pflichten des Staates zu erweitern. „Am liebsten würde ich mich über die prinzipielle Idee an sich jeder Kritik enthalten, offenbar ist sie in erster Linie Ihrer Initiation entsprungen und sie wird Ihnen deshalb auch besonders am Herzen liegen. Sie aufgeben heißt die ganze Stimulans Ihrer Anträge auseinanderreißen. Dennoch kann ich schon über diese Basis alles weiteren ein Bedenken nicht unterdrücken: die Verfassung wird durch eine derartige Erweiterung des Begriffs der Grundrechte nicht nur erhabener und volkstümlicher, sondern auch angreifbarer. ...“[816] Eine Verfassung sollte „Eingriffe in ihren Kontext auf solchen Gebieten zu vermeiden streben, wo eine größere Unverfänglichkeit möglich ist und wo ihre Stellungnahme gar nicht erwartet wird.“ Damit werde der Nimbus ihrer Unantastbarkeit gesteigert, der zwar nur ein schöner Schein sei, aber trotzdem etwas wertvolles und nicht ohne Not preisgegeben werden sollte. Schmidt zweifelte auch daran, daß Beyerles Entwurf der Grundrechte geeignet sei, das Interesse und Verständnis der Bürger an der Verfassung zu intensivieren. “Die Vorlage gliedert nach Gütern des sozialen Lebens und nicht innerhalb jedes Güterkomplexes Rechte und Pflichten des Individuums und solche des Gemeinwesens ... nebeneinander. Wird der ungeschulte Leser verstehen, daß das überall einen ganz verschiedenen Sinn hat?“[817] Mit dem „Schutz der Verfassung“ werde unterschiedliches ausgedrückt: der Schutz vor Eingriffen Privater oder des Staates sowie die Gewährung staatlicher Leistungen. Das könne der Laie nicht so rasch erkennen, weshalb man erwägen sollte, „eben doch die alte gewohnte (auch in allen Auslandstaaten gewohnte) Gliederung nach den eigentlichen Grundrechten (und Bürgerpflichten) und nach den fundamentalen Aufgaben des Staats an die Stelle zu setzen ...“ Schmidt schlug vor, zwischen den Pflichten zu positiven Leistungen des Staates und dessen Schutzpflichten zu unterscheiden „ohne Rücksicht auf die Lebensgüter auf die sie sich beziehen“. „Daraus würde sich dann z. B. ergeben, daß der Schutz des Eigentums und Erbrechts doch wieder, wie es nur vertraut ist, mit in die eigentlichen Grundrechte einrückt, wo man es jetzt vermißt.“ Die jetzige Fassung wirke „prinzipielle Meinungsgegensätze verhüllend“. Bei einer Umstellung der Disposition könnte die Formel “Ausnahmen können nur durch Reichsgesetz oder durch Gesetz zugelassen werden“ auf eine Generalklausel zu dem gesamten Katalog zusammengezogen werden. Nochmals betonte Schmidt, daß seine Bedenken „in dieser höchstwichtigen Frage“ „nur sehr provisorische sein können. Hier müßte man bei mehr Ruhe sich selbst die Gegenprobe machen, indem man die veränderte Disposition durchführt.“[818] Ob für eine Änderung der Systematik genügend Zeit zur Verfügung gestanden hätte, erscheint zweifelhaft. Beyerle hielt, wohl auch unter dem Eindruck der positiveren Stellungnahme v. Gierkes zu dieser Frage an seinem Entwurf fest.

Diese Gutachten, „deren Anregungen und Vorschläge“ von Beyerle in der sechsten Sitzung des Unterausschusses vom 28.5.1919 referiert wurden, trugen entscheidend dazu bei, daß der Unterausschuß von seinem ursprünglichen Plan abwich, in dieser Sitzung nur noch eine abschließende redaktionelle Überarbeitung des Grundrechtsentwurfs, der in der Zwischenzeit vom Büro der Nationalversammlung nach den in der fünften Sitzung vom 14.5.1919 gefaßten Beschlüssen gedruckt worden war, vorzunehmen und noch inhaltliche Änderungen

---

816 aaO, Bl. 161 (VS und RS)
817 aaO, Bl. 163
818 aaO, Bl. 164

u. a. in Bezug auf ein einheitliches Arbeitsrecht und besondere Beamtenvertretungen vorzunehmen.

In der siebten Sitzung des Grundrechtsunterausschusses am 29.5.1919 wurde die Einleitung des Grundrechtsteils der Verfassung beraten. Die Einleitung sollte durch den Satz ergänzt werden, daß über den Schutz der Grundrechte und Grundpflichten die Reichsregierung wache und Eingriffe von Behörden in die dem einzelnen gewährten Grundrechte nach Maßgabe eines Reichsgesetzes angefochten werden könnten. Allerdings einigten sich die Mitglieder des Unterausschusses nur auf die Formulierung, daß zur Gewähr der Freiheit und zur Förderung des Gemeingeistes die Grundrechte und Grundpflichten Richtschnur und Schranken für die Gesetzgebung, die Verwaltung und die Rechtspflege im Reiche und in den Ländern bildeten.[819]

In der 32. Sitzung des Verfassungsausschusses der Nationalversammlung erstattete Beyerle am 28.5.1919 in Vertretung des erkrankten Vorsitzenden des Grundrechtsunterausschusses Friedrich Naumann[820] Bericht über die vorberatenen Grundrechte und gab dabei einen geschichtlichen Überblick.[821] Damit begann die Beratung der Grundrechte im Verfassungsausschuß in erster Lesung, noch vor dem Abschluß der Verhandlungen des Grundrechtsunterausschusses. Neben Beyerle war der Abgeordnete Katzenstein zum Berichterstatter ernannt worden.

Neben zahlreichen rein redaktionellen Änderungen und der mit einer Zusammenfassung von einzelnen Artikeln einhergehenden vollständigen Umgruppierung der gesamten Materie beschloß der Unterausschuß, die in Art. 35 II Entwurf-RV festgeschriebene Eigentumsgarantie um eine Sicherung der „sonstigen Vermögen" von Religionsgesellschaften und religiösen Vereinen zu ergänzen.[822] Auch in seiner letzten Sitzung vom 30.5.1919 befaßte sich der Unterausschuß in der Hauptsache mit redaktionellen Änderungen.

Nachdem der Verfassungsausschuß über den Grundrechtsentwurf beraten hatte, wurden die gefaßten Beschlüsse mit den Beschlüssen des Verfassungsausschusses in erster Lesung zusammengestellt und synoptisch dem Verfassungsentwurf von Preuß gegenübergestellt. Diese Zusammenstellung (Korrektur VII) bildete die Arbeitsgrundlage für die Beratungen des Verfassungsausschusses in zweiter Lesung, die in der 36. Sitzung am 3.6.1919 begannen und bis 6.6.1919 dauerten und die sich mit dem staatsorganisatorischen Teil der Reichsverfassung beschäftigten.

Mit seinem Vorschlag in seinem ersten Entwurf, den Grundrechtsteil der Verfassung dem staatsorganisatorischen Teil voranzustellen vermochte sich Beyerle nicht durchzusetzen. Dies stieß im Redaktionsausschuß[823] auf Kritik. So empfahl Koch-Weser, die Grundrechte erst in den „zweiten Teil" der Verfassung aufzunehmen, da „doch zuerst ein Staat da sein muß, ehe die Grundrechte geschützt werden können"; Preuß kritisierte: „Wenn die Grundrechte den ersten Abschnitt bilden sollen(...) wie es hier vorgesehen ist, so entsteht die Eigentümlichkeit, daß wir im Anfang die 57 Artikel der Grundrechte haben, und dann als 58. Artikel den ersten Artikel der eigentlichen Verfassung bekommen: „Das Deutsche Reich ist eine Republik. usw. Das erscheint mir eine reine Äußerlichkeit, ist aber nach meiner

---

[819] vgl. Thomas Wirth, S. 153 f, Dieser Punkt wurde in der Abschlußberatung des Verfassungsausschusses in zweiter Lesung fortgesetzt, vgl. hierzu S. 20

[820] Apelt, S. 109

[821] Aktenstück Nr. 391, S. 366

[822] L. Richter, S. 426

[823] vgl. die einleitende Bemerkung des Vorsitzenden Haußmann am 3.6.1919, Aktenstück Nr. 391, S. 400

Ansicht fast unmöglich. Wenn wir die Umstellung vornehmen, fallen diese Bedenken weg, dann kämen die Grundrechte als der soundsovielte Artikel."[824]
Nachdem sich eine Mehrheit dahingehend gebildet hatte, den Abschnitt über die Grundrechte nicht an die Spitze der Verfassung zu setzen, sondern in einem zweiten Hauptteil dem staatsorganisatorischen Teil folgen zu lassen und Beyerle nicht unter allen Umständen an diesem „sekundären Moment" seiner Konzeption festhalten wollte, erklärte er sich mit der Umstellung einverstanden und erarbeitete eine neue systematische Gliederung des Entwurfs. In diesem „Plan zur Gesamteinteilung der Reichsverfassung" vom 3.6.1919[825] bildeten die Grundrechte nun den vorletzten Abschnitt der Verfassung vor den Übergangs- und Schlußbestimmungen.[826]

Der Verfassungsausschuß beriet die Grundrechte in zweiter Lesung von 16.6.1919 bis 19.6.1919. Der Vorsitzende Haußmann drängte unter Hinweis auf den unvermindert starken Druck, der auf den Arbeiten des Verfassungsausschusses laste, zu einer Beendigung der Beratungen noch in derselben Woche.[827] Beyerle steuerte zahlreiche Wortmeldungen bei zu den einzelnen Artikeln bei, wobei er sich nicht auf die Grundrechte und Grundpflichten beschränkte.[828] Die Beschlüsse des Verfassungsausschusses wurden in der „Korrektur VIII" zusammengefaßt. Beyerle bemerkte dazu, daß er mit Herren des Reichsministeriums des Innern im Auftrag des Ministers gewissenhaft nach der Grundlage der Protokolle angesichts der überstürzten Abstimmung möglichst einen sicheren Druck in der offiziellen Drucksache VIII hergestellt habe und daß allerdings an einer oder zwei Stellen ein Versehen unterlaufen sei. Alle wesentlichen Punkte seien aber richtig. Der Vorsitzende Haußmann bat, ihm etwaige Bedenken zu melden, damit Dr. Beyerle, der in außerordentlicher Weise mit der Überwachung des Textes sich beschäftigt habe, mit ihm das weitere bestimmen könne. Die Beschlüsse, die sich weitgehend im Rahmen der Vorlage des Grundrechtsunterausschusses hielten, wurden am 18. und 19.6.1919 von der Redaktionskommission stilistisch überarbeitet und als „Entwurf einer Verfassung des Deutschen Reiches nach den Beschlüssen des 8. Ausschusses" der Nationalversammlung (Entwurf V) zugeleitet.[829] Systematisch orientierte sich der Entwurf an der von Beyerle bereits am 13.6.1919 vorgenommenen Übersicht der „Verfassung des Deutschen Reiches".[830] Zur leichteren Orientierung der Abgeordneten war an den Verfassungsentwurf eine „Einteilung der Verfassung des Deutschen Reiches" angefügt, die neben einer kurzen Inhaltsangabe jeder Bestimmung in einer Synopse die Numerierung der Artikel im Entwurf Preuß´ und die Beschlüsse des Verfassungsausschusses in erster und zweiter Lesung gegenüberstellte.[831]

Je weiter die Entwicklung an der Verfassung voranschritt, desto öfter überschnitten sich die Arbeiten Beyerles im Verfassungsausschuß bzw. Grundrechtsunterausschuß mit denen der Redaktionskommission. Während in den zuerst genannten Gremien grundsätzlich eher materielle Fragen zur Debatte

---

824 L. Richter, S. 430, auch Fußnote 450
825 NL 60, Bl. 535 ff,
826 unrichtig: L. Richter, S. 430: die Grundrechte würden die letzten drei Abschnitte der Verfassung bilden
827 Aktenstück, Nr. 391, S. 489
828 Aktenstück Nr. 391, S. 491 ff
829 L. Richter, S. 489, Fußnote 4; Konrad Beyerle nahm an der Sitzung des Redaktionsausschusses vom 18.6.1919 teil, wie sich aus den Anwesenheitslisten des Verfassungsausschusses und der im Nachlaß Haußmann enthaltenen ergebe. Hinsichtlich des 19.6.1919 enthielten die beiden Anwesenheitslisten für den 19.6.1919 u. a. in Bezug auf Beyerle widersprüchliche Angaben. Nach Schumacher (S. 24) war Beyerle auch am 19.6.1919 anwesend.
830 Apelt, S. 118
831 L. Richter, S. 490

standen, sollte die Redaktionskommission vorwiegend die mehr formellen Gesichtspunkte wie Systematik und Sprache behandeln, ohne daß allerdings stets das eine ohne das andere klar und trennscharf zu erarbeiten war.[832] Neben inhaltlichen Fragen und Problemen der Stoffgliederung, war in diesem Zusammenhang zunächst die in der Verfassung benutzte Sprache von Bedeutung, an der Beyerles Schöpfen aus rechtsgeschichtlicher Vergangenheit deutlich wird. So führte er aus, daß man sich in den Vorarbeiten für die Verfassung mit der Rechtssprache sehr eingehend befaßt habe, um in einer der Würde des Verfassungswerkes angemessenen Sprache ein gutes Deutsch, Volkstümlichkeit und Gemeinverständlichkeit anzustreben. Deutschtümelei sei dabei völlig fern gelegen. Aber man habe sich im Gestrüpp der Sprache nicht mehr deutsch fühlen können, so daß man die Fremdwörter nach bestem Ermessen, soweit es irgend ging, entfernte. Es komme dagegen nicht darauf an, ob ein Ausdruck, wenn er gut und schön sei unter dem ersten neuen Eindruck etwas vermeintlich Komisches anklebe. Fremdwörter beizubehalten, sei durchaus bequem. Aber man müsse hier unter Umständen auch den Mut haben, schöpferisch vorzugehen. Die deutsche Rechtssprache sei einst überaus reich gewesen. „Wir sind in unserer Wissenschaft daran, ein großes Sammelwerk – das Rechtswörterbuch der (älteren) deutschen Rechtssprache herauszugeben."[833] "Unsere Gesetzessprache ist im Laufe der neueren Jahrhunderte um einen großen Teil ihres alten Wörterschatzes beraubt worden. Allerdings hat andererseits gerade die wissenschaftliche Pflege des deutschen Rechts dazugeführt, daß manche guten Worte, über die man vor zwanzig Jahren noch gelächelt hätte, zu einer Selbstverständlichkeit ... geworden sind." Beyerle erwähnte beispielhaft das Wort „Treuhänder". Nach „Purismus" habe man nicht getrachtet. Wo Fremdworte nicht vermeidbar gewesen seien, vor allem auf technischen Einzelgebieten, seien sie bestehen geblieben. Auch da, wo das Bestreben nach Sprachreinheit zu einer Verarmung des Wortinhalts geführt hätte, namentlich da, wo es sich um bedeutsame kulturgeschichtliche Stimmungswerte gehandelt habe, habe man es bei dem alten, in die deutsche Sprache hereingekommenen Lehnworten belassen.[834] Als Beispiele verwies Beyerle auf seinen zurückgezogenen Antrag, mit dem das Wort „Worthalter" an Stelle von „Präsident des Reichstags" treten sollte. Während der Reiches"kanzler" in der Verfassung auf „cancellae" die Gerichtsschranken des alten Pfalzgerichts Karls des Großen zurückgehe, sei sein Vorschlag „Muntwalt" für den „Reichspräsidenten"[835] zu setzen, abgelehnt worden.

---

[832] Selbst die Gremien nicht deutlich unterscheidend, erbat Beyerle Stellungnahmen zu den Grundrechten „als Mitglied des Redaktionsausschusses des Verfassungsausschusses."

[833] Heilfron, Bd. V, S. 3128 – 3131, siehe auch: Adolf Laufs, S. 42, Fußnote 94; vgl. Deutsches Rechtswörterbuch (Wörterbuch der älteren deutschen Rechtssprache, Hrsgg. von der Preußischen Akademie der Wissenschaften, 1914 – 1932, Verlag Hermann Böhlaus Nachfolger/Weimar; Mitglieder der ursprünglichen, von der Preußischen Akademie der Wissenschaften hierfür bestellten Kommission waren v. Amira, Dümmler, Frensdorff, Otto v. Gierke, Richard Schröder und Weinhold, vgl. aaO, Vorwort, S. V

[834] Heilfron, Bd. V, S. 3130. Weitere Beispiele für Verdeutschungen nennt Schumacher, S. 29 f: „Sicherheitsleistung" statt „Garantie", „Truppe" für „Militär", „Einrichtung" für „Organisation"; Beyerle sei es hingegen nicht gelungen das Wort „Interesse" durch das nach seiner Ansicht schöne deutsche Wort Goethes „Belange" zu ersetzen.

[835] Wiedergegeben werden soll in diesem Zusammenhang der Redebeitrag Beyerles in der 22. Sitzung des Verfassungsausschusses am 4.4.1919:

„Zu dem Antrag Dr. Ablaß Ziff. 4 möchte ich als Germanist der Beseitigung des Fremdwortes „Präsident" das Wort reden. Ein Präsident ist der Vorsitzende eines Kollegiums. Der Reichspräsident soll aber nicht einem Kollegium vorsitzen, sondern soll über der Sache stehen. Wenn für die Wahl des Wortes Präsident der internationale Verkehr als Argument herangezogen worden ist, so ist dies nicht durchschlagend. Gerade im internationalen Verkehr gewöhnt man sich sehr bald an neue Bezeichnungen, z. B. hat sich der Titel „Hetman" sehr schnell eingebürgert und jedermann wußte, wer das war. Den Ausdruck „Reichsverweser" halte ich nicht

Beyerle hatte am 1.7.1919 zahlreiche Abänderungsanträge eingebracht, die sowohl sachliche Änderungen als auch redaktionelle Korrekturen betrafen.[836]

Nachdem am 21.6.1919 die DDP aus der Weimarer Koalition ausgeschieden war, erfolgte die zweite Lesung in der Nationalversammlung in der Zeit vom 2.7.bis 22.7.1919. Hier stand es um den Grundrechtskatalog vor allem wegen seiner Schulartikel mitunter äußerst kritisch. Das Zentrum wollte die konfessionellen Schulen durch die Verfassung abgesichert wissen, während die SPD sogar bereit war, auf den gesamten Grundrechtsteil zu verzichten. Der in der zweiten Lesung ausgehandelte Kompromiß überließ es den Erziehungsberechtigten, darüber zu entscheiden, ob die Schulen in einer Gemeinde für all Bekenntnisse gemeinsam, getrennt, oder bekenntnisfrei sein sollten. Da hiermit die Demokraten nicht einverstanden waren, sollte in der dritten Lesung die für alle Bekenntnisse gemeinsame Simultanschule als Regelschule beschlossen werden. An deren Stelle konnte jedoch auf Antrag der Erziehungsberechtigten eine konfessionelle oder bekenntnisfreie Schule treten.[837]

Wenngleich die aufopferungsvolle Tätigkeit und die "starke geistige Leistung" allgemein hervorgehoben wurde,[838] begegnete die Konzeption der Grundrechte breiter Kritik, die auch Beyerle traf, da er "für die Disposition dessen, was sich ... als Grundrechte darbietet, mitverantwortlich" war. In der Debatte am 11.7.1919 wurde bemängelt, daß die Grundrechte kein geschlossenes System darstellten.[839] Bei Schaffung der Grundrechte kreuzten sich, so der Abgeordnete Heinze, zwei verschiedene Strömungen. Einmal war das Bestreben vorhanden, bestimmte subjektive oder öffentliche Rechte festzulegen. Daneben ging eine Tendenz her, eine Übersicht über das ganze deutsche Rechtsleben zu geben und eine Art Leitfaden für den Unterricht der Staatsbürgerkunde an den Schulen darzubieten. Diese gegenläufigen Richtungen führten zu Unzuträglichkeiten.[840] Die Uneinheitlichkeit des Grundrechtsteils beruhe darauf, daß zuviel dort aufgenommen worden sei, die Auswahl des Stoffes häufig zufällig sei und daneben auch allgemeine und nichtssagende Sätze in den Grundrechten enthalten seien. Mangels Einheitlichkeit seien die Grundrechte für die politische Erziehung ungeeignet.[841]

Unter dem Eindruck dieser Kritik stellte Beyerle in Aussicht, „wenn der Wunsch besteht, in der redaktionellen Fassung der einzelnen Artikel noch schärfer hervortreten zu lassen, wo es sich bloß um Programmpunkte, um Zielrichtungen handelt, so könnte dem in einer Reihe von Punkten besser als bisher Rechnung getragen werden."[842]

---

für glücklich. Nach dem bisherigen Sprachgebrauch war ein Reichsverweser der Vertreter oder Platzhalter des eigentlichen Oberhauptes. „Reichswart mag vielleicht etwas komisch klingen, aber die Komik wird sich mit der Zeit schon verlieren. Vielleicht könnte man „Reichshauptmann" oder „Reichsvogt" sagen - Ich möchte vorschlagen „Reichswalt" (waltet des Reichs"). Dieser Ausdruck scheint mir aus der deutschen Rechtssprache heraus der geeignetste zu sein. Ich möchte ferner empfehlen - wenn die Frage der Wahl eines anderen deutschen Ausdrucks überhaupt ernstlich beliebt werden soll -, in der Zwischenzeit bis zur zweiten Lesung eine Auskunft der Leitung des deutschen Rechtswörterbuchs in Heidelberg einzuholen."; Der Vorsitzende Haußmann war dagegen, meinte aber gegen private Anfragen einzelner Kommissionsmitglieder nichts einwenden zu wollen.

[836] vgl. Abänderungsanträge zur zweiten Beratung des Entwurfs einer Verfassung des Deutschen Reichs, Nr. 59, 391 der Drucksachen, Dr. Beyerle und Genossen im Anhang unter 3. i; Das gedruckte Exemplar befindet sich in NL 62, Bl. 5; das maschinengeschriebene Handexemplar in NL 60, Bl. 409 bis 412

[837] Winkler, S. 104

[838] Abgeordneter Dr. Cohn in der 54. Sitzung der Nationalversammlung am 11.7.1919, Heilfron, Bd. VI, S. 3679

[839] So sprach der Abgeordnete Dr. Quarck von „salatähnlicher Komposition", Heilfron, Bd. VI, S. 3674

[840] Abgeordneter Heinze, Heilfron, Bd. VI, S. 3657

[841] Quarck, Heilfron, Bd. VI, S. 3674

[842] Heilfron, Bd. VI, S. 3671

„Ich bitte die hohe Versammlung, die Grundrechte mit freundlichen Augen anzusehen und ihnen tunlichst eine Annahme zu sichern. ... Eine Uferlosigkeit der Debatte und ein Nichtfertigwerden der Verfassung ist nicht zu befürchten. Lassen Sie uns einige Tage dieser großen Sache widmen, und ich bin überzeugt, wir kommen zu gutem Ende."[843]

Außerdem wandte Beyerle ein, zwar sei es „schwierig (gewesen) die verschiedenen Elemente geordnet unterzubringen",[844] doch habe man sich nicht erst "allgemeine Themata zurechtgelegt", sondern, bestimmte feststehende Vorgaben (der Bestand der alten Grundrechte, die Sätze über Schule und Kirche in erster Fassung, wirtschaftspolitische und sozialpolitische Anträge) berücksichtigt. Wohl mußten dabei positive Rechtssätze mit gesetzespolitischen Ankündigungen und mit Leitgedanken der Staatsmoral vereinigt werden. Das war manchem Juristen, der in der Verfassung nur positive Rechtssätze über Organe und Zuständigkeit des Reiches im Stile Bismarcks sehen wollte, zuwider."[845] Bei der Ordnung des disparaten Materials habe man neben einer volksverständlichen Fassung unter prinzipiellen Gesichtspunkten eine gewisse Einheitlichkeit des Aufbaus erzielt. Beyerle konzedierte, daß man bestrebt war, nachdem der alte historische Bestand der Grundrechte Sätze wie den über die Freiheit des Eigentums schon enthalten hatte, ganz knapp formuliert auch etwas über andere Hauptgebiete des Rechts auszusagen, wobei der erzieherische und staatsbürgerkundliche Wert des Verfassungswerkes eine Rolle gespielt habe. "Ich würde mich als Jurist schämen, wenn man mir mit Recht entgegenhalten könnte, daß das, was in den Grundrechten dargeboten wird, der mißglückte Versuch einer Rechtsenzyklopädie sei. Es sollten vielmehr gewisse elementare Wahrheiten unserer Rechtskultur für würdig gehalten werden, aus dem Alltag der gewöhnlichen Gesetzgebung herausgehoben zu werden an die feierliche Stelle der Verfassung."[846] Für die politische Erziehung des deutschen Volkes könne man daraus etwas machen.[847]

Dies führte insbesondere zur Streichung des Art. 107 des Entwurfs zur RV.[848] Das Ergebnis wurde im Entwurf VI zusammengefaßt. Die dritte Lesung des Verfassungsentwurfs in der Nationalversammlung erfolgte vom 29.7.1919 bis 31.7.1919. Beyerle, der sich mit Frau v. Gierke bemüht hatte „aus alten Amtseiden geeignete Wendungen herauszusuchen", schlug in der 70. Sitzung der Nationalversammlung vor, den Amtseid des Reichspräsidenten dahin zu fassen, daß dieser u. a. Gerechtigkeit gegen jedermann „er sei reich oder arm" üben werde. Gerade die Prägung dieser Worte sei Bestandteil eines weitverbreiteten alten deutschen Amtseides. Die Ergänzung wurde jedoch im Plenum abgelehnt. Der Präsident hatte darauf hingewiesen, daß seiner Meinung nach die Fassung „gegen jedermann" genüge. „Der Unterschied zwischen Reich und Arm existiert nicht mehr im demokratischen Deutschland", worauf das Sitzungsprotokoll „Heiterkeit" verzeichnet. Demgegenüber möge es schon sein, daß die erweiterte Fassung „in alten Formularien" stehe.[849]

---

[843] Heilfron, Bd. VI, S. 3673
[844] Beyerle, Zehn Jahre Reichsverfassung, S. 22
[845] Beyerle, aaO
[846] Heilfron, Bd. VI, S. 3672
[847] Heilfron, Bd. VI, S. 3670
[848] Art. 107 RV lautete: „Zur Gewähr der Freiheit und zur Förderung des Gemeingeistes bilden die Grundrechte und Grundpflichten Richtschnur und Schranken für die Gesetzgebung, die Verwaltung und die Rechtspflege im Reich und in den Ländern."
[849] Heilfron, Bd. VII, S. 369

Am 31.7.1919 wurde die Reichsverfassung mit 262 gegen 75 Stimmen bei einer Enthaltung angenommen, um nach Unterzeichnung durch den Reichspräsidenten Ebert am 11.8.1919 drei Tage später in Kraft zu treten.

cc. Kritik und Schutz der Grundrechte

Angesichts der Tatsache, daß – der Abschnitt über die Kirchenbestimmungen und Schule ausgenommen - der größte Teil der im Unterausschuß verabschiedeten Grundrechte weder im Verfassungsausschuß noch im Plenum der Nationalversammlung entscheidend verändert wurde,[850] muß der Unterausschuß als eigentlicher Urheber des zweiten Hauptteils der Weimarer Reichsverfassung angesehen werden.[851] Innerhalb des Unterausschusses war Beyerle die zentrale Person, bei dem „die Fäden zusammenliefen".

Seiner optimistischen Einschätzung stand eine weit verbreitete wesentlich skeptischere Sichtweise vom Stellenwert der Verfassung und ihres Grundrechtsteiles gegenüber, wenn diese nicht ohnehin auf radikale Ablehnung stieß. „Unsere kranke Zeit ist mit einer neuen Verfassung nicht zu heilen", hatte im Februar 1919 der DDP-Abgeordnete Erich Koch-Weser allen jenen zugerufen, die sich der Illusion hingaben, daß eine neue Verfassung die Kraft habe, die Gesellschaft nach ihrem Bilde zu formen und jene notwendigen Fortschritte herbeizuführen, die in der politischen Auseinandersetzung nicht erreicht worden waren."[852] Waren die Grundrechte der Weimarer Verfassung wirklich so ungeeignet, wie ihr die Kritiker vorwarfen?

Vor allem die Uneinheitlichkeit des Grundrechtsteils inhaltlicher und rechtstechnischer Art sowie der dahinter stehende Idealismus waren die Haupteinwände, die in die mehr juristischen Fragestellungen nach dem Geltungsumfang und der Durchsetzbarkeit der Grundrechte mündeten. Diese Kritik setzte sich auch nach Inkrafttreten der Verfassung fort. Nachdem sich auch bedeutende Rechtslehrer wie Carl Schmitt der Kritik anschlossen, sah sich Beyerle immer mehr in die Rolle des Verteidigers der Grundrechte gedrängt:

> *„Namentlich darüber gehen die Meinungen auseinander, ob nur Rechtsgedanken von der Kraft ursprünglicher Naturrechte als Grundrechte zuzulassen seien, oder auch anderes."*[853]

Ziel sei es gewesen, das neue Gehäuse des deutschen Staates mit neuem Geiste zu erfüllen, den Weg zur Seele des Volkes zu finden, die Worte des Verfassungsvorspruchs wahr zu machen, das nachwachsende Geschlecht zum Erleben der staatlichen Gemeinschaft und zur Staatsgesinnung zu erziehen.

---

[850] Hugo Preuß drängte auf eilige Fertigstellung: „Derjenige Weg ist nach Lage der Dinge der beste, der am schnellsten zum Ziele führt. Ich enthalte mich deshalb jedes Eingehens auf die prinzipiellen Gesichtspunkte. Unter den gegebenen Umständen werden wir am schnellsten vorankommen, wenn wir uns im allgemeinen auf den Standpunkt stellen, den nun einmal der Unterausschuß eingenommen hat.", Aktenstück Nr. 391, S. 369

[851] L. Richter, S. 429, ebenso Thomas Wirth, S. 169

[852] Rürup, Entstehung und Grundlagen der Weimarer Verfassung, S. 240; Ebenso beklagte sich Koch-Weser über die „Gelegenheitsgesetzmacherei" bei den Grundrechten. Die Grundrechte seien nun einmal nichts anderes als angedeutete Gesetze. Und über nichts könne man soviel schreiben als über unfertige Gesetze. (Barch, NL Koch-Weser, Nr. 16, Bl. 233 ff; zitiert nach Michael Dreyer, Die Entstehung der Weimarer Reichsverfassung, S. 65, Fußnote, 74)

[853] Beyerle, Wesen und Entstehung der Grundrechte in der Reichsverfassung von Weimar, S. 5

Gegenüber dem Meinungsstreit der Theorie über Sinn und Grenzen von Grundrechten – Carl Schmitt will in seinem neuesten Werk „Verfassungslehre“ nur Rechtsgedanken von der kraft ursprünglicher Naturrechte als Grundrechte zulassen – steht ... Recht und positives Recht, fertiges Recht und Gesetzespläne in die Grundrechte aufzunehmen. Soweit es sich um positive Rechtssätze handelt, erblickten wir schon in Weimar das einigende Band in der überragenden Allgemeingültigkeit ihres Inhalts und in der erhöhten, d. h. verfassungsmäßigen Garantie ihrer dauernden Geltung.“[854]

Hierin werden zwei unterschiedliche Sichtweisen der Grundrechte deutlich. Zum einen werden nur die elementaren, als subjektive Rechte ausgestalteten Normen als Grundrechte angesehen. Auf der anderen Seite verstand Beyerle unter den Grundrechten auch solche grundsätzlichen normativen oder normähnlichen Aussagen über die Stellung des Menschen im Gemeinwesen, bei denen dem Berechtigten die Rechtsmacht zu ihrer Durchsetzung fehlte. Der Unterschied besteht – um eine Formulierung Sontheimers aufzugreifen - kurz in der „rechtlichen“ bzw. „rhetorischen“ Funktion der Grundrechte. Rhetorisch sind Grundrechte zentrale Aussagen über die Stellung des einzelnen und seiner Gruppen im Gemeinwesen. Sie sind Elemente dessen, was Rudolf Smend die Integration des Staates genannt hat.[855] Sie können als die Formulierung von Grundwerten des Gemeinwesens und der in ihr verfaßten Gesellschaft verstanden werden, ohne daß es auf die Möglichkeit rechtlicher Geltung bzw. Unterschiede ihrer Durchsetzbarkeit ankommt.[856] Bereits vor Smends Verfassungslehre von 1928 hatte Beyerle die Integrationswirkung der Grundrechte in den Worten des „einigenden Bandes in der überragenden Allgemeingültigkeit“ beschrieben.

Unter der juristischen Fragestellung nach dem Geltungsumfang der Grundrechte, ihrer Unterscheidung von unmittelbar geltenden Rechtssätzen, Programmen und bloßen Ankündigungen oder Wünschen, entbehrten die Grundrechte der wünschenswerten und erforderlichen Klarheit. Dies mußte Beyerle etwa 1926 erfahren, als er sich zu der im Rahmen des Art. 137 II RV[857] aufgekommenen Kontroverse äußerte, inwieweit die Bestimmung aufgrund der Abweichung von der Paulskirchenverfassung einschränkend auszulegen sei. Neben seinem beamtenrechtlichen Gutachten, ist dies einer der wenigen Fälle, in denen er zu dogmatischen Fragen der Reichsverfassung Stellung bezog. Beyerle bedauerte es, daß der politische Tageskampf keine Gelegenheit vorübergehen lasse, die Verfassung schlecht zu machen. Vor allem aber beklagte er, daß eine gewisse Neigung zutage getreten sei, Dinge, die in Weimar als unmittelbare Gesetzesbefehle gedacht waren, nur als Programmpunkte gelten zu lassen.[858] Eine einschränkende Interpretation des Art. 137 II RV sei nicht zulässig, weil bei der Neuformulierung im

---

[854] Beyerle, Zehn Jahre Reichsverfassung, S. 22 f

[855] Smend, der den Liberalismus scharf ablehnte, betonte hinsichtlich der Demokratie die „Einheit in sachlichen Werten der Volksgemeinschaft“ und legte besonderen Wert auf die Grundrechte als den verbindlichen Normierungen eines bestimmten nationalen Kultursystems. Obwohl er nicht für einen nationalen Machtstaat mit autoritärer Führung optierte, wurde seine Lehrmeinung als antidemokratisch registriert, denn die Integrationslehre wurde nicht als Unterstützung der die Republik tragenden Kräfte, sondern eher als Hilfestellung für die gegen die Weimarer Republik opponierenden Anhänger eines antiliberalen Staatsgedankens empfunden. vgl. Sontheimer, Antidemokratisches Denken, S. 83 ff

[856] vgl. Zacher, S. 330 f

[857] Art. 137 II RV lautete: „Die Freiheit der Vereinigung zu Religionsgesellschaften wird gewährleistet. Der Zusammenschluß von Religionsgesellschaften innerhalb des Reichsgebiets unterliegt keinen Beschränkungen.“

[858] Beyerle, Erinnerungen, S. 153

Verfassungsausschuß gerade eine solche Auslegung ausgeschlossen werden sollte.[859]

Dem besonderen Rang der Grundrechte entspricht ein Stufenaufbau des Rechts, der den Grundrechten Vorrang einräumt. In diesem Sinne wurden von der Weimarer Staatsrechtslehre komplizierte Rangordnungen entwickelt, denn an einer „überragenden Allgemeingültigkeit" - juristische Maßstäbe angelegt - hatten längst nicht alle Verfassungssätze in gleichem Maße Anteil. So standen zahlreiche Normen unter einfachem Gesetzesvorbehalt und unterlagen damit der Abänderbarkeit durch einfaches Reichsgesetz, ohne daß die sonst für eine Verfassungsänderung notwendige Zweidrittelmehrheit erforderlich war. Dies führte im Einzelnen rechtlich zu erheblichen Schwierigkeiten, die später im Bonner Grundgesetz durch die Begrenzung auf die klassischen Freiheitsrechte vermieden werden sollten.[860]

Beyerles Sichtweise der Grundrechte liegt in erster Linie die oben gekennzeichnete organische, kirchliche, im Mittelalter wurzelnde Betrachtung zu Grunde, die von der staatlichen Ganzheit ausgeht und nicht vom Individuum. Sie stellt ab auf die zentripetalen (m. a. W: integrierenden), nicht auf die zentrifugalen (m. a. W: individualistischen) Kräfte des Gemeinwesens. Erst durch die Unterscheidung zwischen dem Staat als juristischer Person und den natürlichen Personen, die ihn tragen, durch die Unterscheidung von Staat und Gesellschaft, wird aber das subjektive öffentliche Recht des Individuums möglich. Es ist daher konsequent, wenn Beyerle Wert darauf legte, daß man zu einer Abkehr von der allzu individualistischen Betrachtungsweise gelangt sei oder wenn er betonte, die Grundrechte hätten im Obrigkeitsstaat auch da gewirkt, „wo dem einzelnen eine Klage wegen Verletzung eines der Grundrechte nicht eingeräumt war." Ebenso entsprechen der Organismustheorie Tugenden und Pflichten, die den Gliedern gegenüber dem Ganzen obliegen. Mit der Betonung der Grundpflichten betrachtete Beyerle, die Weimarer Verfassung als „alle verpflichtendes Gelöbnis zum Wiederaufbau".[861] Allerdings verfiel er dem „klassischen" Dilemma, durch eine stark „soziale Sichtweise", nach neuerer Terminologie durch Betonung der in den Grundrechten zum Ausdruck kommenden Werteordnung, die den „Teilhabecharakter" an Leistungen des Staates in den Vordergrund stellt, die Abwehrfunktion der Grundrechte und damit ihre ursprüngliche Funktion zu vernachlässigen. Daher erscheint die folgende Äußerung Beyerles, wenngleich in guter Absicht getan, bedenklich, bestehen doch rechtlich kaum andere Garantien als die Gesetze, allen voran die Grundrechte der Verfassung:

„Sozialisierung bedeutet Hineinwachsen der privaten Rechte in das öffentliche Recht, bedeutet Überschattung des Eigennutzens durch das gemeine Beste, bedeutet Anerkennung von Pflichten gegenüber der Gesamtheit. Wohl ist in den Grundrechten der neuen Reichsverfassung das Privateigentum als ein Eckpfeiler unserer Kultur und unserer Wirtschaftsordnung uferlosen Verstaatlichungsplänen gegenüber sanktioniert. Aber neben den Grundrechten stehen die Grundpflichten, steht das soziale Ethos des von Naumann geprägten Wortes: Eigentum verpflichtet, das wir in die Reichsverfassung aufgenommen haben. ... Dieser Gedanke ... wird die Anschauung stützen, daß der Staat auch das Recht und die

---

[859] Beyerle, Erinnerungen, S. 159

[860] v. Mangoldt, Grundrechte und Grundsatzfragen des Bonner Grundgesetzes, AöR 75, S. 275 f

[861] zum Freiheitsbegriff vgl. auch Abschnitt 2. a. dd.

Pflicht hat im allgemeinen Interesse unter Umständen auch mit Zwang in Privatrechte einzugreifen.“[862]

In den Grundrechten ist Beyerles „Glaubensbekenntnis zur Demokratie“ niedergelegt, das sowohl staatlichen Institutionen als auch dem einzelnen „zur Richtschnur“ wahrer Demokratie werden sollte. Es lag in seiner Intention, daß die Grundrechte nicht nur Exekutive und Judikative[863] binden sollten, sondern auch vom Gesetzgeber zu beachten seien. Die Kontroverse hierüber entzündete sich am Gleichheitssatz und mündete in die Frage, ob der Gesetzgeber bei der Abfassung von Gesetzen diesen zu beachten habe. Zwar äußerte sich Beyerle hierzu nicht direkt.

> *„Wenn auch schon in bisherigen deutschen Verfassungen das Gleichheitsprinzip ausgesprochen war, so war es doch noch durch die Aufrechterhaltung ständischer Vorrechte und nach anderer Richtung mancherlei Einschränkungen unterworfen. Jetzt hat die neue Verfassung diesem obersten demokratischen Grundprinzip der menschlichen Gemeinschaft verschärften Ausdruck verliehen. Besonders gilt dies vom reichen Inhalt des Art. 109 RV.“*[864]

Aus Beyerles Zielsetzung ergibt sich jedoch klar, daß die Sicherung der Parlamentsentscheidungen durch die Verfassung nur gelingen konnte, wenn der Gleichheitssatz und die Grundrechte auch für die Legislative verbindlich waren.[865] In Konsequenz damit wurde den Gerichten vom Reichsgericht in der Folgezeit zugestanden, die Verfassungsmäßigkeit von Gesetzen zu überprüfen. Mit der Bejahung des richterlichen Prüfungsrechts auch gegenüber Reichsgesetzen konnten aber die reaktionären Kräfte dem Gesetzgeber in den Arm fallen, zumal in den Grundrechten verschiedene Weltanschauungen und weit auseinander liegende politische Zielsetzungen zu einem Kompromiß verschmolzen oder unvermittelt nebeneinander gestellt waren. Das Unklare und Unfertige der Grundrechte bot Anknüpfungspunkte dafür, ein energisches Voranschreiten in Richtung auf ein von sozialem Geist erfülltes demokratisches Gemeinwesen zu hemmen.[866] Diese politische Tendenz machte sich die Grundrechte in ihrem Sinne zunutze, wäre aber wohl auch mit einem auf die klassischen Grundrechte reduzierten Katalog nicht aufzuhalten gewesen, wenngleich größere Hürden zu überwinden gewesen wären, da ein Argumentationsrückgriff auf die Verfassung nicht zur Debatte gestanden hätte.

Diese Entwicklung dürfte die Mißbilligung Beyerles gefunden haben. So lehrte er u. a., daß sich das richterliche Prüfungsrecht darauf beschränkte, ob das anzuwendende Gesetz nicht einer Norm höheren Rangs widerspreche, nicht aber sei zu prüfen, ob etwa ein einfaches Reichsgesetz der Reichsverfassung gemäß sei oder eine Verfassungsänderung darstelle.[867] Diese Prüfung hätte er gerne einer eigenständigen juristisch greifbaren Sanktion der Grundrechte vorbehalten:

---

862 Beyerle auf der Dritten gemeinsamen Tagung für Denkmalpflege und Heimatschutz, Eisenach 23. und 24.9.1920, S. 15 f

863 so beispielsweise Anschütz (Die Verfassung des Deutschen Reiches 1933), S. 523: Art. 109 RV „befiehlt Gleichheit v o r dem Gesetz, nicht Gleichheit d e s Gesetzes. Er ist Richtschnur nicht für den, der das Gesetz gibt, sondern für den, der es handhabt.“

864 Beyerle, Die Verfassung des Deutschen Reichs, S. 49

865 Daß die Einschränkungen des Gleichheitssatzes nicht im Sinne Beyerles waren, ergibt sich auch aus seinem Entwurf, in dem er noch formuliert hatte: „Alle öffentlichrechtlichen Vorteile und Nachteile der Geburt oder des Standes sind beseitigt.“

866 zum Vorstehenden vgl. Apelt, S. 297 ff

867 Vorlesung „Die Entstehung der neuen Reichsverfassung“, NL 69, Bl. 215 RS

„Wir sehen in der Aufnahme dieser Sätze in die Reichsverfassung ein Palladium der Freiheiten und Pflichten des Staatsbürgers und könnten uns mit dieser Sanktion allein schon begnügen. Aber noch weitergehend ist im Unterausschuß erwogen worden, ob wir nicht nach amerikanischem Vorbild zu einer Generalklausel gelangen sollten, wonach eine verwaltungsgerichtliche Klage bei offenkundiger Übertretung eines Grundsatzes der Grundrechte offensteht. Natürlich könnte ein derartiger Satz nicht allen Bestandteilen der Grundrechte in gleichem Maße zuteil werden, denn wir wollen gewisse Programmpunkte in den Grundrechten enthalten lassen.[868]

Die Anregung hierzu hatte u. a. Karl Rothenbücher gegeben.[869] Beyerle hatte dies in seinem Antrag Zr. 236 Nr. 1 aufgegriffen, wonach bestimmt werden sollte: "Über den Schutz der Grundrechte und Grundpflichten wacht die Reichsregierung. Eingriffe von Behörden in die dem einzelnen gewährten Grundrechte können, sofern nicht bereits ein gesetzlicher Schutz besteht, nach Maßgabe eines Reichsgesetzes angefochten werden. Soweit in diesem Reichsgesetz nicht ein anderer Rechtszug eröffnet wird, sind die Verwaltungsgerichte des Reiches zuständig." Beyerle dachte bei der „verwaltungsgerichtlichen" Überprüfbarkeit der Grundrechte keineswegs nur an den Aufbau einer verbesserten Verwaltungsgerichtsbarkeit, sondern erwog - rechtshistorisch bedeutsam - die Einführung eines Verfassungsgerichts.[870]

Die Beratung darüber war jedoch zurückgestellt worden. Erst ganz am Ende der Beratungen des Verfassungsausschusses in der Abendsitzung des 19.6.1919[871] war es Beyerle, der auf diesen Punkt zurückkam und darauf hinwies, daß man sich noch über den Einleitungsartikel der Grundrechte schlüssig werden müsse. Er schlug folgende knappere Fassung vor: „Die Grundrechte und Grundpflichten bilden Richtschnur und Schranke für die Gesetzgebung, die Verwaltung und die Rechtspflege im Reiche und in den Ländern. Eingriffe von Behörden in die dem Einzelnen gewährleisteten Grundrechte können angefochten werden. Sofern nicht bereits ein gesetzlicher Schutz besteht, bestimmt ein Reichsgesetz die zuständige Behörde."

Diesem Vorschlag widersprach Geheimrat Frhr. v. Welser vom Reichsjustizministerium heftig. Er bat dringend, den zweiten Satz abzulehnen. Nachdem man jetzt die Grundrechte wirklich in aller Eile durchgearbeitet habe, sei es ganz undenkbar, ein Rechtsverfahren für alle diese Dinge einzuführen, deren Konsequenzen gar nicht zu überblicken seien. Es sei auch nicht der Zweck von Grundrechten, daß sie dem Einzelnen ein klagbares Recht gewähren sollten. Kein Gericht würde in der Lage sein, eine Klage, z. B. betreffend den Naturschutz oder den Schutz der Landschaft, zu entscheiden. Soweit das Straf- und Zivilrecht in Frage komme, bestünden ohnehin besondere Verfahren.

In der sofort danach erfolgten Abstimmung wurde der erste Satz von Beyerles Antrags angenommen, der Rest gestrichen. Beyerle sprach in diesem Zusammenhang von „Zufallsmehrheit",[872] womit er nicht Unrecht hatte, denn eine

---

[868] Aktenstück Nr. 391, S. 368

[869] Brief vom 17.5.1919; NL 58, Bl. 138 RS ff: „Soweit die „Grundr(echte) u(nd) Grundpflichten" subjektive Rechte enthalten, oder wenigstens begründen wollen, sind die Bestimmungen doch nur von ganz beschränkter Bedeutung, wenn man nicht auch von Reichswegen zugleich ein verwaltungsgerichtlicher Schutz, wie etwa nach bisherigem österreichischem Rechte (Generalklausel), oder nach amerikanischem Vorbild eingeführt wird. ... Ich möchte nicht unbedingt dies fordern – aber doch zu bedenken geben, daß wenn man Grundrechte aufstellt, man auch das Schwert geben muß, sie zu verteidigen ..."

[870] Völtzer, S. 199

[871] Aktenstück Nr. 391, S. 543, 544

[872] vgl. DJZ 1921, Sp. 231

Debatte entspann sich über die Frage der gerichtlichen Sanktion der Grundrechte nicht mehr. Angesichts der anstrengenden Beratungen der vorausgegangenen Tage, der Tatsache, daß es bereits später Abend war, als das Thema angeschnitten wurde, und dem angesichts der allgemeinen Stimmung verständlichen Drängen des Vorsitzenden Haußmann zu einem Ende der Beratungen zu gelangen, liegt die Annahme nahe, daß das Problem nicht mehr deutlich erkannt wurde und man sich mit dem Erreichten zufrieden gab. So blieb zunächst nur der Satz übrig:
"Zur Gewähr der Freiheit und zur Förderung des Gemeingeistes bilden die Grundrechte und Grundpflichten Richtschnur und Schranken für die Gesetzgebung, die Verwaltung und die Rechtspflege im Reich und in den Ländern.",[873] der in der anschließenden zweiten Lesung im Plenum der Nationalversammlung ebenfalls gestrichen wurde.

Damit war das entscheidende Moment der Einklagbarkeit der Grundrechte schon aufgegeben und die Kritik an der Restformulierung berechtigt, sie trage zu einer Klärung des Geltungsumfangs der einzelnen Grundrechte nicht bei, sieht man einmal davon ab, daß die Bindung auch des Gesetzgebers an die Grundrechte ausdrücklich hervorgehoben wurde. Dieser Einwand hätte der abgelehnten Fassung nicht entgegengehalten werden können, so daß zumindest eine Chance bestanden hätte, die Einklagbarkeit von Grundrechtsverletzungen dann auch im Plenum der Nationalversammlung zu verabschieden. Dann wäre es auch erforderlich geworden, die Grundrechte nach ihrer Geltungskraft zu sondern.

Wenngleich Beyerle für die gerichtliche Sanktion der Grundrechte eingetreten war, dürfte er die Nichterreichung dieses Teilzieles nicht als allzu schmerzlich empfunden haben, lag für ihn doch der Hauptwert der Grundrechte in deren volkserzieherischer Wirkung. Diese stellte für ihn das Wesentliche dar, während die gerichtliche Durchsetzung zwar wünschenswert, aber nicht in jedem Falle dringlich war. In seinem Eintreten für den gerichtlichen Schutz der Grundrechte unterschied sich Beyerle allerdings von der Zentrumspartei, die als katholische Weltanschauungspartei mehr auf individuelle Moral und kollektive Gesinnung als auf Institutionen und Verfahrensweisen zur Bändigung staatlicher Macht setzte.[874] Diese Vernachlässigung des institutionell-prozeduralen Elements dürfte mit dem „Ewigkeitsanspruch" des Naturrechtsdenkens zusammenhängen, wonach die Frage nach dem richtigen Recht als das Wesentliche erscheint, während die Umsetzung in konkrete Entscheidungen sekundär wird.

Konrad Beyerle ist beizupflichten, wenn er die Funktion der Grundrechte im Sinne staatsbürgerlicher Erziehung zu mehr Demokratie hervorhob und damit Überzeugungsarbeit zugunsten der Republik zu leisten versuchte,[875] teilweise sicher auch mit Erfolg, wenngleich ihn das bekannte Schicksal der Weimarer Demokratie nachträglich auf verlorenem Posten erscheinen ließ. Dieser Vorgang benötigte jedoch Zeit, umso mehr, je stärker sich die politischen Verhältnisse durch die Revolution gewandelt hatten. Angesichts der in den politisch extremen Lagern herrschenden staatsablehnenden Haltung, auf der rechten Seite der starken Beharrungskräfte, die weiterhin der Monarchie innerlich und äußerlich verpflichtet blieben und auch von Beyerle gespürt wurden, war es einigermaßen optimistisch

---

[873] Haußmann bezeichnete Beyerle als „Vater dieses Artikels", Heilfron, Bd. VI, S. 3801

[874] so Karsten Ruppert, Die deutsche Zentrumspartei in der Mitverantwortung, S. 87

[875] Der Vollständigkeit halber sei erwähnt, daß Beyerle auf eine Einladung des Reichskanzlers Marx als Vorsitzender der Gesellschaft zur Förderung Politischer Bildungsarbeit vom 15.6.1927 Mitglied wurde. Die politische Bildungsarbeit der Deutschen Zentrumspartei sollte nach deren Selbstverständnis nationalpolitische Erziehungsarbeit am deutschen Volk sein, so daß sie nur mittelbar den Charakter der parteipolitischen Bildungsarbeit trage. Demokratie erfordere Menschen, die politisches Wissen mit politischem Willen verbänden, weshalb sich die Arbeit auf Wissensbildung und Willensbildung konzentriere.

beinahe alleine und hauptsächlich in einer zu bewirkenden demokratischen Sinnesänderung großer Bevölkerungsteile die Absicherung der Republik erreichen zu wollen, ohne neben den staatsorganisatorischen Normen, auch die für die Erziehungsarbeit von Beyerle so wichtig erachteten Grundrechte gerichtlich durchsetzbar zu machen, konnte doch eine solche Konzeption nur langfristig von Erfolg gekrönt sein. Dieses Versäumnis muß dem Verfassungsausschuß als Ganzem zur Last gelegt werden, der letztlich zu sehr auf eine Beendigung der Beratungen drängte.

Mit dem Vorschlag einer Sanktion der Grundrechte entweder durch einen Staatsgerichtshof oder durch die Verwaltungsgerichte hatte Beyerle eine moderne Idee aufgegriffen. So stellte 1926 der 34. Deutsche Juristentag die Frage, ob sich eine Ausdehnung der Kompetenzen des Staatsgerichtshofs empfehle, was sich auch auf den Schutz von Individualrechten bezog.[876] Zu Änderungen der Verfassung führte dies jedoch nicht.

Insgesamt gesehen ging von den Grundrechten jedoch trotz einer zeitweisen Hochkonjunktur in der Rechtswissenschaft die erhoffte Wirkung nicht aus: Im Laufe der „Positivierung" der Grundrechte, womit ihre wissenschaftliche Durchdringung und rechtspraktische Umsetzung umschrieben wird, verlor die aus dem konstitutionellen Staatsrecht überkommene Auffassung an Boden, daß Grundrechte prinzipiell nur als Programmforderungen, als Richtlinien für die Gesetzgebung und nicht als eigentlich aktuelles Staatsrecht anzusehen seien, so daß es in Umkehrung dieses Satzes herrschende Meinung wurde, daß die Grundrechte unmittelbar geltendes Recht enthielten. Der ersten Phase der wissenschaftlichen Aneignung der Materie, die von 1919 bis etwa 1924 reicht und in der die Grundrechte aus einer Mischung von Kritik und Nichtbeachtung noch nicht allgemein als Rechtssätze verstanden wurden, folgte ab 1923 die Phase, in der sie systematisch als klassische subjektiv-öffentliche Rechte mit erhöhter Geltungskraft entdeckt wurden. In der letzten Phase vom ersten Präsidialkabinett Brüning bis Anfang 1933 schließlich dienten die Grundrechte, wenn sie überhaupt noch Beachtung fanden, als Kampfmittel gegen die Notverordnungen, um deren Verfassungswidrigkeit zu begründen. Die Anhänger der Republik sahen in ihnen den Wesensgehalt der Verfassung, während die Gegner in ihnen verächtliche Restbestände des bourgeoisen 19. Jahrhunderts erblickten, die in der kommenden Volksgemeinschaft verschwinden mußten.[877] Damit teilten die Grundrechte das Schicksal der Weimarer Republik, die daran scheiterte, „daß es nicht gelang, eine dem Geist der Verfassung entsprechende politische Kultur zu entwickeln."[878]

d. Föderalismus

Hugo Preuß hatte einen stark unitaristischen Standpunkt vertreten. Er strebte bei einer Aufteilung Preußens einen dezentralisierten Einheitsstaat an. Davon versprach man sich den Abbau alter obrigkeitlicher Schranken und Institutionen und dadurch mehr Demokratie. Dagegen hatten die Länder früh opponiert und insbesondere auf der Länderkonferenz vom 25. bis 27.1.1919 in Berlin deutlich gemacht, daß sie nicht bereit waren bisherige Rechte aufzugeben, wie der Zusammentritt des vorläufigen Staatenausschusses zeigt. Neben diesen beiden Grundrichtungen operierte eine vermittelnde Richtung, die einer „differenziert-staatlichen" Lösung das Wort redete.

---

[876] Michael Stolleis, S. 117

[877] Michael Stolleis, aaO, S. 110, vgl. unten IV. Teil, 4. Nationalsozialistische Anfeindungen

[878] Michael Dreyer, Die Entstehung der Weimarer Reichsverfassung, S. 19,

Hinter diesen Tendenzen standen unterschiedliche politische Vorstellungen. Einem „Föderalismus des Gleichgewichts", der besonders im Rheinland, in Süddeutschland und in christlich-konservativen Kreisen seine Befürworter hatte und in deutlicher Wendung gegen Preußen ein organisches Bündnis gleicher Gliedstaaten anstrebte, stellte sich ein „hegemonialer Föderalismus restaurativ-deutschnationaler Prägung" entgegen, der für die Rückkehr zur Bismarck´schen Staatsstruktur und zum Übergewicht Preußens eintrat.[877] Am entschiedensten trat zunächst in Theorie und Praxis der bayerische Föderalismus auf, der sich allein auf wirklich konkrete Vorschläge stützen konnte. Maßgeblichen Anteil hieran hatte Beyerle, dessen Schrift "Föderalistische Reichspolitik" in Standardwerken wie Brachers „Die Auflösung der Weimarer Republik"[878] oder früher im „Staatslexikon"[879] immer wieder zitiert wurde. Kennzeichen des bayerischen Föderalismus waren u. a. eine starke Einschränkung der Reichsgesetzgebung, das Recht der Länder auf eigene diplomatische Vertretungen, die Verpflichtung der Truppen auf die Landesregierung und die Verstärkung der Kompetenzen des Reichsrats analog der Stellung des früheren Bundesrates als stark auf bayerische Sonderwünsche zugeschnittene Thesen dieser föderalistischen Spielart.[880] Bracher bemerkt zutreffend, daß die zentrifugalen Kräfte hier stärker als bei anderen Föderalisten ausgeprägt waren und auf eine weitgehende Revision der Weimarer Verfassung hinzielen sollten. Zunächst galt es jedoch diese erst einmal zu schaffen. Der Verfassungsausschuß, so Beyerle, war in seiner Mehrheit stark unitaristisch gesinnt, Anträge nach dieser Richtung vereinigten zumeist die sozialdemokratischen und demokratischen Stimmen auf sich.[881]

aa. Der Begriff

Der Bundesstaat war für Beyerle eine staatsrechtliche Denkform für die Erfassung zusammengesetzter Staatsgebilde, deren Teile Staatscharakter tragen.

> *„Föderalismus ist die grundsätzliche Einstellung politischer Art, die diese zusammengesetzten Staatsgebilde als solche erhalten, sie vor dem Aufgehen im Einheitsstaat bewahren will."*[882]

Die Begriffe Unitarismus, Föderalismus, Partikularismus und Separatismus waren nach der Sichtweise Beyerles „in eine Reihe gestellt".

> *"Danach sind Unitarismus und Separatismus die Gegenpole, hier Lostrennungsbestrebungen, zum mindesten Kampf gegen das Gesamtgebilde, Unbekümmertheit um sein Schicksal; dort, beim Unitarismus, Strebungen auf volle Unterdrückung alles staatlich Selbständigen in den Gliedern. Föderalismus und Partikularismus stehen in der Mitte."*[883]

---

[877] Bracher, S. 561
[878] Bracher, S. 92
[879] Stichwort: Föderalismus
[880] Bracher, aaO
[881] Beyerle, Vorlesung „Die Entstehung der neuen Reichsverfassung", NL 69, Bl. 75
[882] Beyerle, Föderalismus, S. 128
[883] Beyerle, „Partikularismus", Staatslexikon, IV. Band. Sp. 51 ff

Bereits hier zeigt sich die Schwierigkeit zu klaren Begriffsabgrenzungen zu gelangen. In gesunden bundesstaatlichen Verhältnissen überwiege der föderalistische Grundcharakter. Partikularismus und Separatismus, sprachen nach Auffassung Beyerles beide - nur graduell verschieden - dem Bundesstaat die Berechtigung ab und führten stattdessen zu einem Nebeneinander der als Einzelstaaten bestehenden Länder, ohne daß es Beyerle allerdings gelang eine klare Trennlinie zu ziehen. Im Gegensatz zum Partikularismus sei der Föderalismus „ein dem Ganzen zugewandter Kranz hingebungsfreudiger Teile und nicht in sich gekehrte Eigensucht und Eigenbrötelei". Föderalismus wolle nicht die bewußte Niederhaltung der Zentralgewalt, sondern erstrebe .... eine solche Zuteilung der Staatsaufgaben auf Gesamtheit und Gliedstaaten, welche innere Notwendigkeit verbunden mit größtmöglicher Freiheit, zur Richtschnur nimmt.[884]

Sein entschiedenes Eintreten für ein föderalistisches System ließ ihn jedoch nicht vergessen, daß es auch für die entgegengesetzte Auffassung Gründe gab.

„Es wäre verkehrt, den Föderalismus mit gut und den Unitarismus mit schlecht gleichsetzen zu wollen.... Eine große Linie nehme von unentwickelten, häufig zentripetalen Verfassungszuständen ihren Ausgang und führe durch losere Staatsgefüge und dann durch den föderalistischen Bundesstaat hindurch zum Einheitsstaat hin."[885]

Den geschichtlichen Ursprung des deutschen Bundesstaates erblickte Beyerle im mittelalterlichen Lehensstaat. Daß Deutschland Bundesstaat geworden sei, ist darauf zurückzuführen, daß die deutschen Könige und Kaiser die Lehnsverfassung des Mittelalters nicht, wie in Frankreich und England, zu überwinden vermochten.[886]

bb. Staat und Selbstverwaltungskörper

Die Entscheidung zwischen einem föderalistischen System und einem Einheitsstaat warf zunächst die Frage nach dem Staatscharakter, der Souveränität der Länder auf. Beyerle sprach sich vehement für die Souveränität der Länder aus. Ein Land sei nur dann ein Staat, wenn ihm Hoheitsrechte aus eigenem ursprünglichen Recht zustünden. Das besage das Souveränitätsprinzip in seiner richtigen Ausdeutung für die Freistaaten in der deutschen Republik. Über den Grundrechten der Individuen, über der Selbstverwaltung der Kommunen, müßten die Staatshoheitsrechte der Länder stehen, die diesen erst den Charakter der Eigenstaatlichkeit verliehen. Demgegenüber verneine der Begriff der Selbstverwaltung die Staatlichkeit seines Gebietskörpers. Selbstverwaltung sei nicht für Staaten, sondern für kommunale Verbände innerhalb eines Staates erdacht und ausgestaltet. Sie bedeute gegenüber der Eigenstaatlichkeit die Zumutung einer Rangverminderung. Das gelte auch, wenn zugegeben werden müsse, daß vorübergehend für den politischen Nutzeffekt Selbstverwaltung mehr bedeuten könne als Eigenstaatlichkeit, da die Wirklichkeit der politischen Kräfteverteilung nicht immer mit der staatsrechtlichen Formel Schritt halte. Eine gefestigte Selbstverwaltung könne an politischer Kraft eine fragwürdige

---

[884] Beyerle, Föderalismus, S. 131

[885] Beyerle, Staatslexikon, Band II, Spalte 65

[886] Beyerle, Staatslexikon, Band III, Spalte 883 ff, Stichwort: „Lehnsstaat". Beyerle ergänzte, in sinngemäßer Anwendung des Art. 155 RV, der die Aufhebung der Fideikommisse vorschreibt, seien auch Kleinlehen, soweit vereinzelt das Lehensband noch dazu mitverwendet wurde, Grundbesitz für einzelne Familien dauernd gebunden zu halten, und Thronlehen, die der Auszeichnung einzelner Adelsgeschlechter dienten, miterfaßt worden.

Eigenstaatlichkeit überragen, kein Programm der Selbstverwaltung reiche aber in Wahrheit an ein vollentwickeltes Staatsbewußtsein heran.[887] Notwendig sei es, Politik nicht vom Reich aus, sondern in erster Linie von unten aus, nämlich von den Ländern als eigentliche öffentliche Kulturträger, her zu betreiben. Den Gliedstaaten müsse die Staatsqualität aus eigenem Rechte zugestanden werden, weil sonst allenfalls verbrämte Selbstverwaltung vorliege, die keine Garantie der Gliedkörperschaften für den unverletzlichen Bestand von Zuständigkeitsabgrenzungen biete.

„Selbstverwaltungskörper werden alle Tage mit neuen Aufgaben betraut, und diese Aufgaben können ihnen morgen wieder abgenommen werden."[888]

Der Gliedstaat eines großen Reiches dürfe nicht bloß Provinz, er müsse Staat sein, in der äußeren Erscheinung und in der inneren Machbefugnis als solches politisches Gebilde auftreten, daß es als Symbol der engeren Volksgemeinschaft wirke und die für die gebieterische Durchführung seiner Aufgaben notwendigen Rechte besitze.[889] So hielt er es für erforderlich, die Einkommensteuer als Unterbau der einzelstaatlichen Steuersysteme zu erhalten, denn die Einzelstaaten müßten wenigstens eine ergiebige und regelmäßige Einnahmequelle haben.[890] Sympathie ließ Beyerle für den Gedanken erkennen, daß die Entscheidung über den Ausnahmezustand als das Kriterium der Eigenstaatlichkeit von Gliedern eines zusammengefaßten Staatsverbandes anzusehen sei.[891]

Demzufolge sprach sich Beyerle deutlich gegen den Begriff „Länder" aus, mit dem der Vorrang des Reiches gegenüber den Gliedkörperschaften schon sprachlich deutlicher zum Ausdruck gebracht werden sollte, als durch die Begriffe Gliedstaaten, Einzelstaaten der Bundesstaaten.[892] Ironisch merkte er an, in dem Begriff „Länder" liege ein bißchen Kautschuk, denn bereits seit 1806 habe es eine Souveränität der Könige gegeben und einen entwickelten Staatsbegriff. Das föderalistische Motiv klang jedoch in der Präambel zur Verfassung an, indem vom Deutschen Volk, „geeint in seinen Stämmen" gesprochen wurde, eine Formulierung, die auf bayerischen Wunsch erfolgte.[893]

cc. katholisches Reichsdenken

Nach katholischer Staatslehre war der Staat kein künstlicher Mechanismus, sondern ein natürlich gewachsener Organismus und eine organische Gliedgemeinschaft, die nicht auf der Idee der abstrakten Gleichheit aller aufbaute, sondern die Ungleichheit der Glieder akzeptierte, die ihre natürliche und gottgewollte Selbständigkeit bewahren und die gerade unter der Leitung einer zielweisenden Zentralgewalt, dadurch dem Ganzen am Besten dienen sollten, daß sie in freier Hingabe an das Ganze ihre natürliche Eigenart auswirken und entfalten.[894]

---

[887] Beyerle, Föderalismus, S. 142
[888] Beyerle, FRP, S. 19
[889] Heilfron, Bd. II, S. 1156
[890] Aktenstück Nr. 391, S. 139; 14. Sitzung des Verfassungsausschusses am 25.3.1919
[891] Beyerle, Föderalismus, S. 143
[892] Beyerle, FRP, S. 20
[893] Apelt, S. 77
[894] „Bürger und Familie müssen vielmehr ihre Bewegungsfreiheit behalten, soweit es möglich ist, ohne Schaden für das Gemeinwohl und ohne Verletzung der Rechte Dritter."; Rerum novarum 51 III 201

Ganz in diesem Sinne vertrat Beyerle einen Föderalismus, der im Inneren durch ungehemmte Entfaltung aller natürlichen Kräfte der einzelnen Glieder, den Organismus des Ganzen stärken und zur Blüte staatlicher Kultur bringen wollte. Beyerle steht als Vertreter des katholischen Reichsdenkens mit seinem Rückgriff auf das mittelalterliche Reich als Inbegriff der „germanisch-christlichen Vermählung", dem ein starker föderalistischer Zug inne wohnte. Das Reich war danach kein von einer zentralistischen Bürokratie gelenkter mächtiger Herrschaftsapparat, sondern eine Art Schutzmantel, gewoben aus dem verpflichtenden Erbe christlich-abendländischer Tradition, der die einzelnen Glieder der Reiches zwar zusammenhält, aber ihnen doch weitgehende Selbstentfaltung zubilligt.[895] In der Konsequenz dieser Sichtweise lag auch der großdeutsche Gedanke.

dd. Vor- und Nachteile

Der Unitarist erhoffe vom Einheitsstaat mehr Übersichtlichkeit, höhere Effektivität durch Vereinheitlichung und Verbilligung sowie die Beseitigung überlebter Schranken. Der praktische Unitarismus laufe aber Gefahr, in einen mechanisierten Großstaat auszumünden, das Staatsleben dem Machtgötzen zu opfern und einem innenpolitischen Imperialismus zu frönen. Es zeige sich immer deutlicher, daß der Unitarismus von einer, in Zeiten geschwächter Staatsgewalt übel angebrachten Anbetung der Staatsallmacht nicht loskomme, mag sie hegelsche oder marxistische Prägung tragen. Die Bevölkerung sei ihm, in Nachwirkung älterer Staatsvorstellungen, allzu leicht Objekt und nicht Träger des Staatslebens.[896] Die Entwicklung von Weimar zeigte in den Augen Beyerles die Nachteile der Überzentralisierung, nämlich Verteuerung des Staatsbetriebs und statt eines schaffensfreudigen, im Leben stehenden Beamtentums die Ableistung nüchternen Bürodienstes und sachfremder Aktenarbeit.

Vor allem biete der Einzelstaat ein Wirkungsfeld des politischen Lebens in übersehbaren Kreise für eine schollenabhängige Bevölkerung.[897] In neuerer Terminologie würde man von größerer Bürgernähe, Stärkung der Verantwortung und Eigeninitiative der Staatsbürger sprechen. Dementsprechend trat Beyerle einem am 27.5.1919 im Verfassungsausschuß gestellten Antrag entgegen, der die gesamte Rechtspflege vereinheitlichen wollte, und plädierte dafür dem Einzelstaat nicht mehr zu nehmen als unbedingt notwendig sei. Es dürfe nicht vergessen werden, daß der Richter mit dem Volk verwachsen sein müsse.[898]

Föderalismus sei zugleich eine Bürgschaft des konfessionellen Friedens, der in dem überkommenen und gehüteten Nebeneinander evangelischer und katholischer Gebiete und kirchlicher Gemeinschaften seine beste Gewähr und Pflege finde.[899] Wenn Beyerle davon sprach, daß in gesunden bundesstaatlichen Verhältnissen die föderalistischen Elemente überwögen, so trat er in diesem Sinne für einen Vorrang der Länder gegenüber dem Reich ein und formulierte mit anderen Worten das erst später so genannte Subsidiaritätsprinzip.

---

[895] so Sontheimer, S. 225

[896] Beyerle, Föderalismus, S. 129

[897] Ähnlich: Theo Waigel, S. 34: „Bayern und die CSU gelten als die Hüter des Föderalismus schlechthin. Föderalismus garantiert Bürgernähe, Dezentralisierung der Entscheidungsstrukturen und schafft die Voraussetzung zur Bewahrung historisch gewachsener, kultureller und landsmannschaftlicher Eigenentwicklungen."

[898] Beyerle, FRP, S. 35

[899] Beyerle, FRP, S. 26

Auch in außenpolitischer Hinsicht sah Beyerle ein föderalistisches System als vorteilhaft an. Ein aufrichtig föderalistisches Deutschland erwecke Sympathien in Frankreich, den neutralen Staaten und besonders den Vereinigten Staaten von Amerika. Mehr als von einem straffen, vom militärischen Preußen geführten Einheitsstaat gehe von einem föderalistischen Deutschland das Vertrauen auf die friedlichen Absichten seiner Politik aus.[900]

An die Weichenstellung zwischen Föderalismus und Einheitsstaat schlossen sich drei staatsrechtliche Grundfragen an: Welches Gebiet sollten die Einzelstaaten umfassen? Das betraf das Problem der Reichsgliederung und einen hierfür geeigneten Maßstab. Sollten die Länder in der Wahl ihrer Regierungsform frei sein oder durch Vorgaben der Reichsverfassung auf das System der parlamentarischen Demokratie verpflichtet werden? Und schließlich: wie sollten die Hoheitsbefugnisse zwischen Reich und Ländern verteilt werden?

ee. Die Gebietsgliederung des Reiches, Stammes- oder Staatsföderalismus

Die Regelung in Art. 18 RV, wonach die Neugliederung der Länder auch ohne deren Zustimmung möglich war, stieß auf den Widerstand der Länder und der BVP, die „einen schweren Kampf gegen die fast restlose Beseitigung der bundesstaatlichen Gebietshoheit Bayerns“ führte und „den Neubau des Reiches auch hinsichtlich der Gebietshoheit auf die gleiche Basis stellen“ wollte, „die Bismarck und die Bundesstaaten bei der Reichsgründung beschritten hatten“. Sie forderte „eine Sicherheit für den ungeschmälerten Weiterbestand Bayerns im Reiche, indem sie verlangte, daß Abtrennungen einzelner Staatsgebietsteile sowie Teilungen oder Zerlegungen von Einzelstaaten nicht ohne Zustimmung der betroffenen Gliedstaaten erfolgen“ dürften.

Als Berichterstatter formulierte Beyerle den wesentlichen Streitpunkt und stellte zur Erwägung, ob man die provinziale Selbstverwaltung ausbauen könnte, ebenso begleitend das Reichsrecht, wenn nicht eine völlige Verstaatlichung und Verselbständigung größerer Teile einzelner Gliedstaaten in Frage komme. Da dies außerordentlich lange Zeit benötige, stelle sich die Frage, ob die Bestimmungen mit einer Befristung versehen werden sollen und ob man allgemeine Normen über die Veränderungen der territorialen Landkarte des Reiches in die Verfassung aufnehmen könnte. Die Erörterung von Detailfragen würden seiner Meinung nach die Verhandlungen des Verfassungsausschusses außerordentlich aufhalten, weshalb er sich für eine Zurückstellung des Artikels aussprach.[901] Der Verfassungsausschuß folgte diesem Vorschlag jedoch nicht. Beyerle wandte sich gegen eine „Majorisierung“ der Einzelstaaten - auch durch verfassungsänderndes Gesetz - , auf das Kriterium der Freiwilligkeit wollte er nicht verzichten.[902]
Welcher Maßstab sollte aber bei Neu- und Umgliederungen zu Grunde gelegt werden? Die rechtshistorischen Begründungen, die Beyerle in der Nationalversammlung für die Berechtigung des Föderalismus gab, erhoben sich weit

---

[900] Beyerle, Föderalismus, S. 141; Dieser Gesichtspunkt spielte auch bei der Entstehung des Grundgesetzes eine nicht geringe Rolle.
[901] Aktenstück Nr. 391, S. 88, 9. Sitzung des Verfassungsausschusses vom 18.3.1919
[902] Aktenstück Nr. 391, S. 90 f; 10. Sitzung des Verfassungsausschusses vom 19.3.1919, Beyerle stellte daher den Antrag, die Vorschrift folgendermaßen zu fassen:
„Gebietsänderungen innerhalb des Reiches zum Zwecke der Bildung neuer oder zur Abrundung vorhandener Länder können aus überwiegenden Gründen des öffentlichen Wohles und unter Wahrung der Interessen des Reichs vorgenommen werden. Sie sind nur auf der Grundlage freier Bekundung des Volkswillens in den betroffenen gliedstaatlichen Verbänden zulässig und bedürfen der Bestätigung durch Reichsgesetz.“

über die Schlagworte, mit denen die Unitaristen den Stab über die Einzelstaaten als historisch begründete Staatswesen brechen wollten.[903] Beyerle stellte fest, daß es an einem durchgreifenden, für ganz Deutschland anwendbaren, aus der organisch-geschichtlichen Einstellung zu gewinnenden Maßstabe für die beste Gliederung des Reiches fehle.

Vom unitaristischen Standpunkt aus fehlte schon für eine Souveränität der bisherigen Teilstaaten nach dem Wegfall der Dynastien die historische Rechtfertigung und die staatsrechtlich-ethische Begründung. Die Territorien der bisherigen Teilstaaten beruhten weder auf einer eigenen Stammeskultur noch auf wirtschaftlichen oder verkehrsmäßigen Zusammenhängen, sondern ausschließlich auf dynastischer Hauspolitik. Es gebe keine selbständigen Teilvölker mehr, die gegenüber dem deutschen Gesamtvolke auf besondere staatliche Rechte pochen konnten.[904] Jedoch gestand auch diese Auffassung zu, daß sich ein „engeres Staatsgefühl" lebendig hielt und zwar nicht nur in konservativ gerichteten Schichten, sondern überall, wo sich mit diesem Gefühl auch Standes- und Berufsinteressen verbanden.

Die Gefahr, sich in einer nur allgemeinen, in praktischer Hinsicht wenig brauchbaren Weltanschauung zu verlieren, erkannte Beyerle. Wie die BVP die unbestrittene Bindung der Partei an die Weltanschauung als wertvollste Gabe für das politische Denken der Zeit ansah, weil der Grund für Aufgliederung der Parteienlandschaft in den höchsten Werten liege[905], erklärte Beyerle, jedoch durchaus kritisch, Politik sei angewandte Weltanschauung, Föderalisten und Unitaristen „Gläubige", wobei der aufgeklärte Föderalismus „weder in den Niederungen eines rein gefühlsmäßigen, politisch ungeschulten Denkens" zu finden sei noch dort, „wo die föderalistische Gedankenwelt Gefahr laufe sich in wertloser Abstraktion des Individuums zu verlieren."[906] Auch wenn von manchen angesehenen Schriftstellern bezweifelt würde, ob das, was das Wesen des Föderalismus ausmache, überhaupt einen Niederschlag in der Verfassung finden könne, sei er der Auffassung, daß es sich um reale Kräfte handle, die sehr wohl geeignet seien, auch in juristischen Formen sich auszuwirken. „Wir wollen diese Imponderabilien der seelischen Einstellung großer Stämme eben in der Verfassungsform auch mit zum Ausdruck gebracht wissen."[907] Diese näher zu beschreiben versuchte Beyerle durch den Rückgriff auf die soziologischen Grundlagen des bayerischen Föderalismus: Das politische Interesse (der Bayern) gelte in erster Linie grundsätzlich nur dem engeren Heimatstaat. Das Reich sei den Bayern etwas Fernerstehendes.[908] Die Bayern fühlten sich in erster Linie als Bayern und erst kraft der Zugehörigkeit Bayerns zum Reich als Deutsche. Dabei handele es sich um den Ausdruck des weit überwiegenden Mehrheitswillen des bayerischen Volkes und um eine politische Dominante, die als Imponderabilie der seelischen Einstellung großer Stämme auch in der Verfassung Ausdruck finden könne."[909] Dementsprechend leiteten ihn auch Rücksichten auf die „allgemeine Stimmung der Bevölkerung", als er beantragte den Namen „Berlin" durch „Reichshauptstadt" zu ersetzen.[910]

Wenn die Berechtigung der Einzelstaaten in Frage gestellt würde, weil es sich um historische Zufallsgebilde handelte, so war dieses Argument in den Augen

---

[903] Schwend, S. 101
[904] Apelt, S. 80
[905] Eggersdorfer, S. 21
[906] Beyerle, Aufgeklärter Föderalismus, AR Nr. 44 vom 29.10.1921, S. 597 ff (598)
[907] Beyerle, FRP, S. 15
[908] Beyerle, FRP, S. 14
[909] Beyerle, FRP, S. 16
[910] Aktenstück, Nr. 391, S. 41, 4. Sitzung des Verfassungsausschusses am 7.3.1919

Beyerles nicht stichhaltig. Jedem staatlichen Werdeprozeß hafte eine gewisse Zufälligkeit an, auch den großen geschlossenen Einheitsstaaten. Die mittleren und größeren Gliedstaaten Deutschlands umfaßten mehr oder weniger geschlossene Stammesgebiete als wertvolles Moment bei der Bildung landsmannschaftlicher Zusammengehörigkeit.[911] Nach welcher Richtung sich die Gliedstaaten Deutschlands auf der Grundlage seiner Stämme endgültig gestalten werden, war für Beyerle ein großes, in Jahrhunderten nicht abgeschlossenes föderalistisches Ziel. "Wir befinden uns in einem Ringen zwischen Staatsföderalismus und Stammesföderalismus, zwischen föderalistisch betonten Ansprüchen der vorhandenen Länder und einem höheren ethischen und dabei freiheitlich volksrechtlichem Föderalismus der Stämme"[912] verkündete er.

Der stoßkräftigste Gedanke, derjenige der Stammesgemeinschaft müsse sich mit dem Staatsvolkgedanken in den neuzeitlichen Staatsbildungen die Herrschaft teilen, zumal –wie Beyerle bemerkte- das Bewußtsein der Staatsgemeinschaft als das Jüngere sich mit dem Stammesbewußtsein überschneide. Auch im Staatsbewußtsein klinge aber das Stammesbewußtsein des führenden Stammes mit, wie das Beispiel Bayern in seinem Wesen und Namen zeige.[913] Beyerle ging also nicht so weit, auch die Auflösung des bayerischen Staatsverbandes in die ihn tragenden Stämme zu fordern, denn er gestand dem Staate Bayern eine geschichtlich bewiesene Existenzberechtigung zu.

Nach Beyerle war das Kriterium der Stammeszugehörigkeit aber nicht überall geeignet. Wer die Aufteilung Preußens erwäge, müsse für die östlichen Provinzen nach einem anderen Maßstab als dem der Stammesart suchen. Hier säßen eingedeutschte slawische Völkerschaften mit deutscher Einwanderung von verschiedener Stammesart im Gemenge. Dennoch habe sich auch hier, wie Schlesien und Ostpreußen lehrten, eigenes Kultur- und Wirtschaftsleben und ein dem Stammesbewußtsein gleichwertiges Gefühl der Landsmannschaft von wertvoller Eigenart gebildet. Auch mit den Gesetzen der wirtschaftlichen Zusammenarbeit müsse gerechnet werden.[914]

Der von Beyerle vertretene „Stammesföderalismus", der dem Bewußtsein der Staatsgemeinschaft nur sekundäre Bedeutung beimaß, fand das Mißfallen seiner Parteifreunde, insbesondere der „Bauerndoktor" Dr. Georg Heim vertrat im Gegensatz zu ihm einen „reinen" „Staatsföderalismus"[915]. Interessant ist die von Beyerle vorgeschlagene Formulierung in seinem Antrag Nr. 223 zur zweiten Lesung der Reichsverfassung im Verfassungsausschuß mit der er sowohl versuchte, den Begriff der „Gliedstaaten" trotz des von der Mehrheit favorisierten Länderbegriffs zu erhalten, als auch dem Moment der Stammesgemeinschaft Gewicht zu verleihen: „Aufgabe der Länder ist es, im bewährten geschichtlichen Rahmen der Gliedstaaten Stammesart und Stammestüchtigkeit auf allen Gebieten der inneren Kultur und Wohlfahrtspflege zum Heile des Ganzen zu erhalten und zu befördern."[916]

---

[911] Heilfron, Bd. II, S. 1153 ff

[912] Beyerle dürfte dabei – wie an anderer Stelle, wo er von demokratischen Grundformen germanischer Völker sprach (Parlamentarisches System --- oder was sonst?, S. 14) – die Vorstellung des germanischen Staatsverbandes vor Augen gestanden haben, nach der dieser aus der Sippe, dem auf denselben Stammvater zurückgehenden Familienverband erwuchs. Nur durch die Sippe, die sich mit dem Staat die Aufgaben teilte, war der Einzelne Volks- und Rechtsgenosse. Die Sippe, die für Recht, Schutz und Frieden des Einzelnen eintrat, vermittelte ihm auch die Teilnahme am Gemeinschaftsleben. Der Staat erfüllte nur die Aufgaben, die sich als gemeinschaftliche aller Sippen darstellten, insbesondere Rechtspflege und Kriegsführung.

[913] Beyerle, Föderalismus, S. 138

[914] Beyerle, Föderalismus, S. 138

[915] Deuerlein, S. 21

[916] siehe Anhang, Antrag Nr. 223

Eine Auflösung Preußens kam nach seiner Auffassung nicht in Betracht.[917] Allerdings hielt er den geschlossenen Weiterbestand mit Blick auf das Rheinland nicht für notwendig. Ohne ein Urteil zu dessen Selbständigkeitsbestrebungen abzugeben sah er den Kern der Frage darin, „diese rein deutschen Länder mit dem geistigen und wirtschaftlichen Reichtum ihrer tausendjährigen Kultur in der bestmöglichen Form dem Reich zu erhalten."[918] Die „preußische Frage" war daher nach Beyerle vom Föderalismus dahingehend zu lösen, daß die preußische Hegemonie zugunsten eines wirklich föderalistischen Bundesstaates verschwinden, die preußische Bürokratie, die den Reichsbehörden als Parallelkonstruktion im Wege stehe, aus Organisations- und Kostengründen abgebaut werden müsse und Preußen illoyale Maßnahmen zu unterlassen habe, welche die Anwendung von Art. 18 RV über Gebühr hemmten.[919] Beyerle, der der „Zentralstelle für die Neugliederung des Reiches" angehörte, die beim Reichsinnenministerium zur Lösung der preußischen Frage angesiedelt war,[920] wies andererseits den Vorwurf des offiziösen Pressedienstes der BVP gegen diese Kommission als „angebliche Schrittmacherin des unitaristischen Geistes" als unzutreffend zurück.

Wie sein Vater, dachte auch Konrad Beyerle „großdeutsch". Die am Rhein und an der Donau volkstümliche großdeutsche Bewegung blieb in Bayern lebendig als in den ersten Tagen nach dem Zusammenbruch der Habsburger Monarchie die neuerstandene deutsch-österreichische Republik den Anschluß an Deutschland proklamierte.[921] Die BVP hatte eine entsprechende Forderung in ihr Programm aufgenommen. Großdeutsch und föderalistisch seien, so Beyerle, vormals eins gewesen. Föderalismus heiße auch für die Zukunft Pflege des großdeutschen Gedankens. Die Frage des Anschlusses von Österreich an das Deutsche Reich sei nur im Zeichen des Föderalismus zu lösen. Österreich sei im wesentlichen national und vom Willen des Anschlusses beseelt. Dieser Gedanke werde vom Volke getragen. Der Föderalismus der Stämme und Länder auf demokratisch-volkstümlicher Grundlage werde ihm zum Siege verhelfen, nicht aber die unitaristische Politik der Sozialdemokratie in Wien und Berlin. Wo die beiderseitigen Regierungen durch die Friedensverträge zur größten Zurückhaltung verpflichtet seien, sei somit der Anschlußgedanke föderalistisch-demokratischer Färbung diesseits und noch mehr jenseits der österreichischen Grenze bei der privaten Initiative des deutschen Volks- und Stammesbewußtseins am besten geborgen.[922]

Nicht sicher läßt sich sagen, ob die sich in Beyerles Nachlaß befindliche Denkschrift „Der Anschluß[923] Oesterreichs an die deutsche Republik", die nach dem

---

[917] Beyerle, Föderalismus, S. 138 f

[918] Heilfron, Bd. II, S. 1162

[919] Denkschrift in NL 58, Bl. 36 ff

[920] Beyerle, FRP, S. 106, Tagebuch, S. 25, und Aufgeklärter Föderalismus, AR Nr. 44 vom 29.10.1921, S. 597 ff (599)

[921] Ringelmann, S. 49

[922] Beyerle, Föderalismus, S. 140 f

[923] vgl. dazu unten ii.

Die Schriften „Der Anschluß Oesterreichs an die deutsche Republik" und „Betreff: Aufrechterhaltung der Bayerischen Gesandtschaft beim Vatikan" weisen das gleiche äußerliche Erscheinungsbild auf und nehmen aufeinander Bezug. Für die Frage der Autorenschaft sind sie daher zusammen zu betrachten. Danach könnten sie von Beyerle stammen. Zwar war der Verfasser während der Bildung und Ausrufung des neuen österreichischen Freistaates in Wien, während ein entsprechender Eintrag im Tagebuch Beyerles hierzu fehlt. Ebenso findet sich eine Passage: „Wer viel im Auslande lebt und die Auslandspresse verfolgt ...", was auf Beyerle zu dieser Zeit nicht zutraf. Doch lebte er 1917 und 1918 in Belgien und unterhielt auch später intensive Kontakte dorthin.

Dem Verfasser wurde das Referat von bayerischer Stelle aus übertragen (Bl. 50), was auf einen Bayern zumindest Nahestehenden hinweist. Der Adressat der Schriften ist nicht angegeben, sie richten sich aber wohl an Reichsstellen, auch in Hinblick darauf formuliert, daß sie in kirchliche Kreise gelangen werden.

28.2.1919 und vor Mitteilung der Friedensbedingungen der Alliierten verfaßt worden sein dürfte, von ihm stammt. Ist dies der Fall, ergeben sich weitere Einblicke, in seine Denkweise. Der Verfasser geht aus von einem unüberwindlichen „Naturgesetz des Zusammenstrebens jeder einzelnen Völkerfamilie. Dieses Nationalitäten-Naturgesetz nehme „in dem Masse an notwendig zu berücksichtigender Vehemenz zu, als in weiten Kreisen transzendente Ideale verblassen, welche in früheren Zeiten (Mittelalter!) gähnende Klüfte überbrücken konnten." Der mächtige bajuwarische Volksstamm sei durch die Gründung der Ostmark Karls d. Großen entzwei gerissen worden, was aber, solange die übernatürlichen Ideale des Mittelalters ausschlaggebend waren und Oestereich und Bayern zum gleichen Staatenverband gehörten nicht allzu stark in Erscheinung trat. „Klaffender wurde der Riss, als die rauhe Hand Bismarcks 1866 die beiden Teile gewaltsam auseinander riss." Ohne die Schwierigkeiten zu verkennen, die vom Ausland einem Anschluß Österreichs entgegengebracht wurden, sprach sich der Verfasser für diesen aus, zumal ein Zusammengehen mit Böhmen und Jugoslawen „das Fortgeschlepptwerden eines wertvollen, nationalen Bruchteiles in eine ungewisse Fremde" bedeutete. „Die Berechtigung dieses Urteils wird um so mehr gegeben sein für das bayerische Volk, an dem eine jahrhundertlang festgelegte, unnatürliche Zerstückelung, unter erschwerenden Umständen, verewigt werden soll." Allerdings bedürfte der Schritt vom selbständigen Kaiserreich zur Eingliederung in die deutsche Republik besonderer Rücksichtnahme. Der Verfasser betrachtete es als einen „edlen Idealismus, welcher die so wünschenswerte, aber leider nirgends vorhandene Prädominanz der grossen Menschheitsidee über den Völkerfamilien-Egoismus ... setzt."[924]

Diese Dimension des „Stammesföderalismus" wäre auch geeignet zu erklären, warum Beyerle und Dr. Heim - unabhängig von divergierenden Bewertungen der Weimarer Reichsverfassung - in der Föderalismus-Frage nicht einig gingen. Zwar war der Anschluß Österreichs auch Programmpunkt der BVP, mit der „Wiedervereinigung des bayerischen Volksstammes" konnte jedoch der Fortbestand des bisherigen Gliedstaates Bayern als gefährdet angesehen werden. Selbst wenn Beyerle sich für eine föderative Angliederung stark gemacht hätte, konnte dies unter Zugrundelegung des geschilderten unüberwindlichen „Nationalitäten-Naturgesetzes" nur eine Zwischenlösung sein, die sich mit dem rein gegenwartsbezogenen Verständnis der Losung „Bayern den Bayern" nicht dauerhaft vertrug.

Die handschriftlichen Vermerke „Vertrauliche Copie. Erbitte Rückgabe nach meiner Ankunft in Bayern." deuten in ihrem Schriftbild auf Beyerle hin. Dasselbe gilt für eine redaktionelle Korrektur (Bl. 42), die vom Verfasser und nicht vom Empfänger des Exemplars vorgenommen wurde, der in anderer Handschrift einen Vermerk „zur Beachtung" anbrachte (Bl. 43) Der Inhalt beider Schriften steht in Einklang mit Beyerles bekannten Einstellungen (Bejahung des Anschlusses Österreichs an Deutschland, Betonung des bayerischen Stammestums usw.) Der Verfasser beschreibt sich folgendermaßen: „Nach meiner Lebensentwicklung und Stellung stehe ich jeder eigentlichen politischen Betätigung ferne. Dagegen erachte ich es meiner Situation entsprechend in lebendigem Interessen für transzendente Ideen, -für die Menschheit im Ganzen – und für mein Vaterland im Besonderen, - von einer ruhigen Warte aus philosophisch, - in specie psychologisch, ruhig objektiv überlegend und vergleichend mit den aus einem paritätischen Geschichtsstudium resultierenden Grundsätzen den Pulsschlag der Zeiten zu fühlen und dementsprechend die Diagnose zu stellen." Berücksichtigt man den Zeitraum, in dem die Schrift verfaßt wurde (sie nimmt Bezug auf eine Rede vom 28.2.1919 (Bl. 45), gleichzeitig wird erwähnt, daß der neugewählte bayerische Landtag noch nicht wieder zusammengetreten ist), so verliert sich der Widerspruch, daß Beyerle „jeder eigentlichen politischen Tätigkeit ferne stehe", weil er erst seit kurzem Mitglied der Verfassunggebenden Nationalversammlung war und läßt den Schluß auf seine Autorenschaft zu, zumal sich im Text bestimmte „Lieblingsworte" finden: Religiöse „Imponderabilien", „in der Blütezeit des deutschen Volkes", ...der hiermit ausgedrückten „Wucht" ..., „Reichsfreudigkeit", „Volksseele".

[924] Denkschrift, Bl. 38

Mit seinem Kollegen Professor Wenger hatte sich Beyerle wohl schon im Januar 1919 über den Anschluß Österreichs ausgetauscht. So schlug dieser vor, im Gesetzentwurf über die Vorläufige Reichsgewalt die Regelung vorzusehen, daß im Falle eines Anschlusses Deutschösterreichs an das Deutsche Reich die einzelnen bisherigen „Kronländer“ das Recht der Teilnahme am Staatenausschuß erhalten sollte, da das Abstellen auf Deutschösterreich alleine „ganz österreichisch unitarisch gedacht sei.“[925] In diesem Sinne stellte er noch am 2.7.1919 einen Abänderungsantrag, Deutschösterreich nach seinem Anschluß an das Deutsche Reich das Recht der Teilnahme am Reichsrat zu gewähren, „mit der seinen Ländern und seiner Bevölkerung entsprechenden Stimmenzahl.“[926]

ff. Vorgaben für die Länderverfassungen

Hinsichtlich der Regierungsform der Einzelstaaten unterschied Beyerle zwischen einem reaktionären „dynastischen“ Föderalismus und einem aufgeklärten „Stammesföderalismus“. Ersterer verfolge unter dem Deckmantel föderalistischer Forderungen letztlich die Wiederherstellung der durch die Revolution gestürzten Monarchien. Demgegenüber sei aufgeklärter Föderalismus „nicht Rückständigkeit, nicht dumpfes Herbeisehnen der Vergangenheit, sondern Einsetzen der geschlossenen Energien eines deutschen Stammes im politischen Meinungskampf.“[927]

Der aufgeklärte, in die Zukunft blickende Föderalismus knüpfe an die Stämme als naturhafte Sozialgebilde an. Diese föderalistische Staatsauffassung sei organisch-genossenschaftlich eingestellt, darum an und für sich deutsch im Gegensatz zu einer rein rationalistischen Erfassung des Staates, der über dem Volke stehe und als Abstraktion über das Volk hinausgehoben werde. Indem sich der Föderalismus auf die Stämme stütze, sei er innerlich von der Frage der Staatsform frei geworden. Im Zeichen eines „aufgeklärten Föderalismus“ der Gegenwart könnten sich Monarchisten und Republikaner die Hand reichen. Das Bündnisband sei die deutsche Genossentreue der zur Gesamtnation verbundenen Länder und Stämme.[928]

Mit der wenig aussagekräftigen Unterscheidung und der in erster Linie auf Einigkeit bedachten, den Streit der verschiedenen Staatsauffassungen überspielenden Darstellung, war konkret nichts gewonnen, wurden vielmehr nur „Stimmungswerte“ geschaffen. Deutlicher wird Beyerles Standpunkt aus den Verfassungsberatungen. Er hatte gegen eine Bestimmung, die den Ländern freistaatliche Landesverfassungen vorschrieb, Bedenken, weil dieser Eingriff in das Selbstbestimmungsrecht der Gliedstaaten zu weitgehend sei. Zwar gestand er zu, daß praktisch die Einführung der Monarchie nicht mehr zur Debatte stehe. Jedenfalls könne sie aber bei Aufnahme dieser Bestimmung nur im Wege einer Revolution, nicht auf legalem Wege eingeführt werden.[929] Beyerle tat sich offensichtlich schwer damit, der Monarchie in den Ländern einen verfassungsrechtlichen Riegel vorzuschieben, wenngleich er sich deutlich von der monarchistischen Gesinnung distanzierte, die das Vertrauens- und Treueverhältnis zum angestammten Herrscherhaus durch die von landfremden Elementen entfachte Revolution nicht als

925 Notiz Wenger, NL 58, Bl. 58
926 Antrag Nr. 448, NL 60/Bl. 537
927 Beyerle, Aufgeklärter Föderalismus, AR Nr. 44 vom 29.10.1921, S. 597
928 Beyerle, FRP, S.
929 Aktenstück Nr. 391, S. 110, 11. Sitzung des Verfassungsausschusses vom 20.3.1919

aufgehoben, sondern lediglich in seiner staatsrechtlichen Auswirkung als vorübergehend unterbrochen ansah. Das parlamentarische Prinzip war für ihn selbstverständlich, womit wiederum seine Sympathie für eine repräsentative Monarchie zum Ausdruck kommt.

Gegen Art. 17 RV sprach er sich als „antiföderalistischen Knebelungsparagraphen" aus. Beyerle war der Meinung, daß die Republik mit der „Kette des Art. 17 der Weimarer Verfassung" auch in Bayern nicht gehalten würde. Wem die Republik lieb sei und wer Vertrauen zu ihrem Bestand habe, brauche derartige Schranken und Krücken in der Reichsverfassung nicht. „Für weitgehende Revision des Art. 17 möchte ich mich daher von meiner Seite ohne weiteres aussprechen, wenn dadurch eine Entgiftung der politischen Atmosphäre und die Beseitigung untauglicher Waffen des Unitarismus aus der Reichsverfassung erzielt werden könnte."[930]

Keine Bedenken hatte er gegen die Vorschrift, soweit sie mit einer aus allgemeinen und gleichen Wahlen hervorgehenden Volksvertretung ein einseitiges Rätesystem verhinderte und mit der Zulassung einer zweiten Kammer den Einzelstaaten der erforderlichen Spielraum beließ.

gg. Der Reichsrat

Hugo Preuß hatte in seinem Entwurf neben dem Parlament ein „Staatenhaus" vorgesehen, in dem die Länder nicht von ihren Regierungen, sondern durch von den Landesparlamenten gewählten Abgeordneten repräsentiert sein sollten. In den Richtlinien der Vorstandschaft der BVP hieß es dazu:

"Da das Volkshaus - der Reichstag - das Wirkungsfeld der Parteien sein wird, muß das Staatenhaus so ausgestaltet werden, daß in ihm die Interessen nicht der Parteien, sondern der Einzelstaaten zur Geltung gelangen. Es muß dafür gesorgt sein, daß die Stimmen im Staatenhaus unter Verantwortlichkeit gegenüber den Volksvertretungen der Einzelstaaten abgegeben werden. Wer die Verantwortlichkeit zu tragen hat, wird davon abhängen, ob die Mitglieder des Staatenhauses im Auftrag ihrer Regierungen oder der einzelstaatlichen Volksvertretungen handeln."[931]

Die Länder sahen den Charakter des Reiches als föderativen Bundesstaat als gefährdet an und man einigte sich auf der Länderkonferenz Ende Januar 1919 auf die Bildung eines Länderausschusses, in den die Länder Regierungsvertreter entsandten. Mit dem Gesetz zur vorläufigen Regelung der Staatsgewalt hatten die Länder ihr Fortbestehen gesichert. Der bisherige Länderausschuß wurde staatsrechtlich als Staatenausschuß anerkannt, aus dem später der Reichsrat hervorgehen sollte, womit das „Herzstück des bündischen Föderalismus" wiederhergestellt war.[932]

Die föderalistischen Interessen Bayerns vertrat Beyerle als Berichterstatter über den Reichsrat.[933] In der 12. Sitzung des Verfassungsausschusses am 21.3.1919 äußerte er sich in grundsätzlicher Weise über die Stellung dieses „Zentralorgans des Föderalismus". Dessen Erhaltung und Festigung sei im Mittelpunkt der Politik der BVP gestanden.[934] Hintergrund war die Befürchtung, daß sich mit dem Wegfall des

---

[930] Beyerle, FRP, S. 124 f

[931] Ringelmann, S. 47

[932] Apelt, S. 81

[933] vgl. NL 60, Bl. 219; Hier findet sich eine (im Anhang transskribierte) von Beyerle gefertigte, nicht datierte „Stoffanordnung bei Reichsrat"

[934] Beyerle, FRP, S. 31

Bundesrates in seiner bisherigen Form der Charakter des Reiches als Bundesstaat gewandelt haben könnte, wenn nur noch das Reich als Rechtspersönlichkeit übrig bleibe. Beyerle fuhr fort, der Wunsch seiner Partei, den Reichsrat wieder in die Rolle des alten Bundesrates,[935] wenigstens was die Reichsgesetzgebung anging, zurückzuführen, habe keine Aussicht gehabt. Man habe sich damit begnügen müssen, das „Staatenhaus" im ersten Entwurf von Dr. Preuß zu verhindern, das eine bloße Selbstverwaltungsvertretung gewesen sei, die zudem auf eine gutachtende Mitwirkung bei der Gesetzgebung beschränkt gewesen sei. Der Reichsrat sollte nicht nur Gesetzgebungsorgan sein, sondern sollte auch das stetige Element gegenüber der schwankenden Zusammensetzung des Parlaments werden.

Der Antrag Beyerles,[936] daß die Stimmen eines Gliedstaates nur einheitlich abgegeben werden könnten fand keine Mehrheit.[937] Es gelang jedoch die Formulierung zu streichen, wonach die Mitglieder des Reichsrats an Weisungen nicht gebunden waren. Damit sei die instruierte Vertretung der Länder im Reichsrat zur stillschweigenden, aber tatsächlichen selbstverständlichen Regel geworden.[938] Nicht nur Minister, sondern auch Verwaltungsbeamte, sollten nach Meinung Beyerles in den Reichsrat entsandt werden können. Beyerle stand dem von den sozialdemokratischen Ausschußmitgliedern eingebrachten Antrag positiv gegenüber, wonach eine Sonderregelung für die Auswahl der preußischen Vertreter vorgesehen war, dergestalt, daß ein Teil der von Preussen zu entsendenden Reichsratsmitglieder von den Provinzialverwaltungen gewählt werden sollte.[939] Diese Regelung fand Eingang in die Reichsverfassung.

Einer der „wenigen Lichtpunkte des damaligen Ringens für den Föderalismus" sei es gewesen, ein suspensives Vetorecht des Reichsrats bei Verfassungsänderungen zu erreichen. Verweigerte der Reichsrat einer Verfassungsänderung seine Zustimmung, so mußte der Reichspräsident auf Verlangen des Reichsrates den Volksentscheid aufrufen. Dies ging maßgeblich auf die Initiative Beyerles zurück. Am 20.3.1919 hatte er im Verfassungsausschuß beantragt, Art. 26 des Entwurfs wie folgt zu fassen:[940] „Gegen die vom Reichstag beschlossenen Gesetze steht dem Reichsrat der Einspruch zu. Zum Einspruch gegen ein verfassungsänderndes Gesetz genügt es, wenn mehr als ein Drittel der im Reichsrat abgegebenen Stimmen sich dafür ausspricht. Der Einspruch muß innerhalb zweier Wochen vom Tage der Schlussabstimmung im Reichstag ab bei der Reichsregierung eingebracht und spätestens binnen zweier weiterer Wochen mit Gründen versehen werden. Im Falle des Einspruchs wird das Gesetz dem Reichstage zur nochmaligen Beratung vorgelegt. Kommt hierbei eine Übereinstimmung zwischen Reichstag und Reichsrat nicht zustande, so kann der Reichspräsident das Gesetz in der vom Reichstage beschlossenen Fassung verkünden, wenn es dort die für Verfassungsänderungen vorgesehene Mehrheit

---

[935] Der Bundesrat des Deutschen Reichs war Souverän und als neben dem Reichstag gleichberechtigtes Gesetzgebungsorgan auch an der Budgetverwaltung beteiligt. Die Auflösung des Reichstages konnte nur mit seiner Zustimmung erfolgen. Im Bereich der Exekutive wirkte der Reichsrat mit im Rahmen der auswärtigen Gewalt, beim Erlaß allgemeiner Verwaltungsvorschriften, bei der Feststellung von Mängeln im Rahmen der Reichsaufsicht und bei der Einleitung der Reichsexekution. Auch hatte er gerichtliche Zuständigkeiten bei Streitigkeiten zwischen und innerhalb von Gliedstaaten und in Fällen von Justizverweigerung in einem Einzelstaat.

[936] vgl. Antrag Nr. 59 vom 26.3.1919, NL 61, Bl. 38

[937] Den Satz der Regierungsvorlage: "Die Mitglieder des Reichsrats sind an Weisungen nicht gebunden indessen können die Stimmen eines Gliedstaats nur einheitlich abgegeben werden" kritisierte Beyerle als „geheimnisvoll und schwer verständlich".; Aktenstück Nr. 391, S. 152, 15. Sitzung des Verfassungsausschusses am 26.3.1919

[938] Beyerle, FRP, S. 32

[939] Aktenstück Nr. 391, S. 148, 15. Sitzung des Verfassungsausschusses am 26.3.1919

[940] NL 60, Bl. 188 f

gefunden hat. Er kann statt dessen über den Gegenstand der Meinungsverschiedenheit stets eine Volksabstimmung herbeiführen. Auf Verlangen des Reichsrats ist er dazu verpflichtet, falls es sich um ein verfassungsänderndes Gesetz handelt." Der Verfassungsausschuß folgte Beyerles Vorschlag. Auch noch am Ende der Verfassungsberatungen am 30.7.1919 wirkte Beyerle darauf hin, daß im Falle, daß der Reichstag gegen den Widerspruch des Reichsrates auf einem verfassungsändernden Gesetz bestehen sollte, das Recht des Reichsrates einen Volksentscheid zu fordern, wieder mit Art. 76 II RV in die Verfassung aufgenommen wurde, womit die wahlweise Möglichkeit des Reichspräsidenten das Gesetz zu verkünden, beseitigt wurde. Dies war bereits nach den Beratungen des Verfassungsausschusses vorgesehen gewesen, wurde jedoch bei den Beschlüssen der zweiten Beratung versehentlich vergessen.[941] Das sei doch „eine volle Garbe" gewesen, „die wir aus Weimar in die föderalistische Scheune heimbrachten."[942]

Bei seiner Parlamentsrede am 7.3.1924 war Beyerle wohl etwas zu optimistisch. Denn mit einem nationalen Volksentscheid waren föderalistische Positionen im Konflikt mit der Mehrheit des nationalen Parlaments kaum zu retten. So war dieses Einspruchsrecht eine stumpfe Waffe. Zu geschlossener politischer Willensbildung war er mangels einheitlicher Führung nicht fähig.

Der Reichsrat, der verfassungsrechtlich die Einrichtung des alten Bundesrates fortsetzte, mußte sich auch in den Augen Beyerles, trotz der Stärkung seiner Rechte gegenüber dem „Staatenhaus", mit der bescheideneren Rolle eines auf dem Gebiete der Gesetzgebung und Verwaltung bloß mitwirkenden, nicht leitenden Staatsorgans begnügen. Beyerle sah im Reichsrat das schlechthin notwendige Organ zur Wahrung und Interessen der Gliedstaaten, um das gesunde Weiterleben des Bundesstaates sicherzustellen. Die „freistaatliche Gesamtgenossenschaft des Reiches" stand danach den „freistaatlichen Teilgenossenschaften der Länder" politisch gleichberechtigt gegenüber, weshalb der Reichsrat auch an der Verwaltung des Reiches beteiligt werden mußte.[943] Daher verbuchte er es als Erfolg, daß er durch seine Berichterstattung erreichte - im Gegensatz zum Regierungsentwurf, der den Reichsrat nur zu Rechtsverordnungen zuziehen wollte - den Reichsrat auch bei Verwaltungsverordnungen zur Ausführung von Reichsgesetzen durch die Landesbehörden zu beteiligen, da die besondere Eignung und Kenntnis der Ländereigentümlichkeiten, die im Reichsrat vorhanden sei, dies geradezu als dringlich erscheinen ließ.[944] Damit wurde mit den Worten Beyerles (neben dem Einspruchsrecht des Art. 76 II RV, d. Verf.) ein zweiter Schritt zur Hebung des Reichsrats als gleichberechtigtem Gesetzgebungsorgan neben dem Reichstag erreicht.[945] Seine Bemühungen wurden insoweit auch von der Parteileitung der BVP anerkannt.[946]

h. Die Reservatrechte

Die Reservatrechte, die Sonderrechte auf dem Gebiet der Post, des Verkehrs und des Heereswesens, die sich die süddeutschen Staaten bei ihrem Eintritt in das

[941] Sitzungsprotokoll der Nationalversammlung, S. 2157 f
[942] Beyerle, FRP, S. 33
[943] Vorlesung „Die Entstehung der neuen Reichsverfassung", NL 69, Bl. 149 ff
[944] vgl. Aktenstück Nr. 391, S. 162 f, 17. Sitzung des Verfassungsausschusses am 28.3.1919
[945] Beyerle, FRP, S. 33 f
[946] Vgl. die hektographierten Blätter (insgesamt 14 Seiten), S. 10, im Nachlaß Pfeiffer Nr. 14, wo es heißt: "Geheimrat Dr. Beyerle ist es gelungen, wenigstens für den Nachfolger des alten Bundesrates den jetzigen Reichsrat eine einflußreichere Stellung im Sinne des Föderalismus zu sichern."

Deutsche Reich vorbehalten hatten, sollten nach unitaristischer Sichtweise abgeschafft werden, wie sich beispielsweise anläßlich der kommissarischen Beratungen vom 9. und 10.2.1919 in Weimar hinsichtlich der eisenbahnrechtlichen Vorschriften zum Entwurf einer neuen Reichsverfassung zeigte.[947] Die Problematik stand in engem Zusammenhang mit der Frage nach der Vollmacht der Verfassunggebenden Nationalversammlung und der Frage nach der rechtlichen Bedeutung der Revolutionsereignisse.

In seiner Rede in der 19. Sitzung der Nationalversammlung am 3.3.1919 führte Beyerle aus, nach Auffassung der BVP sei die vorhandene Gewaltenteilung zwischen Reich und Gliedstaaten durch die Revolutionsvorgänge in ihrem Wesen nicht berührt worden. Die Forderung der politischen Linken, daß mit der Beseitigung der Monarchen auch die Gliedstaaten fallen müßten, setze zu der ersten Revolution gegen die Fürsten und den Militarismus eine zweite Revolution: die Revolution gegen die Einzelstaaten.[948] Beyerle lehnte die Auffassung ab, daß durch die Revolution auch die Einzelstaaten zusammengebrochen seien und die Nationalversammlung daher vollkommen freie Hand zum staatsschöpferischen Neubau habe. Entsprechend der Linie der BVP verwahrte sich Beyerle gegen eine „Blankovollmacht" der Nationalversammlung,[949] da dazu weder die Zustimmung der Einzelstaaten, noch die des Staatenausschusses vorbehalten war.[950] In der Sitzung des Verfassungsausschusses vom 5.3.1919 wiederholte er, trotz des heftigen Widerspruchs des Reichsinnenministers Preuß, die vom Parteiprogramm der BVP geforderte Ratifikation der Reichsverfassung durch die einzelstaatlichen Nationalversammlungen.[951] In diesem Sinne habe die Reichsverfassung von 1871 keinen Zweifel gelassen, daß Fürsten und Einzelstaaten aus der Machtvollkommenheit ihrer Staatsgewalt eine Reihe von Hoheitsrechten auf das Reich übertragen hätten, im übrigen aber die unbeschränkte Hoheitsgewalt behalten hätten.[952] Da die Entwicklung unnötige Sprünge vermeiden müsse, verbiete sich der Einheitsstaat als gewagtes Experiment.[953]

Die Reservatrechte Bayerns im Blick vertrat Beyerle den Standpunkt, daß deren Beseitigung ohne Zustimmung Bayerns dem Bündnisvertrag vom 23.11.1870 widerspreche, so daß eine Majorisierung der Einzelstaaten in Abweichung von Art. 78 II der alten Reichsverfassung nicht stattfinden dürfe. Insbesondere auf dem

---

[947] NL 58, Bl. 80 ff

[948] Beyerle, FRP, S. 24

[949] Die Nationalversammlung mußte sich zwar hinsichtlich der laufenden Gesetzgebungsarbeit Kompetenzeinschränkungen zugunsten des Staatenausschusses gefallen lassen, nicht aber hinsichtlich der Reichsverfassung. Der maßgebende § 4 des Gesetzes über die vorläufige Reichsgewalt lautete: „I. Die künftige Reichsverfassung wird von der Nationalversammlung verabschiedet. Es kann jedoch der Gebietsbestand der Freistaaten nur mit ihrer Zustimmung geändert werden. II: Im übrigen kommen Reichsgesetze durch Übereinstimmung zwischen der Nationalversammlung und dem Staatenausschusse zustande. Ist eine solche Übereinstimmung nicht zu erzielen, so kann der Reichspräsident die Entscheidung durch eine Volksabstimmung herbeiführen." (Huber, Band 4, S. 77 f)

[950] Hiervon schien Beyerle später wieder etwas abzurücken. So berichtete er: "Heinrich Held spornte mich in Bamberg mit den Worten an: „Nun macht in Weimar endlich fertig, damit wir in Bayern zu geordneten Zuständen und zu einer Landesverfassung kommen." "Das war weder Ablehnung der Vollmacht der Nationalversammlung noch enthielten diese Worte den Vorwurf übereilter Stümperei."; Beyerle, Zehn Jahre Reichsverfassung, S. 8; Der spätere bayerische Ministerpräsident Held war Mitglied der Verfassungskommission in Bayern. Auch im Tagebuch hielt Beyerle 1919 fest: „...daneben angestr(engte) Politik, Held, Mayer ..."
Bei Schaffung der Bayerischen Verfassung wurde die endgültige Fassung des II. Hauptteils der Reichsverfassung abgewartet, um die bayerische Verfassungsurkunde entsprechend anzupassen, wie die staatskirchenrechtlichen Normen zeigen, Wittmayer, S. 175 f

[951] Beyerle, FRP, S. 29, sowie Aktenstück Nr. 391, S. 25 f; ebenso Schmitt, Verfassungslehre, S. 86

[952] Beyerle, FRP, S. 27

[953] Heilfron, Bd. II, S. 1156

Gebiete des Verkehrswesens könnten die im gesamtdeutschen Interesse erwünschten und notwendigen Vereinheitlichungen und wirtschaftspolitischen Verbesserungen auf dem Vertragswege erreicht werden.[954] Die BVP müsse daher fordern, daß auch das neue Reich sich an die Vertragsgrundlage des alten Reiches insoweit gebunden erachte.[955] Die Reservatrechte Bayerns auf militärischem Gebiet waren diejenigen, auf die das bayerische Volk den größten Wert legte. Einerseits versuchte Beyerle hierauf Rücksicht zu nehmen, andererseits zeigte er sich versöhnlich:

„Gewiß werden Bayern und die andern in Betracht kommenden Staaten auf einzelne ihrer Reservatrechte verzichten können und tatsächlich verzichten. Man soll jedoch nicht alle Reservatrechte über einen Kamm scheren. Gerade in diesem Punkt ist die öffentliche Meinung in Süddeutschland nun einmal empfindlich. Der Zug zum Unitarismus ist bei dem jetzigen Umbau der Verfassung ohnehin groß, doch spielen die Reservatrechte in dem Streit „Unitarismus" – „Föderalismus" nicht d i e Rolle, wie behauptet wird. Unitarismus unter Beibehaltung einiger Reservatrechte, die stimmungsmäßig von besonderer Bedeutung sind, ist sehr wohl denkbar."[956]

Man maß der Revolution unterschiedliche staatsrechtliche Bedeutung zu in zweierlei Hinsicht: der Souveränität von Reich und Ländern sowie deren Staatsform.[957] Im Grunde genommen waren beide Standpunkte zunächst gleichermaßen überzeugend bzw. litten an der gleichen Schwäche. Während die Unitaristen meinten, die Revolution habe nicht nur die Dynastien gestürzt, sondern auch die Souveränität der Länder beseitigt, so daß der Weg zum Einheitsstaat frei sei, vertraten die Föderalisten die Auffassung, daß die Souveränität der Länder unangetastet geblieben sei und die Beziehungen zum Reich zu regeln seien. So dachte Bayern am Anfang daran, dem neuen Staatswesen die Identität mit dem Reich von 1871 überhaupt abzusprechen, um damit die Notwendigkeit zu schaffen, die Reichsverfassung auf der Grundlage neuer Verträge zwischen den Einzelstaaten neu zu errichten. Aber diese „theoretisch beste Grundlage für die Schaffung eines föderalistischen Vertragswerkes" wurde von Bayern schließlich doch nicht betreten, womit man gleichzeitig dem Vorwurf separatistischer Absichten entgehen wollte und der Drohung eines rechtlich ungehemmten Machteinflusses seitens des Reiches, das in jener Situation konsequenterweise auch nicht gehalten gewesen wäre, die bisherigen Rechte zu respektieren.[958] So meldete sich Beyerle zu Wort:

---

[954] So machte er klar, daß eine Gefahr, daß der Vertrag über die Eisenbahnen mit Bayern nicht zustande komme, nicht bestehe, denn es bestehe Einigkeit, daß die Vereinheitlichung der Eisenbahnen erfolgen solle. „Es handelt sich nur um den Weg zur Erreichung dieses Ziels. Ich bitte, hierbei auf die Stimmung in Bayern Rücksicht zu nehmen ....", Aktenstück Nr. 391, S. 323, 29. Sitzung des Verfassungsausschusses am 29.4.1919

[955] Beyerle, FRP, S. 28

[956] Aktenstück Nr. 391, S. 43 f, 5. Sitzung des Verfassungsausschusses vom 12.3.1919

[957] Konsequent waren beide Auffassungen, entweder die Souveränität von Reich und Ländern als fortbestehend anzuerkennen und nur die Staatsform beider als beseitigt anzusehen oder die Rechtspersönlichkeiten von Reich und Ländern als beseitigt zu betrachten. Auch im letzten Falle wäre der unitaristische Standpunkt, es gäbe nur noch ein deutsches Volk und damit den Einheitsstaat zu einseitig. Einer denkbaren Neuerrichtung des Reiches hätte dann auch die Möglichkeit einer Neuerrichtung von Ländern gegenüber gestanden. Gerade unter dem Zugeständnis der Unitaristen, daß sich ein engeres Staatsgefühl lebendig erhalten habe, sprach mehr für die föderalistische Grundauffassung.

[958] Zimmermann, S. 57

„Wir setzen das alte Reich fort, es handelt sich nur um einen notwendigen inneren Ausbau, darum bin ich für die Beibehaltung des alten Namens (Deutsches Reich, d. Verf.).“[959]

Während Bundesrat und Reichstag nach der Revolution als gesetzgebende Gewalten zu existieren aufgehört hatten, war der Reichstag in seiner Funktion als Reichsverwaltungsorgan von Ebert bis zur Neugestaltung der Verfassung bestätigt worden. Damit drückte sich die überwiegende Auffassung aus, daß die Revolution in den Einzelstaaten zwar den alten Obrigkeitsstaat, nicht aber die staatliche Gliederung und Kompetenzordnung der Bismarck´schen Verfassung beseitigt hatte.[960]

In der Sache waren die von Beyerle und anderen vorgebrachten Argumente nicht von der Hand zu weisen. Hatte die Revolution nur die Staatsformen beseitigt, wie er mit der überwiegenden Auffassung annahm, und nicht die „gesamte deutsche Staatsrechtsordnung in die Luft gesprengt“,[961] so konnten die Reservatrechte den süddeutschen Ländern, vor allem Bayern, nicht einseitig genommen werden. Denn die Länder bestanden als Rechtspersönlichkeiten fort und die Reservatrechte bedeuteten 1870/1871 für Bayern die Voraussetzung für seinen Eintritt in das bundesstaatliche Verhältnis und waren nicht lediglich Funktionen hieraus, so daß sie außerhalb des rechtlich möglichen Wirkungsbereiches der Revolution lagen. Wenn dagegen Preuß den Standpunkt vertrat, eine Verfassungsänderung habe niemals der Ratifikation durch die Einzelstaaten unterlegen, so betonte er einseitig die Identität von altem und neuem Reich und schloß hieraus auf die absolute Souveränität der Nationalversammlung, ohne zu berücksichtigen, daß auch die Gliedstaaten und deren Rechte fortbestanden und es sich nicht um eine „normale“ Verfassungsänderung handelte, sondern um die Neuregelung der Verfassungsgrundlagen.[962]

Die BVP konnte sich mit ihrer Forderung nach Beibehaltung der Reservatrechte nicht durchsetzen, was angesichts der politischen Verhältnisse nicht verwunderlich war. So bemängelte Schirmer die schwankende Regierung Eisners ohne Zielklarheit, denn wiederholt mußten die bayerischen Vertreter bei den Verfassungsberatungen zugeben, daß sie ohne Instruktion waren.[963] Als dann Anfang April 1919 in Bayern die Räterepublik ausgerufen wurde, Schwaben und Franken sich von Altbayern trennen wollten, sank der Einfluß der Bayern, der infolge der mehr unitaristischen Haltung der bayerischen Sozialdemokraten und Demokraten auf die Verfassungsgestaltung ohnehin schon geschwächt war, auf den Nullpunkt.[964] Schließlich marschierte die Reichswehr in Bayern ein. Von einem erfolgreichen Widerstand gegen die Einführung der Reichswehr statt der Landwehr konnte nicht

---

[959] vgl. Aktenstück Nr. 391, S. 25, 2. Sitzung des Verfassungsausschusses am 5.3.1919; ebenso Schmitt, Verfassungslehre, S. 97

[960] Apelt, S. 45

[961] Nawiasky, Der Bundesstaat als Rechtsbegriff, zitiert nach Zimmermann, Bayern und das Reich 1918-1923, S. 53

[962] Zimmermann, S. 58 f

[963] Als Beispiel mag eine Notiz Beyerles vom 6.3.1919 dienen, deren Adressat nicht genannt ist: „Wie habe ich mich in der Verf(assungs)kom(mission) zu stellen bei der Beratung der Sondernormen über die bayerischen Reservate im Heeres- und Verkehrswesen? Im Hinblick auf die Abrede Erzberger mit Ihnen u(nd) Dr. ? Im Hinblick darauf, dass Erzberger in der Verf(assungs)kom(mision) bereits erklärte, es sei schon mit den Einzelstaaten eine Einigung inb(e)tr(eff) der Reservate erzielt? Während andererseits der bayerische Regierungsvertreter mich bittet, ihn im Sinne Aufrechterhaltung der Reg(ierungs)vorlage zu unterstützen?“, NL 58, Bl. 105

[964] Schirmer, S. 8

mehr die Rede sein.[965] Gerade dem Heeresreservat hatte Bayern große Bedeutung beigemessen.[966] Möglicherweise dachte Beyerle hieran, als er ausführte: „Wenn die Regelung der Reservatrechte Bayerns für uns heute nicht mehr die schweren Bedenken hat, die sie hatte, als wir in die Verfassungsberatung eingetreten sind, so liegt das daran, daß im Laufe der Monate gewisse äußere Umstände sich geändert haben..." Eine Einigung war am 31.5.1919 zwischen dem Staatenausschuß und den Staatenvertretern erzielt worden. Die Reservatrechte wurden auf das Reich übergeleitet, der Verfassungsausschuß ließ die Bestimmung fallen, wonach Veränderungen der reichsgesetzlichen Zuständigkeit durch bloß einfaches Reichsgesetz hätten vorgenommen werden können. Beyerle ergänzte: "... Die Bestimmungen des Verfassungsentwurfs sind uns dadurch etwas annehmbarer geworden, daß es gelungen ist, den Enteignungsparagraphen durchzusetzen ..."[967] Auf seinen Antrag ging die Aufnahme des Art 153 II 4 RV[968] zurück. Beyerle berichtete, als Frucht einer Beratung mit Parteifreunden vom Landtag sei in letzter Stunde der bei der damaligen Hochwelle der Sozialisierungswut besonders wichtige Verfassungssatz zum Schutz der Länder, Gemeinden und gemeinnützigen Verbände gegen entschädigungslose Enteignung durch das Reich in die Verfassung aufgenommen worden.[969]
Obwohl sich Beyerle stark für die Reservatrechte eingesetzt hatte, blieb er von Kritik und innerparteilichen Spannungen nicht verschont. So notierte er:

> *„Große Schwierigkeit mit der eigenen Gruppe - BV. – wegen der Einbuße bayerischer Reservatrechte usw. Gegenerklärung meinerseits: Politische Aufklärungsarbeit in Stadt und Land, in Vorträgen, (unleserlich), meine Schrift zur Reichsverfassung (Politische Zeitfragen). Erhebliche Teile der Partei stehen zu mir. -.... Mächtiges Anschwellen des Bayer(ischen) Partikularismus, Rückhalt bes(onders) auch in der Münchener Presse, auch im Mittwochsklub..."*[970]

Dort wurden vor allem „jenen bayerischen Vertretern in der Nationalversammlung" Vorwürfe gemacht, „die auf den Bänken der Deutschdemokraten und Mehrheitssozialisten saßen und kein Wort gegen den Unitarismus fanden, während ihre Kollegen im bayerischen Landtag und im Lande nicht genug Worte der Entrüstung über die "Verreichlichungsabsichten" der Nationalversammlung fanden."[971]

---

[965] Wie einschneidend dieser Vorgang in der BVP empfunden wurde, zeigt eine Textpassage im Politischen ABC für die Freunde der BVP, wo es auf S. 24 zum Stichwort Föderalismus heißt:
"Die Unabhängigkeit Bayerns ging nicht, wie die Bauernbündler vielfach behaupten, durch die Annahme der Weimarer Verfassung verloren, sondern sie wurde in dem Augenblick begraben, als das radikale Bauerntum mit den revolutionären Parteien in München gemeinsame Sache machte. Sie wurde zur Lächerlichkeit als Bayern zur Säuberung seiner innerpolitischen Verhältnisse preußische Truppen brauchte; als Noske, damals um Hilfe angegangen wurde, erklärte er wörtlich: „Gut, wir kommen. Nunmehr ist es aber aus mit dem bayerischen Sonderzicken.""

[966] Schirmer (S. 6) berichtet, Beyerle habe in der Fraktionssitzung vom 6.2.1919 bei Beratung des Gesetzentwurfs über die vorläufige Reichsgewalt und des Preußischen (!) Verfassungsentwurfs sich gegen den Reichsmilitarismus gewandt und eingehend den föderativen Standpunkt vertreten.

[967] Schirmer, S. 12

[968] Art. 153 II 4 RV lautete: „Enteignung durch das Reich gegenüber Ländern, Gemeinden und gemeinnützigen Verbänden kann nur gegen Entschädigung erfolgen."

[969] Beyerle, FRP, S. 37

[970] Beyerle, Tagebuch, S. 21, Eintrag: Sylvester 1919

[971] Ringelmann, S. 42

ii. Die Kompetenzverteilung zwischen Reich und Ländern

An der Regierungsvorlage kritisierte Beyerle, daß sie keine Bestimmung darüber enthalte, daß von der Reichszuständigkeit nicht erfaßte Materien den Einzelstaaten verbleiben sollten. In anderen Bundesstaatsverfassungen, zum Beispiel im Grundgesetz der Schweiz, stehe ein entsprechender Verfassungssatz und auch schon in der Paulskirche sei ein ähnlicher Leitsatz angenommen worden.[972]

Die Verteilung der Zuständigkeiten zwischen Reich und Ländern erfuhr durch die erstmalige Aufteilung der Gesetzgebungskompetenzen in ausschließliche, konkurrierende und Rahmengesetzgebung eine charakteristische Neuformung. Beyerle trat zusammen mit dem Abgeordneten Koch ... für die dreierlei Arten der Reichsgesetzgebung ... ein, „um auf wichtigen Gebieten, besonders hinsichtlich der Kulturpflege, die Beschränkung des Reichsgesetzgebers auf den Erlaß von Grundsätzen zum klaren Ausdruck zu bringen."[973] Beyerle erinnerte sich später daran, wie unter größten Schwierigkeiten die Vertreter des Föderalismus darum rangen, einen genauen Katalog der Gesetzgebungszuständigkeiten des Reiches aufzunehmen, damit einerseits „die Länder wissen, welche Gesetzgebungsmaterien ihnen verbleiben", andererseits aber auch „nur durch Änderung der Reichsverfassung eine Verschiebung zuungunsten der Länder eintreten" sollte. So hätten die Deutschnationalen „uns auch diesmal die Arbeit sauer gemacht", denn in § 68 des Verfassungsentwurfes Bredt war der Satz vorgesehen: „Die Zuständigkeit der Reichsgesetzgebung ist unbeschränkt und braucht für die einzelnen Rechtsgebiete nicht besonders begründet zu werden.", der die „volle Preisgabe der Gesetzgebungshoheit der Länder bedeutet habe. „Aber dieser Satz war ganz falsch und wir erkämpften ... neue Zuständigkeiten des Reiches nur auf dem Wege der Verfassungsänderung zuzulassen."[974] Nachdem am 14.3.1919 ein erster Unterausschuß eingesetzt worden war, der zu keiner Einigung im Verfassungsausschuß beitragen konnte, hatte Beyerle am 16.3.1919 dem zweiten Unterausschuß einen Antrag[975] vorgelegt, in dem er sich mit der grundsätzlichen Dreiteilung der Gesetzgebungskompetenzen einverstanden erklärte. Es komme darauf an, die Kompetenz-Kompetenz der Reichsgesetzgebung in einer Form auszusprechen, welche den unbedingten Vorrang des Reichsrechts klar zum Ausdruck bringe und die den Gliedstaaten verbleibende Gesetzgebungshoheit als eine autonome, nicht als eine abgeleitete darstelle. Absatz I seines Antrags werde politisch den Reichsinteressen nichts schaden und in den Gliedstaaten beruhigend wirken. Das Rechtssprichwort „Reichsrecht bricht Landesrecht" sei durchaus geeignet, die weitere verfassungsrechtliche Bedeutung, nämlich die Kompetenz-Kompetenz des Reiches, zu umfassen. Soweit das Reich die Gesetzgebung ausschließlich regele, sei für die Gesetzgebung der Einzelstaaten kein Raum mehr. Soweit es sich ohne die Forderung der Ausschließlichkeit Gesetzgebungsgebiete zuweise, bleibe die ergänzende Gesetzgebung in Kraft. Die gesamte Normensetzung bleibe der Landesgesetzgebung überlassen, soweit das Reich nur Richtlinien aufstelle. Soweit es die Gesetzgebung an sich ziehen könnte, sei allerdings ein verfassungsänderndes Gesetz erforderlich, worin eine „gewisse Gewähr der

---

[972] gemeint ist wohl: Art. XIII, § 66: Reichsgesetze gehen den Gesetzen der Einzelstaaten vor, insofern ihnen nicht ausdrücklich eine nur subsidiäre Geltung beigelegt ist.

[973] Beyerle, FRP, S. 30

[974] Beyerle, FRP, S. 114

[975] NL 6, Bl. 207 ff; Antrag Beyerles vom 16.3.1919, Art. 2 a: „I. Die gesetzgebende Gewalt ist zwischen dem Reich und den Ländern geteilt. II. Reichsrecht bricht Landesrecht. III. Soweit Reichsgesetze nicht entgegenstehen, bleibt die Zuständigkeit der Landesgesetzgebung unberührt."

gliedstaatlichen Rechte gegenüber der Reichsgewalt liege". Beyerle konzedierte, daß der Schwerpunkt der Gesetzgebung beim Reich liege. Absatz III stelle die Vermutung für die weiterbestehende Gesetzgebungsgewalt der Gliedstaaten, soweit Reichsgesetze nicht eingreifen, außer Zweifel.

Seine katholische Grundüberzeugung gab Beyerle auch zugunsten seines föderalistischen Standpunktes nicht auf. So setzte er sich dafür ein, innerhalb der Grundrechte detaillierte kirchen- und schulpolitische Richtlinien zu verankern, wodurch ihm der Spagat gelang zwischen dem politischen Anspruch des Zentrums (bzw. der BVP), ihre Regierungsmitverantwortung auf Reichsebene zugunsten kulturpolitischer Sicherungen geltend zu machen und dem Bestreben, die Eigenständigkeit der Einzelstaaten zu wahren.

Als Rückschritt empfand Beyerle allerdings die ausschließliche Zuständigkeit des Reiches in der Außenvertretung des Reiches, denn darauf habe Bayern großen Wert gelegt. „Wir hatten Mühe, wenigstens die bayerische Sondervertretung beim Heiligen Stuhl in Rom zu retten."[976] Ob die in Beyerles Nachlaß befindliche Denkschrift[977] von 1919 von ihm stammt, läßt sich nicht mit Sicherheit sagen, aber auch wenn dies nicht der Fall sein sollte, spiegelt sie die Atmosphäre wieder, in der sich die Politiker der BVP bewegten. Der Verfasser, der sich für die Aufrechterhaltung der Bayerischen Gesandtschaft beim Vatikan aussprach, begann damit, daß unabhängig von der jeweiligen persönlichen Position das religiöse Empfinden ein „Faktor der Völkerpsychologie" sei, und das Papsttum als „geistige Großmacht" bestehe, das durch die „überragende Persönlichkeit" und den „wunderbaren Takt" des derzeitigen Papstes weithin sichtbar gehoben werde. Einer Gesandtschaft am Heiligen Stuhle komme gerade wegen der aufgrund längeren persönlichen Verkehrs zu erwerbenden Vertrauensstellung eines ständigen Vertreters bei der Kurie Bedeutung zu, weil der Vatikan im schriftlichen Verkehr grundsätzlich zurückhaltend sei. Bayern weise von allen Bundesstaaten die meisten Einwohner katholischer Konfession auf und habe sich besonderes Prestige erworben, wie auch die Päpstliche Nuntiatur in München zeige. Sollte die bayerische Gesandtschaft nicht bestehen bleiben, so könnte den „berechtigten Gefühlen des bayrischen Volkes wenigstens einigermassen entgegengekommen werden", wenn die gedachte Reichsnuntiatur München als Residenz erhalten würde. So geschah es schließlich auch.

In der Beratung über die künftige Gestaltung der kirchlichen Verhältnisse in Bayern, bei der sich im Münchner erzbischöflichen Ordinariat am 7.1.1920 führende bayerische Theologen und Politiker trafen, dürfte dieser Punkt ebenfalls noch eine Rolle gespielt haben. Neben Held, Buchberger, Prälat Eggendorfer, Ministerialrat Goldenberger, Domdekan Kiefel, Prof. Scharnagl und Georg Wohlmuth nahm auch Beyerle an dieser Besprechung teil.

In weiteren zahlreichen Einzelfragen plädierte Beyerle im Sinne der Erhaltung der Länderkompetenzen. Die traditionelle Zuständigkeit der Gliedstaaten im Lehens-, Staatsguts-, Fideikommiß- und Anerbenrecht von der Erfassung durch die Grundsatzgesetzgebung des Reiches nicht freigehalten zu haben, bedauerte Beyerle.[978] Ebenso sprach er sich gegen die Aufstellung einheitlicher Grundsätze auf dem Gebiete des Hochschulwesens, weil man mit dem bisherigen einzelstaatlichen Hochschulmonopol nicht schlecht gefahren sei und dadurch nichts gewonnen würde. „Freiheit der Lehre und Wissenschaft – mehr brauchen wir nicht – wird ohnehin in

---

[976] Beyerle, FRP, S. 113
[977] NL 58, Bl. 42 ff
[978] Beyerle, FRP, S. 31

den Grundrechten verfassungsmäßig geordnet."[979] In diesem Sinne hatte sich Beyerle auch gegen die Rahmengesetzgebung des Reiches in Bezug auf die Rechte und Pflichten der Religionsgesellschaften (Art. 10 Nr. RV) eingesetzt.

jj. Verabschiedung der Reichsverfassung

Auf der Parteiversammlung der BVP in Bamberg am 29.6.1919 hatte Beyerle nach dem Fraktionsvorsitzenden Leicht, der zum Versailler Friedensvertrag sprach, noch den „gesunden Föderalismus" der zukünftigen Verfassung hervorgehoben.[980] Diese Einschätzung änderte sich jedoch bald. Die Fraktion der BVP sei mit „sehr gemischten Gefühlen" an die Gesamtabstimmung über das Verfassungswerk am 31.7.1919 herangegangen, weil es sich trotz mancherlei erreichter Verbesserungen allzusehr von deren Verfassungsideal entfernt habe. Beyerle formulierte:

> *„Aus eigenstem Erleben darf ich es aussprechen, es war ein Opfer, das wir damals in Weimar in der Hoffnung auf eine spätere föderalistische Verfassungsrevision gebracht haben."*

Gleichwohl habe die Fraktion geglaubt einer überragenden patriotischen Pflicht zur Rettung des Reiches aus Revolution und Chaos genügen zu müssen.[981] Bis auf den Abgeordneten Dr. Heim stimmten alle Mitglieder der BVP im Reichstag bei einer Stimmenthaltung für die Annahme der Weimarer Reichsverfassung. Deswegen kam es innerhalb der Partei zu heftigen Kontroversen. Die Parteileitung sah die föderalistischen Interessen Bayerns nicht hinreichend gewahrt. Da für die Annahme der Reichsverfassung auch ohne die Stimmen der BVP eine ausreichende Mehrheit bestanden habe, wurde das Abstimmungsverhalten der Mitglieder der Reichstagsfraktion scharf kritisiert[982] und man ging sogar soweit, ihnen „Landesverrat" vorzuwerfen.[983] Beyerle notierte 1919:

> *„Gegen Ende des Jahres akute polit(ische) Krisis in der Partei durch Heims Urteile, auf Gründung einer neuen Bauernpartei gerichtet. „Landesverräter" – Annahme der Reichsverfassung v(on) Weimar! An sich von mir innerlich gebilligte Reaktion gegen die überhasteten, trotz der polit(ischen) u(nd) wirtschaftl(ichen) Not des Vaterlandes nicht gerechtfertigte Zentralisierungsbestrebungen im R(eichs)t(ags)zentrum und bes(onders) bei Erzberger."*[984]

Am 21.12.1919 rang sich der Landesausschuß der BVP zu der Formulierung durch: „Der Landesausschuß anerkennt den Kampf, welchen die Abgeordneten der Partei in der Nationalversammlung gegen die Bestimmungen der neuen Reichsverfassung führten, die den föderalistischen Charakter des Deutschen Reiches auf schwerste

[979] Beyerle, FRP, S. 30 f
[980] Maga, S. 65 f
[981] Beyerle, FRP, S. 38 f
[982] Als Beispiel mag folgende auf die Weimarer Reichsverfassung bezogene Formulierung in einer im Nachlaß Heim (Stadtarchiv Regensburg Nr. 2507) aufgefundenen „Erklärung über das Verhältnis Bayerns zum Reich" dienen: „Kein guter Bayer, dem es um eine gedeihliche Fortentwicklung des deutschen Reiches zu tun ist, darf das Stümperwerk anerkennen, wodurch ein uralter Volksstaat zu einer Provinz herabgedrückt ist."
[983] Schönhoven, S. 32
[984] Tagebuch, S. 22

beeinträchtigen. Der Landesausschuß ist der Ansicht, daß die Gründe, welche diese Abgeordneten veranlaßten ..., im Geiste der Verständigung zu würdigen sind."[985]

kk. „Erzberger´sche Finanzreform"

Die Weimarer Verfassung, die das „äußerste Maß an Konzessionen, die der Reichsgewalt auf Kosten der Länder gemacht werden konnten", festlegte, bedeutete für Beyerle aber noch nicht den Höhepunkt des unitaristischen Vorstoßes, denn ihr unmittelbar auf dem Fuß folgte die Finanzreform des Ministers Erzberger, mit der am 27.11.1919 erfolgten Annahme der Reichsabgabenordnung. Beyerle beklagte, daß die negativen Folgen der Finanzreform vom rechtsunkundigen Publikum vielfach der Weimarer Verfassung angelastet würden.[986] Der Reichsabgabenordnung wurde der Hauptvorwurf gemacht, gegen Art. 84 der Reichsverfassung zu verstoßen, indem das Reich weit über die dort festgelegten Grenzen in die Einrichtungen der Abgabenverwaltungen der Länder eingreife und somit die Verfassung abgeändert würde, ohne daß die nach Art. 76 der Reichsverfassung hierfür erforderliche Zweidrittelmehrheit zustande gekommen sei.

Die mit den Stimmen des Zentrums erfolgte Verabschiedung der Reichsabgabenordnung rief, wie Beyerle berichtete, in Bayern eine starke Entrüstungswelle hervor und führte auf der Münchner Landesversammlung der Partei am 9.1.1920 als Reaktion darauf zur Lösung der bis dahin bestehenden Arbeitsgemeinschaft des Zentrums mit der BVP. Im Kreuzfeuer der Kritik standen neben der Erzberger´schen Finanzreform das Verhalten der Zentrumsfraktion, der vorgeworfen wurde, „den Bestrebungen auf Schaffung des Einheitsstaates nicht nur nicht entgegengearbeitet, sondern ausgesprochenermaßen Unterstützung" verliehen zu haben, auch wenn die „Brücke gemeinsamer Weltanschauung" weiterhin vorhanden sei.[987] Die Bayerische Volkszeitung bemerkte hierzu,[988] wenn die Verfassung von Weimar für die zukünftige Finanzpolitik zugrunde gelegt werden solle, „dann bleibt immer noch die Erklärung selbst eines Dr. Beyerle bestehen, daß Erzbergers Politik über die Verfassung hinausgreife." Erzberger hatte sich ausdrücklich zum Einheitsstaat bekannt und sogar die Übernahme des gesamten Justizwesens durch das Reich gefordert.

Leicht, Gerstenberger und Beyerle führten als Redner auf dem Parteitag die Opposition gegen Dr. Heim an, der sich für die Auflösung der Arbeitsgemeinschaft stark machte.[989] Ihnen schlossen sich Schirmer, der sich ebenfalls gegen Dr. Heim aussprach, sowie Stiehler[990] und Dr. Mayer[991] an. Wenngleich die Arbeiterdelegierten fast geschlossen gegen Dr. Heim stimmten, standen doch nicht Bauern gegen Arbeiter, sondern Dr. Heim gegen die bayerischen Reichstagsabgeordneten, denn ein Großteil der Intellektuellen, als deren Wortführer Beyerle sprach,[992] schlossen sich der Opposition gegen Dr. Heim an. Beyerle warnte vor der Loslösung vom

---

985 Beyerle, FRP, S. 39
986 Beyerle, FRP, S. 39
987 Ringelmann, S. 253
988 Bayerische Volkszeitung Nr. 18 vom 23.1.1920, S. 1, „Zentrum und bayerische Volkspartei"
989 Schönhoven, S. 76, sowie Altendorfer, S. 122, In einem Brief Dr. Heims an Held vom 15.3.1924 wetterte ersterer erneut gegen ein Zusammengehen von Zentrum und BVP. Der Fraktionsvorsitzende Leicht habe gewiss keine Ahnung, welches Unheil er mit diesem Vorgehen, das jeden Augenblick bekannt werden kann, angerichtet hat. Heim fürchtete, es werde die BVP hunderttausend Stimmen kosten.; Im Nachlaß Held, Nr. 517
990 Münchner Post vom 2.1.1920
991 Maga, S. 70
992 Bayerische Volkszeitung Nr. 9 vom 18.1.1920, „Nach dem Parteitag"

Zentrum und verdeutlichte die Konsequenzen eines solchen Schritts: Die Fraktion der BVP werde aus den Ausschüssen der Nationalversammlung ausscheiden müssen. Durch die Trennung werde ihr jede Einflußnahme auf die Gestaltung von Gesetzgebungswerken entzogen werden, was insbesondere in kultureller Beziehung - Rückgang des Einflusses des Zentrums und damit des christlichen Volksteiles im Reich in einer Zeit, wo auf kulturellem Gebiete in der Kirchen - und Schulpolitik die schwerwiegendsten Entscheidungen fallen- einen nicht abzuschätzenden Verlust für die Partei bedeuten würde. Reichsschatzminister Dr. Mayer werde – entsprechend den demokratischen Grundsätzen für die Teilnahme an der Regierungsbildung – aus dem Kabinett ... ausscheiden müssen. Weiterhin falle vor allem ins Gewicht, daß die Zentrumsfraktion durch die Abtrennung der 18 Mandate der BVP zahlenmäßig hinter die Deutsche demokratische Partei zurückfallen und damit in ihrer politischen Bedeutung und ihrem Ansehen als Partei im Reich eine nicht unbeträchtliche Einbuße erleiden werde.[993] Obwohl Beyerle, wie Schirmer viel Beifall erhielt und die Delegierten aus Schwaben, Ober-, Mittel- und Unterfranken „einen kühlen Kopf behielten" und sich gegen Dr. Heim aussprachen,[994] konnte die Gesamtheit der Parteitagsdelegierten nicht überzeugt werden.[995] Dr. Heim, der bereits am 23.6.1919 aus der gemeinsamen Reichstagsfraktion mit dem Zentrum ausgeschieden war und als einziger Abgeordneter der Reichstagsfraktion gegen die Annahme der Reichsverfassung gestimmt hatte,[996] setzte sich mit großer Mehrheit durch, wobei es ihm gelang die Gruppe der Reichstagsabgeordneten auf dem Parteitag völlig zu isolieren, die diesen Schritt Dr. Heims als „Vergewaltigung"[997] empfanden. Die Arbeitsgemeinschaft mit dem Zentrum wurde aufgelöst und Dr. Mayer reichte am 14.1.1920 seine Demission als Reichsschatzminister ein. Von den 18 Mitgliedern der Reichstagsgruppe verblieben die zwei Pfälzer Abgeordneten Richter und Hofmann sowie der Unterfranke Tremmel in der Zentrumsfraktion, wodurch die Gruppe der BVP im Reichstag mit 15 Abgeordneten gerade noch ihren Fraktionsstatus aufrecht erhalten konnte. Besonders Beyerle fühlte sich durch die Auflösung der Fraktionsgemeinschaft innerlich getroffen.[998] Die Auffassung, das Verhalten der BVP im Januar 1920 sei „eine späte Rache an der deutschen Reichsverfassung",[999] ist nicht von der Hand zu weisen.

Dem schweren Einbruch der Erzberger´schen Finanzreform in die Finanzhoheit der Länder sei allerdings, so Beyerle, durch das Landessteuergesetz vom 30.3.1920 „die Krone aufgesetzt worden". Dieses habe den folgenschwersten Schritt zur Unitarisierung des Reiches dargestellt, indem die Länder zu „Kostgängern des Reiches" geworden seien.[1000] Beyerle kritisierte, daß die Landessteuergesetzgebung völlig unterbunden werden konnte, und das Gesetz in die Gemeindehoheit der Länder durch unmittelbare Unterwerfung unter die Kontrolle der Reichsfinanzbehörden eingriff. Unleidlich seien auch die Vorschriften, in denen das

---

[993] München-Augsburger Abendzeitung Nr. 10 vom 10.1.1920, S. 1 und Nr. 11 vom 11.1.1920, S. 4; Einschließlich der BVP verfügte das Zentrum über 88 Mandate, die DDP über 75. Als kleinste Fraktion hatte die BVP in politischen Debatten ein Rederecht erst an 7. Stelle (Ringelmann, S. 45)
[994] Fränkischer Kurier vom 8.1.1920
[995] Schönhoven, S. 36; Benz, S. 194, 195; Weisz, S. 43, Fußnote 8 mit Hinweis auf Benz
[996] Beyerle, Tagebuch, S. 21: Zu größeren Differenzen mit Heim kam es schon vor Verabschiedung der Reichsverfassung. In seinem Tagebuch hielt Beyerle fest: „Zerwürfnis Heims mit der BV-Fraktion 22. Juni über die Friedensfrage. Seitdem sinkendes politisches Spiel Heims, das darauf ausgeht, uns die Macht zu entreißen und Bauernverbände ins Parlament zu bringen." Heim trat als einzelner Abgeordneter aus der mit dem Zentrum bestehenden Arbeitsgemeinschaft aus und betrieb die Gründung einer Bauernpartei.
[997] Schwend, S. 131
[998] Schwend, S. 130
[999] Keßler, S. 407
[1000] Beyerle, FRP, S. 40 f

Reich den Ländern die Erhebung von Landessteuern und Gemeindesteuern positiv anbefahl. Daß das Zentrum so antiföderalistisch vorgegangen sei, sei für die BVP eine schmerzliche Enttäuschung gewesen, deren kleine Fraktion so im wesentlichen auf sich selbst im Abwehrkampf gegen die Erdrosselung der Finanzhoheit der Länder angewiesen war.[1001]

Es oblag Beyerle, in der Debatte am 5.3.1920 die ablehnende Haltung der BVP darzulegen, die das Landessteuergesetz als verfassungswidrig ansah. Dabei nahm er insbesondere § 2 des Landessteuergesetzes in das Visier der Kritik, der bestimmte, soweit Steuern für das Reich in Anspruch genommen würden, sei die Erhebung gleichartiger Steuern durch die Länder und Gemeinden ausgeschlossen, wenn nicht reichsgesetzlich etwas anderes vorgeschrieben sei. Zur Erhebung von Zuschlägen zu Reichssteuern durch Länder und Gemeinden war eine reichsgesetzliche Ermächtigung zur Voraussetzung gemacht. Beyerle legte dar, daß Not allein die Erdrosselung der Finanzhoheit der Einzelstaaten, das Rückgrat der bisherigen staatlichen Selbständigkeit der Länder nicht rechtfertige. Schon die verfassungsrechtlichen Bedenken gegen die Reichsabgabenordnung seien nicht ausgeräumt worden. Beyerle sah das Prinzip der bundesstaatlichen Verfassung an seiner empfindlichsten Stelle durch § 2 tief verletzt, indem die Abstufung der Gesetzgebungszuständigkeiten mißachtet werde,[1002] auf die man bei der Verfassungsberatung im Interesse der Erhaltung einer lebensfähigen Landesgesetzgebung größten Wert gelegt habe. Der Unterschied zwischen ausschließlicher, konkurrierender und bloß grundsätzlicher Zuständigkeit des Reichsgesetzgebers sei im einzelnen sorgfältig abgewogen worden. Das Reich könne daher Steuern nicht ausschließlich für sich in Anspruch nehmen, sondern müsse Ländern und Gemeinden die Möglichkeit lassen, Zuschläge zur Reichseinkommensteuer für ihre Rechnung zu erheben, das Reich dürfe nur positiv bestimmen, was es für sich beanspruchen wolle, nicht negativ, was die Länder nicht beanspruchen dürften. Weiterhin könne das Landessteuergesetz nicht positiv vorschreiben, daß Länder und Gemeinden eine bestimmte Steuer erheben müßten, wie dies in § 8 mit den Ertragssteuern und in § 12 mit der Vergnügungssteuer geschehe. Das bedeute die volle Gängelung der Länder durch das Reich und sei Ausfluß eines ungesunden, auf die Spitze getriebenen Unitarismus.

> *„Achtung vor der selbstgegebenen Verfassung ist ein oberstes Gesetz politischer Klugheit in einem jungen demokratischen Staatswesen. Wir dienen diesem am besten, wenn wir die Verfassung nicht ohne dringendste Not in grundsätzlichen Fragen schon so bald nach ihrer Verkündigung abändern."*[1003]

In der auf Antrag Beyerles namentlich durchgeführten Abstimmung, stimmte die BVP gegen den Gesetzentwurf, ohne sich allerdings durchsetzen zu können. Beyerle bemerkte dazu rückblickend: „Erst mußte der unitaristische Unsinn dieser Behandlung von Ländern und Gemeinden sich tot gelaufen haben, bis die Richtigkeit des Standpunktes der Bayerischen Volkspartei allgemeiner erkannt wurde."[1004]

1001 Beyerle, FRP, S. 41
1002 Beyerle, aaO: Verletzt seien Art. 8, 11, und 12 RV
1003 Beyerle, FRP, S. 43
1004 Beyerle, FRP, S. 49

II. Würdigung

Beyerle war dem „strengeren"[1005] föderalistischen Lager zuzurechnen, das - mit seinen Worten - 1918/1919 fast leer geworden schien und erst später neuen Zuzug erhalten habe. Als exponiertem Vertreter der BVP - die Mitarbeit der BVP an der Reichsverfassung beschränkte sich in der Hauptsache auf die Tätigkeit des erstmals in das Reichsparlament gewählten Münchener Rechtshistorikers[1006] - wurde ihm hauptsächlich seitens der Unitaristen vielfach Kritik entgegengebracht. Die Hauptursache lag darin, daß Bayern neben dem Verlangen nach Beibehaltung der Reservatrechte mit seiner Forderung, die neue Reichsverfassung müßte von den einzelstaatlichen Nationalversammlungen ratifiziert werden und damit der Verfassunggebenden Nationalversammlung die Vollmacht zum Erlaß der Reichsverfassung absprach, eine Außenseiterrolle einnahm und den Streit zwischen Unitaristen und Föderalisten dramatisch verschärfte. Dieser Maximalforderung Bayerns wurde scharfer Widerstand entgegengebracht, was sich naturgemäß auch auf Beyerle übertrug,[1007] der sich nach außen hin stets als loyales Parteimitglied zeigte.[1008] Es sei seine gern erfüllte Pflicht gewesen, als Vertreter der BVP, der Vorkämpferin des Föderalismus,[1009] größte Aufmerksamkeit zu leisten und gegen die unitaristischen Vorstöße nach Möglichkeit Front zu machen.[1010] Vielleicht hat auch die Art und Weise seines Vortrags die Bereitschaft zur Kritik an Beyerle gesteigert.[1011] Besonders ungerecht, weil sachlich unzutreffend und unnötig polemisch war das Urteil seines Freundes Stutz: „Mit Beyerles politischer Herrlichkeit wird es nun wohl zu Ende gehen. Die Bayern setzen diesem Erzberger´schen Schleppenträger offenbar den Stuhl vor die Tür. Ich sah ihn jüngst im Reichstag. Er ist leider ganz politischer Macher geworden und wollte selbstverständlich wieder kandidieren. Hoffentlich findet er rasch wieder den Weg zurück zur Wissenschaft."[1012]

[1005] Beyerle, Staatslexikon, Band II, Spalten 65 ff (67)

[1006] Schönhoven, S. 30

[1007] vgl. Arndt, Das Recht, XXIV. Jahrgang, „Streitfragen aus der neuen Reichsverfassung", Spalte 194, der von den bayerischen Partikularisten, besonders Beyerle, spricht; Ein negatives Image von Beyerle stand offenbar auch Schumacher, S. 46, vor Augen: „Zwar wäre dem Abgeordneten Beyerle, der stets für die Erhaltung der Reservatrechte der Länder und für eine Beschränkung der Reichskompetenz eingetreten ist, der Versuch wohl zuzutrauen, in der Redaktionskommission noch eine Erweiterung der Landesrechte zu erreichen, aber abgesehen davon, daß die Kommission zu solchen Änderungen nicht befugt war, gehörten ihr doch auch Männer wie Haußmann, Koch und Katzenstein an, die eine solche Beschneidung der Reichsgewalt niemals zugelassen haben würden."; Kritisch auch Apelt, S. 87

[1008] z. B: Beyerle, FRP, S. 13: „Wir werden aber auch im föderalistischen Lager unserer Partei die Stoßkraft der geschlossenen Aktion nicht dadurch empfindlich schwächen, daß wir uns über die verschiedenartige Auffassungsmöglichkeit des Föderalismus streiten. Gewiß gibt es ... auch bei uns ..., ja selbst unter den Abgeordneten unserer kleinen Reichstagsfraktion verschiedene Tonarten ..."

[1009] Beyerle, FRP, S. 21

[1010] Beyerle, FRP, S. 29

[1011] vgl. Victor Klemperer zu einer Rede am 8.8.1919: „Gestern Abend der Vortrag vom Hofrat o. Prof. Beyerle, Mitglied des Verfassungsausschusses in Weimar, Centrummann, war nach Form, Geste u. Inhalt gleich schlecht. Der Mann, mittelalterlich, im Bratenrock, tigerte auf dem breiten Podium des Aud. Max. mit großen Armbewegungen wie ein Löwe im Käfig auf u. ab, schrie und deklamierte ständig, dabei in abgegriffenen Phrasen – Verankert! Im Schooß des Volkes, im Schooß der Nationalversammlung, etc. -, tat als hätte er in einem Bezirksverein Königs Geburtstag zu feiern u. vergaß über allen Phrasen die sachliche Angabe dessen, was die neue Verfassung bestimmt, fast völlig."

Haußmann, der Vorsitzende des Verfassungsausschusses kritisierte an Beyerles Rede am 3.3.1919 den „kathederhaft ablesenden" Vortragsstil; HstASt NL Haußmann 150, Tagebuchaufzeichnung vom 3.3.1919, zitiert nach L. Richter, S. 247, Fußnote 226

[1012] Georg May, Band I, S. 329 mit Hinweis auf einen Brief Stutz an Aloys Schulte vom 11.1.1920 (und Hinweis auf Lewald, Dokumente einer Freundschaft, S. 393)

Bei positiver Würdigung der Verfassungsarbeit Beyerles in Berlin[1013] war von einer Verfassungsbegeisterung in den Reihen der BVP wenig zu spüren.[1014] Dies sollte sich auch in den nächsten Jahren nicht ändern.

e. Bayerische Krisen

Bei den Reichstagswahlen am 6.6.1920 bewarben sich neben Beyerle im 29. Wahlkreis Franken wiederum Leicht und Gerstenberger sowie Karl Schirmer, der nicht mehr neben Dr. Heim im Wahlkreis Niederbayern-Oberpfalz kandidiert hatte. Neu gewählt wurde der Landwirt Franz Herbert. Die BVP erzielte 21 von 459 Mandaten und vereinigte so 4,4 % der Stimmen auf sich.[1015] Die Enttäuschung über den mit der Trennung vom Zentrum eingeschlagenen neuen Weg der BVP klang bei den Mitgliedern der parteiintern oppositionellen Frankenliste noch nach. So äußerte sich Schirmer an Dr. Mayer, daß die Reichstagsfraktion in Berlin wenig zu sagen hätte und die eigentliche Politik in Regensburg und München gemacht würde. Beyerles Lage in der Partei war nicht einfach, zumal es zwischen ihm und Dr. Heim bereits auf dem Parteitag der BVP im Oktober 1919 in München zu einer Debatte über die Annahme der Verfassung gekommen war,[1016] die Ausdruck einer tiefgreifenden Meinungsverschiedenheit zwischen beiden war und auch in der Folgezeit nicht befriedigend beigelegt wurde. Den Streitpunkt formulierte Dr. Heim in einem Brief vom 7.5.1920: "... Von beifolgendem Brief an die Parteileitung bitte ich Kenntnis zu nehmen. Ich möchte noch bemerken, daß Beyerle derjenige war, der sich unter der Parole „Bayern den Bayern" wählen liess und der dann die Mitglieder der Bayer. Volkspartei hauptsächlich bestimmte, für die unglückselige Weimarer Verfassung zu stimmen."[1017] Dieser vermerkte:

> *„Ohne Aufregungen war die Wahlzeit vor der Reichstagswahl Juni 1920. Kämpfe Dr. Heims gegen mich. Die Reichsausschüsse der B.V.P. in Franken hielten an mir fest. Insofern Wahlkampf."*[1018]

Im neuen Reichstag gehörte er dem 22. Ausschuß, dem Rechtsausschuß an, in dem er sich beispielsweise an den Beratungen über eine Reform der ZPO beteiligen sollte.[1019] Beyerle war nach der Wahl im Reichstag „aber bis jetzt nur gelegentlich: im Sommer- (unleserlich) des Semesters; seit Oktober überhaupt nicht mehr." „So konnte ich politisch mich nur im Kleinen betätigen."[1020] In der neuen Legislaturperiode gelang es ihm allerdings seine politischen Kontakte auszubauen. Für das Jahr 1921 hob er die „wertvollen Beziehungen zum Freunde M(inister)

[1013] Das Berliner Tageblatt Nr. 376 vom 11.8.1926 schrieb: „Aber da der Abgeordnete Beyerle ... sich einst mit den Demokraten Hugo Preuß, Conrad Hausmann (!) und Koch, neben dem Deutschnationalen Delbrück und dem Volksparteiler Kahl große Verdienste um das Zustandekommen des Werkes von Weimar erwarb, so wird sein Urteil im Bayern von heute vorläufig wohl noch nicht akzeptiert werden. Er hat trotzdem recht."

[1014] Schönhoven, S. 30

[1015] Kolb, Anhang, S. 284

[1016] vgl. Undatierte Schreibmaschinennotiz im Nachlaß Dr. Heim, 2423, Stadtarchiv Regensburg; Näheres dazu ist nicht bekannt.

[1017] Nachlaß Dr. Heim, 2506, Stadtarchiv Regensburg; Der erwähnte Brief an die Parteileitung, in dem sich Dr. Heim offenbar über Beyerle beschwerte, ist nicht mehr auffindbar.

[1018] Tagebuch, S. 24, 25

[1019] vgl. seine Anträge Nr. 549 vom 5.2.1924 und Nr. 565 vom 6.2.1924 (NL 81, nicht paginiert)

[1020] Tagebuch, S. 25

Mayer"[1021] hervor. 1922 schrieb er diesem, es „widere ihn über alle Maßen an, wie München zum wiederholten Male eine Reichskanzlerschaft Dr. Mayers verhindert habe."[1022] Zum darauffolgenden Jahr bemerkte Beyerle:

> *„Meine Stellung im Reichstag u(nd) zu den Ministerien in Berlin stets besser (Beziehung mit Ebert/Cuno, mit Rosenberg (,) Schwierigkeiten mit Wirth), zu der immer schärfer(?) nach Rechts abdrehenden Politik der bayer(ischen) V(olks)partei Schwierigkeiten u(nd) immer noch keinerlei Einfluß, trotz gegenteiliger Beurteilung in der Öffentlichkeit."*[1023]

In diesen Jahren kam es zu mehrfachen Verfassungskonflikten zwischen Bayern und dem Reich, deren Hintergrund die seitens des Reiches erfolgten Eingriffe in die Hoheitsrechte Bayerns, teilweise unter Verletzung föderalistischer Prinzipien, bildeten. Die Weimarer Reichsverfassung stand vor allem in ihren Vorschriften über das Notverordnungsrecht des Reichspräsidenten (Art. 48 RV), des Verbots von Ausnahmegerichten (Art. 105 RV) und dem Grundsatz Reichsrecht bricht Landesrecht (Art. 13 RV) auf dem Prüfstand.

Der erste Konflikt betraf die Auflösung der Einwohnerwehren. Diese paramilitärischen Verbände, schon kurz nach der Revolution als gegenrevolutionäre Selbstschutzverbände in Erscheinung getreten, wurden „offiziell" im April 1919 gegründet, als die bayerische Regierung Truppen zur Niederschlagung der Räterepublik benötigte. Sie sollten Polizei und Regierungstruppen zur Gewährleistung der öffentlichen Sicherheit unterstützen. Im Mai 1920 wurde die Org(anisation) Esch(erich) gegründet, in der die deutschen bewaffneten Schutzverbände vereinigt wurden. Verstieß die Errichtung solcher Selbstschutzverbände gegen den Versailler Vertrag erblickte Frankreich in ihnen die Kaderbereitstellung für ein neues Volksheer. Daher verlangten die Alliierten im „Pariser Diktat" deren Auflösung bis 30.6.1921. Innerhalb der BVP war die Minderheit dafür, sich den Forderungen der Alliierten zu beugen, um neue Sanktionen zu vermeiden. Die Mehrheit, die die Einwohnerwehren als ein „unumgängliches ziviles Schutzinstitut für Ruhe und Ordnung"[1024] betrachtete, wollte es zu Sanktionen kommen lassen und erst unter dem Druck derselben und unter Hinweis auf die Schuld der Reichsregierung nachgeben, die die Entwaffnungsfrage von der Reparationsfrage getrennt habe. Der bayerische Ministerpräsident von Kahr selbst war ganz extrem und wollte mindestens, daß man es auf Sanktionen ankommen lassen solle.[1025] In diesem Sinne trat auch Dr. Heim vehement gegen eine Entwaffnung der Einwohnerwehren ein, weil es den Bürgern nicht genommen werden könne, für ihre Sicherheit tätig zu werden. V. Kahr mußte schließlich nach dem von der Reichsregierung angenommenen „Londoner Ultimatum" vom 10.5.1921 nachgeben. Offiziell verschwanden damit die Einwohnerwehren, wandelten sich aber in geheime Kaderorganisationen um und führten dazu, daß die vaterländische Bewegung immer in Opposition zur offiziellen Regierungspolitik Bayerns geriet. Langfristig erwiesen sich die Einwohnerwehren damit als Werkzeug der Restauration, nicht als Instrument der Verteidigung der demokratischen Republik.[1026]

[1021] Tagebuch, S. 28
[1022] Maga, S. 85 unter Hinweis auf Briefe von 22.12.1922 und 27.11.1922
[1023] Tagebuch, S. 30
[1024] vgl. Politisches ABC für die Freunde der Bayer. Volkspartei, S. 21
[1025] so Altendorfer, S. 140 (unter Hinweis auf Bericht Nr. 79 vom 7.4.1921, Politik in Bayern, S. 79 f), der ein ungenanntes Mitglied der BVP Vorstehendes berichten läßt.
[1026] so Altendorfer, S. 110 unter Hinweis auf Kritzer, Sozialdemokratie, S. 213

Die Haltung Beyerles in dieser Frage läßt sich nicht mehr dokumentieren. Zwar befindet sich in seinem Nachlaß eine umfangreiche 31 handschriftliche Seiten umfassende Ausarbeitung,[1027] sie ist jedoch kaum lesbar. Soweit erkennbar, enthält sie eine Sammlung von zum Teil nur kurz skizzierten Gedanken von Politikern der BVP. Beyerle war wohl an den Parteiberatungen beteiligt, wie die Aufzeichnungen vermuten lassen, seine eigene Einstellung ist darin allerdings nicht festgehalten. Bedenkt man seine Haltung zum Versailler Vertrag und sein Eintreten für den neuen parlamentarischen Staat, der in den rechts gerichteten Kreise auf Ablehnung stieß, erscheint die Annahme gerechtfertigt, daß Beyerle auf der Seite der Minderheit in der BVP stand.

Anlaß der nächsten Krise im September 1921 war die Ermordung des ehemaligen Reichsfinanzminister Erzberger am 26.8.1921. Drei Tage später erließ der Reichspräsident eine auf Art. 48 RV gestützte Reichsverordnung, mit der Druckschriften sowie Versammlungen und Kundgebungen verboten werden konnten. Voraussetzung dafür war die begründete Besorgnis, daß dort Erörterungen stattfänden, die insbesondere zur gewaltsamen Änderung der Verfassung oder verfassungsmäßiger Einrichtungen des Reiches oder eines seiner Länder, zu Gewalttaten gegen Vertreter der republikanisch-demokratischen Staatsform aufreizten oder die verfassungsmäßigen Organe und Einrichtungen des Staats in einer den inneren Frieden des Staates gefährdenden Weise verächtlich machten. Die Zuständigkeit für den Ausspruch des Verbots wurde dem Reichsinnenminister übertragen. Hiergegen war eine Beschwerdemöglichkeit an einen Ausschuß vorgesehen, dessen Mitglieder vom Reichsrat aus seiner Mitte zu wählen waren. Dagegen protestierte die Bayerische Staatsregierung, weil die Maßnahme politisch unzweckmäßig sei und statt eines aus Verwaltungsbeamten bestehenden Ausschusses bei Meinungsverschiedenheiten ein Gericht Recht zu sprechen habe.

Der Standpunkt Beyerles in dieser Frage ergibt sich nicht nur aus seiner am Ende der Legislaturperiode gehaltenen Rede im Reichstag, die sich rückblickend auch mit diesen Ereignissen beschäftigte, sondern auch aus seiner aktiven Teilnahme an der politischen Debatte. So berichtete er, daß auf dem Wege der Vereinbarung zwischen Berlin und München notdürftig ein modus vivendi hergestellt worden sei, indem der Reichspräsident seine Verordnungen durch eine Neufassung ersetzte, die den Wünschen Bayerns weitgehend Rechnung getragen habe.[1028] Der Reichsinnenminister konnte danach die Landeszentralbehörden um den Ausspruch eines Verbots oder einer Beschlagnahme ersuchen. Sofern die Landeszentralbehörde einem solchen Ersuchen nicht entsprechen wollte, sollte die vom Ausschuß zu treffende Entscheidung für die Landeszentralbehörde verbindlich sein.

In ausgiebigen Debatten im bayerischen Landtag und im Reichstag am 1.10.1921 fand die Beilegung dieses Konflikts ihren Abschluß. Die Vertretung der BVP in der Reichstagsdebatte oblag Beyerle, wobei er aus den Vorkommnissen das Ergebnis für das föderalistische Reformprogramm der BVP herausstellte.[1029] Ausgangspunkt war das Notverordnungsrecht des Art. 48 RV.

Bereits in der abschließenden Beratung über Art. 48 RV im Plenum der Nationalversammlung am 5.7.1919 hatte er die bisherige Vorlage als unzureichend kritisiert. Allein der Reichspräsident hätte danach das Recht die zur Aufrechterhaltung der öffentlichen Ordnung erforderlichen Maßnahmen zu treffen. Ein gewisses Recht der Einzelstaaten bei Gefahr in Verzug einstweilige polizeiliche

[1027] NL 42, nicht paginiert
[1028] Beyerle, FRP, S. 58
[1029] Beyerle, FRP, S. 58

Maßnamen zu ergreifen, müsse aber sicher gestellt werden, zumal sich die Lage Bayerns durch Aufhebung des Heeresreservats ohnehin verschlechtert habe.[1030] Damit gelang die Aufnahme des Art. 48 IV RV[1031], die Beyerle jedoch weiterhin als ungenügend empfand, da durch die Aufhebung des Heeresreservats bei der Inanspruchnahme von Militärgewalt zur Niederwerfung von Unruhen und Putschen eine schwere Gefährdung der Polizeihoheit Bayerns entstanden sei.[1032] Darin sah er sich nunmehr bestätigt. Der Reichspräsident habe eine Verordnung durch eine andere ersetzt „auf Grund einer als Vereinbarung mit der Regierung eines Einzelstaates sich präsentierenden Abmachung", wodurch man an die Tage des Novembervertrages von 1870 zurückerinnert werde". Es sei durchaus nicht das Normale, wenn das Reich nach Gebrauchmachen von einer gegebenen Zuständigkeit mit einem Land eine Vereinbarung schließe, wonach es den Text der Verordnung „vollständig ändern" müsse. „Das ist anormal und beweist, daß man sich mit dem Unitarismus der Weimarer Verfassung übernommen hat", denn es handele sich um materiellrechtliche Verschiebungen des Sinnes und der Ausführung von Art. 48 RV. Zwar sei das Ausführungsgesetz zu Art. 48 RV noch nicht erlassen, aber vom Standpunkt der BVP aus, dürfte es sich empfehlen, „das, was jetzt auf einem Spezialgebiet geschehen ist, als einen Aditus pacis weiter zu beschreiten und die Handhabung des Ausnahmezustandes ... in föderalistischem Geiste auszubauen."[1033] Der Zusammenprall von Ausnahmezustand des Reiches und von Polizeigewalt der Länder habe deutlich gemacht, daß bei Schaffung des Art 48 RV nicht genügend beachtet worden sei, daß mit der Beseitigung des Militärabsolutismus der Inhaber der inneren Gewalt in den Vordergrund trete, der sich erforderlichenfalls militärischer Machtmittel bediene. Hierin klingt die hohe Bedeutung der Entscheidung über den Ausnahmezustand für die Souveränität eines Staates an.
Der Anlaß für den nächsten schweren Konflikt zwischen Bayern und dem Reich war die Ermordung des Reichsaußenministers Rathenau am 24.6.1922. Innerhalb von fünf Tagen ergingen drei auf Art. 48 RV gestützte Verordnungen „zum Schutze der Republik" und über den Staatsgerichtshof. Gleichzeitig erfolgten Vorbereitungen zum Erlaß eines förmlichen Gesetzes, welches zusammen mit dem Gesetz über die Pflichten der Beamten, dem Reichskriminalpolizeigesetz, dem Gesetz über die Straffreiheit für politische Straftaten und dem Gesetz über die Bereitstellung von Mitteln zum Schutze der Republik erlassen wurde. Diese Republikschutzgesetze waren Ausgangspunkt für die Verfassungskrise im Spätsommer 1922.

Das Gesetz zum Schutz der Republik enthielt neben Strafbestimmungen in §§ 12 und 13 insbesondere die Errichtung eines Staatsgerichtshofes. Das wurde zum Kristallisationspunkt für den Konflikt zwischen Bayern und dem Reich, weil die BVP und die Verfassungsjuristen der bayerischen Regierung die Eigenstaatlichkeit Bayerns schwer gefährdet sahen. Beyerle oblag in der Spezialberatung des Rechtsausschusses die Vertretung der BVP, die er trotz der Schwierigkeiten mit seiner Partei übernommen hatte.[1034] Mit dem bayerischen Gesandten v. Preger und Dr. Heim war er im Ausschuß in Berlin.[1035]

[1030] Beyerle, FRP, S. 36

[1031] Art. 48 IV RV hatte folgenden Wortlaut: „Bei Gefahr im Verzuge kann die Landesregierung für ihr Gebiet einstweilige Maßnahmen der in Abs. 2 bezeichneten Art treffen. Die Maßnahmen sind auf Verlangen des Reichspräsidenten oder des Reichstags außer Kraft zu setzen."

[1032] Beyerle, FRP, S. 37

[1033] Beyerle, FRP, S. 59

[1034] Tagebuch, S. 30

[1035] Tagebuch, S. 30

Neben der verfahrensmäßigen Kritik am Zustandekommen der Gesetze, weil eilig „unter dem Druck der Masse" ohne vorherige Verständigung der Länder und ohne Beteiligung der Beamtenverbände zustandegekommen, kämpfte Beyerle, unterstützt lediglich durch Geheimrat Dr. Kahl (DVP), gegen den Staatsgerichtshof als ein wider Art. 105 RV verstoßendes Ausnahmegericht an. Andere Rechtslehrer im Rechtsausschuß hätten energisch die Regierungsvorlage unterstützt, allen voran Reichsjustizminister Dr. Radbruch.[1036] Erst später habe er, so Beyerle, die Genugtuung erlebt, daß der Standpunkt seiner Fraktion auch von süddeutschen Rechtsgelehrten wie v. Frank, v. Amira, v. Beling und Marschall v. Bieberstein geteilt worden sei. Er hob hervor, er habe damals Reichsjustizminister Dr. Radbruch eindringlichst vor Überspannungen gewarnt und ihm einen Konflikt mit Bayern sowie die Kapitulation des Reiches prophezeit.[1037] In § 12 des Republikschutzgesetzes war festgelegt, daß der beim Reichsgericht errichtete Staatsgerichtshof in einer Besetzung von neun Mitgliedern entscheiden sollte. Neben den drei Berufsrichtern des Reichsgerichts wurden die weiteren sechs Mitglieder vom Reichspräsidenten ernannt. Als Anklagebehörde wurde die Reichsanwaltschaft bestimmt. Beyerle ist darin recht zu geben, daß ein Ausnahmegericht vorlag, weil die Nichtberufsrichter nicht als vom Volke gewählte Geschworene oder Schöffen angesehen werden konnten. Bemängelt wurde weiterhin der politische Charakter der Besetzungsregelung. "Nicht Turnus, Anciennität oder Auslosung, sondern Dekrete des Reichsjustizministers mit einem zwischen den Zeilen liegenden Votum"[1038] seien für die Besetzung ausschlaggebend. Darin sei auch ein Mißtrauen gegenüber der Unparteilichkeit des Volkes und des Reichsgerichts zu sehen.[1039]

Mit besonderem Nachdruck, so Beyerle, sei er im Rechtsausschuß für den Wunsch der bayerischen Regierung eingetreten, wenigstens die Ernennung der Beisitzer des Staatsgerichtshofes an die Zustimmung des Reichsrates zu knüpfen, wie dies auch im vorausgegangenen Jahr in der Verordnung des Reichspräsidenten vom 21.9.1921[1040] bestimmt war. Dadurch, daß die Mitglieder des dort vorgesehenen Beschwerdeausschusses nach § 6 S. 2 vom Reichsrat aus seiner Mitte gewählt wurden, sei den notwendigsten föderalistischen Forderungen einigermaßen Rechnung getragen worden.

Die weitere Kritik der BVP wurde ab 12.7.1919 vom Abgeordneten Emminger vorgetragen, „mit und nach" Beyerle „der Hauptvertreter der BVP im Kampfe gegen die Republikschutzgesetzgebung",[1041] da diesen seine Lehrverpflichtungen gegenüber der Universität München vor Verabschiedung des Gesetzes nach München zurückriefen.[1042] Emminger betonte, wie schon früher Beyerle, die besonderen Opfer Bayerns durch den Verlust der Reservatrechte und wollte nicht hinnehmen, daß die Polizeibehörden und Staatsanwaltschaften der Länder der Weisungsgewalt des Reichsjustizministers unterstellt würden. Das geschehe dadurch, daß als Anklagebehörde die Reichsanwaltschaft vorgesehen und §§ 147 II und 153 des Gerichtsverfassungsgesetzes entsprechende Anwendung finden sollten. Ein unzulässiger Eingriff in die Polizei- und Justizhoheit der Länder bestehe daher, weil der Oberreichsanwalt in jedem Lande nach Belieben Polizeibeamte eines anderen Landes oder auch andere Personen verwenden und den Polizeibehörden der Länder die

[1036] Beyerle, FRP, S. 72
[1037] Beyerle, FRP, S. 72
[1038] Beyerle, FRP, S. 74
[1039] Beyerle, FRP, S. 76
[1040] Reichsgesetzblatt 1921, Teil I, S. 1239 ff
[1041] Beyerle, FRP, S. 148
[1042] Beyerle, FRP, S. 72 f

Zulassung und Unterstützung dieser Personen zur Pflicht machen könne.[1043] Für einen bestimmten Komplex von Straftaten werde die ordentliche Gerichtsbarkeit durch die Errichtung des Staatsgerichtshofes ausgeschaltet,[1044] den Beyerle als ein "von Anfang an verfehltes Gebilde" bezeichnete.[1045] Die notwendigen Deliktstatbestände, hätten teilweise mit Angriffen auf Minister nichts zu tun und seien daher in das Reichsstrafgesetzbuch aufzunehmen.[1046] Eine besondere Verschärfung erführen die Eingriffe, weil als zwangsläufige Folge der weiteren Zuständigkeit des Staatsgerichtshofes eine starke Ausdehnung des Begnadigungsrechts aufgrund Art. 49 RV[1047] hinzutrete.[1048]

Die BVP[1049] konnte sich damit nicht durchsetzen. Die Gesetze zum Schutz der Republik wurden ohne Berücksichtigung der mit den Abänderungsanträgen vorgebrachten Bedenken am 18.7.1922 beschlossen, wodurch es zu der von Beyerle vorausgesagten Krise kam. Sie äußerte sich darin, daß das Gesamtministerium des Freistaates Bayern am 24.7.1922 eine Verordnung zum Schutz der Republik erließ, mit der die meisten Bestimmungen des Gesetzes zum Schutze der Republik für anwendbar erklärt wurden, nicht jedoch die den Staatsgerichtshof betreffenden §§ 12 und 13.[1050] In Art. 2 wurden die Volksgerichte für zuständig erklärt. Gestützt wurde die Verordnung auf § 64 der Verfassungsurkunde des Freistaates Bayern, Art. 48 IV RV sowie die staatlichen Hoheitsrechte Bayerns, da durch den unmittelbaren Vollzug des Gesetzes zum Schutze der Republik mit einer erheblichen Störung oder Gefährdung der öffentlichen Sicherheit und Ordnung zu rechnen sei, denn es verletze die Grundrechte der Staatsbürger, die Grundsätze echter Demokratie und verlasse die Grundlagen der Weimarer Reichsverfassung. Die Verordnung widersprach ihrerseits Art. 13 I RV: Reichsrecht bricht Landesrecht. Ohne von den verfassungsrechtlichen Möglichkeiten des Art. 13 II RV Gebrauch zu machen[1051] kam es am 9./10.8.1922 zu einer ersten Einigung zwischen dem Reichspräsidenten und dem bayerischen Ministerpräsidenten, die im "Berliner Protokoll" vom 11.8.1922 Niederschlag fand. So sollten nur die allerwichtigsten Fälle vom Staatsgerichtshof selbst abgeurteilt werden, alle minder wichtigen den Gerichten des Landes überwiesen werden. Auswärtige Polizeibeamte sollten nur im Benehmen mit den örtlichen Landesbehörden tätig werden. Die Mitglieder des Staatsgerichtshofes sollten nach fachlicher Eignung ausgewählt und besondere Senate nach dem örtlichen Ursprung der Sache eingerichtet werden.[1052] Letzteres entsprach einer

---

[1043] Beyerle, FRP, S. 70
[1044] Beyerle, FRP, S. 70
[1045] Beyerle, FRP, S. 149
[1046] Beyerle, FRP, S. 74
[1047] Art. 49 RV lautete: "Der Reichspräsident übt für das Reich das Begnadigungsrecht aus. Reichsamnestien bedürfen des Reichsgesetzes."
[1048] Beyerle, FRP, S. 71
[1049] Hinsichtlich des Beamtengesetzes wurde im Wesentlichen kritisiert, daß das Gesetz nicht notwendig, übereilt und ohne Anhörung der Beamtenverbände zustandegekommen sei. Die gesetzlichen Pflichten der Reichsbeamten auch außerdienstlich die Förderung aller Bestrebungen auf Wiederherstellung der Monarchie zu unterlassen, seien undemokratisch. Mit den unbestimmt weit gefaßten Pflichten werde Denunziationen und Gesinnungsschnüffelei Tür und Tor geöffnet. Beamte könnten u. U. nicht mehr in der Bayerischen Volkspartei tätig sein. Der vorgesehene Disziplinarsenat sei ein Ausnahmegerichtshof für Beamte. (Beyerle, FRP S. 78 und 79) Beyerle selbst teilte diese Auffassung voll und ganz, wie sich aus seinem Lob der "eindrucksvollen Worte" Dr. Deermanns (FRP, S. 79) sowie der "geschickte(n) Polemik" und der "ausgezeichneten Sätze" Dr. Emmingers (FRP, S. 80) ergibt.
[1050] Bayerisches Verordnungsblatt 1922, S. 374 f
[1051] Art 13 II RV lautet: "Bestehen Zweifel oder Meinungsverschiedenheiten darüber, ob eine landesrechtliche Vorschrift mit dem Reichsrecht vereinbar ist, so kann die zuständige Reichs- oder Landeszentralbehörde nach näherer Vorschrift eines Reichsgesetzes die Entscheidung eines obersten Gerichtshofes des Reiches anrufen."
[1052] Beyerle, FRP, S. 83

bereits im Rechtsausschuß durch v. Preger vorgetragenen Forderung der BVP.[1053] Auch hinsichtlich der Nebengesetze war das Reich zu Zugeständnissen bereit.[1054] Dafür sollte Bayern seine Verordnung vom 24.7.1922 bis 18.8.1922 aufheben. Wegen dieser ultimativen Befristung sowie der Nichtabschaffung des Staatsgerichtshofes wurden weitere Verhandlungen notwendig. In der Vereinbarung zwischen Reich und Bayern vom 21.8.1922 wurde festgelegt, daß ein süddeutscher (eigentlich bayerischer) Senat eingerichtet werde, der auch in Süddeutschland tagen können sollte. Im Rahmen seiner Zuständigkeit sollte der Reichspräsident das Begnadigungsrecht nur im Benehmen mit der Landesregierung ausüben.[1055] Am 24.8.1922 erging schließlich die geforderte Aufhebungsverordnung mit sofortiger Wirkung.[1056]

Für Beyerle waren dies in Hinblick auf die Zukunft wichtige Ereignisse: "Diejenigen, welche zur Reformarbeit an der Weimarer Verfassung berufen sein werden, haben jedenfalls allen Anlaß, nicht achtlos an jenen Vorgängen des Sommers 1922 vorüberzugehen."[1057] Vor dem Überwachungsausschuß des Reichstages fanden sie am 1.9.1922 noch ein parlamentarisches Nachspiel. Während von den Unabhängigen und der Mehrheitssozialdemokratie der Reichsregierung vorgeworfen wurde, gegenüber Bayern zu nachgiebig gewesen zu sein und nicht die Reichsexekutive angewendet zu haben, legte Beyerle den Standpunkt Bayerns und der BVP in einer Verteidigungsrede dar. Dabei wiederholte er größtenteils die bereits früher geltend gemachten Bedenken. Die ganze Schutzgesetzgebung habe in ruhig denkenden, wissenschaftlichen, in unbedingt vaterländischen Kreisen lebhafte Beunruhigung hervorgerufen, weit über Bayerns Grenze hinaus. Der politischen Struktur eines Landes wie Bayern sei nicht Rechnung getragen worden. Von den drei Wegen: Rechtsverweigerung, gestützt auf die Eigenstaatlichkeit Bayerns, Rücktritt des Kabinetts mit oder ohne Landtagsauflösung und verfassungsmäßigem Vorgehen habe die bayerische Regierung den letzteren gewählt und die Ausnahmeverordnung geschaffen, dabei aber sofort ihre Bereitschaft zu Verhandlungen erkennen gegeben. Gegenüber einer vielfach schiefen Beurteilung Bayerns und seiner Regierung gelte es völlig auseinanderzuhalten: die völlig loyale Haltung der derzeitigen bayerischen Regierung zu Verfassung und Reich von dem Vorwärtsdrängen verantwortungsloser Ultrarechtsgruppen, die bereits in schwerer Gegnerschaft zum Ministerium Lerchenfeld stünden. Eine illoyale Durchführung der mit Bayern getroffenen Abmachung würde in Bayern nur das Ministerium stürzen, das die Gewähr unbedingter Reichstreue und Verfassungsmäßigkeit biete.[1058]

Der Konflikt lebte ein Jahr später wieder auf, als die bayerische Staatsregierung in einer wiederum auf Art. 48 IV RV gestützten Notverordnung vom 26.9.1923 aus Protest gegen die Aufgabe des Ruhrkampfes sowie der separatistischen Erscheinungen in der Pfalz den Ausnahmezustand für Bayern erklärte und die vollziehende Gewalt dem eingesetzten Generalstaatskommissar v. Kahr übertrug. Der Reichspräsident verhängte am gleichen Tag den Ausnahmezustand über das gesamte

---

[1053] Beyerle, FRP, S. 73

[1054] Die Rechtsstellung der in den Ländern eingerichteten Reichsdisziplinarkammern sollte gewahrt bleiben, zum Reichsdisziplinarhof Beamte aus allen Ländern herangezogen werden. Die Errichtung der Landeskriminalpolizeibehörde sollte Sache der Länder bleiben, Aufträge des Reichskriminalamtes über die Landeskriminalämter erteilt werden. (Beyerle, FRP, S. 83)

[1055] Beyerle, FRP, S. 84

[1056] Verordnung wegen Aufhebung der Verordnung zum Schutze der Verfassung der Republik vom 24.7.1922, Bayerisches Verordnungsblatt 1922, S. 426

[1057] Beyerle, FRP, S. 84

[1058] Joeckle, S. 254 f

Reich einschließlich Bayern. Drei Tage später stellte v. Kahr - in zweifellos verfassungswidriger Weise - den Vollzug des Republikschutzgesetzes in Bayern ein. Hiervon distanzierte sich Beyerle deutlich. Er hielt es für politisch unklug, durch die einseitige Aufhebung des mühsam mit Berlin Zurechtgezimmerten in den radikalen Kreisen Hoffnungen erweckt und objektiv deren Umsturzplänen Entgegenkommen gezeigt zu haben. "Ich mißbillige jenen Schritt ... und weiß, daß er auch in weiten Kreisen meiner Partei Unbehagen ausgelöst und Ablehnung gefunden hat. Um so verkehrter wäre es aber, zwischen dieser diktatorischen Handlung vom September 1923 und dem legalen Abwehrkampf der bayerischen Regierung und meiner Partei im Sommer 1922 Zusammenhänge konstruieren zu wollen ..."[1059] Nach Beyerles Ansicht konnte nicht mittels bayerischen Ausnahmezustandes geholfen werden, sondern nur die völlig legale Revision einer Fehlgesetzgebung.

"Für sie trete ich ein, nicht um der Gewalt willen, sondern im Dienste echter Freiheit und wahrer Demokratie. Die Deutsche Republik kann nicht von drakonischen Strafnormen, sie kann nur im Geiste und Herzen ihrer Söhne leben."[1060]

Beyerle vertrat den Standpunkt, daß der Konflikt nur zu lösen sei, wenn neben der Beseitigung des Schutthaufens, den der Fall Lossow angerichtet habe, mindestens zugleich eine Änderung des Art. 48 IV RV erfolge, mit dem "überspannten Unitarismus" auf dem Gebiet der Polizei- und Militärhoheit Grenzen gezogen würden. Zwar sei der bayerische Ausnahmezustand neben dem Ausnahmezustand des Reiches in seiner Rechtsgültigkeit umstritten, Das Reich müsse aber den guten Glauben der bayerischen Regierung anerkennen, verfassungsmäßig gehandelt zu haben und die gespannte politische Lage in Bayern berücksichtigen, die dort deutlicher als in Berlin erkannt worden sei. Das Reich selbst sei ebenfalls nicht ganz unschuldig, denn mit dem geforderten Abbau der Einwohnerwehr hatten die vaterländischen Verbände ein schwer kontrollierbares Eigenleben geführt. Die Beilegung des Konflikts setze voraus, daß man erkennt,

"wie viel kernhaftes deutsches Empfinden auch in der stammesbewußten Wahrnehmung der bayerischen Belange waltet, das national im besten Sinne des Wortes ist."[1061]

In seiner früheren Kritik am Staatsgerichthof sah sich Beyerle bestätigt, weil dieser in dem wichtigsten praktischen Fall, dem Prozeß über den Hitler-Putsch nicht durchgedrungen sei. Gewichtige Gründe hätten für die Zuständigkeit des Staatsgerichthofs in Leipzig gesprochen. Er bedauerte, daß die politischen Verhältnisse stärker als die Gründe der Juristen waren, so daß der Prozeß vor dem Münchner Volksgericht verhandelt wurde, was das Reich geschehen ließ.[1062]

[1059] Beyerle, FRP, S. 66

[1060] Beyerle, FRP, S. 149

[1061] Korrekturfahne eines von Beyerle nach dem 30.10.1923 verfaßten Zeitungsartikels, NL 68, Bl. 46, Zeitung und genaues Datum sind unbekannt.

[1062] Beyerle, FRP, S. 149, Gemäß § 13 RPSchG war wegen Hochverrats der Staatsgerichtshof zuständig, denn die Verfügung von Kahrs, mit der er die Republikschutzgesetzgebung außer Kraft setzte, war nichtig und der Hitlerputsch richtete sich nicht ausschließlich gegen die verfassungsmäßige Staatsform Bayerns. Hitler führte in seiner staatsanwaltschaftlichen Vernehmung aus, er sei ein grundsätzlicher Gegner des Staatsgerichtshofs, den er schon immer bekämpft habe. In seinem Falle halte er jedoch das Volksgericht für ungeeignet, weil es nicht den Mut finden würde, die notwendige Folgerung aus dem Verhandlungsergebnis zu ziehen. In Leipzig würden verschiedene Herren den Gerichtssaal vielleicht noch als Zeugen betreten, verlassen würden sie ihn sicher als Gefangene. (Gritschneder, S. 43)

Aus all dem wird deutlich, daß Beyerle im Reichstag und Rechtsausschuß mit an vorderster Front stand, als es um die Verteidigung und Bewahrung bayerischer Hoheitsrechte ging. Indem er sich in erster Linie auf die verfassungsrechtlichen Fragen konzentrierte, blieb er auf dem Boden der Verfassung ohne monarchistischen Stimmungen Raum zu geben. Dagegen erleichterte die gerade in der BVP verbreitete Sympathie für die Monarchie, die anläßlich der Konflikte noch Auftrieb erhielt, seine Situation nicht. Beyerle erwähnte den Satz Emmingers von dem gefühlsmäßigen Widerstand der monarchistischen Kreise Bayerns gegen das (Republikschutz)gesetz, da diese Kreise eine brennende Scham darüber empfänden, daß die Revolution in Bayern nicht aus dem Volk, sondern von Nichtstammesangehörigen hineingetragen worden sei.[1063] Beredten Ausdruck fanden solche Vorbehalte auch in der BVP, die bemängelte, daß die Verordnung des Reichspräsidenten den Schutz der "Republik", nicht etwa den Schutz der Verfassung bezwecke. Der Staatsgerichtshof sei ein Strafgerichtshof zur Aburteilung aller Verfehlungen gegen die Republik und damit Musterbeispiel eines Revolutionstribunals. Die Verordnung stelle den Kampf um die Staatsform an die Spitze, denn sie wolle nicht etwa allein die Verfassung, sondern vor allem einseitig die sozialistische Republik schützen.[1064] Beyerle betonte wiederholt, die BVP mißbillige jeden gewaltsamen Umsturz und unterwerfe sich der Autorität des Gesetzes. Insgesamt boten ihm die Krisen Anlaß und politisches Anschauungsmaterial, für eine Verfassungsreform im föderalistischen Sinne einzutreten. In seinem demokratischen Bewußtsein unerschüttert formulierte er:

"Ich selbst darf mich zu den Politikern rechnen, denen jede gesunde, vom Willen eines freien Volkes getragene Reform unserer Verfassung willkommen ist."[1065]

f. Verfassungsreform

Der damit umschriebene Problembereich umfaßte die ungelösten föderalistischen Fragen, vor allem hinsichtlich des in der Republik weiter bestehenden Übergewichts Preußens. Dieser Bereich stand über die Jahre hinweg auf der allgemeinen politischen Tagesordnung, während sich beispielsweise die Frage einer Sanktionierung der Grundrechte, auch wenn sie auf dem Juristentag 1927 erörtert wurde, einer ebenso breit angelegten Diskussion entzog. Beyerle war zumindest bis 1924 innerhalb der BVP an maßgeblicher Stelle an der Entwicklung ihres politischen Kurses beteiligt:

Der am 20.11.1923 im Reichstag eingebrachte föderalistische Grundsatzantrag der BVP, stellte den „vorläufigen Endpunkt" einer langen Entwicklung dar, die mit den „Verhandlungen von Weimar" ihren Anfang genommen hatte.[1066] Vorschläge für ein

---

[1063] Beyerle, FRP, S. 73

[1064] Joeckle, S. 159, Auf die Erklärung des Reichsjustizministers Radbruch, die Verordnung zum Schutze der Republik richte sich „gegen rechts" erklärte der bayerische Ministerpräsident Lerchenfeld am 27.6.1922 im Bayerischen Landtag: „Heute darf es sich nicht um Republik oder Monarchie, weder rechts noch links handeln – man sollte in so ungeklärten Zeiten nicht auch noch diesen Grund der Spaltung, diesen Gegensatz in das Volk bringen -, sondern es handelt sich um die Erhaltung des Staates und verfassungsgemäßer Zustände. Wenn überhaupt Vorschriften erlassen werden, so müssen sie als Titel tragen: Schutz der Verfassung. Dann könnten alle Bürger hinter Vorschriften treten, die geeignet sind, die Auswüchse der politischen Hetze und Lüge zu bekämpfen, mögen sie kommen von welcher Seite sie wollen." (zitiert nach Joeckle, S. 169)

[1065] Beyerle, FRP, S. 149

[1066] Beyerle, FRP, S. 99; Die Leitsätze von Januar 1919 sind oben unter 3. wiedergegeben, da sie sich im Gegensatz zum Bamberger Programm und dem föderalistischen Grundsatzantrag nicht in gedruckten Quellen wiederfinden. Sie weisen noch eine wenig konkrete Fassung auf.

neues Parteiprogramm zu erarbeiten, hatte die Parteileitung einem kleinen Gremium der Partei übertragen, „das als eine Art politischer Elite der Partei bezeichnet werden kann".[1067] Diese Kommission stand unter dem Vorsitz des Münchener Historikers Hermann Grauert. Ihr gehörten neben Beyerle u. a. v. Seidlein, Held, Dr. Heim, Leicht, Stützel und Schmelzle an.[1068] Diese „Mittwochsvereinigung der Geistesarbeiter der Bayerischen Volkspartei" legte der Fraktion am 9.6.1920 die „Denkschrift über eine Revision der Reichsverfassung im föderalistischen Sinne"[1069] vor. Dabei handelte es sich nach den Worten Beyerles um ein „föderalistisches Mindestprogramm", das nicht nur „unmittelbar nach seiner Niederschrift zu praktischer Bedeutung gelangte, sondern auch den Anstoß für die ganze weitere Arbeit der Partei zur Verfassungsrevision bildete."[1070]

Übereinstimmung bestand darin, daß die Änderung der Reichsverfassung nur auf legalem Wege in Betracht gezogen werden sollte. Als Grundgedanke enthielt der Entwurf die Forderung nach der Wiederherstellung der Staatspersönlichkeit der Länder, die diesen durch revolutionären Akt geraubt worden sei. Man wolle erreichen, daß die Länder in der Reichsverfassung wieder eine Reihe von eigenen Rechten zugestanden erhielten, die ihnen ohne ihre Zustimmung nicht mehr entzogen werden sollten. In systematischer Hinsicht wurde unterschieden zwischen Forderungen, die unabhängig von einer Änderung bestehender Gesetze erhoben werden sollten, sowie dem Verlangen nach Gesetzesänderungen und der Änderung der Reichsverfassung.

Zwar stimmte die Mehrzahl der Delegierten diesem Konzept zu, doch wurden auch Zweifel an den Chancen seiner Verwirklichung angemeldet.[1071] Namentlich Beyerle und die beiden Gewerkschaftsvertreter Carl Schirmer und Linus Funke vertraten die Auffassung, die BVP müsse ihre föderalistischen Ziele so abstecken, daß sie parlamentarisch verwirklicht werden könnten, deshalb solle man den vorliegenden Entwurf zurückziehen und vorerst nicht abschließend Stellung nehmen. Das unausgesprochene Motiv ihrer Erklärungen war die Befürchtung, daß sich die BVP durch jede programmatische Festlegung weiter vom Zentrum entfernen würde.[1072]

Als „erste leise Abkehr vom hemmungslosen Unitarismus" betrachtete Beyerle das Entgegenkommen Reichskanzlers Fehrenbach, der sich nach Verhandlungen über den Regierungseintritt der BVP gegen eine Überspannung der Zentralisation und für die Achtung und Schonung der Eigenart der deutschen Stämme aussprach.[1073] Am 18.9.1920 wurden die „Bamberger Richtlinien"[1074] bzw. das „Bamberger Programm"[1075] vorgelegt, womit nach den Worten Beyerles, „die entschlossene Reformpolitik der Partei" begann. Aufgrund der vielstimmigen Kritik beschloß der Parteitag, der am 28./29.10.1921 in München tagte, eine Überarbeitung. Die Programmkommission unter der Leitung von Lorenz v. Seidlein und Beyerle erstellte im Winter 1921/1922 einen Entwurf als begrenztes bayerisches Programm. Am 28.10.1922 wurde dann das Bamberger Programm vorgelegt. Es habe zunächst auch in Bayern selbst nur wenige Freunde gewonnen, weil ihm vorgeworfen wurde, es bezwecke die Lockerung oder Auflösung des Reiches.

[1067] Schönhoven, S. 43
[1068] Schönhoven, aaO; Beyerle, FRP, S. 50
[1069] Ein Exemplar findet sich im Nachlaß Dr. Heim, Stadtarchiv Regensburg, Nr. 2506
[1070] Beyerle, FRP, S. 50
[1071] Schönhoven, S. 46
[1072] Schönhoven, aaO
[1073] Beyerle, FRP, S. 54
[1074] Schönhoven, S. 48, 49, siehe Beyerle FRP, S. 50 und 63
[1075] Beyerle, FRP, S. 50

Auf der dritten ordentlichen Landesversammlung der BVP in München am 28.10.1921 wurde beschlossen, die Fühlungnahme mit verwandten Richtungen außerhalb Bayerns energischer aufzunehmen und das Bamberger Programm durch eine zu bildende Kommission umzuarbeiten in einen im Reichstag immer wieder einzubringenden föderalistischen Grundsatzantrag solange bis das Ziel der Verfassungsrevision erreicht sei.

In Weimar fand am 11.12.1921 im "Hotel Elefant" eine Föderalistische Reichskonferenz statt, bei der Vertreter der BVP mit Föderalisten aus Hannover (Deutsch-Hannoversche Partei), aus dem Rheinland (Christliche Volkspartei) und aus Schleswig-Holstein (Schleswig-Holsteinische Landespartei) zusammentrafen, um über ein gemeinsames Vorgehen zu beratschlagen. Bayern war vertreten durch Beyerle, Generalsekretär Pfeiffer und den Fraktionsvorsitzenden der BVP im Reichstag Leicht.[1076] Beyerle erblickte die Aufgaben einer föderalistischen Arbeitsgemeinschaft in einer klaren, allgemein anerkannten Gestaltung der föderalistischen Ziele, einer Bearbeitung der mit Art. 18 RV zusammenhängenden Probleme und eine engere Gestaltung des Zusammenschlusses der Föderalisten. Es sei wichtig den föderativen Gedanken in der öffentlichen Meinung nicht erlahmen zu lassen, und mit dessen Freunden in anderen Parteien in Kontakt zu bleiben, um eine Verschärfung der Beziehungen zu anderen Parteien zu vermeiden, zumal die Weimarer Verfassung nicht so unitaristisch sei, wie sie immer hingestellt werde, denn die bayerische Regierung habe sich selbst schon auf die föderativen Teile darin berufen. Vom Zentrum werde die energische Haltung der föderalistischen Parteien begrüßt. Beyerle machte zusammen mit dem Vertreter der Schleswig-Holsteinischen Landespartei deutlich, daß die Parteien eine loyale Durchführung des christlichen Gedankens in der Reichsverfassung vertreten und einen Abbau der Garantien in Kirchen- und Schulfragen ablehnen, da das „nicht ganz geklärte föderalistische Moment" nicht hinreiche.

Eine weitere Zusammenarbeit zwischen der verschiedenen föderalistischen Parteien erübrigte sich jedoch in den nächsten Jahren, da sich, mit Ausnahme der BVP, sämtliche föderalistische Landesparteien mangels Wählerstimmen nicht halten und entfalten konnten. Leicht hatte recht mit seiner Auffassung, daß eine Umgestaltung der Weimarer Verfassung im föderalistischen Sinne nur mit Hilfe der Großparteien möglich gewesen wäre.

Am 4.1.1922 konstituierte sich die föderalistische Kommission unter Vorsitz von Baron Hirsch im Konferenzzimmer des Generalsekretariats der BVP. Auf der Tagesordnung stand auch die Bildung von Unterausschüssen. Die nächsten Sitzungen der Kommission waren für den 12. und 18.1.1922 in Aussicht genommen.[1077] Nach der Erstellung von Grundsätzen zur Überarbeitung des Bamberger Programms,[1078] entstand der Entwurf des föderalistischen Programms der BVP.[1079] Da Beyerle an der letzten Sitzung der föderalistischen Unterkommission verhindert war, wurde er mit Schreiben vom 31.3.1922 gebeten, ein kleines Memorandum abzufassen zu Punkt 7 des Entwurfs, welcher lautete: „Die Gliederung der Länder soll einem wahren föderalistischen Aufbau zustreben. Gebietsteile,

[1076] Protokoll, NL 72, Bl. 29 ff ; Entgegen Maga, S. 99 ergibt sich die Teilnahme Hessischer Föderalisten hieraus gerade nicht, denn „infolge plötzlich notwendig gewordener Zugeinschränkungen in Mittel- und Norddeutschland seien die föderalistischen Gruppen in Kur-Hessen, Darmstadt, Mecklenburg, Braunschweig und Sachsen nicht in der Lage gewesen, rechtzeitig Vertreter zu entsenden.

[1077] Einladungsschreiben an Beyerle vom 29.12.1921, NL 70, Bl. 43

[1078] NL 72, Bl. 25 ff, „Föderalistische Unterkommission vom 17.1.1922"

[1079] NL 70, Bl. 18 f

welche die Kraft und den überwiegenden Willen zu eigener Staatsbildung beweisen, sollen ihre Eigenstaatlichkeit im Reiche frei erlangen können."

Am 20.11.1923 brachte die Fraktion der BVP den föderalistischen Grundsatzantrag im Reichstag ein, an dem besonders Beyerle mitgearbeitet hatte.[1080] Dessen Hauptziele waren schlagwortartig zusammengefaßt: eine Revision der Zuständigkeiten der Reichsgesetzgebung, wobei das Reich auf bisher nicht ausgeschöpfte Zuständigkeiten das Reich grundsätzlich verzichten sollte, die Ausführung der Reichsgesetze durch die Länder, die Rückübertragung der Finanzhoheit und Verkehrshoheit auf die Länder, die Wiederherstellung des Reichsrats als gleichwertiges Gesetzgebungsorgan und ein klares Bekenntnis zu dem die Ländergliederung betreffenden Art. 18 RV, das Recht der Landesregierungen über die zur Aufrechterhaltung der öffentlichen Sicherheit nötigen Maßnahmen selbständig zu entscheiden und über die im Landesgebiet liegende bewaffnete Macht selbständig zu verfügen, das Mitwirkungsrecht bei Ernennung und Abberufung von Reichswehroffizieren, die Unterlassung von Eingriffen des Reiches in den Staatsbesitz, die Beseitigung des politischen Staatsgerichtshofes und schließlich die Beschränkung der Grundsatzgesetzgebung des Reiches in Schulsachen.

Beyerle erblickte in diesen Zielforderungen „wahre und gesunde Realpolitik", bei der es „nicht um partikularistische oder gar separatistische Ideologie, sondern um die Gesundung der deutschen Verfassungszustände" gehe. Die Entwicklung der letzten fünf Jahre unter dem Eindruck der bayerischen Krisen gebe ihm dabei recht.[1081]

Auf der Politischen Konferenz in Jena vom 2. bis 6.1.1924 setzte sich Beyerle in seinem Referat über die Problematik der deutschen Einheit und Lösungsansätze[1082] hierzu, für eine föderalistische Umgestaltung der Verfassung entsprechend den Vorgaben der BVP ein. Auch für ihn wies die Verfassung Mängel auf, die sie reformbedürftig machten. Allerdings sah er 1926 die Zeit noch nicht reif dafür. Erst müsse ein „höherer Grad von politischem Gleichgewicht" erreicht sein, als man ihn gegenwärtig vorfinde. Ebenso hatte Reichspräsident Ebert kurz vor seinem Tode in einer Unterredung mit Beyerle die Situation beurteilt. Beyerle betonte dabei, daß „das, was uns in der Verfassung teuer sei" außerhalb der Diskussion stehe, wo von Verfassungsrevision die Rede sei, womit er in erster Linie den Bereich der Grundrechte und Grundpflichten im Auge gehabt haben dürfte. Das vordringliche Problem erblickte er in der richtigen Führerauslese.[1083]

Bitter beklagte Beyerle später, daß es nicht möglich gewesen sei, die Verfassung rechtzeitig sachgemäß umzugestalten.[1084] Zwar erfolgten Anstrengungen hierzu, die jedoch erfolglos blieben. Eigene politische Mitarbeit Beyerles in diesem Zusammenhang ist nicht belegt, wenngleich nicht auszuschließen ist, daß er mit dem bayerischen Ministerpräsidenten Held „beratende Gespräche" führte. Reichskanzler Marx hatte eine Länderkonferenz einberufen, die vom 16. bis 18.1.1928 in Berlin tagte, um die Probleme zwischen Reich und Ländern auf dem Verhandlungswege zu lösen. Grundsätzliche Einigkeit bestand über die Reformbedürftigkeit und eine starke Reichsgewalt, in der Sache wurde jedoch kein Ergebnis erzielt, wenngleich ein 18köpfiger Verfassungsausschuß eingesetzt wurde, Vorschläge für eine Verfassungs- und Verwaltungsreform sowie für eine sparsame Finanzwirtschaft zu

---

[1080] Maga, S. 124; abgedruckt bei Beyerle, FRP, S. 98 f
[1081] Beyerle, FRP, S. 100
[1082] vgl. die Stichwortübersicht in: NL 68, Bl. 42
[1083] NL 58, Bl. 272, Die Zeitung ist unbekannt.
[1084] Bauer, Badische Presse Nr. 121 vom 11.6.1933

erarbeiten. Nach längeren Beratungen legte der Unterausschuß am 21.6.1930 zwei Gutachten vor, die u. a. die Beseitigung Preußens und die Erhebung der bisherigen preußischen Provinzen zu eigenen Ländern vorsah, wogegen sich Bayern wandte, da es eine Majorisierung der süddeutschen Länder fürchtete. Ein am 24.6.1930 im Sinne der Kommissionsvorschläge im Reichstag eingebrachter Gesetzentwurf über eine umfassende Reichsreform blieb angesichts der bewegten politischen Verhältnisse unerledigt.

4. Mitglied des „Vorläufigen Staatsgerichtshofes"

Eine gewisse Garantie gegen die Schmälerung der den Ländern verbliebenen Rechte wurde im Staatsgerichtshof für das Deutsche Reich erblickt, der zwischen den verschiedenen Ländern oder zwischen dem Reich und einem Land bei Bestreitung von Rechten zu entscheiden hatte und bis zu dessen Errichtung der „Vorläufige Staatsgerichtshof" fungierte. Die über den eigentlichen Bereich der Politik hinausgehende Tätigkeit Beyerles am „Vorläufigen Staatsgerichtshof" beschränkte sich auf die Mitwirkung an zwei Entscheidungen. Gleichwohl verdient sie Interesse, weil sich ihm hier zum ersten Mal die Gelegenheit bot, in neuer Rolle als unabhängiger Richter, am Maßstabe der neugeschaffenen Verfassung zu urteilen.

Der „vorläufige Staatsgerichtshof" existierte von 21.2.1920 bis 9.7.1921. Art. 172 RV bestimmte, daß bis zum Inkrafttreten eines Reichsgesetzes über den Staatsgerichtshof (wie er in Art. 108 RV vorgesehen war) die Befugnisse des Gerichts durch einen Senat von sieben Mitgliedern ausgeübt würden. Vier Mitglieder sollte der Reichstag aus seiner Mitte auswählen, drei Mitglieder das Reichsgericht. Die Errichtung eines Staatsgerichtshofs auf Reichsebene war etwas Neues. Zwar kannte schon die konstitutionelle Monarchie Ministeranklage und Staatsgerichtshof und erblickte in diesen klassischen Requisiten eines demokratisch-parlamentarischen Staatswesens eine Sicherung zum Schutze der Rechte der Volksvertretung gegen Willkür von Fürsten und Regierungen, doch waren sie weder in der Bismarck´schen Reichsverfassung noch in Preußen vorgesehen.[1085] Um diese demokratische Lücke zu schließen – die süddeutschen Staaten hatten sie seit Jahrzehnten eingeführt – war es, mit den Worten Beyerles, „eine Selbstverständlichkeit", daß das neue Verfassungswerk Ministeranklage und Staatsgerichtshof enthalten mußte. Schon der Regierungsentwurf der Verfassung sah daher beide vor. Im Verfassungsausschuß war überlegt worden, ob dem Staatsgerichtshof neben der Ministeranklage nicht weitere geeignete Materien zugewiesen werden könnten. Während der Gedanke, jedermann den Weg zum Staatsgerichtshof zu eröffnen, der die Verletzung von Gesetzen durch Behörden behauptete, durch eine Zufallsmehrheit abgelehnt wurde,[1086] schien der Staatsgerichtshof zunächst für eine Klärung von Schuldfragen am Krieg zuständig werden zu sollen. Der daher von der Regierung am 6.7.1919 vorgelegte Gesetzentwurf über einen außerordentlichen Staatsgerichtshof wurde jedoch zugunsten der Beratung über die Errichtung eines ordentlichen Staatsgerichtshofs entsprechend Art. 108 RV nicht weiter verfolgt. Dem ordentlichen Staatsgerichtshof sollten auch die vom parlamentarischen Untersuchungsausschuß für anklagereif gehaltenen Fälle in der Kriegsschuldfrage überwiesen werden. Am 3.10.1919 begonnene Beratungen gelangten über das Kapitel „Ministeranklage" nicht hinaus, so daß sich die Aufgaben des vorläufigen Staatsgerichtshofs auf die ihm durch die

[1085] Beyerle: Der vorläufige Staatsgerichtshof für das Deutsche Reich, DJZ 1921, Sp. 230 ff
[1086] Beyerle, aaO, Sp. 231, vgl. dazu oben: Kritik und Schutz der Grundrechte

Reichsverfassung besonders zugewiesenen Fälle beschränkte. Erst im November 1920 legte die Reichsregierung einen neuen Gesetzentwurf über den Staatsgerichtshof vor. Mit Gesetz vom 9.7.1921 trat in Ausführung von Art. 108 RV der Staatsgerichtshof an die Stelle des vorläufigen Staatsgerichtshofs.

Inzwischen drängten zahlreiche praktische Fälle, die nach der Reichsverfassung der Entscheidung des Staatsgerichtshofs unterlagen dazu, die Übergangsbestimmung des Art. 172 RV in die Tat umzusetzen und als „vorläufigen Staatsgerichtshof für das Deutsche Reich" den dort vorgesehenen Senat ins Leben zu rufen. Auf Grund eines Ersuchens des Reichsinnenministers ordnete der Reichstag u. a. Konrad Beyerle als von ihm zu entsendendes Mitglied ab.[1087] So hatte der Reichsverkehrsminister verschiedene Anträge betreffend die Übernahme der Wasserstraßen und Seezeichen entsprechend Art 171 II RV gestellt.[1088] Reichsinnen- und –justizminister hatten mit Zustimmung des Reichstags beschlossen, daß der vorläufige Staatsgerichtshof bei dem Reichsgericht in Leipzig unter Vorsitz des zum Mitglied des Staatsgerichtshofs gewählten Senatspräsidenten des Reichsgerichts tagen sollte.

Am 21.2.1921 fand die erste Sitzung des vorläufigen Staatsgerichtshofs „zum Zwecke der Beratung und Beschlußfassung über die Geschäftsordnung in dem großen Sitzungssaale des Reichsgerichts" statt.[1089] Gleichzeitig wurde eine Verfahrensordnung festgelegt, die sich infolge Verweisungen auf 18 Paragraphen beschränkte und sich wesentlich am Ablauf des Zivilprozesses orientierte mit der Ausnahme, daß kein Parteibetrieb stattfand, sondern sämtliche Erhebungen von Amts wegen vorgenommen werden sollten. Der Präsident bestimmte danach einen oder mehrere Berichterstatter und soweit erforderlich Mitberichterstatter.[1090] Der Berichterstatter hatte als Leiter des Vorverfahrens, um Zeitverlust und Doppelarbeit zu vermeiden auch dem Mitberichterstatter Beweisbeschlüsse und Beweistermine zum Ermöglichen des richterlichen Fragerechts mitzuteilen.

An zwei Urteilen des vorläufigen Staatsgerichtshofs, die beide am 12.7.1921 verhandelt wurden, war Beyerle beteiligt. Die erste Entscheidung betraf eine Streitigkeit der Landtagsfraktion des Landeswahlverbandes Braunschweig gegen das Braunschweigische Staatsministerium.[1091] Der Gerichtshof – Berichterstatter war Rosenberg, Mitberichterstatter Petersen[1092] - urteilte, daß der Begriff der „Verfassungsstreitigkeit" innerhalb eines Landes nicht auf Streitigkeiten zwischen Regierung und Volksvertretung beschränkt sei und traf Feststellungen zur Parteifähigkeit von Landtagsfraktionen und zur Wahldauer der Braunschweigischen Landesversammlung. Zwar kann angenommen werden, daß Beyerle als einziges Mitglied des Gerichts, das auch schon an der Diskussion im Verfassungsausschuß beteiligt war, hinsichtlich der damaligen Auseinandersetzungen, ob unter Verfassungsstreitigkeit im Sinne des Art. 19 RV auch Streitigkeiten zwischen Verfassungsorganen eines Staates zu verstehen sein sollten, beratend mitwirkte, ein

---

[1087] Neben Beyerle wurden aus dem Reichstag entsandt: Dr. Kahl, Dr. Petersen und der Abgeordnete Hoffmann (Kaiserslautern). Vom Reichsgericht wurden entsandt: die Reichsgerichtsräte Rosenberg II, Dr. Pietzcker und der Senatspräsident Königs, der im Krieg als Präsident an das Obergericht für Flandern in Brüssel berufen worden war.

[1088] Weitere Zuständigkeiten nach der Reichsverfassung ergaben sich aus: Art. 15 III (Meinungsverschiedenheiten zwischen Reichs- und Landesregierung bei der Ausführung von Reichsgesetzen), Art. 18 VII (Streitigkeiten bei Gebietsänderungen), Art. 19 (Auffangzuständigkeit) und Art. 90 RV (Umfang der Enteignungsbefugnisse des Reiches, die sich auf das Eisenbahnwesen beziehen)

[1089] NL 80, Schreiben des Präsidenten des Vorl. Staatsgerichtshofs vom 9.2.1921

[1090] Beyerle, DJZ 1921, Sp. 233

[1091] Lammers/Simons S. 357 ff, Nr. 13

[1092] NL 80, Schreiben des Präsidenten des Vorl. Staatsgerichtshofs vom 1.6.1921

darüber hinausgehender Einfluß Beyerles auf die Entscheidung läßt sich jedoch - nicht zuletzt mit Blick auf das Beratungsgeheimnis - nicht belegen.

Anders verhält es sich hinsichtlich der zweiten Entscheidung über die Rechte parlamentarischer Untersuchungsausschüsse, bei der Beyerle neben dem Berichterstatter Dr. Pietzcker zum Mitberichterstatter ernannt worden war[1093] und die daher ausführlicher dargestellt werden soll. Sie bestätigt Beyerles in anderem Zusammenhang gefallene Äußerung, daß es „bei aller Eindeutigkeit der Verfassungsziele im Grundsätzlichen ... nicht ausbleiben" konnte, „daß die Staatspraxis und auch die Staatsrechtslehre bei ihrer Auslegungsarbeit am Verfassungstexte zu Zweifelsfragen gelangte ... Grundsätzliche Überzeugungen zu bekennen, fällt nicht schwer. Daraus aber für Einzelvorkommnisse scharfe juristische Argumente zu gewinnen, fällt manchmal schwer."[1094]
Der Entscheidung[1095] des Vorläufigen Staatsgerichtshofes lag folgender Sachverhalt zugrunde: Die Bremische Bürgerschaft hatte am 30.7.1920 nach einmaliger Lesung mit einfacher Mehrheit ein Gesetz beschlossen, durch das dem von der Bürgerschaft eingesetzten Untersuchungsausschuß die Befugnis beigelegt wurde, selbst durch Ersuchen der Gerichte und Verwaltungsbehörden Beweis zu erheben. Ebenso wurde eine Ergänzung der Geschäftsordnung beschlossen, die vorsah, daß Untersuchungsausschüsse auf Antrag von einem Fünftel der Bürgerschaft einzusetzen seien. Der Bremer Senat sah darin einen Verstoß gegen die Verfassung der freien Hansestadt Bremen vom 18.5.1920 und rief gemäß Art. 19, 172 RV den vorläufigen Staatsgerichtshof an.

In seinem Gutachten vom 21.6.1920 führte der Berichterstatter Dr. Pietzcker aus:[1096] Die Einsetzung eines Untersuchungsausschusses erfordere keine verfassungsändernde Mehrheit, da weder ein Widerspruch zur Bremer Verfassung, noch zu materiellen Verfassungsgrundsätzen vorhanden sei. Mit vergleichendem Blick auf Frankreich und England führte Pietzcker aus, daß dem Sinn der Verfassung nicht widersprochen werde, da die Ausschüsse nur kontrollierend, nicht „handelnd" tätig würden und sich daher keine Verschiebung der Gewaltenteilung ergebe. Da die Bürgerschaft jedoch nicht mehr Befugnisse übertragen könne, als ihr selbst zustünden, entspreche zwar die Aktenvorlage, das Ersuchen und das Ersuchen um Beweiserhebungen allgemeinem Staatsrecht. Unbedenklich sei auch die eigene Beweiserhebung, wenn kein Zwang ausgeübt werde, soweit jedoch die Beweiserhebung (insbesondere die Zeugenvernehmung) erzwungen werden solle, verstoße diese Bestimmung gegen die Bremer Verfassung. Das gelte auch, soweit entgegen der Verfassung für die Einsetzung von Untersuchungsausschüssen statt einer Mehrheit der gesamten Bürgerschaft schon ein Fünftel der Bürgerschaft ausreichen sollte.

Beyerles Grundgedanken sind aus einem zwölfseitigen handschriftlichen und wohl nicht mehr ganz vollständigen Gutachtenskonzept erkennbar.[1097] Mit dem Berichterstatter stimmte er darin überein, daß die Bremer Bürgerschaft nach der neuen Bremer Verfassung vom 18.5.1920 berechtigt war, in eigener Zuständigkeit Untersuchungsausschüsse einzusetzen. Er unterschied zwischen getrennten und gemeinsamen Deputationen. Erstere wurden allein vom Senat (Regierung) oder der Bürgerschaft (Stadtparlament) eingesetzt, während die Einsetzung gemeinsamer Ausschüsse auf der Mitwirkung beider Staatsorgane beruhte. Die Bremer Verfassung

---

[1093] NL 79, Schreiben vom 22.6.1921
[1094] Beyerle, Die wirtschaftliche Sicherstellung der Beamten, S. 6
[1095] Simon/Lammers, S. 378 ff, Nr. 16;
[1096] NL 79, Gutachten vom 20.6.1921
[1097] NL 79 (nicht paginiert)

habe das Enqueterecht des Parlaments übergangen und sich damit begnügt, die Bürgerschaft in die Lage zu versetzen, eine zu ihrer Zuständigkeit gehörende Angelegenheit an einen gemeinschaftlichen Ausschuß zu überweisen.

Die neue Verfassung habe die Bürgerschaft freier gestellt und deren Aktionsfähigkeit erweitert, so daß auch die Einsetzung eines getrennten Untersuchungsausschusses verfassungsmäßig zulässig sei. Hinsichtlich der dem Untersuchungsausschuß verliehenen Befugnisse schloß sich Beyerle der Beurteilung des Berichterstatters an. Wie dieser hielt er eine selbständige Befugnis zu Beweiserhebungen mit den Zwangsmitteln der Strafprozeßordnung für verfassungswidrig, da dem Ausschuß nur solche Befugnisse beigelegt werden könnten, die auch der einsetzenden Bürgerschaft zustünden. Das gelte auch, soweit andere Behörden auf Antrag des Untersuchungsausschusses in dieser Weise tätig werden sollten. Auch den zweiten Teil des Beschlusses, wonach die Einsetzung nur ein Fünftel der Mitglieder der Bürgerschaft erfordern sollte, hielt Beyerle für verfassungswidrig.

Der vorläufige Staatsgerichtshof stellte in seiner Entscheidungsformel fest, daß der gesamte Beschluß der Bremischen Bürgerschaft mit der Verfassung der freien Hansestadt Bremen in Widerspruch stand. Man habe den Beschluß als Einheit angesehen, da „nur ein wenig bedeutungsvoller Rest übrig bleiben würde, der gerade diejenigen Bestimmungen nicht enthielte, auf die es der Bürgerschaft ... ankam".[1098] In der veröffentlichten Entscheidung findet sich auch ein Abschnitt, der sich mit der geschichtlichen Entwicklung des Enqueterechts auseinandersetzt, dem Recht der Volksvertretungen, über Fragen, die zu ihrer Kompetenz stehen, durch Ausschüsse Untersuchungen anzustellen.[1099] Ob diese Ausführungen auf Beyerle zurückgehen, der als Rechtshistoriker hierzu sicherlich berufen gewesen wäre, läßt sich aufgrund des eingesehenen Quellenmaterials nicht belegen.

Den politischen Wert des Staatsgerichtshofes erblickte Beyerle darin, daß statt eines ebenso möglichen Volksreferendums durch die Verweisung der Streitigkeit an das höchste Gericht des Reiches, die Entscheidung einem neutralen Richterspruch zugeführt wurde und allen politischen Reibungen im kleinen Kreise entzogen wurde.[1100] Simons urteilte 1929[1101] auch wenn der vorläufige Staatsgerichtshof nur wenig über ein Jahr tätig gewesen sei, so habe er dennoch zu einigen grundlegenden Fragen der Verfassungsgerichtsbarkeit, namentlich zur Frage der Parteifähigkeit von Staatsorganen, in einer Weise Stellung genommen, die für die ganze weitere Rechtsentwicklung maßgebend geworden sei. Damit erfüllte dieses Gericht die von Beyerle beschriebene

„hohe politische Aufgabe ... in einer Zeit grundlegenden Umbaus des deutschen Verfassungslebens ... in eine dem Getriebe der Parteien und Interessengegensätze entrückten Sphäre zu erweisen, daß auch die deutsche Republik ein Rechtsstaat ist, der sein Fundament in einer sachlichen und von allgemeinem Vertrauen getragenen Rechtsprechung finden muß ..."[1102]

[1098] Simon/Lammers, aaO, S. 381

[1099] Simon/Lammers, S. 380 letzter Absatz, S. 381 erster Absatz

[1100] Beyerle, Vom Staatsgerichtshof, Vossische Zeitung Berlin vom 13.7.1921; ebenso hatte er schon als Berichterstatter während der Verfassungsberatungen den neuen, Streitigkeiten zwischen den Ländern entscheidenden Staatsgerichtshof als Gewinn und Fortschritt gelobt, denn Bundesstaaten seien immer Partei, während der Staatsgerichtshof eine von den Parteien losgelöste gerichtliche Instanz sei. (Aktenstück Nr. 391, S. 113, 11. Sitzung des Verfassungsausschusses vom 20.3.1919)

[1101] Simon/Lammers, Zum Geleit, S. 9

[1102] Beyerle, DJZ 1921, Sp. 233

Einige Monate später hatte er erneut Gelegenheit sich zur verfassungsrechtlichen Zulässigkeit eines vom Reichstag eingesetzten Untersuchungsausschusses zu äußern, der neben der preußischen Strafanstalt Lichtenburg auch die bayerische Festungsstrafanstalt Niederschönenfeld, in der die Politprominenz der USPD einsaß, inspizieren wollte, um die dortigen Zustände zu prüfen. Bayern erblickte darin einen Eingriff in seine Justizhoheit, wenn hierzu keine Genehmigung des Landes eingeholt werde. Beyerle begründete dies damit, daß trotz des allgemein gehaltenen Art. 34 RV, Gegenstand einer Untersuchung nicht alles Beliebige sein könne, sonst könnte die ganze Ordnung der Instanzen und Rechtsorgane in Verwirrung gebracht werden, wovor bei Beratung der Verfassung immer wieder gewarnt worden sei. Auszugehen sei stets von der staatsrechtlichen Stellung des Reichstages. Damit stelle sich das Begehren des Untersuchungsausschusses als Anmaßung eines Aufsichtsrechtes dar, das zur Exekutive gehöre und außerhalb der im wesentlichen gesetzgeberischen Aufgaben des Parlaments liege.[1103] Der Vertreter des Reichsinnenministeriums hatte angekündigt, sofern man in dieser Rechtsfrage nicht zu einer Übereinstimmung mit Bayern gelange, werde sie ggf. vom Staatsgerichtshof zu entscheiden sein. Mit Rücksicht auf die „strittige" Rechtsfrage verzichtete der Ausschuß jedoch auf einen Besuch der Strafanstalt.

Das weit gesteckte Aufgabenfeld des Jahres 1921 umfaßte auch Vorträge Beyerles für den Diplomatischen Dienst im Auswärtigen Amt über die Weimarer Verfassung.[1104] Nach seiner Tagebuchnotiz wurde er auch in den Prüfungsausschuß für den Diplomatischen Dienst berufen.[1105] Als Mitglied des Kulturbeirates wurde er am 15.12.1923 beim auswärtigen Amt ernannt.[1106]

[1103] Beyerle, Untersuchungsausschuß und bayerische Justizhoheit, Bayerischer Kurier vom 26.11.1921
[1104] siehe NL 70
[1105] Tagebuch, S. 28
[1106] Archiv der Universität München L – N 14 a

IV. Teil: Der Rechtslehrer und Publizist

1. Rückkehr zu Wissenschaft und Lehre

Von der Partei, deren Auffassung von föderalistischer Politik in ihrer Mehrheit manchmal schon fast separatistische Züge aufwies,[1107] wurde Beyerle für die Wahl zum neuen Reichstag nicht mehr aufgestellt.[1108] Die BVP unterdrückte nunmehr ihren linken Flügel, dem er mit einigen anderen Politikern angehörte. Sie konnte auf einen so bewußt demokratisch eingestellten Mann verzichten, der sich in dem „rechtsextrem-nationalistischen Treibhausklima",[1109] in dem die Forderung nach Beseitigung des Parlamentarismus lautstark erhoben wurde, zunehmend unwohl gefühlt haben dürfte. Der Einschätzung Weisz', daß Beyerles Verhältnis zur offiziellen Politik der BVP „gespannt" war,[1110] ist zuzustimmen. Schon in einer Zwischenbemerkung seiner groß angelegten Rede vor dem Reichstag am 19.3.1924 zum Ende der Legislaturperiode: „...-ich weiß noch nicht einmal, ob wir alle aus dem Wahlkampf wieder hervorgehen werden, es gibt a-la-baisse-Spekulanten auch bezüglich der Bayerischen Volkspartei-..."[1111] klingen gewisse Zweifel an seiner Wiederaufstellung an. Aus seinem Tagebuch geht hervor, daß er auf der Landesversammlung der Partei in Bamberg im April 1924 „von einem Teil der Wahlausschußmänner der BVP im Stich gelassen" und nicht mehr für den Reichstag aufgestellt wurde.[1112] Der genaue Hintergrund bleibt jedoch unklar. Vorstellbar ist, daß er im mehrheitlich protestantischen Franken auf Widerstand stieß. Denkbar ist auch, daß seine Nichtwiederaufstellung auf die Einflußnahme Dr. Heims[1113] zurückzuführen ist, wenngleich die fränkischen Wahlkreise Dr. Heim kritisch gegenüberstanden. Anhaltspunkte für die beiden Annahmen haben sich jedoch nicht ergeben, so daß es am wahrscheinlichsten ist, daß Beyerle in Franken gegen die Persönlichkeit des ehemaligen demokratisch gesinnten Ministerpräsidenten Lerchenfeld nicht konkurrieren konnte. Schwend hatte nicht unrecht, wenn er schrieb: „Was Beyerle fehlte, war die innere Verbundenheit mit der bayerischen Sache, die er natürlicherweise nicht besitzen konnte. Das nahm seinem Auftreten die letzte Überzeugungskraft, da ihm die Ursprünglichkeit des angeborenen oder doch wenigstens anerlebten Sinnes für die zugefallene Aufgabe abging. Daran scheiterte seine Entwicklung als Politiker auf bayerischem Boden, in dem er trotz seiner Liebe für Land und Leute und trotz des Ansehens und der Verehrung, die er als Münchener akademischer Lehrer genoß, keine rechten Wurzeln zu fassen vermochte."[1114]

[1107] Schönhoven, S. 53

[1108] so Weisz, S. 44; der sich auf Baier ZGO 1934, 369 (377) und Stutz ZRG 1934, XXV, (XXXIX) beruft. Ebenso spricht Otto Riedner (ZBLG 6, (1933) S. 169) von einer „schmerzvoll empfundenen Beendigung eines politischen Zwischenspiels."
Die Auffassung Schönhovens, Beyerle habe auf eine weitere Kandidatur enttäuscht über die politische Haltung der BVP verzichtet und sich auf seinen Münchner Lehrstuhl zurückgezogen, läßt sich angesichts der Tagebucheintragung Beyerles nicht aufrechterhalten. Unrichtig auch Maga, S. 136: Beyerle habe sich aus Verärgerung über die Politik der Münchener Parteileitung aus der Politik zurückgezogen.

[1109] Altendorfer, S. 136

[1110] Weisz, S. 19, Fußnote 13

[1111] Beyerle, FRP, S. 101

[1112] Tagebuch, S. 31

[1113] So soll dieser geäußert haben, wie Graf Bothmer in der Versammlung der bayer. Königspartei am 28.7.1920 berichtet: "Wer für die Weimarer Verfassung stimmt, hat das Programm der bayer. Volkspartei verraten und darf bei der nächsten Wahl nicht mehr gewählt werden..."; vgl. Bericht im Nachlaß Pfeiffer Nr. 13

[1114] So Schwend, S. 100

Ohne einzelne Politiker der BVP beim Namen zu nennen, deutete Beyerle an, daß das Verhältnis zu ihnen nicht das allerbeste war:

„Das bayerische Volk ist ein Volk von warmem Gefühlsleben, das sich also in seinen breiten Schichten aus Stimmungspolitikern zusammensetzt. Es gibt aber auch klarblickende und zukunftssichere Föderalisten, die dem Reiche das Notwendige gar nicht versagen, die aber gleichwohl den Ländern die freie Auswirkung der eigenen Staatshoheit nicht verkümmern lassen wollen ...“[1115] und: *„Die Reichstagsfraktion der BVP ... hat jahrelang große Zurückhaltung geübt. Diese Zurückhaltung hat uns im eigenen Lager – Sie dürfen es mir glauben, meine Herren von der Linken – schärfste Vorwürfe eingebracht.“*[1116]

Während seine Mitarbeit an den Grundrechten vor allem außerhalb der BVP positiv bewertet wurde[1117] - Beyerle verstand sich dabei nicht als Vertreter einer Partei, sondern fühlte sich dem ganzen Ausschuß als Verfassungsexperte verpflichtet[1118] - gilt dies für die Vertretung der föderalistischen Interessen Bayerns nicht in gleichem Maße. Einerseits wurde der Vorwurf des Partikularismus erhoben, andererseits fand Beyerle auch in den eigenen Reihen nicht die erhoffte Anerkennung. Es war in der Partei nicht immer leicht, mit ihm die bayerische Linie festzulegen, und häufig, wenn er während der Verfassungsberatungen von Weimar nach München kam, um der Parteiführung zu berichten, mußte er anstatt des gerne erwarteten Lobes oft nur harte und kritische Worte der Enttäuschung und Unzufriedenheit hören,[1119] was bei der Stimmungslage - „Vergewaltigung Bayerns durch das Reich“ - nur allzu verständlich war.[1120] So gelang es Beyerle zwar seinen Grundrechtsentwurf in der Verfassung unterzubringen, hinsichtlich der Diskussion Föderalismus-Unitarismus konnte er nur wenig bewirken.[1121]

Bei den Wahlen zum zweiten Reichstag am 4.5.1924 erzielte die BVP nur noch 16 von 472 Mandaten, was nur noch 3,2 % der Wählerstimmen bedeutete.[1122] Beyerles Wahlkreis übernahm der frühere bayerische Ministerpräsident Hugo Graf Lerchenfeld, der in seiner demokratischen Haltung ebenfalls eher eine Außenseiterposition einnahm.

Für seine politische Tätigkeit hatte Beyerle viel Zeit, Kraft, Gesundheit und Arbeitsruhe geopfert.[1123] Obwohl er im November 1920 ein schwere Operation hinter

---

[1115] Beyerle, FRP, S. 13

[1116] Beyerle, FRP, S. 100

[1117] In der 1919 erschienenen Schrift von Karl Schirmer, wie Beyerle Mitglied der Nationalversammlung und darüberhinaus weiteres Mitglied des Vorstandes der BVP wird zwar die unermüdliche Tätigkeit Beyerles am Verfassungswerk gelobt (S. 8). Die Mitarbeit an den Grundrechten wird allerdings nur sehr knapp und in deutlich distanzierter Weise erwähnt: „... Das Stimmrecht der Gliedstaaten, Einrichtungen und Befugnisse des Reichsrats, Steuer-, Zoll-, Kirchen- und Schulfrage, die Grundrechte und die dazu einschlägigen Paragraphen über das Vereins- und Petitionsrecht, über das Arbeiter- und Beamtenrecht behandelte Abgeordneter Dr. Beyerle ebenfalls im Benehmen mit seinen Kollegen stets sachgemäß, im Sinne der BVP. Er hat sich als Referent auch um die Rechtssprache und Gruppierung der Reichsverfassung anerkannte Verdienste erworben.“

[1118] Völtzer, S. 166

[1119] Schwend, S. 100

[1120] Schönhoven, S. 30

[1121] Altendorfer, S. 352, Fußnote 586 mit Hinweis auf Morsey, Zentrumspartei, S. 198 f

[1122] Kolb, Anhang, S. 284

[1123] In einem Scherz-Gedicht auf die Reichstagsmitglieder der BVP im Mai 1921 heißt es zu Beyerle:

„Nun bin ich wieder außer Sorgen,
des ReichsVerfassung ist geborgen,
Denn Beyerle ist nun genesen,
Mir ist wahrhaftig Angst gewesen.“

(Im Nachlaß Dr. Heim; Stadtarchiv Regensburg, 2506)

sich gebracht hatte,[1124] hatte er sich auch in den nächsten Jahren nicht geschont. 1922 beklagte er: „Meine Schaffenskraft leidet das ganze Jahr unter Zersplitterung, unter den großen u(nd) kleinen Aufgaben des polit(ischen) Lebens, unter physischem Raubbau aller Art."[1125] Stutz bemerkte in seinem Nachruf - unter dem Eindruck vom Tode des Freundes offenbar ernüchtert und versöhnlicher als früher - daß man, wenigstens aus der Ferne den Eindruck hatte, daß diese Opfer sich nicht entsprechend lohnten, und daß der eben doch zu sachlich und grundsätzlich denkende Gelehrte im Grunde kein Mann der Politik und für sie war. Doch habe er auch dabei eine Menge Gutes gestiftet. Von einer etwas übersteigerten Betriebsamkeit und einer gewissen Gewalttätigkeit abgesehen, habe Beyerle über seine alte Liebe zur Reichenau zur ganzen Reinheit und Strenge der Forschung zurückgefunden.[1126] 1924 war Beyerle erneut gesundheitlich angeschlagen. So notierte er: „Eine Untersuchung brachte im Sommersemester 1924 eine leichte Lungeninfektion mit Ripp(en)fellentzündung. Die Heilung führte Berta und mich im August 1924 zum 1. Mal über d(en) Brenner, nach Bozen."[1127] Mit dem Verlust seines Mandates und seiner sich mit den Jahren verschlechternden Gesundheit, die ihn immer stärker den Wunsch nach „Erholung und Entlastung" verspüren ließ, ließ Beyerles parteipolitischer Ehrgeiz nach.[1128] Allerdings dachte er ernstlich darüber nach, wie er am Besten seine „politischen Erfahrungen in der Öffentlichkeit nutzbringend" gestalten könne, „besonders auch zugunsten des katholischen Nachwuchses, dessen gesunde politische Einstellung" ihm „wirklich am Herzen" lag.[1129] Dies geschah durch die Übernahme der Vizepräsidentschaft der Görres-Gesellschaft.[1130]

Beyerle, der bereits 1920 in die Kommission des Reichsjustizministeriums für die Vereinheitlichung des Rechtsstudiums berufen worden war,[1131] wandte sich wieder Wissenschaft und Lehre zu. Aus der Politik zog er sich fast vollständig zurück. Zwar sollte er in der Öffentlichkeit die Weimarer Reichsverfassung weiterhin verteidigen, die Anzahl der von ihm verfaßten Artikel, beispielsweise in der "Allgemeine(n) Rundschau", ging allerdings stark zurück.[1132] An den durch die Politik angestoßenen, in der Rechtswissenschaft diskutierten Streitfragen über die Weimarer Reichsverfassung beteiligte er sich, mit wenigen Ausnahmen, etwa seinem bereits oben erwähnten beamtenrechtlichen Gutachten, nicht. Mit Berlin verbanden

---

1124 Sein Tagebucheintrag Sylvester 1920 lautet: „Ich danke Gott, der mich durch eine schwere Prüfung hindurch geführt hat. Mein altes Darmübel verschlimmerte sich seit Juli 1920 – wohl infolge starker Überanstrengung namentl(ich) durch Vorlesungen im S(ommer)s(emester). – Ich huste seit August ...(unleserlich) Heilung in Wörishofen, wo ich schließlich bis Nov(ember) blieb. Durch Dr. Pikart ... ergaben Röntgenaufnahmen starke Verwachsungen, die chirurgische Lösung verlangten. Dazu hatte Dr. Schalk – Wörishofen Magengeschwüre diagnostiziert. Die Operation bei G(eheim)r(at) Sauerbruch wurde durch eine Gürtelrose hin und (her) gezögert, fand dann am 26. Nov. – Nachmittag statt, seit 29. M(är)z bin ich wieder zuhause. Die Geschwürbildung im 12 Fingerdarm festgestellt, soll durch einen künstlichen Magenausgang ihrer Gefährlichkeit beraubt u(nd) zur Rückbildung gebracht werden. So ist ein x in der Rechnung – doch wir alle stehen in Gottes Hand. Einstweilen den Meinigen zurückgegeben, erhoffe ich von Zug zu Zug Besserung u(nd) Wiederkehr meiner geistigen Arbeitskraft. ..."

1125 Tagebuch, S. 29

1126 Stutz, Nachruf, S. XXXIX

1127 Tagebuch, S. 31

1128 Tagebuch, S. 33 (1926): „...Polit(isch) klein, ohne Ehrgeiz...."

1129 Brief an einen Bundesbruder vom 21.8.1926, NL 58, Bl. 252

1130 siehe den nachfolgenden Abschnitt: Vortrags- und Herausgebertätigkeit

1131 Tagebuch, S. 25

1132 vgl. etwa seine Rede zum zehnten Verfassungstag. 1929 erschien letztmals ein namentlich gezeichneter Beitrag: Zehn Jahre Reichsverfassung (AR Nr. 32 vom 10.8.1929)

Beyerle nur noch „lose Fäden" und die Politik trat für ihn sehr in den Hintergrund.[1133] 1932 schrieb er an Stutz:

> *„Du weißt, wie oft ich unter der Zwiespältigkeit meiner Aufgabe gelitten habe. Und jetzt wieder werde ich von allen Seiten gedrängt, mich zu den politischen Tagesfragen zu äussern."*[1134]

Angesichts seiner schwachen Gesundheit und der gewandelten politischen Verhältnisse hatte Beyerle aber wohl auch nicht mehr die Kraft, sich erneut politisch zu engagieren: „Von Politik bei mir – nischtewo!",[1135] zumal sich seine Hoffnung zerschlagen hatte, daß die „gute Führung von Brüning Deutschland eine Besserung aus schwerer Zeit bringen" würde,[1136] denn mit Brüning, der für eine „Regierung über den Parteien" mittels reichspräsidialer Notverordnungen stand, begann der Niedergang des Weimarer Parlamentarismus.

Stattdessen hatte Beyerle an der Universität, wo er 1924 das Amt des Dekans der Juristischen Fakultät bekleidete,[1137] Vorlesungen über die Verfassung gehalten und war als Rechtshistoriker in die Domäne der Staatsrechtslehrer eingedrungen, weil er sich zum Staatsrecht aus seiner Erfahrung als Mitglied der Nationalversammlung von Weimar hingezogen fühlte.[1138] Nicht auszuschließen ist, daß er, auf seine Mitarbeit an der Verfassung besonders stolz, dabei einem gewissen Hang zur Selbststilisierung unterlag und bisweilen von seiner Umgebung als arrogant empfunden wurde. Seine Vorlesungen aus unterschiedlichen Rechtsgebieten wurden nach Inhalt und Form als „klassisch" gelobt.[1139] „Hier spricht ein Jurist, der nicht nur in seiner Gesinnung kernnational ist, sondern auch die deutsche Sprache in seltener Meisterschaft zu hämmern versteht." Für den auf die rein praktische Berufsbildung bedachten Durchschnitt der Studierenden habe Beyerle gelegentlich „zu feine Kost" geboten, während die geistige Elite der Studentenschaft ihm viel zu verdanken habe. Seine Zielsetzung beschrieb er so:

> *„Theorie ist wissenschaftliche Betrachtung. Aus der Theorie des Rechts erfährt das Gesetz seine Beleuchtung und den Anstoss zu seiner Weiterbildung. Mag daher auch bei Beurteilung konkreter Rechtsverhältnisse der geschäftliche Inhalt der Rechtsakte und das ihn beherrschende objektive Recht immer den Vortritt beanspruchen; zu vollem Verständnis kann immer nur die Mitberücksichtigung der theoretischen Gedankenwelt führen."*[1140]

Der mit Beyerle befreundete Eugen Wohlhaupter lobte die „lebendige, anschauliche und begeisternde Art seines Vortrags."[1141] Seine pädagogische Zielsetzung nicht nur im Sinne staatsbürgerlicher Erziehung unter Betonung des Pflichtgedankens, sondern auch im akademischen Bereich, war zu einer gewissen Strenge bereit, die

---

[1133] UAZ, Brief vom 2.7.1926
[1134] UAZ, Brief vom 19.9.1932
[1135] UAZ, Postkarte vom 5.2.1933
[1136] UAZ, Brief vom 4.1.1932
[1137] Universitätsarchiv München, E – II - 886
[1138] Zacher, 500 Jahre Universität Ingolstadt-Landshut-München, BayVBl. 1972, 341 ff, 374 ff, 376f; Während Beyerle im SS 1920 und 1932 über „Grundfragen staatsbürgerlicher Erziehung" las, beschäftigte sich eine Vorlesung im Sommersemester 1929 mit „Werden und Bedeutung der Weimarer Verfassung".
[1139] Eugen Franz, nicht näher bezeichneter Zeitungsartikel in den Unterlagen des Leopold-Wenger-Instituts zum 50. Todestag Konrad Beyerles
[1140] Das Haus Wittelsbach und der Freistaat Bayern, Teil I, S. 23
[1141] Wohlhaupter, Nachruf, S. 276

darin zum Ausdruck kam, daß er sich wegen der „überaus betrüblichen Examenserfolge“ in einem Brief vom 13.3.1928 an die Juristische Fakultät für eine obligatorische Teilnahme der Studenten an den praktischen Übungen einsetzte.[1142] „Nachdem er für die Reichstagswahlen 1924 nicht mehr als Kandidat aufgestellt worden war“, berichtete Beyerle, habe er „gelassen an der Reichenau“ weitergearbeitet.[1143] „Nach 2 ½ jähr(igem) Schaffen war „Die Kultur der Abtei Reichenau“ Anfang Juli 1926 abgeschlossen. Die umfassende Korrespondenz dazu enthält ein Bild meines ganzen Schaffens in dieser Zeit, soweit es nicht durch die ... (unleserlich) erfolgreiche Lehrtätigkeit an der Univ(ersität) München erfüllt war.“

Zur 1200-Jahrfeier der Reichenau erschienen die beiden prächtig aufgemachten Bände „Die Kultur der Abtei Reichenau“, die er unter Mitwirkung zahlreicher Fachgelehrter herausgab.

In den Pfingsttagen 1921 war der Gedanke einer Festschrift zur 1200-Jahrfeier der Reichenau im engeren Freundeskreise aus Anlaß eines Besuches der Insel zuerst ausgesprochen worden. Ein „Heimatbuch im besten Sinne“ sollte entstehen. Die Verschiebung der Jubiläumsfeier um ein Jahr gestattete es, den Plan zu erweitern und ihm eine größere Geschlossenheit zu verleihen. Erklärtes Ziel war es, einen Brennpunkt zu schaffen, in dem sich die Ergebnisse einer weitzerstreuten Forschungsarbeit sammeln und von dem aus neue Anregungen zu neuer Forschung ausgehen sollten,

> *„nicht wie es historische Dilettanten oder geschichtsphilosophische Schwarmgeister es sehen, die in unserer Zeit ihre Scheidemünze in großer Aufmachung unter die Leute bringen. Aber auch nicht mehr in mühsamer Einzelforschung, die nur den Fachmann und Gelehrten interessiert, sondern in der frohen Stimmung, in der auch der Wissenschaftler die Ernte langer Jahre einbringt und hoffen darf, durch ihre zusammenfassende Darstellung weiteren Kreisen als Elemente der allgemeinen Bildung das zu überantworten, was er zunächst in der Zurückgezogenheit der Studierstube den Quellen abgerungen hat.“*[1144]

Neben dem Vorwort verfaßte er die Darstellung der Geschichte des Inselklosters von seiner Gründung bis zum Ende des freiherrlichen Klosters (724 – 1427). Weitaus mehr Raum als ursprünglich vorgesehen benötigte Beyerle um auf insgesamt 183 Seiten die Geschichte der Reichenau im Mittelalter detailliert nachzuzeichnen. Dabei

---

[1142] Universitätsarchiv München L – N – 14a,
Da die Klagen über unzureichende Examensergebnisse bis heute aktuell geblieben sind, seien aus dem genannten Brief Textauszüge wiedergegeben: „ ... Die praktische Übung ist der Ort, wo in den Mittel- und Minderbegabten die Illusion zerstört wird und zerstört werden muß, daß ein leidlicher Kollegbesuch allein schon den Erfolg verbürgt. Der moralische Druck, der durch die obligatorisch gemachten pr(aktische) Ü(bung) auf den kontinuierlichen Fleiß der Studierenden ausgeübt wird, erweist sich anderswo als ein Segen und würde diese Wirkung auch hier in Bayern haben. ... Fälle katastrophalen seelischen Zusammenbruchs, wie wir sie gerade diesesmal an durchgefallenen Kandidaten und ihren Angehörigen in einem Grad beobachten mußten, der auch die Examinatoren in sehr peinliche Mitleidenschaft zog, sprechen hier eine deutliche Sprache, die nicht einem idealen Prinzip zulieb, das nicht die Bedürfnisse des Lebens genügend berücksichtigt, unbeachtet bleiben sollte. ... Im ganzen aber muß gesagt werden, (daß) die große Jugend und die vielfach noch geringe Charakterreife in Verbindung mit einem noch ungeweckten juristischen Bildungsinteresse, gerade für die Anfangssemester erzieherischer Momente nicht entbehren können. Nur so werden unsere jungen Juristen in den ersten Semestern den vielfachen Klippen und Versuchungen übertriebenen Sports, eines Aufgehens in Äußerlichkeiten und den Gefahren der Großstadt in dem Grade entzogen, daß sie ihr Studienziel mit einiger Sicherheit erreichen.“
Die freiwilligen Leibesübungen, zunächst nur Kompensation für die durch den Versailler Vertrag verbotene allgemeine Wehrpflicht, wurden 1933 von den neuen Verantwortlichen des Dritten Reichs in einen studentischen Pflichtsport mit dem Schwergewicht auf wehrsportlichen Übungen umgewandelt, vgl. Böhm, S. 291 ff

[1143] Tagebuch, S. 31

[1144] Die Kultur der Abtei Reichenau 724 – 1924, Vorwort, S. XVIII

verstand er es, soweit die Quellen dies erlaubten, nicht nur auf das Leben der einzelnen Äbte, insbesondere den am 18.8.849 im Alter von vierzig Jahren verunglückten Walahfrid, der auch als Erzieher des Kaisersohnes Karl wirkte, einzugehen, sondern auch die Verschränkungen der Reichenauer Entwicklungslinien mit den großen Ereignissen jener Zeit, wie Investiturstreit und Kreuzzüge, darzustellen. Nicht zuletzt anhand der drei Phasen der Reichenauer Urkundenfälschungen zeigte er die Versuche auf, die Stellung des Klosters zu verbessern.

Darüberhinaus verfaßte Beyerle den Abschnitt über die Marktgründungen der Reichenauer Äbte und die Entstehung der Gemeinde Reichenau,[1145] die in einem Teilaspekt schon oben im Zusammenhang mit der Radolfzeller Marktrechtsurkunde dargestellt wurden.

In Zusammenarbeit mit P. M. Rothenhäusler, O. S. B., setzte er sich mit der „Regel des heiligen Benedikt", dem "Gesetz des Inselklosters und seine(r) Verwirklichung“ auseinander, indem er am Abschnitt II. über „Das Ordensleben in der Reichenau bis zu den Reformen des Jahres 817“ mitschrieb und die Abschnitte III. „Die Gebetsverbrüderung der Reichenau“ und IV. „Die Weiterentwicklung der Klosterverfassung und das Ämterwesen des Klosters“ verfaßte. Diese Arbeitsteilung ergab sich als Folge der weiteren Forschung Beyerles über das Reichenauer Verbrüderungsbuch und über die spätere Entwicklung der Klosterverfassung,[1146] wobei er die Entwicklung des „Hausklosters der Karolinger“ seit seiner Gründung bis zur Vernichtung der alten Klosterherrlichkeit im 18. Jahrhundert nachzeichnete.

Ebenso gestaltete er infolge Krankheit des vorgesehenen Bearbeiters P. A. Manser, O. S. B., das Kapitel „Aus dem liturgischen Leben der Reichenau“[1147] durch die Übernahme der Abschnitte III. „Die Reliquienschätze der Reichenau, IV. „Kirchen, Kapellen, Altäre“, V. „Totenliturgie, Karitäten und Stationen“ und VI. „Schluß“ mit, wobei ihm gerade im IV. Abschnitt seine durch frühere Veröffentlichungen erworbenen Kenntnisse zu Gute kamen. Beyerle skizzierte Entwicklung und Grundrichtung der liturgischen Stellung der Reichenau, um sodann das Leben des Inselklosters in einigen Höhepunkten seines liturgischen Wirkens zu beleuchten. U. a. ging er auf die Marienverehrung ein, die in dem über Jahrhunderte hinweg bestehenden Namen „Heilige Maria von der Au“ zum Ausdruck kam, ehe der profane Name Reichenau aufkam. Seit das Kloster Reichenau seine Urkunden unter eigenem Siegel hinausgehen ließ, war die jungfräuliche Gottesmutter das selbstverständliche Symbol des Klosters. Dieses erste Mariensiegel, ab 1142, zur Zeit des Herzogs Konrad von Zähringen in Verwendung, ziert auch Beyerles Grabplatte.

[1145] Die Kultur der Abtei Reichenau 724 – 1924, Band I, S. 55 – 212 und 513 - 539

[1146] Die Kultur der Abtei Reichenau 724 – 1924, Band I, S. 265 – 315, Anmerkung *) auf S. 314

[1147] Die Kultur der Abtei Reichenau 724 – 1924, Band I, S. 316 - 437

(Mariensiegel von 1142)[1148]

Wenngleich er über den Reliquienkult auch kritische Worte fand, wird die Faszination aus Geschichtlichem und Religiösem wiederum sichtbar, wenn er es für billig hielt, „... über Reliquienkult zu spotten und die Berichte über den Erwerb der hl. Gebeine allzumal als Legenden ins Reich der Märchen und Lügen zu verweisen. In dem allem steckt doch die gefestigte Tradition von Jahrhunderten und frommes Erbgut der Väter. Die Reliquien sind die greifbaren Denkmäler des Glaubens vergangener Geschlechter; so tritt die Echtheitsfrage zurück, zumal da, wo der Gegenbeweis unmöglich ist."[1149]

Im Band II stammt die Untersuchung „Das Reichenauer Verbrüderungsbuch als Quelle der Klostergeschichte" von Beyerle.[1150] Hier gelang ihm der „Versuch, die toten Namenreihen wirklich zum Reden zu bringen und sie damit für die Geschichte der Abtei Reichenau fruchtbar zu machen."[1151] Er lieferte über diese „wichtigste Quelle zur Klostergeschichte in karolingischer Zeit" eine kurze Schilderung der Entstehung und des Aufbaus sowie eine Würdigung der Gesamtbedeutung für Geschichte und Kultur des Klosters.

Aufgrund seiner Reichenauforschungen wurde ihm 1927 die Ehrenbürgerschaft der Reichenau verliehen, wohin er in seinen letzten Lebensjahren immer wieder an Pfingsten zurückkehrte.[1152] Die Reichenau stand in enger Verbindung mit der Kultur Spaniens und Oberitaliens, für Beyerle neue Schaffensgebiete, in die er sich im Rahmen seines neu zu gründenden Seminars einarbeiten sollte.

2. Gründung des Instituts für bayerische und deutsche Rechtsgeschichte

Die Reichenauforschung trug dazu bei, Beyerle in München, wo die Lehrtätigkeit bis 1924 unter der häufigen und andauernden Abwesenheit in Weimar und Berlin einigermaßen gelitten hatte[1153], wissenschaftlich heimisch zu machen.[1154] Mehr als „Nebenprodukt" fiel die Beschäftigung mit der „Lex Baiuvariorum" an.

1148 Die Kultur der Abtei Reichenau 724 – 1924, Band I, S. 139
1149 Die Kultur der Abtei Reichenau 724 – 1924, Band I, S. 343 f
1150 Die Kultur der Abtei Reichenau 724 – 1924, Band II, S. 1107 - 1217
1151 Die Kultur der Abtei Reichenau 724 – 1924, Band II, S. 1107
1152 Schenkendorf, Einer der besten deutschen Rechtshistoriker
1153 So hatte er im Zwischenhalbjahr 1920 und den Wintersemestern 1921/1922, 1922/1923 und 1923/1924 keine Vorlesungen gehalten.
1154 Stutz, Nachruf, S. XL; ebenso Laufs, Badische Biographien, S. 48 ff (49)

Mit der Arbeit hierzu begann er Ende Juli 1926 und stellte sie Ende des Jahres fertig, trotz einer schwierigen, am 6.8.1926 von Professor Sauerbruch durchgeführten Operation eines Bauchbruches, die eine zehnwöchige Rekonvaleszenz notwendig machte.[1155]

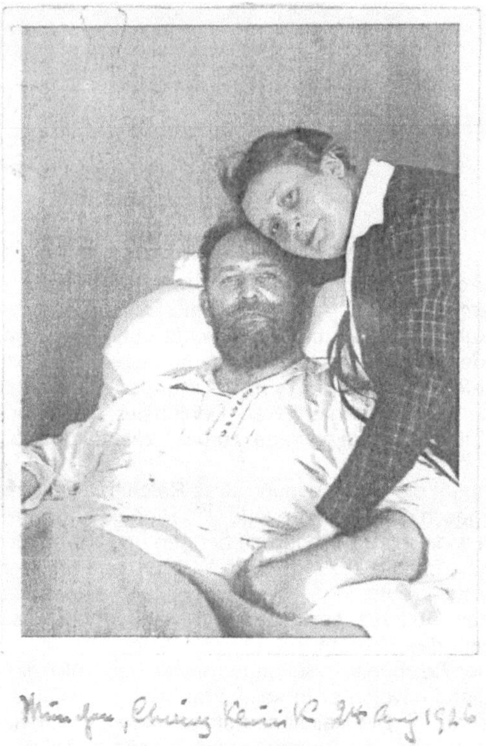

(aus dem Tagebuch S. 33: Konrad Beyerle mit seiner Frau Bertha)

Die Schrift war als Schuledition gedacht, brachte aber die „schöne Entdeckung" Eberswinds von Niederalteich.[1156] Beyerle beabsichtigte, durch wortgetreue Wiedergabe einer textkritisch besonders wertvollen Handschrift, nämlich der Ingolstädter Handschrift, dem Subjektivismus eines aus vielen Handschriften ermittelten Einheitstextes auszuweichen und eine für Studium und Unterricht brauchbare Ausgabe bereit zu stellen. Mit Schreiben an die Juristische Fakultät vom 27.7.1926 machte er den Vorschlag, die Ausgabe zur Jahrhundertfestschrift der Fakultät zu erheben, da „die ausgezeichnet erhaltene, auf kleinem Format geschriebene Ingolstädter Handschrift der Lex Baiuvariorum ... zu den Schätzen unserer Universität" gehört.[1157] Zur Jahrhundertfeier der Übersiedelung der Universität von Landshut nach München sowie als Inauguration der erfolgten

[1155] Tagebuch, S. 31/32,
[1156] Tagebuch S. 31
[1157] Archiv der Universität München, L – N – 14a

Gründung des Seminars für bayerische und deutsche Rechtsgeschichte wurde die Lex Baiuvariorum 1926 herausgegeben. Das Vorwort schloß Beyerle mit dem Wunsche, daß trotz allen Umsturzes und aller vordringlichen Aufgaben der Gegenwart dieses Rechtsdenkmal nicht vergessen werde, „in welchem von fremder Hand zum erstenmal ein Ausgleich zwischen bayerischem Eigenwillen und Reichsgewalt unternommen worden ist."[1158] Neben dem Vorwort hatte Beyerle eine 85 Seiten umfassende Einführung geschrieben und neben Register und Anmerkungen dem lateinischen Text eine deutsche Übersetzung beigefügt, da „einen in Merowingerlatein verfaßten Text mit all seinen juristischen Fachausdrücken zu lesen ... auch heute nicht jedermanns Sache" ist, „der sich an sich für die Lex interessiert."

Beyerle war der festen Überzeugung, daß die Lex Baiuvariorum eine Privatarbeit der von Abt Eberswind geführten, von der Reichenau hergekommenen Pirminsmönche des niederbayerischen Klosters Niederalteich sei, die im Auftrage der fränkischen Reichsherrschaft, aber mit dem Willen der bayerischen Herzogsgewalt und unter Zurateziehung baierischer iudices zustandegekommen sei und schließlich mit Hilfe der Kirche im Baiernvolk und –land eingebürgert und durchgesetzt worden sei.[1159] Das war, so Beyerle, ein „vom bisherigen sehr abweichendes Bild", das er von der Entstehung der Lex Baiuvariorum zeichnete. Nach seiner Ansicht war sie weder ein Volksrecht im landläufigen Sinne, weil nicht durch irgendwelche Volksbeschlüsse als Gesetzbuch der Bayern angenommen, noch bayerisches Herzogsgesetz, das seinen Ursprung in den einheimischen Kräften des bayerischen Stammesherzogtums gehabt hätte. Aber sie sei, obwohl sie den politischen Interessen des Frankenreichs dienen wolle, auch kein fränkisches Königsgesetz und nicht im Westreich entstanden, sondern ein von kirchlichen Kräften in Bayern geschaffenes Rechtsbuch, das sich selbst durch Prolog und Textgestalt mit der Autorität eines fränkischen Königsgesetzes umgebe. Zu gesetzlichem Ansehen sei die Lex Baiuvariorum durch die Billigung des Bayernherzogs und seiner Umgebung gelangt, vornehmlich der bayerischen Iudices. Das Meiste habe dazu die Autorität der Kirche beigetragen, in deren Interesse das Gesetzbuch in erster Linie geschrieben worden sei. So verwies er auf den starken kirchlichen Einschlag, der sich in der Stoffanordnung nach dem Vorbild des Dekalogs der „Lex Dei" zeige.[1160]

Beyerle gelangte zu dieser Auffassung, wie er selbst bemerkte, durch den besonderen Glücksfall der zeitlichen Verkettung seiner Reichenauforschung mit den Studien zur Lex Baiuvariorum.[1161] In einem Vortrag im Historischen Verein zu Freising am 8.12.1928 über die Bedeutung Freisings in der bayerischen Rechtsgeschichte erblickte er den 12.9.744 als untere zeitliche Grenze für die Entstehung der Lex Baiuvariorum, da die erste im Traditionsbuch des Mönches Kozroh enthaltene Urkunde dieses Datum aufweise und der Text einer Strafklausel der Lex Baiuvariorum nachgebildet sei.[1162]

Die Kritik an seiner Auffassung, namentlich durch v. Amira und seinen Bruder Franz, konnte Konrad Beyerle nicht erschüttern. Wie er in einem vertraulichen Gespräch mit seinem Freunde Stutz mitteilte,[1163] hatte er mit einigen Gründen für

---

[1158] Vorwort zur Lex Baiuvariorum, S. VIII

[1159] Stutz, Nachruf, S. XL f, Einführung zur Lex Baiuvariorum, S. LXV

[1160] Beyerle, Religion und Recht in der deutschen Vergangenheit, in: Schönere Zukunft, Nr. 38 vom 19.6.1932

[1161] Einführung, S. LXV

[1162] Die Bedeutung Freisings in der bayerischen Rechtsgeschichte, nach einem Vortrag vom 8.12.1928, Sonderdruck aus der Frigisinga, Beiträge zur Heimat- und Volkskunde von Freising u. Umgebung, hrsg. von R. Birkner, 1929

[1163] Stutz, Nachruf, S. XLI

seine Ansicht im Interesse einer späteren Arbeit bisher zurückgehalten, darüberhinaus sei er auf neue wichtige Beweise gestoßen, von denen Stutz jedoch nichts Näheres festhalten konnte.

Wenngleich nicht nur Stutz wegen der „etwas romanhaften Überspitzung" der Entstehungsgeschichte der Lex Baiuvariorum Bedenken anmeldete, steht doch fest, daß Beyerle, das Forschungsinteresse in München mehr zur deutschen und - damals ein Novum - zur bayerischen Rechtsgeschichte hinlenkte.[1164] Beyerle habe das Gesetz verstehen gelehrt als den ersten großen Versuch zu einem Ausgleich zwischen Bayern und Reich.[1165] Zur Beschäftigung mit den bisher vernachlässigten Fragen der bayerischen Rechtsgeschichte gründete er das „Institut für bayerische und deutsche Rechtsgeschichte".

Für ihn trug die deutsche Rechtsgeschichte als wissenschaftliche Disziplin ihre Berechtigung in sich selbst. Als Gegenstand des Rechtsunterrichts führe sie die heranwachsende Juristengeneration an die Quellen des nationalen Denkens über Recht und Gerechtigkeit und hoffe damit in Wahrheit dem Vaterlande zu dienen.[1166] Deutlicher formulierte er in seiner Denkschrift vom 3.7.1926 an die Bayerische Staatsregierung:

„Im Staate der Gegenwart, wo alte Symbole dahingeschwunden sind, ist die Beamtenschaft ... vornehmlich berufen, als Trägerin der Tradition zu wirken. Eine eigentliche Staatlichkeit, die sich nur in Machtansprüchen äußert, würde sich auf die Dauer nicht halten können. Soll vielmehr der bayerische Staatsgedanke und der Glaube an den Beruf auch einer bayerischen Gesetzgebung für die Zukunft erhalten werden, so gibt es für den Jünger des Rechts keinen besseren Weg, ..., als den des Studiums der Rechtsvergangenheit des eigenen Landes an sich und ihrem Verhältnis zur Gesamtentwicklung der deutschen Rechtskultur. Liebevolle Beschäftigung mit der Rechtsvergangenheit schafft nicht nur Stimmungswerte von idealer Triebkraft, sondern hebt auch den Geist über das Gebiet der Paragraphen und über die Sensation der Schlagworte und dringt in ... den Kern der Dinge um Staat und Recht ein ..."[1167]

Die Hauptarbeit zur Errichtung des Instituts wurde in den Jahren 1925 und 1926 geleistet. Ursprünglich hatte Beyerle am 27.5.1925 bei der Fakultät eine Erweiterung des Bücherbestandes des Juristischen Seminars, speziell nach der deutschrechtlichen Seite beantragt. Entsprechend dem Beschluß der Juristischen Fakultät vom 25.7.1925, wonach er mit Prof. Müller-Erzbach dazu angewiesen wurde, legte er am 12.7.1926 der Bayerischen Staatsregierung die bereits erwähnte Denkschrift vor, die die Notwendigkeit der Institutserrichtung begründete. Dabei kamen Beyerle die durch seine politische Tätigkeit gewonnenen persönlichen Beziehungen zu den Häuptern der bayerischen Staatsregierung zustatten. So veranschaulicht das Verhältnis zum Bayerischen Ministerpräsidenten Held ein Brief vom 22.9.1931,[1168] in dem er sich beim „Hochzuverehrenden Herrn Ministerpräsidenten, dem Liebwerten Herrn und Freund" für dessen Anwesenheit bei der Aufstellung der Görres-Büste in der Walhalla bedankte, denn dadurch habe er

---

[1164] Vgl. Spindler, Handbuch der Bayerischen Geschichte, Band IV/2, S. 1056, ebenso Bärmann NDB, Stichwort Konrad Beyerle: Beyerles letztes Arbeitszentrum, München, brachte eine Vertiefung der bayerischen Rechtsgeschichte überhaupt, nicht zuletzt durch die Arbeiten seines dortigen Seminars.

[1165] Otto Riedner, ZBLG 6,(1933) S. 169

[1166] Beyerle, Rede zur Feier des Geburtstags Seiner Majestät des Kaisers und Königs am 27. Januar 1910 im Namen der Georg-August-Universität, Von der Gnade im Deutschen Recht, S. 21

[1167] Unterlagen des Leopold-Wenger-Instituts zum 50. Todestag Konrad Beyerles

[1168] Bayerisches Hauptstaatsarchiv, Nachlaß Held 909

der Veranstaltung „jene Weihe der Autorität verliehen, für die die Görres-Gesellschaft ihm dauernden Dank wisse." Beyerle fuhr fort: "... Ich wäre Dir zu außerordentlichem Dank verpflichtet, wenn Du mir anfangs nächster Woche in München eine ... Audienz gewähren würdest inbetreff der Gestaltung meiner Zukunft u. der Durchführung von Arbeitsplänen, für die ich Dein so oft bezeugtes, freundliches ... Interesse erhoffen darf. Ein kurzer Telefonanruf..., der mir nur die ... Zeit mitteilt, würde bescheiden Deinen Dir in dauernder Dankbarkeit ergebensten Professor Beyerle."

Es gelang ihm, erhebliche Mittel flüssig zu machen: Am 12.6.1926 spendete Ministerpräsident Dr. Held 6.000 RM für das zu errichtende Seminar. Am 20.7.1926 beantragte Beyerle beim Staatsministerium für Unterricht und Kultus einen Betrag von jährlich 2.000 DM. Mit Entschluß des Bayerischen Staatsministeriums des Äußeren vom 5.2.1927 überwies Ministerpräsident Dr. Held aus Anlaß des Universitätsjubiläums aus Spenden nochmals 20.000 RM für diesen Zweck. Mit den Geldern erwarb Beyerle u.a. die Bibliothek v. Amiras für das Institut, die auch die Maurer'sche Bibliothek enthielt[1169], sowie die Bibliotheken des bayerischen Geschichtsschreibers Sigmund v. Riezler und des Verfassungshistorikers Georg v. Below.[1170]

Mit Entschließung des Bayerischen Staatsministeriums für Unterricht und Kultus vom 9.3.1927 wurde am 1.4.1927 das „Seminar für bayerische und deutsche Rechtsgeschichte" errichtet und zum Vorstand der Geheime Hofrat Prof. Dr. Konrad Beyerle ernannt.[1171] Infolge großen Raummangels bewilligte das Staatsministerium für Unterricht und Kultus, großzügige Räume im Wittelsbacher-Palais anzumieten. Die neuen Räume wurden Anfang Mai 1930 „in Gegenwart von Vertretern der Staatsregierung und hervorragender Persönlichkeiten der Wissenschaft und Politik" eröffnet.[1172]

Im Rahmen des Seminars entfaltete sich eine rege Vortragstätigkeit und wurden großangelegte Exkursionen in das bayerische Land und nach Italien durchgeführt. Beyerle unternahm mit seinem Seminar wissenschaftliche Exkursionen u. a. nach Salzburg,[1173] Passau, Konstanz, Augsburg, besonders aber vom 10. bis 25.4.1929 nach Südtirol und Verona, wo er „reiche menschliche und wissenschaftliche Beziehungen" knüpfte. Am liebsten arbeitete er „vor dem historischen Objekt selbst". Seine berühmten Seminarausflüge blieben vielen Schülern unvergeßlich.[1174] Er lernte italienisch und hielt einen Vortrag über die Reichenau und Verona in der Karolingerzeit, woraus „weitere Anknüpfungen entsprangen", wie die Besuche junger italienischer Rechtshistoriker in München. Es wurde auch der Plan gefaßt, mit Sangio Mochi zusammen im Sommersemester 1930 im Kolleg eine Vorlesung über italienische Stadtverfassung zu halten.[1175] Beyerle pflegte die Beziehungen zu führenden Persönlichkeiten der italienischen Rechtsgeschichte mit besonderer Liebe, wofür ihm die katholische Herz-Jesu-Universität Mailand im Herbst 1932 durch Verleihung des Ehrendoktors der Philosophie öffentlich Anerkennung zollte.[1176]

Im März 1929 besuchte er eine Woche lang Rom und überreichte bei einer Privataudienz Papst Pius XI.[1177] seine Werke über die Reichenau und die Lex

---

[1169] Feine, S. 239

[1170] Unterlagen des Leopold-Wenger-Instituts zum 50. Todestag Konrad Beyerles

[1171] Unterlagen des Leopold-Wenger-Instituts zum 50. Todestag Konrad Beyerles

[1172] Bayer. Kurier Nr. 126 vom 6.5.1930, S. 7

[1173] Mitteilung Beyerles an den Dekan vom 5.6.1929, daß er am 6. und 7.6.1919 mit etwa 30 Teilnehmern eine Studienfahrt nach Salzburg unternehme; Archiv der Universität München, L – N – 14a

[1174] Strieder, S. 282

[1175] Tagebuch, S. 34, 35

[1176] Wohlhaupter, Nachruf, S. 276, Stutz Nachruf, S. LIV

[1177] Papst von 1922 bis 1939

Baiuvariorum. Stolz war Beyerle auf das „herzliche Dankschreiben" des Kardinalstaatssekretärs Gasparri im Auftrag des Papstes. Daneben festigte er seine Beziehungen zum päpstlichen Nuntius Pacelli bei Besuchen in Berlin, Begegnungen beim Katholikentag und anläßlich der Romfahrt des zum Kardinal Berufenen.[1178]

3. Vortrags- und Herausgebertätigkeit

Während sich vorangegangene Abschnitte mehr mit dem geistigen Wirken Beyerles beschäftigten, bleiben einige Stationen seines „äußeren Wirkens" nachzutragen. Sein historisches Interesse und engagierter Katholizismus drückten sich nicht zuletzt in einer Reihe von Mitgliedschaften in Kommissionen und Verbänden aus, so etwa der Badischen Historischen Kommission, mit der Beyerle seit seiner Jugend eng verbunden war[1179] allen voran aber der Görres-Gesellschaft.

Die Gesellschaft in privater Trägerschaft war am 25.1.1876, am 100. Geburtstag von Joseph von Görres, des in Koblenz geborenen „Vorkämpfers staatsbürgerlicher und kirchlicher Freiheitsrechte" gegründet worden. Anlaß dazu bildete der Selbsterhaltungswille des deutschen Katholizismus in der Situation des Kulturkampfs. Wann genau Beyerle Mitglied wurde, ist nicht mehr feststellbar, denn der größte Teil des Archivs der Görres-Gesellschaft mit der alten Mitgliederkartei wurde 1941 mit der Zwangsauflösung und dem Verbot der Gesellschaft von der Gestapo beschlagnahmt und tauchte bis heute nicht wieder auf.[1180] Anzunehmen ist, daß er bereits über die Studentenverbindung „Aenania", die selbst Mitglied war,[1181] mit der Görres-Gesellschaft in Berührung kam.

Schon auf der Generalversammlung in Konstanz 1896 hatte er, wie der Jahresbericht vermerkt, einen öffentlichen, „sehr gewandte(n) und lichtvolle(n)" Vortrag „Zur Geschichte von Konstanz" gehalten und auch die anschließende Führung durch das Münster der Stadt übernommen.[1182] Lobend wurde die „sichere Führung" „durch eine offenbar aus dem vollen schöpfende Erklärung" erwähnt. Beyerle sollte auf den Generalversammlungen noch mehrfach von seiner Forschungsarbeit berichten.[1183]

Mit dem Tod Ernst Maria Liebers im Jahre 1902 war der Vorsitz der bereits 1876 auf der ersten Generalversammlung in Frankfurt/Main gegründeten Sektion für Rechts- und Sozialwissenschaft verwaist. Im Jahre 1906 wurde auf der Bonner Generalversammlung[1184] vom Vorstand beschlossen, eine Kommission, bestehend aus den Prof. Frhr. v. Hertling, Dr. Bachem, Hitze und Konrad Beyerle, zu bilden, die mit dem Entwurf des zukünftigen Arbeitsprogramms betraut wurde. Denn den Erwartungen der Gründer hatte das Wirken dieser Sektion nicht in befriedigender Weise entsprochen, da die bisherigen Vorsitzenden durch ihre parlamentarische

---

1178 Tagebuch, S. 35; Pacelli wurde als Pius XII. zum Papst gewählt und residierte von 1939 bis 1958.

1179 Siehe II. Teil, Zr. 2.

1180 Briefliche Auskunft des Archivars Onnau vom 18.6.1999

1181 Jahresbericht der Görres-Gesellschaft für 1899 (1900), S. 53; Im Mitgliederstand Anfang 1900 wird Beyerle als Dr. jur., Rechtspraktikant vor Brugier unter Konstanz, Erzdiözese Freiburg genannt, S. 46

1182 Jahresbericht der Görres-Gesellschaft für 1896 (1897), S. 8 f

1183 Wie etwa 1903 in Straßburg über „Ein neuentdecktes oberrheinisches Stadtrecht von 1255" und 1932 in Paderborn über das Thema „Der religiöse Faktor in der deutschen Rechtsentwicklung und im Recht der Gegenwart." Sektionsreferate hielt Beyerle 1924 in Heidelberg über „Die Reichenau im Wandel deutscher Verfassungszustände", 1930 in Köln über „Die Pfarrverbände der Stadt Köln im Mittelalter und ihre Funktionen im Dienste des weltlichen Rechts" und 1932 über „Albert der Große als Jurist". Vgl. Onnau, die Vorträge auf den Generalversammlungen 1876 - 1985, S. 21, 23, 32, 126 und 128.

1184 Vgl. dazu Jahresbericht der Görres-Gesellschaft 1907 (1908), S. 10 und 17 ff

Tätigkeit in solchem Maße in Anspruch genommen waren, daß sie der Vorbereitung der Sektionssitzungen kaum Zeit widmen konnten. Dr. Bachem wünschte, daß Beyerle den Vorsitz der neu zu konstituierenden Sektion übernehmen sollte, ohne daß hierzu ein Beschluß erging. In dem von der Kommission verfaßten Aufruf, der Görres-Gesellschaft beizutreten, wurde im Wesentlichen mit der Gelegenheit zu persönlichem Gedankenaustausch, sowie der Förderung wissenschaftlicher Arbeiten und deren Veröffentlichung geworben.

Im Jahre 1907 in Paderborn eröffnete Beyerle die Sitzung der Sektion, „welcher an den Vorbereitungen für die Sektion einen hervorragenden Anteil hatte."[1185] Auf Vorschlag des Justizrats Dr. Bachem wurde Beyerle an Stelle von Dr. Porsch zum Vorsitzenden durch Akklamation gewählt, der gebeten hatte mit Rücksicht auf seine parlamentarische Tätigkeit vom Vorsitz entbunden zu werden.[1186] Damit war Beyerle auch im Vorstand der Görres-Gesellschaft.

Es gelang ihm die Sektion, entsprechend den Zielsetzungen des Arbeitsprogramms, neu zu beleben. Neben die Herausgabe der 3./4. Auflage des Staatslexikons (1908-1912) trat die Veröffentlichung der Publikationsserie „Veröffentlichungen der Sektion für Rechts- und Sozialwissenschaft", deren Mitherausgeber (Bände 15 bis 62) Beyerle von 1913 bis zu seinem Tode war.[1187] Auch wurde die Vortragstätigkeit wieder belebt.

Seit September 1922 bis 1923 war Beyerle „mit mancher Arbeitslast, aber auch viel Freude und Anerkennung"[1188] Generalsekretär der Görres-Gesellschaft,[1189] der für die Geschäfte der Gesellschaft zuständig war und der jährlich über die Finanzlage, den Mitgliederbestand und die erschienenen Publikationen Stellung zu nehmen hatte. Daneben berichtete er in Artikeln „Über Aufgaben und Wirken der Görres-Gesellschaft in der Gegenwart".[1190] Das Besondere an der Versammlung in Münster 1923 sah er im „Willen der Selbstbehauptung des deutschen Kulturbesitzes auch in den Reihen der katholischen Gelehrten" und den „Appell des katholischen Gemeinschaftsgeistes an das Weltgewissen, die Geistesarbeit der deutschen Katholiken nicht unter dem Zusammenbruch der deutschen Wirtschaft mit erliegen zu lassen."

Auf der Generalversammlung 1924 in Heidelberg spaltete sich die Sektion in eine Abteilung für Rechts- und Staatswissenschaft unter Leitung von Beyerle und eine Abteilung für Sozial- und Wirtschaftswissenschaft unter Leitung von Jakob Strieder auf. Bis zu seinem Tod behielt Beyerle die Leitung der Abteilung für Rechts- und Staatswissenschaft inne. [1191]

Seit 1924 war er auch Vizepräsident der Görres-Gesellschaft. Sicherlich bot diese Aufgabe ansehensmäßig einen gewissen Ausgleich für das weggefallene Reichstagsmandat, wenngleich er 1926 von der seit einigen Jahren „auf ihm lastenden" Vizepräsidentschaft sprach.[1192] Die „Kulturmission" der Görres-Gesellschaft erblickte Beyerle darin, namens der katholischen Intelligenz Deutschlands auf dem Gebiet der Wissenschaft ihre Stimme zu erheben und zu den großen Fragen der Zeit Stellung zu nehmen. Daneben fördere sie die wissenschaftliche Arbeit und kümmere sich um die Einigung und Sammlung der

---

[1185] ebenda

[1186] ebenda,

[1187] Briefliche Auskunft des Archivars der Görres-Gesellschaft Hans Elmar Onnau vom 18.6.1999

[1188] Tagebuch, S. 29/30

[1189] Briefliche Auskunft des Archivars Hans Elmar Onnau vom 18.6.1999

[1190] Beyerle, AR Nr. 44/45 vom 6.11.1923, S. 525 f

[1191] Vgl. Onnau, Die Vorträge auf den Generalversammlungen 1876 - 1985, S. 120

[1192] Tagebuch, S. 32

katholischen Gelehrtenwelt sowie die pflegliche Fürsorge für den wissenschaftlichen Nachwuchs.[1193] Anläßlich der Enthüllung von Görres-Denkmalen im Zusammenhang mit dessen 150. Todestag 1926 erschienen verschiedene Artikel Beyerles in der "Allgemeine(n) Rundschau", die das Andenken an Görres hoch hielten.[1194]

Seit 1928 war Beyerle auch Mitherausgeber der Gesammelten Aufsätze zur Kulturgeschichte Spaniens (Spanische Forschungen der Görres-Gesellschaft, Reihe 1).[1195] Bereits am 2.1.1926 hatte der Vorstand beschlossen für die spanischen Forschungen ein dreiköpfiges Kuratorium zu bilden, in dem neben dem Präsidenten der Görres-Gesellschaft Heinrich Finke und Georg Schreiber auch Beyerle vertreten war.[1196] In der in den Jahren 1926 bis 1932 herausgegebenen fünften Auflage des Staatslexikons verfaßte er eine Anzahl von Artikeln.[1197]
Daneben war er Mitherausgeber der Zeitschrift „Abendland" (Deutsche Monatshefte für europäische Kultur, Politik und Wirtschaft).

Der Bayerischen Akademie der Wissenschaften gehörte Beyerle über die Kommission für bayerische Landesgeschichte an, die mit Ministerialverordnung vom 31.5.1927 bei der Bayerischen Akademie der Wissenschaften mit Sitz in München errichtet wurde. Ihre Aufgabe wurde umschrieben als Förderung und Zusammenfassung der planmäßigen Erforschung und Bearbeitung der Bayerischen Landesgeschichte. Mit der Kommission wurde die bisher in Bayern fehlende einheitliche Gesamtorganisation für die landesgeschichtliche Forschung geschaffen. Beyerle war bis zu seinem Tode eines der 22 ordentlichen Mitglieder, die bei Errichtung der Kommission unmittelbar vom Staatsministerium für Unterricht und Kultus berufen, später auf Vorschlag der Kommission ernannt wurden.[1198] Geplant wurde eine Serie bayerischer Rechtsquellen unter Leitung von Beyerle, ebenso Veröffentlichungen zur bayerischen Städtegeschichte (Quellen und Darstellungen). Er legte auf der ersten Gesamtsitzung der Kommission am 22.10.1927 dar, daß die Veröffentlichung der bayerischen Rechtsquellen ihrer Bedeutung nach weit hinter der anderer Länder (Schweiz, Österreich, rheinische Länder) als auch hinter der tatsächlichen Bedeutung, welche Bayern für die deutsche Rechtsentwicklung besitze, zurückstehe. Daher sollte eine Sammlung in einem einheitlichen großen Bau in drei Serien erfolgen, nämlich die Denkmäler der bayerischen Landesgesetzgebung, der bayerischen Stadtrechte (nach badischem Vorbild etwa in bayerische, schwäbische, fränkische und pfälzische Rechte geschieden), sowie die ländlichen Rechte (Weistümer). Hierzu kam es jedoch wegen wirtschaftlicher Schwierigkeiten und fehlender geeigneter Bearbeiter nicht.[1199] Von den Stadtrechten fehlten insbesondere noch die Darstellungen für München und Augsburg. Als unumgängliche Vorarbeit betrachtete Beyerle die von ihm veranlaßte Bibliographie zur bayerischen Rechtsgeschichte.[1200] Auf der 6. Gesamtsitzung konnte er mitteilen,

---

[1193] Beyerle, Über Aufgaben und Wirken der Görres-Gesellschaft in der Gegenwart, AR Nr. 44/45 vom 6.11.1923, S. 525

[1194] Am Vorabend der Jubiläumsversammlung der Görres-Gesellschaft, AR Nr. 34 vom 21.8.1926, S. 531 f; Worte zur Enthüllungsfeier der Büste Joseph von Görres, Im Lichthof der Universität München gesprochen am 20.7.1927, AR Nr. 42 vom 22.10.1927, S. 657; Görres-Huldigung, Das erste große Görres-Denkmal auf deutschem Boden, AR Nr. 27 vom 7.7.1928, S.420

[1195] Briefliche Auskunft des Archivars der Görres-Gesellschaft Hans Elmar Onnau vom 18.6.1999

[1196] Jahresbericht der Görres-Gesellschaft für 1925/1926 (1927), S. 45

[1197] Zu den einzelnen Stichworten vgl: I. Band: „Bundesstaat", Sp. 1114 ff; „Deutsches Recht", Sp. 1369ff; II. Band: „Föderalismus", Sp. 65 ff; „Genossenschaft", Sp. 530 ff; „Gierke", Sp. 737 ff; III. Band: „Lehnsstaat", Sp. 883 ff; „Monarchie" (v. Hertling, rev. Beyerle), Sp. 1383 ff; IV. Band: „Partikularismus", Sp. 51 ff; „Patrimonialstaat", Sp. 76 ff; „Republik" (Abschnitte 1 bis 3), Sp. 899 ff; V. Band: „Unitarismus", Sp. 537;

[1198] Jahrbuch der Bayerischen Akademie der Wissenschaften 1928/1929, S. 112 ff

[1199] Otto Riedner, ZBLG 6, (1933), S. 170

[1200] Jahrbuch der Bayerischen Akademie der Wissenschaften aaO, S. 119

daß der 1. Band der Münchener Stadtrechtsquellen im Text vorliege und das Register dazu voraussichtlich im Sommer 1932 fertig gedruckt werden könne.[1201]

Anhaltspunkte für eine Mitgliedschaft Beyerles in der Preußischen Akademie der Wissenschaften[1202] haben sich nicht ergeben. Das von Grau erstellte Personenregister,[1203] wonach seit 1701 die Mitgliedschaften differenziert bezeichnet sind, nennt Beyerle nicht.

Im Winter 1926 übernahm er die Geschäftsführung des Katholischen Akademikerverbandes München.[1204] Im September 1928 leitete er die Görres-Versammlung in Regensburg für den erkrankten Präsidenten Finke.[1205] Er selbst hielt einen Vortrag über „Die Pfarrverbände der Stadt Köln im Mittelalter und ihre Funktionen im Dienste des weltlichen Rechts", bevor am 24.9.1929 die erste gemeinsame Veranstaltung von Görres-Gesellschaft und Katholischem Akademikerverband stattfand.[1206] Wieder wurde Beyerle in diesem Jahr schwer krank.[1207]

„2 Jahre der Überarbeitung und Erschöpfung. Die großen Ansprüche der Erziehung m(einer) heranwachsenden Kinder zwingen mich, aus der Professur möglicherweise herauszugehen. Daraus u(nd) aus den Nachwirkungen der wissenschaftlichen Anstrengungen der .... (... Reich(enau), L(ex) Baj(uvariorum)) in Verbindung mit der starken Inanspruchnahme durch die katholische Öffentlichkeit entsteht ein zunehmender Zustand der Überarbeitung."[1208]

Ab Ende der Zwanziger Jahre durchziehen die Korrespondenz mit Stutz regelmäßige Mitteilungen über Krankheiten und nervliche Belastungen. Seine Aktivitäten - wiederholt hatte Beyerle auch als Redner auf den Katholikentagen gesprochen - schränkte er jedoch auch in der Folgezeit nicht ein. Stattdessen boten ihm die Salzburger Hochschulwochen ein neues Vortragsforum. Seitens der Görres-Gesellschaft war er auch mit organisatorischen Vorarbeiten bei deren Entstehung betraut. Bereits 1928 wurde die Aufmerksamkeit der Generalversammlung auf Bestrebungen zur Wiederherstellung der Salzburger Universität gelenkt. Am 23.1.1930 kam es zu einer Besprechung zwischen Vertretern der Salzburger Hochschule, des Akademikerverbandes und der Görres-Gesellschaft bei der die Frage, ob für das deutsche Sprachgebiet eine katholische Universität geschaffen werden sollte, auf Vorschlag Beyerles - seitens der Görres-Gesellschaft bestanden hiergegen Bedenken - dahingehend gelöst wurde, daß alljährlich in Salzburg Kurse veranstaltet würden. Für die „Salzburger Hochschulwochen" sollte ein Ausschuß aus fachkundigen und erfahrenen Persönlichkeiten die veranstaltende, ausführende und werbende Tätigkeit übernehmen. Das Ansinnen des Präsidiums Anfang 1931, dafür die Mitarbeit Beyerles zu sichern, wies dieser zurück unter Hinweis auf sein Amt als

---

[1201] Jahrbuch der Bayerischen Akademie der Wissenschaften, 1932/1933, S. 57; Erschienen sind: Denkmäler des Münchner Stadtrechts I: 1158 – 1403, bearbeitet von Pius Dirr, Direktor des Stadtarchives München, 1934; 16 Tafeln, 1 Plan, Register und Erläuterungen 1936; Nördlinger Stadtrechte des Mittelalters, bearbeitet von Karl Otto Müller, 1933; Da die umfangreiche Weistümer-Sammlung im Zweiten Weltkrieg verloren ging, erschien erst 1994: Denkmäler des Amberger Stadtrechts, 1. Band, 1034 – 1450, bearbeitet von Johannes Laschinger

[1202] so Laufs, „Konrad Beyerle, Leben und Werk", S. 32, ohne Nachweis, ebenso im Beitrag zu den Badische(n) Biographien, S. 48 ff (49), ebenso auch Otto Riedner, in Zeitschrift für bayerische Landesgeschichte 1933, S. 169, der Beyerle als korrespondierendes Mitglied nennt.

[1203] Conrad Grau, Die Preußische Akademie der Wissenschaften zu Berlin, 1993, S. 269 ff

[1204] Tagebuch, S. 32

[1205] Tagebuch, S. 35

[1206] Jahresbericht der Görres-Gesellschaft 1929/1930, 1931; S. 95 ff und 106

[1207] Laforet, Jahresbericht der Görres-Gesellschaft 1932/1933 (1934), S. 60; UAZ Brief vom 16.9.1928

[1208] Tagebuch, S. 34

Vizepräsidentschaft der Görres-Gesellschaft und deren absprachewidrige Nichtbeteiligung bei den Vorbereitungen der Hochschulwochen.[1209] Nach Klärung interner Differenzen verliefen die ersten Hochschulwochen im August 1931 programmgemäß. Mit dem Ziel besserer Zusammenarbeit sollte ein Verein „Salzburger Hochschulwochen" gegründet werden, in dem[1210] auch die Görres-Gesellschaft als Mitglied im Gespräch war. Hierüber berichtete Beyerle auf einer Vorstandssitzung um Weihnachten 1931, auf der er erneut mit der Vertretung der Gesellschaft bei den Vorbesprechungen in Salzburg beauftragt wurde.

Er selbst wandte sich in Vorträgen vermehrt dem Themenkreis Kirche und Recht zu,[1211] nachdem er sich neben früheren Arbeiten bereits in der „Kultur der Abtei Reichenau 724 – 1924" ausführlich mit der Regel des heiligen Benedikt und dem liturgischen Leben der Reichenau beschäftigt hatte. Neben den Rechtshistorikerkongressen in Madrid und Jena, auf denen er Vorträge über die Wurzeln der Grundrechte hielt, beabsichtigte er auch an einem Kongreß in Warschau teilzunehmen, wo er, nachdem er sich wieder mehr seiner „alten Liebe, den Stadtrechtsproblemen", zugewandt hatte, in Aussicht stellte, über „Polnische Fürsten und deutsche Städtegründungen" zu sprechen.[1212]

Die Anfang 1933 bevorstehende Berufung als Mitglied der Historischen Reichskommission[1213] blieb durch seinen frühen Tod ohne Bedeutung.

4. Nationalsozialistische Anfeindungen

Als aufrechter katholischer Demokrat mit bekanntem Namen mußte Beyerle den Nationalsozialisten ein Dorn im Auge sein, stand er doch für Überzeugungen und Werte, die vom Nationalsozialismus in seinem Absolutismus, seiner Gleichmacherei und der Ablehnung des Christentums scharf bekämpft wurden. Noch Mitte 1932 wurden in BVP und Zentrum Überlegungen angestellt, wie man sich gegenüber den stärker werdenden Nationalsozialisten verhalten sollte. Während Fritz Schäffer auf Einhaltung aller Vorschriften der Verfassung drängte, die Nationalsozialisten zur Arbeit zwingen, und unter Wahrung der Form nötigenfalls auch Koalitionsregierungen auf einer geordneten Grundlage mit ihnen bilden wollte, Leicht sich dafür aussprach, daß der Reichstag arbeitsfähig gemacht werde und daß man ihn „nicht auffliegen" lasse, trat Dr. Brüning dafür ein, daß in den Ländern statt der geschäftsführenden Regierungen parlamentarisch getragene etabliert werden sollten, weil dort der Mut vorhanden sei, den Schwebezustand zu beenden und das Problem der Nationalsozialisten einer Entscheidung entgegenzuführen, womit für die Reichsregierung jeder Vorwand für Versuche zu nicht verfassungsmässigem Handeln entfalle. Die Reichsregierung werde gezwungen sein, sich wegen des Kontrasts, den ein anderes Verhalten darstellen würde, streng an die Verfassung zu halten.[1214] Doch sollte dieses Konzept bekanntermaßen nicht aufgehen.[1215] Im März

---

[1209] vgl. Jahresbericht der Görres-Gesellschaft, 1931/1932 (1933), S. 16 ff

[1210] neben der Salzburger Hochschule, dem Akademikerverband, dem Fürstbischöflichen Stuhl und der Benediktiner-Konföderation

[1211] vgl. den Vortrag auf der Jahresversammlung der Österreichischen Leo-Gesellschaft „Religion und Recht im deutschen Mittelalter", Schönere Zukunft Nr. 38 vom 19.6.1932

[1212] Brief Beyerles vom 31.10.1932 an Brandi (HA, Universität Göttingen), Zu dem Vortrag kam es offenbar nicht, jedenfalls ist hierzu nichts überliefert.

[1213] UAZ, Postkarte vom 5.2.1933

[1214] Besprechung zwischen BVP und Zentrum vom 4.8.1932, Protokoll im Nachlaß Held Nr. 513

1933 zwang die Reichsregierung unter Adolf Hitler den bayerischen Ministerpräsidenten Held zum Rücktritt und setzte gleichzeitig General Ritter von Epp als Reichsstatthalter in Bayern ein.

Bereits in einer Rede vom 4.5.1923 hatte Hitler das parlamentarische System als den „Untergang und das Ende der deutschen Nation" gegeißelt.[1216] Weder Grundrechte noch föderalistische Prinzipien sollten vor dem Nationalsozialismus Bestand haben. Das bisherige staatliche System wurde „nicht nur geistig überwunden", sondern auch in seinen Einrichtungen und Formen umgestoßen.[1217] So erlebte Beyerle noch kurz vor seinem Tod die „Verordnung des Reichspräsidenten zum Schutz von Volk und Staat" vom 28.2.1933 (Reichstagsbrandverordnung) mit der die Artikel 114, 115, 117, 118, 123, 124 und 153 „bis auf weiteres" außer Kraft gesetzt wurden. Damit wurden Beschränkungen der persönlichen Freiheit, des Rechts der freien Meinungsäußerung, einschließlich der Pressefreiheit, des Vereins- und Versammlungsrechts, Eingriffe in das Brief-, Post-, Telegraphen- und Fernsprechgeheimnis, Anordnungen von Haussuchungen und von Beschlagnahmen sowie Beschränkungen des Eigentums auch außerhalb der sonst hierfür bestimmten gesetzlichen Grenzen zulässig.[1218] Durch die Reichstagsbrandverordnung, die nur der ersten Schritt auf dem Wege zu einer totalen Inpflichtnahme des Volkes war, wurde die mit dem Vorbehalt des Gesetzes umschriebene Schutzwirkung beseitigt und das materielle richterliche Prüfungsrecht grundrechtsbeschränkender Akte gegenstandslos, wodurch die Individualsphäre dem ermessensfreien Zugriff der Exekutive, insbesondere der geheimen Staatspolizei offenstand.[1219]

Mit dem Ermächtigungsgesetz vom 23.3.1933 wurden die parlamentarische Demokratie beendet und dem Diktator Hitler alle Vollmachten übertragen. Die Beseitigung der Länder sollte durch das „Gesetz über den Neuaufbau des Reiches" vom 30.1.1934 erfolgen und nur wenige Tage später mit Gesetz vom 14.2.1934 der Reichsrat aufgehoben werden.

In „Mein Kampf" hatte Hitler den „Kampf gegen die „Zentralisierung lebenswichtiger Einrichtungen" propagiert,[1220] weil diese lediglich „uferloser Erfüllungspolitik" dienten, die Macht des jüdisch-demokratischen Regierungssystems durch Unterdrückung einzelstaatlicher Kritik gefestigt und der Günstlingswirtschaft Tür und Tor geöffnet werde. Während die BVP aus kleinherzig-partikularistischen Gesichtspunkten „Sonderrechte" für den bayerischen Staat zu erhalten bestrebt sei, habe die völkische Bewegung diese Sonderstellung zu verwenden „im Dienste eines

---

[1215] In der Morgenpost Nr. 29 vom 9.7.1933, Nationalsozialistische Sonntagszeitung sollte nach Auflösung der BVP Dr. A. Bierling in einem Artikel mit dem Titel: „Das Sterbeglöcklein von Stadelheim - An der Bahre der Bayer. Volkspartei" höhnen:

„Und doch hatte diese Partei seit 1919 den Keim des Todes in sich: Sie hatte von der Frucht der Weimarer Demokratie genascht – und, wenn der Kuhhandel das erforderte, nicht nur genascht, sondern auch gefressen - und wer von der Demokratie nascht, mußte mit an ihrem Gift mit ihr schließlich zugrunde gehen. .....Verfilzt mit der Demokratie aber – und das wurde ihr Hauptverhängnis – wurde sie zum erbitterten, engstirnigen Gegner der aufsteigenden Volksbewegung Adolf Hitlers, und versäumte so die letzte Gelegenheit, Bayern als kraftvollem Sprungbrett des Nationalsozialismus eine mächtige Stellung im Reich zu verschaffen (was, d. Verf.) schließlich darin mündete, daß nicht weniger als 1500 Menschen, angefangen von den Führern bis herunter zu den Ortsvertrauensmännern ins Gefängnis kamen ..."

[1216] Kershaw, S. 234

[1217] vgl. Huber, Verfassungsrecht des Großdeutschen Reichs, S. 44

[1218] So wurde die "Allgemeine Rundschau", in der zahlreiche Artikel Beyerles erschienen waren, am 3.6.1933 zunächst auf die Dauer von drei Monaten verboten.

[1219] Luchterhand, S. 340

[1220] Mein Kampf, S. 643 ff, Das 10. Kapitel des Zweiten Buches ist überschrieben: "Der Föderalismus als Maske"

gegen die heutige Novemberdemokratie stehenden höheren Nationalinteresses." Daß damit jedoch keine föderalistischen Prinzipien vertreten wurden, machte Hitler klar, indem er die Bedeutung der Einzelstaaten nicht mehr auf staats- und machtpolitischem Gebiet sah, sondern „entweder auf stammesmäßigem oder kulturpolitischem Gebiet". Welche konkreten Vorstellungen er mit dem Stammestum verband, bleibt in der Schwebe, an Deutlichkeit nichts zu wünschen übrig lassen aber die folgenden Sätze: „Da für uns der Staat an sich nur eine Form ist, das Wesentliche jedoch sein Inhalt, die Nation, das Volk, ist es klar, daß ihren souveränen Interessen alles andere sich unterzuordnen hat. Insbesondere können wir keinem einzelnen Staat innerhalb der Nation und des diese vertretenden Reiches eine machtpolitische Souveränität und Staatshoheit zubilligen."[1221] „Das deutsche Heer ist nicht dazu da, eine Schule für die Erhaltung von Stammeseigentümlichkeiten zu sein, sondern vielmehr eine Schule des gegenseitigen Verstehens und Anpassens aller Deutschen."[1222] Hitler war im Grunde seines Herzens ein Erzzentralist und atte nicht das geringste für einen bayerischen Partikularismus übrig.[1223]

Was Hitler daneben von den Grundrechten hielt, wird aus seiner Äußerung ersichtlich, daß eine „kraftvolle nationale Regierung selbst große Eingriffe in die Freiheit des einzelnen" als auch „der Länder ohne Schaden für den Reichsgedanken vornehmen könne, wenn der einzelne Bürger in solchen Maßnahmen ein Mittel zur Größe seines Volkstums erkenne.[1224]

Die erste Konfrontation zwischen Beyerle und nationalsozialistischen Gruppierungen erfolgte bereits im Jahre 1923.[1225] Ende Oktober 1923 auf dem Höhepunkt der Krise zwischen dem Reich und Bayern verurteilte Beyerle jeden Umsturzversuch und wandte sich gegen die Hitler-Bewegung:

„Kommt noch dazu, daß der Nationalismus mächtiger Kampfverbände, einem Staat im Staate gleich ganz und gar nichts wissen will von echtem Föderalismus, sondern in blinder Begeisterung für Schwarz-Weiß-Rot einer gewaltsamen nationalen Erhebung nach innen und außen zustrebt, so ist es vollends gefährlich für die bayerische Politik, sich solcher Kräfte zu bedienen. Eine bayerische Regierung, die offen Arm in Arm mit Hitler und seinen nationalsozialistischen Scharen marschieren wollte, wird niemals zur Verständigung mit der Reichsgewalt

---

1221 Mein Kampf, S. 645

1222 Mein Kampf, S. 647

1223 vgl. Large, S. 222

1224 Mein Kampf, S. 641

1225 Bereits am 28.3.1923 richtete der Völkische Beobachter die schlagzeilenmäßig aufgemachte „Anfrage an den Abgeordneten Beyerle: Ist es wahr, Herr Abgeordneter, daß Sie ganz kürzlich in einer Gesellschaft in Gegenwart sehr hoher Herrschaften dem Sinne nach gesagt haben: 1. Die Stimmung des bayerischen Volkes sei gar nicht franzosenfeindlich. 2. Auch in preußischen Offizierskreisen habe man Achtung vor dem französischen Militarismus. 3. Im Übrigen stünden wir (Regierung oder Zentrum?) bereits seit 14 Tagen in Verhandlungen mit Frankreich. Ist es ferner wahr, daß, als Ihnen die bittersten Vorwürfe des Verrats gemacht wurden, Sie wortlos die Gesellschaft verließen?"; Nähere Umstände, die Hintergründe des Vorfalls und die Reaktion Beyerles sind nicht überliefert.

Nachdem Deutschland mit seinen Reparationszahlungen in Rückstand geriet, besetzte Frankreich das Ruhrgebiet, was in ganz Deutschland Empörungen hervorrief und die Regierung in Berlin für einen „passiven Widerstand" eintreten ließ. Da Hitler unter diesen Umständen Berlin nicht mit Aussicht auf Erfolg kritisieren konnte, er andererseits für den Ausbau der NSDAP propagandistisch von der französischen Besatzung profitieren wollte, wandte er sich gegen die „Novemberverbrecher" und erklärte Marxismus, Demokratie, Parlamentarismus, Internationalismus und Juden zu den Schuldigen an der Wehrlosigkeit der Nation. (Kershaw, S. 244; Large, S. 210) Vor diesem Hintergrund betrachtet, erscheint die Vermutung nicht abwegig, daß Beyerle, als Reichstagsabgeordneter in Berlin, den Nationalsozialisten ein willkommenes propagandistisches Angriffsziel bot.

kommen. Denn das Reich Hitlers ist nicht dieses Reich und es ist einstweilen nicht von dieser Welt.“[1226]

Von Hitler müsse sich die BVP als Verfassungspartei, wie Beyerle forderte, deutlich absetzen, denn je stärker sie dies tue, desto erfolgreicher werde sie in der verfassungspolitischen Auseinandersetzung mit Berlin sein.

Nach dem Hitlerputsch – in der Tasche des erschossenen Putschisten und Oberlandesgerichtsrats Theodor von der Pfordten fand man den vollständig ausformulierten Text einer neuen Verfassung, in dem unter anderem die Aufhebung der Weimarer Verfassung, Auflösung der Parlamente und die Todesstrafe für jeden, der weiter an einem Parlament teilnimmt, gefordert wurde[1227] - distanzierte sich Beyerle deutlich von der „Hitlerbewegung, mit der die BVP nichts gemein habe“.

„Die Bayerische Volkspartei als solche – das kann ich auf mein Wort aussagen – hat in den ganzen letzten Jahren von irgendwelchen separatistischen partikularistischen Plänen überhaupt nichts gewußt und nicht damit zu tun gehabt. Infolgedessen können wir eine derartige Bedächtigung weit von uns weisen.“[1228]

Da sie gewaltsamen Umsturz verwerfe, werde gerade die BVP von den Nationalsozialisten und von den ganzen Gruppen der Kampfverbände auf das heftigste befehdet. Zwar würden die „gesunden föderalistischen Interessen“, die die BVP vertrete, durch die Vorgänge des Hitlerprozesses verdunkelt und “im Augenblick in ihrer Stoßkraft geschwächt“. Aber man habe „stets eine scharfe Trennung gegenüber der radikalen Politik der Nationalsozialisten, gegenüber jener Umsturzpolitik eingehalten“, die

„zum guten Teil ja nicht föderalistisch, sondern unitaristisch eingestellt sei, soweit man aus den Äußerungen dieser Machtpolitiker ... überhaupt irgendein geschlossenes Verfassungsziel erkennen kann und dort nicht vielmehr allein patriotisch verhüllte Leidenschaft für Macht und Gewalt regiert und trotz aller vaterländischen Gefühle die politische Wirklichkeit aus den Augen verliert.“[1229]
„Wir erachten die Weimarer Verfassung nicht wie die Angeklagten im Hitler-Prozeß als ein Nichts, als einen revolutionären Wind, dem gar keine Verpflichtung innewohne.“[1230]

Neben boshaften Bemerkungen von Kollegen[1231] war Beyerle seit 1930 Anwürfen nationalsozialistischer Studenten ausgesetzt, was an zwei Vorfällen veranschaulicht werden soll, bei denen versucht wurde, ihn lächerlich zu machen. Anfang Juli 1930 nahm Beyerle im Kolleg ein Telefonat des Vortages - bei dem der Anrufer sich nach der Mitarbeit Beyerles an der Reichsverfassung erkundigt hatte und ihm geantwortet hatte „Schönen Dank, das Weitere wird sich finden.“- zum Anlaß, seine ablehnende Haltung gegenüber dem Nationalsozialismus zu wiederholen. Nach dem Artikel der „Bewegung“ soll Beyerle dabei geäußert haben: „Wenn ich durch einen Schuß im

[1226] Korrekturfahne eines von Beyerle nach dem 30.10.1923 verfaßten Zeitungsartikels, NL 68, Bl. 46; Zeitung und genaues Datum sind unbekannt.
[1227] Gritschneder, S. 28 f
[1228] Reichstagsprotokolle, S. 12673
[1229] Beyerle, FRP, S. 133
[1230] Beyerle, FRP, S. 150
[1231] UAZ: Im Brief vom 16.12.1930 teilte Beyerle mit, Ernst Mayer mache mit Bezug auf die Weimarer Verfassung im Kolleg boshafte Bemerkungen gegen ihn und sage, wenn er Beyerle zitiere, meine er immer nur Franz Beyerle.

Hörsaal mit meinem Blute die deutschen Hochschulen vor diesem Unfug retten kann, so will ich gern mein Leben für das Vaterland hingeben!" Die „Bewegung" warf Beyerle daraufhin vor, „bewußt und wider besseres Wissen" darauf ausgegangen zu sein, „das Ansehen einer „politischen Clique" zu untergraben, die schon entscheidend viele wertvolle und tatkräftige Elemente der Jugend in sich vereine." und verband dies mit der Drohung: „Wir wünschen Ihnen, Herr Professor Beyerle, von ganzem Herzen die Klarheit und die Sachlichkeit, die ein deutscher Hochschullehrer nötig hat, damit nicht eines Tages alle deutschen Studenten auf Ihre Vorlesungen verzichten müssen."[1232] Beyerle teilte den Vorfall der Universitätsverwaltung mit, die sich zu Gegenmaßnahmen aber nicht entschließen konnte, weil „Beyerle als eine Persönlichkeit des öffentlichen Lebens Herabsetzungen wie der gegenwärtigen" „stets ausgesetzt sei." Da ihm keine Verletzung einer Amtspflicht vorgeworfen, vielmehr sein Verhalten nur lächerlich genannt werde, „dürfte ein Strafantrag von amtswegen nicht in Frage kommen. Da ferner die Bewegung kein amtliches Hochschulorgan ist, dürfte auch ein Einschreiten gegen sie nicht veranlaßt sein."[1233]

Ein Jahr später wurde Beyerle vom nationalsozialisitischen deutschen Studentenbund die Äußerung zugeschrieben: „Sie glauben nicht, welche Rührung mich ergriff, als ich den Herrn Reichspräsidenten Ebert den Eid auf die Verfassung leisten sah, auf jene Verfassung, die drei Tage vorher - Sie glauben nicht wo - auf meinem Nachttisch lag."[1234] Während die Universitätsverwaltung ein Jahr zuvor keinerlei Gegenschritte für erforderlich hielt, druckte die Zeitung Beyerles Gegenäußerung ab, die Aufschluß gibt, wie sehr ihn die Anfeindungen belasteten. Er schrieb unter anderem:

> *„Die Notiz ist von Anfang bis zu Ende eine plumpe Lüge. Dieser neueste Anwurf fügt sich einer Reihe von Vorkommnissen an, die ich teils im Kolleg, teils in Drucksachen, teils in nichtigen telephonischen Belästigungen über mich ergehen lassen muß. Auch in diesem Fall soll ich als Mitarbeiter an der Reichsverfassung in meiner Ehre angegriffen werden, vor der Studentenschaft verächtlich gemacht und als einer der besonders zu befehdenden Hochschullehrer gebrandmarkt werden. Ich stehe nicht an, vor der Öffentlichkeit zu erklären, wie oft mir die seit Semestern dauernden Angriffe die Ausübung des akademischen Lehrberufes erschwert, manchmal geradezu verleidet haben."*[1235]

In einem Brief an Stutz vom 12.12.1931 beklagte sich Beyerle, daß ihn zwar ein stattliches Seminar erfreue, in welchem er die Verfassungs- und Rechtsgeschichte der wichtigeren bayerischen Städte der Reihe nach behandle, ihm aber „eine bekannte Studentengruppe nach wie vor das Leben sauer" mache.[1236] Für das Sommersemester 1933 hatte er eine einstündige Vorlesung „Grundfragen der staatsbürgerlichen Bildung" angekündigt, ein Thema, über das er bereits früher Vorlesungen gehalten hatte. So hatte die Universität - das Problem der angemessenen staatsbürgerlichen Erziehung in der Weimarer Republik erkennend, sich jedoch gegen die Verselbständigung zu einem eigenen Fach wendend - seit dem Sommersemester 1928 unter einer eigenen Rubrik „VIII. Bürgerkunde und

---

[1232] Zeitungsartikel, Universitätsarchiv München, L – N 14a

[1233] Bayerisches Hauptstaatsarchiv MK 35371, Mitteilung an Beyerle vom 15.7.1930, ohne Erkennbarkeit des Absenders.

[1234] Universitätsarchiv München, L – N – 14 a

[1235] ebenda

[1236] Laufs, S. 46, Fußnote 114

staatsbürgerliche Erziehung“ mehrere Vorlesungen der Juristischen, Staatswirtschaftlichen und Philosophischen Fakultät I zusammengefaßt.[1237] Wie nach der Revolution von 1918 stellte Beyerle den Wert der katholischen Religion in den Vordergrund, wobei er sich bei deutlicher Distanzierung vom Nationalsozialismus in der Wortwahl große Zurückhaltung auferlegte :

„Die Katholiken fordern keineswegs, daß die Periode der Verweltlichung des Rechts als reinen Willensinstruments der Staatsmacht zur äußeren Lebensordnung wieder einem neuen Zeitalter rechtsphilosophischer Vertiefung weicht und machen geltend, daß zur Überwindung der neuzeitlichen Rechtskrise auch die Beiziehung der positiven Aufbaukräfte der katholischen Religion von hohem Wert ist.“[1238]

Aller Wahrscheinlichkeit nach befürchtete Beyerle weitere Schwierigkeiten, weshalb er mit Schreiben vom 27.3.1933 an die Juristische Fakultät ohne Begründung diese Vorlesung zurückzog und stattdessen „eine deutschrechtliche Übungsvorlesung auf der Grundlage des Sachsenspiegels“ halten wollte[1239], die politisch weniger brisant war. In der Tat mußten ab dem Sommersemester 1933 verschiedene Professoren ihre Vorlesungen auf Weisung des Kultusministeriums einstellen und wurden ab dem Sommersemester 1934 Vorlesungsverbote ausgesprochen. Angekündigten Vorlesungen „mit besonderem politischen oder weltanschaulichen Einschlag“ mußte vom Rektor gegenüber dem Ministerium bestätigt werden, daß die „hierfür erforderlichen besonderen Voraussetzungen“ gegeben seien, womit die Möglichkeit eröffnet wurde, die Vorlesungstätigkeit von Dozenten zu unterbinden, die politisch als unzuverlässig galten, sich nicht der neuen Zeit anpassen wollten und dies durch mangelnden Einsatz im Sinne des neuen Systems erkennen ließen.[1240]

5. Schlußbetrachtung

Konrad Beyerle, dessen 60. Geburtstag im Sommer 1932 noch in großem Rahmen gefeiert wurde, hatte seit dem Winter wieder verstärkt mit körperlichen Beschwerden zu kämpfen.[1241] Er starb unerwartet in den frühen Morgenstunden des 26.4.1933 während einer Notoperation im Schwabinger Krankenhaus. Die an sich erfolgreich verlaufene Operation einer Darmverschlingung führte zu einer Herzlähmung. Er wurde am 28.4.1933 im Neuen Nördlichen (Schwabinger) Friedhof beigesetzt.[1242]

[1237] Böhm, S. 231
[1238] Religion und Recht in der deutschen Vergangenheit, in: Schönere Zukunft, Nr. 38 vom 19.6.1932;
[1239] Universitätsarchiv München, L – N – 14a
[1240] Böhm, S. 245 f mit weiteren Einzelheiten
[1241] MNN Nr. 115 vom 27.4.1933, S. 3
[1242] Sein Grab (124 – 1 – 34) auf dem Münchener Nordfriedhof, ein Familiengrab mit einer von zwei Löwen getragenen Steinplatte, schmückt die Rückseite der Jubiläumsmedaille zur 1200-Jahrfeier der Reichenau von Josef Bernhart (vgl. die im zweiten Halbband der Kultur der Abtei Reichenau, S. 656 enthaltene Abbildung), die dem ersten Mariensiegel der Reichenau nachgestaltet ist. Darunter die Aufschrift: „Mater misericordiae Iesum, nobis post hoc exilium ostende“, die sich aus den Zeilen 1 und 13 des Marianischen Antiphons „Salve regina“ zusammensetzt. Das „Salve regina“ wurde auch nach Meinung Konrad Beyerles, der sich dabei auf die damalige politische Gedankenwelt (Verwendung des Vogteigedankens) stützte, wahrscheinlich von Hermann dem Lahmen auf der Reichenau, einer Stätte eifrigen Marienkults im 11. Jahrhundert verfaßt und nahm als beliebte Art des täglichen offiziellen Lobpreises der Gottesmutter seinen Siegeslauf durch die Kirche, so daß es nach einer Anordnung Leos XIII. nach jeder Messe seinen offiziellen Platz hat. (Dazu vgl. Die Kultur der Abtei Reichenau 724 – 1924, Band II, R. Molitor: Die Musik in der Reichenau, S. 816 ff und P. Clemens Blume: Reichenau und die Marianischen Antiphonen, S. 821 ff) Beyerle hatte zu Lebzeiten darauf hingewiesen, daß die

(Grabplatte Konrad Beyerles)

Otto Riedner schrieb: „Wir haben einen Menschen verloren, aufgeschlossen für alles Hohe, empfindsam und treu, der in einer Zeit, da die von ihm mitgeschaffene, längst brüchige Weimarer Verfassung hinweggefegt wurde, seine leidenschaftliche Sorge um Deutschland zu neuen, fast beängstigenden wissenschaftlichen Kraftanstrengungen steigerte."[1243] Sein früher Tod ersparte ihm das Miterleben der „ungeheuren Rechtsperversion unter dem Hakenkreuz" und „weiteren Widerstand gegen die wie eine Flut sich ausbreitende Hitlerei".[1244] In seinem Beileidsbrief vom 27.4.1933 schrieb der seit Jugendzeiten mit Beyerle befreundete Dekan Herbert Meyer der Juristischen Fakultät der Universität Göttingen „... Der Mann ist von uns gegangen in großer wirrer Zeit, die auch ihm wohl so manches Rätsel aufgab. Vielleicht ist ihm durch seinen Tod Schweres erspart geblieben, mit dem er sich nicht leicht abgefunden hätte. Sein Werk ist geblieben und wird bleiben ..."[1245] Meyer konnte nicht wissen, daß im Morgengrauen des Todestages Beyerles die Gestapo in dessen Wohnung erschienen war, um ihn fortzuholen.[1246] Obwohl Beyerle schon seit Jahren kein politisches Mandat mehr bekleidet hatte, spielte er in den Augen der neuen Machthaber offensichtlich weiterhin eine wichtige Rolle.

Anrufungen Mariens des „Salve regina" aus den Rechtsideen von Verbannung, Gnadenbitte und Fürsprache entstanden. (Vgl. sein in der Zeitschrift Schönere Zukunft, Nr. 38 vom 19.6.1932 abgedruckter, vor der Österreichischen Leo-Gesellschaft gehaltener Vortrag „Religion und Recht in der deutschen Vergangenheit")

[1243] Otto Riedner, ZBLG 6, (1933), S. 170

[1244] Laufs, Gestalten und Probleme, S. 46

[1245] Akte des Archives der LMU München, L – N – 14 a und Sen. 65

[1246] Mündliche Auskunft von Frau Dr. Angelika Beyerle vom 1.4.1999; Bereits am 9./10.3.1933 waren führende Persönlichkeiten der BVP, u. a. Innenminister Karl Stützel, Finanzminister Fritz Schäfer und Sebastian Schlittenbauer verhaftet worden, bevor sie am 4.7.1933, einen Tag vor Selbstauflösung der Partei wieder freigelassen wurden. (vgl. Friemberger, S. 81) Am 19. Juli 1933 nahm die bayerische Polizei bei Razzien 1917 BVP-Funktionäre fest und sperrte sie als "Schutzhäftlinge" ein (Large, S. 312). Die unmittelbare Gefährdung Beyerles ergibt sich aus einem Schreiben des mit Beyerle befreundeten (Schöningh: Einer der besten deutschen Rechtshistoriker) Freiburger Erzbischofs Gröber an den Sekretär Pacellis vom 15.4.1933. Darin heißt es, daß Schreiber und Konrad Beyerle auf einer „Proskriptionsliste" ständen und verlangt hätten, „daß durch die deutschen Bischöfe zu ihren Gunsten etwas geschehe"; der Präsident der Görres-Gesellschaft, Finke, habe sich ebenfalls für beide eingesetzt. (vgl. R. Morsey, Georg Schreiber, der Wissenschaftler, Kulturpolitiker und Wissenschaftsorganisator, in Westfälische Zeitschrift 131/132, 1981/1982, S. 142) Noch am 30.1.1933 hatte Göring, gemäß seiner späteren Zeugenaussage im Reichstagsbrandprozeß vor dem Reichsgericht, zwei höhere Beamte ausschließlich mit der Feststellung von „Adressen" möglicher Regimegegner beauftragt.

Als Nachfolger auf den "neben Berlin bedeutendsten Lehrstuhl des Fachs"[1247] von Konrad Beyerle wurde zunächst sein Bruder Franz in Betracht gezogen, bevor die Berufungsverhandlungen wegen der Höhe der persönlichen Forderungen des Berufenen vom Staatsministerium für Unterricht und Kultus abgebrochen wurden.[1248] Nachfolger wurde dann am 1.4.1934 Heinrich Mitteis - ein grundsatztreuer Gelehrter und nicht der gewünschte „Erneuerer" des Rechts im Sinne des Dritten Reiches und daher nur kurze Zeit in München -, bevor ab 1.4.1935 Claudius Freiherr v. Schwerin die Professur übernahm, der möglichen politischen Erwartungen aber ebenfalls nicht gerecht wurde.[1249]

Als nach dem Kriege die Stadt München bei der Neuregelung der Straßen u. a. in der ehemaligen Gemeinde Untermenzing ein großes Gelehrtenviertel aus allen Gebieten (Astronomie, Botanik, Zoologie, Rechtswissenschaft usw.) zu schaffen beabsichtigte, wobei besonderer Wert auf Namen von Männern der Wissenschaft gelegt wurde,[1250] die auf irgendeine Weise mit München besonders verbunden waren, also z. B. hier geboren wurden, hier gewirkt haben, hier gestorben oder hier begraben sind und natürlich politisch unbelastet sein sollten, wurde 1947 die dortige Pestalozzistraße in Konrad-Beyerle-Straße umbenannt.[1251]

[1247] K. S. Bader, Mitteis-Nachruf , ZRG GA 70 (1953), XVII, zitiert nach: Georg Brun, Leben und Werk von Heinrich Mitteis, Münchener rechtshistorische Studien zum Nationalsozialismus, 1996, S. 388

[1248] MNN Nr. 241 vom 4.9.1933, In einem Schreiben an das Bayerische Staatsministerium für Unterricht und Kultus vom 15.8.1933 bat Franz Beyerle, bei seiner „künftigen Neufestsetzung des Gehalts nicht das dann noch für mittlere Universitäten zulässige, sondern dasjenige ins Auge fassen zu wollen, das dann für die drei großen Universitäten Berlin, Leipzig und München als höchstzulässig zu gelten" habe. (Bayerisches Hauptstaatsarchiv MK 69285). Aufgrund dieser Forderung und der eines Kolleggeldes in Höhe von 8.000 Mark brach das Ministerium die Berufungsverhandlungen ab. Es ist nicht ausgeschlossen, daß dies deshalb geschah, weil inzwischen andere, aus nationalsozialistischer Sicht eher geeignete Personen sich anboten, wie etwa der junge Kieler Ordinarius Karl August Eckhardt, der von Carl Schmitt besonders empfohlen und dessen Berufung auch von Hans Frank befürwortet wurde. (so Böhm, S. 458ff)

[1249] Böhm, S. 461

[1250] Brief des Oberbürgermeisters der Landeshauptstadt München, Wohnungs- und Siedlungsreferat vom 1.8.1945 an das Rektorat der Universität München, Stadtarchiv München

[1251] vgl. Ernst Rudolph, S.180, sowie Hans Dollinger S. 162, Straßenschlüsselverzeichnis der Stadt München Nr. 02542; Schenkendorf, Einer der besten deutschen Rechtshistoriker, berichtet, daß auch die Stadt Konstanz zu Ehren seines 60. Geburtstages eine Straße nach Konrad Beyerle benannt habe, ebenso Stutz in seinem Nachruf.

V. Teil: Anhang

1. Vorlesungen Beyerles an der Universität Göttingen

(nach den Verzeichnissen der Vorlesungen auf der Georg-August-Universität zu Göttingen von 1906 bis 1917)

SS 1906:

Einführung in die Rechtswissenschaft für Landwirte
Handels- und Seerecht
Wechselrecht

WS 1906/1907:

Einführung in die Rechtswissenschaft für Landwirte
Grundzüge des deutschen Privatrechts
Handels- und Seerecht
Wechselrecht

SS 1907:

Deutschrechtliche Übungen (Interpretation des Sachsenspiegels)
Anleitung zu wissenschaftlichen Arbeiten aus dem Gebiete des deutschen Rechts
Handels- und Seerecht, mit Ausschluß des Rechts der Handelsgesellschaften
Wechselrecht

WS 1907/1908:

Deutsche Rechtsgeschichte
Geschichte der deutschen Rechtsquellen
Deutschrechtliche Übungen
Anleitung zu wissenschaftlichen Arbeiten aus dem Gebiet des deutschen Rechts

SS 1908:

Allgemeine Rechtskunde (für Hörer aller Fakultäten)
Grundzüge des deutschen Privatrechts
Deutschrechtliche Übungen (Interpretation des Sachsenspiegels)
Handels- und Seerecht mit Ausschluß des Rechts der Handelsgesellschaften
Das Recht der Handelsgesellschaften
Wechselrecht

WS 1908/1909:

Deutsche Rechtsgeschichte
Deutschrechtliche Übungen (Interpretation sächsischer Rechtsquellen)
Geschichte der deutschen Rechtsquellen
Spezielles Landwirtschaftsrecht

SS 1909:

Grundzüge des deutschen Privatrechts
Deutschrechtliche Übungen (Interpretation von Verfassungsurkunden des Deutschen Reiches)
Handels- und Seerecht mit Ausschluß des Rechts der Handelsgesellschaften
Wechsel- und Scheckrecht
Das Recht der Handelsgesellschaften

WS 1909/1910:

Deutsche Rechtsgeschichte
Geschichte der deutschen Rechtsquellen
Deutschrechtliche Übungen (Interpretation des Sachsenspiegels)
Deutschrechtliches Seminar

SS 1910:

Bürgerkunde (für Hörer aller Fakultäten)
Grundzüge des deutschen Privatrechts
Deutschrechtliches Seminar
Wechsel- und Scheckrecht

WS 1910/1911:

Deutsche Rechtsgeschichte
Geschichte der deutschen Rechtsquellen
Deutsches Bürgerliches recht, Familienrecht

SS 1911:

Bürgerkunde (für Hörer aller Fakultäten)
Deutschrechtliches Seminar
Deutschrechtliche Übungen (Sachsenspiegel)
Handels- und Schiffahrtsrecht

WS 1911/1912:

beurlaubt

SS 1912:

Landwirtschaftsrecht II (spezieller) Teil
Deutschrechtliche Übungen (Quellenlektüre zur Geschichte der deutschen Stadtverfassung)
Deutschrechtliches Seminar
Deutsches bürgerliches Recht, Sachenrecht
Handels- und Schiffahrtsrecht
Wechsel- und Scheckrecht

WS 1912/1913:

Deutsche Rechtsgeschichte
Geschichte der deutschen Rechtsquellen
Grundzüge des deutschen Privatrechts
Übungen im deutschen Recht (Sachsenspiegel)
Deutschrechtliches Seminar

SS 1913:

Bürgerkunde für Nichtjuristen
Deutschrechtliches Seminar
Deutsches Bürgerliches Recht, Familienrecht
Handels- und Schiffahrtsrecht
Wechsel- und Scheckrecht

WS 1913/1914:

Grundzüge des deutschen Privatrechts
Deutschrechtliches Seminar
Landwirtschaftsrecht II. Teil

SS 1914:

Deutschrechtliche Übungen
Deutschrechtliches Seminar
Deutsches Bürgerliches Recht, Familienrecht
Handels- und Schiffahrtsrecht
Wechsel- und Scheckrecht

WS 1914/1915:

Deutsche Rechtsgeschichte mit Einführung in die Rechtsquellen
Grundzüge des deutschen Privatrechts
Deutschrechtliche Übungen (Lektüre deutscher Stadtrechtsquellen)
Deutschrechtliches Seminar

SS 1915:

Grundzüge des deutschen Privatrechts
Deutschrechtliches Seminar
Handels- und Schiffahrtsrecht, mit Einschluß des Wechsel- und Scheckrechts
Landwirtschaftsrecht I. Teil

WS 1915/1916:

Deutsche Rechtsgeschichte mit Einführung in die Rechtsquellen
Grundzüge des deutschen Privatrechts
Deutschrechtliche Übungen (Lektüre von Rechtsdenkmälern der westlichen Grenzlande)
Deutschrechtliches Seminar
Landwirtschaftsrecht, I. Teil

SS 1916:

Deutschrechtliche Übungen (Lektüre des Sachsenspiegels)
Deutschrechtliches Seminar
Handels- und Schiffahrtsrecht Mit Einschluß des Wechsel- und Scheckrechts
Praktikum des Handelsrechts mit schriftlichen Arbeiten

WS 1916/1917:

Deutsche Rechtsgeschichte mit Einführung in die deutschen Rechtsquellen
Grundzüge des deutschen Privatrechts
Deutschrechtliche Übungen (Verfassungsurkunden der westlichen Grenzlande)
Bilder aus der belgischen Verfassungsgeschichte (für alle Fakultäten)

SS 1917:

Deutschrechtliche Übungen (Lektüre von Stadtrechtsdenkmälern)
Bilder aus der belgischen Verfassungsgeschichte
Handels-, Schiffahrts-, Wechsel- und Scheckrecht
Handelsrechtspraktikum (mit schriftlichen Arbeiten)

(WS 1917/1918:)

Deutsche Rechtsgeschichte
Grundzüge des deutschen Privatrechts

Vertretungsregelung: Lehmann, da Beyerle zur Zeit in der politischen Abteilung beim General-Gouverneur in Belgien tätig ist.

2. Vorlesungen Beyerles an der Universität München

(aus den Vorlesungsverzeichnissen der Ludwig-Maximilians-Universität)

WS 1918/1919:

Deutsches bürgerliches Recht: Sachenrecht
Deutsches bürgerliches Recht: Erbrecht
Übungen im Handelsrecht mit schriftlichen Arbeiten
Flandern, Bilder aus der Staats- und Rechtsentwicklung der südlichen Niederlande (für Hörer aller Fakultäten),
Deutschrechtliches Seminar: Altflandrische Staatsdenkmäler im Vergleich mit deutschen Parallelen

Kriegsnothalbjahr 15.1. bis 15.4.1919:

Einführung in das bürgerliche Recht auf deutschrechtlicher Grundlage
Bürgerliches Recht: Erbrecht
Bürgerkunde
Staatsbürgerliche Erziehung
Wiederholungskurs über Erbrecht

SS 1919:

Einführung in die Rechtswissenschaft
Deutsche Rechtsgeschichte
Übersicht über die deutschen Rechtsquellen
Grundzüge des deutschen Privatrechts
Deutschrechtliches Seminar
Im Bedarfsfalle: Wiederholungskurs im bürgerlichen Recht für Kriegsteilnehmer: Erbrecht

WS 1919/1920:

Deutschrechtliches Seminar: Verfassungsurkunden des Mittelalters
Deutsches bürgerliches Recht, Familienrecht
Deutsches bürgerliches Recht, Erbrecht
Übungen im Handelsrecht mit schriftlichen Arbeiten
Staatsbürgerliche Erziehung unter besonderer Berücksichtigung der neuen Reichsverfassung (für Hörer aller Fakultäten)

SS 1920:

Einführung in die Rechtswissenschaft
Deutsche Rechtsgeschichte und Grundzüge des deutschen Privatrechts
Deutschrechtliches Seminar
Familien- und Erbrecht
Grundfragen staatsbürgerlicher Erziehung (für Hörer aller Fakultäten)

Zwischenhalbjahr 2.2.– 31.3.1920:
-
WS 1920/1921:

Deutschrechtliches Seminar
Grundfragen der Staatsbürgerkunde und politischen Erziehung

SS 1921:

Deutsche Rechtsgeschichte und Grundzüge des deutschen Privatrechts
Deutschrechtliches Seminar
Handelsrechtliche Übungen mit schriftlichen Arbeiten

WS 1921/1922:
-

SS 1922:

Einführung in die Rechtswissenschaft
Deutsche Rechtsgeschichte
Grundzüge des Deutschen Privatrechts
Deutschrechtliche Übungen

WS 1922/1923:
-

SS 1923:

Deutsche Rechtsgeschichte
Grundzüge des Deutschen Privatrechts
Deutschrechtliches Seminar

WS 1923/1924:
-

SS 1924:

Einführung in die Rechtswissenschaft (Rechtsenzyklopädie)
Deutsche Rechtsgeschichte
Grundzüge des Deutschen Privatrechts
Deutschrechtliches Seminar

WS 1924/1925:

Rechtsentwicklung in Bayern
Deutschrechtliches Seminar
Bürgerliches Recht: Familienrecht
Bürgerliches Recht: Erbrecht

SS 1925:

Deutsche Rechtsgeschichte
Grundzüge des Deutschen Privatrechts
Deutschrechtliche Übungen mit fakultativen schriftlichen Arbeiten
Deutschrechtliches Seminar: Behandlung der Peinlichen Gerichtsordnung Karls V., gemeinsam mit v. Frank

WS 1925/1926:

Rechtsentwicklung in Bayern
Deutschrechtliches Seminar
Übungen im deutschen Privatrecht mit schriftlichen Arbeiten
Bürgerliches Recht: Sachenrecht
Bürgerliches Recht: Erbrecht

SS 1926:

Einführung in die Rechtswissenschaft
Deutsche Rechtsgeschichte
Grundzüge des Deutschen Privatrechts
Deutschrechtliches Seminar

WS 1926/1927:

Grundzüge des deutschen Privatrechts
Rechtsentwicklung in Bayern
Deutschrechtliches Seminar
Bürgerliches Recht: Erbrecht

Daneben im XII. Zyklus der Gemeinverständlichen Einzelvorträge der Universität München am 12. Januar 1927: Charakterköpfe bayerischer Juristen aus alter und neuer Zeit

SS 1927:

Einführung in die Rechtswissenschaft mit Grundzügen des Bürgerlichen Rechts
Deutsche Rechtsgeschichte
Deutschrechtliches Seminar: Bayerische Rechtsquellen
Übungen im Bürgerlichen Recht für Anfänger, mit schriftlichen Arbeiten

WS 1927/1928:

Grundzüge des deutschen Privatrechts
Rechtsentwicklung in Bayern
Deutschrechtliches Seminar
Bürgerliches Recht: Sachenrecht
Anfängerübungen im bürgerlichen Recht

SS 1928:

Einführung in die Rechtswissenschaft
Deutsche Rechtsgeschichte
Deutschrechtliches Seminar

WS 1928/1929:

Grundzüge des deutschen Privatrechts
Rechtsentwicklung in Bayern (II. Teil)
Deutschrechtliches Seminar
Bürgerliches Recht: Sachenrecht
Übungen im bürgerlichen Recht, für Anfänger mit schriftlichen Arbeiten

SS 1929:

Einführung in die Rechtswissenschaft mit Grundzügen des bürgerlichen Rechts
Deutsche Rechtsgeschichte
Deutschrechtliches Seminar
Sachsenspiegel (Deutschrechtliches Übungskolleg mit Lichtbildervorträgen nach K. von Amira: „Die Dresdener Bilderhandschrift des Sachsenspiegels")
Bürgerliches Recht: Erbrecht
Werden und Bedeutung der Weimarer Verfassung (für Hörer aller Fakultäten)

WS 1929/1930:

Grundzüge des deutschen Privatrechts
Rechtsentwicklung in Bayern
Wiederholungskurs in deutscher und bayerischer Rechtsgeschichte
Bürgerliches Recht: Sachenrecht
Übungen im bürgerlichen Recht, für Anfänger

Daneben im XV. Zyklus der Gemeinverständlichen Einzelvorträge der Universität München am 20.11.1929: Recht und Verfassung im alten München

SS 1930:

Einführung in die Rechtswissenschaft mit Grundzügen des bürgerlichen Rechts
Deutsche Rechtsgeschichte
Deutschrechtliches Seminar (Deutschrechtliches Übungskolleg mit Lichtbildervorträgen nach K. von Amira: „Die Dresdener Bilderhandschrift des Sachsenspiegels")

WS 1930/1931:

Grundzüge des deutschen Privatrechts
Rechtsentwicklung in Bayern
Deutschrechtliches Seminar (Wittelsbacher Palast, Briennerstr. 50)
Bürgerliches Recht: Erbrecht
Übungen im bürgerlichen Recht, für Anfänger

SS 1931:

Einführung in die Rechtswissenschaft mit Grundzügen des bürgerlichen Rechts
Deutsche Rechtsgeschichte
Einführung in die Quellen und Literatur des deutschen Rechts (im Anschluß an die Vorlesung über deutsche Rechtsgeschichte)
Germanistisches Seminar: Überblick und Quellenlektüre zur angelsächsischen und englischen Rechtsgeschichte

WS 1931/1932:

Grundzüge des deutschen Privatrechts
Rechtsentwicklung in Bayern
Deutschrechtliches Seminar (Ausgewählte Kapitel aus der bayerischen Rechtsgeschichte)
Einführung in die Quellen und Literatur des deutschen Rechts
Deutsches bürgerliches Recht: Sachenrecht

SS 1932:

Einführung in die Rechtswissenschaft mit Grundzügen des bürgerlichen Rechts
Deutsches Privatrecht
Einführung in die Quellen und Literatur des deutschen Rechts (im Anschluß an die Vorlesung über deutsches Privatrecht)
Deutschrechtliches Seminar (Thema vorbehalten)
Grundfragen staatsbürgerlicher Erziehung

WS 1932/1933:

Deutsche Rechtsgeschichte
Rechtsentwicklung in Bayern
Deutschrechtliches Seminar (Quellen zur Geschichte der Reichsverfassung in Mittelalter und Neuzeit)
Einführung in die Quellen und Literatur des Deutschen Rechts
Bürgerliches Recht: Erbrecht
Grundfragen staatsbürgerlicher Bildung (für Hörer aller Fakultäten)

SS 1933 (angekündigt):

Einführung in die Rechtswissenschaft mit Grundzügen des bürgerlichen Rechts
Grundzüge des deutschen Privatrechts
Einführung in die Quellen und Literatur des deutschen Rechts (im Anschluß an die Vorlesung über deutsches Privatrecht)
Deutschrechtliches Seminar (Thema vorbehalten)
Grundfragen der staatsbürgerlichen Bildung (zurückgezogen)

3. Ausgewählte Dokumente zur Entstehung der Weimarer Verfassung

a. Handschriftlicher Entwurf Beyerles zum Verfassungsabschnitt „Reichsrat"

Art. 18: Organstellung u. Aufgaben im Allgemeinen.

Art. 19: Stimmverteilung im Reichsrat (Beseitigung der veralteten Stimmverteilung des Bundesrates)

Art. 20: Abstimmung in den Reichsratsausschüssen

Art. 21: Charakter und Zahl der Reichsratsmitglieder(,) Freie Stimmabgabe, aber Einheitlichkeit (...)
Gliedstaat.

Art. 22: Vorsitz im Reichsrat.-Recht u.ev. Pflicht der Reichsregierung zur Teilnahme an den
Beratungen – Einberufung des Reichsrats.-

Art. 23: Antragsrecht. Geschäftsordnung. Öffentlichkeit der Sitzungen. Abstimmung.

Art. 24: Stellung des Reichsrats bei Einbeziehung von Gesetzesvorlagen. – Verhältnis zur
Reichsregierung.

Art. 25: Recht des Reichsrates auf Gehör im Reichstag

Art. 26: Suspensives Veto des Reichsrats gegen Gesetze, die der Reichstag angenommen.

Art. 27: Mitwirkung des Reichsrats bei der Exekutive:

a) beim Erlaß v(.) Ausführungsverordnungen
b) bei der Leitung der Reichsgeschäfte

b. Vier Entwürfe aus der „handschriftlichen Karteikartensammlung“ Beyerles, April/Mai1919

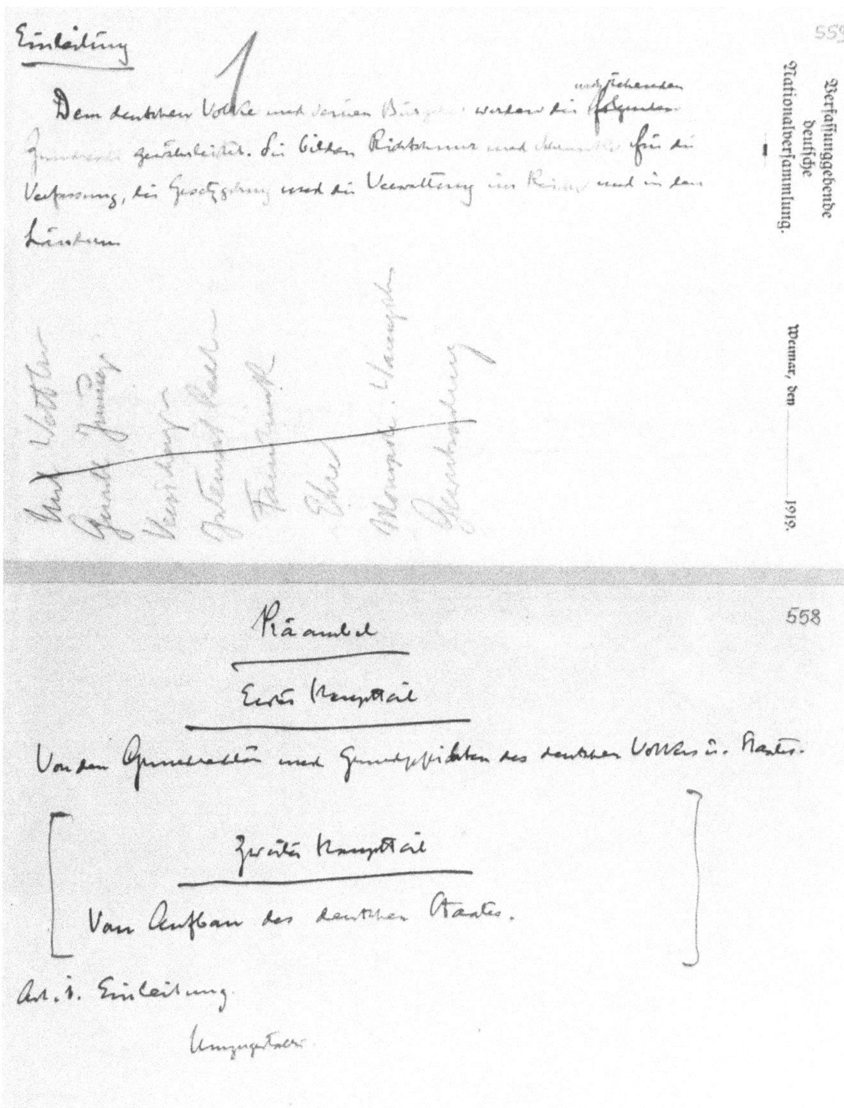

559

Einleitung

Dem deutschen Volke und seinen Bürgern werden die folgenden Grundrechte gewährleistet. Sie bilden Richtschnur und Schranke für die Verfassung, die Gesetzgebung und die Verwaltung im Reiche und in den Ländern.

Verfassunggebende deutsche Nationalversammlung.

Weimar, den ______ 1919.

558

Präambel

Erster Hauptteil

Von den Grundrechten und Grundpflichten des deutschen Volkes u. Staates.

Zweiter Hauptteil

Vom Aufbau des deutschen Staates.

Art. 1. Einleitung

Staatsbürgerliche Erziehung als Aufgabe der Schule. 592 44

In allen Schulen ist persönliche und staatsbürgerliche Tüchtigkeit und sittliche Bildung auf deutsch-volkstümlicher Grundlage zu erstreben.

Staatsbürgerkunde ist Lehrgegenstand in allen Schulen. Inhalt und Geist der Verfassung sind Prüfungsgegenstand in allen Zweigen des öffentlichen Prüfungswesens. Jeder Schüler erhält bei der Beendigung der Schulpflicht einen Abdruck der Verfassung ~~aus~~ ein gehändigt.

1 Leg. Vi a Abs 5. GO Art 32 Ziff 3.

'Volksversöhnung'

57 Eigentums~~recht~~ (Grundlage) Eigentum

Das Eigentum wird ~~von der Verfassung~~ gewährleistet. Inhalt und Schranken desselben 607
ergeben sich nach dem bürgerlichen ~~Gesetzbuch~~ ~~Recht~~ Gesetzen. # 58

Eigentum verpflichtet. Sein Verwaltung ~~ist~~ soll Dienst sein zum Wohle der Allgemeinheit.
Als gesammelte Arbeitskraft für die Volkswirtschaft berechtigt, verdient es den Anspruch auf gesetzl.
Rechtsschutz, so es dem Fortschritt der schaffenden Arbeit dient.

Eine Enteignung kann nur zum Wohle der Allgemeinheit gegen Entschädigung auf gesetzl. Grundlage vorgenommen werden (RV)

BGB 904

Württ Verf ~~§§~~ §15

Nachweis

290

Unterausschuß.

Verfassunggebende
deutsche
Nationalversammlung.

8. Ausschuß.

Dr. Beyerle:

Vorschläge zu einer Stoffgliederung und Textgestaltung des Verfassungsabschnittes über die Grundrechte des Deutschen Volkes.

Abkürzungen: RV. = Regierungsvorlage; **D.** = Anträge Dr. Düringer auf Nr. 90; **N.** = D. Fr. Naumann, Versuch volksverständlicher Grundrechte auf Nr. 82; **QS.** = Anträge Dr. Quarck und Dr. Sinzheimer auf Nr. 80; **1. Lesg.** = Beschlüsse 1. Lesung zu Art. 30 und 31 der Regierungsvorlage; **R. u. W.** = Verfassungsentwurf des Vereins-Rechts und Wirtschaft; **Br.** = Verfassungsentwurf Prof. Dr. Bredt; **bad. Verf.** = badische Verfassung vom 21. März 1919; **württbg. Verf.** = Entwurf der württembergischen Verfassung vom 23. Januar 1919.

Grundrechte des Deutschen Volkes.

1. Einleitung.

Dem Deutschen Volke und seinen Bürgern werden die nachstehenden Grundrechte gewährleistet. Sie bilden Richtschnur und Schranke für die Verfassung, die Gesetzgebung und die Verwaltung im Reiche und in den Ländern.

R. u. W. Art. 51.

I. ~~Gleichheit aller und überall im Reiche.~~

2. Gleichheit vor dem Gesetze:

Alle Deutschen sind vor dem Gesetze gleich.
Männer und Frauen haben ~~grundsätzlich~~ dieselben staatsbürgerlichen Rechte und Pflichten.
Alle öffentlichrechtlichen Vorrechte und Nachteile der Geburt oder des Standes sind ~~beseitigt~~.

RV. Art. 28; N. Art. 28; QS. Art. 28; R. u. W. Art. 52; bad. Verf. § 9; württbg. Verf. § 5.

3. Reichs- und Landesangehörigkeit:

Die Staatsangehörigkeit im Reich und in den Ländern wird unter den Voraussetzungen eines Reichsgesetzes erworben und verloren. Jeder Angehörige eines Landes ist zugleich Reichsangehöriger.

Jeder Deutsche hat in jedem Lande des Reichs die gleichen Rechte und Pflichten wie die eigenen Landesangehörigen. Die Ausübung politischer Rechte für das einzelne Land kann von dem Besitz der Landesangehörigkeit abhängig gemacht werden.

RV. Art. 29 Abs. 1; D. Ziff. 1; N. Art. 28; QS. Art. 29 Abs. 1; R. u. W. Art. 84.

4. Freizügigkeit im Reich; Recht auf Niederlassung, Grunderwerb und Gewerbebetrieb:

Alle Deutschen genießen Freizügigkeit im ganzen Reiche. Jeder hat das Recht, sich an beliebigem Orte des Reiches niederzulassen, Liegenschaften zu erwerben und jeden Nahrungszweig zu betreiben. Einschränkungen bedürfen eines Reichsgesetzes.

D. Ziff. 9 (Art. 39a Abs. 1); R. u. W. Art. 53.

5. Auswanderungsfreiheit und Schutz der Deutschen gegenüber dem Auslande:

Jeder Deutsche ist berechtigt, nach außerdeutschen Ländern auszuwandern. Die Auswanderungsfreiheit kann nur mit Rücksicht ~~auf die Wehrpflicht durch das~~ Reichs~~wehr~~gesetz beschränkt werden.

Dem Auslande gegenüber haben alle ~~Deutschen~~ in und außerhalb des Reiches Anspruch auf den Schutz des ~~Reiches~~.

RV. Art. 29 Abs. 2; D. Ziff. 9 (Art 39a Abs. 2); N. Art. 28; QS. Art. 29 Abs. 2; R. u. W. Art. 77, 78.

2

6. Schutz fremdsprachiger Minderheiten:

Den ~~fremdsprachigen Volksteilen~~ des Reiches darf die Freiheit ihrer volkstümlichen Entwicklung nicht beeinträchtigt werden. ~~Sie haben das Recht auf Gebrauch ihrer Muttersprache vor den Behörden, in Kirche und Schule sowie in öffentlichen Versammlungen.~~

NV. Art. 40; R. Art. 39; OS. Art. 36; R. u. W. Art. 79.

~~II. Persönliche Freiheitsrechte.~~

7. Freiheit der Person:

Die Freiheit der Person ist unverletzlich. Eine Beeinträchtigung oder Entziehung der persönlichen Freiheit durch die öffentliche Gewalt ist nur auf Grund von Gesetzen zulässig.

~~Voraussetzung jeder Verhaftung ist ein richterlicher Haftbefehl. Jeder vorläufig Festgenommene ist unverzüglich dem Richter zur Entscheidung über die Haft vorzuführen.~~

~~Der gesetzlich vorgeschriebene Dienst in der Wehrmacht des Reiches enthält als Ehrenpflicht jedes deutschen Mannes keine Beschränkung der persönlichen Freiheit.~~

NV. Art. 35; D. Ziff. 5; R. u. W. Art. 55; Br. § 13; bad. Verf. § 13 Abs. 1, 16 Abs. 2; württbg. Verf. § 8.

8. Schutz der Rechtsbeziehungen von Einzelpersonen und von Verbänden:

Eingriffe von Behörden in ~~die~~ Rechts~~beziehungen~~ der einzelnen und von Verbänden können nur auf Grund des Gesetzes erfolgen.

OS. Art. 37 Abs. 1.

9. Hausrecht:

Die Wohnung jedes Deutschen ist für ihn eine Freistätte ~~Sie ist als solche~~ unverletzlich. Das Eindringen in eine Wohnung, ~~die~~ Hausuchung ~~sowie die Beschlagnahme von Briefen und anderen Gegenständen~~ sind ~~nach Fall und Form~~ nur auf Grund von Gesetzen zulässig.

NV. Art. 36; R. u. W. Art. 56; Br. § 23 S. 2; bad. Verf. § 13 Abs. 2; württbg. Verf. § 9.

10. Strafgesetz als Voraussetzung jeder Strafe:

~~Der Verhängung von Strafen aller Art muß ihre Androhung vorausgehen. Strafen können nur durch ein Gesetz oder auf Grund gesetzlicher Ermächtigung angedroht werden.~~

R. u. W. Art. 58; Br. § 41.

11. Verbot willkürlicher Rechtspflege:

Niemand darf seinem ~~ordentlichen~~ Richter entzogen werden. ~~Ordentlicher Richter ist das nach Maßgabe der Prozeßgesetze zuständige Gericht.~~ Ausnahmegerichte ~~und außerordentliche Gerichtshöfe~~ sind nicht statthaft.

~~Im Falle eines Ausnahmezustandes angeordnete Maßnahmen bleiben hiervon unberührt.~~

D. Ziff. 9 (Art. 39 S. 2); R. u. W. Art. 85 Abs. 3; bad. Verf. § 16 Abs. 1.

12. Postgeheimnis:

Das Post-, Telegraphen- und Fernsprechgeheimnis ist unverletzlich. Ausnahmen können nur durch Reichsgesetz zugelassen werden.

NV. Art. 38; OS. Art. 37 Abs. 2; R. u. W. Art. 57.

13. Preß- und Zensurfreiheit:

Jeder Deutsche hat das Recht, durch Wort, Schrift, Druck oder Bild seine Meinung frei zu äußern. ~~Beschränkungen dieses Grundrechts sowie Androhung von Nachteilen für den Fall seiner Ausübung, vorgenommen in einem Arbeits- oder Anstellungsvertrag, sind als Verstöße gegen zwingendes Recht nichtig. Durch freie Meinungsäußerung begangene strafbare Handlungen unterliegen den allgemeinen Strafgesetzen.~~

~~Eine Zensur findet nicht statt.~~ Doch können durch Reichsgesetz Bestimmungen über vorgängige Vorführung von Lichtspielstücken unter Hinzuziehung künstlerischer Sachverständiger getroffen werden. Auch sind Maßnahmen zum Schutze der Jugend bei öffentlichen Schaustellungen, desgleichen zur Bekämpfung der Schundliteratur zulässig.

NV. Art. 32; OS. Art. 33; R. u. W. Art. 73; Br. § 40; bad. Verf. § 17 Abs. 1.

14. Schutz der Persönlichkeitsrechte, insbes. des geistigen Eigentums:

Die mit der Persönlichkeit wesentlich verknüpften Rechte stehen unter dem Schutze des ~~Verfassung~~. Ihre Regelung im einzelnen erfolgt durch Reichsrecht.

Dies gilt im besonderen von dem Recht der Urheber und Erfinder, über ihre Geisteserzeugnisse, Kunstwerke und technischen Erfindungen zu verfügen und dieselben sich wirtschaftlich nutzbar zu machen. ~~Vertragliche Bindungen über erst in der Zukunft zu schaffende Geisteswerke und Erfindungen sind unwirksam, wenn die dem Urheber oder Erfinder von seiten des Vertragsgegners gewährte Leistung in auffälligem Mißverhältnis zu dem im Vertrag übertragenen Urheber- oder Erfinderrecht steht.~~

Den Schöpfungen deutscher Wissenschaft, Kunst und Technik auch im Auslande auf dem Wege zwischenstaatlicher Vereinbarung Geltung und Schutz zu verschaffen, bildet eine besondere und dauernde Sorge des Reichs.

Antrag Beyerle.

I[illegible]. Grundlagen des Gemeinschaftslebens.

15. Versammlungsfreiheit:

Alle Deutschen haben das Recht, sich ohne besondere Erlaubnis friedlich und unbewaffnet ~~in geschlossenen Räumen oder unter freiem Himmel~~ zu versammeln. Versammlungen unter freiem Himmel können durch Gesetz ~~von einer behördlichen Erlaubnis abhängig~~ gemacht, ~~oder nur bei~~ Gefahr ~~für die~~ öffentliche Sicherheit verboten werden.

RV. Art. 33 Abs. 1; D. Ziff. 2; N. Art. 30; OS. Art. 34 Abs. 1; R. u. W. Art. 74; Br. § 38.

16. Vereinsfreiheit:

Alle Deutschen haben das Recht, zu Zwecken, die den Strafgesetzen nicht zuwiderlaufen, Vereine oder Gesellschaften zu bilden. Dies Recht kann nicht durch Vorbeugungsmaßnahmen der Verwaltungsbehörden beschränkt werden.

Der Erwerb der Rechte ~~einer juristischen Person~~ steht jedem Verein gemäß den Vorschriften des bürgerlichen Rechts frei. Er darf einem Verein nicht aus dem Grunde versagt werden, weil er politische, ~~oder~~ sozialpolitische Zwecke verfolgt.

RV. Art. 33 Abs. 1; D. Ziff. 3; N. Art. 30; OS. Art. 34 Abs. 1; R. u. W. Art. 75; Br. § 39.

17. Wahlfreiheit:

Die freie Ausübung des Wahlrechts bei öffentlichen Wahlen und die Wahrung des Wahlgeheimnisses sind staatsbürgerliche Grundrechte. Sie stehen unter dem Schutze der Verfassung. Das Nähere bestimmen die Wahlgesetze.

Br. § 9. Antrag Beyerle.

18. Petitionsrecht:

Jeder Deutsche hat das Recht, sich schriftlich mit Bitten oder Beschwerden an die Volksvertretung oder an die zuständige Behörde zu wenden. Dieses Recht kann sowohl von einzelnen als auch von mehreren gemeinsam ausgeübt werden.

RV. Art. 39; OS. Art. 35; R. u. W. Art. 80.

19. Selbstverwaltung:

Die Gemeinden und die ~~Gliedverbände des Staates~~ haben das Recht der ~~Selbstbestimmung und~~ Selbstverwaltung innerhalb der Schranken der Gesetze. ~~Dieses Grundrecht des Volkes zur Mitwirkung an den öffentlichen Angelegenheiten steht unter dem Schutze der Verfassung.~~

~~Vor der gesetzlichen Regelung allgemeiner Fragen, welche die Gemeinden und Gliedverbände [illegible] berühren, sind diese [illegible] zu hören.~~

N. Art. 29; bad. Verf. § 20; württbg. Verf. § 16; Antrag Beyerle.

20. Unabhängigkeit der Gerichte:

Alle Gerichtsbarkeit geht vom Staate aus. Die richterliche Gewalt wird als Auftrag des Volkes durch unabhängige, nur dem Gesetze unterworfene Gerichte ausgeübt.

~~Die Verfassung und das Verfahren der ordentlichen Gerichte in Zivil- und Strafsachen werden durch Reichsgesetz geregelt.~~

RV. Art. 108; D. Ziff. 9 (Art. 39); N. Art. 30; R. u. W. Art. 85, 86.

21. Grundsatz obligatorischer Verwaltungsrechtspflege:

Im Reich und in den Ländern dienen besondere Verwaltungsgerichte zum Schutze der einzelnen gegen Anordnungen und Verfügungen der Verwaltungsbehörden. Wo solche Verwaltungsgerichte noch nicht bestehen, sind sie einzuführen. ~~Ihre Verfassung und ihr Verfahren sollen grundsätzlich dem für die ordentlichen Gerichte geltenden Rechte entsprechen.~~

R. u. W. Art. 90.

22. Gerichtsstand des Staates:

~~Der Staat nimmt in allen öffentlichrechtlichen und privatrechtlichen Streitigkeiten Recht vor den zuständigen Gerichten.~~

~~Jede vom Staat gegen seine Gläubiger übernommene Verbindlichkeit ist unverletzlich.~~

~~bad. Verf. § 15.~~

23. Beamtenrecht:

Alle Staatsbürger ohne Unterschied sind zu den öffentlichen Ämtern zuzulassen. Zu jeder Beamtenstelle soll, ohne Rücksicht auf Lebens- oder Dienstalter und auf Vorbildung, derjenige berufen werden, der hierzu der Befähigteste und Würdigste ist. Die

dung, derjenige berufen werden, der hierzu der Befähigteste und Würdigste ist. Die Befähigung wird in der Regel durch die gesetzlich vorgeschriebenen Prüfungen nachgewiesen.

Die Beamten sind dazu berufen, an der Erledigung aller Amtsgeschäfte mitverantwortlich beteiligt zu sein. Sie sind dabei Diener der Gesamtheit, nicht der herrschenden Partei.

Die Vorschriften über die Anstellung im öffentlichen Dienst, über die Amtsdauer der Beamten sowie über ihre Rechte und Pflichten werden in Reich und Ländern durch besondere Beamtengesetze geregelt. Für die vermögensrechtlichen Ansprüche aller Beamten ist darin der Rechtsweg offenzuhalten. Die durch Anstellung erworbenen Rechte können den Beamten nur durch ein Gesetz entzogen werden, das den Bestimmungen über Verfassungsänderungen unterliegt.

Die Vervollkommnung des Beamtenrechts auf freiheitlicher Grundlage sowie die wirtschaftliche und soziale Sicherstellung der Beamten ist dauernde Sorge des Reichs. Die Vereinigungsfreiheit der Beamten wird gewährleistet.

Die Beamten erhalten zur Wahrnehmung ihrer Standesbelange bei ihren Behörden Beamtenausschüsse, die aus gleichen, geheimen und direkten Wahlen hervorgehen müssen. In jedem Lande ist eine Beamtenkammer zu errichten. Gesetzentwürfe, welche die Verhältnisse der Beamten betreffen, sind vor ihrer Einbringung bei der Volksvertretung der zuständigen Beamtenkammer zur Äußerung vorzulegen.

R. Art. 38; R. u. W. Art. 87, 88; Br. § 15; bad. Verf. § 11; württbg. Verf. § 7.

24. Wehrmacht und Militärgerichtsbarkeit:

Die militärische Dienstpflicht richtet sich nach den Bestimmungen des Reichswehrgesetzes. Dieselben befinden auch darüber, inwieweit einzelne der in diesem Abschnitt ausgesprochenen Grundrechte im Hinblick auf die Notwendigkeiten der Heereszucht für die Angehörigen der Wehrmacht keine Geltung haben.

Der besondere militärische Gerichtsstand beschränkt sich auf Strafsachen, unter diesen im Frieden auf die militärischen Vergehen allein. Die Angehörigen der Wehrmacht nehmen an der Militärstrafgerichtsbarkeit über ihresgleichen in richterlicher Unabhängigkeit nach näherer Vorschrift des Reichsrechts teil.

R. u. W. Art. 83, 84; bad. Verf. § 12.

25. Steuerpflicht:

Alle Staatsbürger ohne Unterschied tragen im Verhältnis der ihnen zu Gebote stehenden Mittel zu allen öffentlichen Lasten nach Maßgabe der Gesetze bei.

Br. § 22; bad. Verf. § 10; württbg. Verf. § 6.

IV. Grundrechte und Grundsätze über Religion, Religionsgesellschaften, Schule.

a) Religion und Religionsgesellschaften.

26. Gewissens- und Glaubensfreiheit, Freiheit und Schutz der Religionsübung:

Alle Bewohner des Reichs genießen volle Glaubens-, Gewissens- und Gedankenfreiheit. Die ungestörte Religionsübung sowie die Würde heiliger Handlungen und Orte sind durch die Verfassung gewährleistet und stehen unter staatlichem Schutze. Die staatsbürgerlichen Pflichten aus den allgemeinen Staatsgesetzen bleiben hiervon unberührt

1. Lesg. Art. 30 Abs. 1; R. Art. 31.

27. Grenzziehung gegenüber dem staatlichen Rechtsbereich:

Die bürgerlichen und staatsbürgerlichen Rechte und Pflichten werden durch die Ausübung der Religionsfreiheit weder bedingt noch beschränkt.

Der Genuß bürgerlicher und staatsbürgerlicher Rechte sowie die Zulassung zu öffentlichen Ämtern sind unabhängig von dem religiösen Bekenntnis.

Niemand ist verpflichtet, seine religiöse Überzeugung zu offenbaren. Die Behörden haben nur insoweit das Recht, nach der Zugehörigkeit zu einer Religionsgesellschaft zu fragen, als davon Rechte und Pflichten abhängen oder eine gesetzlich angeordnete statistische Erhebung dies erfordert.

Es besteht keine Staatskirche.

Niemand darf zu einer kirchlichen Handlung oder Feierlichkeit oder zur Teilnahme an religiösen Übungen oder zur Benutzung einer religiösen Eidesform gezwungen werden.

1. Lesg. Art. 30 Abs. 2–5, Art. 30a Abs. 1; Br. § 26.

28. Freiheit der Bildung von Religionsgesellschaften:

Die Freiheit der Vereinigung zu Religionsgesellschaften wird gewährleistet. Der Zusammenschluß von Religionsgesellschaften innerhalb des Reichsgebiets unterliegt keinen Beschränkungen.

Den Religionsgesellschaften werden diejenigen Vereinigungen gleichgestellt, die sich die gemeinschaftliche Pflege einer Weltanschauung zur Aufgabe machen.

1. Lesg. Art. 30a Abs. 2, Abs. 3 S. 7.

Den Religionsgesellschaften stehen die Rechte einer öffentlichen Körperschaft zu, soweit sie solche bisher besessen haben. Anderen Religionsgesellschaften sind auf Antrag gleiche Rechte zu gewähren, wenn sie durch die Zeit ihres Bestehens und die Zahl ihrer Mitglieder die Gewähr der Dauer bieten.

Die Religionsgesellschaften sind berechtigt, ihre Mitglieder zu besteuern.

Die Durchführung dieser Bestimmungen liegt der Landesgesetzgebung ob.

1. Lesg. Art. 30a Abs. 3 S. 2—6, 8.

31. Trennung von Staat und Kirche:

Die auf Gesetz, Vertrag oder besonderen Rechtstiteln beruhenden Staatsleistungen an die Religionsgesellschaften werden durch die Landesgesetzgebung abgelöst. Die Grundsätze hierfür stellt das Reich auf.

Das Eigentum der Religionsgesellschaften und religiösen Vereine an ihren für den Gottesdienst und für Wohltätigkeitszwecke bestimmten Anstalten, Stiftungen und sonstigen Vermögen bleibt gewahrt.

1. Lesg. Art. 30a Abs. 4.

32. Sonntagsruhe:

Der gesetzliche Schutz des Sonntags und der zur Zeit staatlich anerkannten Feiertage bleibt erhalten.

1. Lesg. Art. 30a Abs. 5.

33. Gottesdienst und Seelsorge im Heere, in Krankenhäusern, Strafanstalten usw.:

Für Gottesdienst und Seelsorge in der Wehrmacht wird von Reichs wegen Sorge getragen.

Soweit das Bedürfnis nach Gottesdienst und Seelsorge in Krankenhäusern, Straf- oder sonstigen öffentlichen Anstalten besteht, sind die Religionsgesellschaften zur Vornahme religiöser Handlungen zuzulassen.

1. Lesg. Art. 30a Abs. 6; R. u. W. Art. 65 Abs. 2.

b) Schule.

34. Freiheit und Schutz der Kunst und Wissenschaft:

Die Kunst, die Wissenschaft und ihre Lehre sind von jedem äußeren Zwange frei. Der Staat gewährt ihnen Schutz und nimmt an ihrer Pflege teil.

Volkshochschulen sollen gefördert werden.

1. Lesg. Art. 31; R. Art. 32.

35. Jugendbildung als Staatsaufgabe:

Für die Bildung der Jugend ist durch öffentliche Anstalten zu sorgen. Bei ihrer Einrichtung wirken Reich, Länder und Gemeinden zusammen.

Die Lehrer an öffentlichen Schulen haben die Rechte und Pflichten der Staatsbeamten.

1. Lesg. Art. 31a Abs. 1 S. 1, Abs. 2 S. 1.

36. Schutz der Jugend gegen Verwahrlosung:

Die Jugend hat den Anspruch gegen sittliche und geistige Verwahrlosung geschützt zu werden. Die Länder haben die zu diesem Zwecke erforderlichen Anstalten zu schaffen.

1. Lesg. Art. 31a Abs. 1 S. 2 u. 3.

37. Allgemeine Schulpflicht:

Die allgemeine Schulpflicht umfaßt die Volksschulen mit mindestens 8 Schuljahren und die an diese anschließende Fortbildungsschule bis zum vollendeten 18. Lebensjahre. Der Unterricht und die Lernmittel in den Volksschulen sind unentgeltlich.

1. Lesg. Art. 31a Abs. 1 S. 4, Abs. 6 S. 1.

38. Staatliche Fachschulaufsicht:

Das gesamte Schulwesen steht unter der Aufsicht des Staates; er führt diese durch hauptamtlich tätige, fachmännisch vorgebildete Beamte aus.

1. Lesg. Art 31a Abs. 2 S. 2.

39. Freiheit und Schranken in der Errichtung von Privatschulen:

Die Errichtung von Privatschulen bedarf der Genehmigung des Staates. Privatschulen unterstehen den Landesgesetzen. Private Volksschulen sind nur zuzulassen, wenn sie in ihrem inneren Aufbau nicht hinter den öffentlichen Schulen zurückstehen.

1. Lesg. Art. 31a Abs. 3.

40. Aus- und Aufbau des öffentlichen Schulwesens:

Das öffentliche Schulwesen ist organisch auszugestalten. Auf einer für alle gemeinsamen Grundschule baut sich das mittlere und höhere Schulwesen auf. Für diesen Aufbau ist die Mannigfaltigkeit der Lebensberufe, für die Aufnahme eines Kindes in eine bestimmte Schule ist dessen Anlage und Neigung, nicht die wirtschaftliche und gesellschaftliche Stellung seiner Eltern, maßgebend. Für den Zugang Unbemittelter zu den mittleren und höheren Schulen sind öffentliche Mittel bereitzustellen.

1. Lesg. Art. 31 a Abs. 4, Abs. 6 S. 2.

41. Staatsbürgerliche Erziehung als Aufgabe der Schule:

In allen Schulen ist persönliche und staatsbürgerliche Tüchtigkeit und sittliche Bildung auf deutsch-volkstümlicher Grundlage zu erstreben.

Staatsbürgerkunde ist Lehrgegenstand in allen Schulen. Inhalt und Geist der Verfassung sind Prüfungsgegenstand in allen Zweigen des öffentlichen Prüfungswesens. Jeder Schüler erhält bei Beendigung der Schulpflicht einen Abdruck der Verfassung eingehändigt.

1. Lesg. Art. 31 a Abs. 5; OS. Art. 32 Ziff. 3.

42. Der Religionsunterricht in der Schule:

Der Religionsunterricht ist ordentlicher Lehrgegenstand der Schulen. Seine Erteilung wird im Rahmen der Schulgesetzgebung geregelt. Der Religionsunterricht wird in Übereinstimmung mit den Lehren und Satzungen der betreffenden Religionsgemeinschaft erteilt.

Kein Lehrer darf zur Erteilung des Religionsunterrichts oder zur Vornahme kirchlicher Verrichtungen, kein Schüler gegen den Willen des Erziehungsberechtigten zum Besuche des Religionsunterrichts oder zur Teilnahme an kirchlichen Feiern und Handlungen gezwungen werden.

1. Lesg. Art. 31 b Abs. 1.

43. Erhaltung der theologischen Fakultäten:

Die theologischen Fakultäten an den Universitäten bleiben erhalten.

1. Lesg. Art. 31 b Abs. 2.

c) Ehe.

44. Verfassungsmäßige Gewähr der Ehe. Bürgerliche Ehe und kirchliches Eherecht:

Die Ehe zwischen Mann und Frau steht als Grundlage des deutschen Familienlebens und als Urquell der Erhaltung und Vermehrung der Nation unter dem besonderen Schutze der Verfassung. Kinderreiche Familien haben Anspruch auf ausgleichende Fürsorge des Staates.

Voraussetzungen und Form der staatlichen Eheschließung sowie die persönlichen und vermögensrechtlichen Wirkungen der bürgerlichen Ehe werden ~~ausschließlich~~ durch das Bürgerliche Gesetzbuch bestimmt.

Die eheliche Geschlechtsverbindung wird im Grundsatz auf Lebenszeit eingegangen. Ehescheidung und Aufhebung der ehelichen Gemeinschaft dienen nach Maßgabe des bürgerlichen Rechts der vorzeitigen Trennung eines in seinen sittlichen Grundlagen zerrütteten oder durch Aufhebung der geistigen Gemeinschaft zerstörten ehelichen Verhältnisses.

Die religiös-kirchlichen Verpflichtungen in Ansehung der Ehe werden durch die Vorschriften des bürgerlichen Rechts nicht berührt.

Antrag Beyerle; BGB. § 1588.

zurück gestellt

Krankheitsgesetz

IV. ~~Grundrechte und Grundsätze~~ Pflichten auf dem Gebiet ~~des Sozial- und Wirtschaftslebens.~~ der Wirtschaft und des Gesellschaftslebens.

a) In persönlicher Beziehung.

45. Freiheit im Wirtschaftsleben i. allg.:

Freiheit ist der ~~oberste Grundsatz~~ des Wirtschaftslebens. Gesetzlicher Zwang ist nur zulässig im Dienste des ~~gerechten Ausgleichs~~ zwischen den Beteiligten oder zur Verwirklichung überragender Forderungen des Gemeinwohls. Die Freiheit des Handels und Gewerbes wird von der Verfassung gewährleistet.

Antrag Beyerle.

46. Freiheit und Formlosigkeit der Verträge:

Das Wirtschaftsleben vollzieht sich auf der Grundlage der Vertragsfreiheit nach Maßgabe des bürgerlichen Rechts. Die Willenserklärungen der Handelnden sind im Grundsatz von Formen frei. Wo jedoch das Gesetz wegen der Wichtigkeit des Vorgangs, zur Sicherheit und Deutlichkeit des Geschäftsinhalts oder zur Warnung und zum Schutze für Unerfahrene die Beobachtung bestimmter Formen vorschreibt, macht deren Außerachtlassung das Geschäft nichtig.

Antrag Beyerle.

47. Schutz des wirtschaftlich Schwachen. Verbot wucherlicher und sittenwidriger Geschäfte.

Der Schutz des wirtschaftlich Schwächeren ist Leitgedanke der Gesetzgebung. ~~Seiner Durchsetzung dienen zwingende Rechtssätze und einfache Auslegungsregeln.~~ Wucher ist verboten. Wucherlich ist ein Rechtsgeschäft, durch das jemand sich unter Ausbeutung der

Notlage, des Leichtsinns oder der Unerfahrenheit des anderen für eine Leistung übermäßige Vermögensvorteile versprechen oder gewähren läßt. Geschäfte, die [gegen ein gesetzliches Verbot oder] gegen die guten Sitten verstoßen, sind nichtig. L § 826 –

Antrag Beyerle.

48. Erfüllung der Verträge:

Verträge sind zu erfüllen, wie Treu und Glauben mit Rücksicht auf die Verkehrssitte es erfordern. [Bei der Auslegung einer Willenserklärung ist der wirkliche Wille zu erforschen und nicht an dem buchstäblichen Sinn des Ausdrucks zu haften.] Die Ausübung eines Rechtes ist unzulässig, wenn sie nur den Zweck haben kann, einem anderen Schaden zuzufügen.

Antrag Beyerle.

49. Freiheit der ~~Vergesellschaftung~~ im Wirtschaftsleben:

Die Bildung von Gesellschaften und Vereinen zu Zwecken gemeinschaftlichen Erwerbs und Handels ist frei. Sie erfolgt in den vom Reichsrecht aufgestellten Formen ~~der Vergesellschaftung~~.

~~Dem Zusammenschluß und der Stärkung der wirtschaftlich Schwachen im Daseinskampfe dient~~ die Bildung freier Genossenschaften ~~nach Maßgabe des Genossenschaftsgesetzes. Als bewährte Hebel~~ zur Förderung der Wirtschaft ihrer Mitglieder ~~wie des gesamten Volkswohlstandes~~ und zur Pflege des genossenschaftlichen Gemeinsinns ~~stehen dieselben unter dem Schutze der Verfassung~~. vom Gesetz zu fördern.

Antrag Beyerle.

50. Schutz der Arbeitskraft:

Die Arbeitskraft als höchstes wirtschaftliches Gut steht unter dem besonderen Schutze des Reiches. Jede werteschaffende Arbeit, die des Arbeiters wie die des Unternehmers, ~~ist vor dem Gesetze gleich~~. [Ziel des Gesetzes ist, im Ausgleich der widerstreitenden Belange den Anspruch auf gerechte Entlohnung der Arbeit zu verwirklichen.] Wer die Arbeitsleistung steigert, soll daran verdienen können.

RV. Art. 34; ÖS. Art. 40.

51. Arbeitsvertrag:

Das Gesetz regelt zur Hebung der wirtschaftlichen Lage der Arbeiter und im Dienste der gesamten Volkswirtschaft die Grundlagen des Arbeitsvertrags und überwacht die Durchführung des Staatswillens auf diesem Gebiete. Es schafft die ~~richterlichen~~ Stellen, bei welchen Streitigkeiten über Auslegung und Änderung des Arbeitsvertrags im Schiedswege oder durch Urteil entschieden werden können.

~~Landarbeiter und Hausangestellte stehen unter Arbeiterrecht. Die Gesindeordnungen bleiben aufgehoben.~~

Br. § 14; R Art. 34 (Landarbeiter).

55

52. Arbeitspflicht und Recht auf Arbeit; Schutz des gewerblichen Mittelstandes.

Jeder Deutsche hat unbeschadet seiner persönlichen Freiheit die sittliche Pflicht, seine geistigen und körperlichen Kräfte so zu betätigen, wie es das Wohl der Gesamtheit erfordert.

Jedem Deutschen soll die Möglichkeit gegeben werden, durch wirtschaftliche Arbeit seinen Unterhalt zu erwerben. Im Falle der Arbeitslosigkeit ist ihm auf sein Ansuchen eine Arbeit nachzuweisen~~, die seinen Kräften und seinen Fähigkeiten entspricht. Der Arbeitsnachweis ist auf öffentlich-rechtlicher und paritätischer Grundlage zu regeln.~~ Ist eine Arbeit nicht nachgewiesen, so hat der Arbeitslose einen Anspruch auf die Gewährung des notwendigen Lebensunterhalts aus öffentlichen Mitteln.

52a Die lebenskräftige Erhaltung des gewerblichen Mittelstandes und des Kleingewerbes ist dauernde Angelegenheit des Reiches.

D. Ziff. 4; ÖS. Art. 41; R. Art. 35; Br. § 17.

53. Fürsorge für Erwerbsunfähige, Arme, Kriegsbeschädigte und Kriegshinterbliebene:

Die Sorge für Erwerbsunfähige regelt das Gesetz. Kinder, Alte, Schwache und Kranke sind im Falle des Unvermögens und bei Fehlen unterhaltspflichtiger Angehöriger Pfleglinge der Gemeinschaft. Das Nähere regelt das Reichsgesetz über den Unterstützungswohnsitz. Die Ausführung der öffentlichen Armenpflege ist Sache der Länder und der Gemeindeverbände.

Für die Kriegsbeschädigten und Kriegshinterbliebenen ausreichende Fürsorge zu treffen, ist höchste Ehrenpflicht der Gesamtheit, an der sich das Reich beteiligen und über deren Erfüllung es wachen wird.

R. Art. 28; Antrag Beyerle.

~~54~~. Arbeitsverhältnis und staatsbürgerliche Rechte.

Wer in einem Arbeitsverhältnis als Arbeitnehmer ~~schwebt~~, hat ein Recht auf freie Zeit, ohne Lohn- oder Gehaltsausfall zur Wahrnehmung staatsbürgerlicher Rechte und

zur Ausübung ihm übertragener öffentlicher Ämter. Es dürfen ihm keine Nachteile aus dem Grunde zugefügt werden, weil er solche Rechte wahrnimmt oder Ämter ausübt.
ÖS. Art. 42.

55. Koalitionsrecht.
RV. Art. 33 Abs. 2; D. Ziff. 3 Abs. 2 (Art. 33 a); R. Art. 30; ÖS. Art. 34 Abs. 2, 3; R. u. W. Art. 76.

56. Arbeiter- und Industrieräte.
R. Art. 35.

b) In sachlicher Beziehung.

57. Schutz des Eigentums; Enteignung.
RV. Art. 37; R. Art. 33; R. u. W. Art. 59; Br. § 19—21; bad. Verf. § 14; württbg. Verf. § 10.

58. Schutz des Erbrechts.
R. Art. 33, 37; Antrag Beyerle.

59. Bodenreform und Siedelung.
D. Ziff. 6—8; Br. § 23 S. 1, § 24; württbg. Verf. § 10 Abs. 2; Antrag Beyerle.

60. Recht der Gemeinschaft auf die Bodenschätze.
ÖS. Art. 38.

61. Sozialisierung.
ÖS. Art. 39; bad. Verf. § 14 Abs. 3; württbg. Verf. § 10 Abs. 3.

Weimar, den 29. April 1919.

II. Grundlagen des Gemeinschaftslebens.

14. Verfassungsmäßige Gewähr der Ehe:

Die Ehe ~~zwischen Mann und Frau~~ steht als Grundlage des deutschen Familienlebens und als Urquell der Erhaltung und Vermehrung der Nation unter dem besonderen Schutze der Verfassung.

Die Gesundung und Reinhaltung der Familie gegen Erscheinungen des sittlichen Verfalls ist ~~wichtigste~~ Aufgabe der Bevölkerungspolitik des Reiches. Kinderreiche Familien haben Anspruch auf ausgleichende Fürsorge des Staates.

14a. Rechte und Pflichten der Eltern und Kinder:

Die Erziehung des Nachwuchses zur leiblichen, seelischen und gesellschaftlichen Tüchtigkeit ist oberste Pflicht und ~~unveräußerliches~~ Recht der Eltern, über deren Erfüllung die staatliche Gemeinschaft wacht. [Kraft der elterlichen Gewalt liegt den Eltern die Sorge für die Person der minderjährigen Kinder ob. Das Erziehungsrecht schließt die Anwendung ~~angemessener Zuchtmittel ein~~

~~Solange das Kind dem elterlichen Hausstand angehört und von den Eltern erzogen und unterhalten wird, hat es die Pflicht, den Eltern in ihrem Hauswesen und Geschäfte entsprechende Dienste zu leisten.~~]

Antrag Beyerle; BGB. §§ 1627, 1631, 1617.

14b. Schutz der Jugend:

Die Jugend hat den Anspruch, gegen sittliche ~~und~~ geistige Verwahrlosung geschützt zu werden. Die Länder haben die zu diesem Zwecke erforderlichen Anstalten zu schaffen.

Wo das geistige oder leibliche Wohlsein des Kindes ~~durch das Verhalten seiner Eltern~~ gefährdet ist, kann durch das Gericht eine ~~Fürsorgeerziehung~~ angeordnet werden.

Pflicht der Vormünder ist es, die ihrer Obhut anvertrauten Mündel ~~zu sittlicher und wirtschaftlicher Tüchtigkeit im Dienste des werdenden Geschlechts heranzuziehen.~~

Antrag Beyerle; 1. Lesung Art. 31a Abs. 1 Satz 2 und 3; BGB. § 1666.

14c. Unterhaltspflicht. Armenpflege. Volkshygiene:

Die Familie ist der zunächst berufene Schutzverband für notleidende Volksgenossen. Ehemann und Ehefrau, Eltern und Kinder, Ahnen und Enkel tragen gegenseitig die ~~gesetzliche~~ Unterhaltspflicht.

~~Beim Fehlen unterhaltspflichtiger Angehöriger~~ sind ~~Erwerbsunfähige~~ jeder Art, Kinder und Alte, Schwache und Kranke Pfleglinge der Gemeinschaft. ~~Die Ausführung der öffentlichen Armenpflege ist Sache der Länder und der Gemeinden auf Grund der Reichs- und Landesgesetze.~~

Die Erhaltung und der Ausbau aller Maßnahmen und Einrichtungen zur Förderung der Volksgesundheit unterliegen dauernder Sorge des Reiches.

R. Art. 28; Antrag Beyerle

14d. Fürsorge für Kriegsbeschädigte und Kriegshinterbliebene:

Für die Kriegsbeschädigten und Kriegshinterbliebenen ausreichende Fürsorge zu treffen, ist ~~höchste~~ Ehrenpflicht der Gesamtheit, an der sich das Reich beteiligen und über deren Erfüllung es wachen wird.

Antrag Beyerle; Programm der Reichsregierung.

oder die Eltern außerstande sind, für das Wohl des Kindes ausreichend zu sorgen,

57. Eigentum:

Das Eigentum wird von der Verfassung gewährleistet. Inhalt und Schranken desselben ergeben sich aus den Gesetzen.

Eine Enteignung kann nur zum Wohle der Allgemeinheit gegen Entschädigung auf gesetzlicher Grundlage vorgenommen werden.

Eigentum verpflichtet. Sein Gebrauch soll Dienst sein für das gemeine Beste. Als gesammelter Arbeitsertrag für die Nachkommen berechtigt, verliert es den Anspruch auf Forterhaltung, wo es den Fortschritt der schaffenden Arbeit hindert.

NV. Art. 37; N. Art. 33; N. u. W. Art. 59; Br. § 19–21; bad. Verf. § 14; württbg. Verf. § 10.

8. Erbrecht:

Das Erbrecht wird als Wirtschaftsgrundlage der Familie und als Antrieb zu berechtigter Vermögensbildung gewährleistet.

Die Freiheit, von Todes wegen über sein Vermögen zu verfügen, findet im Pflichtteilsrecht naher Angehöriger und im Erbsteueranspruch der Gesamtheit ihre Schranken.

N. Art. 33, 37; Antrag Beyerle.

59. Bodenreform und Siedlungswesen:

Die Verteilung und Nutzung des Bodens wird von Staats wegen in einer Weise überwacht, die Mißbrauch verhütet und dem Ziele zustrebt, jedem Deutschen eine gesunde Wohnung und jeder deutschen Familie eine ihren Bedürfnissen entsprechende Wohn- und Wirtschafts-Heimstätte zu sichern. Kriegsteilnehmer sind bei dem zu schaffenden Heimstättenrecht besonders zu berücksichtigen.

Grundbesitz, dessen Erwerb zur Befriedigung des Wohnungsbedürfnisses oder zur Förderung der Siedlung und Urbarmachung nötig ist, kann enteignet werden.

Unverdiente Wertsteigerung des Grundvermögens [illegible] für die Aufgaben der Gesamtheit nutzbar gemacht werden.

D. Ziff. 6–8; Br. § 23 S. 1, § 24; württbg. Verf. § 10 Abs. 2; Antrag Beyerle.

60. Recht der Gemeinschaft auf die Bodenschätze:

Alle Bodenschätze und Naturkräfte stehen zur Verfügung und unter Aufsicht der Länder. Soweit sie sich in öffentlicher Hand befinden, dürfen sie nur auf Zeit zu privater Nutzung ausgegeben werden. Rechte einzelner auf ihre Gewinnung und Verwertung, welche den Bedürfnissen des öffentlichen Wohles widersprechen, sind zu beseitigen.

OS. Art. 3x.

5

Nr. 420.

Verfassunggebende
deutsche
Nationalversammlung.

Abänderungs-Anträge

zur

zweiten Beratung des Entwurfs einer Verfassung
des Deutschen Reichs
— Nr. 59, 391 der Drucksachen —

Dr. Beyerle und Genossen. Die Nationalversammlung wolle beschließen:

I. Sachliche Anträge.

1. Artikel **23** von der jetzigen Stelle zu entfernen und zwischen Artikel **20** und 21 einzufügen.

2. Artikel **62** Abs. 2 wie folgt zu fassen:

   Die deutschösterreichischen Länder erhalten nach ihrem Anschluß an das Deutsche Reich das Recht der Teilnahme am Reichsrat mit der ihrer Bevölkerung entsprechenden Stimmenzahl. Bis dahin haben die Vertreter Deutschösterreichs beratende Stimme.

3. Artikel **97** Abs. 1 wie folgt zu fassen:

   Aufgabe des Reichs ist es, die dem allgemeinen Verkehr dienenden Wasserstraßen in sein Eigentum oder seine Verwaltung zu übernehmen, doch bleibt die Nutzung der Wasserkräfte, die Regelung der Fischerei, der Wasserjagd, der Entnahme von Eisen und Geschieben, sowie des Gemeingebrauchs den Ländern überlassen.

4. Hinter Artikel **120** als Artikel 120a einzufügen:

   Die Familie ist der zunächst berufene Schutzverband für notleidende Volksgenossen. Ehemann und Ehefrau, Eltern und Kinder, Ahnen und Enkel tragen gegenseitig nach Maßgabe des Gesetzes die Unterhaltspflicht.
   Darüber hinaus haben der Armenverband und das Land nach Maßgabe der Gesetze für Hilfsbedürftige zu sorgen.

5. Artikel **145** Abs. 1 wie folgt zu fassen:

   In allen Schulen ist persönliche und staatsbürgerliche Tüchtigkeit auf deutsch-volkstümlicher Grundlage und im Geist der Völkerversöhnung zu erstreben.

6. Artikel **146** Abs. 3 wie folgt zu fassen:

   Die theologischen Fakultäten an den Hochschulen bleiben erhalten.

7. Artikel **150** Abs. 2 folgenden Satz einzufügen:

   „Enteignung durch das Reich gegenüber Ländern, Gemeinden und gemeinnützigen Verbänden kann nur gegen Entschädigung erfolgen."

II. Redaktionelle Anträge:

8. In Artikel **5** „Organe" zu ersetzen durch „Behörden und Einrichtungen".

9. In Artikel **11** am Schlusse „wichtige soziale Interessen der Bevölkerung" zu ersetzen durch „das gesellschaftliche Wohl der Bevölkerung".

10. In Artikel **12** „allgemeine Interessen des Reichs" zu ersetzen durch „das allgemeine Wohl des Reichs".

11. In Artikel **15** „Landeszentralbehörden" zu ersetzen durch „Oberste Landesbehörden".

12. In Artikel **18** „im Sinne der wirtschaftlichen und kulturellen Höchstleistung" zu ersetzen durch „zum Zwecke der Höchstleistung auf dem Gebiete des wirtschaftlichen und geistigen Lebens".

13. In Artikel **22** in Abs. 1 statt „müssen die Neuwahlen" zu sagen „muß die Neuwahl".

14. In Artikel **24** ff. statt „Obmann des Reichstags" zu sagen „Wortführer des Reichstags". In Abs. 2 statt „Sitzungsdauer" zu sagen „Tagung".

15. In Artikel **27** zu fassen wie folgt:

Ist der Reichstag vertagt oder geschlossen, so führen Worthalter und Stellvertreter der letzten Tagung ihre Geschäfte fort.

16. In Artikel **31** zu ersetzen: „Wahlperiode" durch „Wahldauer", „Präsidium" durch „Vorstand", „Reichskommissar" durch „Reichsbeauftragter".

17. In Artikel **35** „Wahlperiode" zu ersetzen durch „Wahldauer", „Sitzungsperiode" durch „Tagung".

18. In Artikel **37** „Sitzungsperiode" zu ersetzen durch „Tagung".

19. In Artikel **39** „Militärpersonen" zu ersetzen durch „Heeresangehörige".

20. In Artikel **41** ff. „Reichspräsident" zu ersetzen durch „Reichswalt".

21. Die Eidesformel wie folgt zu fassen:

Ich schwöre, daß ich meine ganze Kraft dem Wohl des deutschen Volks widmen, die Verfassung und die Gesetze des Reichs wahren und meine Pflichten gewissenhaft erfüllen werde.

22. Artikel **43** Abs. 1 wie folgt zu fassen:

Das Amt des Reichswalts dauert sieben Jahre. Die Wiederwahl ist zulässig.

23. Artikel **46** Satz 2 wie folgt zu fassen:

Er kann das Ernennungs- und Entlassungsrecht durch andere Behörden ausüben lassen.

24. Artikel **51** Satz 1 wie folgt zu fassen:

Alle Anordnungen und Verfügungen des Reichswalts auf dem Gebiet der Verwaltung und der Wehrverfassung bedürfen usw.

25. Artikel **54** wie folgt zu fassen:

Der Reichswalt ernennt und entläßt den Reichskanzler und die Reichsminister. Die Ernennung der Reichsminister erfolgt auf Vorschlag des Reichskanzlers.

26. Artikel **64** Abs. 1 Satz 2 wie folgt zu fassen:

Jedoch wird die Hälfte der preußischen Stimmen nach Maßgabe eines Landesgesetzes von den Verwaltungen der preußischen Provinzen bestellt.

27. Artikel **74**:

a) den letzten Satz in Abs. 3 wie folgt zu fassen:

Der Volksentscheid findet nicht statt, wenn der Reichstag dem Volksbegehren durch unveränderte Annahme des Gesetzentwurfs entsprochen hat.

b) Abs. 5 wie folgt zu fassen:

Das Verfahren beim Volksentscheid und beim Volksbegehren regelt ein Reichsgesetz.

28. In Artikel **78** „Interessen" zu ersetzen durch „Belange".

29. In Artikel **79** „Kommandostellen" zu ersetzen durch „Befehlsstellen".

30. In Artikel **81** „Handelsmarine" zu ersetzen durch „Handelsflotte".

31. In Artikel **83** „Landesinteressen" zu ersetzen durch „Landesbelange".

32. Artikel **94** Abs. 2 wie folgt zu fassen:

Wo das Reich die Eisenbahnen noch nicht in seine Verwaltung übernommen hat, kann es für den allgemeinen Verkehr oder die Landesverteidigung als notwendig erachtete Eisenbahnen kraft Reichsgesetzes auch gegen den Widerspruch der Länder, deren Gebiet durchschnitten wird, jedoch unbeschadet der Landeshoheitsrechte, für eigene Rechnung anlegen oder den Bau einem andern zur Ausführung überlassen, nötigenfalls unter Verleihung des Enteignungsrechts.

33. In Artikel **97** „Interessen der Landeskultur" zu ersetzen durch „Bedürfnisse der Landespflege".

34. In Artikel **127** „Beschwerdeinstanz" zu ersetzen durch „Beschwerdeweg".

35. In Artikel **130** „militärische Dienstpflicht" zu ersetzen durch „Wehrpflicht".

Weimar, den 1. Juli 1919.

4. Abkürzungsverzeichnis

aaO:	am angegebenen Ort
AR:	Allgemeine Rundschau
Art.:	Artikel
Barch:	Bundesarchiv Berlin
BayVBl:	Bayerische Verwaltungsblätter
BGB:	Bürgerliches Gesetzbuch
BVC:	Bayerische Volkspartei Correspondenz
BVP:	Bayerische Volkspartei
CDU:	Christlich Demokratische Union
DDP:	Deutsche Demokratische Partei
DJZ:	Deutsche Juristenzeitung
DNVP:	Deutsch-Nationale Volkspartei
DVP:	Deutsche Volkspartei
GG:	Grundgesetz
GLA:	Generallandesarchiv Karlsruhe
GStA:	Geheimes Staatsarchiv Preußischer Kulturbesitz
FRP:	Föderalistische Reichspolitik, Beyerle, 1924
HA:	Handschriftenabteilung, Universität Göttingen
HdbStKirchR:	Handbuch des Staatskrichenrechts der Bundesrepublik Deutschland
I. HA:	Erste Hauptabteilung (Akten des GStA)
HJB:	Historisches Jahrbuch
JW:	Juristische Wochenschrift
LStG:	Landessteuergesetz
MNN:	Münchener Neueste Nachrichten
NDB:	Neue Deutsche Biographie
N. F.:	Neue Folge
NL:	Nachlaß Konrad Beyerles im Bundesarchiv N 2022/
NJW:	Neue Juristische Wochenschrift
NSDAP:	Nationalsozialistische Deutsche Arbeiterpartei
RAO:	Reichsabgabenordnung
RS:	Rückseite
RV:	Weimarer Reichsverfassung
Rz:	Randziffer
Sp.:	Spalte
SPD:	Soziale Partei Deutschlands
UAZ:	Universitätsarchiv Zürich, Nachlaß Stutz, Ordner Konrad Beyerle
USPD:	Unabhängige Sozialistische Partei Deutschlands
VS:	Vorderseite
ZBLG:	Zeitschrift für bayerische Landesgeschichte
ZGORh:	Zeitschrift für die Geschichte des Oberrheins
ZPO:	Zivilprozeßordnung
Zr.:	Ziffer
ZRG (GA):	Zeitschrift für Rechtsgeschichte, Germanistische Abteilung

5. Quellenverzeichnis

I. Archive:

1. Staatsarchiv München:

Nachlaßakte, AG München NR 1933/1080

2. Bayerisches Hauptstaatsarchiv:

Personalakt, Signatur: MK 35371
Lehrstellenakt zur Juristischen Fakultät, Signatur: MK 69280
Akte betreffend Berufungsverhandlungen mit Franz Beyerle; Signatur: MK 69285
Sammlung Personen, P 9239

Nachlaß Heinrich Held: Nr. 513, 517, 834, 909
Nachlaß Anton Pfeiffer: Nr. 13, 14

3. Universitätsarchiv München:

Personalakte Beyerle (vom akademischen Senat geführt), Signatur: E – II – 886
Personalakte der Juristischen Fakultät, Signatur: L – N – 14a
Akte des Akademischen Senats über den Lehrstuhl Beyerles, Signatur: Sen. 65

4. Unterlagen des Leopold-Wenger-Instituts zum 50. Todestages Konrad Beyerles

5. Universitätsarchiv Freiburg:

Personalakte, Signatur: B 24/249

6. Universitätsarchiv Göttingen:

Personalakte des Kuratoriums, Signatur: Kur 4 III b, 165
Briefe der Handschriftenabteilung

7. Universitätsarchiv Zürich:

Korrespondenznachlaß Ulrich Stutz, Akte Konrad Beyerle (enthält u.a. 58 Briefe aus den Jahren 1904 – 1932 und 103 Postkarten zwischen 1903 und 1933)

8. Stadtarchiv München:

Straßenbenennung 40/62/e, Akt 32

9. Stadtarchiv Regensburg:

Nachlaß Dr. Georg Heim Nr. 2423, Nr. 2506, Nr. 2507

10. Stadtarchiv Konstanz:

Habilitationsvortrag: „Die gesetzliche Gütergemeinschaft nach französischem und badischen Recht und ihr Verhältnis zur Fahrnisgemeinschaft des BGB“

11. Geheimes Staatsarchiv Preußischer Kulturbesitz:

Akten des Ministeriums für geistl., Unterrichts- und Medizinalangelegenheiten
I. HA, Rep. 76 V a, Sekt 3, Titel IV, 38. Band IX
I. HA, Rep. 76 V a, Sekt 4, Titel IV, 19, Band III
I. HA, Rep. 76 V a. Sekt 4, Titel IV, 34, Band V

Akte des Ministeriums des Innern:
I. HA, Rep. 90, Titel VI, 4, Nr. 1

12. Bundesarchiv Berlin:

Nachlaß Konrad Beyerle, Signatur: N 2022/1 bis 94 (früher: 90 Be 8)

13. Generallandesarchiv Karlsruhe:

Personalakte 234/2161
Personalakte 234/2162 (Generalia)

II. Auskünfte:

1. Frau Dr. Angelika Beyerle:

Mündliche Auskunft vom 1.4.1999

2. Herr Dr. Otto Gritschneder:

Schriftliche Auskunft vom 6.11.1999

3. Dr. Keßler, Universitätsarchiv Heidelberg:

Schriftliche Auskunft vom 9.3.1999 mit Hinweis auf die Promotionsakte von Konrad Beyerle
Signatur H – II – 111/110 und das Promotionsverzeichnis, Signatur: H – II – 855/2

4. Hans Elmar Onnau, Archivar der Görres-Gesellschaft:

Schriftliche Auskunft vom 18.6.1999

III. Unterlagen aus dem Privatbesitz (von Frau Dr. Angelika Beyerle zur Verfügung gestellt):

1. Tagebuch

2. „Skizzen meines Lebenslaufes aus verschiedenen Zeiten"

3. Stammbuch

4. Ahnenpaß von Karl Beyerle

5. Vorlesungsmanuskript „Wesen und Werden der Weimarer Reichsverfassung"

IV. Sonstige Unterlagen:

1. Hektographiertes Anschreiben Beyerles an den Konstanzer Stadtrat Federspiel vom 27.11.1916 (im Besitz des Verfassers)

2. Ankündigungs- und Bestellbeilage der Carl Winters Universitätsbuchhandlung, Heidelberg, zu "Flanderns Wehklage! - Und wir?" (im Besitz des Verfassers)

6. Bibliographie Konrad Beyerle:

(vervollständigte der von Christoph von Mohl bearbeiteten Zusammenstellung bei Laufs, Konrad Beyerle: Leben und Werk, S. 47 ff)

I. Selbständig erschienene Schriften:

1. Die Konstanzer Ratslisten des Mittelalters, 1898, 252 S.
2. Konstanz im Dreißigjährigen Kriege. Schicksale der Stadt bis zur Aufhebung der Belagerung durch die Schweden, 1628 – 1633, 1900, Neujahrsblätter der Badischen Historischen Kommission. Neue Folge, Band 3. 1900, 84 S.
3. Grundeigentumsverhältnisse und Bürgerrecht im mittelalterlichen Konstanz. Eine rechts- und verfassungsgeschichtliche Studie mit einem Urkundenbuch und einer topographischen Karte, 1. Band: Salmannenrecht und Leiheverhältnisse der Stadt Konstanz im Mittelalter, 1900, 169 S., 2. Band: Die Konstanzer Grundeigentumsurkunden der Jahre 1152 – 1371. 1902, 536 S.
4. (mit Karl Künstle) Die Pfarrkirche St. Peter und Paul in Reichenau-Niederzell und ihre neuentdeckten Wandgemälde, Festschrift für Franz Xaver Kraus, mit 2 Tafeln im Farbendruck, 1 Tafel in Lichtdruck und 20 Abbildungen im Text, 1901, 48 S.
5. Das ehemalige Augustinerkloster zu Konstanz, Zwei Vorträge von Conrad Beyerle, Konstanz, 1905
6. Die Geschichte des Chorstifts und der Pfarrei St. Johann zu Konstanz, 1908, 473 S.
7. (mit Anton Maurer) Konstanzer Häuserbuch, Festschrift zur Jahrhundertfeier der Vereinigung der Stadt Konstanz mit dem Hause Baden, herausgegeben von der Stadtgemeinde, 2. Band, Geschichtliche Ortsbeschreibung, 1. Hälfte: Einleitung, Bischofsburg und Niederburg, 1908, XVI und 572 S.
8. Von der Gnade im Deutschen Recht. Rede zur Kaisergeburtstagsfeier der Georg-August-Universität zu Göttingen am 27. Januar 1910, 22 S.
9. Fideikommiß-Sache Herberstein, Vorgutachten, 1910
10. Fideikommiß-Sache Herberstein, Gutachten II, 1911, 218 S.
11. Gutachten über die fischereirechtlichen Verhältnisse am Oberrhein, insbesondere von der Aaremündung bis Laufenburg, Archiv für Fischereigeschichte, Heft 6, 1915, 54 S.
12. Flanderns Wehklage! – Und wir? Ein flämischer Weckruf und ein deutsches Echo, 1916, 63 S.
13. Vorwort zur Katholischen Verteidigungsschrift des flämischen Aktivismus, Übersetzung der von Ludwig Dosfel verfaßten Schrift, 1918
14. Die Bedeutung der neuen Reichsverfassung für Volk und Vaterland, 1919, 15 S.
15. Die Verfassung des Deutschen Reiches. Mit Einleitung. Randnoten und Sachregister versehen, 1919, 123 S.
16. Reich, Denkmalpflege und Heimatschutz, Sonderabdruck aus dem Stenographischen Bericht der Dritten gemeinsamen Tagung für Denkmalpflege und Heimatschutz in Eisenach 1920, Karlsruhe, 1920, 18 S.
17. Parlamentarisches System ... oder was sonst? 1921, 24 S. (Neudruck der Aufsatzreihe aus der „Allgemeinen Rundschau"; Wochenschrift für Politik und Kultur, 1921, Nr. 25 – 28, 18.6. bis 9.7.1921).

18. Das Haus Wittelsbach und der Freistaat Bayern. Rechtsgrundlagen für die Auseinandersetzung zwischen Staat und Dynastie, Teil I, 1921, 270 S.
19. Die Rechtsansprüche des Hauses Wittelsbach, 1922, 94 S.
20. Föderalistische Reichspolitik, 1924, 154 S.
21. Lex Baiuvariorum, Lichtdruckwiedergabe der Ingolstädter Handschrift des Bayerischen Volksrechts mit Transskription, Textnoten, Übersetzung, Einführung, Literaturübersicht und Glossar, 1926, XCIX, 308 S.
22. Zehn Jahre Reichsverfassung. Festrede zur Münchner Verfassungsfeier der Reichsbehörden am 11. August 1929, 44 S.
23. Die Bedeutung Freisings in der bayerischen Rechtsgeschichte, Eugen Wohlhaupter nach einem Vortrag Konrad Beyerles vom 8.12.1928, Sonderdruck aus der Frigisinga, Beiträge zur Heimat- und Volkskunde von Freising und Umgebung, 1929
24. Die wirtschaftliche Sicherstellung der Beamten in der Reichsverfassung, Gutachtliche Äußerung, 1931, 31 S.

II. Beiträge:

1. Präsenztafeln aus dem Constanzer Münster, ZGO, N. F. Bd. 10, 1895, S. 467 – 469
2. Zur Verfassungsgeschichte der Stadt Konstanz im 12. Und 13. Jahrhundert. Ausblicke und Ziele, Schriften des Vereins für Geschichte des Bodensees und seiner Umgebung, 26. Heft, 1897, S. 33 – 50
3. Über den Ursprung des Konstanzer Freskencyklus aus dem 14. Jahrhundert, ZGO, N. F. Bd. 13, 1898, S. 694 f
4. Ulrich von Richental, ZGO, N. F. Bd. 14, 1899, S. 13 – 27.
5. Das Radolfzeller Marktrecht vom Jahr 1100 und seine Bedeutung für den Ursprung der deutschen Städte, Schriften des Vereins für Geschichte des Bodensees und seiner Umgebung, 30. Heft, 1901, S. 3 – 21
6. Grundherrschaft und Hoheitsrechte des Bischofs von Konstanz in Arbon. Zugleich ein Beitrag zur Geschichte der deutschen Stadtverfassung. Schriften des Vereins für Geschichte des Bodensees und seiner Umgebung, 32. Heft, 1903, S. 31 – 116 und 34. Heft, 1905, S. 25 – 146
7. Ergebnisse einer alamannischen Urbarforschung, Festgabe für Felix Dahn zu seinem fünfzigjährigen Doktorjubiläum. 1. Teil: Deutsche Rechtsgeschichte, 1905, S. 65 – 128
8. Neuere Forschungen zur Wirtschaftsgeschichte der Ostschweiz und der oberrheinischen Lande, ZGO, N. F. Bde. 22, 1907, S. 93 – 144 und S. 193 – 216
9. Konstanz im Wandel seiner Landeshoheiten. Rede beim Festakt zur Jahrhundert-Feier der Vereinigung der Stadt Konstanz mit dem Hause Baden, gehalten am 13.9.1906, Schriften des Vereins für Geschichte des Bodensees und seiner Umgebung, 36. Heft, 1907, S. 92 – 101
10. Die Entstehung der Stadtgemeinde Köln. Kritische Bemerkungen zur älteren Kölner Verfassungsgeschichte, ZRG (GA), Bd. 31, 1910, S. 1 – 67.
11. Die deutschen Stadtbücher. Deutsche Geschichtsblätter. Monatsschrift zur Förderung der landesgeschichtlichen Forschung, Bd. 11, 1910, S. 145 – 200.
12. Ein Beitrag zum deutschen Fideikommißrecht, Iherings Jahrbücher für die Dogmatik des bürgerlichen Rechts. 2. Folge, Bd.22 (= 58. Band der

Gesamtfolge), 1911, S. 1 – 100. (=Gutachten in Sachen eines vormals Fürstlich Isenburgischen Familienfideikommisses.)
13. Zur Geschichte des römischen Konstanz, Bodensee-Chronik, Blätter der Unterhaltung und des Wissens (Beilage zu den Konstanzer Nachrichten), Konstanz, Nr. 8 vom 28.2.1912 und Nr. 9 vom 6.3.1912
14. Städtegründungen am Bodensee, Bodensee-Chronik, Blätter der Unterhaltung und des Wissens (Beilage zu den Konstanzer Nachrichten), Konstanz, Nr. 15 vom 17.4.1912
15. Städtegründungen im Bodenseegebiet, Nr. 11 vom 19.3.1914, Nr. 12 vom 28.3.1914, Nr. 13 vom 4.4.1914, Nr. 14 vom 15.4.1914, Nr. 15 vom 23.4.1914, Nachwort in Nr. 20 vom 22.5.1914
16. Die Urkundenfälschungen des Kölner Burggrafen Heinrich III. von Arberg, Deutschrechtliche Beiträge Bd. 9, 1913, S. 121 – 424. (Festschrift der Göttinger Juristenfakultät Ferdinand Frensdorff zum achtzigsten Geburtstag am 17.6.1913.)
17. Die Pfleghaften, ZRG (GA) Bd. 35, 1914, S. 212 – 425
18. (mit Karl Obser) Verzeichnis badischer Studierender an der Universität Göttingen aus den Jahren 1734 – 1870, ZGO, N. F. Bd. 29, 1914, S. 612 – 645
19. Ein neues Schwabenspiegelfragment, ZRG (GA), Bd. 36, 1915, S. 441 – 455
20. Nachruf auf Hans Niese, ZRG (GA) 36 (1915), S. 644 ff
21. Über die Radolfzeller Markturkunde und ihre Entdeckung, in: Karl Diez (Bearb.), Radolfzell in Vergangenheit und Gegenwart, 1916, S. 29 – 37.
22. Rechtsanwalt Karl Beyerle 1839 – 1915. Ein Bild aus dem politischen und geistigen Leben der Stadt Konstanz in den letzten fünfzig Jahren, Schriften des Vereins für Geschichte des Bodensees und seiner Umgebung, 46. Heft, 1917, S. 57 – 58
23. Der vorläufige Staatsgerichtshof für das Deutsche Reich, DJZ 1921, Sp. 230 ff
24. Föderalismus, in: Festschrift für Felix Porsch, 1923, S. 128 – 149
25. Zur Einführung in die Geschichte des Klosters (Reichenau). I. Von der Gründung bis zum Ende des freiherrlichen Klosters (724 – 1427), Die Kultur der Abtei Reichenau. Erinnerungsschrift zur zwölfhundertsten Wiederkehr des Gründungsjahres des Inselklosters 724 – 1924, 1925, S. 55 – 212.
26. Die Regel des Hl. Benedikt, das Gesetz des Inselklosters und seine Verwirklichung, zusammen mit P. M. Rothenhäusler O. S. B., Abtei St. Joseph/Coesfeld, Die Kultur der Abtei Reichenau. Erinnerungsschrift zur zwölfhundertsten Wiederkehr des Gründungsjahres des Inselklosters 724 – 1924, S. 265 – 315
27. Aus dem liturgischen Leben der Reichenau, zusammen mit P. A. Manser, O. S. B./Beuron, Die Kultur der Abtei Reichenau. Erinnerungsschrift zur zwölfhundertsten Wiederkehr des Gründungsjahres des Inselklosters 724 – 1924, S. 316 - 437
28. Die Marktgründungen der Reichenauer Äbte und die Entstehung der Gemeinde Reichenau, Die Kultur der Abtei Reichenau. Erinnerungsschrift zur zwölfhundertsten Wiederkehr des Gründungsjahres des Inselklosters 724 – 1924, 1925, S. 513 - 539
29. Das Reichenauer Verbrüderungsbuch als Quelle der Klostergeschichte, Die Kultur der Abtei Reichenau. Erinnerungsschrift zur zwölfhundertsten Wiederkehr des Gründungsjahres des Inselklosters 724 – 1924, 1925, S. 1107 – 1217.
30. Weimarer Erinnerungen zu Art. 137 der Reichsverfassung, in: Joseph Schmitt (Hrsg.), Kirchliche Selbstverwaltung im Rahmen der Reichsverfassung, Paderborn 1926, S. 153 – 161

31. Bundesstaat, Staatslexikon, Band I, 5. Auflage, Freiburg, 1926
32. Deutsches Recht, Staatslexikon, Band I, 5. Auflage, Freiburg, 1926
33. Föderalismus, Staatslexikon, Band II, 5. Auflage, Freiburg, 1927
34. Genossenschaft, Staatslexikon, Band II, 5. Auflage, Freiburg, 1927
35. Otto von Gierke, Staatslexikon, 5. Auflage, Bd. II, 1927, Sp. 737 – 743
36. Das Briefbuch Walahfried Strabos, Historische Aufsätze. Aloys Schulte zum 70 Geburtstag gewidmet von Schülern und Freunden, 1927, S. 82 – 98.
37. Richard, Karl Heinrich Schröder, in: Deutsches Biographisches Jahrbuch, Hrsg. Vom Verbande der deutschen Akademien, Überleitungsband II: 1917 - 1920, Berlin und Leipzig, 1928
38. Die Katholiken und der Volksstaat von Weimar, in: Godehard Josef Ebers (Hrsg.), Katholische Staatslehre und volksdeutsche Politik, 1929, S. 85 – 96
39. Lehensstaat, Staatslexikon, Band III, 5. Auflage, Freiburg, 1929
40. Monarchie, (v. Hertling, rev. Beyerle) Staatslexikon, Band III, 5. Auflage, Freiburg, 1929
41. Reich und Länder, in: Bernhard Harms (Hrsg.), Volk und Reich der Deutschen, 2. Bd. 1929, S. 244 – 260
42. Wesen und Entstehung der Grundrechte in der Reichsverfassung von Weimar, Deutsche Einheit, Deutsche Freiheit, Gedenkbuch der Reichsregierung zum 10. Verfassungstag 11. August 1929, 1929, S. 148 – 154
43. Nachruf auf Karl v. Amira, Jahrbuch der Universität München 1929/30
44. Die Pfarrverbände der Stadt Köln im Mittelalter und ihre Funktionen im Dienste des weltlichen Rechts, Jahresbericht der Görres-Gesellschaft 1929/30, 1931, S. 95 – 106
45. Ein Lobpreis Speyers aus Karolingertage. Zur Elegie Walahfrieds von Reichenau an Kaiser Lothar I., Speyrer Domfestschrift 1930.
46. Die Anfänge des Kölner Schreinswesens, ZRG (GA) Bd. 51, 1931, S. 318 – 509
47. Partikularismus, Staatslexikon, Band IV, 5. Auflage, Freiburg, 1931
48. Patrimonialstaat, Staatslexikon, Band IV, 5. Auflage, Freiburg, 1931
49. Republik (Abschnitte 1. – 3.), Staatslexikon, Band IV, 5. Auflage, Freiburg, 1931
50. Unitarismus, Staatslexikon, Band V, 5. Auflage, Freiburg, 1932
51. Der religiöse Faktor in der deutschen Rechtsentwicklung und im Recht der Gegenwart (Zusammenfassung eines Vortrags) in: Jahresbericht der Görres-Gesellschaft 1931/1932, 1933, S. 42 – 44
52. Albert der Große als Jurist (Zusammenfassung eines Vortrags), ebd. S. 58 – 60.
53. Die Entwicklung des Konstanzer Stadtrechts (hrsgg. V. Otto Feger) Das Rote Buch = Konstanzer Stadtrechtsquellen I, 1949, Einleitung, S. 1 – 28

III. Von Beyerle in der "Allgemeine(n) Rundschau" erschienene Artikel 1918 bis 1933:

1. Revolution und Staatsrecht; AR Nr. 47 vom 23.11.1918, S. 673 bis 674
2. Zwischen Revolution und Nationalversammlung; AR Nr. 48 vom 30.11.1918, S. 689 bis 690
3. Zur Verfassungsfrage; AR Nr. 11 vom 15.3.1919, S. 151 bis 152
4. Das bittere Ende; AR Nr. 27 vom 5.7.1919, S. 375 bis 376
5. Die Verkündung der neuen Reichsverfassung; AR Nr. 32 vom 9.8.1919, S. 455 bis 456

6. Die Gesellschaftsordnung im Geiste des Christentums, Grundgedanken eines Vortrags auf dem Münchener Katholikentag; AR Nr. 44 vom 1.11.1919, S. 665 bis 666
7. Kirche, Konkordat, Reichsverfassung; AR Nr. 46 vom 15.11.1919, S. 696
8. Mehr politische Linie!; AR Nr. 48 vom 29.11.1919, S. 725 bis 726
9. Ein Aktivposten des deutschen Katholizismus, AR Nr. 19 vom 8.5.1920, S. 256 bis 258
10. Hermann v. Grauert zum 70. Geburtstag, AR Nr. 37 vom 11.9.1920, S. 479
11. Parlamentarisches System --- oder was sonst?; AR Nr. 25 vom 18.6.1921, Nr. 26 vom 25.6.1921, Nr. 27 vom 2.7.1921, Nr. 28 vom 9.7.1921; (als 24seitige Broschüre nochmals 1921 in gedruckt; siehe oben I. Selbständig erschienene Schriften Zr. 17)
12. Karl Trimborn. Gestorben 25.7.1921; AR Nr. 32 vom 6.8.1921, S. 403 bis 405
13. Aufgeklärter Föderalismus; AR Nr. 44 vom 29.10.1921, S. 597 bis 599
14. Katholik und Republikaner; AR Nr. 35 vom 2.9.1922, S. 411
15. Römischer Katholizismus und politische Form; AR Nr. 21 vom 24.5.1923, Hinweis auf das gleichnamige von Carl Schmitt 1923 erschienene Buch
16. Für oder wider das Parlament. Nicht von Veritas; AR Nr. 25 vom 21.6.1923, S. 294 bis 295
17. Ueber Aufgaben und Wirken der Görres-Gesellschaft in der Gegenwart; AR Nr. 44/45 vom 6.11.1923, S. 525 bis 527
18. Am Vorabend der Jubiläumsversammlung der Görres-Gesellschaft; AR Nr. 34 vom 21.8.1926, S. 531 bis 532
19. Worte zur Enthüllungsfeier der Büste Josephs von Görres. Im Lichthof der Universität München gesprochen am 20.7.1927; AR Nr. 42 vom 22.10.1927; S. 657 bis 658
20. Görres-Huldigung, Das erste grosse Görres-Denkmal auf deutschem Boden; AR Nr. 27 vom 7.7.1928, S. 420
21. Zehn Jahre Weimarer Reichsverfassung; AR Nr. 32 vom 10.8.1929

IV. Herausgebertätigkeit:

1. Deutschrechtliche Beiträge. Forschungen und Quellen zur Geschichte des Deutschen Rechts, Bd. 1 – 14, 1908 – 1933.
2. Die Kultur der Abtei Reichenau. Erinnerungsschrift zur zwölfhundertsten Wiederkehr des Gründungsjahres des Inselklosters 724 – 1924. 2 Bde., 1925 und 1926, 1243 S.
3. Abendland, Deutsche Monatshefte für europäische Kultur, Politik und Wirtschaft, ab 1925
4. Gesammelte Aufsätze zur Kulturgeschichte Spaniens (=Spanische Forschungen der Görres-Gesellschaft) Bd. 1 – 5, 1928 – 1935
5. Quellenreihe zur Geschichte des älteren Kölner Schreinswesens, (1930), 12 S. (fol).

V. Rezensionen:

1. Alfred Schultze, Die langobardische Treuhand und ihre Umbildung zur Testamentsvollstreckung, 1895, ZRG (GA) 19, 1898, S. 181 – 183.

2. Otto v. Zallinger, Das Verfahren gegen die landschädlichen Leute in Süddeutschland. Ein Beitrag zur mittelalterlich-deutschen Strafrechtsgeschichte, 1895, Historisches Jahrbuch 1896, S. 349 – 355.
3. Richard Knipping, Die Kölner Stadtrechnungen des Mittelalters mit einer Darstellung der Finanzverwaltung. 1. Bd.: Die Einnahmen und die Entwicklung der Staatsschuld, 1897, Historisches Jahrbuch 1898, S. 481 – 486.
4. Eberhard Gothein, Johann Georg Schlosser als badischer Beamter, 1899, ZRG (GA) 20, 1899, S. 273 f.
5. Max Foltz, Beiträge zur Geschichte des Patriziates in den deutschen Städten vor dem Ausbruch der Zunftkämpfe, 1899, ZGO N. F. 15, 1900, S. 540 f
6. Alfred Küthmann, Geschichte der Bremischen Stadtvogtei, 1900, ZRG (GA) 22, 1901, S. 440 – 442
7. Herbert Meyer, Die Einkindschaft, Breslauer Dissertation, 1900, ZRG (GA) 22, 1901, S. 442 f.
8. Friedrich Keutgen, Urkunden zur städtischen Verfassungsgeschichte. 2. Hlbbd., 1901, ZGO N. F., 17, 1902, S. 194 f
9. Herbert Meyer, Entwertung und Eigentum im deutschen Fahrnisrecht. Ein Beitrag zur Geschichte des deutschen Privatrechts und des Judenrechts im Mittelalter, 1902, ZRG (GA) 23, 1902, S. 344 – 348
10. Friedrich Keutgen, Ämter und Zünfte. Zur Entstehung des Zunftwesens, 1903, ZRG (GA) 24, 1903, S. 446 – 455.
11. Karl Heldmann, Die Rolandsbilder Deutschlands in dreihundertjähriger Forschung und nach den Quellen, 1904, ZRG (GA) 25, 1904, S. 393 – 414
12. Franz Jostes, Roland in Schimpf und Ernst, 1904, ZRG (GA) 25, 1904, S. 393 – 414, vor allem: S. 407 ff
13. Paul Schütze, Die Entstehung des Rechtssatzes: Stadtluft macht frei, 1903, ZRG (GA) 26, 1905, S. 343 – 345.
14. Rudolf Carlebach, Badische Rechtsgeschichte I. Das ausgehende Mittelalter und die Rezeption des Römischen Rechts. Unter Mitteilung der wichtigsten bisher ungedruckten Landesordnungen (Landrechte), 1906, ZRG (GA) 28, 1907, S. 513 – 515
15. Inventare der großherzoglichen badischen General-Landesarchive, (herausgegeben von der gr. Archivdirektion), 2. Bd. (2. Hälfte) und 3. Bd., 1907 und 1908, Historisches Jahrbuch 1909, S. 341 – 343
16. Johann R. Kretzschmar, Die Entstehung von Stadt und Stadtrecht in den Gebieten zwischen der mittleren Saale und der Lausitzer Neisse, 1905, Göttingische gelehrte Anzeigen 1909, S. 733 – 744
17. Albert Krieger (Bearb.), Topographisches Wörterbuch des Großherzogtums baden, 2. Bde. 1904 und 1905, Historisches Jahrbuch 1909, S. 339 – 341
18. Rudolf Carlebach, Badische Rechtsgeschichte II. Das Zeitalter des Dreißigjährigen Krieges. Unter Mitteilung einiger bisher ungedruckter Stadtrechtstexte des 13. Jahrhunderts, 1907, ZRG (GA) 30, 1909, S. 408 – 426
19. Alexander Cartellieri und Karl Rieder, Regesta episcoporum Constantiensium. Regesten zur Geschichte der Bischöfe von Konstanz von Bubulcus bis Thomas Berlower 517 – 1496, 2. Bde. 1905, Historisches Jahrbuch, 1909, S. 312 – 314.
20. Heinrich Glitsch, Untersuchungen zur mittelalterlichen Vogtgerichtsbarkeit, 1912, ZRG (GA) 34, 1913, S. 662 – 677
21. Fritz Kiener, Studien zur Verfassung des Territoriums der Bischöfe von Straßburg. 1. Teil: Die Entstehung der Gebietsherrschaft, 1912, ZRG (GA) 34, 1913, S. 711 – 713

22. Hans Hirsch, Die Klosterimmunität seit dem Investiturstreit, Untersuchungen zur Verfassungsgeschichte des Deutschen Reiches und der deutschen Kirche, ZRG (GA) 34, 1913, S. 677 – 711
23. Georg Goetz, Niedere Gerichtsherrschaft und Grafengewalt im badischen Linzgau während des ausgehenden Mittelalters, ein Beitrag zu ländlichen Verfassungsgeschichte Schwabens, 1913, ZRG (GA) 35, 1914, S. 549 –555
24. Gottfried Kühn, Die Immunität der Abtei Groß-St. Martin zu Köln, 1913, ZRG (GA) 35, 1914, S. 576 – 578
25. Georges Espinas, La vie urbaine de Douai au moyen – age, 4. Bde. 1913, ZRG (GA) 35, 1914, S. 558 – 560.
26. Hermann Keussen, Topographie der Stadt Köln im Mittelalter, 2. Bde., 1910, Göttingische gelehrte Anzeigen, 1915, S. 569 – 593
27. Hans Erich Feine, Der Goslarische Rat bis zum Jahre 1400, 1913, Göttingische gelehrte Anzeigen, 1915, S. 215 – 244
28. Karl Fröhlich, Die Gerichtsverfassung von Goslar im Mittelalter, 1910, Göttingische gelehrte Anzeigen 1915, S. 215 – 244
29. Friedrich Rudolph (Hrsg.) Quellen zur Rechts – und Wirtschaftsgeschichte der Rheinischen Städte, Kurtrierische Städte I, 1915, ZRG (GA) 40, 1919, S. 302 – 307
30. Theodor Ilgen, Quellen zur inneren Geschichte der Rheinischen Territorien. Herzogtum Kleve, 1. Ämter und Gerichte, Entstehung der Ämterverfassung und Entwicklung des Gerichtswesens vom 12. Bis ins 16. Jahrhundert. 1. Bd. Darstellung, 2. Bd. Quellen, 1. Teil, 1921, ZRG (GA) 43, 1922, S. 446 – 459 und Quellen zur inneren Geschichte der Rheinischen Territorien. Herzogtum Kleve, 2. Bd. Quellen, 2. Teil, 1925, ZRG (GA) 46, 1926, S. 408 – 410
31. Richard Koebner, die Anfänge des Gemeinwesens der Stadt Köln. Zur Entstehung der ältesten Geschichte des deutschen Städtewesens, 1922, ZRG (GA) 43, 1922, S. 459 – 471
32. Paul Sander, Geschichte des deutschen Städtewesens, 1922, ZRG (GA) 44, 1924, S. 405 – 409
33. Adam Maidhof, Das Passauer Stadtrecht, ein Beitrag zur bairisch-österreichischen Rechts- und Kulturgeschichte, 1927, ZRG (GA) 48, 1928, S. 480 – 484. Und Das Passauer Gültenwesen, ein Beitrag zur bairischen Wirtschaftsgeschichte, 1927, ZRG (GA) 48, 1928, S. 480 – 484
34. Philipp Heck, die Standesgliederung der Sachsen im frühen Mittelalter, 1927, ZRG (GA) 48, 1928, S. 491 – 510
35. Otto Oppermann, die älteren Urkunden des Klosters Blandinium und die Anfänge der Stadt Gent, 1928, ZRG (GA) 49, 1929, S. 575 – 585.
36. H. Nowé, Les baillis comtaux de Flandre des rigines à la fin du XIVe siècle, 1929, ZRG (GA) 50, 1930, S. 570 – 582

7. Literaturverzeichnis

1. Aktenstück Nr. 391, Stenographische Berichte des Verfassungsausschusses der Verfassunggebenden Deutschen Nationalversammlung, Berlin, 1919
2. Altendorfer, Otto: Fritz Schäffer als Politiker der Bayerischen Volkspartei, Archiv für Christlich-Soziale Politik der Hanns-Seidel-Stiftung, Untersuchungen und Quellen zur Zeitgeschichte, Dissertation, München, 1990
3. Anholt, Franz; Walter Kisky: Die deutsche Verwaltung in Belgien, 1917
4. Anschütz, Gerhard: Die Verfassung des Deutschen Reiches vom 11. 8.1919, Ein Kommentar für Wissenschaft und Praxis, Vierte Bearbeitung, 14. Auflage, Berlin, 1933
5. Anschütz-Thoma: Handbuch des Deutschen Staatsrechts, Zweiter Band, Tübingen, 1932
6. Apelt, Willibald: Geschichte der Weimarer Verfassung, München, 1946
7. Arndt, Streitfragen aus der neuen Reichsverfassung, in: Das Recht, 1920, Sp. 193 ff
8. Arnim, Max: Konrad Beyerle, in: Internationale Personalbiographie, Band 1
9. Bärmann, Johannes: Konrad Beyerle, Neue Deutsche Biographie, Band 2, Berlin, 1955
10. Baier, Hans, ZGORh 86, (1934), S. 269
11. Bauer, Cl.: Geheimrat Konrad Beyerle, Zweite Vereinsschrift der Görres-Gesellschaft zur Pflege der Wissenschaft im katholischen Deutschland, 53, (1933), S. 15 f
12. Bauerreiß, OSB: Konrad Beyerle, Studien und Mitteilungen zur Geschichte des Benediktiner-Ordens, Band 51, (1933), S. 13
13. Benz, Wolfgang: Süddeutschland in der Weimarer Republik, Ein Beitrag zur deutschen Innenpolitik 1918 – 1923, Beiträge zu einer historischen Strukturanalyse Bayerns im Industriezeitalter, Band 4, Berlin, 1970
14. Bleckmann, Albert: Staatsrecht II – Die Grundrechte, 4. Auflage, Köln, München, 1996
15. Bosl, Karl: Bayerische Biographie, 8000 Persönlichkeiten aus 15 Jahrhunderten, Regensburg, 1983
16. Böhm, Helmut: Von der Selbstverwaltung zum Führerprinzip, Die Universität in den ersten Jahren des Dritten Reiches (1933 – 1936), Münchener Universitätsschriften, Ludovico Maximilianea, Universität Ingolstadt-Landshut-München, Forschungen und Quellen, Herausgegeben von Laetitia Boehm, Forschungen, Band 15, München, 1995
17. Bracher, Karl Dietrich: Die Auflösung der Weimarer Republik, 3. Auflage, Villingen/Schwarzwald, 1960
18. Bredt: Der Geist der Deutschen Reichsverfassung, Berlin, 1924
19. Brun, Georg: Leben und Werk von Heinrich Mitteis, Münchener rechtshistorische Studien zum Nationalsozialismus, München, 1996
20. Craig, Gordon: Deutsche Geschichte 1866 – 1945, Vom Norddeutschen Bund bis zum Ende des Dritten Reiches, München, 1999
21. Deuerlein, Ernst: Der Hitler-Putsch, Bayerische Dokumente zum 8./9.11.1923, Stuttgart, 1962
22. Diestelkamp, Bernhard: Franz Beyerle, in Baden-württembergische Biographien, Band I, Stuttgart , 1994

23. Diestelkamp, Bernhard, Franz Beyerle (1885 – 1977), in: Juristen an der Universität Frankfurt am Main, Hrsg. von Bernhard Diestelkamp und Michael Stolleis, 1. Auflage, Baden – Baden, 1989, S. 148 bis 160
24. Dilcher, Gerhard: Freiheit (MA), in Handwörterbuch zur Deutschen Rechtsgeschichte, Hrsgg. von Adalbert Erler und Ekkehard Kaufmann, Mitbegründet von Wolfgang Stammler, I. Band, Berlin, 1971
25. Dollinger, Hans: Die Münchner Straßennamen, 3. Auflage, München, 1997
26. Dreyer, Michael: Die Entstehung der Weimarer Reichsverfassung, in: 80 Jahre Weimarer Reichsverfassung (1919 – 1999), Thüringer Landtag (Hrsg.), Schriften zur Geschichte des Parlamentarismus in Thüringen, Weimar, 1998
27. Eggersdorfer, Dr. Fr. X., Hochschulprofessor in Passau: Die Krise des staatlichen Lebens in Deutschland und die Ideenwelt der Bayerischen Volkspartei, Gedächtnisrede zum zehnjährigen Bestehen der Partei vor den Delegierten der Landesversammlung und geladenen Gästen im Unionssaal zu München am 1.12.1928, München, 1929
28. Federer, Julius: Konrad Beyerle, Staatslexikon, Band 1, Sp. 1243 – 1246, 1957
29. Feine, Hans, Erich: Geist und Gestalt, Biographische Beiträge zur Geschichte der Bayerischen Akademie der Wissenschaften, vornehmlich im 2. Jahrhundert ihres Bestehens, I. Band, München, 1959
30. Friemberger, Claudia: Sebastian Schlittenbauer und die Anfänge der Bayerischen Volkspartei, Forschungen zur Landes- und Regionalgeschichte 5, St. Ottilien, 1998
31. Generalsekretariat der Bayerischen Volkspartei (Herausgeber): Ein politisches ABC für die Freunde der Bayer. Volkspartei, München, 1920
32. Generalsekretariat der Bayerischen Volkspartei (Herausgeber): Im Zeichen des Föderalismus, Programme und Programmatisches der Bayerischen Volkspartei, München, 1924
33. Grau, Conrad: Die Preußische Akademie der Wissenschaften zu Berlin, Berlin, 1993
34. Gritschneder, Otto: Bewährungsfrist für den Terroristen Adolf H., Der Hitler-Putsch und die bayerische Justiz, München, 1990
35. Gusy, Christoph: Die Weimarer Reichsverfassung, Tübingen, 1997
36. Hahn, Hans-Werner: Zur Bedeutung der Verfassung von 1919 für die deutsche und thüringische Geschichte, in: 80 Jahre Weimarer Reichsverfassung (1919 – 1999), Thüringer Landtag (Hrsg.), Schriften zur Geschichte des Parlamentarismus in Thüringen, Weimar, 1998
37. Heilfron, Eduard: Die deutsche Nationalversammlung im Jahre 1919 in ihrer Arbeit für den Aufbau des deutschen Volksstaates, Berlin, 1919/1920
38. Hensel, Albert: Institution, Idee, Symbol, Rede zum 10. Jahrestag des Erlasses der Weimarer Reichsverfassung, gehalten am 24.7.1929, Königsberger Universitätsreden VI, Königsberg/Pr. 1929
39. Heuss, Theodor: Friedrich Naumann, Der Mann, das Werk, die Zeit, Hrsg. Von Alfred Milatz, 1968
40. Hitler, Adolf: Mein Kampf, Zentralverlag der NSDAP, 646. – 650 Auflage, 1942
41. Hoeber, Karl: Geheimrat Konrad Beyerle, Zweite Vereinsschrift der Görres-Gesellschaft zur Pflege der Wissenschaft im katholischen Deutschland, (1933) S. 15 – 19
42. Huber, E. R.: Verfassungsrecht des Großdeutschen Reiches, Zweite, stark erweiterte Auflage der „Verfassung“, Hamburg, 1939

43. Huber, E. R.: Dokumente zur Deutschen Verfassungsgeschichte, Band 4, Deutsche Verfassungsdokumente 1919 – 1923, 3. Auflage, Stuttgart, Berlin, Köln, 1991
44. Huber, E. R.: Die Weimarer Reichsverfassung, Band 6, Revidierter Nachdruck der 1. Auflage, Suttgart, Berlin, Köln, 1981
45. Jellinek, Georg: Die Erklärung der Menschen- und Bürgerrechte, Ein Beitrag zur modernen Verfassungsgeschichte, 2. Auflage, Leipzig, 1904
46. Joeckle, Rudolf: Bajern (!) und die große politische Krise in Deutschland im Sommer 1922, Dokumente und Dokumentarisches zur politischen Auswirkung der Ermordung des Reichsaußenministers Dr. W. Rathenau, in: Politische Zeitfragen 1922, Hefte 7 bis 11, S. 145 - 256
47. V. Keller, Robert: Freiheitsgarantien für Person und Eigentum im Mittelalter, Eine Studie zur Vorgeschichte moderner Verfassungsgrundrechte, Mit einem Geleitwort von Konrad Beyerle, Deutschrechtliche Beiträge, Band XIV, Heft 1, Heidelberg, 1933
48. Keßler, Richard: Heinrich Held als Parlamentarier, Eine Teilbiographie 1868 - 1924, (Beiträge zu einer historischen Strukturanalyse Bayerns im Industriezeitalter), Berlin, 1971
49. Kershaw, Ian: Hitler 1889 – 1936, Stuttgart, 1998
50. Killy, Walther, Rudolf Vierhaus: Deutsche Biographische Enzyklopädie (DBE), München, 1998
51. Kirchhof, Paul: Die Kirchen als Körperschaften des öffentlichen Rechts, Handbuch des Staatskirchenerechts der Bundesrepublik Deutschland, Erster Band, 2. Auflage, Berlin, 1994
52. V. Klemperer, Victor: Leben sammeln, nicht fragen wozu und warum, Tagebücher 1918 – 1923, Hrsg. von Walter Nowojski unter Mitarbeit von Christian Löser, Aufbau-Verlag, Berlin, 1996
53. Kolb, Eberhard: Die Weimarer Republik, Hrsg. Von Jochen Bleicken, Lothar Gall, Hermann Jakobs, 4. Auflage, München, 1998
54. Kosch: Anna Beyerle, Das katholische Deutschland, Biographisch-bibliographisches Lexikon, 1. Band, Augsburg 1933
55. Kühne, Jörg-Detlef: Die Reichsverfassung der Paulskirche, Frankfurt am Main, 1985
56. Lammers, Hans-Heinrich, Walter Simons: Die Rechtsprechung des Staatsgerichtshofs für das Deutsche Reich und des Reichsgerichts auf Grund Artikel 13 Absatz 2 der Reichsverfassung, Band I, 1920 - 1928, Berlin, 1929
57. Laufs, Adolf: Konrad Beyerle, Leben und Werk, Gestalten und Probleme katholischer Rechts- und Soziallehre, Rechtswissenschaftliche Veröffentlichungen der Görres-Gesellschaft, Hrsg. Von Alexander Hollerbach, Hans Maier, Paul Mikat, Neue Folge, Heft 29
58. Laufs, Adolf: Konrad Beyerle, Badische Biographien, Neue Folge, Band I, Stuttgart, 1982, S. 48 ff
59. Large, David Clay: Hitlers München - Aufstieg und Fall der Hauptstadt der Bewegung, München, 1998
60. Leisner, Walter: Monarchisches Hausrecht in demokratischer Gleichheitsordnung, Der Wittelsbacher Ausgleichsfonds in Bayern, Erlanger Forschungen, Reihe A: Geisteswissenschaften – Band 21, 1968
61. Luchterhand, Otto: Grundpflichten als Verfassungsproblem in Deutschland, Geschichtliche Entwicklung und Grundpflichten unter dem Grundgesetz, Schriften zum Öffentlichen Recht, Band 534, Berlin, 1988

62. „m“: Rezension zu „Deutschtum und Grundrechte“, Hochland, 32. Jahrgang, Band 1
63. Machheit, Norbert, R.: Deutsche Rechtshistoriker 1918 – 1945, Im Auftrag des Max-Planck Instituts für Europäische Rechtsgeschichte, Frankfurt/Main, 1989
64. Maga, Christian: Prälat Johann Leicht (1868 - 1940), konservativer Demokrat in der Krise der Zwischenkriegszeit, eine politische Biographie des Vorsitzenden der Reichstagsfraktion der Bayerischen Volkspartei in Berlin, Univ. Diss., Würzburg, 1991
65. V. Mangoldt: Grundrechte und Grundsatzfragen des Bonner Grundgesetzes, Archiv des öffentlichen Rechts 75, 275 ff
66. Mayer, Georg: Ludwig Kaas, Der Priester, der Politiker und der Gelehrte aus der Schule von Ulrich Stutz, 3 Bände, Amsterdam, Band I: 1981, Bände II und III: 1982
67. Mauersberg, Jasper: Ideen und Konzeption Hugo Preuß´ für die Verfassung der deutschen Republik 1919 und ihre Durchsetzung im Verfassungswerk von Weimar, Europäische Hochschulschriften
68. Mitteis-Lieberich: Deutsche Rechtsgeschichte, 19. Auflage, München,1992
69. Möller, Horst: Weimar – Die unvollendete Demokratie, Deutsche Geschichte der neuesten Zeit vom 19. Jahrhundert bis zur Gegenwart, Hrsg. Von Martin Broszat, Wolfgang Benz und Herman Graml in Verbindung mit dem Institut für Zeitgeschichte, München, 6. Auflage, April 1997
70. Mommsen, Wolfgang, A.: Die Nachlässe in den deutschen Archiven (mit Ergänzungen aus anderen Beständen), Schriften des Bundesarchivs, Bearb. im Bundesarchiv in Koblenz, 1971
71. Morsey, Rudolf, Jürgen Aretz: Sammelband: Zeitgeschichte in Lebensbildern. Aus dem deutschen Katholizismus des 19. und 20. Jahrhunderts, Hrsgg. von Jürgen Aretzund Rudolf Morsey, Band 1, Münster, 1973
72. Nehlsen, Hermann: Karl von Amira, ein Gelehrtenleben, in: Karl von Amira zum Gedächtnis, Hrsgg. von Peter Landau, Hermann Nehlsen, Mathias Schmoeckel, Sonderdruck, 1999
73. Neubert, Franz, (Hrsg.): Deutsches Zeitgenossen Lexikon, 1905 (428)
74. Nipperdey, Thomas: Deutsche Geschichte 1866 – 1918, Band II, Machtstaat vor Demokratie, München, 1992
75. Oestreich, Gerhard: Geschichte der Menschenrechte und Grundfreiheiten im Umriß, 2. Auflage, Berlin, 1978
76. Pfeiffer, Heinrich (Herausgeber, beauftragt vom Verlag J. J. Weber, Leipzig): Illustrierte Zeitung, vom 17.7.1919, Nr. 3968, 153. Band
77. Pölnitz, Götz, Frhr. von: Zentrumspartei, in: Staatslexikon, Band V., Freiburg im Breisgau, 1932, Sp. 1577 ff
78. Reicke, Siegfried: Kurzer Bericht über die dritte Tagung deutscher Rechtshistoriker zu Jena 1932, ZRG (GA) 53 (1933), 504 ff
79. Repgen, Konrad (Hrsg.): Akten Kardinal Michael von Faulhabers 1917 – 1945, 1917 - 1934 (Reihe A: Quellen, Band 17), in: Veröffentlichungen der Kommission für Zeitgeschichte, in Verbindung mit Dieter Albrecht, Andreas Kraus, Rudolf Morsey,
80. Richter, Ludwig: Kirche und Schule in den Beratungen der Weimarer Nationalversammlung, Schriften des Bundesarchivs 47, Düsseldorf, 1996
81. Riedner, Otto: Konrad Beyerle, ZBLG 6, (1933) S. 169;
82. Ringelmann, Richard: Die Bayerische Volkspartei, Ein Handbuch für die Wählerschaft, München, 1926

83. Rosenberg, Arthur: Entstehung der Weimarer Republik, Herausgegeben und eingeleitet von Kurt Kersten, Europäische Verlagsanstalt, Hamburg, 1991
84. Rudolph, Ernst: Allach, Untermenzing, Die Geschichte eines Stadtteils, München, 1997
85. Ruppert, Karsten: Die deutsche Zentrumspartei in der Mitverantwortung für die Weimarer Republik: Selbstverständnis und politische Leitideen einer konfessionellen Mittelpartei, in: Die Minderheit als Mitte, Hrsgg. von W. Becker, S. 71 – 88, Paderborn, 1986
86. Rürup, R.: Entstehung und Grundlage der Weimarer Verfassung, in: Vom Kaiserreich zur Weimarer Republik, Hrsgg. von E. Kolb, Köln, 1972, S. 218 - 243
87. Schenkendorf, Werner: Einer der besten deutschen Rechtshistoriker, Zum 25. Todestag Konrad Beyerles, Südkurier vom 26.4.1958
88. Schönhoven, Klaus: Die Bayerische Volkspartei 1924 – 1932, Hrsgg. von der Kommission für Geschichte des Parlamentarismus und der politischen Parteien in Bonn – Bad Godesberg, Düsseldorf, 1972
89. Schöningh, Zweite Vereinsschrift der Görres-Gesellschaft, 1933, S. 14 f
90. Schmitt, Carl: Der Hüter der Verfassung, 4. Auflage, Berlin, 1996
91. Schmitt, Carl: Die geistesgeschichtliche Lage des heutigen Parlamentarismus, 8. Auflage, Berlin, 1996
92. Schmitt, Carl: Verfassungslehre, 8. Auflage, Neusatz auf Basis der 1928 erschienenen ersten Auflage, Berlin, 1993,
93. Schmuck, Hilmar, Willi Gorzny, Hans Popst und Rainer Schöller: Gesamtverzeichnis des deutschsprachigen Schrifttums (GV) 1700 - 1910, Band 14, New York, London, Paris, 1980
94. Schröder, Richard: Lehrbuch der Deutschen Rechtsgeschichte, 3. Auflage, Leipzig, 1898
95. Schumacher, Klaus: Die Redaktion des Verfassungsausschusses, Berlin, 1927
96. Schwend, Karl: Bayern zwischen Monarchie und Diktatur, Beiträge zur bayerischen Frage in der Zeit von 1918 – 1933, München, 1954
97. Siebler, Clemens: Anna Maria Beyerle, in: Baden-württembergische Biographien, Band I, S. 23 f
98. Sontheimer, Kurt: Antidemokratisches Denken in der Weimarer Republik, 4. Auflage, München, 1978
99. Sutter, Berthold: Der Schutz der Persönlichkeit in mittelalterlichen Rechten, Zur historischen Genese der modernen Grund- und Freiheitsrechte, in: Grund- und Freiheitsrechte von der ständischen zur spätbürgerlichen Gesellschaft, Veröffentlichungen zur Geschichte der Grund- und Freiheitsrechte 2, Hrsgg. v. Günter Birtsch, Göttingen, 1987
100. Stolleis, Michael: Geschichte des öffentlichen Rechts in Deutschland, Dritter Band, Staats- und Verwaltungsrechtswissenschaft in Republik und Diktatur 1914 – 1945, München, 1999
101. Strieder, Jakob: Konrad Beyerle zum Gedächtnis, Zeitschrift Hochland, 31 (1933/1934), S. 281 – 283
102. Stutz, Ulrich: Konrad Beyerle, Ein Nachruf, ZRG (GA) 54, (1934), S. XXV – XLIV, ebenso erschienen als Sonderabdruck S. 1 – 22
103. Tanner, Klaus: Die fromme Verstaatlichung des Gewissens, Zur Auseinandersetzung um die Legitimität der Weimarer Reichsverfassung in Staatsrechtswissenschaft und Theologie der zwanziger Jahre, Arbeiten zur kirchlichen Zeitgeschichte, Reihe B: Darstellungen, Band 15, Göttingen, 1989

104. Thoma, Richard: Die juristische Bedeutung der grundrechtlichen Sätze der Deutschen Reichsverfassung im Allgemeinen, in: Die Grundrechte und Grundpflichten der Reichsverfassung, Kommentar zum zweiten Teil der Reichsverfassung, Hrsgg. von Hans Nipperdey, Erster Band, Berlin, Mannheim, 1929, S. 1 - S. 53
105. Tischleder, P.: Leo XIII., Staatslexikon, Band III, 5. Auflage, Freiburg m Breisgau, 1929, Sp. 926 - 960
106. Töpner, K.: Der deutsche Katholizismus zwischen 1918 und 1933, in: Zeitgeist im Wandel, Hrsg. Von H.-J. Schoeps, Bd. 2, S. 176 – 203
107. Völtzer, Friedrich: Der Sozialstaatsgedanke in der Weimarer Reichsverfassung, Band 1288 der Reihe II, Rechtswissenschaft, Europäische Hochschulschriften, Frankfurt am Main, Berlin, Bern, New York, Paris, Wien, 1992
108. Waigel, Theo: Die geistigen Grundlagen der Christlich-Sozialen Union, in: Geschichte einer Volkspartei, 50 Jahre CSU
109. Weisz, C.: Geschichtsauffassung und politisches Denken. Münchener Historiker der Weimarer Zeit, Berlin, 1970
110. Winkler, Heinrich, August: Weimar 1918 – 1933, Die Geschichte der ersten deutschen Demokratie, München, 1993
111. Wirth, Thomas: Der Unterausschuß für die Grundrechte und seiner Arbeit in der Weimarer Nationalversammlung, Jahrbuch der Hambach-Gesellschaft 2, 1989, S. 129 - 201
112. Wende, Frank: Die belgische Frage in der deutschen Politik des Ersten Weltkriegs, 1969
113. Willoweit, Dietmar: Deutsche Verfassungsgeschichte, Vom Frankenreich bis zur Wiedervereinigung Deutschlands, 3. Auflage, München, 1997
114. Wittmayer, Leo: Die Weimarer Reichsverfassung, Tübingen, 1922
115. Wohlhaupter, Eugen: Konrad Beyerle, Historisches Jahrbuch im Auftrag der Görres-Gesellschaft und unter Mitwirkung von H. Finke, H. Günter, E. König, G. Schnürer, Hrsg. Von P. Funk, Band 53 (1933)
116. Wohlhaupter, Eugen: Vom tätigen Leben, Bilder der Erinnerung, Privatdruck, Kiel, 1947
117. Zacher, H. F.: Grundrechte als Sache der Welt und als Sache der Kirche in: Menschenrechte und Menschenwürde, Hrsgg. von Ernst-Wolfgang Böckenförde und Robert Spaemann, 1987; S. 330 f
118. Zacher, H. F.: 500 Jahre Universität Ingolstadt-Landshut-München, BayVBl. 1972, 341 ff
119. Ziegler, Wilhelm: Die Deutsche Nationalversammlung 1919/1920 und ihr Verfassungswerk, Berlin, 1932

RECHTSHISTORISCHE REIHE

Band 1 Studien zu den germanischen Volksrechten. Gedächtnisschrift für Wilhelm Ebel. Vorträge gehalten auf dem Fest-Symposion anläßlich des 70. Geburtstages von Wilhelm Ebel am 16. Juni 1978 in Göttingen. Götz Landwehr (Hrsg.) 1982.

Band 2 Hans Poeschel: Die Statuten der Banken, Sparkassen und Kreditgenossenschaften in Hamburg und Altona von 1710 bis 1889. 1978.

Band 3 Thomas Kolbeck: Juristenschwemmen, Untersuchungen über den juristischen Arbeitsmarkt im 19. und 20. Jahrhundert. 1978.

Band 4 Norbert Hempel: Richterleitbilder in der Weimarer Republik. 1978.

Band 5 Rolf Stratmann: Die Scheinbußen im mittelalterlichen Recht. 1978.

Band 6 Martin C. Lockert: Die niedersächsischen Stadtrechte zwischen Aller und Weser. Vorkommen und Verflechtungen. Eine Bestandsaufnahme. 1979.

Band 7 Joachim Rückert/Wolfgang Friedrich: Betriebliche Arbeiterausschüsse in Deutschland, Großbritannien und Frankreich im späten 19. und frühen 20. Jahrhundert. Eine vergleichende Studie zur Entwicklung des kollektiven Arbeitsrechts. 1979.

Band 8 Peter Bender: Die Rezeption des römischen Rechts im Urteil der deutschen Rechtswissenschaft. 1979.

Band 9 Friedrich Karl Alsdorf: Untersuchungen zur Rechtsgestalt und Teilung deutscher Ganerbenburgen. 1980.

Band 10 Dietmar Willoweit/Winfried Schich (Hrsg.): Studien zur Geschichte des sächsisch-magdeburgischen Rechts in Deutschland und Polen (Sammelband). 1980.

Band 11 Brigitte Hempel: Der Entwurf einer Polizeiordnung für das Herzogtum Sachsen-Lauenburg aus dem Jahre 1591. 1980.

Band 12 Klaus-Detlev Godau-Schüttke: Rechtsverwalter des Reiches. Staatssekretär Dr. Curt Joël. 1981.

Band 13 Rainer Polley: Anton Friedrich Justus Thibaut (AD 1772-1840) in seinen Selbstzeugnissen und Briefen. Teil 1: Abhandlung. Teil 2: Briefwechsel. Teil 3: Register zum Briefwechsel. 1982.

Band 14 Michael Wettengel: Der Streit um die Vogtei Kelkheim 1275-1276. Ein kanonischer Prozeß.1981.

Band 15 Otto Wilhelm Krause: Naturrechtler des sechzehnten Jahrhunderts. Ihre Bedeutung für die Entwicklung eines natürlichen Privatrechts. 1982.

Band 16 Helga Spindler: Von der Genossenschaft zur Betriebsgemeinschaft. Kritische Darstellung der Sozialrechtslehre Otto von Gierkes. 1982.

Band 17 Holger Otte: Gustav Radbruchs Kieler Jahre 1919 - 1926. 1982.

Band 18 Rüdiger Teuner: Die fuldische Ritterschaft 1510 - 1656. 1982.

Band 19 Gerhard Dilcher/Rudolf Hoke/Gian Savino Pene Vidari/Hans Winterberg (Hrsg.): Grundrechte im 19. Jahrhundert. 1982.

Band 20 Karl-Hans Schloßstein: Die westfälischen Fabrikengerichtsdeputationen - Vorbilder, Werdegang und Scheitern. 1982.

Band 21 Birger Schulz: Der Republikanische Richterbund (1921-1933). 1982.

Band 22 Engelbert Krause: Die gegenseitigen Unterhaltsansprüche zwischen Eltern und Kindern in der deutschen Privatrechtsgeschichte. 1982.

Band 23 Meent W. Francksen: Staatsrat und Gesetzgebung im Großherzogtum Berg (1806-1813). 1982.

Band 24 Gerd von Sonnleithner: Bearbeitung des Handelsrechts durch Ignaz von Sonnleithner in seinem "Leitfaden über das österreichische Handels- und Wechselrecht". 1982.

Band 25 Rudolf Palme: Rechts-, Wirtschafts- und Sozialgeschichte der inneralpinen Salzwerke bis zu deren Monopolisierung. 1983.

Band 26 Helen Bosshard: Pestalozzis Staats- und Rechtsverständnis und seine Stellung in der Aufklärung. 1983.

Band 27 Jens Jessen: Die Selbstzeugnisse der deutschen Juristen. Erinnerungen, Tagebücher und Briefe. Eine Bibliographie. 1983.

Band 28 Günter Martin Jensen: Das Domanium Waldeck. Die rechtliche Zuordnung eines Fürstenvermögens. 1984.

Band 29 Johann Heinrich Kumpf: Petitionsrecht und öffentliche Meinung im Entstehungsprozeß der Paulskirchenverfassung 1848/49. 1983.

Band 30 Sabine Frey: Rechtsschutz der Juden gegen Ausweisungen im 16. Jahrhundert. 1983.

Band 31 Dietrich Joswig: Die germanische Grundstücksübertragung. 1984.

Band 32 Andreas Baryli: Konzessionssystem contra Gewerbefreiheit. Zur Diskussion der österreichischen Gewerberechtsreform 1835 bis 1860. 1984.

Band 33 Gerhard Oberkofler: Studien zur Geschichte der österreichischen Rechtswissenschaft. 1984.

Band 34 Rudolf Lauda: Kaufmännische Gewohnheit und Burgrecht bei Notker dem Deutschen. Zum Verhältnis von literarischer Tradition und zeitgenössischer Realität in der frühmittelalterlichen Rhetorik. 1984.

Band 35 Jens Jensen: Die Ehescheidung des Bischofs Hans von Lübeck von Prinzessin Julia Felicitas von Württemberg-Weiltingen AD 1648-1653. Ein Beitrag zum protestantischen Ehescheidungsrecht im Zeitalter des beginnenden Absolutismus. 1984.

Band 36 Horst Schröder: Friedrich Karl von Savigny. Geschichte und Rechtsdenken beim Übergang vom Feudalismus zum Kapitalismus in Deutschland. 1984.

Band 37 Andreas Hatzung: Dogmengeschichtliche Grundlagen und Entstehung des zivilrechtlichen Notstands. 1984.

Band 38 Matthias Klasen: Das Billwerder Landrecht. Landrecht und Landgericht in den Hamburger Elbmarschen. 1985.

Band 39 Rainer Jamin: Aufbau, Tätigkeit und Verfahren der Auseinandersetzungsbehörden bei der Durchführung der preußischen Agrarreformen. 1985.

Band 40 Henry Winter: Teilschuld, Gesamtschuld und unechte Gesamtschuld. Zur Konzeption der §§ 420 ff. BGB - Ein Beitrag zur Entstehungsgeschichte des BGB. 1985.

Band 41 Hermann Eichler: Verfassungsbewegung in Amerika und Europa. 1985.

Band 42 Dagmar Bandemer: Heinrich Albert Zachariae. Rechtsdenken zwischen Restauration und Reformation. 1985.

Band 43 Eva-Christine Frentz: Das Hamburgische Admiralitätsgericht (1623-1811). Prozeß und Rechtsprechung. 1985.

Band 44 Karl Lillig: Rechtsetzung im Herzogtum Pfalz-Zweibrücken während des 18. Jahrhunderts. Ein Beitrag zur Geschichte der territorialen Rechtsbildung. 1985.

Band 45 Walter Weber: Die Entwicklung der Sparkassen zu selbständigen Anstalten des öffentlichen Rechts. Ein Beitrag zur Entwicklung des Anstaltsbegriffs im 19. Jahrhundert. 1985.

Band 46 Bärbel Baum: Der Stabreim im Recht. Vorkommen und Bedeutung des Stabreims in Antike und Mittelalter. 1986.

Band 47 Hans Popp: Die nationalsozialistische Sicht einiger Institute des Zivilprozeß- und Gerichtsverfassungsrechts. 1986.

Band 48 John Karl-Heinz Montag: Die Lehrdarstellung des Handelsrechts von Georg Friedrich von Martens bis Meno Pöhls. Die Wissenschaft des Handelsrechts im ersten Drittel des 19. Jahrhunderts. 1986.

Band 49 Volker D. Anhäusser: Das internationale Obligationenrecht in der höchstrichterlichen Rechtsprechung des 19. Jahrhunderts. 1986.

Band 50 Udo Beer: Die Juden, das Recht und die Republik. Verbandswesen und Rechtsschutz 1919-1933. 1986.

Band 51 Herbert Grziwotz: Der moderne Verfassungsbegriff und die "Römische Verfassung" in der deutschen Forschung des 19. und 20. Jahrhunderts. 1986.

Band 52 Ralf Conradi: Karl Friedrich Eichhorn als Staatsrechtslehrer. Seine Göttinger Vorlesung über "Das Staatsrecht der deutschen Bundesstaaten" nach einer Kollegmitschrift aus dem Wintersemester 1821/22. 1987.

Band 53 Dieter Dannreuther: Der Zivilprozeß als Gegenstand der Rechtspolitik im Deutschen Reich 1871 - 1945. Ein Beitrag zur Geschichte des Zivilprozeßrechts in Deutschland. 1987.

Band 54 Stephan Felix Pauly: Organisation, Geschichte und Praxis der Gesetzesauslegung des (Königlich) Preußischen Oberverwaltungsgerichtes 1875 - 1933. 1987.

Band 55 Rüdiger Schulz: Die Entstehung des Seerechts des Allgemeinen Deutschen Handelsgesetzbuches unter besonderer Berücksichtigung der Bestimmungen über die Reederei, den Schiffer und die Schiffsmannschaft. 1987.

Band 56 Reinhold Reis: Deutsches Privatrecht in den Weistümern der Zenten Schriesheim und Kirchheim. 1987.

Band 57 Jürgen Christoph: Die politischen Reichsamnestien 1918 - 1933. 1987.

Band 58 Gerhard Oberkofler/Eduard Rabofsky: Hans Kelsen im Kriegseinsatz der k.u.k.-Wehrmacht. Eine kritische Würdigung seiner militärtheoretischen Angebote. 1988.

Band 59 Arne Wulff: Staatssekretär Prof. Dr. Dr. h.c. Franz Schlegelberger. 1876-1970. 1991.

Band 60 Gerhard Köbler (Hrsg.): Wege europäischer Rechtsgeschichte. Karl Kroeschell zum 60. Geburtstag. 1987.

Band 61 Rüdiger Hütte: Der Gemeinschaftsgedanke in den Erbrechtsreformen des Dritten Reichs. 1988.

Band 62 Markus Göldner: Politische Symbole der europäischen Integration. Fahne, Hymne, Hauptstadt, Paß, Briefmarke, Auszeichnungen. 1988.

Band 63 Wolfgang Kröner: Freiheitsstrafe und Strafvollzug in den Herzogtümern Schleswig, Holstein und Lauenburg von 1700 bis 1864. 1988.

Band 64 Werner Gaile: Die Norder Theelacht. 1988.

Band 65 Karl v. Kempis: Andreas Gaill (1526 - 1587). Zum Leben und Werk eines Juristen der frühen Neuzeit. 1988.

Band 66 Wolf-Rüdiger Osburg: Die Verwaltung Hamburgs in der Franzosenzeit. 1811-1814. 1988.

Band 67 Christian Schudnagies: Hans Frank. Aufstieg und Fall des NS-Juristen und Generalgouverneurs. 1988.

Band 68 Otmar Jung: Senatspräsident Freymuth. Richter, Sozialdemokrat und Pazifist in der Weimarer Republik. Eine politische Biographie. 1989.

Band 69 Joachim Lohner: Das landeshauptmannschaftliche Gericht in Oberösterreich zu Beginn der Neuzeit. Eine Darstellung des oberösterreichischen Prozeßrechts am obersten Territorialgericht des Landes anhand der oberösterreichischen Landtafel.1989.

Band 70 Bernd Klemann: Rudolf von Jhering und die Historische Rechtsschule. 1989.

Band 71 Adalbert Langer: Männer um die österreichische Zivilprozeßordnung 1895. Zusammenspiel / Soziales Ziel. 1990.

Band 72 Robert-Dieter Klee: Die Landessuperintendentur Lauenburg. Ursprung und Entwicklung sowie Ende der Sonderstellung des Kirchenkreises Herzogtum Lauenburg durch die nordelbische Kirchenvereinigung. 1989.

Band 73 Heinrich Herrmann: Die Gehöferschaften im Bezirk Trier. 1989.

Band 74 Wilhelm Brauneder, Franz Baltzarek (Hrsg.): Modell einer neuen Wirtschaftsordnung. Wirtschaftsverwaltung in Österreich 1914 - 1918. 1991.

Band 75 Thomas Dreyer: Die "Assecuranz- und Haverey-Ordnung" der Freien und Hansestadt Hamburg von 1731. 1990.

Band 76 Bernhard Sendler: Die Rechtssprache in den süddeutschen Stadtrechtsreformationen. 1990.

Band 77 Brigitte Lehmann: Ehevereinbarungen im 19. und 20. Jahrhundert. 1990.

Band 78 Michael Sunnus: Der NS-Rechtswahrerbund (1928-1945). Zur Geschichte der nationalsozialistischen Juristenorganisation. 1990.

Band 79 Stefan Schulz: Die historische Entwicklung des Rechts an Bienen. (§§ 961 - 964 BGB). 1990.

Band 80 Gerhard Lingelbach, Heiner Lück (Hrsg.): Deutsches Recht zwischen Sachsenspiegel und Aufklärung. Rolf Lieberwirth zum 70. Geburtstag dargebracht von Schülern, Freunden und Kollegen, herausgegeben von Gerhard Lingelbach und Heiner Lück. 1991.

Band 81 Manfred Krohn: Die deutsche Justiz im Urteil der Nationalsozialisten 1920 - 1933. 1991.

Band 82 Angelika Kühn: Privilegierung nationaler Minderheiten im Wahlrecht der Bundesrepublik Deutschland und Schleswig-Holsteins. 1991.

Band 83 Georg Brun: Leben und Werk des Rechtshistorikers Heinrich Mitteis unter besonderer Berücksichtigung seines Verhältnisses zum Nationalsozialismus. 1991.

Band 84 Wolfgang Simon: Claudius Freiherr von Schwerin. Rechtshistoriker während dreier Epochen deutscher Geschichte. 1991.

Band 85 Friedrich-Carl Wachs: Das Verordnungswerk des Reichsdemobilmachungsamtes. Stabilisierender Faktor zu Beginn der Weimarer Republik. 1991.

Band 86 Jens-Uwe Petersen: Die Vorgeschichte und die Entstehung des Mieterschutzgesetzes von 1923 nebst der Anordnung für das Verfahren vor dem Mieteinigungsamt und der Beschwerdestelle. 1991.

Band 87 Ulrike Haibach: Familienrecht in der Rechtssprache. Die historische Entwicklung zentraler Ausdrücke des geltenden Familienrechts. 1991.

Band 88 Joern Christian Nissen: Die Beratungen des Seeversicherungsausschusses der Akademie für Deutsches Recht zu einem neuen Seeversicherungsgesetz (1934-1939). Ein Beitrag zur Entwicklung der allgemeinen Lehren des Seeversicherungsrechts unter besonderer Berücksichtigung des Handelsgesetzbuchs und der Allgemeinen Deutschen Seeversicherungs-Bedingungen 1919. 1991.

Band 89 Diethard Bühler: Die Entstehung der allgemeinen Vertragsschluß-Vorschriften im Allgemeinen Deutschen Handelsgesetzbuch (ADHGB) von 1861. Ein Beitrag zur Kodifikationsgeschichte des Privatrechts im 19. Jahrhundert. 1991.

Band 90 Gerhard Oberkofler: Die Vertreter des Römischen Rechts mit deutscher Unterrichtssprache an der Karls-Universität in Prag. Vom Vormärz bis 1945. 1991.

Band 91 Ulrich Andermann: Ritterliche Gewalt und bürgerliche Selbstbehauptung. Untersuchungen zur Kriminalisierung und Bekämpfung des spätmittelalterlichen Raubrittertums am Beispiel norddeutscher Hansestädte. 1991.

Band 92 Heinz Marcus Hanke: Luftkrieg und Zivilbevölkerung. Der kriegsvölkerrechtliche Schutz der Zivilbevölkerung gegen Luftbombardements von den Anfängen bis zum Ausbruch des Zweiten Weltkrieges. 1991.

Band 93 Kirsten Kraglund: Familien- und Erbrecht. Materielles Recht und Methoden der Rechtsanwendung in der Rechtsprechung des Oberappellationsgerichts der vier Freien Städte Deutschlands zu Lübeck. 1991.

Band 94 Reinhard Lorenz: Die politische und rechtliche Stellung des Proletariats in Preußen in der Zeit zwischen den Reformen und der Revolution 1848/49. 1991.

Band 95 Eric Hilgendorf: Die Entwicklungsgeschichte der parlamentarischen Redefreiheit in Deutschland. 1991.

Band 96 Hans J. Reiter: Die Handelsgesellschaft Villeroy & Boch von der Gründung 1836 bis zum Jahr 1878. 1992.

Band 97 Martin Johannes Heller: Reform der deutschen Rechtssprache im 18. Jahrhundert. 1992.

Band 98 Michael Kotulla: Die Tragweite der Grundrechte der revidierten preußischen Verfassung vom 31.01.1850. 1992.

Band 99 Michael Siefener: Hexerei im Spiegel der Rechtstheorie. Das crimen magiae in der Literatur von 1574 bis 1608. 1992.

Band 100 Andreas Ebert-Weidenfeller: Hamburgisches Kaufmannsrecht im 17. und 18. Jahrhundert. Die Rechtsprechung des Rates und des Reichskammergerichtes. 1992.

Band 101 Enno Bommel: Die Entstehung der Verwirkungslehre in der Krise des Positivismus. 1992.

Band 102 Ralph Steppacher: Die Berücksichtigung der bäuerlichen Postulate bei der Entstehung des ZGB und der Revision des OR. Ein Beitrag zur schweizerischen Kodifikationsgeschichte (1893 - 1912). 1992.

Band 103 Martin Fleckenstein: Die Todesstrafe im Werk Carl Joseph Anton Mittermaiers (1787 - 1867). Zur Entwicklungsgeschichte eines Werkbereichs und seiner Bedeutung für Theorie- und Methodenbildung. 1992.

Band 104 Jörn Eckert: Der Kampf um die Familienfideikommisse in Deutschland. Studien zum Absterben eines Rechtsinstitutes. 1992.

Band 105 Jörg Grotkopp: Beamtentum und Staatsformwechsel. Die Auswirkungen der Staatsformwechsel von 1918, 1933 und 1945 auf das Beamtenrecht und die personelle Zusammensetzung der deutschen Beamtenschaft. 1992.

Band 106 Andreas Rohde: Die Garantiehaftung des Vermieters und ihr Verhältnis zum Unmöglichkeitsrecht in dogmengeschichtlicher und modernrechtlicher Sicht. 1992.

Band 107 Tjark Siefke Kunstreich: Gesamtvertretung. Eine historisch-systematische Darstellung. 1992.

Band 108 Jürgen Krüger: Blindheit und Königtum. Die Blindheit des Königs Georg V. von Hannover als verfassungsrechtliches Problem. 1992.

Band 109 Wolfgang Putschek: Ständische Verfassung und autoritäre Verfassungspraxis in Österreich 1933-1938 mit Dokumentenanhang. Verfassung und Verfassungswirklichkeit. Mit einem Anhang: Denkschriften von Rechtsanwalt Dr. Erich Führer 1936/37. 1993.

Band 110 Klaus Hofmann: Die Verdrängung der Juden aus öffentlichem Dienst und selbständigen Berufen in Regensburg 1933-1939. 1993.

Band 111 Franz Kilger: Die Entwicklung des Telegraphenrechts im 19. Jahrhundert mit besonderer Berücksichtigung der technischen Entwicklung. Telegraphenrecht im 19. Jahrhundert. 1993.

Band 112 Wilhelm Brauneder (Hrsg.): Heiliges Römisches Reich und moderne Staatlichkeit. 1993.

Band 113 Thomas Heinrich: Das preußische Nichtehelichenrecht: Von der Aufklärung zur Reaktion. 1993.

Band 114 Gerald Kohl: Jagd und Revolution. Das Jagdrecht in den Jahren 1848 und 1849. 1993.

Band 115 Christian Schudnagies: Der Kriegs- oder Belagerungszustand im Deutschen Reich während des Ersten Weltkrieges. Eine Studie zur Entwicklung und Handhabung des deutschen Ausnahmezustandsrechts bis 1918. 1994.

Band 116 Elisabeth Bellmann: Die Internationale Kriminalistische Vereinigung (1889-1933). 1994.

Band 117 Julia Pfannkuch: Volksrichterausbildung in Sachsen 1945-1950. 1993.

Band 118 Jörg Offen: Von der Verwaltungsgemeinschaft des BGB von 1896 zur Zugewinngemeinschaft des Gleichberechtigungsgesetzes von 1957. 1994.

Band 119 Dorothee Kohlhas-Müller: Untersuchungen zur Rechtsstellung Theoderichs des Großen. 1995.

Band 120 Monika Rose: Das Gerichtswesen des Herzogtums Pfalz-Zweibrücken im 18. Jahrhundert. Ein Beitrag zur territorialen Gerichtsbarkeit im Alten Reich. 1994.

Band 121 Jörn Eckert / Hans Hattenhauer (Hrsg.): Bibel und Recht. Rechtshistorisches Kolloquium 9. - 13. Juni 1992 an der Christian-Albrechts-Universität zu Kiel. 1994.

Band 122 Robert Martin Mizia: Der Rechtsbegriff der Autonomie und die Begründung des Privatfürstenrechts in der deutschen Rechtswissenschaft des 19. Jahrhunderts. 1995.

Band 123 Walther Graf von Plettenberg: Das Fortleben des Liber Iudiciorum in Asturien/León (8. - 13. Jh.). 1994.

Band 124 Wolfgang Schulz: Das deutsche Börsengesetz. Die Entstehungsgeschichte und wirtschaftlichen Auswirkungen des Börsengesetzes von 1896. 1994.

Band 125 Frank Hagemann: Der Untersuchungsausschuß Freiheitlicher Juristen. 1949 – 1969. 1994.

Band 126 Andreas Rethmeier: "Nürnberger Rassegesetze" und Entrechtung der Juden im Zivilrecht. 1995.

Band 127 Edith Grether: Die Poesie der Throne. Die Juristen in der Fruchtbringenden Gesellschaft. 1995.

Band 128 Anna Bartels-Ishikawa: Der Lippische Thronfolgestreit. Eine Studie zu verfassungsrechtlichen Problemen des Deutschen Kaiserreiches im Spiegel der zeitgenössischen Staats. 1995.

Band 129 Jörg Schmidt: Otto Koellreutter 1883-1972. Sein Leben, sein Werk, seine Zeit. 1995.

Band 130 Christian Hattenhauer: Wahl und Krönung Franz II. AD 1792. Das Heilige Reich krönt seinen letzten Kaiser - Das Tagebuch des Reichsquartiermeisters Hieronymus Gottfried von Müller und Anlagen. 1995.

Band 131 Jutta v. der Decken: Das Seearbeitsrecht im Hamburger Stadtrecht von 1301 bis 1603. 1995.

Band 132 Detlev Schmidt: Die Reform des Rechts der Handelsvertreter von 1953. 1995.

Band 133 Gabi Roßdeutscher: Privatautonomie im Scheidungsrecht. Scheidungsbezogene Vereinbarungen in den letzten 200 Jahren. 1995.

Band 134 Harald Kahlenberg: Leben und Werk des Rechtshistorikers Walther Merk. Ein Beispiel für das Verhältnis von Rechtsgeschichte und Nationalsozialismus. 1995.

Band 135 Michael Steitz: Adelbert Düringer am Reichsgericht (1902-1915). Seine aktienrechtlichen Entscheidungen und sein Einfluß auf das Aktienrecht in Deutschland. 1995.

Band 136 Christian Becker: Beata Justorum Translatio. Juristen in schleswig-holsteinischen Leichenpredigten. 1996.

Band 137 Christoph Seiler: Vom Allgemeinen Landrecht zum Bürgerlichen Gesetzbuch. Dargestellt am Beispiel der höchstrichterlichen Judikatur zum kaufrechtlichen Sachmängelgewährleistungsrecht. 1996.

Band 138 Bernd Mayer: Die Vertrauensmännerausschüsse auf den preußischen Steinkohlegruben an der Saar. Entstehung und Wirken. Eine rechtshistorische Untersuchung. 1996.

Band 139 Rochus Scholl: Juden und Judenrecht im Herzogtum Pfalz-Zweibrücken. Ein Beitrag zur Rechtsgeschichte eines deutschen Kleinstaates am Ende des alten Reiches. 1996.

Band 140 Meike Bursch: Judentaufe und frühneuzeitliches Strafrecht. Die Verfahren gegen Christian Treu aus Weener/Ostfriesland 1720-1728. 1996.

Band 141 Markus Hillenbrand: Fürstliche Eheverträge. Gottorfer Hausrecht 1544 - 1773. 1996.

Band 142 Ulf Häder: Das gemeinschaftliche Oberappellationsgericht thüringischer Staaten in Jena. Ein Beitrag zur Geschichte des Gerichtswesens im 19. Jahrhundert. 1996.

Band 143 Andreas Bauer: Das Gnadenbitten in der Strafrechtspflege des 15. und 16. Jahrhunderts. Dargestellt unter besonderer Berücksichtigung von Quellen der Vorarlberger Gerichtsbezirke Feldkirch und des Hinteren Bregenzerwaldes. 1996.

Band 144 Christian Wirth: Der Jurist Johann Andreas Georg Friedrich Rebmann zwischen Revolution und Restauration. 1996.

Band 145 Stefanie Müller: Die Rechtsprechung des Hanseatischen Oberlandesgerichts zum persönlichen Eherecht in Hamburgischen Gerichtsfällen von 1879 -1900. 1996.

Band 146 Jean-Nicolas Morisset: Der Frachtvertrag in der *Ordonnance de la marine* von 1681. 1996.

Band 147 Dirk Lentfer: Die Glogauer Landesprivilegien des Andreas Gryphius von 1653. 1996.

Band 148 Wencke Mull: Die Haftung für Einsturzschäden nach den §§ 836-838 BGB in der Rechtsprechung des Reichsgerichts. 1996.

Band 149 Renate Zelger: Teufelsverträge. Märchen, Sage, Schwank, Legende im Spiegel der Rechtsgeschichte. 1996.

Band 150 Guido Kraß: Das Arrestverfahren in Frankfurt am Main im Spätmittelalter. 1996.

Band 151 F. Benedict Heyn: Die Entwicklung des Eisenbahnfrachtrechts von den Anfängen bis zur Einführung des Allgemeinen Deutschen Handelsgesetzbuches (ADHGB). 1996.

Band 152 Thomas Lang: Die Staats- und Verfassungslehre Carl Salomo Zachariaes. 1996.

Band 153 Michael Hebeis: Karl Anton von Martini (1726-1800). Leben und Werk. 1996.

Band 154 Gerald Hubert: Die Diskussion um die rechtliche Natur der Bizone in den Jahren 1947-1949. 1996.

Band 155 Christof Horn: Die Rechtsprechung des Reichsgerichts in Ehescheidungssachen der Jahre 1900 bis 1905. 1996.

Band 156 Hermann Nehlsen / Georg Brun (Hrsg.): Münchener rechtshistorische Studien zum Nationalsozialismus. 1996.

Band 157 Jan Otto Clemens Kehrberg: Die Entwicklung des Elektrizitätsrechts in Deutschland. Der Weg zum Energiewirtschaftsgesetz von 1935. 1997.

Band 158 Johannes Tradt: Der Religionsprozeß gegen den Zopfschulzen (1791-1799). Ein Beitrag zur protestantischen Lehrpflicht und Lehrzucht in Brandenburg-Preußen gegen Ende des 18. Jahrhunderts. 1997.

Band 159 Dietmar Olsen: Das kaufrechtliche Sachmängelgewährleistungsrecht des Code civil in der Rechtsprechung deutscher Gerichte im 19. Jahrhundert. Ein Beitrag zur Ablösung der Partikularrechte durch das BGB. 1997.

Band 160 Ulrich Bernhardt: Die Deutsche Akademie für Staats- und Rechtswissenschaft „Walter Ulbricht" 1948-1971. 1997.

Band 161 Claudia Susan Hoppe: Die Bürgschaft im Rechtsleben Hamburgs von 1600 bis 1900. 1997.

Band 162 Franz-Rudolf Ecker: Die Entwicklung des Bergrechts im Saarbrücker Steinkohlenrevier bis zum Ende des 18. Jahrhunderts. Ein Vergleich mit dem älteren deutschen Bergrecht. 1997.

Band 163 Anne Katrin Rückert: Politik und Privatrecht in der „konservativen Revolution". 1997.

Band 164 Gisbert Laube: Der Reichskunstwart. Geschichte einer Kulturbehörde 1919-1933. 1997.

Band 165 Nicolas Lührig: Die Diskussion über die Reform der Juristenausbildung von 1945 bis 1995. 1997.

Band 166 Regula Gerber Jenni: Die Emanzipation der mehrjährigen Frauenzimmer. Frauen im bernischen Privatrecht des 19. Jahrhunderts. 1997.

Band 167 Mischa A. Färber: Das gemeinschaftliche Testament in der höchstrichterlichen Rechtsprechung zum Allgemeinen Preußischen Landrecht und zum BGB. Ein Beitrag zur Ablösung der Partikularrechte durch das BGB. 1997.

Band 168 Catherine Antoinette Gasser: Philipp Lotmar 1850-1922. Professor der Universität Bern. Sein Engagement für das Schweizerische Arbeitsrecht. 1997.

Band 169 Lars Immisch: Der sozialistische Richter in der DDR und seine Unabhängigkeit. Der Versuch eines Rechtsvergleiches zum Unabhängigkeitsbegriff in der bundesdeutschen Rechtsordnung. 1997.

Band 170 Jessica Jacobi: Besitzschutz vor dem Reichskammergericht. Die friedenssichernde Funktion der Besitzschutzklagen am Reichskammergericht im 16. Jahrhundert, dargestellt anhand von Kameralisten. 1998.

Band 171 Ewald Hügemann: Die Geschichte des öffentlichen und privaten Mietpreisrechts vom Ersten Weltkrieg bis zum Gesetz zur Regelung der Miethöhe von 1974. 1998.

Band 172 Lutz Rentzow: Die Entstehungs- und Wirkungsgeschichte der Vernewerten Landesordnung für das Königreich Böhmen von 1627. 1998.

Band 173 Sabine Stürmer: Mühlenrecht im Herzogtum Pfalz-Zweibrücken während des 18. Jahrhunderts. Ein Beitrag zum Wirtschaftsrecht eines deutschen Kleinstaates im Alten Reich. 1998.

Band 174 Mario Bogisch: *Nemo testis in re sua*. Das Problem der Zeugnisfähigkeit bei der Anwendung der deutschen Zivilprozeßordnung von 1877. 1998.

Band 175 Rainer Oßwald: Pactane sunt servanda? Freiwilligkeit, Zwang und Unverbindlichkeitserklärungen im islamischen Vertragsrecht malikitischer Schule. 1998.

Band 176 Bettina Kern: Der preußische BGB-Entwurf von 1842. 1998.

Band 177 Inken Fuhrmann: Die Diskussion über die Einführung der fakultativen Zivilehe in Deutschland und Österreich seit Mitte des 19. Jahrhunderts. 1998.

Band 178 Annette Rieck: Der Heilige Ivo von Hélory (1247-1303). Advocatus pauperum und Patron der Juristen. 1998.

Band 179 Frank Bottenberg: Die Hamburgische Strafprozeßordnung von 1869. 1998.

Band 180 Matthias Krauß: Das kursächsische Postrecht von seinen Anfängen bis zum Ende des Alten Reichs. 1998.

Band 181 Torsten Schmidt: Die Entmündigung von den Anfängen des BGB bis zu ihrer Ablösung durch das Institut der Betreuung. 1998.

Band 182 Christian Nunn: Rudolf Müller-Erzbach. 1874-1959. Von der realen Methode über die Interessenjurisprudenz zum kausalen Rechtsdenken (Leben und Werk). 1998.

Band 183 Christian Ortloff: Das staatskirchenrechtliche System Wilhelm Traugott Krugs. Glaubens- und Gewissensfreiheit – eine Forderung der Vernunft. 1998.

Band 184 Christian Hattenhauer: Schuldenregulierung nach dem Westfälischen Frieden. Der sog. § *de indaganda* und seine Umsetzung im Jüngsten Reichsabschied (AD 1648 und 1654). 1998.

Band 185 Werner Schubert: Preußen im Vormärz. Die Verhandlungen der Provinziallandtage von Brandenburg, Pommern, Posen, Sachsen und Schlesien sowie – im Anhang – von Ostpreußen, Westfalen und der Rheinprovinz (1841-1845). 1998.

Band 186 Silvia Schumacher: Das Rechtsverhältnis zwischen Eltern und Kindern in der Privatrechtsgeschichte. 1999.

Band 187 Kai Sommer: Die Strafbarkeit der Homosexualität von der Kaiserzeit bis zum Nationalsozialismus. Eine Analyse der Straftatbestände im Strafgesetzbuch und in den Reformentwürfen (1871-1945). 1998.

Band 188 Jan Erik Backhaus: Volksrichterkarrieren in der DDR. 1999.

Band 189 Ralf Ruhnau: Die Fürstlich Thurn und Taxissche Privatgerichtsbarkeit in Regensburg. Ein Kuriosum der deutschen Rechtsgeschichte. 1999.

Band 190 Antonio Grilli: Die französische Justizorganisation am linken Rheinufer 1797-1803. 1999.

Band 191 Stephanie Kammerloher-Lis: Die Entstehung des Gesetzes über die religiöse Kindererziehung vom 15. Juli 1921. 1999.

Band 192 Jan Telp: Ausmerzung und Verrat. Zur Diskussion um Strafzwecke und Verbrechensbegriffe im Dritten Reich. 1999.

Band 193 Kurt von Pannwitz: Die Entstehung der Allgemeinen Deutschen Wechselordnung. Ein Beitrag zur Geschichte der Vereinheitlichung des deutschen Zivilrechts im 19. Jahrhundert. 1999.

Band 194 Sylvia Busch: Die Entstehung der Allgemeinen Gerichtsordnung für die Preussischen Staaten von 1793/95. Ein Beitrag zur Geschichte der Kodifikationsbewegung und der Reform des Zivilprozesses in Preußen im 18. Jahrhundert. 1999.

Band 195 Dirk Bieresborn: Klage und Klageerwiderung im deutschen und englischen Zivilprozeß. Eine rechtshistorische und rechtsvergleichende Untersuchung unter besonderer Berücksichtigung der Beeinflussung durch das römisch-kanonische Verfahren. 1999.

Band 196 Andreas Thier / Guido Pfeifer / Philipp Grzimek (Hrsg.): Kontinuitäten und Zäsuren in der Europäischen Rechtsgeschichte. Europäisches Forum Junger Rechtshistorikerinnen und Rechtshistoriker München 22.-24. Juli 1998. 1999.

Band 197 Franz Smola: Die Fürstlich Liechtenstein'sche Kunstsammlung. Rechtsfragen zur Verbringung der Sammlung von Wien nach Vaduz in den Jahren 1944/45. 1999.

Band 198 Frank Martin Krauss: Das geteilte Eigentum im 19. und 20. Jahrhundert. Eine Untersuchung zum Fortbestand des Teilungsgedankens. 1999.

Band 199 Matthias Frey: Die spanische Aktiengesellschaft im 18. Jahrhundert und unter dem Código de Comercio von 1829. 1999.

Band 200 Alexandra Gilde: Die Stellung der Frau im Reichsstrafgesetzbuch von 1870/71 und in den Reformentwürfen bis 1919 im Urteil der bürgerlichen Frauenbewegung. Eine Analyse ausgewählter Straftatbestände. 1999.

Band 201 Malte Dießelhorst / Arne Duncker: Hans Kohlhase. Die Geschichte einer Fehde in Sachsen und Brandenburg zur Zeit der Reformation. 1999.

Band 202 Jörg Hillmann: Territorialrechtliche Auseinandersetzungen der Herzöge von Sachsen-Lauenburg vor dem Reichskammergericht im 16. Jahrhundert. 1999.

Band 203 Carsten Engler: Die Kommanditgesellschaft (KG) und die stille Gesellschaft im Allgemeinen Deutschen Handelsgesetzbuch (ADHGB) von 1861. 1999.

Band 204 Vesta Hoffmann-Steudner: Die Rechtsprechung des Reichsgerichts zu dem Scheidungsgrund des § 49 EheG (EheG 1938) in den Jahren 1938-1945. 1999.

Band 205 Michaela Thiele: Die Auflösung von Arbeitsverhältnissen aufgrund Anfechtung und außerordentlicher Kündigung nach der Rechtsprechung des Reichsarbeitsgerichts (1927-1945). 2000.

Band 206 Peter Landau / Hermann Nehlsen / Mathias Schmoeckel (Hrsg.): Karl von Amira zum Gedächtnis. 1999.

Band 207 Marcus Flinder: Die Entstehungsgeschichte des Zivilgesetzbuches der DDR. 1999.

Band 208 Boris Franz Leo Bromm: Die Entstehungsgeschichte des Berufs des Handelsvertreters. Unter besonderer Berücksichtigung der Sozialgesetzgebung in den Jahren von 1871-1933. 2000.

Band 209 Winfried C. J. Eberstein: Das Tierschutzrecht in Deutschland bis zum Erlaß des Reichs-Tierschutzgesetzes vom 24. November 1933. Unter Berücksichtigung der Entwicklung in England. 1999.

Band 210 Patrick Deller: Der „nach dem Vertrage" vorausgesetzte Gebrauch (§ 459 Absatz 1 Satz 1 BGB). Eine kaufrechtliche Untersuchung unter Berücksichtigung rechtshistorischer wie rechtsvergleichender Grundlagen. 2000.

Band 211 Eckard Freiherr von Bodenhausen: Haftung des Geschäftsherrn für Verrichtungsgehilfen im Straßen- und Schienenverkehr. Eine Analyse der Entscheidungen des Reichsgerichts zu § 831 BGB (1900-1945). 2000.

Band 212 Birte Gast: Der Allgemeine Teil und das Schuldrecht des Bürgerlichen Gesetzbuchs im Urteil von Raymond Saleilles (1855-1912). 2000.

Band 213 Hansjörg Michael Huber: Koloniale Selbstverwaltung in Deutsch-Südwestafrika. Entstehung, Kodifizierung und Umsetzung. 2000.

Band 214 Ulf Björner: Die Verfassungsgerichtsbarkeit im Norddeutschen Bund und Deutschen Reich (1867-1918). Eine rechtshistorische Untersuchung über Gerichtsbarkeit im Spannungsfeld von Politik und Recht innerhalb der von Bismarck geschaffenen deutschen Bundesstaaten. 2000.

Band 215 Mathias Freiherr von Rosenberg: Friedrich Carl von Savigny (1779-1861) im Urteil seiner Zeit. 2000.

Band 216 Reinhard Binder-Kriegistein: Österreichisches Adelsrecht 1868-1918/19. Von der Ausgestaltung des Adelsrechts der cisleithanischen Reichshälfte bis zum Adelsaufhebungsgesetz der Republik unter besonderer Berücksichtigung des adeligen Namensrechts. 2000.

Band 217 Claudia-Regine Nerius: Johannes Lehmann-Hohenberg (1851-1925). Eine Studie zur völkischen Rechts- und Justizkritik im Deutschen Kaiserreich. 2000.

Band 218 Ludger Meuten: Die Erbfolgeordnung des Sachsenspiegels und des Magdeburger Rechts. Ein Beitrag zur Geschichte des sächsisch-magdeburgischen Rechts. 2000.

Band 219 Christoph Alexander von Wilcken: Die Reformbestrebungen zum Genossenschaftsgesetz in der Frühzeit der Bundesrepublik. Die Beratungen der Sachverständigenkommission zur Überprüfung des Genossenschaftsrechts 1954 bis 1958 und der Referentenentwurf von 1962. 2000.

Band 220 Verein Junger RechtshistorikerInnen Zürich (Hrsg.): ¿Rechtsgeschichte(n)? ¿Histoire(s) du droit? ¿Storia/storie del diritto? ¿Legal Histori(es)? Europäisches Forum Junger Rechtshistorikerinnen und Rechtshistoriker Zürich 28.-30. Mai 1999. 2000.

Band 221 Hans Christian Schüler: Die Entstehungsgeschichte der Bundesnotarordnung vom 24. Februar 1961. 2000.

Band 222 Nils-Eberhard Schramm: Die Vereinigung demokratischer Juristen (1949-1999). 2000.

Band 223 Silke Anke Torp: Das Rechtsverhältnis zwischen den Eltern und ihren Kindern. Dienstleistungspflicht, Aussteuer und Ausstattung. Eine Analyse der Rechtsprechung des Reichsgerichts und des Reichsarbeitsgerichts zu den Vorschriften der §§ 1616 bis 1625 des Bürgerlichen Gesetzbuches in der Zeit von 1900 bis 1945. 2000.

Band 224 Martin Jürgen Maaß: Die Geschichte des Eigentumsvorbehalts, insbesondere im 18. und 19. Jahrhundert. 2000.

Band 225 Stefanie Langer: Rechtswissenschaftliche Itinerarien. Lebenswege namhafter europäischer Juristen vom 11. bis zum 18. Jahrhundert. 2000.

Band 226 Ulrich Schmitz: Der Unterhaltsanspruch des nichtehelichen Kindes gegen seinen Erzeuger. Die rechtsgeschichtliche und dogmatische Entwicklung im deutschen Recht. 2000.

Band 227 Sebastian Günther: Friedrich Carl von Savigny als Grundherr. 2000.

Band 228 Henning Ibs: Hermann J. Held (1890-1963). Ein Kieler Gelehrtenleben in den Fängen der Zeitläufe. 2000.

Band 229 Matthias Rücker: Wirtschaftswerbung unter dem Nationalsozialismus. Rechtliche Ausgestaltung der Werbung und Tätigkeit des Werberats der deutschen Wirtschaft. 2000.

Band 230 Hendrik Sandmann: Die Entwicklung von Begriff und Inhalt des Wirtschaftsrechts durch die Rechtswissenschaft in der Weimarer Republik. 2000.

Band 231 Sibylle Müller: Gibt es Menschenrechte bei Samuel Pufendorf? 2000.

Band 232 Karin Olechowski-Hrdlicka: Die gemeinsamen Angelegenheiten der Österreichisch-Ungarischen Monarchie. Vorgeschichte – Ausgleich 1867 – Staatsrechtliche Kontroversen. 2001.

Band 233 Johannes Mierau: Die juristischen Abschluß- und Diplomprüfungen in der SBZ/DDR. Ein Einblick in die Juristenausbildung im Sozialismus. 2001.

Band 234 Jörg Wolff (Hrsg.): Stillstand, Erneuerung und Kontinuität. Einsprüche zur Preußenforschung. 2001.

Band 235 Friedo Schröder: Die anwaltliche Tätigkeit während der nationalsozialistischen Herrschaft. Eine Analyse der anwaltlichen Argumentation in Zivilprozessen anhand der vorhandenen Prozeßakten der Landgerichte Frankenthal, Wiesbaden, Limburg und Frankfurt und der Handakten der *jüdischen Konsulenten* des OLG-Bezirks Frankfurt. 2001.

Band 236 Der Code pénal des Königreichs Westphalen von 1813 mit dem Code pénal von 1810 im Original und in deutscher Übersetzung. Herausgegeben und mit einer Einleitung versehen von Werner Schubert. 2001.

Band 237 Klaus Richter: Deutsches Kolonialrecht in Ostafrika 1885-1891. 2001.

Band 238 Kai von Lewinski: Deutschrechtliche Systembildung im 19. Jahrhundert. 2001.

Band 239 Alexander Herzog: Sittenwidrige Rechtsgeschäfte in der höchstrichterlichen Rechtsprechung aus den Jahren 1948-1965. 2001.

Band 240 Claudia Rönnau: Die Beratungen des Wasserrechtsausschusses der Akademie für Deutsches Recht zu einem Reichswassergesetz (1934-1941). Ein Beitrag zur Dogmatik der Begriffe *Gemeingebrauch* und *Sondergebrauch* in der Zeit des Nationalsozialismus. 2001.

Band 241 Momme Rohlack: Kriegsgesellschaften (1914-1918). Arten, Rechtsformen und Funktionen in der Kriegswirtschaft des Ersten Weltkrieges. 2001.

Band 242 Rolf Geyer: Der Gedanke des Verbraucherschutzes im Reichsrecht des Kaiserreichs und der Weimarer Republik (1871-1933). Eine Studie zur Geschichte des Verbraucherrechts in Deutschland. 2001.

Band 243 Felix Lorenz Benjamin Lehmann: Der Rote Adlerorden. Entstehung und rechtliche Grundlagen (1705-1918). 2002.

Band 244 Marc Ludwig: Der Pfändungsschutz für Lohneinkommen. Die Entstehungs- und Entwicklungsgeschichte der Vorschriften zum Schutz vor Lohnpfändung in Deutschland. 2001.

Band 245 Alexander Wachter: Dorfschule zwischen Pastor und Schulmeister. Zur Säkularisierung des niederhessischen Schulwesens im 19. Jahrhundert. 2001.

Band 246 Richard Scholz: Analyse der Entstehungsbedingungen der reichsgerichtlichen Aufwertungsrechtsprechung. Untersuchung unter besonderer Berücksichtigung der konservativen Geldpolitik der Reichsbank und der Inflationspolitik der Reichsregierung. 2001.

Band 247 Judith Laeverenz: Märchen und Recht. Eine Darstellung verschiedener Ansätze zur Erfassung des rechtlichen Gehalts der Märchen. 2001.

Band 248 Christina Schenk: Bestrebungen zur einheitlichen Regelung des Strafvollzugs in Deutschland von 1870 bis 1923. 2001.

Band 249 Nils Werner: Die Prozesse gegen die Landvolkbewegung in Schleswig-Holstein 1929/32. Ein Beitrag zur Justizkritik in der späten Weimarer Republik. 2001.

Band 250 Wolfgang Walter: Das Duell in Bayern. Ein Beitrag zur bayerischen Strafrechtsgeschichte. 2002.

Band 251 Jörn Eckert / Kjell Å. Modéer (Hrsg.): Geschichte und Perspektiven des Rechts im Ostseeraum. Erster Rechtshistorikertag im Ostseeraum 8.–12. März 2000. 2001.

Band 252 Jan Könighaus: Die Inauguration der Christian-Albrechts-Universität zu Kiel 1665. Symbolgehalt und rechtliche Bedeutung des Universitätszeremoniells. 2002.

Band 253 Andreas Görgen: Rechtssprache in der Frühen Neuzeit. Eine vergleichende Untersuchung der Fremdwortverwendung in Gesetzen des 16. und 17. Jahrhunderts. 2002.

Band 254 Ralf Schäfer: Die Rechtsstellung der Haigerlocher Juden im Fürstentum Hohenzollern-Sigmaringen von 1634-1850. Eine rechtsgeschichtliche Untersuchung. 2002.

Band 255 Regine Schmalhorst: Die Tierhalterhaftung im BGB von 1896. Die Entstehung und Änderung des § 833 BGB sowie eine Analyse der Rechtsprechung des Reichsgerichts bis 1908. 2002.

Band 256 Thomas Hense: Konrad Beyerle. Sein Wirken für Wissenschaft und Politik in Kaiserreich und Weimarer Republik. 2002.

Band 257 Christian Mahlmann: Die Strafrechtswissenschaft der DDR. Klassenkampftheorie und Verbrechenslehre. 2002.

Peter Lang · Europäischer Verlag der Wissenschaften

Petra Otto

Die Entwicklung der Verfassungslehre in der Weimarer Republik

Frankfurt/M., Berlin, Bern, Bruxelles, New York, Oxford, Wien, 2002. 203 S.
Europäische Hochschulschriften: Reihe 2, Rechtswissenschaft. Bd. 3320
ISBN 3-631-38864-0 · br. € 35.30*

Ziel dieser Arbeit ist die vergleichende Betrachtung und Bewertung der Verfassungslehren von Rudolf Smend und Carl Schmitt. Die Betrachtung und Bewertung erfolgt auf der Grundlage der historischen, politischen und verfassungstheoretischen Ausgangslage in der Weimarer Republik und zieht moderne verfassungsrechtliche Gesichtspunkte und die Staatslehre Hermann Hellers zur Beurteilung heran. Als Ergebnis wird festgestellt, daß Smend und Schmitt aus historischer Sicht zwar die sich gestellten Ziele erreichten, jedoch den Werterelativismus der Rechtslehre der Weimarer Republik nicht zu überwinden vermochten und so für die Gegenwart nur eingeschränkt verwertbar sind.

Aus dem Inhalt: Das Verhältnis von politischer Einheit und Verfassung · Von den Aufgaben und dem Wesen einer Verfassung · Die Legitimität der Verfassung und die Legitimation staatlicher Gewalt

Frankfurt/M · Berlin · Bern · Bruxelles · New York · Oxford · Wien
Auslieferung: Verlag Peter Lang AG
Jupiterstr. 15, CH-3000 Bern 15
Telefax (004131) 9402131

*inklusive der in Deutschland gültigen Mehrwertsteuer
Preisänderungen vorbehalten

Homepage http://www.peterlang.de

FSC
www.fsc.org
MIX
Papier | Fördert gute Waldnutzung
FSC® C083411

Zeitfracht Medien GmbH
Ferdinand-Jühlke-Straße 7
99095 Erfurt, Deutschland
produktsicherheit@kolibri360.de

Druck:
CPI Druckdienstleistungen GmbH
im Auftrag der
Zeitfracht Medien GmbH
Ein Unternehmen der Zeitfracht - Gruppe
Ferdinand-Jühlke-Str. 7
99095 Erfurt